Mensch & Politik

Sekundarstufe I

Politik und Wirtschaft
Hessen

Autoren
Dr. Dietrich Heither
Egbert Klöckner
Dr. Hartmann Wunderer

Schroedel

Mensch & Politik

Sekundarstufe I

Politik und Wirtschaft
Hessen

Autoren
Dr. Dietrich Heither
Egbert Klöckner
Dr. Hartmann Wunderer

mit Beiträgen von
Joachim Brunkhorst
Karl-Heinz Meyer
Christian Raps
Wolfgang Sinz
Dr. Hans Jürgen Smula
Prof. Dr. Gerd Strohmeier
Martin Vöhringer
Heinz-Ulrich Wolf

in Zusammenarbeit mit der Verlagsredaktion

Druck A[4] / Jahr 2014
Alle Drucke der Serie A sind im Unterricht parallel verwendbar.

Redaktion: Andrea Schulz
Herstellung: Sandra Grünberg
Layout: Jesse Konzept & Text, Hannover und Sandra Grünberg
Illustrationen: Ingo Römling, Frankfurt/M.
Umschlaggestaltung: Sandra Grünberg
Grafik: Langner & Partner, Hannover
Satz: media service schmidt, Hildesheim
Druck und Bindung: westermann druck GmbH, Braunschweig

ISBN 978-3-507-**11500**-2

Inhalt

1. Jugend: Zwischen Kindheit und Erwachsensein

2. Schule heute

3. Demokratie in Stadt und Land

4. Generation Konsum – Jugendliche im Wirtschaftsprozess

5. „Alles, was Recht ist“

6. Markt – Wirtschaft – Politik

7. Sozialstaat in der Krise?

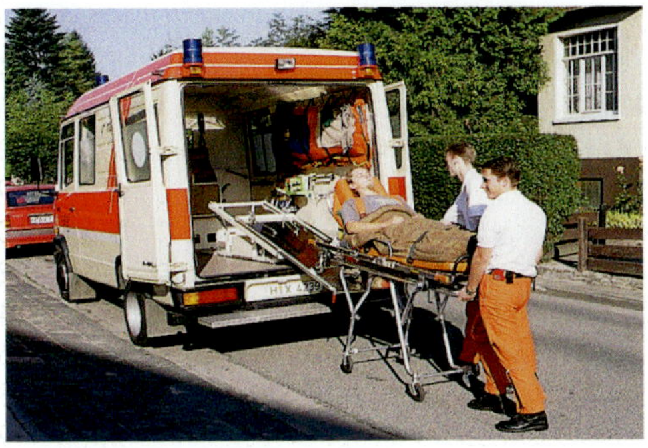

8. Politik in Deutschland

9. Umweltbewusst leben – nachhaltig wirtschaften!

10. Arbeits- und Berufswelt im Wandel

11. Medien im Spannungsfeld von Wirtschaft und Politik

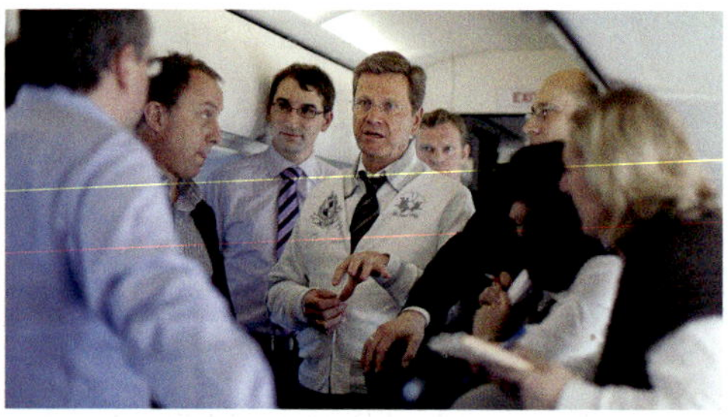

12. Europa: ein Modell für die Zukunft?

13. Frieden und Sicherheit im 21. Jahrhundert

14. Globalisierung - Veränderung in der Welt

Anhang

Liebe Schülerinnen und Schüler,

mit „MENSCH & POLITIK" haltet ihr ein Schulbuch für den Politik- und Wirtschaft-Unterricht in Händen – ein Buch, mit dem ihr in den nächsten Jahren arbeiten könnt. Es bietet zuverlässige Informationen, verschafft Grundwissen und hilft, Zusammenhänge zu verstehen. Es präsentiert zudem den gesamten Unterrichtsstoff der Mittelstufe.

Die Themen dieses Buches haben stets mit eurem Leben bzw. euren Lebensbedingungen zu tun. Da geht es beispielsweise um das Aufwachsen in der Familie, Mitbestimmungsrechte in der Schule, Auseinandersetzungen in der Gemeinde, eure Rolle als Kunde und Verbraucher, aber auch um die „große" Politik in Deutschland und der Welt. Ihr seht, dass es viele Herausforderungen gibt, vor denen die Menschen heute stehen, und die dringend einer Lösung bedürfen: Lösen wir das Problem der Arbeitslosigkeit? Wie gehen wir mit unserer Umwelt um? Schaffen wir Frieden in der Welt? Gelingt die Bekämpfung von weltweiter Armut?

Wir wollen, dass ihr euch als kundige Schüler* verantwortungsvoll in politischen Prozessen engagiert und am Wirtschaftsleben bewusst teilnehmt. Mündige Bürger kennen ihre Rechte, vertreten diese und sind gegebenenfalls auch bereit, sie zu verteidigen. Voraussetzung hierfür sind Kenntnisse und Fähigkeiten, mit denen ihr politische und wirtschaftliche Strukturen, Prozesse und Handlungen beschreiben, analysieren und beurteilen könnt.

Der Satz, wonach die Menschen ihre Geschichte machen, bedeutet vor allem, dass Gegenwart und Zukunft gestaltbar sind. Gerade vermeintliche „Sachzwänge" sind von Menschen geschaffen worden und daher auch grundsätzlich veränderbar. „Alternativlosigkeit" – das Unwort des Jahres 2010 – gibt es nicht. Es liegt an euch, neue Ideen zu formulieren und Lösungen zu suchen.

** Im Folgenden wird aus Gründen der einfacheren Lesbarkeit nur die männliche Schreibweise verwendet.*

Die Kultusminister der Bundesländer haben sich in den vergangenen Jahren darauf verständigt, Bildungsstandards einzuführen. Sie beschreiben, was ihr am Ende eurer Schulzeit wissen und können sollt. Auf diesem Weg durch die Schule gibt es Zwischenziele, die als Kompetenzen bezeichnet werden.

Die **Aufgabenstellungen** des Buches lassen sich mithilfe der unterschiedlichen Farben diesen Kompetenzbereichen zuordnen. Sie sind nach einem definierten Muster verfasst. Auf den Umschlagseiten am Ende des Buches ist eine Übersicht der Aufforderungsverben **(Operatoren)**, mit denen die jeweiligen Anforderungen genau beschrieben (definiert) werden. Sie erklären euch genau, wie ihr die Aufgaben bearbeiten sollt. So lässt sich leicht feststellen, welche Aufgabenstellungen welchen Kompetenzbereichen entsprechen.

1 Sachkompetenz
2 Analysekompetenz
3 Urteilskompetenz
4 Handlungskompetenz
5 Methodenkompetenz

Zeichnung: Holger Appenzeller

Wir möchten euch noch auf weitere Besonderheiten von „MENSCH & POLITIK“ hinweisen:

- Unsere Kapitel beginnen immer mit einer **Doppelseite (Auftakt)**. Auf dieser wird – meist durch Bildmaterial oder kurze Texte – der Einstieg in das Kapitel, in Kernthemen und -probleme, ermöglicht. Hier findet ihr zentrale Leitfragen des Themas.

> ? Wozu gibt es eigentlich „Recht“?
> ? Haben Kinder und Jugendliche besondere Rechte?
> ? Welche Folgen haben strafbare Handlungen?
> ? Welche Ursachen hat Jugendkriminalität?
> ? Sind Strafen eigentlich sinnvoll?
> ? Werden Menschenrechte eingehalten?

- In der Regel gehen die Kapitel von **Fällen** und **Problemen** aus. Sie enthalten dabei alle nötigen Sachinformationen.

- Umfangreiche **Materialien** ermöglichen zusammen mit den **Aufgabenstellungen** ein selbstständiges Arbeiten.

M 1 Material

- Am Rand findet ihr wichtige Informationen, Tipps und Internet-Links. Der Glossar-Verweis teilt euch mit, welche Begriffe im Anhang zu finden sind.

INFO INTERNET

GLOSSAR

- Seitenverweise helfen euch dabei, Themenzusammenhänge zu erkennen.

◂◂ **Arme Kinder, S. 40**   ▸▸ **Karikaturen deuten, S. 232/233**

- Der Band legt einen Schwerpunkt auf **methodenorientiertes Lernen**. Auf zwanzig farbig unterlegten Methodenseiten werden Arbeitsweisen vorgestellt und an Beispielen erklärt. In den einzelnen Aufgabenstellungen wird immer wieder auf diese Methodenseiten verwiesen.

METHODE

- Ihr findet gegen Ende eines jeden Kapitels einen **„Perspektivwechsel“**, mit dem das Gelernte auf andere Sachverhalte übertragen werden kann.

PERSPEKTIV-WECHSEL

- Die abschließende Seite **„Wichtiges zusammengefasst“** hilft beim Wiederholen und ist nützlich für Leistungskontrollen. Sie ersetzt aber nicht die Arbeit mit den vorangegangenen Seiten! Oft wird hier auch darauf verwiesen, was offen bleibt bzw. strittig ist.

KOMPAKT

- Am Ende des Buches gibt es ein detailliertes **Stichwortverzeichnis** mit Seitenverweisen sowie ein ausführliches **Glossar** mit Begriffserklärungen. Greift auf diese Seiten zurück, wann immer es euch hilfreich erscheint.

Die Arbeit an diesem Buch hat uns, den Autoren, Mühen gekostet, aber auch Spaß bereitet. Wir sind dankbar für Rückmeldungen und Kritik. Richtet diese bitte an den Schroedel Verlag. Er leitet sie an uns weiter.

1. Jugend: Zwischen Kindheit und Erwachsensein

3

4

5

9

10

1

2

7

8

- Was ist eigentlich „Jugend“?
- Welche Bedeutung hat die Familie für die Jugendlichen?
- Warum werden Freundschaften immer wichtiger?
- Was machen Jugendliche in ihrer Freizeit?
- Machen Kinder arm?

1.1 Jugend ist ... Freiräume erkämpfen

Unter „Jugend“ verstehen Sozialwissenschaftler die Übergangszeit zwischen Kindheit und Erwachsenenalter. Zum einen bezeichnet der Begriff also eine Phase im Leben eines Individuums (rechtlich betrachtet: das Alter zwischen 14 und 18 Jahren); zum anderen wird damit eine eigenständige Gruppe von Menschen erfasst („Jugendliche“). Meist wird als Beginn der Jugendphase die körperliche Geschlechtsreife (Pubertät) gewählt, als Ende das Erreichen von finanzieller und emotionaler Unabhängigkeit (Beruf). Mit der Jugendphase bildet sich die Persönlichkeit (Identität) heraus – oft auch im Gegensatz zu den Vorstellungen der Eltern, von denen sich der Jugendliche immer mehr ablöst. Gleichaltrige (Peergroups) werden in dieser Phase immer wichtiger; Jugendkulturen haben eine hohe Bedeutung für den Einzelnen, bieten ihm eine Art Heimat und das Gefühl, aufgehoben zu sein. Auf der anderen Seite sind diese Jugendkulturen oft teuer; Szeneangehörige müssen „ständig auf dem Laufenden sein über die neuen Hits und Moden ihrer Kultur“ – so der Jugendforscher Klaus Farin.

M1 „Auf einmal war ich eifersüchtig“

Marie, 16, über ihre Beziehung zu Fabian:

Meine Eltern haben mich nicht aufklärt. Irgendwann, da war ich noch in der Grundschule, fragte mein Vater, ob ich denn wisse, was Sex ist. Ich sagte „ja“, weil ich nicht wollte, dass er es mir erklärt.

[...] Das, was ich heute weiß, weiß ich aus der Schule, aus Gesprächen mit Freundinnen – und seit einiger Zeit natürlich aus eigener Erfahrung. Ich fand Fabian immer nett, aber ich bin auch eher schüchtern, ohne das Chatten hätten wir uns, glaube ich, nie richtig kennengelernt. Man kann sich was sagen, ohne sich anzuschauen und vielleicht rot zu werden.

Dass ich etwas für ihn empfand, merkte ich eigentlich erst, als ich auf einmal eifersüchtig auf die Mitteilung reagierte, dass er sich mit einem anderen Mädchen verabreden wolle. Wir haben uns angegiftet im Chat, dann war eine Zeitlang Funkstille und dann kam seine E-Mail, in der er mir sagte, dass er nicht mit mir, sondern wegen mir ein Problem habe, weil er sich in mich verliebt habe. Ich war total weg, als ich das las, so überglücklich, dass ich gar nichts sagen konnte.

Die Umstellung vom Chatten auf eine richtige Beziehung war echt schwer. Am nächsten Tag in der Schule war ich total nervös, zitternde Knie, trockener Mund, das ganze Programm. Ich wusste nicht, was ich sagen sollte. Die erste Umarmung war auch etwas unbeholfen. Als ich ihn drei Tage später das erste Mal einfach küsste, sagte er: „Das war das Beste, was du machen konntest.“ Fand ich süß.

Ich mag seine schönen Augen, seine weichen Haare und seinen Humor. Er bringt mich viel zum Lachen und er ist einer der aufrichtigsten Menschen, die ich kenne.

nach: www.focus.de/schule/familie/tid-6573/aufklaerung_aid_63252.html (Zugriff am 3. 2. 2011)

M2 „Mir kam das vor wie ein Traum“

Fabian, 16, über sich und seine Freundin Marie:

Mein Cousin hat mich aufgeklärt. Da war ich zwölf. [...] Heute rede ich eher mit meiner Freundin darüber. Wir sind seit anderthalb Jahren zusammen. Ich würde nie sagen, dass wir miteinander gehen, ich sage, wir haben eine Beziehung [...]. Wir haben uns eigentlich über das Chatten erst richtig kennengelernt. Einfach so hätte ich sie wahrscheinlich nicht angesprochen, in dieser Hinsicht bin ich ziemlich schüchtern.
Das erste halbe Jahr haben wir nur gechattet und nie telefoniert oder uns gesehen. Im Chat ist es viel einfacher, persönliche Dinge zu sagen, man kann sich da besser öffnen. Ich habe ihren Charakter durch das tägliche Chatten entdeckt. [...] Irgendwann habe ich meinen ganzen Mut zusammengenommen und ihr in einer E-Mail geschrieben, dass ich mich in sie verliebt habe. [...] Ihre Antwort kam sofort. Sie schrieb, dass sie mich auch liebt. Danach haben wir zum ersten Mal telefoniert. Über eine Stunde lang. Ich dachte, dass ich gleich zusammenbreche, weil ich so aufgeregt und so glücklich war. Am nächsten Tag haben wir uns in der Schule umarmt. Am dritten Tag zum ersten Mal richtig geküsst. Ich hatte die berühmten Schmetterlinge im Bauch. [...] Man fühlt sich erwachsener. Meine Freunde standen da mit offenem Mund, dass ausgerechnet ich der Erste war, der eine feste Freundin hat. Die meisten von ihnen haben nämlich keine.
Seit ich mit ihr zusammen bin, hat sich auch mein Verhältnis zu Mädchen geändert. Ich bin offener ihnen gegenüber und weiß jetzt eher, wie die denken. Früher fand ich sie oft nur blöd und zickig.

nach: www.focus.de (Zugriff am 3. 2. 2011)

M3 Fest in der Familie verwurzelt

Niklas geht in die 9. Klasse der Realschule. Und neben der Schule: die Clique! Zeit mit den Freunden ist das Wichtigste. Er ist aber auch fest in seiner Familie verwurzelt, die vier Generationen umfasst. Das jüngste Familienmitglied, Niklas, ist besonders eng der Uroma, dem ältesten Familienmitglied, verbunden. „Freunde, Familie, Spaß haben, Liebe. Anziehsachen sind für mich auch sehr wichtig. Dann halt die Schule, habe ich vergessen.“
Die Familie wohnte früher bei den Großeltern. Nun leben die Großeltern, der ältere Bruder, die Urgroßmutter jeweils höchstens einen Fußweg auseinander gelegen. Von dieser Nähe macht Niklas regen Gebrauch, denn er hält sich gern bei seiner Uroma auf. Mit ihren 89 Jahren ist sie äußerst munter und, wie Niklas sagt, „... von außen und von innen happy. Meine Freunde mögen die auch voll.“
In der Schule hat Niklas sich nicht immer ganz leicht getan, im Moment hat er im Hinblick auf seine Noten keine Probleme, was das Soziale angeht sowieso nicht. [...]

nach: Shell Deutschland Holding (Hrsg.), Jugend 2006, Frankfurt a. M. 2006, S. 330 f.

M4 „Bist du hier auf einmal erwachsen, oder was?!"

Ein Jugendlicher beklagt sich anonym in einem Internet-Forum über seinen Vater:

Also, mein Problem ist, dass mein Vater ein unglaubliches A***loch ist, wenn ich das mal so sagen darf. [...] Die Sache ist, dass ich eigentlich ein enorm ruhiger 15-jähriger Jugendlicher bin, der absolut nichts für Gewalt übrig hat, ich konnte bisher eigentlich alle meine Probleme immer verbal lösen und werde nie wütend. Außer, wenn ich mit meinem Vater rede, er redet nämlich mit einer ungeheuren Respektlosigkeit mit einem [...].

Wenn ich mal zu meiner Mutter sage, dass ich z. B. die Chips nicht mag, die sie gekauft hat (in völlig ruhigem Ton bei einer einfachen Unterhaltung), da kommt schon gleich mein Vater, wenn er's denn mitbekommt, an und meckert, von wegen, ich wüsste nicht was Respekt ist [...]. Wenn ich dann z. B. sage: „Ich hab das doch ganz normal gesagt", dann tickt er gleich voll am Rad und belehrt einen manchmal einige Stunden danach noch (er wird oft laut, aber er schlägt und beleidigt nicht). Er belehrt andauernd Leute und muss zu allem seine total dummen und provokanten Sprüche ablassen, auch wenn er meistens überhaupt nicht weiß, wovon wir reden. Teilweise ist es schier unglaublich, was er zu einem sagt. Es kommt mittlerweile 2-3-mal die Woche an und fragt, ob ich illegale Downloads tätige, was aus logischer Sicht keinen Sinn macht (ich kauf mir oft Spiele, DVDs etc. und wir haben eine 40 kb/s Leitung) und nur, weil ein Cousin von mir erwischt wurde, wie er „O. C. California" runtergeladen hat (ich habe die erste Staffel als DVD-Box).

Ich habe ihm gesagt: „Nein, natürlich nicht, das würde ewig dauern, bis das mal fertig wäre", und wollte gehen. Mein Vater gleich: „Wo willst du hin? Wir reden mit dir!"

Ich meinte: „Beinahe jeden Tag fragt ihr mich das und ich sage immer das Gleiche, wozu also?" Er meinte: „Da brauchst du gar nicht so frech zu werden, kannst du nicht mehr normal mit uns reden oder was? Wenn dir das besser gefällt, kann ich dir den Strom für dein Zimmer auch abdrehen, oder bist du hier auf einmal erwachsen geworden oder was?"

www.mein-kummerkasten.de/ (Zugriff am 3. 11. 2010), sprachlich leicht bearbeitet

M5 Pubertierende Jugendliche und ihre ängstlichen Eltern

Der Wiener Kinder- und Jugendpsychiater Max Friedrich über pubertierende Jugendliche und ihre ängstlichen Eltern:

Schlurfender Gang, einsilbig, aufmüpfig und ein Wimmerl [= Pickel] auf der Nase: Die Pubertät ist ein Lebensalter, das sowohl Jugendliche als auch ihre Eltern oft vor ziemliche Probleme stellt. In dieser Phase verhalten sich Kinder meistens ganz anders, als ihre Eltern es von ihnen erwarten.

Die schulischen Leistungen sacken ab, sie entfernen sich von den Eltern und halten sich viel lieber an ihre Freunde. Der Wiener Kinder- und Jugendpsychiater Max Friedrich nennt das „die Suche nach den drei I: Identität, Identifikation, Intimität. In diesem Alter suchen Jugendliche neue Leit- und Vorbilder, Erfahrungen werden über Bord geworfen, Neuland betreten", so Friedrich. „Dazu gehört auch das Loslösen von den Eltern. Und zwar zu einem Zeitpunkt, den die Eltern nicht vorher bestimmen und daher oft auch nicht wahrhaben wollen." Dieses Loslösen birgt natürlich Sprengstoff für die Beziehung zwischen Kindern und Eltern.

„Das Wichtigste ist, den Dialog mit den Kindern nicht abreißen zu lassen", rät Max Friedrich. [...] „Wenn ich nicht weiß, was gerade in ist, brauche ich mich nicht zu wundern, wenn mich meine Kinder Gruftie nennen."

www.zentrum-rodaun.at/lesen/pubertaet.html (Zugriff am 5. 12. 2010)

INFO

Identität: einen Menschen kennzeichnende und von anderen Menschen unterscheidende Eigentümlichkeit seines Wesens

Identifikation: Teile (z. B.) des Gefühlslebens des Anderen werden als eigene erkannt, und man empfindet mit dem Anderen mit

Intimität: Nähe, vertrautes Verhältnis

Dialog: Gespräch

M6 „Notwendig und normal“

Aus einem Elternratgeber:

Die Jugendlichen entfernen sich von ihren Eltern, deren Einstellungen und Sichtweisen. Dies ist ein notwendiger und normaler Vorgang, ohne den die eigene Identitätsfindung nicht möglich ist. Er bedeutet nicht, dass die Jugendlichen ihre Eltern jetzt weniger mögen oder nicht mehr respektieren.

Die Kinder und Jugendlichen müssen und wollen sich neue Freiräume innerhalb und außerhalb der Familie erkämpfen. Das bedeutet auch, dass sie sich und ihre Grenzen ausprobieren. Dabei machen sie Fehler, entdecken aber gleichzeitig auch eigene Stärken und Schwächen und lernen sich und ihre Grenzen kennen.

In dieser schwierigen Phase gibt es bei den Jugendlichen sehr unterschiedliche Bedürfnisse. Auf der einen Seite setzen sie den Eltern Widerstand entgegen, wo es nur geht. Auf der anderen Seite aber benötigen sie die Eltern als Halt und Unterstützung in dieser schwierigen Entwicklungsphase, die den Abschied von der Kindheit, von Gewohntem und Vertrautem bedeutet.

www.elternimnetz.de (Zugriff am 5. 12. 2010)

M7 Sozialisation

Aus einem Internet-Politiklexikon:

Niemand ist allein, jeder lebt von seiner Geburt an mit anderen Menschen zusammen. Schritt für Schritt wird der Mensch als Kind in die Familie und in die Schule eingegliedert. Als Jugendlicher durchläuft er die berufliche Ausbildung, später als Erwachsener muss er sich in einen Betrieb und andere gesellschaftliche Institutionen einordnen. Dabei werden bestimmte Verhaltensweisen gelernt und eingeübt. Dieses allmähliche Anpassen an gesellschaftliche Regeln bezeichnet man als „Sozialisation“. Sie ist wichtig für die Entwicklung des Menschen, damit er sich in der Gesellschaft zurechtfindet. [...] Da sich die Dinge um uns herum ständig verändern, muss auch jeder sein Verhalten immer wieder neuen Situationen anpassen. Die Sozialisation ist also eine lebenslange Entwicklung.

nach: www.hanisauland.de/lexikon/s/sozialisation.html (Zugriff am 5. 12. 2010)

M8 Die Sicht der Eltern

1 Tragt zusammen, was aus eurer Sicht „Jugend“ kennzeichnet (Fotos, M1, M2).

2 Beschreibt die (unterschiedlichen) Beziehungen zwischen Jugendlichen und ihren Eltern (M3, M4).

3 Diskutiert die Behauptung von M6, dass „Konflikte notwendig und normal“ sind.

4 Erklärt Beziehungen von Jugendlichen und Eltern unter Einbezug von M5 – M8. Verwendet dabei die Fachbegriffe dieses Kapitels.

GLOSSAR
Sozialisation

METHODE

Texte auswerten

Thema: Was dürfen Eltern, was dürfen sie nicht?

Es gibt zwei Methoden, aus einem Text wichtige Informationen herauszuholen. Diese beiden unterscheiden sich danach, ob man in den Text hineinschreiben darf oder nicht. In ein kopiertes Arbeitsblatt oder in ein Buch, das einem gehört, darf man Vermerke machen, unterstreichen usw. Das darf man jedoch keinesfalls bei Büchern oder Zeitschriften, die man entliehen hat.

1. Schritt: Ermitteln, wovon der Text insgesamt handelt
Für beide Methoden gilt, dass man zuerst den Text ganz durchliest. Nur so weiß man, worum es in dem Text überhaupt geht und an welchen Stellen Informationen stehen, die man sich merken will.

Methode A

2. Schritt: Schlüsselwörter markieren oder unterstreichen
Wenn man in den Text Vermerke eintragen darf, ist das Markieren oder das Unterstreichen sinnvoll. Allerdings markieren oder unterstreichen die meisten anfangs viel zu viel. Wenn man später den Text erneut liest oder überfliegt, dann nützen viele Markierungen oder Unterstreichungen wenig. – Also: Nicht zu viel markieren, nicht zu viel unterstreichen!
Man sucht dafür die Wörter oder die Begriffe, die am besten und in Kürze sagen, worum es in dem Textabschnitt geht. Nur diese Wörter oder Begriffe unterstreicht oder markiert man. Wenn man sic sicht, fällt einem beim erneuten Lesen oder beim Überfliegen das Wichtigste des ganzen Abschnittes wieder ein. Diese Wörter erschließen gewissermaßen den Abschnitt, sie sind also „Schlüsselwörter" zum Verstehen des Textes.

3. Schritt: Am Rand des Textes Zeichen für Unklares bzw. für Wichtiges setzen
Man kann auch Zeichen auf den Rand setzen: Ein Ausrufezeichen passt, wenn man etwas für besonders wichtig hält. Ein Fragezeichen kann man anbringen, wenn man etwas nicht verstanden hat, weil ein Begriff noch im Lexikon nachgeschlagen werden muss.

Methode B

2. Schritt: Den gesamten Inhalt erfassen
Wenn du nicht in den Text schreiben darfst, musst du das Wichtigste beim Durchlesen herausschreiben, etwa so: Du legst ein leeres Blatt neben den Text und notierst beim Durchlesen, was du sonst markiert hättest – am besten gehst du Abschnitt für Abschnitt vor. Dazu gibt es zwei Möglichkeiten:
A: Du schreibst wichtige Informationen genau so ab, wie sie im Text stehen.
B: Du fasst das Wesentliche mit eigenen Worten zusammen und notierst es auf dem Blatt.
Natürlich musst du jeweils alle dir unbekannten Wörter und Begriffe mit dem Wörterbuch bzw. mit einem Lexikon abklären. Und du musst von vorne bis hinten alle dir schwierig erscheinenden Textstellen „übersetzen", also in eine sprachlich verständliche und knappe Formulierung umwandeln. Das gelingt dir dann am besten, wenn du mit den so genannten W-Fragen (Wer? Was? Wann? Wie? Warum? Wozu?) arbeitest.

3. Schritt: Eine Zusammenfassung schreiben
Nachdem du den Text abschnittweise erfasst hast, schreibst du aus deinen Notizen zu den einzelnen Abschnitten eine kurze Zusammenfassung. So eignest du dir den Textinhalt an.

Welche Methode ist grundsätzlich besser geeignet?

Das Herausschreiben von Informationen erscheint mühsamer als das Unterstreichen oder Markieren. Der Vorteil liegt jedoch darin, dass man sich in der Regel eigenhändig Geschriebenes besser merken kann.

Vom Zwang abzuwaschen

METHODE

Der Journalist Vivian Yurdakul über eine Broschüre der ehemaligen Bundesjustizministerin:

„Das kannst du doch nicht anziehen. So lassen wir dich nicht aus dem Haus!" Bestimmt haben viele Jugendliche solche Sätze schon einmal von ihren Eltern gehört. Und bestimmt haben sich viele in solchen Streitsituationen schon einmal gefragt, wo eigentlich die Rechte der Eltern aufhören und die eigenen Rechte anfangen? Dürfen Eltern ihre Kinder tatsächlich zwingen, zu Hause zu bleiben, nur weil ihnen die Klamotten der Sprösslinge nicht zusagen?
Um Klarheit über solche und ähnliche Fragen zu schaffen, hat das Bundesjustizministerium die Broschüre „Meine Erziehung – da rede ich mit" herausgegeben. Sie gibt Antworten auf typische Fragen des täglichen Miteinanders in Familien: Dürfen Eltern Hausarrest geben? Haben Kinder ein Recht auf Taschengeld? Dürfen Eltern ihren Kindern den Kontakt zu bestimmten Freunden verbieten? Oder den Gang in die Disko? Obwohl unmittelbar an Jugendliche gerichtet, soll die Broschüre in Erziehungsfragen auch für Eltern interessant sein. Ziel sei, dass sich Eltern und Kinder besser verstehen lernen.
Die verschiedenen Fragen werden jeweils mit anschaulichen Beispielen erklärt. Hier wird gezeigt, wie man Probleme am besten lösen kann. Ein Beispiel: Eine 13-Jährige macht sich mit Minirock, Netzstrümpfen und Lippenstift fertig für eine Party. Die Eltern verbieten ihr, in diesem Aufzug aus dem Haus zu gehen. Der Ratgeber erklärt nun, dass die Eltern verantwortungsbewusst handeln, denn schließlich könne es sein, dass manche Männer denken, das Mädchen sei auf ein sexuelles Abenteuer aus. Die Eltern möchten die Tochter schützen, da sei das Verbot gerechtfertigt. Dennoch sollten sie bedenken, dass ein Verbot das Problem nicht löst. Viel besser sei daher ein Gespräch mit der Tochter abseits der Streitsituation. Die Eltern sollten signalisieren, dass sie die sexuelle Entwicklung ihrer Tochter akzeptieren, sie aber auf Gefahren hinweisen wollen.
Meist ahnen Eltern oder Jugendliche, dass sie bestimmte Rechte haben. Der Ratgeber jedoch gibt genau Auskunft über die tatsächliche Rechtslage und beleuchtet konkrete Gesetze. Mehrfach weist das Bundesjustizministerium in der Broschüre auf den Grundsatz einer partnerschaftlichen Erziehung hin, der im Bürgerlichen Gesetzbuch festgeschrieben ist. „Es ist nicht nur Wunsch vieler junger Menschen, bei ihrer eigenen Erziehung nicht umgangen zu werden, es ist auch ihr gutes Recht", sagt Zypries. „Wichtigstes Ziel der Erziehung ist, die Entwicklung des Kindes zum eigenverantwortlich handelnden Menschen zu fördern." Aus diesem Grund sollten Eltern bei der Erziehung die wachsende Fähigkeit des Kindes zu selbstständigem, verantwortungsbewusstem Handeln berücksichtigen. „Erziehung ist keine Einbahnstraße der Eltern, die Jugendlichen dürfen dabei mitreden", so Zypries.
Besonders wichtig war den Herausgebern, dass neben der Beantwortung der rechtlichen Fragen auch Wege zur Problemlösung und Kontaktadressen in die Broschüre aufgenommen werden, an die sich die Jugendlichen im Falle einer ungerechten Behandlung durch ihre Eltern wenden können. [...]
Ziel des Ratgebers ist, jungen Menschen zu zeigen, was sie dürfen und wo ihre Grenzen sind, und im gleichen Atemzug Eltern darauf aufmerksam zu machen, dass nicht alles, was sie theoretisch dürfen auch tatsächlich sinnvoll für die Erziehung ihrer Sprösslinge ist. Die Erziehungsverantwortung liegt zwar bei den Eltern, aber am besten sei, Fragen der Erziehung gemeinsam zu entscheiden.

nach: Berliner Zeitung vom 24. 9. 2007

1 Erschließt den Text wie beschrieben.
2 Fasst die Abschnitte des Textes zu knappen Kernaussagen zusammen.

1.2 Gewalt in der Familie

INFO

anonymisieren: persönliche Daten löschen; hier einen anderen Namen verwenden

M1 Ausrutschende Hand

Ein anonymisierter Fall nach Angaben einer Schulsozialarbeiterin:

Laura ist 14 Jahre alt und besucht die siebte Klasse eines Gymnasiums. Bis vor zwei Jahren lebte sie in einer glücklichen Familie. Sie hatte eine gute Beziehung zu ihren Eltern und konnte sich mit ihren Problemen und Ängsten an sie wenden. Doch an dem Tag, an dem Lauras Mutter bei einem Autounfall starb, gab es eine Wende. Ihr Vater begann zu trinken und war häufig mit der Bewältigung des Familienalltags überfordert. Am Anfang schrie er Laura wegen jeder Kleinigkeit an, später wurde es immer schlimmer – vor allem, nachdem Laura ihrem Vater mitgeteilt hatte, dass sie jetzt einen Freund habe. Seit ungefähr einem halben Jahr schlägt Lauras Vater seine Tochter häufig wegen Kleinigkeiten. Gestern war so ein Tag. Laura hatte vergessen das Bad zu putzen und ihrem Vater rutschte wieder einmal die Hand aus. Laura weiß, dass ihr Vater es bedauert, dass er immer wieder die Kontrolle verliert. Doch hat sie auch Angst vor ihm und weiß nicht, wo das alles noch hinführen soll.

Ihre Leistungen in der Schule haben sich in der letzten Zeit verschlechtert. Ihre Klassenlehrerin hat sie hierzu schon angesprochen. Deswegen hat sie sich heute Mittag an eine Schulsozialarbeiterin gewendet und ihr ihre Situation geschildert.

Autorentext

INFO

§ 1631

M2 „Kinder haben ein Recht auf gewaltfreie Erziehung“

Aus einem Interview mit der Schulsozialarbeiterin Angelika Zaizek:

... was passiert eigentlich, wenn Eltern gegen dieses Recht verstoßen? Haben mir Schülerinnen oder Schüler berichtet, dass sie von ihren Eltern geschlagen worden sind – was ihnen natürlich oft sehr schwer fällt –, so wird zunächst ein Gespräch mit den Eltern gesucht. In diesem Gespräch sollen die Kinder den Eltern ihre Sichtweise vermitteln. Auch wird in diesem Gespräch erfragt, seit wann das Kind geschlagen wird, in welchen Situationen, wie oft usw. Oft führt ein solches Gespräch dazu, dass die Eltern sich bereit erklären, Hilfen anzunehmen.

Was passiert, wenn weiter geschlagen wird? Wenn ein, manchmal auch mehrere Gespräche nicht zum gewünschten Ergebnis führen, wird das Jugendamt informiert, das eine Art Beratungs- und Wächterfunktion hat. Das geschieht übrigens bereits schon früher, wenn das Kind stark misshandelt worden ist. Das Jugendamt (Sozialdienst) führt ein gemeinsames Gespräch mit Eltern, Kind und Schulsozialarbeit. Wichtig ist, dass jetzt das Jugendamt die Verantwortung für den weiteren Prozess übernimmt.

Und was macht das Jugendamt? In diesen Gesprächen werden den Eltern verschiedene erzieherische Hilfestellungen angeboten (Beratungsstellen, Erziehungshelfer usw.). Nützt dies alles nichts, hören die Misshandlungen also nicht auf, so stellt die Behörde bei Gericht den Antrag, den Eltern das Sorgerecht zu entziehen.

Was hat dies für Konsequenzen? Entscheidet das Gericht gegen die Eltern, wird ihnen also das Sorgerecht entzogen, so können die Kinder und Jugendlichen in Wohngruppen, bei Pflegefamilien oder in Heimen untergebracht werden.

Für die Kinder ein harter Schritt? Sicherlich, aber fast immer besser, als bei den Eltern zu bleiben, die mit der Erziehung der Kinder anscheinend überfordert sind.

Interview der Schulbuchautoren vom 26. 3. 2003. Angelika Zaizek arbeitet an einer Wiesbadener Schule.

M3 Aus Gesetzen

Grundgesetz, Art. 6

(1) Ehe und Familie stehen unter dem besonderen Schutze der staatlichen Ordnung.

(2) Pflege und Erziehung der Kinder sind das natürliche Recht der Eltern und die zuvörderst ihnen obliegende Pflicht. Über ihre Betätigung wacht die staatliche Gemeinschaft.

(3) Gegen den Willen der Erziehungsberechtigten dürfen Kinder nur aufgrund eines Gesetzes von der Familie getrennt werden, wenn die Erziehungsberechtigten versagen oder wenn die Kinder aus anderen Gründen zu verwahrlosen drohen.

§ 1666 Bürgerliches Gesetzbuch (BGB)

(1) Wird das körperliche, geistige oder seelische Wohl des Kindes oder sein Vermögen gefährdet und sind die Eltern nicht gewillt oder nicht in der Lage, die Gefahr abzuwenden, so hat das Familiengericht die Maßnahmen zu treffen, die zur Abwendung der Gefahr erforderlich sind.

§ 1666a Bürgerliches Gesetzbuch (BGB)

Maßnahmen, mit denen eine Trennung des Kindes von der elterlichen Familie verbunden ist, sind nur zulässig, wenn der Gefahr nicht auf andere Weise, auch nicht durch öffentliche Hilfen, begegnet werden kann. [...]

GLOSSAR

Grundgesetz

M4 „Eine Ohrfeige hat noch nie geschadet!"

Die Sozialpädagogin Beate Weymann über Gewalt in der Erziehung:

Gewalt in der Erziehung heute

Leider ist es immer noch so, dass körperliche Strafen als weitverbreitetes Mittel Anwendung finden. Es gibt Eltern, die Schläge (Tritte, Stöße) grundsätzlich ablehnen. Aber auch Eltern, die körperliche Strafen in Ordnung finden. Oder Eltern, die nur recht selten darauf zurückgreifen.

Rund 50 % aller Eltern wissen in ihnen unerträglichen Situationen keinen anderen Ausweg, als körperliche Strafen anzuwenden. Überlastung, Überforderung, Ehekonflikte, ein immenses Hilflosigkeitsgefühl mögen maßgeblich beteiligt sein. Untersuchungen belegen, dass zwischen der moralischen Einstellung (ich möchte mein Kind nicht schlagen) und dem tatsächlichen Verhalten im Erziehungsalltag eine große Diskrepanz zu finden ist.

Anlässe und Auslöser

Den meisten Eltern rutscht im wahrsten Sinne des Wortes die Hand aus, obwohl sie eigentlich körperliche Züchtigung ablehnen. Umfragen belegen immer wieder, dass dem Schlagen die Reue folgt. Bei manchen wiederholt sich dieses Verhalten ständig. Obwohl ihnen klar ist, dass es für ein Kind eine Demütigung sein muss, von einem viel Stärkeren geschlagen zu werden, können sie nicht davon lassen. Die Statistik belegt, dass 200 Todesfälle pro Jahr und 150 000 Kinder unter 15 Jahren von ihren Eltern misshandelt werden. Eine Umfrage von 1998 hat gezeigt, dass etwa 90 % der Eltern mit Ohrfeigen u. ä. züchtigen. Hiernach scheint Gewalt in den Familien noch etabliert zu sein. Noch schlimmer: Etwa ein Drittel der Eltern benutzt zumindest gelegentlich eine Tracht Prügel oder das Schlagen mit Gegenständen als Erziehungsmaßnahme!

nach: www.familienhandbuch.de (Zugriff am 10. 11. 2010)

INFO

Diskrepanz: Widersprüchlichkeit

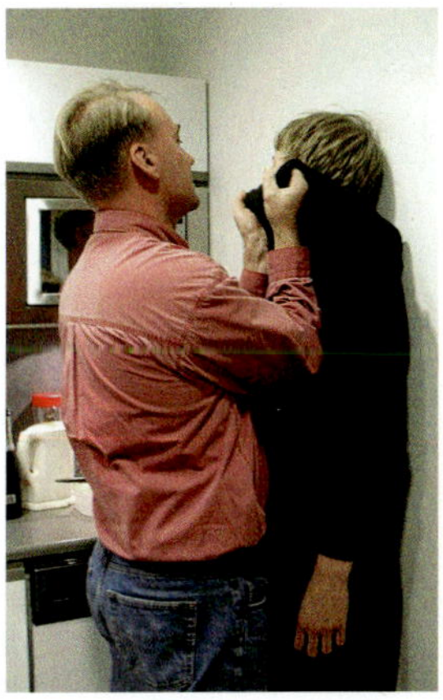

1 Stellt den Konflikt aus der Sicht von Laura dar (M 1).

2 Beurteilt die Situation Lauras unter Einbezug von M2 und M3.

3 Diskutiert, warum körperliche Strafen immer noch weit verbreitet sind (M4) und welche Möglichkeiten Kinder und Jugendliche haben, ihr Recht auf gewaltfreie Erziehung wahrzunehmen.

▸▸ Menschenrechte – Kinderrechte, S. 139-141

1.3 Freunde

M1 Positive Gruppenerfahrungen

M2 „Gegenseitige Unterstützung"

Cliquen vermitteln ihren Mitgliedern in ihrer Funktion als Zweitfamilie ein Gefühl von Schutz und Geborgenheit, befriedigen also wichtige menschliche Grundbedürfnisse. Eine Leistung, die vor allem heute, in einer doch von Egoismus, Kälte und Gleichgültigkeit geprägten Gesellschaft hoch zu bewerten ist.

Gemeinsame Unternehmungen lassen keine Einsamkeit oder Langeweile aufkommen. Dabei muss es gar nicht immer die Riesenaktion sein, es genügt allein das gemütliche Zusammensitzen und Klönen.

Außerdem bietet die Clique Ablenkung von Problemen mit Eltern und Schule. So kann man seine persönlichen Schwierigkeiten für einige Stunden vergessen. Weg vom Ärger und dem Stress, dafür Entspannung und Erholung. Ein gutes Geschäft!

Gleiches Alter mit den gleichen Kümmernissen des Alltags verbindet. Weil man sich so gut in den anderen hineinversetzen kann. Ihn versteht und selbst verstanden wird. Die Sprache ist die gleiche, die Ausdrücke selbstverständlich, ein verbindender Code. Ebenso die Achterbahn fahrenden Gefühle. Ein Pickel auf der Nase ist für die anderen auch ein Problem. Auch wenn das die Eltern offensichtlich nie kapieren werden.

Nicht zu vergessen die gegenseitige Unterstützung. Oft hilft bereits das Gefühl, dass einem zugehört und man ernst genommen wird, über den ersten Ärger und Kummer hinweg. Kommen dann noch tröstende Gesten wie in den Arm genommen werden oder gar tatkräftige Hilfe (z. B. Begleitung zum Arzt, Lehrer, Eltern) hinzu, wird das Jammertal sicher sehr schnell durchschritten sein.

Schließlich ist die Clique eine unverbindliche Gruppe, von der man sich bei Bedarf bzw. auf Wunsch leichter lösen kann, als es beispielsweise mit der leiblichen Familie, dem Partner oder der besten Freundin/Freund der Fall wäre. Trennungen gehen für alle Beteiligten weniger schmerzhaft über die Bühne. Ganz einfach, weil die Bindungen weniger eng und weniger verpflichtend sind. Wenn du gehst, lässt du vielleicht beleidigte, aber wohl kaum ernsthaft verletzte oder gar gebrochene Herzen zurück.

www.juppidu.de/juppidu/interessantes/clique.html (Zugriff am 7. 2. 2011)

M3 Die Clique

Ergebnisse einer Jugendstudie:

Freundschaften zu Gleichaltrigen bilden einen Möglichkeitsraum für die Jugendlichen, soziale Bezüge jenseits des Elternhauses aufzubauen. Gemeinsame Interessen und damit gemeinsame Aktivitäten bilden die Grundlage dieser Gruppen. Es gilt dabei, soziale Regeln gemeinsam einzuüben, sich gegenseitig in einer anspruchsvollen Entwicklungsphase Halt und Orientierung zu geben und Sinnbezüge zu schaffen. Jugendlichen ist es so möglich, unterschiedliche Dinge auszuprobieren. Peer groups stellen daher Übungs- und Trainingsräume für das Sozialleben in modernen Gesellschaften dar. Als Teil der modernen Gesellschaften entfalten peer groups nicht nur positive Entwicklungen. Negative Dynamiken entfalten peer groups, sobald Außenseiter sich zusammenschließen und in ihrer Lage gegenseitig bestärken. Ob Bandenkriminalität von jugendlichen Gangs in Großstädten oder sozial außenstehende Amokläufer – solche schillernden Negativbeispiele von jugendlichen peer groups finden medial große Beachtung. Sie bilden allerdings nur einen kleinen Ausschnitt der Jugendlichen ab und stellen nicht die Regel dar. Mehr als zwei Drittel der Jugendlichen (71 %) geben in 2010 an, Mitglied einer Clique zu sein. [...]

Shell Deutschland Holding (Hrsg.), Jugend 2010. Eine pragmatische Generation behauptet sich, Frankfurt a. M. 2010, S. 81 f.

M4 Die Bedeutung der Musik

Aus dem Familienhandbuch des Statistikinstituts für Frühpädagogik:

Zwischen dreizehn und siebzehn spielt Musik für die meisten jungen Leute eine bedeutende Rolle, weil sie sich besonders gut eignet, die eigene Identität zu finden. Zum einen spricht sie Gefühle an, die in diesem Alter dominieren: Euphorie, Trauer, Einsamkeit, erste Liebe, all das kann in Klängen gelebt werden. Zudem hilft sie sich zurückzuziehen, wenn man mit der Welt nichts zu schaffen haben will: Zimmertür zu und Lautstärkeregler auf Maximum stellen. Außerdem kann sie ein Merkmal der Gruppenzugehörigkeit sein: HipHopper, Punks oder Hardrock-Fans geben sich durch ihre spezielle Kleidung zu erkennen. Wer zudem noch in bestimmter Weise geht und spricht (schleppend: Hip Hop/Rap, kraftvoll und „cool“: Techno), der gehört dazu. Der Musikstil fördert den Cliquenzusammenhalt und hilft so außerhalb der Erwachsenenwelt ein eigenes Selbstverständnis zu entwickeln.

Warum fühlt sich aber ein Jugendlicher gerade zu dieser Richtung hingezogen und nicht zu jener? Das kann verschiedene Gründe haben. [...]

www.familienhandbuch.de (Zugriff am 7. 2. 2011)

1. Nennt mögliche Gedanken der beiden Jugendlichen (M1).
2. Erläutert die unterschiedlichen Funktionen der Clique für die Gruppenmitglieder (M2, M3).
3. Verfasst einen Artikel „peer groups“ für ein Jugendlexikon.
4. Erstellt in der Klasse Plakate zu den unterschiedlichen Musikszenen bzw. -richtungen und erklärt euren Mitschülern deren Besonderheiten.
5. Erläutert die Behauptung des Jugendforscher Klaus Farin: „Musik ist für viele Jugendliche – vor allem, aber nicht nur für die in Szenen – ein bedeutender Teil der Identitätsfindung“.

1.4 Druck der Gruppe – Gruppendruck

M 1 Leben in der Clique

Malte

„Ich bin der Einzige in der Clique, der sich das neue Handy nicht leisten kann. Jetzt lachen mich die anderen aus. Klar, ich hätte auch gern solch ein neues Superteil, aber dafür habe ich einfach kein Geld."

„In unsere Clique kommt kein Fremder rein. Wir sind eine eingeschworene Gruppe. Das finde ich momentan doof, denn Andreas würde gerne bei uns dabei sein, aber die anderen wollen ihn nicht."

Lisa

Tim

„Alle aus meiner Gruppe rauchen heimlich, aber mir ist das zu ungesund und teuer. Wenn ich die angebotene Zigarette ablehne, bin ich gleich uncool. Was soll denn am Rauchen cool sein?"

„Die Jungs aus der 10b sind echt klasse. Sie malen heimlich tolle Graffiti an die S-Bahnen und Hauswände. Einer sagte, dass es ein totaler Kick sei, ob man erwischt wird oder nicht. Ich finde das cool – was aber, wenn man wirklich erwischt wird?"

Henrik

M 2 Frisch vom Friseur

Aus dem Leben eines Jugendlichen:

Es war Viertel nach sechs, ich war gerade vom Friseur nach Hause gekommen. „Thomas, bist du das?", rief meine Mutter. „Ja", brummte ich vor mich hin, denn ich hatte nicht gerade gute Laune. Meine Mutter saß im Wohnzimmer und las Zeitung.

„Da bist du ja, dann können wir endlich essen. Dein ... – Thomas, wie siehst du denn aus?" Fassungslos starrte sie mich an. Sie hatte wohl erst jetzt meine neue Frisur registriert: megakurze Haare und dazu ein grün gefärbter Pony. „Was ist?", fragte ich kampflustig, „gefällt es dir nicht?" „Ähh ..., es ist sehr gewöhnungsbedürftig! Warum hast du das gemacht?" „Mensch, Mutter, weil es in ist. Alle haben ihre Haare so!", explodierte ich. „Das ist doch noch lange kein Grund, dass du's auch hast!", hörte ich meine siebzehnjährige Schwester hinter meinem Rücken sagen, „ich meine, das ist doch bescheuert, wenn alle mit der gleichen Frisur herumlaufen!" „Aber es ist doch genauso bescheuert, mit 'ner anderen Frisur herumzulaufen, wenn alle diese haben, da fällt man doch nur negativ auf", erwiderte ich. „Quatsch, du fällst positiv auf, weil du dich aus der Reihe zu tanzen traust. Das nennt sich ‚positives Anderssein!'", konterte sie gelassen. „Aber ... ach. Lass mich doch in Ruhe!"

Verwirrt lief ich in mein Zimmer. Positives Anderssein ... so toll sehen meine Haare wirklich nicht aus. Eigentlich stand mir grün überhaupt nicht. Aber, wenn das alle hatten ...

www.randomhouse.de/content/edition/excerpts/22687.pdf (Zugriff am 5. 12. 2010)

M3 Beliebte Marken

Besonders bei Jugendlichen ist das Verlangen nach äußerlicher Anerkennung durch Markenkleidung heute deutlich ausgeprägter als vor fünfzig Jahren. Teure und beliebte Marken sind gefragter denn je. Eine Umfrage zeigt, wie Jugendliche zu diesem Thema stehen:

Vanessa Schneider, 16, Lingelbach: Es macht mir nichts aus, wenn andere Leute großen Wert auf diese Art von Statussymbolen legen, aber man sollte andere deswegen nicht mobben, wenn diese sich die teuren Marken nicht leisten können. Ich finde es auch nicht wichtig, andere Leute durch Statussymbole wissen zu lassen, ob man wohlhabend ist oder nicht, denn heutzutage kann man dies aufgrund von Kleidung, Schmuck etc. nicht mehr erkennen und das ist nach meiner Auffassung auch gut so. Ich persönlich urteile nicht automatisch nach dem Äußeren. [...]

Florian Kalbfleisch, 15, Bieben: Meiner Meinung nach ist es nicht notwendig, teure Marken zu tragen, jedoch gibt es einem selbst das Gefühl individuell zu sein, wenn man nicht trägt, was jeder trägt. Ich drücke mich selbst gern durch diese Art von Statussymbolen aus, weil es mir gefällt, aber es ist mir egal, ob andere Leute das auch tun. Wenn ich jemanden treffe, achte ich eher darauf, dass er gepflegt aussieht, als darauf, ob er teure Dinge besitzt oder trägt.

Theresa Stange, 15, Lingelbach: Mein persönliches Statussymbol ist der Erfolg. Ich finde es weitaus beeindruckender, wenn jemand Erfolg hat in den Dingen, die er tut, anstatt sich durch teure Markenkleidung oder Autos auszudrücken. Ich finde es schade, dass so viel Wert auf Nebensächlichkeiten wie Markenklamotten gelegt wird, denn mir selbst ist das nicht übermäßig wichtig. Wenn ich solche Kleidung kaufe, dann erwarte ich auch, dass die Qualität dementsprechend besser ist. Ich denke, es ist ganz normal, dass man versucht, sich durch Statussymbole auszudrücken. [...]

Oberhessische Presse vom 17. 4. 2010, sprachlich leicht bearbeitet

INFO

Statussymbol:
Als Statussymbol wird ein Gegenstand bezeichnet, der den gesellschaftlichen Stand oder die soziale Zugehörigkeit seines Besitzers oder Trägers zum Ausdruck bringt.

M4 Markenartikel

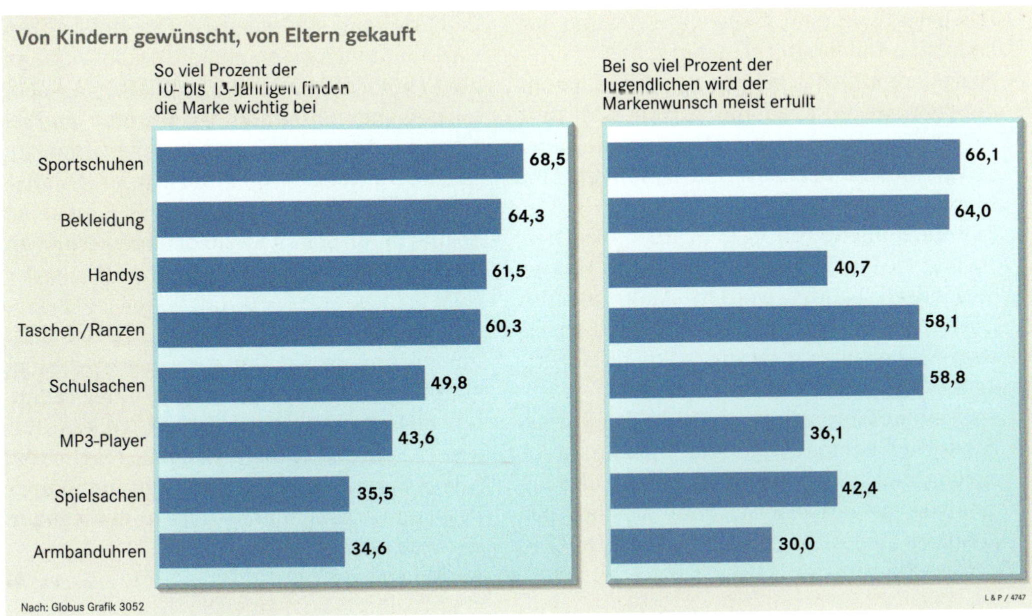

M5 Cool oder riskant?

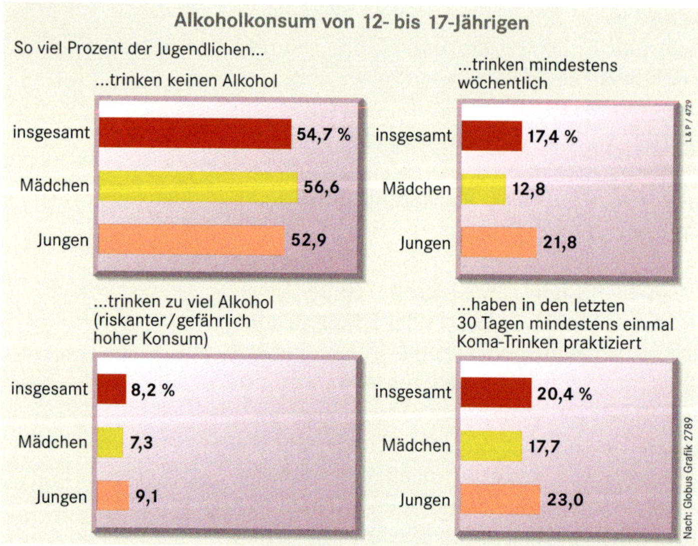

M6 Werbung: Absolut Vodka

INFO

Absolut Vodka: ist eine im südschwedischen Åhus seit 1879 produzierte, weltweit führende Wodka- und Spirituosenmarke. Sie ist international auch durch ihre spezielle Flaschenform bekannt, die an schwedische Apotheken-Flaschen erinnern soll.

M7 Alkoholmissbrauch bei Jugendlichen

Aus einer Studie:

Zuerst ein Glas Wodka-Cola, dann ein Bier – hinterher zwei Schnäpse kippen. „Komasaufen“ nennt sich das schockierende Teenie-Hobby! Jeder zweite 15-Jährige in Deutschland trinkt sich regelmäßig einen Rausch an. Das belegt nun eine Studie der DAK und der Leuphana Universität Lüneburg.

Alarmierend! Jeder zehnte 12-Jährige gab in der Umfrage an, wöchentlich Wein oder Bier zu trinken. Während die Mädchen meistens Mixgetränke wählen, greifen die Jungen zum Bier.

Für die Studie waren 4 116 Schüler zwischen 10 und 18 Jahren aus 17 Schulen in 7 Bundesländern befragt worden. Mehr als die Hälfte dieser Jungen und Mädchen haben bis zum 13. Lebensjahr bereits Alkohol getrunken!

„Alkoholmissbrauch von Kindern und Jugendlichen kommt oft nur zur Sprache, wenn Komasäufer im Krankenhaus landen. Die Ergebnisse zeigen jedoch, dass Alkohol bei Schülern zum Alltag gehört“, erklärt Dr. Cornelius Erbe von der DAK.

Besonders auffällig ist der hohe Alkoholkonsum an Gymnasien. Nach der Studie trinkt jeder dritte Gymnasiast regelmäßig. An Haupt- und Realschulen jeder vierte Schüler.

Erschreckend sind auch die Ergebnisse zum sogenannten Rauschtrinken: Dabei stürzen die Schüler mindestens fünf Gläser Alkohol nacheinander hinunter. 43 Prozent der Befragten gaben an, dies mindestens einmal im Monat zu tun. Ein Drittel dieser Schüler stürzt sogar dreimal oder öfter im Monat ab. Schuld daran sollen Unzufriedenheit mit den eigenen schulischen Leistungen oder generelle Schul-Unlust sein.

Der angebliche Problemlöser Alkohol lässt immer jüngere Schüler zur Flasche greifen, obwohl laut Gesetz Jugendliche unter 16 Jahren überhaupt keinen Alkohol trinken dürfen. [...] „Schüler, die anfangen, regelmäßig Alkohol zu trinken, sind nicht unbedingt Problem-Kinder. Mit ihren Freunden trinken sie, weil es cool ist“. [...]

Berliner Kurier, 11. 10. 2010

M 8 Wenn die Gruppe Druck macht

Ergebnisse nach einer Studienreihe von Solomon Asch, 1951:

Der Einfluss der Gruppe auf das Individuum ist nicht zu unterschätzen. Oft erfolgt eine Anpassung, selbst wenn keine Bedrohung oder Schlechterstellung droht. Auch wenn nicht bewusst und willentlich Druck ausgeübt und Einfluss genommen wird, kann das Verhalten einer Mehrheit das Verhalten und Entscheiden einer Einzelperson beeinflussen. [...] Der Gruppendruck wirkt meist unbewusst, d.h. die beeinflusste Person und auch die beinflussende Gruppe ist sich der Wirkung der Mehrheit auf den Einzelnen oft gar nicht bewusst und bemerkt dies gar nicht.

Unausgesprochene Erwartungen und Regeln

Als Mitglied einer Gruppe hat man oft das Gefühl, dass

- die Gruppe etwas von einem erwartet,
- ein bestimmtes Verhalten zulässig oder unzulässig ist,
- von der Gruppe Druck auf das eigene Verhalten ausgeübt wird.

Diese wahrgenommenen Erwartungen von der Gruppe an ihre Mitglieder sind oft unausgesprochen und können als ein teils bewusstes und teils unbewusstes Regelwerk bezeichnet werden. Jede Gruppe hat solche Spielregeln. Diese sind zu einem gewissen Maße notwendig und selbstverständlich, damit das Zusammenarbeiten und leben in der Gruppe überhaupt funktioniert. [...] Sich gewissen Regeln einer Gruppe anzupassen, kann also auch sinnvoll sein, um bspw. eine Aufgabe effizient zu lösen. Problematisch kann es dann werden, wenn eine Person sich der Meinung und den Verhaltenserwartungen einer Gruppe anpasst, obwohl sie eigentlich anders handeln möchte.

Gründe zum Anpassen an die Gruppenmeinung

Ich vertraue dem Urteil der Gruppe, weil ich es selbst nicht besser weiß.

Wenn eine Person unsicher ist und z.B. nicht über das nötige Hintergrundwissen zu einem Thema verfügt, passt sie sich dem Urteil der Gruppe an. Sie vertraut dem Urteil der Gruppe mehr als dem eigenen und möchte keinen Fehler machen. [...]

Ich möchte, dass die anderen mich anerkennen und sympathisch finden.

Menschen haben das Bedürfnis, Anerkennung von ihren Mitmenschen zu erlangen. Sie möchten schlicht und einfach gemocht werden. Das Äußern einer abweichenden Meinung in einer Gruppe birgt die Gefahr, dass Gruppenmitglieder darauf mit Zurückweisung und Kritik reagieren. [...]

Verbündete suchen

Was also tun, wenn man sich nicht traut, in gewissen Gruppen seine Meinung zu äußern? Forscher haben herausgefunden, dass die Anwesenheit von Verbündeten hilft, dem Einfluss der Gruppe zu widerstehen. [...] Wenn man also erwartet, in einer Situation von einer Gruppe Druck gemacht zu bekommen, sollte man sich, wenn möglich, einen Verbündeten zur Seite stellen. Oft ist es zudem so, dass selbst, wenn man eine kritische Meinung äußert, dies nicht automatisch bedeuten muss, von der Gruppe zurückgewiesen zu werden. Oft sind die erwarteten Konsequenzen und Befürchtungen im Kopf sehr viel drastischer als die tatsächlichen Folgen.

nach: Bundeszentrale für polit. Bildung; www.bpb.de (Zugriff am 7.2.2011)

INFO

effizient: *hier:* besonders wirkungsvoll

1. Zeigt auf, wie Gruppen auf einzelne Mitglieder Druck ausüben (M1–M4).
2. Erläutert an M2 das Spannungsverhältnis von Familie, Jugendlichen und Gruppendruck.
3. Analysiert die Gründe, warum Jugendliche verstärkt Alkohol konsumieren (M5–M7).
4. Gestaltet ein Plakat, mit dem vor den Gefahren des Alkoholkonsums gewarnt wird und das sich speziell an Jugendliche richtet.
5. Erörtert die Frage, ob man sich einer Gruppe anschließen soll, auch wenn man nicht mit allem, was die Gruppe macht, einverstanden ist (M8).

1.5 Freizeitverhalten

M1 Unterschiedliche Freizeittypen

Aus der Shell-Jugendstudie:

Eine Gruppierung der Jugendlichen führt zu vier fast gleich großen Gruppen. Ein knappes Viertel der Jugendlichen (23 %) lässt sich als kreative Freizeitelite charakterisieren. Eine gleich große Gruppe (23 %) kennzeichnet sich als engagierte Jugendliche. Als gesellige Jugendliche lässt sich ein gutes Viertel (28 %) beschreiben. Ebenfalls ein gutes Viertel (26 %) könnte als Medienfixierte bezeichnet werden.

	Kreative Freizeitelite	Gesellige Jugendliche	Medienfreaks	Engagierte Jugendliche
Im Internet surfen	42	56	77	60
Sich mit Leuten treffen	48	87	56	43
Musik hören	70	53	79	21
Fernsehen	42	40	84	48
Discos, Partys, Feten	4	57	30	26
Vereinssport	17	21	9	74
Freizeitsport	47	18	9	42
Bücher lesen	65	24	7	14
Computerspiele	22	3	27	36
Unternehmungen mit der Familie	37	17	3	27
Videos/DVD	13	7	46	13
Shoppen	7	34	11	10
Rumhängen	5	12	33	6
Kreatives/Künstlerisches	30	14	1	6
Zeitschriften lesen	17	5	5	7
In die Kneipe gehen	1	14	7	3
Sich im Projekt engagieren	5	7	–	19
Jugendzentrum	4	6	3	9

Jugendliche im Alter von 12 bis 25 Jahren (Angaben in %)

Die **kreative Freizeitelite** liest Bücher (65 %), macht Freizeitsport (47 %), unternimmt viel mit der Familie (38 %) und hat eine kreativ-künstlerische Ader (30 %). Diskos (4 %), Shoppen (7 %), Rumhängen (5 %) und Kneipen (1 %) gehören nicht zu den Sachen, die für sie häufig auf dem Programm stehen.

Die **engagierten Jugendlichen** sind im Vereinssport aktiv (74 %), machen nebenbei auch häufig Freizeitsport (42 %), engagieren sich in Projekten (19 %) und spielen auch gerne am Computer (36 %). Musik hören (21 %), Leute treffen (43 %) und Rumhängen (6 %) sind Beschäftigungen, die bei ihnen nicht hoch im Kurs sind.

Gesellige Jugendliche legen ihren zeitlichen Schwerpunkt auf das Treffen mit Leuten (87 %), Diskobesuche (57 %), Shoppen (34 %) und Kneipenbesuche (14 %). Mit Fernsehen (40 %), Computerspielen (3 %) und Videos (7 %) sind es vor allem elektronische Medien, die bei den geselligen Jugendlichen einen deutlich geringeren Stellenwert einnehmen. Damit bilden sie die Kontrastgruppe zu den **Medienfixierten.** Neben Fernsehen (84 %) und Internet (77 %) sind Musik hören (79 %), DVD (46 %) und Rumhängen (33 %) angesagt. Sport, egal ob im Verein (9 %) oder der Freizeit (9 %), Bücher (7 %), Unternehmungen mit der Familie (3 %) und Kreatives (1 %) sprechen die Medienfixierten dagegen fast überhaupt nicht an.

Shell Deutschland Holding (Hrsg.), Jugend 2010. Eine pragmatische Generation behauptet sich, Frankfurt a. M. 2010, S. 98 f.

M2 Freizeit und Geld

Der Alltag von Jugendlichen hält viele Möglichkeiten und Freiheiten der Freizeitgestaltung bereit aus der eine Auswahl getroffen werden muss. Und auch das Geld muss vorhanden sein, um sich in der Schule, im Freundeskreis und im weiteren sozialen Umfeld Dinge leisten zu können. Sich eigene persönliche Wünsche erfüllen zu können, aber auch die Erfahrung, dass es für größere Sachen, z.B. die Finanzierung des Führerscheins, erforderlich ist, Abstriche bei liebgewordenen alltäglichen Ausgaben zu machen, gehören zum Erwachsenwerden dazu.

Fast die Hälfte der Jugendlichen (47 %) bezeichnet die eigene finanzielle Lage als gut (39 %) oder gar sehr gut (8 %). Nur ein Sechstel (16 %) der Jugendlichen stuft die eigene finanzielle Situation als (sehr) schlecht ein. Etwas mehr als ein Drittel (37 %) geht mit „teils, teils" auf die mittlere Kategorie. [...]

Bei der Betrachtung der Zusammenhänge fällt auf, dass es vor allem Jugendliche aus der Unterschicht (42 %) sind, die sich wohl zu Recht über eine eher schlechte finanzielle Situation beklagen. Während nur jeder fünfte Jugendliche aus der „Unterschicht" (20 %) von einer guten finanziellen Lage zu berichten weiß, sind es in der „Oberschicht" (65 %) fast zwei Drittel.

nach: Shell Deutschland Holding (Hrsg.), Jugend 2010. Eine pragmatische Generation behauptet sich, Frankfurt a. M. 2010, S. 81 f.

M3 Freizeit – freie Zeit?

Sandra geht in die achte Klasse des Gymnasiums. Sie gewann vor Kurzem den regionalen Wettbewerb von „Jugend musiziert". Ihren Erfolg verdankt sie täglichem Üben. Jeden Tag kommt sie gegen 13.00 Uhr nach Hause. Nach dem Mittagessen erledigt sie ihre Hausaufgaben. Anschließend übt sie eine Stunde Klavier – am Donnerstag sogar zwei, weil dann ihre Lehrerin kommt. Am Montag hat Sandra Nachmittagsunterricht in der Schule; dienstags erhält sie Nachhilfe in Mathe. Am Freitag muss Sandra ihrer Mutter beim Hausputz und bei den Einkäufen helfen. Zwei Stunden Hilfe erwartet ihre Mutter. Und am Wochenende kommt es oft vor, dass Sandra auf ihre kleine Schwester aufpassen muss. Jetzt überlegt sie, ob sie vielleicht noch Volleyball spielen soll. [...]

Wochenschau Sek. I, Nr. 3/2002, sprachlich vereinfacht

M4 Freizeitbeschäftigungen

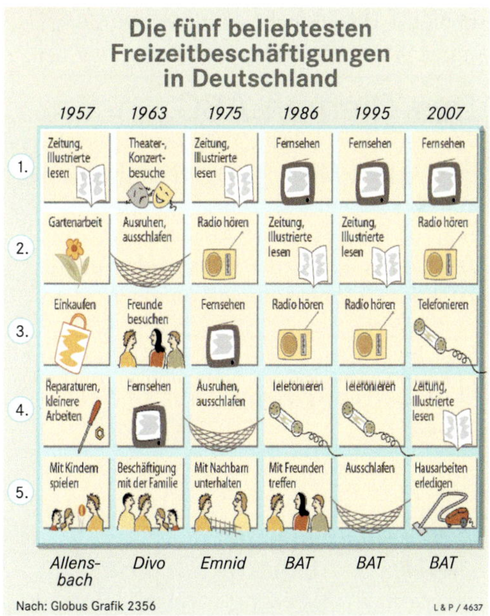

▸▸ Jungen und Mädchen – Benachteiligungen heute, S. 56/57

1 Stellt in einer Tabelle Merkmale der unterschiedlichen Freizeittypen gegenüber (M1).

2 Beschreibt schriftlich einen beispielhaften Tagesablauf zu einem der genannten „Freizeittypen" (M1).

3 Fasst die Informationen des Schaubildes (M4) in einem ausformulierten Text zusammen: „Die fünf beliebtesten Freizeitbeschäftigungen im Wandel".

4 Vergleicht den Tagesablauf von Sandra mit eurem Tagesablauf (M3).

5 Diskutiert abschließend in der Klasse, ob die Freizeitgestaltung Auswirkungen auf schulische und berufliche Perspektiven hat.

METHODE

Ideensammlung zum Thema „Freizeit“

Niemand von uns kann ununterbrochen arbeiten. Wir alle brauchen Abwechslung und Entspannung, den Wechsel von Arbeit und Freizeit. In der Arbeitswelt ist in den letzten Jahrzehnten der Anteil der Arbeitszeit immer geringer und der der Freizeit immer größer geworden. Während unsere Großeltern zum Teil noch weit über fünfzig Stunden pro Woche arbeiteten, beträgt die durchschnittliche Wochenarbeitszeit heute knapp 37 Stunden. Damit hat sich der Spielraum für Freizeitaktivitäten immer mehr vergrößert, die – sinnvolle – Gestaltung der Freizeit wird deshalb immer wichtiger.
Im Folgenden werden euch drei Methoden vorgestellt, wie man ohne großen Aufwand Ideen für ein Projekt „Freizeit“ sammeln kann.

Brainstorming

Eine relativ alte Methode, Ideen zu einem Thema zu sammeln, ist das „Brainstorming“, der „Gehirnsturm“. Dabei nennen alle Schüler spontan ihre Einfälle und Assoziationen zu einem Thema. Diese werden an der Tafel oder auf einer Wandzeitung festgehalten.
Wichtig ist: Kritik oder Bewertungen dürfen in dieser Phase nicht geäußert werden. Alles darf gesagt werden. Erst anschließend, in der Auswertungsphase, werden die Ideen sortiert, zu Gruppen zusammengestellt, ergänzt und bewertet.
Durch das Brainstorming werden verschiedene Sichtweisen und Erfahrungen angesprochen. Die Erfahrung zeigt: Je unterschiedlicher eine Gruppe ist, desto zahlreicher sind die Einfälle!

Das Themen-ABC

Eine weitere Möglichkeit, Ideen und Gedanken zu sammeln, ist das „Themen-ABC“. Hierzu wird das ganze ABC in Form einer Tabelle auf ein Blatt Papier geschrieben. Zu jedem Buchstaben gilt es ein Wort zu finden, das mit dem Thema in Verbindung steht. Fallen dir mehrere Stichpunkte ein, so entscheide dich für den wichtigsten. Anders als beim Brainstorming wird beim Themen-ABC individuell gearbeitet.

METHODE

Die Mindmap-Methode

Brainstorming und Ideen-ABC bilden gute Voraussetzungen für das Anfertigen einer „Mindmap“.
Mithilfe dieser „Gedächtnislandkarte“ kann man Ideen und Gedanken zu einem Thema übersichtlich zusammentragen und bereits vorsortieren. Eine Mindmap hilft darüber hinaus, sich Sachverhalte zu merken, weil sie beide Gehirnhälften anspricht: die analytisch-sprachliche und die kreativ-bildhafte. Wenn ihr zu den Funktionen der beiden Gehirnhälften mehr wissen wollt, sprecht eure Biologielehrer an.
Mindmaps sind einfach zu erstellen: Ihr benötigt lediglich ein Blatt Papier und einen Stift. Zuerst wird das Thema (hier: „Freizeit“) in die Mitte des Blattes geschrieben und umrahmt. Anschließend werden die Hauptaspekte des Themas auf „Hauptäste“ geschrieben; in unserem Beispiel etwa „Freizeit in der Geschichte“, „Freizeit und Medien“ usw. An diese Hauptäste schließen sich Zweige an, die wieder mit Stichpunkten beschriftet werden („Fernsehen“, „Computerspiele“ ...). Selbst diese können sich noch weiter verzweigen. Fällt euch während der Arbeit ein weiterer Hauptaspekt ein, so könnt ihr diesen jederzeit als neuen Ast zwischen bereits vorhandene Hauptäste einzeichnen. So entsteht nach und nach ein Schaubild, das einen guten Überblick vermittelt.
Übrigens: Mindmap-Programme gibt es auch für den Computer!

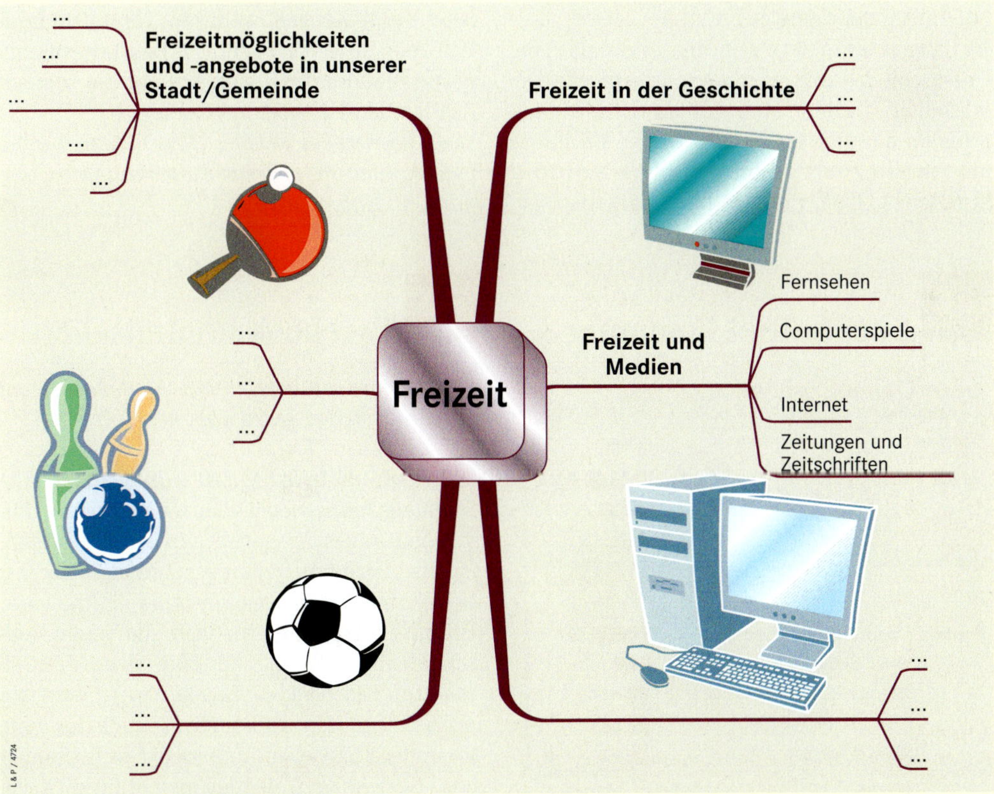

Anregung zur Ideensammlung:
Erprobt in drei Gruppen jeweils eine der Methoden. Die Gruppen sollten sich nach dem Zufallsprinzip zusammensetzen, damit ihr euch nicht zu gut kennt. Ziel ist es, nach Anleitung mit der jeweiligen Methode Ideen zum Thema Freizeit zu sammeln. Dokumentiert eure Ergebnisse für alle übersichtlich (Plakat, Wandzeitung, Kopien oder Folien). Vergleicht die Ergebnisse: Wo gibt es Unterschiede, was schien am leichtesten, was am schwersten zu sein?

1.6 Zeit am Computer – Wie die Zeit vergeht

M 1 Zeit im Internet

Ergebnisse einer Studie:

Seit Beginn des 21. Jahrhunderts hat nicht nur die Verbreitung des Internets an Tempo zugenommen, sondern auch die durchschnittliche Zeit, die Jugendliche pro Woche im Internet verbringen. 2002 waren es noch sieben Stunden, die jugendliche Internetnutzer im Durchschnitt pro Woche online waren. Nach 9,3 Stunden in 2006 ist dieser Durchschnitt auf 12,9 Stunden in 2010 angewachsen. Durch die gleichzeitig gestiegene Verbreitung der Internetnutzung unter Jugendlichen verbringen Jugendliche in Deutschland in 2010 mehr als das Doppelte an Zeit im Internet, als dies 2002 noch der Fall war.

▸▸ Abo-Fallen im Internet, S. 106/107

▸▸ Die Berufswelt verändert sich, S. 276/277

GLOSSAR
Internet

Statistisch besonders relevant sind dabei die Unterschiede zwischen den Geschlechtern. Männliche Onliner sind mit im Schnitt 15,0 Stunden deutlich länger pro Woche im Internet unterwegs als weibliche Onliner mit 10,7 Stunden. [...] Bei den 12- bis 14-Jährigen ist dieses Zeitbudget von 4,5 Stunden in 2002 auf nunmehr 8,5 Stunden in 2010 angewachsen. Bei den älteren Jugendlichen nimmt die Dauer der Nutzung entsprechend zu. [...]

Jenseits von Reichweite und Umfang der Nutzung stellt sich die Frage nach den Inhalten, die die Jugendlichen ans Internet binden. [...] Es zeigt sich, dass vor allem digitale Netzwerke eine hohe Bindungskraft entfalten. Die Hälfte der jugendlichen Internetnutzer im Alter von 12 bis 25 Jahren gibt an, mehrmals täglich (24 %) oder so gut wie täglich (26 %) Zeit bei den Lokalisten, Facebook, Schüler- oder Studi-VZ und weiteren vergleichbaren Websites zu verbringen. [...] Das Internet als große Bibliothek zu nutzen steht bei Jugendlichen ebenfalls hoch im Kurs. [...]

Shell Deutschland Holding (Hrsg.), Jugend 2010. Eine pragmatische Generation behauptet sich, Frankfurt a. M. 2010, S. 103 f.

M 2 Suchtmittel Computer

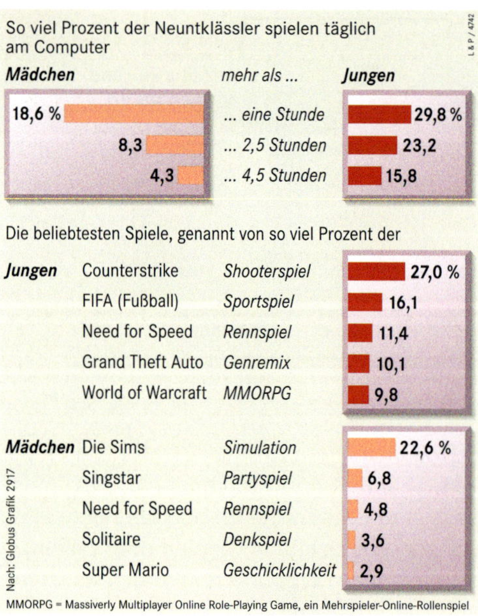

M 3 Facebook-Freundschaft

Der Diplom-Psychologe und Methodendozent an der FU Berlin, Jesko Kaltenbaek:

Der Freundschaftsbegriff wurde durch die Sozialen-Online-Netzwerke weit gedehnt. Ein sympathisches Aussehen, ein ähnliches Hobby, die gleiche Ausbildungsstätte, derselbe Arbeitgeber oder ein gemeinsamer Online- oder Offline-Freund sind vielfach die allein entscheidenden Gründe für eine neue Freundschaft in Facebook, MySpace, Xing. Und dabei reicht einer der genannten Gründe für eine Freundschaftsverbindung meist vollkommen aus. Beziehungen werden per Mausklick geknüpft und beendet. Allerdings sprechen auch Digital Natives, also Online-erfahrene Menschen, von nur zwei bis vier echten Freunden.

www.prisma.de / thema.2010_42_veraendern_social_networks_die_freundschaft.html (Zugriff am 7. 2. 2011)

M4 Noch nie im Internet!?

Aus einem Bericht über die Medientage 2010:

Ein Mädchen aus Rheinland-Pfalz erklärte, dass ihre 18-jährige Freundin noch nie im Internet war. Ein Raunen ging durch die Menge. Sie würde solche sozialen Netzwerke nicht brauchen. Vor allem an ihrem Geburtstag wüsste sie, wer ihre wahren Freunde sind, die an das Datum denken, ohne dass sie es irgendwo im Internet gepostet hat, äußerte das Mädchen aus dem Publikum.

www.rhein-zeitung.de/nachrichten/wissenschaft_artikel,-Jugendmedientage-2010 (Zugriff am 7. 2. 2011)

M5 Onlinesucht

Aus dem Bericht der Drogenbeauftragten der Bundesregierung 2009:

Krankhafter Internetgebrauch ist eine neue und unzureichend erforschte [...] Verhaltenssucht, deren Symptome dem krankhaften Spielen vergleichbar sind. Ein charakteristisches Merkmal ist eine ausgeprägte und in der Selbstkontrolle so stark beeinträchtigte Nutzung von Internetanwendungen, dass psychosoziale Folgeprobleme auftreten. Dabei ist das Ursache- und Wirkungsgefüge weitgehend unerforscht. Bislang liegen auch keine verlässlichen Zahlen zu Personen vor, die sich wegen problematischen Internetkonsums in Beratung und Behandlung begeben haben.

Insbesondere das Internet hat ein Gefährdungspotenzial. Nach verschiedenen Studien gelten 3–7 % der Internetnutzer als „onlinesüchtig" und ebenso viele als stark suchtgefährdet. Im Blickpunkt steht dabei die ausufernde Teilnahme an Onlinespielen oder Chats ebenso wie der übermäßige Konsum sexueller Inhalte. „Onlinesüchtige" verbringen im Extremfall nahezu ihre gesamte Zeit (10 bis 18 Stunden pro Tag) mit Computerspielen. Infolge dessen vernachlässigen sie ihre Umwelt mehr und mehr und verlieren ihre übrigen sozialen Kontakte. „Onlinesucht" ist bisher international noch nicht als eigenständiges Krankheitsbild anerkannt, weshalb noch keine Statistiken zur Häufigkeit in der Bevölkerung vorhanden sind. Gleichwohl sieht die Bundesregierung im problematischen Internetgebrauch ein reales, ernst zu nehmendes Problem.

ehemalige Drogenbeauftragte der Bundesregierung (Hrsg.), Drogen- und Suchtbericht 2009, S. 88, sprachlich leicht bearbeitet

INFO

Symptome: Erscheinungen

1 Erstellt ein Tagebuch, in dem ihr eine Woche lang alle eure Computeraktivitäten (Chatten, Netzwerk-Aktivitäten, Computerspiele, Internet etc.) festhaltet.
2 Charakterisiert den „typischen" Internetnutzer (M 1).
3 Diskutiert in der Klasse über Chancen und Risiken der Computer-Nutzung (M 2–M 5).
4 Analysiert die unterschiedlichen Freundschaftsbegriffe (M 3, M 4).

1.7 Familie – Gestern, heute und morgen

Bis in die 60er-Jahre des 20. Jahrhunderts bestand die „Normalfamilie“ aus Vater, Mutter und Kindern. Die meisten Menschen heirateten und die Ehe blieb lebenslang stabil, die Zahl der Ehescheidungen war niedrig. Aus den Ehen gingen in der Regel Kinder hervor.

In den vergangenen Jahrzehnten sank die Kinderzahl in den Familien kontinuierlich: Immer mehr Ehen blieben kinderlos, die Zahl der Ein-Personen-Haushalte (der sogenannten Singles) stieg an, während die der Familien mit vielen Kinder stark zurückging. Zugleich wuchs die Zahl der Ehescheidungen.

Doch wenn sich Ehepartner für Kinder entscheiden, wollen sie in der Regel zwei Kinder haben, nur 19 % aller Kinder wachsen ohne Geschwister auf. Bevölkerungswissenschaftler stellen weiterhin fest, dass Frauen heute deutlich später als früher Kinder bekommen. Das durchschnittliche Alter der Frauen bei der ersten Geburt ist zwischen den Jahren 1970 und 2000 von etwa 24 auf 29 Jahre gestiegen.

Die Familie spielt immer noch eine sehr große Rolle: Zwar wachsen die meisten Jugendlichen noch in einer „richtigen“ Familie auf, aber es werden immer weniger, denn der Anteil der Alleinerziehenden steigt kontinuierlich an, ebenso wie es immer mehr Ehepaare ohne Kinder gibt. Es haben sich also andere Lebensformen neben der traditionellen Familie herausgebildet.

M1 Von der Groß- zur Kleinstfamilie

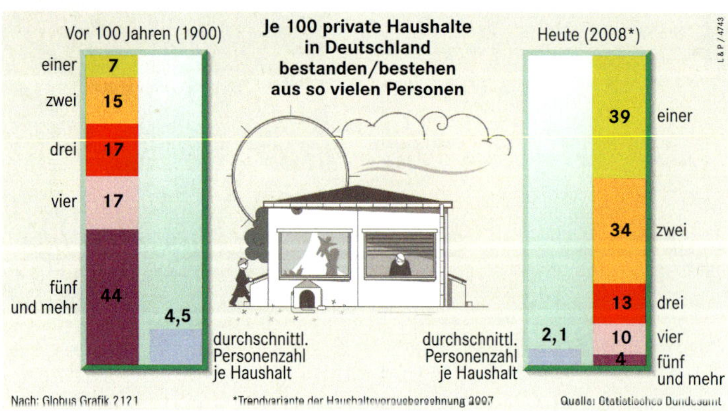

M2 Familien in Deutschland

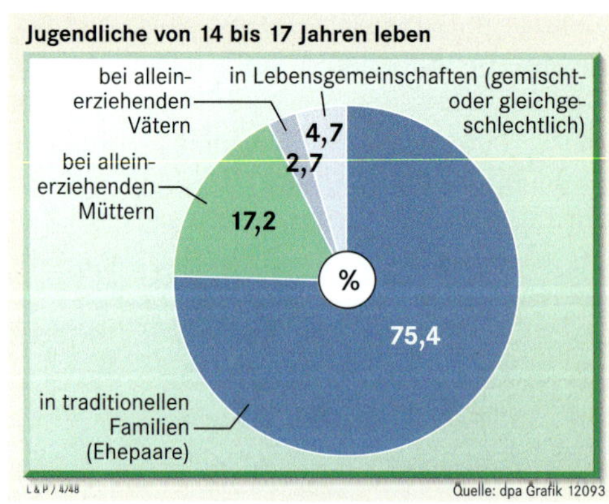

1 Zeigt anhand der Fotos, M1 und M2 den Wandel der Familienstrukturen auf.

2 Stellt dar, welche Alltagsprobleme sich – speziell für Jugendliche – aus den unterschiedlichen Familienstrukturen ergeben können.

Umgang mit einfachen Statistiken und Schaubildern

METHODE

Unter einer Statistik versteht man die systematische Sammlung von Informationen in Form von Zahlen, die meist von Experten erhoben werden (Statistisches Bundesamt/Landesämter).
Dienstleistungsunternehmen bereiten diese Zahlen für Zeitungen und Bücher auf. Die Daten werden gerne in Schaubildern (Diagrammen) präsentiert, von denen es unterschiedliche Darstellungsformen gibt. Man unterscheidet **Kreis-** oder **Tortendiagramme, Balken-** und **Säulendiagramme** sowie **Kurvendiagramme**. Statistiken bilden meist entweder Momentaufnahmen ab oder vergleichen unterschiedliche Zeiträume. Bei der Untersuchung von statistischem Material wird wie folgt vorgegangen:

▸▸ Mit komplexen Grafiken und Statistiken arbeiten, S. 135

1. Beschreibung der Statistik M1 ▪ Woher stammen die Daten, wer hat sie erfasst bzw. herausgegeben und veröffentlicht? ▪ Wie lautet das Thema bzw. was wird dargestellt? ▪ Auf welchen Zeitraum bezieht sich das Schaubild/das Material? ▪ Welche Darstellungsform wurde gewählt (Säulen-, Balken-, Tortendiagramm etc.)? ▪ Werden absolute oder relative Zahlen verwendet? ▪ Wie sind die Zahlen im Diagramm umgesetzt worden (Abstände/Maßstab)? ▪ Welche besonderen Gestaltungselemente gibt es? Wichtig: Hier werden nur überprüfbare Aussagen formuliert!	Die Daten stammen vom Statistischen Bundesamt. Sie wurden vom Globus-Bilderdienst unter der Nummer 2121 veröffentlicht. Thema des Schaubildes ist die Entwicklung von der Groß- zur Kleinstfamilie. Das Schaubild vergleicht Zahlen der Jahre 1900 und 2008. Als Darstellungsform wurden zwei Säulendiagramme gewählt. Kleine Kästchen geben die durchschnittliche Personenzahl wieder. Verwendet werden Prozentzahlen, bezogen auf die Haushaltsgröße. Die Höhe der Säulenabschnitte gibt die Größe der Zahl wieder. Ein gezeichnetes Doppelhaus symbolisiert die Aussage des Schaubildes: links die Groß-, rechts die Kleinstfamilie.
2. Auswertung der Statistik ▪ Ist eine Entwicklung zu erkennen (Trends)? ▪ Fallen besondere Werte ins Auge? ▪ Gibt es Veränderungen? ▪ Was sagen die Daten aus?	Eine erste Betrachtung zeigt zunächst, dass im statistischen Vergleich im Vergleichszeitraum die durchschnittliche Personenzahl von 4,5 Personen auf 2,1 Personen gesunken ist. Besonders fällt ins Auge, dass mehr als 2/3 der Haushalte heute Ein- oder Zweipersonenhaushalte sind. Haushalte, die 1900 aus 5 und mehr Personen bestanden, kommen heute kaum noch vor.
3. Erklärung der Aussagen (erst nach genauer Beschreibung und Auswertung) Hier müssen die bei der Auswertung herausgearbeiteten Ergebnisse gedeutet und in einen größeren Zusammenhang gestellt werden. Es dürfen Vermutungen angestellt und Schlussfolgerungen gezogen werden.	**Mögliche Erklärungsansätze könnten sein:** Entwicklungen der Arbeitswelt zur Dienstleistungsgesellschaft; Emanzipation der Frau und Zunahme der Frauen-Erwerbstätigkeit; Kinder als Armutsfaktor; Zunahme der Möglichkeiten der Empfängnisverhütung [...]
4. Kritik	Unklar bleibt der Haushalts- und Familienbegriff. Geklärt werden muss, ob die Begriffe hier identisch/synonym verwendet werden.

1 Analysiert nach vorliegendem Muster die Statistik M2.

INFO

Patchwork: Technik zur Herstellung von Kleiderstoffen, Decken, Wandbehängen o. ä., bei der Stoff- oder Lederflicken in den verschiedensten Formen, Farben und Mustern harmonisch zusammengesetzt werden.

M3 Formen des Zusammenlebens

M4 Einmal Familie neu gemischt

Wenn ein Elternteil eine Beziehung mit einem neuen Partner eingeht, nannte man den früher Stiefmutter oder Stiefvater. Und die sind – wie wir aus den Märchen wissen – böse und gemein. Heute nennt man eine neu zusammengewürfelte Lebensgemeinschaft Patchworkfamilie. Das klingt viel lustiger – nach buntem Flickenteppich. Die „normale" Kleinfamilie, bestehend aus Mama, Papa und Kind, ist heute nicht mehr die Norm.

Jede siebte Familie, so schätzt man, lebt heute als Patchworkfamilie zusammen. Genaue Statistiken gibt es nicht. Kein Wunder, bei so vielen Varianten: Entweder bringt die Mutter ihre Kinder mit in die neue Beziehung oder der Vater. Oder die Kinder von beiden Elternteilen leben in der Familie. Manchmal leben auch Kinder aus einer früheren Beziehung bei dem Ex-Partner und kommen nur am Wochenende zu Besuch. Oft kommen auch noch gemeinsame Kinder aus der neuen Beziehung dazu. Jede Patchworkfamilie ist anders. Anders in der Zusammensetzung, anders in ihrer Entstehungsgeschichte und anders in ihrem Familienleben. Es gibt keine Patentrezepte, wie aus den einzelnen Familienmitgliedern eine Familie entsteht.

www.eltern.de (Zugriff am 7. 2. 2011)

M5 Was ist eine Patchworkfamilie?

Eltern, die in ungewöhnlichen Konstellationen leben, sehen sich häufig Vorurteilen ausgesetzt, wie etwa dem Vorwurf, nicht an der ursprünglichen Partnerschaft festgehalten zu haben, „um der Kinder willen". Unwillkürlich unterstellt man unverantwortliches Handeln, weil die Kinder die Trennung vom anderen Elternteil erleiden mussten. Aber auch die neuen Partner haben oft keinen guten Stand: Sie könnten ja der Grund für das Scheitern der alten Familie sein. [...]

80 Prozent der Kinder in Deutschland wachsen bei ihren leiblichen Eltern auf, das heißt, dass man dazu neigt, diese Form als das Normale, das Richtige wahrzunehmen. Diese Wahrnehmung ist allerdings mehr auf die Sozialisation – die Gewöhnung – zurückzuführen, als dass sie sachlich begründbar wäre.

Viele Kinder sind eher erleichtert, wenn die Eltern sich nach langen Streitigkeiten entschließen, eine unglückliche Ehe zu beenden. Natürlich leiden Kinder, wenn sie zum „Zankapfel" im Scheidungskrieg werden. [...]

Kinder müssen also nicht automatisch ein Elternteil verlieren, wenn sich die Eltern trennen; ein neuer Partner kann zu einem neuen, wertvollen Familienmitglied werden.

www.familienratgeber-nrw.de (Zugriff am 7. 2. 2011)

M6 Die Vorteile

Es gibt jedoch auch schöne Seiten, die eine so bunt gemischte Konstellation wie eine Patchworkfamilie, mit sich bringen. Beispielsweise haben die Kinder viele Bezugspersonen, an die sie sich wenden können.
Alle Mitglieder lernen, wie wichtig Kompromisse sind und können somit besser auf Neues reagieren. Die Kinder aus einer Patchworkfamilie weisen eine deutlich höhere Sozialkompetenz auf, als Kinder aus regulären Familienkonstellation.
Trotz aller Komplikationen kann der Versuch einer Patchworkfamilie ein aufregendes Unterfangen werden, das den Wunsch nach einer eigenen Familie erfüllt.

www.hallofamilie.de/familienleben/kind-eltern/weitere-artikel/1/281-leben-in-einer-patchworkfamilie.html (7. 3. 2011)

M7 Und welcher Elternteil soll es unterzeichnen?

M8 Eine Patchworkfamilie

1 Erklärt den Begriff „Patchworkfamilie“ (M3–M6, M8).
2 Arbeitet anhand aller Materialien die Folgen des Wandels der Familienstrukturen heraus.
3 Erläutert, was die Karikatur M7 aussagen will.
4 Bewertet die These von der Familie als „Auslaufmodell“ und diskutiert Vor- und Nachteile bzw. Herausforderungen und Schwierigkeiten unterschiedlicher Lebensformen.

▸▸ Karikaturen deuten, S. 232/233

1.8 Rollen in der Familie

INFO

Rolle:
typische, mehr oder weniger verbindliche Verhaltenserwartungen einer Gruppe bzw. Gesellschaft

GLOSSAR

Rolle

Wenn mehrere Menschen unter einem Dach zusammenleben, muss vieles geregelt werden, so z. B. die ganz alltägliche Frage, wer welche Aufgaben im Haushalt übernimmt oder auch wer sich um die Kinder kümmert. Oft heißt es: Dieses ist Mädchenarbeit, anderes macht der Junge.
Sind die Eigenschaften, die man für „typisch männlich" oder für „typisch weiblich" hält, angeboren oder anerzogen? Diese Frage haben Wissenschaftler an Kindern untersucht, die von ihrer Geburt an beobachtet wurden. Wann eigentlich treten welche Unterschiede zwischen Jungen und Mädchen auf und warum? Bei Neugeborenen haben sie nur feststellen können, dass Jungen z. B. im Durchschnitt mehr schreien, sich mehr bewegen und weniger schlafen als Mädchen. Bei älteren Kindern dagegen fanden sie überhaupt keine Verhaltensweisen, die eindeutig durch das Geschlecht bestimmt waren. Typisches Rollenverhalten wird also erlernt und ist durch Erziehung vermittelt, die gleich nach der Geburt beginnt.

M 1 Wenn die Männer Schürzen tragen

Fritz B. aus Köln ist gelernter Bankkaufmann und Jurist – und seit elf Jahren Hausmann. Seine Frau arbeitet Vollzeit, während er sich um die beiden Söhne (fünf und sieben Jahre), Haushalt, Garten und Garage kümmert. Die Entscheidung für den Rollentausch sei damals krankheitsbedingt gefallen, aber inzwischen hätten er und seine Familie sich damit gut arrangiert, sagt Fritz B. Für die Söhne ist es völlig normal, mit Papa Hausaufgaben zu machen, und auch vormittags – allein unter Frauen im Supermarkt – wird B. nicht mehr irritiert angeschaut. „Mann gewöhnt sich ganz gut dran", so das Fazit des 46-jährigen Rheinländers.

Noch nicht richtig an die Situation gewöhnt hat sich Ralph B., Elektroinstallateur aus Engelskirchen bei Köln. Seit er vor einem Jahr arbeitslos wurde, ist der zweifache Familienvater Hausmann. Da das Haus weiter abbezahlt werden muss, geht seine Frau wieder im Drei-Schicht-Wechsel als Krankenschwester arbeiten. Ralph B. tut sich noch immer schwer mit dem Rollentausch. Seine Probleme im Alltag sind die „üblichen Männerprobleme": Er kauft hin und wieder die falschen Sachen ein, ist ein schlechter Bügler und kann Staubflocken unterm Schrank gut übersehen. Vor allem aber belasten ihn die Vorurteile und das Getuschel im Dorf.

Auch Dieter Z., 32, aus Düsseldorf kümmert sich um die drei K – Kinder, Küche, Kirche –, die traditionell eher den Frauen zugeschrieben werden. Doch ist die Rolle als Hausmann von ihm frei gewählt: Von Anfang an kümmerte sich Dieter Z. um die Erziehung seiner inzwischen 18 Monate alten Tochter, während seine Frau eine 50-Stunden-Woche in einem Modeatelier zu bewältigen hat. Im Februar erwarten die beiden das zweite Kind.

Auszug aus der ZDF.reportage (ZDF) vom 4. 2. 2007

M2 „Er ist doch ein Junge, oder?“

Leonie, 15, schaut mir beim Bügeln zu. „Das würde ich meinem Mann nicht erlauben“, sagt sie. „Dass er vor der Glotze sitzt, während ich bügle.“ Sie spricht nicht von ihrem Zukünftigen, sondern von ihrem Vater. Gerald verfolgt gerade in Männerrunde die Champions League, während ich bügle. „So wird das nie was. Ruben kriegt doch einen völlig falschen Eindruck, wie das ablaufen sollte zwischen Männern und Frauen.“ Damit ist sie bei ihrem Lieblingsthema, ihrem zehnjährigen Bruder. Mit Argusaugen überwacht sie seine Erziehung. Das hat sie von ihren großen Schwestern übernommen. Kaum konnte Ruben laufen, drückten sie ihm einen Putzeimer in die Hand. Ich fand ihn noch etwas zu klein, um das Klo zu putzen, aber ich wurde energisch zurechtgewiesen: „Willst du aus ihm etwa einen Macho machen?“ Natürlich nicht, das stand auch erst mal gar nicht an. Noch schrubbte Ruben begeistert den Küchenboden, versuchte Kuchen zu backen und ließ sich widerstandslos mit Ballett-Tutu und Faschingsperücke in ein Mädchen „Rubina“ verwandeln. Alle amüsierten sich prächtig. Nur sein Vater nicht. „Ich weiß nicht, ob das richtig ist. Er ist doch ein Junge, oder?“

nach: Xenia Frenkel, Jungen sind anders, Mädchen auch!, in: Eltern for family, Nr. 8 (1999), S. 77

M3 „Männer“

Männer nehmen in den Arm
Männer geben Geborgenheit
Männer weinen heimlich
Männer brauchen viel Zärtlichkeit
Männer sind so verletzlich
Männer sind auf dieser Welt einfach
unersetzlich
Männer kaufen Frauen
Männer stehen ständig unter Strom
Männer baggern wie blöde
Männer lügen am Telefon
Männer sind allzeit bereit
Männer bestochen durch ihr Geld und ihre
Lässigkeit

Männer haben's schwer, nehmen's leicht
Außen hart und innen ganz weich
Werden als Kind schon auf Mann geeicht
Wann ist ein Mann ein Mann?

Auszug aus: Herbert Grönemeyer, „Männer“ von der LP „4630 Bochum“ (1984); EMi Kick Musikverlag GmbH, Hamburg; Grönland Verlag, Berlin

M4 Der moderne Mann

1 Stellt gemeinsam „typisch männliche“ und „typisch weibliche“ Eigenschaften zusammen und vergleicht eure Ergebnisse mit den Fotos sowie mit M3 und M4.

2 Arbeitet die Gemeinsamkeiten und Unterschiede der drei Männer heraus (M1). Warum sind sie Hausmann geworden? Wie kommen sie mit ihrer Rolle zurecht?

3 Erörtert die These „Verhaltensweisen sind anerzogen“ und diskutiert unter Einbeziehung von M2 weitere Beispiele, die für oder gegen diese These sprechen.

▸▸ **Jungen und Mädchen – Benachteiligungen heute S. 56/57**

1.9 Arme Kinder

M1 Was Kinder brauchen ...

Aus einem Finanzbericht:

[...] Kinder wollen essen, brauchen ein Dach über dem Kopf, etwas anzuziehen, Fahrkarten für den Bus, Schulhefte, Zahnbürste, Bett und Stuhl. Das Statistische Bundesamt hat auf Grundlage der Einkommens- und Verbraucherstichprobe 1998 die Durchschnittskosten addiert und kam auf 496 Euro pro Kind monatlich, für zwei Kinder errechneten die Statistiker Kosten von 854 Euro. [...] Bei einer jährlichen Inflationsrate von 1,5 Prozent sind es heute bereit 948 Euro, hochgerechnet auf 18 Jahre immerhin 205 000 Euro für zwei Kinder. Das zweite Kind ist allerdings billiger als das erste, das dritte billiger als das zweite, weil vieles nur einmal angeschafft werden muss.
Bei ihrer Kalkulation gehen die Statistiker davon aus, dass die Kinder mit 18 Jahren flügge sind, was mittlerweile nicht mehr der Realität entspricht. In vielen Familien wohnen die Kids noch Jahre nach der Volljährigkeit bei ihren Eltern.

www.focus.de/finanzen/versicherung/kinderkosten (Zugriff am 12. 10. 2010)

M2 Die „Arche“

▸▸ Arbeitslos – und nun?, S. 181

▸▸ Armut und Reichtum – Was ist gerecht?, S. 190

▸▸ Der Staat auf dem Rückzug, S. 190

Bernd Siggelkow, Gründer des Kinder- und Jugendwerks „Die Arche“:

In Deutschland gehen rund eine Million Kinder ohne Frühstück in die Schule, sie haben auch kein Geld für ein Pausenbrot oder für das Mittagessen in der Schule. Viele Kinder leben zwar in ihren Familien, sind aber trotzdem auf sich alleine gestellt. Die Eltern können oder wollen nicht helfen. Jedes Kind geht in Deutschland zwar zur Schule, aber Bildung kostet Geld und für Bildung ist im Hartz IV-Regelsatz für Kinder kein Geld vorgesehen. Die Kinder leben immer nur so gut, wie ihre Eltern sind. Manchmal leben sie auch lieber auf der Straße. Das ist für ein so reiches Land wie Deutschland schlimm und stimmt mich sehr traurig.
Kinder sind arm, wenn sie spüren, dass sie arm sind. Kinder sind arm, wenn sie ihren Kopf nicht mehr für ein unbeschwertes Spielen frei haben. Kinder sind arm, wenn sie nicht das an Bildung und Ausbildung zugesprochen bekommen, was ihnen eigentlich zusteht.

www.wissen.de/wde/generator/wissen/ressorts/geschichte/zeitgeschehen/index,page=4308804.html (Zugriff am 8. 2. 2011)

GLOSSAR

Armut
Chancengleichheit
Ungleichheit, soziale

M3 Wiesbadens arme Kinder

Aus einem Zeitungsartikel:

Mehr als 10 000 Kinder in Wiesbaden sind arm. Ihre Eltern sind arbeitslos, ihre Mütter alleinerziehend, oder der alleinverdienende Vater arbeitet in einem Job, der nur geringen Lohn bringt. Fest steht, dass mittlerweile 23 Prozent der Haushalte mit Kindern in der Landeshauptstadt mit einem Einkommen unter oder an der Armutsgrenze auskommen müssen. [...] So steht es im ersten Sozialbericht zur Armut von Kindern, Jugendlichen und Familien [...]. Aus der Untersuchung geht hervor, dass arme Zehnjährige sich in einer komplett anderen Lebenswelt befinden als ihre wohlhabenden Altersgenossen. Die armen Kinder teilen sich ihre Zimmer häufig mit Geschwistern, sie haben keinen eigenen Schreibtisch zu Hause, an dem sie in Ruhe ihre Schulaufgaben erledigen können, sie betreiben viel seltener Sport im Verein. Noch seltener besuchen sie die Musikschule, leiden deutlich häufiger als andere wegen falscher Ernährung an Übergewicht.

Frankfurter Rundschau vom 20. 5. 2010, sprachlich leicht bearbeitet

M5 Hartz IV

Höhe der Regelsätze, Stand 2010:

Für eine erwachsene Person in einem Einpersonenhaushalt wird der Regelsatz auf 364 Euro gesetzt. Die Kinderregelsätze betragen:

- 0 bis unter 6 Jahre: 215 Euro.
- 6 bis unter 14 Jahre: 251 Euro.
- 14 bis unter 18 Jahre: 287 Euro.

Frankfurter Rundschau vom 20. 5. 2010, sprachlich leicht bearbeitet

M4 Ermittlung des Regelbedarfs

Aus dem Entwurf eines Gesetzes zur Ermittlung der Regelbedarfe von CDU/CSU und FDP:

Kinder vom Beginn des siebten bis zur Vollendung des 14. Lebensjahres

Abteilung 1	(Nahrungsmittel, alkoholfreie Getränke)	96,55 €
Abteilung 3	(Bekleidung und Schuhe)	33,32 €
Abteilung 4	(Wohnen, Energie und Wohnungsinstandhaltung)	11,07 €
Abteilung 5	(Innenausstattung, Haushaltsgeräte und -gegenstände)	11,77 €
Abteilung 6	(Gesundheitspflege)	4,95 €
Abteilung 7	(Verkehr)	14,00 €
Abteilung 8	(Nachrichtenübermittlung)	15,35 €
Abteilung 9	(Freizeit, Unterhaltung, Kultur)	41,33 €
Abteilung 10	(Bildung)	1,16 €
Abteilung 11	(Beherbergungs- und Gaststättendienstleistungen)	3,51 €
Abteilung 12	(andere Waren und Dienstleistungen)	7,31 €

Deutscher Bundestag, Drucksache 17/3404 (26. 10. 2010)

M6 Kinderreichtum – Kinderarmut

1 Tragt gemeinsam zusammen, was ein Kind im Jahr an Kleidung und Schuhen benötigt. Die Zeichnung und die „Einkaufsliste“ können euch hierbei helfen.

2 Analysiert unter Einbezug von M 1 bis M3 Ursachen und Folgen von Kinderarmut.

3 Ermittelt den gesetzlich festgelegten Regelbedarf eines Dreizehnjährigen (M4). Vergleicht eure Ergebnisse von Aufgabe 1 und diskutiert, ob der auf diesem Bedarf fußende Regelsatz von 251 € (M5) ausreichend ist.

4 Kommentiert die beiden Fotos (M6).

1.10 Arm durch Kinder

M1 Der Preis des Elternglücks

Aus einem Finanzbericht:

[...] Wer Kinder in die Welt setzt, spürt schon bald die finanziellen Einbußen. Bei den meisten Paaren haben vor der Geburt des ersten Kindes noch Mann und Frau gearbeitet. Dann fällt in der Regel ein Gehalt weg, weil die Frau zu Hause bleibt, um sich dem Baby zu widmen. Am Anfang fördert der Staat noch die junge Familie [...] Am Monatsende wird den jungen Eltern schnell bewusst, dass ihnen im Schnitt 1 200 Euro fehlen – das Gehalt der Frau. Bleibt die Frau bis zur Volljährigkeit ihres Kindes zu Hause, summiert sich der Verdienstausfall auf 266 000 Euro – bei einem Verdienst von 1 232 Euro, dem halben Durchschnittseinkommen aller Rentenversicherten 2005. [...]

www.focus.de/finanzen/versicherung/kinderkosten (Zugriff am 12. 10. 2010)

M2 Armutsgefährdung

Alleinerziehende und kinderreiche Familien sind in Deutschland immer häufiger von Armut betroffen. Die traditionelle Rollenverteilung verliert auf der anderen Seite an Bedeutung. In immer mehr Partnerschaften mit Kindern gehen beide Teile arbeiten.

▸▸ Werden Frauen in der Arbeitswelt benachteiligt?, S. 188

▸▸ Armut und Reichtum – Was ist gerecht?, S. 190

Bei den Alleinerziehenden beträgt die durchschnittliche Armutsgefährdungsquote 26 Prozent [...] In den kinderreichen Familien erhöht sich das Einkommen in der Regel nur noch durch das Kindergeld, häufig wird zudem nur Teilzeit gearbeitet. Besonders hoch ist das Armutsrisiko demnach bei Alleinerziehenden mit drei und mehr Kindern: Hier lag die Quote bei 42 Prozent. Die Zahlen beziehen sich auf das Jahr 2005. Den Angaben des Bundesamtes zufolge gingen 2007 deutschlandweit bei 51 Prozent der Familien mit zwei Elternteilen Mutter und Vater einer Erwerbstätigkeit nach. Nach der „klassischen" Rollenverteilung, bei der ausschließlich der Vater arbeiten geht, gestalteten 35 Prozent der Paare mit Kindern ihr Erwerbsleben.

Eine wesentliche Voraussetzung für die Vereinbarkeit von Familie und Beruf ist dabei ein ausreichendes Angebot an Kinderbetreuungsmöglichkeiten, insbesondere für Kleinkinder. Bei den unter Dreijährigen haben die Eltern von rund 320 000 Kindern zum 15. März 2007 eine Betreuung in Kindertageseinrichtungen oder in öffentlich geförderter Kindertagespflege in Anspruch genommen. Der Anteil der Kinder in Tagesbetreuung an allen Kindern dieser Altersgruppe belief sich damit auf rund 16 Prozent. Im Jahr 2006 hatte die Betreuungsquote noch bei 14 Prozent gelegen.

Bei den Kindern zwischen drei und fünf Jahren hat sich der Anteil der betreuten Kinder an allen Kindern dieser Altersgruppe im März 2007 auf rund 89 Prozent erhöht, gegenüber 87 Prozent in 2006. Damit nutzten rund zwei Millionen Eltern ein solches Angebot.

Rheinische Post Online vom 22.7.2008, www.rp-online.de (Zugriff am 19. 5. 2010), sprachlich leicht bearbeitet

M3 Das verfügbare Einkommen einer Familie (2 Erw., 2 K.)

Der Vorsitzende Richter des 6. Senats des Hessischen Landessozialgerichts in Darmstadt, Jürgen Borchert, hat für das Jahr 2003 folgende Berechnung angestellt:

Höhe des Familieneinkommens: 2 500 € (Brutto) / Monat	**=**	**30 000 €**
Kindergeld	+	3 696 €
Abzug Lohnsteuer	–	2 172 €
Abzug Solidaritätsbeitrag	–	0 €
Abzug Kirchensteuer	–	0 €
Abzug Sozialversicherungsbeiträge	–	6 315 €
Netto:		**25 209 €**
Existenzminimum Erwachsene: 2 x 7 235 €		14 470 €
Existenzminimum Kinder: 2 x 3 648 €		7 296 €
Betreuung, Erziehung, Ausbildung		4 320 €
Frei verfügbares Einkommen:		**- 877 €**

Zur Situation der Familien: Plädoyer für eine radikale familienpolitische Strukturreform (Vortrag v. 2004)

M4 Ausgewählte Elemente der Familienpolitik

Familienpolitik auf Bundesebene
- Kindergeld
- Kinderfreibetrag
- Ehegattensplitting
- Elterngeld
- Kindererziehungszeiten (Rente)
- beitragsfreie Mitversicherung der Kinder in der Kranken- und Pflegeversicherung

Familienpolitik auf Länder-, Kreis- und Gemeindeebene
- „Begrüßungsgeld“ oder Sachspenden (Zahlung für jedes Neugeborene)
- Kindergärten, Kinderkrippen und Förderung von Betreuung bei Tagesmüttern
- Schulen und Ganztagesbetreuungseinrichtungen

Das **Ehegattensplitting** bewirkt bei einer Einkommensdifferenz der Ehepartner eine Minderung der zu zahlenden Einkommenssteuer, da die Ehe als Wirtschaftsgemeinschaft betrachtet wird. Bei gravierenden Einkommensdifferenzen kann diese Ersparnis mehrere Tausend Euro betragen.

Kindergeld gibt es für alle Kinder bis zum 18. Lebensjahr. Für Kinder in Ausbildung verlängert sich der Bezug von Kindergeld bis zum 25. Lebensjahr, für Kinder ohne Arbeitsplatz bis zum 21. Lebensjahr. Für Kinder, die wegen ihrer Behinderung außerstande sind, sich selbst zu unterhalten, gibt es keine Altersgrenze. Das Kindergeld wird einkommensunabhängig grundsätzlich als Steuervergütung gezahlt. Es ist nach der Zahl der Kinder gestaffelt und beträgt seit Januar 2010 für das erste und zweite Kind jeweils 184 Euro monatlich, für das dritte Kind 190 Euro und für das vierte und jedes weitere Kind 215 Euro monatlich.

Das **Elterngeld** steht ab 1. Januar 2007 allen Eltern zu, die sich Zeit für ihr Neugeborenes nehmen wollen und auf Einkommen verzichten. Es ist vom Einkommen abhängig und wird für maximal 14 Monate gezahlt, wobei ein Elternteil höchstens zwölf Monate allein nehmen kann, zwei weitere Monate sind als Option für den anderen Partner reserviert. Das heißt: Zwölf Monate Elterngeld gibt es immer, wenn sich Eltern Zeit für die Betreuung ihres Kindes nehmen. Ersetzt werden 67 Prozent des wegfallenden Nettoeinkommens, maximal 1 800 Euro im Monat.

Zusammenstellung der Autoren

M 5 Elterngeld

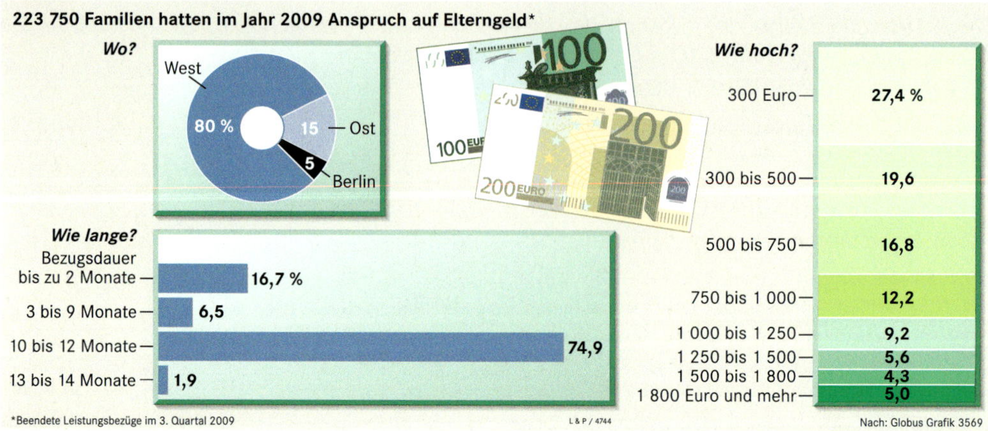

M 6 Familienförderung

Familien wurden im Jahr 2005 mit 184 Milliarden Euro gefördert:

Familien sind im Jahr 2005 mit 184 Milliarden Euro gefördert worden. Das ergibt eine Bestandsaufnahme, die Bundesfamilienministerin Ursula von der Leyen (CDU) präsentierte. Danach gibt es insgesamt 145 familienbezogene Leistungen. [...]

Den umfangreichsten Leistungsblock bilden mit fast 74 Milliarden Euro **ehebezogene Maßnahmen.** Knapp die Hälfte entfällt (mit 34 Milliarden Euro) auf die Witwenrenten. Das Ehegattensplitting beläuft sich auf mehr als 19 Milliarden Euro. Laut von der Leyen kommt der Splitting-Vorteil zu 20 Prozent kinderlosen Paaren zugute. Weitere 20 Prozent sind Paare mit Kindern über 27 Jahre. Die beitragsfreie Mitversicherung von Ehegatten in der gesetzlichen Kranken- und Pflegeversicherung kostet fast 10,5 Milliarden Euro.

Unter den **steuerlichen Leistungen** von rund 42 Milliarden Euro entfällt der Löwenanteil (35 Milliarden) auf das Kindergeld. Die Ministerin wies allerdings darauf hin, dass zwei Drittel des Kindergeldes auf die von der Verfassung verlangte Freistellung des Existenzminimums der Kinder entfallen, die im Steuerrecht auch jedem Erwachsenen gewährt werde. Der reine Förderanteil beim Kindergeld beträgt 15,3 Milliarden Euro.

Bei den **monetären Leistungen** mit einem Gesamtvolumen von rund 25 Milliarden Euro entfällt fast die Hälfte auf die Beiträge des Bundes für Kindererziehungszeiten an die Rentenkasse. Familienverbände kritisieren bei dieser Berechnung, dass die Rentenversicherung heutigen Rentnerinnen für die Anrechnung von Erziehungszeiten nur fünf Milliarden Euro zahlt. Mit den restlichen sieben Milliarden werde der aktuelle Beitragssatz stabilisiert, wovon alle Beitragszahler profitierten. [...] Das einkommensabhängige Elterngeld, das es ab Januar dann gibt, soll 3,8 Milliarden Euro kosten.

Unter den **familienbezogenen Leistungen** der Sozialversicherung (25 Milliarden) ist die beitragsfreie Mitversicherung von Kindern in der Kranken- und Pflegeversicherung mit 15 Milliarden Euro der größte Einzelposten. Die Kindertagesbetreuung schlägt mit zehn Milliarden zu Buche. Weitere sieben Milliarden Euro gibt der Staat für die Jugendhilfe aus.

Der Familienleistungskatalog der Regierung lässt die Ausgaben für Schulen außer Betracht. Sie schlagen mit 47 Milliarden Euro zu Buche. International üblich werden diese Ausgaben als Bildungsausgaben gesondert ausgewiesen.

Die Welt vom 5.2.2006, Verfasserin: Dorothea Siems

M 7

Machen Kinder arm?

Aus einem Interview mit der ehemaligen Familienministerin Ursula von der Leyen:

[...] Eltern, die unter Druck stehen, weil sie ohne Kinderbetreuung auch ohne Job und Einkommen dastehen, haben es natürlich sehr viel schwerer, auch entspannt mit ihren Kindern umzugehen. Zweitens brauchen Kinder auch andere Kinder. In Zeiten, in denen die wenigsten mehr als ein Geschwisterkind haben, ist der Kontakt zu Gleichaltrigen etwas ganz Wichtiges. Die Zufriedenheit von Familien hängt drittens davon ab, welchen Rückenwind sie aus der Gesellschaft bekommen. Damit kann man gar nicht so scharf trennen, ist das ökonomisch, sozialpolitisch oder gesellschaftspolitisch? [...]

Die Kinderarmut bei uns ist im Vergleich zu den 90er-Jahren gestiegen. Müsste man nicht das Geld für Elterngeld und Krippenausbau in den Kampf gegen Kinderarmut stecken?

Die erste Studie zu den langfristigen Effekten des Elterngeldes, die jetzt vorliegt, zeigt sehr deutlich, dass das Elterngeld die Kinderarmut deutlich bekämpft. Gerade der Geringverdienerbonus beim Elterngeld führt dazu, dass die kleinen Einkommen nach Geburt des Kindes besser dastehen und sich die Schere zu den großen Einkommen schließt. Aber das Entscheidende auf die lange Frist ist die Vereinbarkeit von Beruf und Familie. Einer Alleinerziehenden nutzt auch das schönste Jobangebot nichts, wenn sie keinen Betreuungsplatz findet. In den Ländern, wo die Vereinbarkeit von Beruf und Familie besser gelingt als hier, sinkt auch die Kinderarmut. Nicht die Kinder machen arm. Wenn die Eltern keine Arbeit haben, sind Kinder arm.

Die ehemalige Familienministerin Ursula von der Leyen

Die Erfolge dieser Politik sind bisher noch nicht so durchschlagend. Die Geburtenrate ist zwar stabil, ein Babyboom ist bislang aber ausgeblieben.

Was sich geändert hat, ist die gesellschaftliche Debatte über Kinder. Vor vier Jahren wurde sie nur in Schwarz-Weiß-Schablonen geführt. Es ging vor allem darum, was alles nicht geht. Das hat sich grundlegend geändert. Ein Beispiel: Weil wir die Vatermonate eingeführt haben, ist eine sehr positive Diskussion über die Rolle der Väter bei der Erziehung der Kinder in Gang gekommen. Immer mehr junge Väter trauen sich, auf ihre Zeit mit dem Kind zu pochen. Diese jungen Männer und Frauen wollen zu Recht sehen, dass unsere Gesellschaft es ernst meint, dass sie nicht nur debattiert, sondern sie ganz konkret im Alltag mit den Kindern unterstützt. Dieses Vertrauen entsteht nicht von heute auf morgen, aber ein Anfang ist gemacht.

Kirchenbote Nr. 33 (2009), Das Interview führte Ulrich Waschki

▸▸ **Arbeitslos – und nun?, S. 180**

▸▸ **Werden Frauen in unserer Gesellschaft benachteiligt?, S. 188**

1 Zeigt auf, welche finanziellen Folgen mit einer Elternschaft einhergehen. Bezieht dabei die Informationen der letzten Seiten ein (M 1, M3).

2 Arbeitet heraus, wer besonders von Armut gefährdet ist. Welche Lösungsmöglichkeiten sind hier denkbar (M2)?

3 Diskutiert, ob bzw. unter welchen Umständen Eltern durch Kinder in finanzielle Bedrängnis kommen können.

4 Erläutert arbeitsteilig die verschiedenen Elemente der Familienpolitik. Informiert euch hierzu gegebenenfalls auch im Internet (M4 und M5).

5 Überprüft bei M6, welche finanziellen Leistungen tatsächlich Familien mit Kindern zugute kommen, und diskutiert die Aussagen der ehemaligen Familienministerin (M7).

6 Formuliert ein abschließendes Fazit: „Machen Kinder arm?“

PERSPEKTIV-WECHSEL

Auszüge aus dem „Handbuch für die gute Ehefrau – Housekeeping Monthly“ (1955)

Verwöhn ihn!

- Halten Sie das Abendessen bereit. Planen Sie vorausschauend, evt. schon am Vorabend, damit die köstliche Mahlzeit rechtzeitig fertig ist, wenn er nach Hause kommt.
  So zeigen Sie ihm, dass Sie an ihn gedacht haben und dass Ihnen seine Bedürfnisse am Herzen liegen. Die meisten Männer sind hungrig, wenn sie heimkommen, und die Aussicht auf eine warme Mahlzeit (besonders auf seine Leibspeise) gehört zu einem herzlichen Empfang, so wie man ihn braucht.
- Machen Sie sich schick. Gönnen Sie sich 15 Minuten Pause, sodass Sie erfrischt sind, wenn er ankommt. Legen Sie Make-up nach, knüpfen Sie ein Band ins Haar, sodass Sie adrett aussehen. Er war ja schließlich mit einer Menge erschöpfter Leute zusammen.

Das traute Heim

- Räumen Sie auf. Machen Sie einen letzten Rundgang durch das Haus, kurz bevor Ihr Mann kommt. Räumen Sie Schulbücher, Spielsachen, Papiere usw. zusammen und säubern Sie mit einem Staubtuch die Tische.
- Machen Sie die Kinder schick. Nehmen Sie sich ein paar Minuten, um ihre Hände und Gesichter zu waschen (wenn sie noch klein sind). Kämmen Sie ihr Haar und wechseln Sie ggf. ihre Kleidung. Die Kinder sind ihre „kleinen Schätze“, und so möchte er sie auch erleben. Vermeiden Sie jeden Lärm. Wenn er nach Hause kommt, schalten Sie Spülmaschine, Trockner und Staubsauger aus. Ermahnen Sie die Kinder, leise zu sein.

Opfere dich auf – ER ist der Chef

- Hören Sie ihm zu. Sie mögen ein Dutzend wichtiger Dinge auf dem Herzen haben, aber wenn er heimkommt, ist nicht der geeignete Augenblick, darüber zu sprechen. Lassen Sie ihn zuerst erzählen – und vergessen Sie nicht, dass seine Gesprächsthemen wichtiger sind als Ihre.
- Der Abend gehört ihm. Beklagen Sie sich nicht, wenn er spät heimkommt oder ohne Sie zum Abendessen oder irgendeiner Veranstaltung ausgeht. Versuchen Sie stattdessen, seine Welt voll Druck und Belastungen zu verstehen. Er braucht es wirklich, sich zu Hause zu erholen.
- Ihr Ziel sollte sein: Sorgen Sie dafür, dass Ihr Zuhause ein Ort voller Frieden, Ordnung und Behaglichkeit ist, wo Ihr Mann Körper und Geist erfrischen kann.
- Fragen Sie ihn nicht darüber aus, was er tagsüber gemacht hat. Zweifeln Sie nicht an seinem Urteilsvermögen oder seiner Rechtschaffenheit. Denken Sie daran: Er ist der Hausherr und als dieser wird er seinen Willen stets mit Fairness und Aufrichtigkeit durchsetzen. Sie haben kein Recht, ihn infrage zu stellen.
- Eine gute Ehefrau weiß stets, wo ihr Platz ist.

zit. nach: Sowi. Journal für Geschichte, Politik, Wirtschaft und Kultur, H. 3 (2005), S. 87 f.

1 Zeigt das Frauen- (und Männerbild) auf, das dem „Handbuch“ zugrunde liegt.
2 Vergleicht eure Ergebnisse von Aufgabe 1 mit dem Rollenverhalten und den Rollenerwartungen von heute.
3 Erörtert die Folgen für Kinder, die in einem Haushalt wie dem oben beschriebenen aufwachsen.

Wichtiges zusammengefasst

KOMPAKT

- Nicht mehr Kind und noch nicht erwachsen – die Phase der **Jugend** ist schon etwas Besonderes. Die erste Liebe, Konflikte mit den Eltern, neue Freunde – die Persönlichkeit bzw. **Identität** entwickelt sich gerade auch in Auseinandersetzungen und angesichts neuer Herausforderungen. Die Ablösung vom Elternhaus fällt dabei mit einem Bedeutungszuwachs des Kontakts mit Gleichaltrigen (**Peergroup**) zusammen. Sie begleiten den Übergang von der Familie zu einer eigenen reifen Partnerschaft und gewinnen dabei immer mehr an Einfluss – ob dieser positiv oder negativ ist, hängt von der jeweiligen Gruppe ab. Konflikte entstehen, wenn Mitglieder die Erwartungen der Gemeinschaft oder Gruppe nicht erfüllen, wenn es unterschiedliche Wünsche, Interessen oder Meinungen gibt oder gar subtiler Zwang ausgeübt wird (**Gruppenzwang**). Toleranz ist eine Voraussetzung für die Lösung derartiger Konflikte; manchmal müssen diese aber auch ausgetragen werden. **Ich-Stärke** zeichnet sich dadurch aus, bewusste (Wert-)Entscheidungen treffen zu können. Das allmähliche Anpassen an gesellschaftliche Regeln bezeichnet man als „**Sozialisation**“. Sie ist wichtig für die Entwicklung des Menschen, damit er sich in der Gesellschaft zurechtfindet. [...] Da sich die Dinge um uns herum ständig verändern, muss auch jeder sein Verhalten immer wieder neuen Situationen anpassen. Die Sozialisation ist also für die meisten von uns eine lebenslange Entwicklung. Im jugendlichen **Sozialisationsprozess** nimmt – wie in der Gesellschaft insgesamt – **Freizeitgestaltung** einen immer größeren Stellenwert ein. Dabei zeigt sich, dass gerade Freizeit unterschiedlich gestaltet und gelebt wird (z. B. in **Jugendkulturen**).

- Die **Familie** ist für ein Kind die erste und wichtigste Erziehungsgemeinschaft und steht am Beginn des Sozialisationsprozesses. Dabei hat sich Familie im Laufe der Zeit erheblich gewandelt. Von „der“ Familie kann eigentlich heute kaum noch gesprochen werden.
Die Familie steht unter dem besonderen Schutz des Staates. Aber oft müssen auch Kinder in der Familie geschützt werden. **Gewalt** – obwohl gesetzlich verboten – wird immer noch praktiziert. Auch das **geschlechtsspezifische Rollenverhalten** wird in der Familie erlernt und ist durch Erziehung vermittelt, die gleich nach der Geburt beginnt. Jungen werden zu Jungen, Mädchen zu Mädchen erzogen. Vorstellungen, wonach für Haushalt und Erziehung alleine die Frau zuständig ist, während der Mann arbeiten geht, weichen immer mehr einer partnerschaftlichen Aufgabenteilung. Die Erwerbstätigkeit der Frauen nimmt zu, gleichwohl tragen sie noch immer die Hauptlast von Haushalt und Kindererziehung. Aber es gibt auch schon Hausmänner.

- Ehe und Familie stehen unter **dem besonderen Schutz des Staates**, aber schützt der Staat die Familie – und hier vor allem die Kinder – ausreichend? In den letzten Jahren hat die **Kinderarmut** zugenommen. Je nach Einkommen der Eltern leben Kinder heute in unterschiedlichen Welten. Die Qualität von Kleidung und Nahrungsmitteln, die Feizeitgestaltung, kurz: die Möglichkeiten gesellschaftlicher Teilhabe hängen stark vom Geldbeutel ab. Hier werden wichtige Weichen für den weiteren Lebensweg gestellt. Aber auch die Eltern müssen sich einschränken. Vor allem Alleinerziehende sind heute von Armut gefährdet, denn **Kinder kosten Geld**. Zwar wird durch eine Vielzahl **politischer Maßnahmen** wie Kinder- und Elterngeld versucht, Ehe und Familie zu fördern. Ob diese Maßnahmen jedoch ausreichen und zielgerichtet Kindern aus ärmeren Verhältnissen zugute kommen, kann bezweifelt werden.

2. Schule heute

1

2

6

- Welche Rechte haben Schüler?
- Können Schüler Schule mitgestalten?
- Was kennzeichnet eine moderne Schule?
- Haben alle Schüler die gleichen Chancen?
- Wie kann Integration an Schulen aussehen?

2.1 Demokratie und Mitbestimmung in der Schule

Schüler haben Pflichten – zuvorderst die Pflicht, die Schule zu besuchen. Diese Pflicht ist zugleich aber auch ein Recht, sichert sie doch allen Kindern und Jugendlichen, die in Deutschland leben, das Recht auf Bildung. Schüler haben aber auch weitere Rechte, die es ihnen ermöglichen, Schule mitzugestalten. Die Schülervertretung (SV) ist die Einrichtung, mit der eigene Interessen wahrgenommen werden können. Die Mitarbeit in der SV ist daher besonders wichtig. Vielleicht hat auch jemand aus eurer Klasse Lust, sich in die Schulpolitik einzumischen?

M 1 Zwei Leistungsprüfungen an einem Tag?

Ein Beispiel aus dem Schulalltag:

Die Schüler der Klasse 7b des Bertha von Suttner-Gymnasiums sind sauer. Gerade hat die Deutschlehrerin, Frau Rink, die Hefte ausgeteilt, um die angekündigte Klassenarbeit zu schreiben, als sie erfährt, dass die Klasse in der vorherigen Stunde bereits eine Überprüfung in Chemie geschrieben hat. Frau Rink hatte ihre Arbeit in den im Lehrerzimmer hängenden Übersichtsplan eingetragen – von Chemie hatte dort nichts gestanden. Nun wirft sie der Klasse vor, dem Chemielehrer nichts von der Klassenarbeit gesagt zu haben. Die Klasse wehrt sich: Frau Rink habe ja gar nicht den genauen Tag der Deutscharbeit genannt; für einige Schüler sei die Überprüfung in Chemie sehr wichtig gewesen, da sie zwischen zwei Noten stünden. Man könne die Deutscharbeit doch noch am Donnerstag schreiben. Donnerstag sei aber schon der Erdkunde-Test eingetragen, teilt Frau Rink der erschrockenen Klasse mit, die von diesem Termin noch gar nichts wusste. Es müsse also heute geschrieben werden. Und mit den Worten „Holt also eure Stifte heraus“, beginnt sie die Aufgabenstellung an die Tafel zu schreiben. Da meldet sich Nina, die Klassensprecherin ...

Autorentext

M 2 Verordnung zur Gestaltung des Schulverhältnisses

§ 21 Auswahl der Leistungsnachweise, Verteilung auf das Schuljahr

[...] Außer in beruflichen Schulen mit Teilzeitunterricht dürfen von einem Schüler grundsätzlich an einem Tag nur eine, in einer Unterrichtswoche nicht mehr als drei schriftliche Arbeiten nach § 25 Abs. 2 verlangt werden. Dies gilt nicht in den Fällen des § 22 Abs. 1 Satz 1.

§ 22 Nichterbrachte Leistungen

(1) Die nachträgliche Anfertigung von schriftlichen oder anderen Leistungsnachweisen, die die Schülerin oder der Schüler aus von ihr oder ihm nicht zu vertretenden Gründen versäumt hat, kann von dem Lehrer verlangt werden, wenn andernfalls eine sachgerechte Leistungsbeurteilung nicht möglich ist.

§ 25 Schriftliche Arbeiten

(2) Schriftliche Arbeiten werden gefertigt als
a) Klassen- und Kursarbeiten, deren Anzahl [...] festgelegt ist, in den Fächern Deutsch, Mathematik und in den Fremdsprachen [...]
b) Lernkontrollen in den übrigen Fächern und Lernbereichen [...]
c) Übungsarbeiten und in schriftlicher Form durchgeführte Übungen, die der individuellen Kenntnisfeststellung dienen [...].

§ 26 Termine und Notenspiegel

(1) Die Termine und der inhaltliche Rahmen schriftlicher Arbeiten nach § 25 Abs. 2 Buchst. a und b [...] sind rechtzeitig, in Schulen mit Vollzeitunterricht mindestens fünf Unterrichtstage vorher bekannt zu geben.

Verordnung vom 20. Juni 2008

GLOSSAR

Demokratie

M3 Eigenschaften und Aufgaben eines Klassensprechers

▶ **Welche Aussagen über den Klassensprecher treffen zu?**	**sehr wichtig**	**wichtig**	**unwichtig**
1. Der Klassensprecher muss besonders stark sein.	○	○	○
2. Er sollte den anderen ein Vorbild sein.	○	○	○
3. Er darf nie seine Aufgaben oder sonst etwas vergessen.	○	○	○
4. Er sollte sich gut ausdrücken können.	○	○	○
5. Es muss unbedingt ein Junge sein.	○	○	○
6. Er muss, wenn der Lehrer nicht da ist, für Ruhe sorgen.	○	○	○
7. Er sollte den Tafel- und Ordnungsdienst überwachen.	○	○	○
8. Er muss immer etwas zu kritisieren haben.	○	○	○
9. Er sollte keine Angst haben.	○	○	○
10. Er bringt recht gute Leistungen.	○	○	○
11. Er sollte die SV-Ordnung und die Hausordnung besonders gut kennen.	○	○	○
12. Er darf nie stören oder unangenehm auffallen.	○	○	○
13. Er muss sich für die Klasse einsetzen.	○	○	○
14. Er muss in der Klasse beliebt sein.	○	○	○
15. Er bestraft ungezogene Mitschüler (Meldung).	○	○	○
16. Er holt die Karten und führt das Klassenbuch.	○	○	○
17. Er unterstützt den Klassenlehrer beim Einsammeln von Geld, Formularen ...	○	○	○
18. Er informiert den Schulleiter über alles, was in der Klasse passiert.	○	○	○
19. Die ganze Klasse unterstützt ihn bei seiner Arbeit.	○	○	○
20. Er bespricht Probleme mit dem Klassenlehrer, dem Vertrauenslehrer und besucht die SV-Sitzungen.	○	○	○
21. Er ist, wenn es sein muss, verschwiegen und man kann ihm vertrauen.	○	○	○
22. Er informiert die Klasse über schulische Dinge (Vertretungen, Veranstaltungen, Mitteilungen).	○	○	○
23. Er führt von allen Stunden Protokolle für die Fehlenden.	○	○	○
24. Er engagiert sich bei Aktionen der SV in besonderem Maße.	○	○	○
25. Er hält regelmäßig Klassenversammlungen ab.	○	○	○

Sarah:
„Die eigentliche SV-Arbeit wird bei uns von Freiwilligen gemacht. Das Problem ist: Klassensprecher- und Stufensprecher-Wahlen sind immer Beliebtheitswahlen. Das kann keine Schule von sich abstreiten. Also das hübscheste Mädchen und der süßeste Junge oder so. Für die SV brauchen wir aber Schüler, die wirklich Lust haben mitzuarbeiten."

nach: Forum Schule, Zeitschrift des Landesinstituts NRW in Soest, Heft 3, 2001, abgedruckt in Wochenschau Nr. 6, 2002, „Participation – teilnehmen und mitmachen", S. 222

M4 Selbsttest: Bin ich als Klassensprecher geeignet?

	sehr wichtig	**wichtig**	**normal**	**eher unwichtig**	**nicht wichtig**
Die Gemeinschaft ist mir sehr wichtig.					
Gerechtigkeit steht für mich an oberster Stelle.					
Ich übernehme gerne die Verantwortung für die Anliegen einer Gruppe.					
Wenn jemand meine Hilfe braucht, schreite ich ohne Zögern zur Tat.					
In einer Klasse zählt jeder Schüler und jede Schülerin gleich viel.					
Ich kann verschiedene Meinungen aushalten und dabei auch mal heftig streiten, um zu gemeinsamen Lösungen zu kommen.					
Ich traue mich, meine Meinung nach außen zu vertreten.					
Ich kann vor großen Gruppen sprechen.					
Ich kann meine Fehler zugeben, Konsequenzen tragen.					

www.demokratiewebstatt.at (Zugriff am 13. 10. 2010)

1 Beurteilt euch selbst. Kopiert M4 und gebt an, wie wichtig die einzelnen Aussagen für euch sind.

M5 Aufbau der Schülervertretung in Hessen

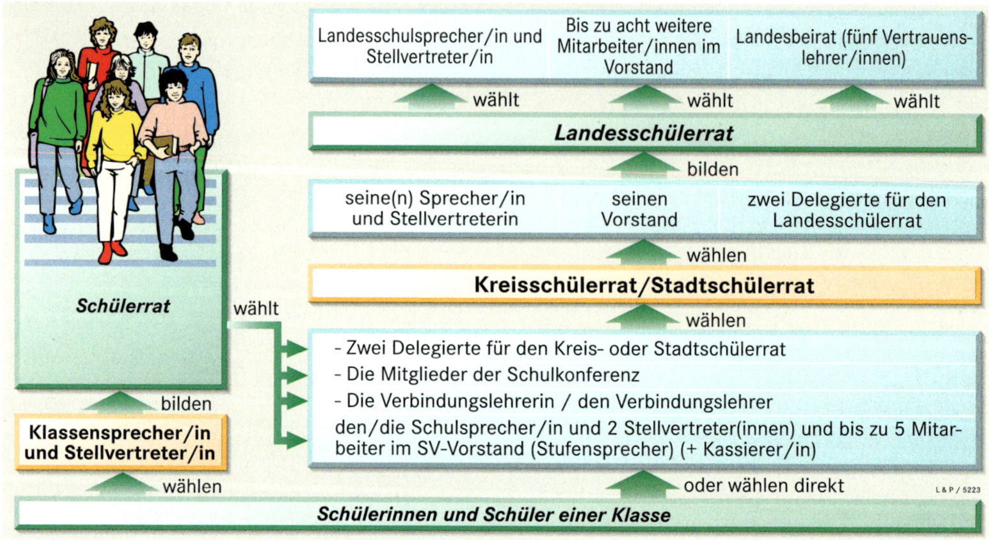

M6 Zur Wahl des Landesschulsprechers

Der Darmstädter Tim Huß ist als hessischer Landesschulsprecher wiedergewählt worden:

Die Delegierten des Landesschülerrats bestätigten den achtzehnjährigen angehenden Abiturienten der Edith-Stein-Schule bei der konstituierenden Sitzung in Frankfurt im Amt. Huß vertritt damit weiterhin die Interessen der 800 000 Schülerinnen und Schüler des Landes.

Der neue und alte Landesschulsprecher sieht sich in seinem Kurs bestätigt. Er werde weiterhin für ein schülergerechtes System eintreten. Eine zentrale Forderung sei die Schaffung eines inklusiven Schulsystems. „Inklusion bedeutet nicht nur gemeinsame Beschulung von Kindern mit und ohne Behinderung, sondern individuelle Förderung für jedermann", sagte Huß in seiner Kandidaturrede. Weitere Themenfelder waren unter anderem die Abschaffung des verkürzten gymnasialen Bildungsganges (G 8) zugunsten einer flexiblen Oberstufe, die auf Wahlfreiheit zwischen G 8 und G 9 setzt, ein Sitz der Landesschülervertretung (LSV) im HR-Rundfunkrat und die Schaffung einer einheitlichen gesetzlichen Bundesschülervertretung.

www.echo-online.de/region/darmstadt/Landesschuelerrat-bestaetigt-Tim-Huss (Zugriff am 9. 12. 2010)

2 Untersucht mithilfe von M2, ob die Klasse 7b die Deutscharbeit (M1) schreiben muss.

3 Überlegt euch eine Strategie, wie sich die Klasse verhalten sollte.

4 Diskutiert in eurer Klasse, welche Eigenschaften eines Klassensprechers ihr für die wichtigsten haltet (M3). Erstellt eine Rangfolge.

5 Erläutert mithilfe von M5 den Aufbau der SV an der Schule bzw. in der Stadt/im Kreis und im Land Hessen. Ladet hierzu einen Vertreter des Stadt- bzw. Kreisschülerrates in den Unterricht ein.

6 Nehmt Stellung zu den Vorhaben des Landesschulsprechers (M6) und diskutiert, ob aus eurer Sicht ein Landesschülerrat bzw. ein Landesschulsprecher sinnvoll ist.

Sitzungen vorbereiten und leiten

METHODE

Den Klassensprechern obliegt es, SV-Stunden und/oder Klassenratsstunden zu leiten. Sie sind hier also Moderatoren. Damit die Moderation gelingt, müssen zunächst allgemeine Regeln für die Diskussion und die Abstimmung beschlossen werden. Die jeweilige Stunde sollte gut vorbereitet sein. Ein guter Klassensprecher verfügt dabei über einige „Moderationstechniken", die er sich im Laufe der Jahre aneignet.

Allgemeine Regeln für die Diskussion und Abstimmung:

- Jede/r hat Rederecht.
- Jede/r muss sich melden.
- Eine Redeliste wird nach der Reihenfolge der Meldungen geführt.
- Jede/r darf ausreden.
- Persönliche Beleidigungen sind verboten.
- Über Abwesende sollte nicht gesprochen werden.
- Beschlüsse werden mit einfacher Mehrheit gefasst.
- Für besonders wichtige Beschlüsse kann eine 2/3 Mehrheit erforderlich sein.

Folgende Ämter sind jeweils (neu) zu besetzen:

Führung der Redeliste - Zeitwächter - Protokollant - Beobachter

Vorbereitung einer Sitzung:

Es ist sinnvoll, im Vorfeld allen die Möglichkeit zu geben, Wünsche, Themenvorschläge, Probleme oder Fragen zu notieren. Dies kann in Form einer Wandzeitung (öffentlich) oder eines „Briefkastens" (nicht-öffentlich) geschehen.

Aus diesen Vorschlägen erstellen die Klassensprecher die Tagesordnung (TO) - am besten mit Zeitvorgaben. An erster Stelle der TO steht dabei das Protokoll der letzten Sitzung. Mit der Tagesordnung wird auch der aktuelle Protokollant der Sitzung (nach alphabetischer Reihenfolge) bestimmt.

Durchführung einer Sitzung:

Der Leiter **(Klassensprecher)** eröffnet die Sitzung und fragt zunächst, ob alle Teilnehmer mit der Tagesordnung einverstanden sind. Mögliche Änderungen werden festgehalten. Anschließend wird über das Protokoll der letzten Stunde abgestimmt. Dann werden die einzelnen Punkte der Tagesordnung unter Leitung der Klassensprecher abgearbeitet.

Durch das **Führen einer Redeliste** ist garantiert, dass alle nach Eingang der Meldungen drankommen.

Ein **Zeitwächter** achtet darauf, dass die Zeitvorgaben der einzelnen Tagesordnungspunkte eingehalten werden.

(Mögliche) Beobachter notieren Störungen der Diskussion und bringen diese gegebenenfalls am Ende der Sitzung zur Sprache.

Der **Protokollant** notiert die Beschlüsse und Abstimmungsergebnisse (Ergebnisprotokoll). Das zu Hause erstellte Protokoll wird abschließend im Protokollordner abgeheftet.

Die Sitzung nachbereiten:

Die in der Klasse zugänglichen Protokolle werden herangezogen um zu überprüfen, ob Beschlüsse eingehalten werden. Sie dienen auch zur Vorbereitung der nächsten Sitzungen.

2.2 Konflikte lösen: Wenn zwei sich streiten ...

M1 Was ist ein Konflikt?

1. Christine sieht schlecht und muss eine Brille tragen. Ralf lacht sie immer aus.
2. Bei den Bundesjugendspielen laufen Jan, Phillip und Marco im 100-Meter-Lauf um die Wette. Jan will auf jeden Fall gewinnen.
3. Erik und Tom spielen Tischtennis auf dem Schulhof. Sie wollen Ahmed und Peter nicht mitspielen lassen.
4. David und Sahand sind in Mathematik die Besten in der Klasse. Sie lachen über andere, die nicht so schnell rechnen können. Tina ärgert sich darüber, sagt aber nichts.
5. Michael fährt in einem Kaufhaus mit dem Aufzug. Eine Frau tritt ihm mit ihren Stöckelschuhen auf seine neuen Schuhe.
6. Ramona und Florian sind befreundet. Ramona ist Vegetarierin. Beim Bummeln in der Stadt holt sich Florian eine Bratwurst.
7. Nicos Vater liebt klassische Musik und lehnt Rockmusik ab. Sie haben aber nur einen CD-Player.
8. Die Klassenlehrerin fordert die Schüler immer auf, sich gegenseitig zu helfen. Peter hilft Annika im Physikunterricht bei einer schweren Aufgabe. Die Physiklehrerin schimpft und trägt Peter eine Fünf wegen Schwätzen ein.
9. Bei einem Boxkampf bluten beide Gegner. Aber sie machen weiter.
10. Michael stellt Eike ein Bein. Eike fällt hin und verletzt sich. Michael sagt, er habe nur Spaß machen wollen und es täte ihm leid.

Beispiele nach Kurt Faller/Wilfried Kerntke/Maria Wackmann, Konflikte selber lösen. Ein Trainingshandbuch für Mediation und Konfliktmanagement in Schule und Jugendarbeit, Mülheim a. d. Ruhr 2009, S. 42

M2 Am Getränkeautomaten

GLOSSAR
Konflikte

Es ist Ende der großen Pause. Die Schüler der Kasseler Anne-Frank-Schule stehen in der Cafeteria Schlange vor dem Getränkeautomaten. Gerade als Silvia aus der 8 b ihren Euro einwerfen möchte, kommt Nina, ihre Mitschülerin, angerannt, schubst Silvia zur Seite, wirft ein Geldstück in den Automaten und greift sich eine Flasche Limo. Silvia ist sauer, beschimpft Nina und zieht, als diese sich mit einem „Halt doch den Mund" zur Seite drehen will, sie an den Haaren. Das lässt sich Nina nicht gefallen. Sie stürzt auf Silvia zu und gibt ihr eine Ohrfeige. Nach kurzer Zeit liegen beide auf dem Boden und raufen sich, während zahlreiche Schüler an der Seite stehen und sie anfeuern.
Gerade als die Flasche zu Boden fällt, kommt Herr Reincke, der Hausmeister, und trennt die beiden Streithennen. Er sorgt dafür, dass beide die Scherben beseitigen, merkt aber, dass die Angelegenheit für die Mädchen noch nicht beendet ist. Immer noch beschimpfen und bedrohen sie sich gegenseitig.

nach: Braun/Hünicke/Regniet/Schuster-Mehlich/Würbel: Anders streiten lernen, Konflikte schlichten in der Sek I, Bensberg 2010

1. Wägt ab, welche der Situationsbeschreibungen (M1) ihr als „Konflikt" bezeichnen würdet.
2. Beurteilt in der Klasse gemeinsam eure Entscheidungen und diskutiert, aus welchen Beschreibungen ein Streit entstehen könnte (M1).
3. Nennt Konflikte, die denen im vorgestellten Beispiel M2 gleichen. Wenn ihr selbst schon einmal in einen solchen Konflikt verwickelt wart: Wie habt ihr reagiert? Wart ihr mit eurer Reaktion zufrieden?

Streitschlichtung

METHODE

M 1 Das Schlichtungsverfahren

1. Schlichtung einleiten:
Zu Beginn der Mediation verständigt sich der Streitschlichter mit den Konfliktparteien über die Gesprächsregeln und die Ziele der Mediation. Dabei wird die Vertraulichkeit des Gespräches zugesichert.

2. Sachverhalte vortragen und klären:
Nacheinander tragen die Konfliktparteien ihre Positionen vor. Der Vermittler sorgt dafür, dass die Kontrahenten ihre unterschiedliche Auffassung und Wahrnehmung klar und deutlich formulieren. Sie sollen sich gegenseitig verstehen, ein Stück „in den Schuhen des anderen laufen". So kommt es wieder zur Kommunikation zwischen ihnen.

3. Lösungen suchen und Verständigung finden:
Gemeinsam werden Lösungsmöglichkeiten gesucht. Dabei geht es um zwei Hauptfragen: „Was bin ich bereit zu tun?" und „Was erwarte ich vom anderen?" Beide erarbeiten eine Lösung, beide müssen mit der Lösung leben können.

4. Vereinbarungen treffen:
Am Ende der Mediation wird eine Vereinbarung getroffen. Diese wird von einem Protokollanten schriftlich festgehalten. Beide Kontrahenten unterschreiben diesen „Vertrag". Ein Beispiel für einen solchen Vertrag findet ihr hier abgebildet. Mit der Vereinbarung verbinden sich Wiedergutmachung, Versöhnung und künftiges Verhalten. Am Ende verabschiedet der Mediator die beiden Konfliktparteien.

nach: PZ-Information 14/97, Streitschlichtung durch Schülerinnen und Schüler, Pädagogisches Zentrum Bad Kreuznach

Schlichter: ____________ Termin der Schlichtung: ____________

Konfliktpartei A: ____________ Klasse: ____________
Konfliktpartei B: ____________ Klasse: ____________

Sachverhalt:
____
____
____

Vereinbarung:
____
____
____

Wir nehmen die Vereinbarung an.

____________ (Konfliktpartei A) ____________ (Konfliktpartei B)

____________ (Schlichter)

Ein Schlichtungsvertrag

1 Stellt ausführlich Konfliktbeispiele aus eurem Schulalltag dar.

2 Verteilt die Rollen der Konfliktparteien, des Mediators und des Protokollanten und schreibt kurze Rollenkarten. Nehmt die jeweiligen Rollen ein und spielt ein Streitschlichtungsverfahren durch.

3 Diskutiert in der Klasse das Verfahren und das jeweilige Ergebnis.

4 Diskutiert, unter welchen Voraussetzungen ein Mediationsverfahren sinnvoll ist bzw. welche Konflikte sich nicht durch Mediation lösen lassen.

»Vor dem Jugendgericht, S. 126-129

2.3 Chancengleichheit?

Alle Kinder sollen, entsprechend ihren Fähigkeiten und Leistungen, die gleichen Chancen zum Erwerb mittlerer oder höherer Ausbildungsabschlüsse besitzen. Diskutiert wurde und wird, ob nicht-leistungsbezogene Merkmale wie zum Beispiel Geschlecht, soziale Herkunft, Wohnort, Religion oder Nationalität im Bildungssystem eine Rolle spielen und die Bildungschancen damit ungleich verteilt sind. Vor allem Kinder aus Arbeiterfamilien (und hier vor allem die Mädchen) galten lange Zeit als stark benachteiligt. Dennoch schafften einige von ihnen das Abitur.

- Bestimmen noch heute soziale Herkunft, Geschlecht und (Migranten-)Kultur den Bildungs- und Berufsweg?
- Wie lassen sich Unterschiede erklären?
- Vor allem aber: Welche Lösungsmöglichkeiten sind denkbar?

M 1 Schlechte Bildungschancen für sozial Schwache

Aus einer Studie der Universität Mainz:

Kinder aus sozial schwachen Familien haben weit schlechtere Bildungschancen als Kinder aus sozial bessergestellten Familien. Das zeigt eine Studie, die vom Amt für Soziale Arbeit in Auftrag gegeben worden ist. [...] Die Leistungen von Kindern aus der Unterschicht sind in Deutsch und Mathematik im Durchschnitt mindestens eine ganze Note schlechter als die der Kinder aus der Oberschicht. Bekommt ein Kind aus der Unterschicht im Durchschnitt in Deutsch eine 3,3, erreicht ein Oberschichten-Kind die Note 2,2.

Soziale Ungleichheit zeigt sich laut der Untersuchung beim Übergang von der Grundschule auf die Sekundarstufe 1. Mehr als zwei Drittel der Kinder aus der Oberschicht erhalten eine Empfehlung fürs Gymnasium (81 Prozent). Doch nur 14 Prozent der Kinder aus der Unterschicht wird das Gymnasium als Bildungsweg empfohlen. Je höher das Einkommen der Eltern ist, desto unwahrscheinlicher ist eine Empfehlung für die Hauptschule. In der Oberschicht kommt eine Hauptschulempfehlung nahezu nicht mehr vor. Wie der Bericht zu Bildungschancen feststellt, ist der deutlichste Indikator für eine Gymnasialempfehlung das Bildungsniveau der Eltern. Wenn beide Elternteile über maximal einen Hauptschulabschluss verfügen, liegt die Wahrscheinlichkeit für eine Gymnasialempfehlung bei 18,1 Prozent. Wenn mindestens ein Elternteil das Abitur gemacht hat, steigt die Wahrscheinlichkeit auf 62,5 Prozent. „Die Bildungsempfehlungen für Wiesbadener Grundschüler gehen also deutlich mit dem Bildungs- und Einkommenshintergrund der Eltern einher“, schreiben die Wissenschaftler.

Die Forscher sind in ihrer Untersuchung noch einen Schritt weiter gegangen. Sie haben untersucht, wie die Bildungsempfehlungen bei gleichen Durchschnittsnoten sind, die Kinder aber aus einer anderen Sozialschicht kommen: Bei der Durchschnittsnote [...] von 2,5 [werden] nur 19,5 Prozent der Kinder aus der Unterschicht fürs Gymnasium empfohlen. Kinder aus der Oberschicht werden zu 70 Prozent für den höchsten Bildungsweg empfohlen. [...] Die Sozialwissenschaftler nennen für die Ungleichbehandlung verschiedene mögliche Ursachen: „Bewusste oder unbewusste Diskriminierung [durch die] Klassenlehrer“, andererseits könnten aber auch verschiedene Bildungswünsche der Eltern zum Tragen kommen. Gebildete und einkommensstarke Eltern strebten auch bei schlechteren Leistungen höhere Bildungsempfehlungen an als Eltern aus bildungsfernen Schichten.

Wiesbadener Kurier vom 14. 8. 2007

GLOSSAR
Chancengleichheit
Armut
Ungleichheit, soziale

M 2

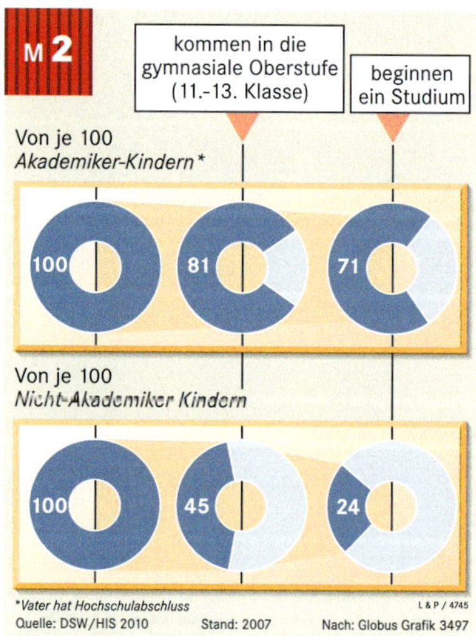

M3 Teufelskreis Armut

Die Journalistin C. Ehrenstein über Armut und Bildung:

Kinder, die in Armut aufwachsen, besuchen schlechtere Schulen. Sie haben schlechtere Noten und schlechtere Ausbildungsmöglichkeiten. Sie ernähren sich schlechter als ihre Altersgenossen aus wohlhabenden Familien und sind bei schlechterer Gesundheit.

Kinder aus armen Familien bleiben immer häufiger unter sich. In isolierten Wohnvierteln sinken ihre Chancen, aus dem Teufelskreis der Armut auszubrechen. [...] Die Kinderarmut ist schneller gestiegen als die Armutsrate in der übrigen Bevölkerung. Kinder aus Zuwandererfamilien sind dabei stärker von Armut betroffen als ihre deutschen Altersgenossen. Besonders groß ist die Kinderarmut in Ballungszentren wie Hamburg, Berlin oder Bremen. Kinder aus armen Familien haben kaum Taschengeld. Sie können nicht ins Schwimmbad oder ins Kino gehen, nicht den Zoo besuchen oder an Klassenfahrten teilnehmen. Und auch die Beiträge für den Fußballverein können sie sich nicht leisten. [...]

Die Armut ist aber nicht nur ein materielles Problem, wie Unicef-Sprecher Rudi Tarneden erklärt. Armut führt dazu, dass Kinder und Jugendliche nicht mehr am sozialen und kulturellen Leben teilnehmen können und sich dadurch immer weiter ausgrenzen. Als Freizeitbeschäftigung bleibt ihnen dann oft nur noch das Fernsehen. Kinder, die in Armut aufwachsen, haben dadurch deutlich schlechtere Bildungschancen. Sie müssen schon in der Grundschule häufiger eine Klasse wiederholen und schaffen seltener den Sprung auf das Gymnasium [...].

Die Welt vom 29. 8. 2006

M4 Leseleistungen der Kinder

Ergebnisse der PISA-Studie 2009:

Das Lese-Engagement der Eltern hat einen positiven Effekt auf die Leseleistungen der Kinder. So schneiden Schülerinnen und Schüler, deren Eltern angaben, dass sie im ersten Jahr der Grundschule „jeden Tag oder fast jeden Tag bzw. „einmal oder zweimal pro Woche“ mit ihrem Kind ein Buch gelesen haben, in PISA 2009 besser ab als Schülerinnen und Schüler, deren Eltern angaben, dass sie dies „nie oder fast nie“ bzw. nur „einmal oder zweimal pro Monat“ getan haben. [...] Auch 15-jährige Schülerinnen und Schüler, deren Eltern einmal pro Woche oder öfter über politische oder soziale Themen diskutieren, erzielten im Durchschnitt 28 Punkte mehr als Schülerinnen und Schüler, deren Eltern nicht oder seltener über diese Themen sprechen.

www.oecd.org (Zugriff am 8. 2. 2011)

◂◂ Arm durch Kinder, S. 40 – 43

▸▸ Armut und Reichtum – Was ist gerecht?, S. 190/191

▸▸ Hartz IV, S. 224 ff.

M5 „Bildung für alle Hartz-Kinder?“

1 Beschreibt anhand von M1, M2 und M4 die Zusammenhänge zwischen sozialer Herkunft und Bildungschancen.

2 Arbeitet aus M1-M4 Gründe für mangelnde Bildungserfolge heraus. Ergänzt diese. Erstellt zu dem in M3 genannten „Teufelskreis der Armut“ ein Schaubild.

3 Diskutiert abschließend die Ursachen der Bildungsmisere und überlegt euch Lösungsmöglichkeiten.

2.4 Jungen und Mädchen – Benachteiligungen heute?

M 1 Mädchen als Bildungsgewinner

Ein Auszug aus der Shell-Jugendstudie:

In Deutschland haben in den 90er-Jahren des 20. Jahrhunderts junge Frauen den jungen Männern an den allgemeinbildenden Schulen den Rang abgelaufen. [...] Stetig mehr junge Frauen besuchen weiterführende Schulen. Das Gymnasium ist dabei insgesamt auf dem Vormarsch, und waren 43 % der Schülerinnen 2002 dort anzutreffen, sind es in 2010 inzwischen 48 %. Bei den männlichen Altersgenossen ist der Anteil dagegen im gleichen Zeitraum nur von 39 % auf 40 % marginal gestiegen.

Doch nicht nur bei der besuchten Schulform, auch bei der Frage nach dem angestrebten Schulabschluss haben die jungen Frauen vermehrt die Nase vorne. [...] Auch [beim Abitur] ist der Anstieg bei jungen Frauen – von 53 % in 2002 auf 60 % in 2010 – im Vergleich zu den jungen Männern – von 46 % in 2002 auf 51 % auf 2010 – höher. Die Schere zwischen den Geschlechtern hinsichtlich des [antizipierten] Bildungserfolgs nimmt also kontinuierlich zu. [...] Mit den guten Bildungszertifikaten verknüpfen sich bessere Möglichkeiten für den Zugang zum qualifizierten Arbeitsmarkt, die sich jedoch nur sehr zögerlich in gleichen oder gar besseren Karrierebedingungen für junge Frauen niederschlagen.

Die jungen Frauen – vor allem diejenigen aus bildungsbürgerlichen Elternhäusern – gehören auf den ersten Blick zu den Gewinnern der gestiegenen Bildungsanforderungen. Trotz gleicher Qualifikationen werden Frauen auf dem Arbeitsmarkt jedoch deutlich niedriger als Männer bezahlt, sowohl innerhalb der einzelnen Berufssparten als auch im Vergleich zwischen männer- und frauendominierten Berufen. Einer der Hauptgründe hierfür ist, dass die Folgen der Familiengründung und der damit einhergehenden familiär bedingten Unterbrechungsrisiken nach wie vor primär den weiblichen Lebenslauf betreffen. [...]

Shell Deutschland Holding (Hrsg.), Jugend 2010. Eine pragmatische Generation behauptet sich, Frankfurt a. M. 2010, S. 74 f. (sprachlich leicht berarbeitet)

INFO

familiär: die Familie als soziale Gruppe betreffend

M 2 Müssen Jungen mehr gefördert werden?

Aus einem Streitgespräch zweier Bildungsexperten:

ZEIT: Die Jungen sollen sich [für bessere Schulleistungen] also etwas mehr anstrengen?

Faulstich-Wieland: Da ist durchaus etwas dran. Bei den Mädchen ging es vor allem darum, ihr Selbstvertrauen zu stärken. Die Jungs dagegen haben ja nicht zu wenig Zutrauen in ihre Fähigkeiten. Im Gegenteil, Studien [...] zeigen, dass die Jungen sich in ihren Fähigkeiten deutlich überschätzen. Viele Jungen sehen von ihrer Grundhaltung her gar nicht die Notwendigkeit, sich anzustrengen.

Hurrelmann: Hinzu kommt eine verbreitete Leistungsfeindlichkeit. In einem bestimmten Alter, gerade in der Pubertät, gilt es besonders unter Jungen als uncool, ein guter Schüler zu sein.

ZEIT: Die Jungen haben also selbst Schuld?

Hurrelmann: Ein Ziel der Jungenförderung muss sein, den Jungen ein realistisches Bild von sich selbst zu vermitteln. [...] Wenn Jungen weniger durchhaltefähig sind, bei Versagen eher einknicken und im schlimmsten Fall die Schule schmeißen, kann das die Schulpolitik nicht kaltlassen. Was damals in den Sechziger-, Siebzigerjahren für die Mädchen galt, gilt heute für die Jungs: Wir brauchen eine explizite Jungenpolitik. Denn es sind strukturelle Probleme, die verhindern, dass Jungen ihr vorhandenes Leistungspotenzial ausschöpfen.

Faulstich-Wieland: Wo soll die strukturelle Benachteiligung der Jungen denn liegen? Mäd-

INFO

strukturell: die Struktur betreffend; Art und Weise, wie die Elemente eines Systems aufeinander bezogen sind

Koedukation: gemeinschaftliche Erziehung von Mädchen und Jungen

Sanktionierung: *hier:* Bestrafung

chen litten damals unter einer konkreten Diskriminierung. So gab es weniger Mädchen- als Jungenschulen. Erst die Koedukation hat das Schulsystem geöffnet, um den Mädchen ausreichend Plätze zur Verfügung zu stellen. Ich sehe nicht, dass die Krise der Jungen heute daran liegt, dass wir Gymnasialplätze nach dem Geschlecht vergeben.

Hurrelmann: Das sagt auch niemand. Die Diskriminierung liegt in der Art und Weise begründet, wie Jungen im Unterricht angesprochen werden, wie man auf sie als Lernende eingeht – oder besser gesagt nicht eingeht.

Faulstich-Wieland: Wie denn?

Hurrelmann: Typische Jungenmerkmale werden in der Schule nicht gewürdigt. Sie stören bloß. So muss man im Unterricht still sitzen. Es muss Ruhe im Klassenzimmer herrschen. Jungen aber sind vom Naturell her raumgreifender, sie haben einen größeren Bewegungsdrang. Wenn sie aber raufen, wird dies sofort unterbunden. Diese Sanktionierung von typischem Jungenverhalten ist für mich kein pädagogischer Zugang.

Die Zeit vom 5. 8. 2010

M3 Gleichberechtigung im Unterricht?

Der Spiegel-Journalist Ralf Neukirch über fehlende Gleichberechtigung im Unterricht:

[Es lässt sich] ein relativ offenkundiger Grund für die Ungleichbehandlung der Jungen ausmachen. Es ist die Feminisierung des gesamten Schulwesens. Die Zahl der Lehrerinnen ist gestiegen, an vielen Grundschulen sind Lehrer bereits Exoten. Hinzu kommt, dass einige fragwürdige Annahmen der Geschlechterforschung längst den Schulalltag bestimmen.

Dazu gehört die Überzeugung, dass Verhalten, das typisch männlich ist – oder als solches gilt –, schlecht ist. Jede harmlose Schulhofrangelei steht mittlerweile unter Gewaltverdacht und wird unterbunden. Natürlich ist es sinnvoll, kleinen Jungen zu erklären, dass Schlagen keine Lösung ist. Aber muss bei jeder Rauferei gleich der Konfliktlotse angerannt kommen?

Der Unterricht, schreibt der Frankfurter Bildungsforscher Frank Dammasch, sei eher an weibliche Formen des Lernens und Gestaltens angepasst. Wenn sich Jungen wie Jungen verhalten, wird dies dagegen sanktioniert.

Der Unterrichtsstoff geht oft an Jungeninteressen vorbei. Wer Lesebücher für deutsche Grundschulen durchblättert oder sich Diktate zeigen lässt, der wird darin wenig über Fußball oder Piraten lesen. Stattdessen dürfen die Kinder darüber schreiben, wie es ist, mit nackten Füßen durchs Gras zu gehen und Libellen zu beobachten.

Dabei ist wissenschaftlich untersucht, dass sich die Leistungen von Jungen verbessern, wenn die Themen sie interessieren. Tauchen Wörter wie Schiedsrichter oder Torwart in den Texten auf, erzielen Jungen in der Rechtschreibung leicht bessere Werte als Mädchen. Sonst hinken sie in diesem Bereich deutlich hinterher.

Eine naheliegende Konsequenz wäre es, stärker auf die inhaltlichen Interessen der Jungen einzugehen. Man muss ja im Kunstunterricht nicht immer nur Schmetterlinge als Hinterglasbilder malen lassen. Es könnte ja auch mal eine Ritterburg sein.

Spiegel-Online vom 25. 8. 2008 www.spiegel.de (Zugriff am 8. 2. 2011)

INFO

Feminisierung:
Verweiblichung

Exoten:
fremde Wesen

▸▸ Werden Frauen in der Arbeitswelt benachteiligt?, S. 188/189

1 Fasst die Fakten aus M1 zusammen, aus denen die bessere Stellung der Mädchen hervorgeht.

2 Erklärt, warum sich die Bildungserfolge der Mädchen (noch) nicht im Erwerbsleben niederschlagen (M1).

3 Diskutiert, ob Jungen in der bzw. durch die Schule diskriminiert werden oder ob ihr „Naturell" (M2, M3) sie selbst an Schulerfolgen hindert.

4 Verfasst aus Jungen- bzw. Mädchensicht Lösungsvorschläge.

◂◂ Rollen in der Familie, S. 36/37

2.5 Mit Fremden leben – Integration?

Weil Migrantenkinder in den unteren sozialen Schichten besonders stark vertreten sind, stoßen viele von ihnen auf dieselben Probleme, mit denen einheimische Kinder aus sozial schwachen Familien zu kämpfen haben. Hinzu kommen die Schwierigkeiten, die sich aus dem Aufwachsen und Leben in einer „anderen", „fremden" kulturellen und sozialen Umgebung ergeben. Dennoch zeigen viele Kinder von Migranten, dass auch unter schweren Bedingungen ein erfolgreicher Schulabschluss möglich ist.

M 1 „Deutschpflicht" auf dem Schulhof?

Streit um eine neue Hausordnung:

So jedenfalls hatten sich Eltern, Lehrer und Schüler der Herbert-Hoover-Realschule in Berlin-Wedding das nicht vorgestellt, als sie sich vor eineinhalb Jahren eine neue Hausordnung gaben. Darin verständigte man sich einstimmig darauf, dass Deutsch die für alle verpflichtende Schulsprache sein soll – in den Pausen und bei Klassenreisen.

Achtzehn Monate wurde diese Selbstverpflichtung auch nahezu geräuschlos praktiziert. Jetzt belagern plötzlich Kamerateams das Schultor. Weil sie sich vor Journalistenfragen nicht mehr retten konnte, hat die Schule nun für diesen Donnerstag zu einer Pressekonferenz geladen.

Denn mittlerweile sorgt die „Deutschpflicht" bundesweit für aufgeheizte Kontroversen. Seit Tagen schon empören sich die türkischen Medien und Verbände über die Regelung. Das Verbot, in der eigenen Muttersprache zu sprechen, bediene „bestimmte Ressentiments in der Mehrheitsbevölkerung", stimmte am Mittwoch der Türkische Bund Berlin-Brandenburg ein. Auch die Gewerkschaft Erziehung und Wissenschaft (GEW) verlangt, die Berliner Schulaufsicht müsse die Hausordnung auf ihre Zulässigkeit prüfen. „Eine Schulordnung, selbst wenn sie einstimmig beschlossen wurde, darf sich nicht über die Menschenrechte hinwegsetzen und einem jungen Menschen das Sprechen seiner Herkunftssprache verbieten", empörte sich GEW-Vize Marianne Demmer [...].

Kritik kommt auch von ungewohnter Seite. Als „Einschränkung der Persönlichkeitsrechte", lehnt das CSU-geführte bayerische Kultusministerium die „Deutschpflicht" ab. Die Grünen hingegen urteilen nach anfänglicher Fundamental-Ablehnung mittlerweile differenzierter. Man teile das Integrationsziel der Hoover-Schule. Die „Deutschpflicht" sei aber das „falsche Instrument". „Das zeugt nicht von einer Willkommenskultur", meint der Schulexperte der Berliner Grünen, Özcan Mutlu.

Auch unter den Integrationsbeauftragten ist die „Deutschpflicht" umstritten. Während Bundesbeauftragte Maria Böhmer (CDU) die Hoover-Hausordnung als „begrüßenswerte Maßnahme" lobt, die auch andernorts Schule machen sollte, sieht ihr Berliner Landeskollege Günter Piening das Experiment „sehr skeptisch". „Ich bezweifle, dass sich durch Sprachverbote die Sprechfähigkeit verbessert", meint Piening. Die Muttersprache sei „Teil der Identität" junger Migranten, und ihre Zweisprachigkeit mache „auch ihre Stärke aus".

Vera Gaserow, Kontroverse über die Deutschpflicht, in: Frankfurter Rundschau vom 27. 1. 2006, S. 4

▸▸ Migration als Folge der Globalisierung, S. 382 ff.

GLOSSAR

Migration

M 2 Die Ursachen schlechterer Leistungen

Der Bildungsforscher Klaus Klemm über die Ursachen schlechterer Leistungen:

- Nicht erst seit den großen Leistungsstudien der vergangenen Jahre wissen wir, dass die Zugehörigkeit zu einer sozialen Schicht die Schulkarrieren maßgeblich prägt – insbesondere in Deutschland.
- Von der Unterrichtssprache Deutsch geben nur 55 Prozent der 15-Jährigen mit Migrationshintergrund an, dass ihre Familie sie zu Hause spricht.[...]
- Grundschulkinder, deren Elternteile beide in Deutschland geboren sind, haben gegenüber Kindern, deren Väter und Mütter im Ausland aufwuchsen, bei ähnlichen kognitiven Fähigkeiten und bei gleicher Lesekompetenz eine um 1,2-mal höhere Chance, von der abgebenden Grundschule eine gymnasiale Empfehlung zu erhalten.

Erziehung und Wissenschaft, H. 1 (2008), S. 14 f.

M 3 Migration und Bildung

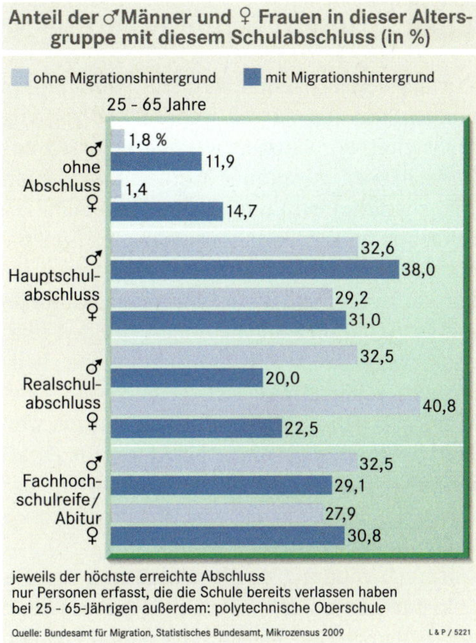

M 4 Die Bedeutung der Migration

Wissenschaftler haben untersucht, wie sich der Migrationshintergrund bemerkbar macht. Hier zeigt sich, dass Kinder, bei denen mindestens ein Elternteil im Ausland geboren ist, nur etwa 0,2 bis 0,3 Notenpunkte schlechter als einheimische Kinder derselben Sozialschicht sind. Bei den Mathematiknoten sind Kinder mit Migrationshintergrund sogar etwas besser als Kinder aus deutschen Familien. Auch die weiteren Ergebnisse der Studie belegen, dass zwar die Sozialschicht einen Einfluss auf die Bildungschancen hat, aber nicht der Migrationshintergrund. Dennoch sind im Verhältnis mehr Kinder aus ausländischen Familien bei Bildungschancen benachteiligt, eben weil hier der Anteil der in Armut lebenden Kinder größer ist. Von Schülern mit Migrationshintergrund lebt laut Befragung fast die Hälfte (46 Prozent) in Armut. Bei Kindern ohne Migrationshintergrund sind es lediglich 17 Prozent.

Wiesbadener Kurier vom 14. 8. 2008; Verf.: Patrick Körber

1. Erläutert die besondere Bedeutung der Beherrschung der deutschen Sprache für Bildungserfolge (M 1, M 2) und stellt die Argumente für und gegen eine „Deutschpflicht auf dem Schulhof" tabellarisch gegenüber.
2. Diskutiert, ob die „Deutschpflicht in der Schule" ein geeignetes Mittel ist, die Sprachfähigkeit zu verbessern.
3. Gebt die in M2 genannten Ursachen für die schlechteren schulischen Leistungen von Kindern mit Migrationshintergrund wieder.
4. Beurteilt unter Einbezug von M3 und M4 abschließend, ob der Migrationshintergrund von Einfluss auf den Bildungserfolg ist.

2.6 Schulkultur – Erziehungsziele heute

M 1 Hilferuf einer Berliner Schule

Wir müssen feststellen, dass die Stimmung in einigen Klassen zurzeit geprägt ist von Aggressivität, Respektlosigkeit und Ignoranz uns Erwachsenen gegenüber. Notwendiges Unterrichtsmaterial wird nur von wenigen Schülern mitgebracht. Die Gewaltbereitschaft gegen Sachen wächst: Türen werden eingetreten, Papierkörbe als Fußbälle missbraucht, Knallkörper gezündet und Bilderrahmen von den Flurwänden gerissen. Werden Schüler zur Rede gestellt, schützen sie sich gegenseitig. Täter können in den wenigsten Fällen ermittelt werden. Laut Aussage eines Schülers gilt es als besondere Anerkennung im Kiez, wenn aus einer Schule möglichst viele negative Schlagzeilen in der Presse erscheinen. [...]
Unsere Bemühungen, die Einhaltung der Regeln durchzusetzen, treffen auf starken Widerstand der Schüler. Diesen Widerstand zu überwinden wird immer schwieriger. In vielen Klassen ist das Verhalten im Unterricht geprägt durch totale Ablehnung des Unterrichtsstoffes und menschenverachtendes Auftreten. Lehrkräfte werden gar nicht wahrgenommen, Gegenstände fliegen zielgerichtet gegen Lehrkräfte durch die Klassen, Anweisungen werden ignoriert. Einige Kollegen gehen nur noch mit dem Handy in bestimmte Klassen, damit sie über Funk Hilfe holen können.
Die Folge ist, dass Kollegen am Rande ihrer Kräfte sind. Entsprechend hoch ist auch der Krankenstand, der im 1. Halbjahr 05/06 höher war als der der Schüler. [...] Einige Kollegen stellen seit Jahren Umsetzungsanträge, denen nicht entsprochen wird, da keine Ersatzkräfte gefunden werden.
Auch von den Eltern bekamen wir bisher wenig Unterstützung in unserem Bemühen, Normen und Regeln durchzusetzen. Termine werden nicht wahrgenommen, Telefonate scheitern am mangelnden Sprachverständnis.
Wir sind ratlos.

Der Tagesspiegel vom 30. 3. 2006

M 2 Die Heinrich Böll-Schule

Aus einem Interview mit Karl Hildebrandt, Schulleiter der Heinrich Böll-Schule:

Schulleiter Karl Hildebrandt

Die Heinrich-Böll-Schule ist seit einigen Jahren Teamschule. Was ist darunter zu verstehen?
Eine Teamschule ist eine Schule, deren Unterrichtsplanung sich an einzelnen Jahrgangsstufen orientiert. Die Lehrer arbeiten als Pädagogen im Team zusammen und planen gemeinsam, welche Ziele die Schüler eines Jahrgangs erreichen sollen. Dabei geht es nicht nur um Kompetenzen in den einzelnen Fächern, sondern auch um Standards im Sozialverhalten und um die persönliche Entwicklung der Kinder und Jugendlichen. [...] Wir haben festgestellt, dass wir vor allem zwei Ziele verfolgen müssen: die Schüler optimal in ihrem individuellen Lernprozess unterstützen und ein Lernklima schaffen, in dem sich Kinder aller sozialen Schichten wohlfühlen. Das Arbeiten in Jahrgangsteams mit festen Strukturen ist sehr gut geeignet, um diese Ziele zu erreichen.
Woran lässt sich der Erfolg festmachen?
An besseren Leistungen der Schüler verglichen mit Jahrgängen, in denen noch nicht im Team gearbeitet wird, und an einer größeren Zufriedenheit von Lehrern und Schülern. Wir binden übrigens auch die Eltern in das Konzept mit ein, führen in Klasse fünf einmal im Halbjahr ein Diagnose- und Fördergespräch und lassen Eltern und Schüler einen Aufnahmevertrag unterschreiben, in dem Regeln schriftlich festgelegt sind. Das erhöht die Kooperationsbereitschaft.

Frankfurter Rundschau vom 11. 3. 2009 (Das Interview führte Andrea Rost.)

M3 Die Schulverfassung der Heinrich-Böll-Schule Hattersheim

Heinrich-Böll-Schule

Schulverfassung

Präambel

Die Heinrich-Böll-Schule ist ein Ort, an dem Schüler/innen, Lehrer/innen und Eltern vertrauensvoll miteinander arbeiten und umgehen. Wir begegnen uns mit Toleranz, Fairness und Respekt.

Wir wollen Menschen, die Achtung vor sich selbst haben.

Wir entwickeln das Selbstbewusstsein unserer Schülerinnen und Schüler, indem wir sie mit ihren starken und schwachen Seiten ernst nehmen.
Wir schaffen Vertrauen, indem wir jeden so behandeln, wie wir selbst behandelt werden wollen.
Eine eigene Meinung und ein eigener Geschmack sind Ausdruck der Persönlichkeit des Einzelnen.
Jeder übernimmt die Verantwortung für sein Handeln und trägt die Konsequenzen für sein Tun.

Wir respektieren und schützen die Würde des Anderen.

Jeder hat ein Recht darauf, als Person respektiert zu werden.
Deshalb
- achten wir auf unsere Wortwahl, damit wir niemanden beleidigen oder herabsetzen.
- gehen wir gewaltfrei miteinander um.
- reagieren wir aufmerksam, wenn uns Konfliktsituationen begegnen.
- verhalten wir uns tolerant gegenüber Menschen aus anderen Kulturkreisen.

Die Entfaltung der Schülerinnen und Schüler durch Lernen steht im Mittelpunkt.

Wir verhalten uns so, dass Lernen und Unterricht ungestört stattfinden können.
Anstrengung und Leistung verdienen Achtung und Anerkennung.
Wir verstehen uns als Lerngemeinschaft, unterstützen uns gegenseitig und bemühen uns um eine stetige Verbesserung der Lernbedingungen.
Allen Schülerinnen und Schülern widerfahren in der Beurteilung ihres Verhaltens und ihrer Leistungen Gerechtigkeit und Anerkennung.

Wir gestalten bewusst den Lebensraum Schule.

Lehrer/innen und Schüler/innen gestalten und erhalten ihren Arbeitsplatz so, dass sich alle gerne in den Räumen aufhalten.
Jeder übernimmt dabei auch Aufgaben für die Gemeinschaft.
Die Einrichtungen der Schule innerhalb und außerhalb des Schulgebäudes werden sorgfältig und pfleglich behandelt.
Wir unterstützen Angebote, welche unsere Gesundheit fördern.

◂◂ Demokratie und Mitbestimmung in der Schule, S. 48 ff.

1 Erklärt die Ratlosigkeit des Lehrerkollegiums der Berliner Schule (M1).

2 Diskutiert über Ursachen des Schülerverhaltens (M1).

3 Erläutert, was der Schulleiter der Heinrich Böll-Schule (M2) unter einem positiven „Lernklima“ versteht, und zeigt auf, wie die Schulverfassung dieses herzustellen versucht.

4 Sprecht mit den Gremien eurer Schule (Schülervertretung/Vertrauenslehrer/Schulleitung), ob auch an eurer Schule eine derartige Verfassung (M3) eingeführt werden sollte.

2.7 Umweltbewusstsein im Klassenzimmer

▸▸ Treibhauseffekt und Klimawandel, S. 238 ff.

Energie- und Wassersparen ist aktuell. Und umweltbewusst handeln kann man auch in der Schule. Hunderte von Schulen beteiligten sich in den letzten Jahren an Projekten, die darauf abzielen, den Verbrauch von Ressourcen, vor allem von Energie und Wasser, zu verringern – sei es durch eine Änderung des Verbraucherverhaltens, sei es durch investive Maßnahmen. Denn dass auch die Energienutzung von Schulen, die (meist) auf den – begrenzten – fossilen Energieträgern beruht, gravierende Auswirkungen auf unser Klima hat, ist nicht zu bestreiten. Und auch für den Wasserverbrauch gilt: Der sorgsame Umgang mit unserem wichtigsten Lebensmittel schont Natur und spart Geld. So besteht weitgehende Übereinstimmung darüber, dass der Energie- und Wasserverbrauch gesenkt werden muss.

M 1 Umwelt-Check: Klassenzimmer & Schule

1. H: Wie wird die Temperatur in den Klassenräumen reguliert?
   - ☐ höher
   - ☐ niedriger
2. L: Wie wird in den Klassenräumen gelüftet?
   - ☐ immer mit gekippten Fenstern
   - ☐ nur in den Pausen
3. H, L, S: Wird darauf geachtet, das Licht auszuschalten, wenn es nicht mehr benötigt wird?
   - ☐ ja, in der Regel
   - ☐ nein, eher nicht
4. L: Wird darauf geachtet, die Computer auszuschalten, wenn sie nicht mehr benutzt werden?
   - ☐ ja, in der Regel
   - ☐ nein, eher nicht
5. H, L: Wird darauf geachtet, möglichst wenig Wasser zu verbrauchen, z. B. das Wasser beim Händewaschen nur während des Abspülens laufen zu lassen?
   - ☐ ja, in der Regel
   - ☐ nein, eher nicht

   Besitzt die Toilettenspülung einen Regulierungskasten?
   - ☐ ja
   - ☐ nein
6. H: Wie hoch sind die monatlichen bzw. jährlichen Energiekosten der Schule?

   Strom: ________ Euro   Heizung: ________ Euro   Wasser: ________ Euro
7. H, L: Kohlendioxid (CO_2) trägt zum Treibhauseffekt bei.
   Wie hoch wird der jährliche CO_2-Ausstoß der Schule eingeschätzt?
   - ☐ 10 Tonnen
   - ☐ 100 Tonnen
   - ☐ 1 000 Tonnen oder mehr

H: Hausmeister / L: Lehrer / S: Schüler

M2 Klimakonferenz im Klassenzimmer

[...] Dicke Jacken statt Heizung, diesen Vorschlag haben sich die Mädchen und Jungen der Mittelstufe [...] ausgedacht. Im Rahmen eines Projekttages, so erklärte Neuntklässler Zabi Zadran, könnte auf diese Weise der Energieverbrauch reduziert werden. [...] Mitmachen beim Energiesparen kann jeder, da waren sich die Schüler einig. Das fängt beim Ausschalten der Klassenzimmer-Beleuchtung an, geht weiter beim richtigen Lüften der Räume und macht auch vor dem Tageslicht-Projektor nicht halt, dessen Lampe enorm viel Strom braucht. Doch damit nicht genug. „Die Lehrer könnten weniger kopieren und stattdessen die Originalbücher verteilen“, erklärten Benedikt, Kinan und Florian. Und wenn schon kopiert werde, so die Sechstklässler, dann sollten doch bitte beide Seiten des Blattes bedruckt werden.

Die Schüler fassen sich aber auch an die eigene Nase. Schließlich können Rohstoffe und Energie gespart werden, wenn jeder seine Hefte von der ersten bis zur letzten Seite vollschreibt. Und wer Holzstifte statt Tipp-Ex und Textmarker benutzt, der tut ebenfalls etwas Gutes für die Umwelt. Auch die Eltern können für ein besseres Klima sorgen. Wer nicht so weit weg wohnt, dessen Nachwuchs kann zu Fuß zur Schule gehen. „Braucht man trotzdem das Auto, können Fahrgemeinschaften gebildet werden“, schlug Ricky Lamberty aus der Oberstufe vor. Und getrennte Eimer für Papier und Restmüll, so der 17-Jährige, wären gut für das Recycling.

Neben den Dingen, die Schüler und Lehrer tun können, gibt es freilich Sachverhalte, bei denen die Stadt eingreifen muss. Ganz oben auf dieser Liste [...] stehe eine vernünftige Wärmedämmung der Gebäude. Überhaupt [...] ließe sich in Bezug auf die Heizung einiges unternehmen. Bislang wird die Anlage nämlich zentral vom Hausmeister gesteuert. Könnte die Temperatur direkt in den Klassenzimmern eingestellt werden, ließe sich einiges an Energie sparen.

Stuttgarter Zeitung (Nord-Rundschau, S-Innenstadt) vom 16. 01. 2010

M3 Schule als Lernort

Der Bildungs- und Schulserver des Landes Hessen über die Bedeutung der Schule:

Schulen eignen sich [...] gut sowohl zur Demonstration der möglichen Energieeinsparung als auch zur Anwendung moderner Technologien wie vor allem der Solarenergie. Die Schule ist neben dem Elternhaus der wichtigste „Lernort“ für die Generationen, die in der Zukunft die Verantwortung für das gesellschaftliche Handeln übernehmen werden. [...] Die Schule ist gleichzeitig ein großer „Umschlagplatz“, das heißt, Ideen und Handlungen, die hier vermittelt werden, werden von den Schülern weitergegeben zu ihren Eltern, zu ihren Altersgenossen und Freunden usw. Der Lernort Schule ist deshalb ein besonders geeigneter Ort, über effiziente und innovative Energienutzung zu informieren und für die Umsetzung in konkretes Handeln zu motivieren.

www.energie-und-schule.hessen.de (Zugriff am 12. 10. 2010)

1. Kopiert den Umwelt-Check (M1) und führt ihn in eurer Klasse bzw. in eurer Jahrgangsstufe durch. Veröffentlicht die Ergebnisse.
2. Listet anhand von M1 und M2 Möglichkeiten auf, in eurer Schule Energie zu sparen.
3. Ergänzt die Liste aus Aufgabe 2: Unterscheidet dabei zwischen euren Möglichkeiten, Möglichkeiten der Schule und Möglichkeiten der Stadt/der Gemeinde (Schulträger).
4. Nehmt Stellung zu der These, dass gerade in der Schule Umweltbewusstsein besonders wichtig ist (M3).
5. Diskutiert, wer die Kosten des Energieverbrauchs trägt und wer einen Nutzen von Einsparungen hat.

Konsum als Problem, S. 241–243,

Erneuerbare Energien, S. 252

Nachhaltigkeit in der Kommune, S. 84/85

PERSPEKTIV-WECHSEL

Schule um 1900

M 1 Kaiser Wilhelm der II.: Unterrichtsziele des Gymnasiums

Wer selber auf dem Gymnasium gewesen ist [...], der weiß, wo es da fehlt. Und da fehlt es vor allem an der nationalen Basis. Wir müssen als Grundlage für das Gymnasium das Deutsche nehmen; wir sollen nationale junge Deutsche erziehen und nicht junge Griechen und Römer. [...]
Der deutsche Aufsatz muss der Mittelpunkt sein. Wenn einer im Abiturientenexamen einen tadellosen deutschen Aufsatz liefert, so kann man daraus [...] beurteilen, ob er etwas taugt.

aus: Schulthess' Europäischer Geschichtskalender. Neue Folge, 6. Jg. 1891, S. 176 f.

M 2 Klassenordnung um 1900

Alle Schüler sitzen anständig, gerade mit dem Rücken angelehnt in Reihen hintereinander. Jedes Kind legt seine Hände geschlossen auf die Schultafel. Die Füße werden parallel nebeneinander auf den Boden gestellt. Sämtliche Kinder schauen dem Lehrer fest ins Auge. Sprechen, Lachen, Flüstern, Hin- und Herrücken, heimliches Lesen, neugieriges Umhergaffen dürfen nicht vorkommen. Das Melden geschieht bescheiden mit dem Finger der rechten Hand. Dabei wird der Ellbogen des rechten Armes in die linke Hand gestützt. Beim Antworten hat sich das Kind rasch zu erheben, gerade zu stehen, dem Lehrer fest ins Auge zu schauen und in vollständigen Sätzen rein und laut zu sprechen.
Auf „eins" erfassen die Kinder das unten liegende Buch, auf „zwei" heben sie das Buch über die Tafel, auf „drei" legen sie es geräuschlos auf die Schultafel nieder und richten den Blick wieder unverwandt und fest auf den Lehrer.

aus: Praxis der Volksschule, Gotha 1889, zitiert nach Wochenschau, Nr. 6 (1995), „Schule", S. 235

1. Beschreibt das Foto.
2. Stellt Aufgaben und Ziele der Schule um 1900 dar (M 1, M 2).
3. Erklärt den Zusammenhang der Materialien.
4. Vergleicht gemeinsam die damalige mit der heutigen Schule – haltet eure Ergebnisse (Oberbegriffe) stichpunktartig fest.

Wichtiges zusammengefasst

KOMPAKT

- In der Schule treten täglich **Konflikte** auf – meist zwischen Schülern, aber oft auch zwischen Schülern und Lehrern. Neben zahlreichen Pflichten haben die Schülerinnen und Schüler in der heutigen Schule aber auch **Rechte.** Diese sind in Gesetzen und Verordnungen formuliert, bspw. im **„Hessischen Schulgesetz"** oder in der wichtigen **„Verordnung zur Gestaltung des Schulverhältnisses"**. Um sein Recht durchsetzen zu können, muss man es kennen.
Die **Schülervertretung (SV)** in Hessen ist ein Organ, mit dem die Schülerinnen und Schüler ihre Interessen vertreten können. Ihr Aufbau ist nach demokratischen Prinzipien geregelt. Die wichtigsten Bereiche sind die Klassensprecher, der Schülerrat, der Kreisschülerrat und der Landesschülerrat. Sie wählen Schul- bzw. Stufensprecher bzw. die Vorstände der regionalen und überregionalen Gremien. Der SV stehen **Vertrauens- bzw. Verbindungslehrer** mit Rat und Tat zur Seite.
Einige der Schülerkonflikte – aber nicht alle – lassen sich durch **Mediations- bzw. Schlichtungsverfahren** lösen. Diese Verfahren unterliegen einem festgelegten Ablauf. Sie helfen, das Leben in der Schule zu erleichtern.

- **Soziale Herkunft, Geschlecht** und **Migrationshintergrund** prägen bis heute Bildungs- und Berufschancen. Armut ist ein materielles, soziales und kulturelles Problem. Sozialisationsprozesse in armen Familien verlaufen anders als in Familien der Mittel- und Oberschicht. Sie beeinflussen auch die **Bildungschancen**. Mädchen sind heute im Vergleich zu Jungen in der Schule erfolgreicher. Umstritten sind hier die Gründe: Sind die Schulen mittlerweile einseitig an Mädcheninteressen orientiert, oder hindern Sozialisationsdefizite die Jungen an ihrem schulischen Erfolg?
Erfolgreiche Integration setzt Bildung voraus. Hier sind immer noch Defizite feststellbar, die mit Verweisen auf die soziale Herkunft, die sich vor allem in einer mangelnden Beherrschung der Unterrichtssprache niederschlägt, aber auch als Diskriminierung erklärt werden können.

- Soziale Probleme spiegeln sich auch in der Schule wider (Schule als Spiegelbild gesellschaftlicher Entwicklung). Manche Schulen drohen an diesen zu scheitern. Andere Schulen versuchen, gemeinsam einen verbindlichen Werte- und Verhaltenskanon zu vereinbaren und eine spezifische **Schulkultur** zu erzeugen. Derartige Schulverfassungen haben mit traditionellen Schulordnungen nichts gemein.

- Umweltbewusstsein ist gerade auch in der Schule wichtig. Zahlreiche Projekte zeigen, dass **Energie- und Wasserverbrauch in den Schulen** gesenkt werden können. Auch an der eigenen Schule lässt sich sicherlich so manches verändern bzw. verbessern.

3. Demokratie in Stadt und Land

6

- Welche Aufgaben haben Städte und Gemeinden?
- Was machen Bürgermeister, Stadtverordnete und Magistrat?
- Wie kommt die Gemeinde an ihr Geld? Und wofür gibt sie es aus?
- Wie kann man sich an der Lokalpolitik beteiligen?
- Achtet die Gemeinde auch auf die Umwelt?

5

4

3.1 Leben in einer Gemeinde

Die Bürgerinitiative „Wir wollen eine Inliner- und Skater-Bahn“ ist seit Wochen aktiv. Über 800 Unterschriften hat sie bereits gesammelt. In einer großen Aktion im Beisein der Presse wurden die Unterschriften dem Bürgermeister übergeben.

M 1 Vor der Gemeinderatssitzung

1. Schritt: Der Bürgermeister führt ein Gespräch mit der Bürgerinitiative „Skater-Bahn“. Er ist nicht dagegen, möchte aber zunächst noch Gespräche mit anderen Einwohnern und Gemeinderäten führen. Er verspricht der Bürgerinitiative, das Anliegen von der Gemeindeverwaltung prüfen zu lassen.

2. Schritt: Die Fachleute in der Gemeindeverwaltung, z. B. im Jugendamt, erarbeiten für den Bürgermeister eine Vorlage. Darin wird begründet, warum eine Skaterbahn nötig ist und was sie kosten wird. Die Vorlage endet mit dem Vorschlag: „Die Gemeinde errichtet im Wohngebiet Sand eine Inliner- und Skater-Bahn“. Allen Mitgliedern des Gemeinderates wird diese Vorlage zugeschickt.

3. Schritt: Die Gemeinderäte beraten in ihren Fraktionen über die Vorlage des Bürgermeisters. Sie überlegen sich, welchen Standpunkt sie einnehmen wollen. Manche befürworten den Bau der Bahn, andere wollen lieber zunächst einen Parkplatz in der Nähe der Schule und des Einkaufszentrums bauen.

4. Schritt: Bei der nächsten Sitzung des Gemeinderats steht die Errichtung des „Inliner- und Skater-Bahn“ auf der Tagesordnung. Der Bürgermeister eröffnet die Sitzung ...

M 2 In der Gemeinderatssitzung

„Meine Damen und Herren, ich eröffne die heutige Sitzung des Gemeinderates ... Wir kommen zu Punkt 1 der Tagesordnung: Bau der Skaterbahn im Wohngebiet Sand. Sie haben zunächst das Wort, Herr Schmiela, dann Frau Korell und Herr Joos und anschließend Frau Wagner.“
„Herr Bürgermeister, meine Damen und Herren, ich meine, dass wir die Skaterbahn bauen sollten. Wir können die Kinder in Sand nicht länger benachteiligen. Ich meine, dass die Errichtung eines Parkplatzes noch warten kann.“
„Frau Korrell und Herr Joos, bitte.“
„Wir haben immer wieder beteuert, dass wir etwas für die Kinder und Jugendlichen in unserer Gemeinde tun wollen. Jetzt können wir zeigen, wie ernst es uns damit ist. Schon um die Kinder vor Unfällen auf der Straße zu bewahren.“
„Die Kinder haben oft Ärger mit Erwachsenen, weil sie Krach auf den Gehwegen machen. Die Skaterbahn nützt auch zukünftigen Kindern.“
„Frau Wagner, bitte.“
„Auch ich bin für die Zukunft unserer Kinder. Ich meine aber, dass es genügend Spielmöglichkeiten gibt. Wir brauchen dringender einen Parkplatz zwischen Einkaufszentrum und Schule. Dort gibt es viel zu wenig Parkmöglichkeiten.“
„Vielen Dank für Ihre Beiträge. Wir kommen jetzt zur Abstimmung über die Vorlage, ich bitte um Handzeichen: Wer ist dafür? ... Wer ist dagegen? ... Enthaltungen? ... Ich stelle das Ergebnis der Abstimmung fest: Für die Vorlage haben ... gestimmt, dagegen ... . Enthalten haben sich ... Damit ist die Vorlage ... .“

GLOSSAR
Bürgerinitiative

▸▸ **Engagierte Bürger – Möglichkeiten politischer Beteildung, S. 76/77**

1 Zeigt auf, wie die Sitzung im Gemeinderat vorbereitet wurde (M 1).
2 Erstellt ein Schaubild, das den Ablauf verdeutlicht.
3 Stellt die in der Sitzung vorgebrachten Argumente einander gegenüber (M 2).
4 Schätzt ein, wie der Gemeinderat abgestimmt haben könnte.

3.2 Aufgaben der Gemeinden – Die Kommunale Selbstverwaltung

Jeder von uns wohnt in einer **Gemeinde** („Kommune") – entweder in einem Dorf oder in einer Stadt. Die Gemeinde hat bestimmte Aufgaben zu erfüllen. Oft hört man Bürger sagen: „Dafür ist die Gemeinde zuständig." In der Gemeinde wird Politik gemacht. Allerdings ist nicht jede Aufgabe eine Angelegenheit der Gemeinde. Oft sind auch die einzelnen Bundesländer – man spricht hier vom „Land" – oder die Bundesrepublik Deutschland – der „Bund" – zuständig.
Der Rahmen der Aufgaben der Gemeinde ist im Grundgesetz festgelegt. Dort heißt es in Art. 28, Abs. 2: „Den Gemeinden muss das Recht gewährleistet sein, alle Angelegenheiten der örtlichen Gemeinschaft im Rahmen der Gesetze in eigener Verantwortung zu regeln. Auch die Gemeindeverbände haben im Rahmen ihres gesetzlichen Aufgabenbereiches nach Maßgabe der Gesetze das Recht der Selbstverwaltung. Die Selbstverwaltung umfasst auch finanzielle Eigenverantwortung [...]." Die **kommunale Selbstverwaltung** hat sich über Jahrhunderte entwickelt. Sie geht auf den preußischen Reformpolitiker Karl Freiherr vom und zum Stein (1757–1831) und auf dessen Städteordnung von 1808 zurück.
Die **Hessische Gemeindeordnung (HGO)** ist das „Gesetzbuch", nach dem die gut 400 hessischen Städte und Gemeinden ihre kommunalen Handlungsweisen ausrichten. Hier wird unter anderem geregelt, wie die unterschiedlichen Organe miteinander kommunizieren, welche Zuständigkeitsbereiche sie haben und wie die Beschlüsse zustande kommen. In der HGO sind auch die Rechte und Pflichten der Mandatsträger festgelegt.

M 1 Die wichtigsten Aufgaben einer Gemeinde

Straßenbau Verkehrsbau	**Bildung und Kultur** Volkshochschule, Bücherei, Theater, Orchester, Museen
Erziehung Schulen, Kindergärten	**Versorgung, Wohnungswesen** Wasser, Strom, Gas, Wohnungsbau, Stadtplanung, Wirtschaftsförderung
Öffentliche Sicherheit Feuerschutz, Gewerbeaufsicht, Baupolizei	**Gesundheits- und Jugendpflege** Abfallentsorgung, Kanalisation, Grünanlagen, Naherholung, Friedhöfe, Krankenhäuser, Spielplätze, Sportstätten
Sozialhilfe soziale Fürsorge, Altersheime, Obdachlosenasyle	**Staatliche Aufgaben** Aufgaben im übertragenen Weisungskreis: Standesamtswesen, Lebensmittelkontrollen, Einwohnermeldewesen

Informationen zur politischen Bildung, H. 242 „Kommunalpolitik" (2006), S. 13 f.

1 Erklärt, was man unter der „Kommunalen Selbstverwaltung" versteht (Autorentext, M1).
2 Informiert euch über eure Gemeinde: Größe, Einwohnerzahl, Geschichte, Sehenswürdigkeiten, Freizeit- und Sporteinrichtungen, kulturelle Angebote, medizinische Versorgung, Gewerbe- und Industriebetriebe, Infrastruktur, Parteien etc.
3 Gestaltet aus euren Informationen einen kleinen Gemeindeführer.
4 Wertet Zeitungsartikel unter dem Gesichtspunkt aus, was in eurer Gemeinde/Stadt kontrovers diskutiert wird.

METHODE Rathauserkundung

Die unbekannte Welt der öffentlichen Verwaltung könnt ihr euch erschließen, wenn ihr das Rathaus eurer Gemeinde erkundet. Zu diesem Zweck könntet ihr einen Vormittag in der Gemeindeverwaltung verbringen; zur Vorbereitung solltet ihr auf jeden Fall auch die Homepage der Gemeinde besuchen.
Stellt bei eurer Rathauserkundung die folgenden Fragen, notiert die Antworten und tragt die Ergebnisse später in der Klasse vor.

1. Wie groß ist die Abteilung (Zahl und Qualifikation der Mitarbeiter, Summe der jährlichen Haushaltsgelder, über die sie verfügen kann)?
2. Für welche Aufgaben ist die Abteilung zuständig? Nach welchen gesetzlichen Vorschriften hat sie sich zu richten? Ist sie im eigenen oder im übertragenen Wirkungskreis tätig? Wie wirkt sich ihr Handeln auf die Bürger aus? Haben die Mitarbeiter direkten Kontakt mit den Bürgern?
3. Mit welchen anderen Abteilungen der Gemeindeverwaltung bzw. mit welchen anderen Behörden, Unternehmen oder Verbänden hat die Abteilung zu tun? Sucht eine Form, in der ihr euren Mitschülern einen lebendigen Eindruck von der Arbeit eurer Gemeinde vermitteln könnt (z. B. eine Ausstellung mit Plakatwänden, eine Power-Point-Präsentation).

Hinweis: Es ist vorteilhaft, wenn euer Lehrer mit der Verwaltung vereinbart, dass ihr einen typischen Vorgang, d. h. einen Antrag, eine Beschwerde, eine Anweisung oder Ähnliches, bearbeiten dürft.
Ein Beispiel: Hubert H. hat eine Villa gekauft. Die Steuerabteilung der Stadt B. hat Herrn H. zur Zahlung von Grundsteuern, Straßenreinigungs- und Müllabfuhrgebühren für das kommende Jahr in Höhe von 1500 € veranlagt. Herr H. ist empört über die Höhe der Veranlagung. Er beschwert sich über diesen Bescheid der Verwaltung und kündigt an, die Zahlung zu verweigern. Wie kommt die Stadt B. zu ihrem Geld?

Stadt Baunatal · Postfach 1555 · 21605 Baunatal

Herrn/Frau/Firma — Objekt-Nr.: 02/XY

DR. PETER MUSTERMANN
UND EHEGATTE
GROTHE-MARIE-STRASSE 18

Bei Rückfragen und Zahlungen bitte stets angeben!

21614 BAUNATAL — Datum: 15.01.

HERANZIEHUNGSBESCHEID ÜBER GRUNDBESITZANGABEN
FÜR DAS GRUNDSTÜCK: GROTHE-MARIE-STR. 18
FÜR DAS JAHR XY

	Grundlage	Tarif/ Hebesatz	Betrag
Grundsteuer B	64,87 EUR	340 %	220,55 EUR
60-L-Gefäss 14-Tägig	1 ST	142,20 EUR	142,20 EUR
60-L-Bio-Tonne	1 ST	50,52 EUR	50,52 EUR
Strassenr.-Geb. Winter	11 m	1,28 EUR	14,08 EUR
Deichlasten	64,87 EUR	27 %	17,51 EUR
SUMME			444,86 EUR

Bis zur Bekanntgabe eines neuen Bescheides ist (sind) folgende Rate(n) zu zahlen.

15.02.	15.05.	15.08.	15.11.
111,22 EUR	111,22 EUR	111,22 EUR	111,20 EUR

Bitte bewahren sie diesen Bescheid sorgfältig auf.

3.3 Die Hessische Gemeindeordnung

M 1 Die Magistratsverfassung

Die Hessische Gemeindeordnung beruht auf dem Modell der Gewaltenteilung: mit einer Stadtverordnetenversammlung als politische Vertretung der Bürgerschaft und dem Magistrat mit dem (Ober-)Bürgermeister an der Spitze der Stadtregierung.

Die Gemeindevertretung bzw. Stadtverordnetenversammlung, das politisch bedeutsamste Gremium, wählt ihren eigenen Vorsitzenden (Gemeindevorsteher bzw. Stadtverordnetenvorsteher).

Unterhalb des Bürgermeisters, dem Oberhaupt der Verwaltung, liegen die einzelnen Dezernate/Referate, die wiederum die einzelnen Ämter bündeln. Die Leiter der Dezernate sind Beigeordnete. Bei der Fülle und Komplexität der heutigen Probleme und angesichts des erforderlichen Zeitaufwands ist es naheliegend, dass die gewichtigeren Dezernate von hauptamtlichen Beigeordneten geleitet werden (zum Beispiel die Bereiche Finanzen, Baubereich). Diese Beigeordneten werden von der Stadtverordnetenversammlung nach Proporz gewählt, damit sind (fast) alle Fraktionen vertreten. Für die Magistratsverfassung in Hessen gilt, dass die Beigeordneten nahezu gleichberechtigte Mitglieder eines regierungsähnlichen Gremiums (Magistrats) sind – unter Vorsitz des Bürgermeisters. Der Gemeindevorstand bzw. in Städten der Magistrat besteht also aus hauptamtlichen und ehrenamtlichen Beigeordneten.

Die Mehrheitsbeschlüsse des Magistrats muss der Bürgermeister ausführen, auch wenn er selbst dagegen gestimmt hat. Mehr als Erster unter Gleichen ist er nicht, seine Stellung ist also vergleichsweise schwach. In Hessen gilt die Unvereinbarkeit der Mitgliedschaft in Stadtverordnetenversammlung und Magistrat.

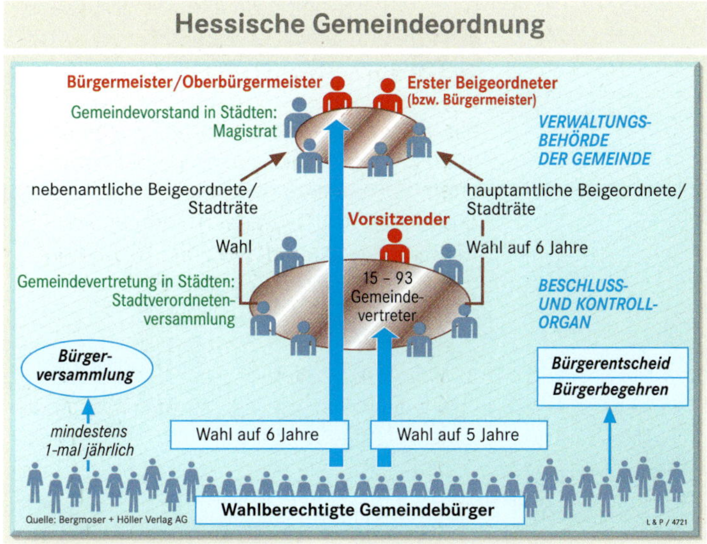

Hessen hat zum 1. April 1993 die Volkswahl des Bürgermeisters eingeführt, unter Beibehaltung der Magistratsverfassung (also ohne das Institutionenarrangement insgesamt zu ändern). Den Bürgermeister kann man damit nicht mehr austauschen. Da die Amtszeit des Bürgermeisters und die Wahlperiode einer Stadtverordnetenversammlung voneinander abweichen, sind Konflikte vorprogrammiert. Dort, wo der Bürgermeister der Vertreter einer Minderheitsgruppierung ist, kann er blockiert werden, wenn er das Programm auszuführen versucht, für das ihn seine Wähler ins Amt gehoben haben. Das ist sicher auch davon abhängig, wie festgefahren die Parteienstruktur vor Ort ist. Besonders schwierig wird die Situation für ihn – und sein Handlungsspielraum eng –, wenn der Vorsitzende der Mehrheitsfraktion sein Gegner bei der Bürgermeisterwahl war. Wenn dieser die Niederlage nicht verkraftet hat und an Revanche denkt.

Autorentext nach: Informationen zur politischen Bildung, H. 242 „Kommunalpolitik“ (2006), S. 38 f.

1 Gebt wieder, warum die Hessische Gemeindeordnung eine Magistratsverfassung ist.

2 Vergleicht die Stellung des Bürgermeisters mit derjenigen der Stadtverordnetenversammlung.

3 Erläutert das Spannungsverhältnis von Bürgermeister, Magistrat und Stadtverordnetenversammlung.

3.4 In der Diskussion: Prestigeobjekt oder Schulsanierung?

M1 Die European Business School (EBS) in Wiesbaden

Oberbürgermeister Müller (CDU) zur European Business School (EBS):

Der Entwurf der EBS von den Architekten Eller + Eller

„Chance“ war sicherlich das Wort, das Oberbürgermeister Helmut Müller (CDU) am häufigsten verwendete, als er in der gestrigen Sitzung des Stadtparlamentes für die finanzielle Unterstützung der European Business School argumentierte. Es ergebe sich eine neue Chance, dass Wiesbaden zur Universitätsstadt mit zusätzlich 800 Studierenden und 200 Mitarbeitern werde. „Zehn Millionen Euro als städtischer Anteil sind ein akzeptabler Weg, der sich für die Stadt auszahlen wird“, so der Oberbürgermeister. Denn mit der Gründung einer Law School am Standort Moritzstraße seien Investitionen in Höhe von 120 bis 175 Millionen Euro verbunden. Zudem könne das ganze Quartier aufgewertet, das brachliegende Areal bebaut werden. Die Mehrheit der Stadtverordnetenversammlung stimmte dem Änderungsantrag von CDU, FDP und Grünen zu, der vorsieht, dass die Stadt sich neben dem Land mit zehn Millionen Euro an den „Sanierungsmaßnahmen zur Aufwertung des Areals“ beteiligt. [...] Aber an den zehn Millionen Euro störte sich die Opposition [SPD]. „Eine private Einrichtung mag Studiengebühren erheben, dann aber soll sie nicht öffentliche Gelder in Anspruch nehmen“, sagte Helmut Nehrbaß von der SPD-Fraktion. Hochschulfinanzierung sei Landessache. „Und 800 prognostizierte Jura-Studenten machen Wiesbaden nicht wirklich, was Atmosphäre und Flair betrifft, zu einer Uni-Stadt“, meinte Nehrbaß. [...]

Wiesbadener Kurier vom 14. 05. 2009 (Verfasser: Patrick Körber)

M2 „Toller Entwurf für EBS Law-School“

Zum Siegerentwurf für den Neubau der Law-School der EBS in Wiesbaden sagte der Kreisvorsitzende der Wiesbadener FDP Florian Rentsch:

„Diese einladende Architektur ist genau die richtige Ausrichtung für das Stadtviertel. Eine 11:0 Entscheidung durch renommierte Architekten und Fachleute in der Jury ist ein klares Signal! Ich freue mich, dass durch Neubau und die Sanierung des alten Landgerichtsgebäudes dieses Quartier so aufgewertet werden wird. Auch der Bürgersaal ist ein wichtiges Element, der in diesem Entwurf sehr überzeugend eingeplant worden ist.“ Rentsch beurteilte den Siegerentwurf als gelungene Weiterentwicklung des Landgerichtsgebäudes und des Stadtviertels Moritzstraße.

www.fdp-wiesbaden.de (Zugriff am 11. 12. 2010)

M3 Katastrophale Zustände der Comeniusschule

Aus einem Zeitungsartikel:

Der Efeu wächst durch verfaulte Fensterrahmen in die Unterrichtsräume hinein, die Waschbecken schimmeln, der gammelige Linoleum-Boden löst sich ab, bei Regen fließt das Wasser den Flur hinab, in der Turnhalle wächst das Gras durch Bodenritzen und der Efeu durch Risse in den Wänden. [...]
Stadträte und Parlamentarier kennen den katastrophalen Zustand der Schule seit Jahren: „Ich habe hier schon vier Schuldezernenten durchgeführt", sagt Hofbeck. Nicht ohne Erfolg. Tatsächlich sollte die Comeniusschule jetzt einen Neubau als Ersatz für die 47 Jahre alten Pavillons und die provisorischen Container bekommen. Der Architektenwettbewerb war abgeschlossen, die Entwürfe fertig. Kurz vor den Sommerferien wartete Hofbeck nur noch auf die Umzugskartons, um die Container leer zu räumen. Stattdessen kam die Dezernentin und sagte uns, dass alles gestoppt sei. Des Geldes wegen. Zehn Millionen Euro hätte das Projekt gekostet.

Frankfurter Rundschau vom 19. 11. 2009 (Verfasserin: Sabine Müller)

Das Efeu wächst durch die Fensterrahmen.

M4 Der Bildungsstandort Wiesbaden

Der Vorsitzende des Stadtelternbeirates Horst Hanke in einem Interview über den Bildungsstandort Wiesbaden:

Herr Hanke, an einigen Schulen in Wiesbaden sieht es katastrophal aus, vielerorts Schimmel und Gammel. Warum lassen sich Mütter und Väter so etwas bieten?

Die Eltern haben in diesen Fällen ganz viel versucht, haben immer und immer wieder Beschwerdebriefe an die Stadt geschrieben und in Gesprächen um Hilfe gebeten. Aber wir beißen da mehr oder weniger auf Granit, weil das zur Verfügung stehende Geld für die nötigen Sanierungen seit Jahren nicht ausreicht. Da fragt sich manch Elternvertreter auch schon mal, ob das alles noch Sinn macht.

Haben die Eltern resigniert?

Manche ja, sicher.

Der Stadtelternbeirat (SteB) hat die Stadtverordneten in einem offenen Brief aufgefordert, die ursprünglich mal eingeplanten Mittel – rund elf Millionen Euro pro Jahr – für die Schulsanierungen voll freizugeben. Wie soll das angesichts der vom Kämmerer erwarteten enormem Steuerausfälle denn gehen?

Ganz einfach: Die Stadt muss anderswo sparen oder mehr Schulden machen. Es kann nicht sein, dass Wiesbadener Kinder in teils völlig maroden Schulen lernen müssen, deren hygienische Zustände katastrophal und deren Ausstattung mangelhaft ist. [...]

Frankfurter Rundschau vom 11. 12. 2009 (Interview: Sabine Müller)

M5 10 Argumente gegen eine öffentliche Förderung der EBS

Internet-Website einer Bürgerinitiative gegen die EBS:

1. Krippen, Kindergärten und Schulen in Wiesbaden sind unterfinanziert und unterbesetzt.
2. Krippenplätze und Kindergartenplätze stehen nicht ausreichend zur Verfügung.
3. Erzieherinnen werden nicht ordentlich bezahlt, es gibt zu wenig Nachwuchskräfte.
4. Die Ganztagsschule ist zu selten und unter schlechten Bedingungen umgesetzt.
5. Auf Betreuungsvereine für die Ganztagsschule werden öffentliche Aufgaben abgewälzt.
6. Sprachförderung, psychologische Betreuung und Schüleraktivitäten müssen besser gefördert werden.
7. Die EBS hat beste Firmen als „Adviser" und „Supporter" und benötigt keine öffentliche Finanzierung. Privatwirtschaft lehren und sich öffentlich kofinanzieren lassen ist schon sehr pikant.
8. Die EBS ist wegen hoher Studiengebühren nicht öffentlich zugänglich.
9. Der FH in Wiesbaden wurden Gelder trotz vorheriger Garantie gestrichen.
10. Die Steuerzahler in Wiesbaden und Hessen dürfen nicht enteignet werden.

www.schule-statt-ebs.de/index.php (Zugriff am 13. 2. 2011)

M6 „Saniert endlich die Schimmel-Schulen"

Aufruf der Gewerkschaft Erziehung und Wissenschaft zum Protest:

Die Lehrergewerkschaft GEW hat am Mittwochnachmittag rund um den Wiesbadener Mauritiusplatz für die sofortige Sanierung aller Schulen demonstriert, die nach Gutachten des städtischen Schulamtes dringend saniert werden müssten. [...]

GEW-Mitglied Hans Joachim Barth greift die Stadtpolitik an: „Als Wiesbadener Bildungsgewerkschaft haben wir seit Monaten auf den Zusammenhang zwischen der unverständlichen Alimentierung der European Business School (EBS) und der prekären Haushaltslage aufmerksam gemacht."

Während öffentliche Schulen verrotteten, werde die Privatschule mit Millionen Euro unterstützt. Am 26. Januar soll es in der Comeniusschule einen runden Tisch mit Lehrern und Eltern geben. Die Schulen sollten in dem Protest zueinanderstehen, so Barth.

Frankfurter Rundschau vom 10. 12. 2009

M7 Appell für Bebauungsplanentwurf

Die Industrie- und Handelskammer (IHK) ist für die EBS:

Die European Business School (EBS) will ihre Juristische Fakultät auf dem ehemaligen Gerichtsgelände an der Moritzstraße in Wiesbaden errichten. [...] Auf der gestrigen IHK-Vollversammlung in der Villa im Tal richteten die gewählten Wirtschaftsvertreter einen deutlichen Appell an die Mitglieder der Stadtverordnetenversammlung, den entsprechenden Bebauungsplanentwurf zu beschließen. Damit sei eine städtebaulich sinnvolle Nachfolgenutzung auf diesem Areal möglich, das ansonsten auf absehbare Zeit leer stünde. „Für die Entwicklung der Moritzstraße ist es außerordentlich wichtig, wenn das ehemalige Gerichtsgelände mit Leben erfüllt wird", erklärte IHK-Präsident Dr. Gerd Eckelmann.

www.ihk-wiesbaden.de (Zugriff am 11. 12. 2010)

M8 „Es ist zurzeit kein Geld da."

Aus einem Kommentar der Presse:

Eine öffentliche Schule darf einfach nicht eine solche Bruchbude sein. Schon gar nicht eine für Lernhilfe. Hier sollen Kinder mit besonderem pädagogischen Förderbedarf auf das Leben vorbereitet werden. Doch der abgewrackte Schulbau konterkariert alle Mühen, er vermittelt den Schwächsten aller Schüler nur ein Gefühl: Ihr seid nichts wert, in euch wird nichts investiert, ihr seid uns egal. Wie fatal.
Es sei zurzeit kein Geld da, um die Comeniusschule zu sanieren, sagt Kämmerer und Oberbürgermeister Helmut Müller (CDU). Das klingt aus seinem Mund wie blanker Zynismus. Schließlich zaubert er, wenn es um seine Klientel geht, locker reichliche Millionen aus dem Stadtsäckel. Etwa für die private Hochschule EBS. Wenn er will, dann kann er. Leider will er eben nur, wenn's seinem Prestige dient. Den Geiz des Kämmerers ausbaden muss nun Parteifreundin und Schuldezernentin Rose-Lore Scholz (CDU). Sie ist es, die die Schulleiter auf den Sankt-Nimmerleinstag vertrösten darf. [...] Der OB lässt seine Dezernentin im Regen stehen.

Frankfurter Rundschau, 19. 11. 2009 (Verfasserin: Sabine Müller)

INFO

marode: heruntergekommen, abgewirtschaftet

M9 „Monströs und hässlich"

Die Auffassungen der Parteien:

„Wir [die SPD] würden dem geänderten Bebauungsplan zustimmen, wenn die EBS auf die zehn Millionen Euro [städtischen Zuschuss] verzichtet", hat Fraktionschef Axel Imholz bereits klargestellt. Auf die Fraktion der Bürgerliste kann die EBS ebenfalls nicht hoffen. Deren Vorsitzender Michael von Poser findet den Architektenentwurf „monströs und hässlich" und stemmt sich aus ästhetischen Gründen gegen das Bauvorhaben. Zwar könnten die rechtsextremen Republikaner CDU und FDP zur Seite springen, doch auch dann fehlt im Parlament noch eine Stimme zur Mehrheit.
Ob die zehn Stadtverordneten der Grünen geschlossen gegen die EBS stimmen, scheint allerdings unwahrscheinlich. Auf einer Mitgliederversammlung plädierten einige von ihnen für die Änderung des Baurechts zugunsten der EBS.

Frankfurter Rundschau vom 19. 10. 2010

1. Tragt in einer Liste alle an diesem Konflikt beteiligten Personen und Institutionen zusammen (M1–M9). Informiert euch gegebenenfalls über diese.
2. Arbeitet den Konflikt präzise heraus: Was ist in Wiesbaden strittig?
3. Stellt in einer Tabelle alle Argumente der beiden Auffassungen (pro EBS – pro Schulsanierung) gegenüber. Schreibt hinter die Argumente, welche Personen bzw. Institutionen diese vertreten (vgl. Aufgabe 1).
4. Formuliert Vermutungen, warum die Institutionen die Argumente vertreten.
5. Verfasst für die örtliche Zeitung einen (fiktiven) Leserbrief, in dem ihr eine der beiden Auffassungen vertretet.

3.5 Engagierte Bürger – Möglichkeiten politischer Beteiligung

GLOSSAR

Bürger
Bürgerinitiative
Partizipation

▸▸ Möglichkeiten politischer Partizipation, S. 204

▸▸ Wählen als Mittel demokratischer Beteiligung, S. 207

▸▸ Organisierte Interessen als Akteure der Willensbildung, S. 220

Die vorangegangenen Seiten dokumentieren unterschiedlichste Formen der Beteiligung von Bürgern in ihrer Gemeinde bzw. Stadt.

Auch für junge Bürger gibt es zahlreiche Möglichkeiten, sich am politischen Leben in der Gemeinde zu beteiligen. Zunächst ist hierfür auf die in großen Zeitabständen stattfindenden Kommunal- und Bürgermeisterwahlen zu verweisen. Ergänzt werden können diese unter Umständen durch Bürgerbegehren und -entscheide als Ausdrucksformen direkter Demokratie. Die Stimmabgabe bei Wahlen ist die allgemeinste Form politischer Beteiligung. Auf sie hin orientieren sich andere Formen politischer Partizipation wie etwa die Parteimitgliedschaft und die Beteiligung an Wahlkämpfen in Form der Mitarbeit oder Kandidatur in den konkurrierenden Parteien.

Ehrenamtliche Mitarbeiter engagieren sich unentgeltlich (nur der „Ehre" halber) in sozialen Diensten, Vereinen etc. für eine Sache, die ihnen besonders am Herzen liegt. Oft machen sie dies, um anderen zu helfen. So arbeiten beispielsweise allein im Deutschen Kinderschutzbund ca. 10 000 Ehrenamtliche. Bürgerinitiativen (BI) unterscheiden sich von Parteien dadurch, dass sie sich nicht unmittelbar um Mandate bewerben, dass sie meist über kein umfassendes politisches Programm verfügen, sondern nur ein einziges Ziel verfolgen, und dass sie keine feste, auf Dauer angelegte Organisation aufweisen. Die Mitarbeit in einer Partei ist in der Regel durch längerfristiges Engagement bestimmt. Menschen schließen sich zu Parteien organisiert zusammen, weil sie ähnliche politische Meinungen vertreten oder Ziele verfolgen. Diese Vorstellungen werden in Parteiprogrammen festgeschrieben. Jede Partei hat spezifische Jugendorganisationen. Vor gut zehn Jahren wurde in der Hessischen Gemeindeordnung eine stärkere Beteiligungsmöglichkeit von Kindern und Jugendlichen verankert. Die Gemeinden sind nun gefordert, bei Planungen und Vorhaben, die die Interessen von Kindern und Jugendlichen berühren, diese in angemessener Weise zu beteiligen. In der Folge haben sich in vielen Gemeinden Kinder- und Jugendparlamente (KJP) gebildet.

M 1 So arbeitet eine Bürgerinitiative

Phase 1
Einzelne Bürger empfinden bestehende Verhältnisse als misslich oder wollen die Verwirklichung öffentlicher Planungen verhindern.

Phase 2
Die Bürger betreiben Öffentlichkeitsarbeit: Flugblätter, Zeitungsanzeigen, Artikel in der Lokalzeitung über das strittige Thema.

Phase 3
Briefe an Verwaltung, Gemeinderat, Fraktionen und Parteien: auf diese erfolgt zunächst keine Antwort.

Phase 4
Gründung einer Bürgerinitiative (Schaffung eines organisatorischen Rahmen, Wahlen, Satzungen); verstärkte Öffentlichkeitsarbeit, Gewinnung von Mitstreitern, Einschaltung von Experten (Gutachten, Expertenbefragungen)

Phase 5
Parteien schalten sich ein: größere Publizität, Abgabe von Presseerklärungen, Anfrage an die Verwaltung.

Phase 6
Verwaltung und Mehrheitsfraktion(en) suchen nach Kompromissmöglichkeiten.

Phase 7
Eine der Kompromisslösungen kann an die Stelle der ursprünglichen Planungskonzeption treten. Die Bürgerinitiative muss sich entscheiden, ob sie sich zufrieden geben und sich auflösen oder aber sich anderen Themen zuwenden will.

L&P/4965

M2 Kommunalwahlen in Hessen

Die **Zahl der Gemeindevertreter** ist abhängig von der Einwohnerzahl. So haben Parlamente von Gemeinden mit 5 001 bis 10 000 Einwohnern beispielsweise 31 Sitze. Die jeweilige **Wahlperiode beträgt fünf Jahre**. **Aktiv wahlberechtigt** ist jeder EU-Bürger, der das **18. Lebensjahr** vollendet hat und seit mindestens drei Monaten seinen (Haupt-) Wohnsitz in der betreffenden Gemeinde hat. **Passiv wahlberechtigt** (wählbar) ist jeder aktiv Wahlberechtigte, der seit mindestens sechs Monaten seinen (Haupt-)Wohnsitz in der betreffenden Gemeinde hat.
Jeder Wähler hat bei der **Stimmabgabe** so viele Stimmen, wie Vertreter zu wählen sind. Er kann diese Stimmen auf die Bewerber eines Wahlvorschlages oder unterschiedlicher Wahlvorschläge verteilen (**panaschieren**). Dabei kann er Bewerbern jeweils bis zu drei Stimmen geben (**kumulieren**). Technisch gesehen kann auch eine Liste als Ganzes markiert werden. Ohne weitere Markierungen erhält dann jeder Listenkandidat eine Stimme. Erhalten Kandidaten anderer Parteien Stimmen, erhält die markierte Liste entsprechend weniger Stimmen. Wird ein Listenkandidat gestrichen, erhält er keine Stimme von der Liste. Die **Fünf-Prozent-Hürde** wurde abgeschafft.

Autorentext in Anlehnung an www.wahlrecht.de/kommunal/hessen.html (Zugriff am 11. 2. 2011)

INTERNET
www.wahlrecht.de

M3 Die Wahlgrundsätze

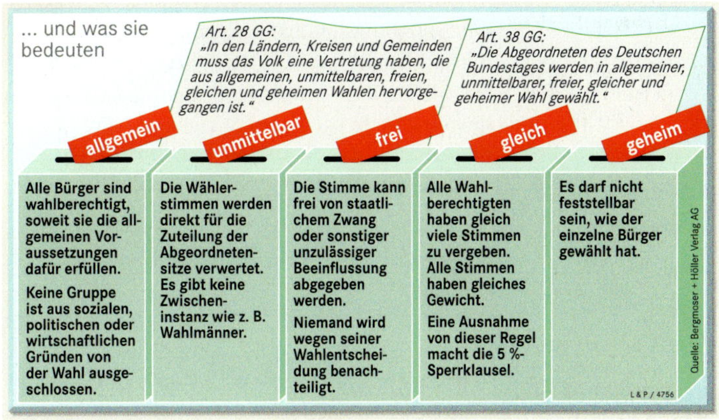

M4 Der Doppelcharakter der Parteien auf kommunaler Ebene

Politische Parteien auf lokaler Ebene haben einen „Januskopf" [Gerhard Lehmbruch]. Sie sind im Alltag eher ein Verein unter Vereinen, von dem die Mitglieder auch die Befriedigung geselliger Bedürfnisse erwarten. Erst in Wahlkampfzeiten – vor allem, wenn es um die „große" Politik geht – können sie ihre Mitglieder politisch mobilisieren. Eine Partei, die die unpolitischen Vereinsbedürfnisse ignoriert, ist lokal bald von Auszehrung bedroht.
Das eigentlich politische Steuerungszentrum der Parteien in den größeren Städten sind vielfach die Ratsfraktionen, dank ihrer Finanzierung und der Besoldung hauptamtlicher Fraktionsmitarbeiter aus der Stadtkasse. Den eigentlichen Motor der Parteiarbeit stellen dann häufig Multifunktionäre dar, die für und nicht selten auch von der Politik leben. Zu diesem Personenkreis gehören die Fraktionsvorsitzenden und vergleichbare Amtsinhaber.

Hans-Georg Wehling, Akteure in der Kommunalpolitik, in: Informationen zur politischen Bildung, H. 242 „Kommunalpolitik" (2006), S. 47

INFO
Januskopf:
doppelköpfiger Gott, Symbol der Zwiespältigkeit

1 Überprüft das Ablaufmodell M 1 am Beispiel der Aktivitäten einer Bürgerinitiative vor Ort.
2 Nennt Merkmale und Besonderheiten des Kommunalwahlrechts. Erklärt, was man unter „kumulieren" und „panaschieren" versteht (M2).
3 Erläutert die einzelnen Wahlrechtsgrundsätze in M3 bezüglich ihres demokratischen Gehalts.
4 Erläutert den Unterschied von Parteien und Bürgerinitiativen (Autorentext, M 1, M4).

M 5 Aus der Arbeit eines Kinder- und Jugendparlamentes

Ein weiteres Thema [des Vogelsberger Kinder- und Jugendparlaments] war die Vollversammlung der Landesarbeitsgemeinschaft „Jupp 21". Dort trafen sich Abgeordnete des Kinder- und Jugendparlaments mit anderen Jugendlichen verschiedener Beteiligungsprojekte aus Hessen, um über Probleme und Lösungen der eigenen Arbeiten zu diskutieren. [...] Große Zustimmung fand der geplante Internetauftritt des KJP auf der Internetseite des Vogelsbergkreises. [...] Reflektiert wurde auch noch mal die Beteiligung an der Gedenkfeier anlässlich der Reichspogromnacht durch die Gestaltung einiger Plakate über Straftaten der Neonazis im Vogelsbergkreis. Laut Rückmeldungen der Besucher war die Plakataktion gelungen. [...]

Im Weiteren wurde eine Beteiligung an den Präventionstagen im März 2009 beschlossen, die in der Max-Eyth-Schule sowie in der Albert Schweitzer Schule in Alsfeld stattfinden sollen. Abschließend berichtete die Pressesprecherin, Sarah Wernikowski, über einen Erfahrungsaustausch mit Jugendlichen und Mitarbeitern der kommunalen Jugendpflege aus North-Yorkshire in England. [...]
Erster Kreisbeigeordneter Gerhard Ruhl, Kreistagsabgeordneter Michael Riese (Linkspartei) sowie die Vertreter des Bündnisses gegen Rechtsextremismus in Kirtorf, Naumann und Schmidt, lobten das Engagement des Kinder- und Jugendparlaments und boten den Abgeordneten ihre Zusammenarbeit an.

Fuldaer Nachrichten vom 15. 12. 2008

M 6 Aus der Arbeit eines Jugendparlamentariers

Auszug aus einem Interview:

Herr Jacobs, Sie sind seit einem halben Jahr Vorsitzender des Wiesbadener Jugendparlaments. Was fasziniert Sie so an der Politik?
Ich habe die Möglichkeit, Verantwortung zu übernehmen, meine Ideen und Überzeugungen in die Öffentlichkeit einzubringen. Das gilt besonders in der Kommunalpolitik.
Viele Menschen haben heutzutage aber eher ein negatives Bild von der Politik. Gerade Politiker werden immer öfter als verlogen und machtgierig angesehen. Würden Sie das unterschreiben?
Nein. Man kann nicht pauschal sagen: Alle Politiker sind schlecht. Denn ich selbst merke in meinem kleinen Amt schon, wie viel Engagement es erfordert, Politik zu machen. Davor sollte man Respekt haben. [...]
Wie möchten Sie als angehender Politiker erscheinen?
Allen Meinungen gegenüber offen, gleichzeitig aber den eigenen Überzeugungen immer treu und niemals opportunistisch sein.
Fühlen Sie sich denn immer ernst genommen von den „echten" Stadtverordneten?
Von der einen oder anderen Seite wurden wir anfangs belächelt. Aber die meisten haben inzwischen verstanden, dass das Jugendparlament nicht nur so eine Quasselbude ist. Klar ist aber: Wir wollen aktiv mitarbeiten und können auch mal unbequem werden.

nach: Frankfurter Rundschau vom 7. 7. 2010 (Interview: Bastian Beege)

GLOSSAR
Parlament

5 Fasst die Tätigkeiten des Vogelsberger Kinder- und Jugendparlaments (KJP) zusammen (M5). Informiert euch über ein KJP in eurer Nähe.

6 Arbeitet die Motive für die Mitarbeit in einem KJP heraus und bezieht zu diesen Stellung (M6).

7 Stellt Vermutungen an, warum die Interessen von Kindern und Jugendlichen in der Hessischen Gemeindeordnung seit einigen Jahren stärker berücksichtigt werden. Erörtert abschließend Möglichkeiten und Grenzen der Arbeit von KJP.

3.6 Haushalten in der Gemeinde: Das liebe Geld

Steuern	Gebühren	Beiträge	Zuschüsse
Gewerbesteuer	für	Erschließungsbeiträge	Allgemeine und besondere Zuschüsse (von Bund und Ländern) für
Grundsteuer	Kanalisation	für	Sportanlagen
Anteil an der Einkommensteuer	Stände (z. B. auf Märkten)	Straßenbau	Schulbauten
Vergnügungssteuer	Friedhöfe	Beleuchtung	kultur. Gebäude
	Müllabfuhr	Bürgersteige	(Nah)-Verkehrsprojekte
	Straßenreinigung	Kabelanschluss	

M 1 Einnahmen der Gemeinde

Das Geld, das die Gemeinden zur Wahrnehmung ihrer Aufgaben benötigen, stammt im Wesentlichen aus drei Quellen:

- eigenen Steuereinnahmen;
- Finanzzuweisungen von Land und Bund;
- Gebühren, Beiträgen und Entgelten für Leistungen, die die Gemeinden erbringen.

Jede der drei Einnahmearten macht etwa ein Drittel des Finanzaufkommens aus.

Die Steuereinnahmen der Gemeinde fließen zum einen aus der Gewerbesteuer (circa 35 Prozent der Steuereinnahmen im Durchschnitt aller Gemeinden), die sie mit einem von ihr festgelegten Hebesatz erhebt. Einen Teil dieser Steuereinnahmen gibt sie an Bund und Land zu gleichen Teilen weiter und erhält dafür im Gegenzug 15 Prozent der in ihrem Gebiet erhobenen Einkommensteuer (das sind sowohl Lohn- als auch veranlagte Einkommensteuern). Dieser Anteil an der Einkommensteuer macht im Durchschnitt circa 40 Prozent der Steuereinnahmen der Gemeinden aus. Das bedeutet: Drei Viertel aller Steuereinnahmen der Gemeinden stammen aus zwei Quellen. Das „Tauschgeschäft“ (Gewerbesteuer gegen Einkommensteueranteil) ist eingeführt worden, um die Gemeindeeinnahmen gleichmäßiger fließen zu lassen: Die Gewerbesteuereinnahmen sind von der Wirtschaftsentwicklung abhängig und können damit erheblichen Schwankungen unterliegen, wohingegen die Einkommenssteuern eher kontinuierlich fließen.

Autorentext

GLOSSAR
Steuern

M 2 Gemeinde-Finanzen

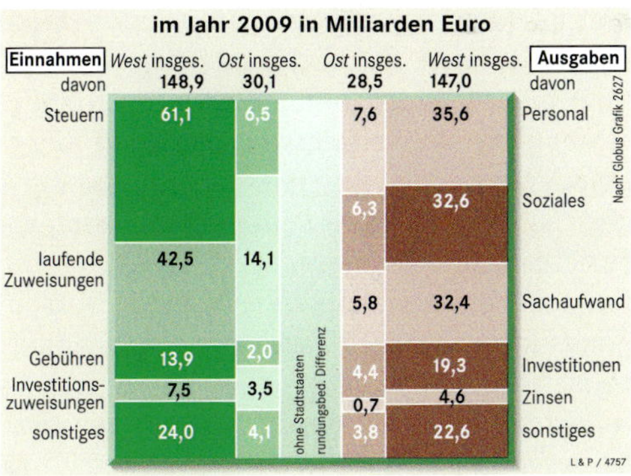

M 3 Investitionsstau

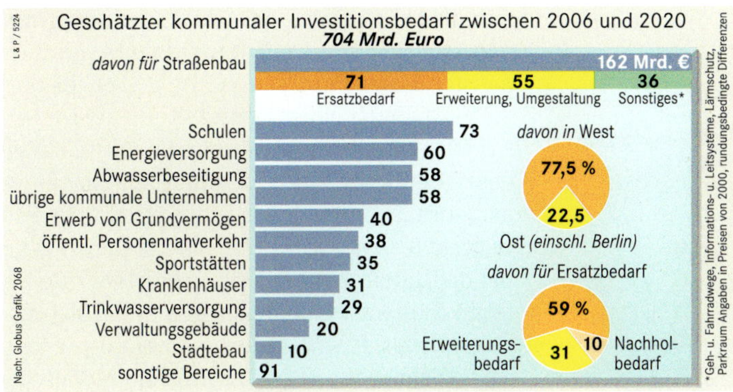

M4 Städte und Gemeinden vor der Pleite

Aus einer Wirtschaftszeitung:

Düsseldorf stellt die Erweiterung seines Aquazoos zurück. Bochum, das zur „Ruhr 2010"-Kulturregion gehört, legt den Neubau eines Konzerthauses auf Eis. Bonn will die Gebühren für Kindergärten anheben und den „Bonn-Ausweis" für sozial schwache Bürger abschaffen. Herzogenaurach streicht seinen Baubetriebshof zusammen, der die städtischen Straßen instand hält und die Grünflächen pflegt.

Die Krise erreicht die Bürger. Direkt vor der Haustür, in den Kommunen. [...] „Als Erstes sind die Städte und Gemeinden dran", beobachtet Otto Fricke (FDP), oberster parlamentarischer Haushaltswächter im Deutschen Bundestag, „weil sie zu abhängig von der prozyklischen Gewerbesteuer sind." Tatsächlich brechen die von den Kommunen erhobenen Gewerbesteuern dramatisch ein. [...] Doch die Kommunen stecken in einem engen finanziellen Korsett: Sie dürfen im Gegensatz zu Bund und Ländern keine Schulden machen, auch wenn viele Kommunen schon seit Jahren am (eigentlich illegalen) Tropf kurzfristiger Kassenkredite hängen, einer Art Dispokredit im Volumen von inzwischen insgesamt 30 Milliarden Euro. Und sie haben kaum Spielraum beim Erheben eigener Steuern. In ihrer Not fordern Städte und Gemeinden jetzt Hilfe aus Berlin. [...]

Wirtschaftswoche vom 29. 7. 2009

Karikatur: Thomas Plaßmann

M5 Wenn Oma nicht einspringen kann

Ein Beitrag aus der Frankfurter Rundschau:

Bisher gab es in Hattersheim keine Einrichtung, die Kinder unter drei Jahren aufgenommen hat. Berufstätige Eltern mussten ihre Knirpse in die Hände der 75 Tagesmütter geben. „Nicht jeder hat das Glück, dass die Oma nebenan wohnt", weiß Hattersheims Bürgermeister Hans Franssen (SPD): „Nach Bedarf zu betreuen ist ganz wichtig."

[...] Bis zum Sommer werden die 36 Plätze in der neuen Krippe belegt sein. Dann soll auch der etwa 250 Meter entfernte Spielplatz fertiggestellt sein. Zwischen 7.30 Uhr und 17 Uhr hat die Hattersheimer Krippe geöffnet. Die Eltern kostet ein Platz abhängig von der Betreuungszeit bis zu 456 Euro im Monat. Die Stadt schießt für jedes Kind 310 Euro im Monat zu. Bund und Länder zahlen 86 400 Euro jährlich. Darüber hinaus spendiert der Bund einmalig 162 000 Euro aus einem Investitionsprogramm zur Kinderbetreuung.

Bis zum Jahr 2013 müssen 250 Plätze für Kinder unter drei Jahren geschaffen werden. Dann haben Eltern ähnlich wie beim Kindergartenplatz einen Rechtsanspruch auf einen Krippenplatz. Die Kirchen hätten angekündigt, bald zwei Krippen mit je 26 Plätzen einzurichten, sagt Franssen.

Dennoch hat Hattersheim mit einer Versorgungsquote von 12,3 Prozent noch Nachholbedarf.

Frankfurter Rundschau vom 27. 3. 2009 (Verfasserin: Iris Schmellenkamp)

M6 Haushaltsdebatte in Hattersheim 2010

Ein Artikel aus der Frankfurter Rundschau:

Auch Hattersheim [...] leidet massiv unter den Folgen der Wirtschaftskrise [2008/2009]. Einnahmen, etwa aus Gewerbesteuern, brechen weg. Gleichzeitig muss die Stadt mehr Aufgaben übernehmen. Besonders belastend ist für Hattersheim der Ausbau der Krippen. Der Nachholbedarf ist groß, in der Stadt gibt es erst seit einem Jahr eine Einrichtung für Kinder ab sechs Monaten. Das meiste Geld muss Hattersheim 2010 für Personalkosten in die Hand nehmen; ein großer Posten ist dabei die Bezahlung von Erziehern. Große Uneinigkeit herrschte bei der Haushaltsdebatte aber darüber, ob eine Teilschuld für die Misere in den eigenen Reihen zu suchen sei. Ursula Worms (CDU) warf dem Magistrat vor, in finanziell besseren Zeiten nicht für Rücklagen gesorgt zu haben. [...] Dietrich Muth (FDP) erklärte, SPD und Grüne hätten sich seit Anfang der 90er-Jahre davor gedrückt, notwendige strukturelle und finanzielle Veränderungen einzuleiten. [...] Philipp Neuhaus (SPD) wies auf starke Einsparungen bei Verwaltung, Jugendtreff oder Kinder- und Jugendparlament hin. Selbst bei einem totalen sozialen Kahlschlag, so Neuhaus, wäre ein ausgeglichener Haushalt nicht möglich. Und zu einem solchen Kahlschlag sei seine Partei nicht bereit. Der Haushalt 2010 wurde mit den Stimmen von SPD und Grünen beschlossen.

Frankfurter Rundschau Online; www.fr-online.de (Zugriff am 6. 2. 2010), sprachlich leicht bearbeitet

M7 Entwicklung der Steuereinnahmen von Hattersheim 2006 – 2009

	Steuereinnahmen Gesamt in 1 000 €	**davon Gewerbesteuereinnahmen in 1 000 €**	**davon Grundsteuereinnahmen in 1 000 €**
2006	20 591	5 791	2 836
2007	26 906	10 887	2 948
2008	24 306	6 839	2 950
2009	22 804	6 901	2 983

Statistisches Landesamt (Hrsg.), Statistik Hessen, 2010 (www.statistik-hessen.de [Ausgewählte Daten über Gemeinden]; 15. 10. 2010; telefonische Auskunft des statistischen Landesamtes für das Jahr 2009)

M8 Protest vor dem Landtag

Bürgermeister und Verwaltungsangestellte protestieren vor dem Landtag in Wiesbaden gegen Einsparungen des Landes bei den Kommunen

1. Erläutert, was man unter dem Haushalt einer Gemeinde versteht. Stellt die Auswirkungen der kommunalen Finanzkrise dar und erklärt, wieso gerade Städte und Gemeinden von dieser besonders betroffen sind (Autorentext, M1–M4).
2. Berechnet die Kosten, die für Hattersheim durch die Krippenplätze entstehen (M5).
3. Diskutiert die (finanziellen) Vorteile, die sich für die Stadt aus dem Angebot an Krippenplätzen langfristig ergeben (könnten).
4. Vergleicht die Aussagen von M6 mit der Statistik M7.
5. Verfasst einen Leserbrief, in dem ihr euren Bürgermeister dazu auffordert, an Demonstrationen wie in M8 teilzunehmen bzw. nicht teilzunehmen.

METHODE

Expertenbefragung – Interview

Viele Themen, die ihr im Unterricht behandelt, betreffen auch Erwachsene. Wenn ihr diese als „Experten" befragt, könnt ihr viel erfahren. Bei einer Expertenbefragung wird eine fachkundige Person zu ihrer Tätigkeit, ihren Erfahrungen, ihrem Wissen, ihren Einstellungen etc. befragt.

Vorbereitung

Als Erstes müsst ihr überlegen, ob ihr tatsächlich eine Expertenbefragung durchführen müsst, oder ob sich die Informationen nicht auch auf andere Weise gewinnen lassen. Habt ihr euch für die Befragung entschieden, sollte möglichst früh bei dem Experten angefragt werden, ob und wann dieser zu einer Besprechung bereit ist. Klärt ab, ob er zu euch in die Klasse kommt, oder ob ihr euch selbst auf den Weg macht. Euch muss klar sein, dass der Befragte immer Interessen vertritt – die einer Partei, einer Behörde etc.

Ihr solltet dem Gesprächspartner vorab mitteilen, worum es bei dem Gespräch geht. So kann dieser notwendige Materialien zusammenstellen und sich auf das Gespräch besser vorbereiten.

Vor der Befragung müsst ihr euch selbst kundig machen. Je besser ihr euch auskennt, desto gezielter und besser könnt ihr fragen! Ihr müsst euch darüber verständigt haben, was ihr wissen bzw. herausbekommen wollt. Sammelt zu diesem Zweck Fragen, strukturiert diese, bildet Leitfragen und legt fest, wer sie stellt. Am besten eignen sich für ein Interview „offene Fragen". Das sind Fragen, bei denen der Gesprächspartner die Möglichkeit hat, weiter auszuholen, und die sich nicht nur mit „ja" oder „nein" beantworten lassen. Wichtig: Unterscheidet Fragen, die auf die Klärung von Sachbeständen zielen, von Meinungsfragen. Hilfreich ist es, sich auf sechs bis sieben Leitfragen zu einigen. Verabredet auch, wie die Antworten festgehalten werden – in Stichpunkten per Mitschrift, mit einem Aufnahmegerät o. Ä.

Durchführung

Die Befragung sollte mit einer Begrüßung und dem Dank für die Gesprächsbereitschaft beginnen. Stellt dann eure Fragen und achtet dabei auf die gegebenen Antworten. Fragt nach, wenn ihr etwas nicht verstanden habt. Habt den Mut, ruhig einmal nachzuhaken, wenn ihr den Eindruck habt, dass eurer Frage ausgewichen wird. Ihr dürft auch einmal mit einer Frage provozieren. Wichtig: Unterscheidet Informationsfragen von Einschätzungs- und Beurteilungsfragen!

Auswertung

Die Ergebnisse müssen zunächst verschriftlicht werden. Nutzt hierzu eure Notizen bzw. schreibt das Interview auf. Anschließend muss die Befragung überarbeitet werden. Dann werden die Ergebnisse zusammengefasst. Jetzt müsst ihr selbstkritisch eure Befragung reflektieren: Wurden alle Fragen beantwortet? Sind die Sachverhalte geklärt? Kann die Aufgabe jetzt gelöst werden?

Ein fiktives Interview

Guten Tag.	
Wie heißen Sie?	Antje Köster.
Gefällt Ihnen Ihr neues Amt?	Ja.
Haben Sie viel zu tun?	Ja.
Wie viele städtische Angestellte arbeiten in Hattersheim?	Da muss ich nachsehen.
Wollen Sie einen ausgeglichenen Haushalt von Hattersheim?	Ja.
Vielen Dank für das Gespräch!	Bitte.

METHODE

Interview mit der Hattersheimer Bürgermeisterin Antje Köster

Antje Köster (SPD), Jahrgang 1964, ist seit Oktober 2010 Bürgermeisterin von Hattersheim am Main. Sie leitete schon als 28-Jährige das Gebiet „Überörtliche Sozialhilfe“ beim Main-Taunus-Kreis. Von 1996 an arbeitete sie im Hochheimer Rathaus und war dort zuletzt für den Bereich Kinder, Jugend, Soziales und die Wirtschaftsförderung zuständig.

Frau Köster, welches sind Ihre zentralen Vorhaben in der Kommunalpolitik?
An erster Stelle steht der Ausbau des Betreuungsangebotes für Kinder unter drei Jahren. Diese Investitionen haben absoluten Vorrang. Ein weiteres wichtiges Vorhaben ist die Stärkung des Wirtschaftsstandortes, weil damit die Schaffung von Arbeitsplätzen und die Förderung der Lebensqualität in unserer Stadt verbunden sind.

Wie wollen Sie Ihre Vorhaben finanzieren?
Die finanzielle Situation der Stadt ist sehr angespannt. Mit den laufenden Einnahmen können wir die laufenden Ausgaben nicht ausgleichen. Für den Ausbau der U3-Plätze werden staatliche Zuschüsse gewährt, die allerdings bei Weitem nicht ausreichen. Deshalb muss die Stadt den Hauptteil an diesen Investitionen durch die Aufnahme von Krediten finanzieren. An einer Verbesserung der Einnahmesituation führt kein Weg vorbei.

Ihre Partei hat zusammen mit Bündnis 90/Die Grünen eine Mehrheit im Stadtparlament. Was ist das Sozialdemokratische an Ihrem Haushalt?
Unserer großen sozialen Verantwortung entsprechend wollen wir alles tun, um für Chancengleichheit in unserer Gesellschaft zu sorgen. Wir haben die Aufgabe für eine gute Betreuung, Bildung und Ausbildung unserer Kinder Sorge zu tragen. Wir werden uns weiter für Maßnahmen wie das Förderprogramm „Soziale Stadt“ einsetzen, das benachteiligten Menschen zugutekommt. Dazu gehört, dass wir freiwillige Leistungen dort beibehalten, wo sie Menschen die Teilnahme am gesellschaftlichen und kulturellen Leben ermöglichen, z. B. bei der Stadtbücherei, beim Kindertheater oder dem Freibad.

Welche Möglichkeiten sehen Sie, den Gemeindehaushalt zu konsolidieren?
Bei allen sogenannten freiwilligen Leistungen und bei den Pflichtaufgaben muss überprüft werden, ob Einsparungen möglich sind. Die Einnahmesituation können wir mit einer erfolgreichen Wirtschaftsförderung und Stadtentwicklung verbessern.

(Wie) hat sich die weltweite Finanzkrise auf Hattersheim ausgewirkt?
Durch die Wirtschafts- und Finanzkrise kam es zu massiven Einbrüchen der Steuereinnahmen – besonders für die Städte. Hinzu kommt, dass Bund und Land den Kommunen immer neue Aufgaben übertragen ohne ausreichende Kostenerstattung.

Welche Möglichkeiten hat aus Ihrer Sicht Kommunalpolitik angesichts der enger gewordenen Finanzspielräume?
Trotz knapper Kassen wollen wir die Lebensqualität in unserer Stadt bewahren. Deshalb müssen die politisch Verantwortlichen aller Städte und Gemeinden mit den politischen Parteien an einem Strang ziehen. Gemeinsam müssen wir unsere berechtigten Forderungen massiv vortragen, um durch gesetzliche Änderungen zu erreichen, dass die kommunale Handlungsfähigkeit erhalten bleibt.

INFO

konsolidieren:
[etwas Bestehendes] sichern, festigen

3.7 Nachhaltigkeit in der Kommune

Auf der Konferenz der Vereinten Nationen für Umwelt und Entwicklung einigten sich 1992 in Rio de Janeiro fast 180 Staaten auf ein umfassendes Schlussdokument zur nachhaltigen Entwicklung, die „Agenda 21“. Den Kommunen als der Politik- und Verwaltungsebene, die den Bürgern am nächsten steht, widmet die Agenda 21 ein gesondertes Kapitel.

Bis Dezember 2003 haben etwa 155 hessische Kommunen ein gemeinsam mit den Bürgern erarbeitetes kommunales Handlungsprogramm als Lokale Agenda 21 verabschiedet. Doch seit einigen Jahren ist der Prozess der Umsetzung etwas ins Stocken geraten. Die hessische Landesregierung rief 2008 die „Nachhaltigkeitsstrategie Hessen“ ins Leben. Durch zwölf Zielindikatoren sollen die drei Bereiche Ökonomie, Ökologie und Soziales abgedeckt werden. Diese wurden der Nachhaltigkeitskonferenz im Juni 2009 vorgelegt und dort beschlossen. In konkreten Projekten sollen diese umgesetzt werden.

▸▸ Gibt es nachhaltiges Wachstum, S. 246 ff.

▸▸ Klimaschutz als internationales Problem, S. 256 ff.

M1 Nachhaltigkeit

Aus einem Lexikon:

Dem Leitbild Nachhaltigkeit kommt eine regulative Idee zu, deren prinzipielle Handlungsanweisung lautet, unser Handeln so zu organisieren, dass wir nicht auf Kosten der Natur, anderer Menschen, anderer Regionen oder anderer Generationen leben. Dies gilt sowohl für den einzelnen Menschen, als auch für jede Organisation und Institution (Staat, Unternehmen, Vereine, Schulen, Familien etc.). […] Strategisch geht es darum, die ökologische, ökonomische, soziale und kulturelle Dimension von Entwicklung so miteinander zu verknüpfen, dass gerechte Lebenschancen innerhalb der heutigen und für die folgenden Generationen möglich sind.

Udo E. Simonis, Öko-Lexikon, München 2003, S. 137.

INFO

regulativ: regelnd

GLOSSAR

Nachhaltigkeit

M2 Nachhaltigkeitsstrategie der Hessischen Landesregierung

Nachhaltigkeitsstrategie Hessen

NACHHALTIG – HESSEN – Lernen und Handeln für unsere Zukunft

Klimawandel und zukunftsfähige Energie

Hessen: Ein Musterland für Energieeffizienz und Erneuerbare Energien

Hessen klimaaktiv: 100 klimaaktive Kommunen

Viele Kommunen in Hessen engagieren sich im Umweltschutz und sind wichtige Partner, um landesweit den Klimaschutz voranzutreiben.

Projektidee

100 Kommunen unterzeichnen eine Charta für den Klimaschutz – und verpflichten sich zu Maßnahmen für Energieeinsparung, Energieeffizienz und Einsatz von dezentralen und regenerativen Energien und Biogasanlagen.

www.hessen-nachhaltig.de (Zugriff am 11. 2. 2011)

M3 Kritik der Grünen (März 2010)

Aus Sicht der Grünen ist die hessische Landesregierung mit ihrer „Nachhaltigkeitsstrategie“ bislang gescheitert. Die Ergebnisse der Kampagne für mehr Klimaschutz seien dürftig, sagte die klimapolitische Sprecherin der Grünen, Ursula Hammann, am Dienstag in Wiesbaden. Für diese Bilanz müsse sich die hessische Umweltministerin Silke Lautenschläger (CDU) „schämen“.
Noch schlechter als bei den Kommunen sehe es bei dem Projekt „100 Unternehmen für den Klimaschutz“ aus, das derzeit nur sieben Teilnehmer zähle. Auch bei den Schulen bestehe wenig Interesse, sich zur Einsparung von zehn Prozent CO_2 zu verpflichten. Für den Teil der Nachhaltigkeitsstrategie, der sich dem Aspekt der Artenvielfalt in Hessen widmet, habe die Regierung noch gar keine Partner gefunden.
Der [damalige] Sprecher des Umweltministeriums, Christoph Zörb, wies die Kritik der Grünen zurück. Über 650 Akteure arbeiteten mit großem Engagement in den Projekten: „Die Grünen können es nicht lassen, Hessen schlecht zu reden“, sagte Zörb. [...]

www.strom-magazin.de (Zugriff am 11. 2. 2011)

M4 Groß-Umstadt: Ein kommunales Agenda-Projekt

Wenn es um die langfristige Finanzplanung der Stadt Groß-Umstadt geht, die Stromerzeugung aus regenerativer Energie, die zunehmende Zahl an PKWs in Groß-Umstadt, die Flächennutzung und den Wasserverbrauch, dann ist man mitten in der Politik - denn hinter all diesen Zahlen und Themen steht die Frage: Wohin entwickelt sich die Stadt? [...]
Bereits für den 27. Mai sind alle Bürgerinnen und Bürger zur öffentlichen Sitzung der Stadtverordnetenversammlung eingeladen. Dort wird erstmals der Nachhaltigkeitsbericht vorgestellt [...]. Produzieren wir zu viel Müll? Verbrauchen wir zu viel Strom, hat das mit dem Wasser sparen geklappt? Wie viele Arbeitslose gibt es in Groß-Umstadt, wie viele Menschen ziehen hierher bzw. weg? Wie ist die Altersstruktur und die Ärzteversorgung? Diese und viele weitere Daten geben Auskunft über die mittelfristigen Veränderungen, auf die Politik reagieren muss, [...] gemeinsam mit der Verwaltung und mit den Bürgern. [...]
Zu den mittelfristigen Vorschlägen gehören:
- Trinkwasserschutz durch ökologische Landwirtschaft
- kommunale Strategie zur Kraft-Wärme-Kopplung
- Ökostandards für Bebauungspläne
- Verkehrssicherheit für Radfahrer[...]

Fortgesetzt werden bzw. kurzfristig realisiert werden können:
- Öko-Profit für Unternehmen
- Aktionen gegen wilden Müll
- Dämmen im/am Altbau, Energiemesse, etc.
- Auswertung und Bewerbung der Thermografie-Aktion [...]

Die Lokale Agenda 21 in Groß-Umstadt ist ein offener und öffentlicher Prozess, an dem sich alle Bürgerinnen und Bürger gerne beteiligen können - sei es mit guten Ideen und Spaß beim Anpacken in nachhaltigen Projekten oder in den Arbeitsgruppen.

nach: www.gross-umstadt.de/buergerbeteiligung/index.htm (Zugriff am 20. 10. 2010)

GLOSSAR
Agenda 21

1 Gebt wieder, was man unter „Nachhaltigkeit“ versteht (Autorentext, M1).
2 Informiert euch auf der offiziellen Homepage der Nachhaltigkeitsstrategie über den aktuellen Stand der Beteiligung der Kommunen. Erläutert diese im Unterricht (M2, M3).
3 Stellt Vermutungen an, warum manche Kommunen bei der Nachhaltigkeitsstrategie nur zögernd mitmachen.
4 Erklärt am Beispiel von Groß-Umstadt den Zusammenhang von ökologischer, ökonomischer, sozialer und kultureller Dimension nachhaltiger Entwicklung (M4).

INTERNET
www.hessen-nachhaltig.de
www.nachhaltigkeit.info

PERSPEKTIV-WECHSEL

Die Megastadt Lagos

Aufgrund mangelnder öffentlicher Basisleistungen helfen sich die Menschen meist selbst wie hier durch die Konstruktion von Wasseranschlüssen.

Fehlende Steuereinnahmen und eine ineffiziente Stadtverwaltung haben in Großstädten wie Kinshasa, Luanda oder Lagos eine unzureichende städtische Infrastruktur sowie mangelhafte öffentliche Basisdienstleistungen zur Folge. So kann z. B. eine flächendeckende Wasserversorgung oder Müllbeseitigung nicht sichergestellt werden. Deutlich wird das auch beim Wohnungsbau. Kommt der Staat dem Bedarf an Wohnraum nicht nach, helfen sich die Menschen meist selbst durch den Bau von Siedlungen, durch bauliche Nachverdichtung mittels Aufstockung der Häuser, die Errichtung von Backyard-Häusern in Hinterhöfen oder durch das Leben am Rande der Straße. [...] Wo formelle städtische Planungsstrukturen nur inselhaft existieren, werden urbane Abläufe zumindest kleinräumig durch Eigenmanagement und Selbsthilfe organisiert. Eine Grundinfrastruktur wird häufig mit (illegalen) Strom- und Wasseranschlüssen bewerkstelligt. Informelle Landzuweiser, auch „squatter-lords" genannt, verteilen in Randgemeinden wie Thembalihle bei Johannesburg Land und Wohnraum, und zur Garantie der öffentlichen Sicherheit werden in nahezu allen südafrikanischen Vorstädten Privatpatrouillen eingesetzt. [...]

Ein Beispiel: Die Megastadt Lagos

Wie viele afrikanische Länder wird Nigeria in seinen städtischen Strukturen von einer Primatstadt geprägt, die alle nachgeordneten Städte sowohl demografisch als auch funktional dominiert. Im Jahr 2000 wies Lagos 13,4 Mio. Einwohner auf. Damit zählt Lagos zu den Megastädten. Die Stadt wächst zur Zeit um etwa 1 000 Menschen pro Tag, und die Einwohnerzahl wird sich nach heutigen Schätzungen bis zum Jahr 2015 nahezu verdoppeln. Die städtische Verwaltung kann diesem explosiven Wachstum nicht folgen, weshalb das Leben in der Stadt weitestgehend von informellen Wohn- und Arbeitsstrukturen geprägt ist. Die soziale Polarisierung zwischen sogenannten „survivalists" auf der einen Seite und der politischen und Petro-Elite Nigerias auf der anderen Seite ist exorbitant und spiegelt sich in fragmentierten Stadtstrukturen wider. [...]

Perspektiven

Es ist nicht möglich, von „der" afrikanischen Stadt zu sprechen. Was die Großstädte aber eint, ist ihr enormes städtisches Bevölkerungs-Wachstum seit der zweiten Hälfte des 20. Jahrhunderts. Weil die Urbanisierung in Afrika bei Weitem nicht abgeschlossen ist, werden sich die Regierungen in naher Zukunft verstärkt um eine städtische Planung bemühen müssen, um den gleichzeitig wachsenden Problemen im sozialen sowie im Umweltbereich zu begegnen. Wo Staat und Stadtverwaltung zu schwach sind, gewinnen informelle „governance"-Strukturen an Bedeutung, um ein Funktionieren der Städte zu gewährleisten.

Ulrich Jürgens, Großstädte Afrikas – Kairo, Lagos und Johannesburg. Dossier der Bundeszentrale für politische Bildung vom 5. 12. 2005

INFO

Backyard-Häuser: Hinterhofhäuser

exorbitant: außergewöhnlich, übertrieben

survivalist: Überlebenskünstler

Petro-Elite: durch Öl zu Reichtum gekommene Führungsschicht

informell: ohne (formalen) Auftrag

governance: Regierungs-, Amts-, bzw. Unternehmensführung

1 Erläutert die kommunale Verwaltung von Lagos. Vor welchen Problemen und Schwierigkeiten stehen die Städte Afrikas?

2 Erörtert, ob die beschriebene „Selbsthilfe" nicht auch für uns vielfach eine Lösung sein könnte.

KOMPAKT

Wichtiges zusammengefasst

- Die Gemeinden haben als **bürgernahste Institution** zahlreiche Aufgaben, die den Bürger unmittelbar betreffen. Damit die Gemeinde ihre Aufgaben erfüllen kann, benötigt sie eine **Verwaltung.** Sie betreibt etwa Kindergärten, ist für den Brandschutz zuständig etc. Zu den Ämtern der Gemeinde gehören z. B. das Standesamt, das Einwohnermeldeamt und das Steueramt.
  Auch in der Kommune gibt es die Teilung der Gewalten: Die ehrenamtlich gewählte **Gemeindevertretung** bzw. (in Städten) die **Stadtverordnetenversammlung** („Parlament" der Gemeinde) fasst die Beschlüsse, die Verwaltung – mit dem von den Bürgern direkt gewählten **Bürgermeister** an der Spitze – führt diese aus.

- In Gemeinden kommt es immer wieder zu **politischen Konflikten**: Wofür soll das (knapper werdende) Geld eingesetzt werden? Wem soll es zugute kommen? Bei diesen Fragen ist **Bürger-Engagement** gefordert, denn Demokratie lebt gerade davon, dass Bürger sich beteiligen. Neben spontan-punktuellen Beteiligungsformen (Schreiben von Leserbriefen, Teilnahme an Demonstrationen, politische Gespräche) gibt es die Mitarbeit in **Bürgerinitiativen,** die meist ein spezifisches politisches Ziel vertreten, und die **Mitgliedschaft in Parteien.**
  Wahlen gelten als wichtige Form politischer Einflussnahme. Eine Besonderheit der Kommunalwahl besteht darin, dass man seine Stimmen verteilen (panaschieren) bzw. auf einen Bewerber häufen (kumulieren) kann. Selbstverständlich gelten auch bei Kommunalwahlen die **Wahlrechtsgrundsätze.** Eine 5 %-Hürde existiert nicht.

- Seit gut zehn Jahren existierende **Kinder- und Jugendparlamente** sollen die Interessen von Jugendlichen vertreten. Sie kümmern sich besonders um Angelegenheiten, die Jugendliche betreffen. Aufgrund der begrenzten finanziellen Mittel ist umstritten, wie groß ihr Einfluss auf die Gemeindepolitik tatsächlich ist.

- Politische Entscheidungen haben fast immer auch mit Geldfragen zu tun. Der **Haushalt der Gemeinde** umfasst eine Einnahmen- und eine Ausgabenseite. Sind die Einnahmen zu gering bzw. die Ausgaben zu groß, gerät der Haushalt in eine Schieflage. Die Gemeinde kann in diesem Fall wichtige Aufgaben nicht mehr wahrnehmen. Problematisch ist es, wenn durch die Finanzknappheit das Ziel einer **nachhaltigen Kommunal-Politik** ins Hintertreffen gerät.

Tagendes Jugendparlament

4. Generation Konsum – Jugendliche im Wirtschaftsprozess

2

3

5

6

1

4

- Warum wirtschaften wir?
- Wohin fließt das Taschengeld?
- Was heißt „ökonomisch vernünftig“?
- Wie kommt es zu Kaufentscheidungen?
- Welchen Einfluss hat die Werbung auf unser Kaufverhalten?

4.1 Vom Bedürfnis zur Nachfrage

Jeder Mensch auf der Welt hat vielfältige Wünsche, die er sich erfüllen möchte. Solche Wünsche nennt man in der Wissenschaft Bedürfnisse. Nach der Dringlichkeit werden die Bedürfnisse in **Existenz-, Kultur- und Luxusbedürfnisse** unterteilt.
Die Existenzbedürfnisse sind grundlegend, von daher werden sie auch Grundbedürfnisse genannt. Um leben und überleben zu können, braucht der Mensch etwas zu trinken und zu essen, Bekleidung und ein Dach über dem Kopf.
Das reicht zum Menschsein aber nicht aus. Bestimmte Dinge machen das Leben angenehmer und reicher, z. B. eine schöne Wohnung, abwechslungsreiche Mahlzeiten, Reisen, modische Kleidung, Bücher u. v. m. Diese Bedürfnisse bezeichnet man als Kulturbedürfnisse.

Luxusbedürfnisse entspringen dem Wunsch nach höherer Lebensqualität und zielen auf soziales Ansehen ab, z. B. eine teure Armbanduhr, ein schicker Sportwagen oder eine Villa mit Park. Was als Luxus angesehen wird, hängt von verschiedenen Bedingungen ab, z. B. vom Einkommen, von den Lebensgewohnheiten oder vom Preis, der gezahlt werden muss. So hält mancher eine teure Markenjeans für notwendig, ein anderer aber hält sie für Luxus, den er nicht braucht.
Bei einer Vielzahl von Bedürfnissen braucht man Geld, um sie zu befriedigen. Wer beispielsweise das Bedürfnis hat, jederzeit mit anderen telefonieren zu können, der kann sich ein Handy kaufen. Es gibt aber auch Bedürfnisse, die man nicht mit Geld befriedigen kann, z. B. der Wunsch nach einem guten Freund oder nach Erfolg in der Schule. Bedürfnisse können zusätzlich also danach unterschieden werden, ob man sie sich mit Geld erfüllen kann (materielle Bedürfnisse) oder nicht (immaterielle Bedürfnisse).

M 1 Bedürfnisse nach Maslow

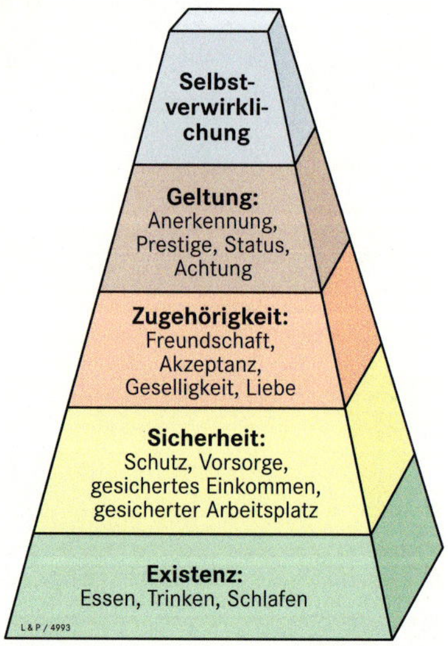

M 2 Schritt für Schritt

M3 Vom Bedürfnis zum Bedarf

Unsere Bedürfnisse sind nahezu unbegrenzt. Dagegen sind die finanziellen Mittel zur Befriedigung dieser Bedürfnisse meist knapp. Man wünscht sich sehr viel, kann sich aber nur einiges kaufen. Diejenigen Bedürfnisse, die tatsächlich finanziert werden können, nennt man in der Wirtschaft „Bedarf". Ein Beispiel: Florian möchte sich von seiner Lieblingsband eine CD kaufen. Da sein Taschengeld dafür reicht, kann er sich seinen Wunsch erfüllen – aus seinem Bedürfnis wurde wirtschaftlich gesehen ein Bedarf. Er wünscht sich gleichzeitig ein tolles Rennrad. Da er dafür jedoch kein Geld hat, bleibt sein Wunsch ein Bedürfnis. Menschen müssen immer mit ihrem begrenzten Geld wirtschaften. Sie entscheiden, mit welcher Dringlichkeit sie Bedürfnisse befriedigen wollen und wie sie ihr Geld einsetzen. Unterschieden wird dabei zwischen dem, was zum Leben unbedingt erforderlich ist, und den sogenannten Luxusbedürfnissen. Ein Smartphone ist zwar schön, aber wichtiger ist, dass man genug zu essen auf dem Tisch hat.

Autorentext

M4 Vernünftig wirtschaften: das ökonomische Prinzip

Die einen versuchen, mit möglichst wenig Aufwand durchzukommen und den Schulabschluss zu erhalten, die anderen investieren viel Zeit, um ein möglichst gutes Abitur abzulegen. Dann gibt es noch die vielen anderen, die weder damit zufrieden sind, gerade noch zu bestehen, noch dazu bereit sind, ihre gesamte Zeit für die Schule einzusetzen.

Alle handeln ökonomisch, allerdings mit unterschiedlicher Zielsetzung: Wenn es darauf ankommt, nur den Abschluss zu erhalten, sollte nur die dazu unbedingt nötige Arbeit investiert werden. Dieser Schülertyp handelt nach dem Minimalprinzip: geringster Aufwand, maximaler Nutzen (das Abitur). Diejenigen, die viel Zeit für die Schule verwenden, wollen mit ihrer ganzen Arbeitskraft das bestmögliche Ergebnis erreichen. Sie gehen nach dem Maximalprinzip vor. Aber auch die dritte Gruppe verfährt ökonomisch rational, indem von ihr ein möglichst günstiges Verhältnis von Aufwand und Ergebnis angestrebt wird.

Dieses Prinzip der Wirtschaftlichkeit gilt auch für Kaufentscheidungen: Man kann nach dem Minimalprinzip eine bestimmte DVD möglichst günstig kaufen, oder gemäß dem Maximalprinzip mit einer bestimmten Geldsumme möglichst viele DVDs erwerben.

Autorentext

1. Ordnet die Wünsche in der Fotoleiste den Bedürfnisarten zu (Autorentext und M1).
2. Erläutert, wie die Zeichnung M2 die Bedürfnispyramide M1 veranschaulichen kann.
3. Überprüft die Gültigkeit der Maslow-Pyramide am Beispiel eines Handy-Kaufs: Welche Schwierigkeiten ergeben sich bei der Zuordnung zu den Bedürfnisstufen?
4. Erklärt die Unterscheidung von Bedürfnis und Bedarf und die Notwendigkeit zum Wirtschaften (M3).
5. Beschreibt eine wirtschaftliche Entscheidung nach ökonomischen Prinzipien M4.

4.2 Wirtschaften mit dem Taschengeld

M1

M2 Das Taschengeld der Kids

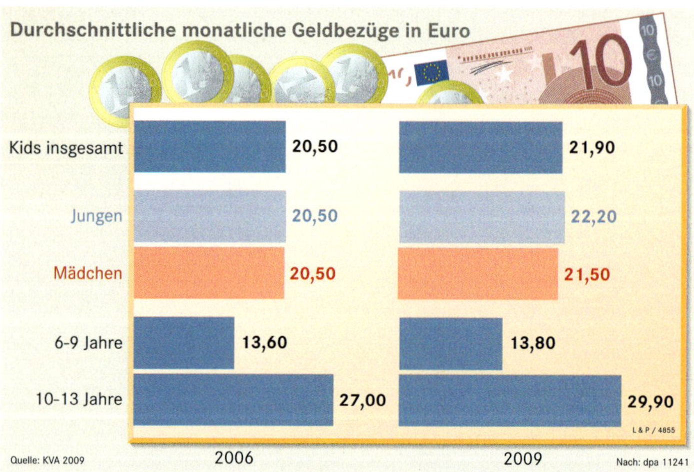

M3 Taschengeldempfehlung

Experten der Jugendämter empfehlen, abhängig vom Alter des Kindes, folgende Richtwerte:

unter 6 Jahre	1,– Euro wöchentlich (maximal)
6 bis 7 Jahre	2,– Euro wöchentlich
8 bis 9 Jahre	3,– Euro wöchentlich
10 Jahre	14,– Euro monatlich
11 Jahre	16,– Euro monatlich
12 Jahre	20,– Euro monatlich
13 Jahre	22,– Euro monatlich
14 Jahre	25,– Euro monatlich
15 Jahre	30,– Euro monatlich
16 Jahre	35,– Euro monatlich
17 Jahre	45,– Euro monatlich
18 Jahre	70,– Euro monatlich

Kinder bis zum 10. Lebensjahr sollten ihr Taschengeld als wöchentliche Zahlung erhalten. Etwa ab dem 10. Lebensjahr sollte das Taschengeld eine längere Periode, möglichst einen Monat, umfassen. Ab dem 14. Lebensjahr empfiehlt es sich, für Jugendliche ein erstes eigenes Girokonto als Taschengeldkonto einzurichten, auf das die Eltern das Taschengeld überweisen.

M4 Beim Taschengeld fängt die Benachteiligung an

Mädchen bekommen in Deutschland immer noch weniger Taschengeld als Jungen, wie aus dem [...] LBS-Kinderbarometer hervorgeht. Danach müssen Mädchen im Alter zwischen neun und 14 Jahren durchschnittlich mit 16,03 Euro monatlich auskommen. Ihre männlichen Altersgenossen haben 19,08 Euro zur Verfügung. Der Trend zur Benachteiligung der Mädchen ziehe sich durch alle Milieus und Regionen.

Viele Jugendliche sehen ihr Taschengeld der Umfrage zufolge als zu gering an. Fast zwei Drittel gaben bei der Befragung an, nebenher etwas zu verdienen. In jungen Jahren sind gute Noten, Hilfe im Haushalt oder die Unterstützung von Verwandten Einnahmequellen genug.

Später kommen andere Tätigkeiten hinzu. Bei Mädchen liegt Babysitten weit vorne, Jungen ziehen Autowaschen und Rasenmähen vor. Je älter die Kinder werden, desto häufiger und regelmäßiger verdienten sie eigenes Geld.

focus money online vom 3. 12. 2009, www.focus.de (Zugriff am 28. 3. 2011)

M5 Das Taschengeldkonto

Jugendliche ab 14 können sich bei einer Bank oder Sparkasse ein Taschengeldkonto einrichten lassen, auf das die Eltern zu einem bestimmten Termin das Taschengeld einzahlen oder überweisen. Dieses Konto muss aber von den Eltern eröffnet werden. Nach der Kontoeröffnung erhält der Jugendliche eine Kontokarte, mit der er Geschäfte im Rahmen des Kontoguthabens tätigen kann, meistens sowohl am Geldautomaten als auch bargeldlos z. B. in Geschäften mittels der Kontokarte. Ein wichtiger Unterschied des Girokontos für Jugendliche im Vergleich zum normalen Girokonto ist allerdings, dass das Konto nur auf Guthabenbasis geführt werden kann, d. h. dass eine Überziehung des Kontos nicht möglich ist. Diese Tatsache ist allerdings schon die einzige Einschränkung. Ansonsten kann der Jugendliche das Girokonto in vollem Umfang nutzen. Er kann Überweisungen tätigen, Online-Banking betreiben und generell am gesamten Zahlungsverkehr teilnehmen.

Autorentext

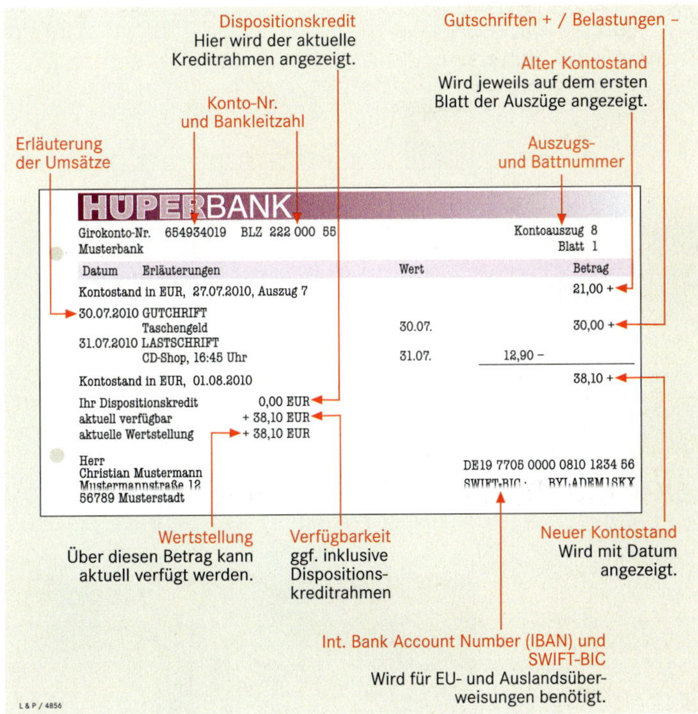

1 Diskutiert, welche Höhe des Taschengeldes in welcher Altersgruppe angemessen ist und für welche Ausgaben das Taschengeld dienen sollte (M 1–M4).

2 Entscheidet, ob die Eröffnung eines Girokontos für Jugendliche sinnvoll ist (M5).

3 Entwickelt eine Argumentation, mit der ihr eure Eltern vom Taschengeldkonto überzeugen wollt (M5).

4 Informiert euch bei den örtlichen Sparkassen und Banken, welche speziellen Konditionen sie bei Girokonten für Jugendliche anbieten.

M6 Wofür das Taschengeld ausgegeben wird

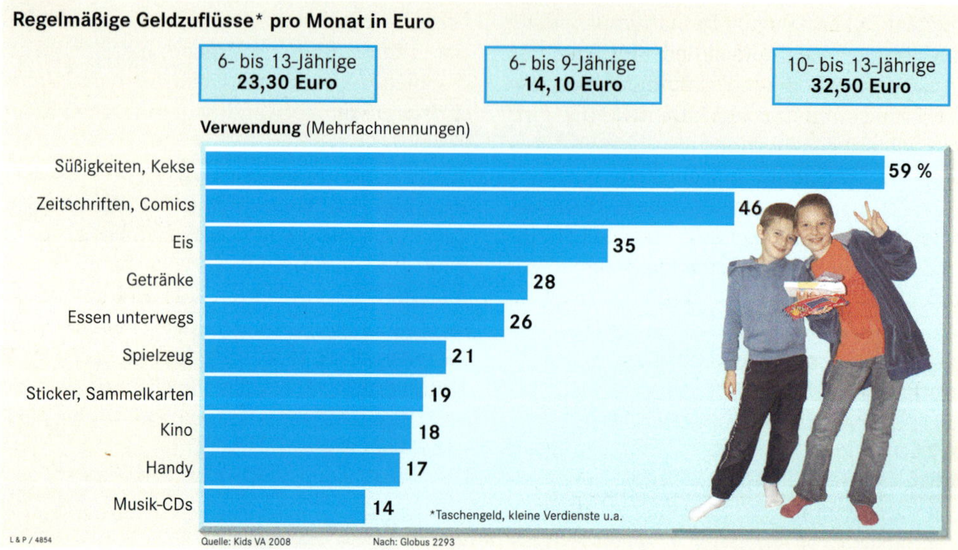

M7 Auskommen mit dem Taschengeld

Ein Beispiel von der Internet-Plattform der Verbraucherzentrale Hessen:

Michael ist 16 und bekommt von seinen Eltern monatlich 50 Euro Taschengeld. In letzter Zeit hat er viel gespart, um sich eine neue Grafik-Karte für seinen PC leisten zu können. Zu dumm, dass er sich noch Geld von seinem Freund Tom geliehen hat – für die CD seiner Lieblingsband.

Neben Computern und Musik gibt es noch Michaels Freundin Lisa. Natürlich telefonieren und „simsen“ die beiden oft. Das kostet auch Geld, und Michaels Freund Tom ist mittlerweile sauer, weil er ihm das geliehene Geld bis jetzt nicht zurückgezahlt hat. Bald steht der Geburtstag von Schwester Meike an, und Weihnachten ist auch nicht mehr weit weg – für die passenden Geschenke hat Michael jedoch kein Geld mehr.

Deshalb fragt Michael seine Eltern, ob sie ihm Geld leihen könnten. Er würde es ihnen vom Taschengeld in Raten zurückzahlen. Seine Eltern finden das nicht gut. Sie sind nicht davon überzeugt, dass er es schafft, in Zukunft seine Schulden auszugleichen. Daher geben sie ihm nur das geliehene Geld für Tom und kürzen sein nächstes Taschengeld um diese Summe.

Tja, für Geschenke hat Michael jetzt kein Geld, und er steht am Geburtstag und zu Weihnachten mit leeren Händen da. Auch sonst ist er knapp bei Kasse, was Lisa wenig freut. Michael fragt sich, wie er das in Zukunft vermeiden kann.

www.verbraucher.hessen.de
(Zugriff am 27. 2. 2011)

M8 Taschengeld: den Überblick behalten

Es gibt so viele Dinge, die man gerne hätte, und leider gibt es Mitschüler oder Freunde, die viel mehr Geld zur Verfügung haben und deshalb den „Ton angeben“. Da kann und darf nicht jede/r mithalten.

Schon ein Kino- oder Discobesuch, das Treffen in der Eisdiele oder der Pizzeria reißt ein großes Loch in die Taschengeldkasse [...].

In jedem Fall sollte man sich klarmachen, wie teuer die Dinge sind, die man vom Taschengeld bezahlt. Hier hilft oft eine kleine Übersicht, um die Kosten zu kontrollieren.

Zum Beispiel:

Jede Woche ein Comic oder eine Zeitschrift:

4 x 2,50 – monatlich	10 Euro
Prepaidkarte fürs Handy	15 Euro
Zwischensumme	25 Euro

Dreimal pro Woche eine Cola, ein Brötchen oder Süßigkeiten am Kiosk

3 x 1 Euro x 4 – monatlich	12 Euro
Zwischensumme	37 Euro

Bei einem Taschengeld von 50 Euro verbleiben somit nur noch 13 Euro für den Kauf von CD’s, DVD’s, Kleidung oder fürs Kino. Das ist ganz schön wenig.

Was tun? Vielleicht doch auf den Kauf des Comics verzichten? Oder die Besuche am Kiosk vermeiden? Oder weniger mit dem Handy telefonieren?

nach: Verbraucherzentrale Hessen, www.verbraucher.de (Zugriff am 27. 2. 2011)

M9 Kassen-Schlager „Budgetplanung“

Selbst wenn man nur einmal am Tag etwas Geld ausgibt, kommt man im Monat auf 30 Bezahlvorgänge. Dazu kommen die ganz normalen Geldgeschäfte unter Jugendlichen. Einem Freund mit ein paar Euros aushelfen, weil er sein Essensgeld vergessen hat, sich etwas von einer Freundin leihen, damit man beim Stadtbummel nach der Schule nicht ganz ohne dasteht. Um sich nicht zu verzetteln, hilft nur eines: aufschreiben und Belege sammeln. Das ist wichtig für eine vernünftige Planung, denn schließlich sollte man nicht mehr ausgeben, als man einnimmt.

Mithilfe eines Taschengeldplaners, den man sich in einem DIN-A5-Heft selbst anfertigen kann, behält man seine Finanzen stets im Blick. Dazu zeichnet man auf einer Doppelseite eine Tabelle mit etwa 10 Spalten. Links, in der ersten Spalte, trägt man untereinander die Monatstage von 1 bis 31 ein. Über die anderen Spalten trägt man die Dinge ein, für die man Geld ausgibt, wie zum Beispiel Musik, Handy, Zeitschriften/Bücher, Freizeit, Essen und Trinken, Kino, Sparen oder was auch immer. Verleiht man öfter Geld an Freunde, sollte auch dafür eine Spalte angefertigt werden. Taschengeld und sonstige Einnahmen werden auf einer separaten Seite notiert. Am Monatsende werden alle Ausgaben zusammengezählt. Die Summe wird dann vom Taschengeld und den sonstigen Einnahmen abgezogen. Was vom Taschengeld nicht ausgegeben wurde, wird nun in einer Extraspalte „Restgeld aus Vormonat“ eingetragen, damit man die Übersicht behält.

Budgetplanung für Jugendliche: So reicht das Taschengeld garantiert, www.vorsorgen-sparen.suite101.de (Zugriff am 27. 2. 2011)

5 Vergleicht eure Taschengeldausgaben mit den Umfrageergebnissen in M6.

6 Arbeitet Michaels Problem heraus und beurteilt das Verhalten seiner Eltern (M7).

7 Entwickelt ein Rollenspiel.

8 Formuliert einen Brief an Michael, in dem ihr ihm Vorschläge macht, wie er in Zukunft die Situation, in die er geraten ist, vermeiden kann.

9 Gestaltet nach den Anregungen von M9 einen Taschengeldplaner, mit dem ihr eure Einnahmen und Ausgaben kontrolliert.

4.3 Geschäftsfähigkeit: Welche Geschäfte sind erlaubt?

M 1 Auf Shoppingtour

Stefanie ist vor Kurzem 17 geworden. Zu ihrem Geburtstag hat sie Geld geschenkt bekommen und geht mit ihrer besten Freundin auf Shoppingtour. In einem Modeladen findet Stefanie einen schicken Wintermantel für 399 Euro, probiert ihn an und kauft ihn. Zu Hause zeigt sie ihren Eltern den Mantel. Stefanies Mutter ärgert sich, dass ihre Tochter so viel Geld ausgegeben hat. Außerdem hat Stefanie schon einen günstigeren Wintermantel in der gleichen Qualität. Die Eltern hatten mit Stefanie abgesprochen, dass sie die Geldgeschenke für ihren Führerschein ansparen soll. Kurz: Stefanies Eltern sind mit dem Kauf nicht einverstanden. Und was jetzt?

www.verbraucher.de (Zugriff am 27. 2. 2011)

M 2 Alles Jacke wie Hose?

Wer etwas kauft, schließt einen Vertrag – genauer: einen Kaufvertrag. Das ist nicht jedem klar. Viele glauben, sie schließen erst dann einen Vertrag, wenn sie etwas unterschreiben. Dabei kennt doch jeder den Satz: „Ein Mann – ein Wort!“ oder das „Hand-drauf-geben“. Verträge können also auch mündlich, per Handschlag oder durch schlüssiges Handeln zustande kommen.

Beim Kauf eines Wintermantels im Geschäft wird der Vertrag in dem Augenblick geschlossen, in dem die Kassiererin den Preis nennt und die Kundin ihn bezahlt – also durch schlüssiges Handeln. Dann packt die Kassiererin den Mantel noch ein und übergibt ihn der Kundin. Damit hat jeder der beiden Vertragspartner getan, was er tun sollte: Ware gegen Geld. Wer einen Vertrag schließt, ist auch an ihn gebunden. Stellt man zu Hause fest, dass der Wintermantel den falschen Farbton hat, kann man ihn nicht einfach wieder zurückbringen und das Geld zurückverlangen. Das geht nur, wenn man zu Hause feststellt, dass der Wintermantel einen Fehler hat – z. B. dass er aus zwei verschiedenen Stoffbahnen mit unterschiedlichen Farbtönen zusammengenäht wurde. Einige Kaufhäuser räumen ihren Kunden auch ein Rückgaberecht für fehlerfreie Ware ein. Das geschieht aber auf freiwilliger Basis.

www.verbraucher.de (Zugriff am 27. 2. 2011)

M 3 Aus dem BGB: Der „Taschengeldparagraf“

▸▸ Kinder- und Jugendliche haben Rechte und Pflichten!, S. 122/123

§ 110 Bewirken der Leistung mit eigenen Mitteln

Ein von dem Minderjährigen ohne Zustimmung des gesetzlichen Vertreters geschlossener Vertrag gilt als von Anfang an wirksam, wenn der Minderjährige die vertragsmäßige Leistung mit Mitteln bewirkt, die ihm zu diesem Zweck oder zu freier Verfügung von dem Vertreter oder mit dessen Zustimmung von einem Dritten überlassen worden sind.

Einschränkung des „Taschengeldparagrafen“:

Verträge, die schriftlich und über eine bestimmte Laufzeit geschlossen werden, fallen nicht unter § 110 BGB, da „die vertragsgemäße Leistung“ bereits „bewirkt“, also die Ware bar und vollständig vom Taschengeld bezahlt worden sein muss.

M4 Was darf ich kaufen?

Jugendliche sollen nach und nach an die Regeln des privaten Konsums herangeführt werden. Deshalb gelten sie vor dem Gesetz als beschränkt geschäftsfähig, wobei „beschränkt“ hier nicht meint, dass Jugendliche dumm sind, sondern dass sie nur eingeschränkt Geschäfte tätigen dürfen. Sie können zwar Verträge schließen und bis zur Geschäftsfähigkeit mit 18 Jahren alles lernen, was man für den privaten Konsum wissen muss. Die Verträge, die die 8- bis 18-Jährigen schließen, sind jedoch so lange schwebend unwirksam, bis die Eltern diesen Verträgen zugestimmt haben. Die Eltern sollen so die Möglichkeit haben, zum Schutz ihrer Kinder einzugreifen, wenn sie von Erwachsenen übers Ohr gehauen werden, zu teuer einkaufen oder etwas kaufen, was die Eltern überhaupt nicht wollen. Bei Kaufverträgen ist das „go“ der Eltern deshalb immer erforderlich.
Es gibt auch Verträge, die Jugendliche unter 18 ohne die nachträgliche Zustimmung ihrer Eltern schließen können. Diese sind aber die Ausnahme. Voraussetzung ist, dass die Jugendlichen mit Geld bezahlen, das sie eigens zu diesem Zweck [...] erhalten haben, oder das die Jugendlichen zur freien Verfügung haben (Taschengeld).

www.verbraucher.de (Zugriff am 27. 2. 2011)

M5 Online-Geschäfte von Kindern und Jugendlichen

Im Internet ist es [...] regelmäßig so, dass die Rechnung hinterher bezahlt wird. Das fällt also gerade nicht unter den „Taschengeldparagrafen“. Daher müssen die Eltern bei Internet-Käufen entweder zuvor einwilligen oder das Geschäft nachträglich genehmigen. Erteilen sie keine Genehmigung, ist der Kaufvertrag unwirksam. Dann [...] reicht es aus, wenn sie dem Unternehmen gegenüber erklären, dass sie die Genehmigung verweigern.

www.verbraucherzentrale-bayern.de (Zugriff am 27. 2. 2011)

M6 Unsichtbar im Internet

Manche glauben besonders schlau zu sein, wenn man sich bei der Frage nach dem Alter ein paar Jahre älter macht. Vorsicht: Signalisiert der Anbieter im Internet klar, dass er nur mit Volljährigen Verträge schließen will, ist es eine bewusste Täuschungshandlung, wenn man sich als geschäftsfähig ausgibt, obwohl man noch keine 18 ist. Ein solches Verhalten kann – auch schon bei Jugendlichen – strafrechtliche Konsequenzen haben.

www.verbraucher.de (Zugriff am 27. 2. 2011)

1. Beschreibt mithilfe von M2 das Rechtsgeschäft, das Stefanie eingegangen ist (M1).
2. Überprüft Stefanies Kauf mit den Informationen aus M3 und erklärt, welche Möglichkeiten die Eltern haben (M1).
3. Aus dem Schreiben eines Internet-Shops an einen Jugendlichen: „Sie sind beschränkt geschäftsfähig und darum in der Lage, die Rechnung zu begleichen. Dies regelt der sogenannte Taschengeldparagraf, welcher sich auf den monatlichen Taschengeldbetrag bezieht. Somit können sie diese Rechnung begleichen.“ Formuliert einen Antwortbrief, der die rechtliche Situation (M3–M4) einbezieht.

4.4 Jugendliche in der Schuldenfalle

Fast jeder zehnte erwachsene Bundesbürger ist überschuldet. Das geht aus dem vorgestellten „Schuldneratlas Deutschland 2010“ der Wirtschaftsauskunftei Creditreform hervor. Besorgniserregend ist dabei die deutlich wachsende Verschuldung unter Jugendlichen und jungen Erwachsenen. Allein im letzten Jahr (2010) hat die Zahl der Betroffenen unter 20 Jahren um 38 Prozent zugenommen; seit 2004 hat sie sich fast verdreifacht auf 197 000 junge Leute.

M 1 Wo und wofür verschulden sich Jugendliche?

Jugendliche leihen sich am häufigsten Geld bei Eltern, Freunden oder Verwandten. Das geliehene Geld geben sie dann vor allem für Essen und Trinken, Kleidung, PC-Spiele, fürs Kino oder Weggehen mit Freunden aus. Jugendliche ab 18 Jahren verschulden sich darüber hinaus oft auch bei Versandhäusern oder ihrer Bank. Denn erst ab dem 18. Geburtstag können sie Kredite in Anspruch nehmen, eine Geldkarte nutzen oder Ratenkäufe tätigen. Mit der eigenen Unterschrift sind so auch größere Anschaffungen wie ein Flachbildfernseher oder ein neuer Computer möglich. Die Handykosten sind ein weiterer Grund für Schulden bei Jugendlichen und die Telefongesellschaft ein zusätzlicher Gläubiger, also derjenige, bei denen sie Schulden haben. Wer hier seine Einnahmen und Ausgaben nicht im Blick und sich durch Sparen ein finanzielles Polster angelegt hat, ist schnell in den Miesen.

www.hoch-im-kurs.de/files/85/Arbeitsblatt_HiK_11_09.pdf (Zugriff am 27. 2. 2011)

M 2 Handy – Vergnügen mit eingebautem Schuldenfaktor

Ob im Kino, im Eiscafé oder in der Schule, wo Jugendliche auftauchen ist das Handy als unverzichtbarer Begleiter immer dabei. Das ehemalige Statussymbol für Manager mutiert unaufhaltsam zum Kultobjekt für eine Generation, die sich längst nicht nur stumm hinter Fernseher und Computer verschanzt. Laut der unter anderem von der Axel Springer AG und der Bauer Verlagsgruppe präsentierten KidsVerbraucherAnalyse besitzen 79 Prozent der Jugendlichen ein Handy. [...] Handyanbieter haben diesen Trend erkannt und umwerben inzwischen verstärkt ihre jugendlichen Kunden. Handys mit hochwertiger Kamera, WAP und Internetanschluss überschwemmen den Markt und lassen das Vorgängermodell schnell veraltet erscheinen. Das immer neue Angebot verführt die Jugendlichen, mehr Geld auszugeben, als sie haben. Wenn die monatliche Handyrechnung regelmäßig das geringfügige Einkommen der Jugendlichen übersteigt, beginnt unweigerlich der Weg in die Verschuldung. [...]

Die Jugendlichen benutzen das Handy, um soziale Kontakte aufzubauen und Freundschaften zu pflegen. Eine SMS oder ein Anruf vermittelt das Gefühl, nicht alleine zu sein, die Inhalte der Mitteilungen sind da zweitrangig. Wichtig ist der Spaß, die Überraschung, die die nächste Nachricht mit sich bringt. Eine nicht enden wollende Kommunikation, denn die Antworten kommen so schnell wie die nichtigen Inhalte vergessen werden.

Wenn Jugendliche mit dem Handy positive Gefühle verbinden, verdrängen sie den Gedanken, dass sie dieses Vergnügen teuer bezahlen müssen. Das Ergebnis ist am Ende des Monats auf der Telefonrechnung abzulesen. Obwohl Jugendliche durchaus die Kosten eines Gesprächs oder einer SMS kennen, verlieren sie den Überblick über die Gesamtkosten. Außerdem ist ihnen dieses positive Lebensgefühl wichtiger als Geld.

aus dem Familienhandbuch des Staatsinstituts für Frühpädagogik; www.familienhandbuch.de (Zugriff am 27. 2. 2011)

M3 Dafür verschulden sich Jugendliche

M4 Kostenfallen beim Handy

Als erstes ist hier die sogenannte SMS-Werbung zu nennen. Auf dem Handy erscheinen Lock-SMS, u. a. mit Lockangeboten und mit dem Hinweis, den unbekannten Absender anzurufen. Ein unvorsichtiger Umgang mit derartigen SMS kann schnell sehr teuer werden. Eine weitere Methode, die prinzipiell ebenso funktioniert, ist das Verschicken von SMS mit besonderen Angeboten zu aktuellen Klingeltönen. Wer hier zurückruft wird abkassiert, da ein Umlenken auf eine kostenpflichtige Nummer mit umfangreichen Werbeansagen erfolgt.

Bei den Premium-SMS-Diensten werden spezielle Leistungen und Dienste über die Mobilfunkrechnung abgerechnet. Neben allgemeinen Informationen beinhaltet dies meist Logos und Klingeltöne sowie Chatrooms und Flirtlines. Einen Hinweis auf einen Premium-SMS-Dienst geben [...] die 5-stellige Nummer und das Fehlen einer Vorwahl. Wer Flirt- oder Kontakt-SMS erhält, der sollte besonders vorsichtig sein. Mit üblen Tricks werden die Handybesitzer durch gezielte Umleitung auf teure Sonder- oder Auslandsnummern weitergeleitet.

Auch wer chattet, dem wird oftmals vorgegaukelt, der Gesprächspartner sei an einem persönlichen Kontakt interessiert. In Wirklichkeit geht es jedoch nur darum, den Handybesitzer lange online zu halten, um so abkassieren zu können.

Besonders beliebt ist bei den Jugendlichen das Herunterladen von Handylogos, Handyspielen und Klingeltönen. In vielen Jugendmagazinen und im Fernsehen wird dafür geworben. Durch das einfache Versenden einer diesbezüglichen SMS kann das gewünschte Angebot bestellt werden. Beim Herunterladen schließt man nicht selten unbeabsichtigt gleich einen Abonnement-Vertrag ab. [...]

www.online-artikel.de/article/kostenfalle-beim-handy-41599-1.html (Zugriff am 27. 2. 2011)

1 Arbeitet die Gründe für die Verschuldung von Jugendlichen heraus (M1, M3).

2 Erläutert, inwiefern das Handy „ein Vergnügen mit eingebautem Schuldenfaktor“ ist (M2).

3 Verfasst für die Schülerzeitung einen „Leitfaden zum kritischen Handy-Gebrauch“ (M2, M4).

4.5 Generation Konsum – Jugendliche als Wirtschaftsfaktor

2010 verfügten Jugendliche zwischen 10 und 19 Jahren nach Angaben des Bundesfinanzministeriums über eine Kaufkraft von rund 22 Milliarden Euro. Damit sind sie als Konsumenten und Verbraucher ein bedeutender Faktor im Wirtschaftsgeschehen. Darüber hinaus beeinflussen sie auch die familiären Kaufentscheidungen. Typisch dafür sind Produkte aus dem Nahrungsmittelbereich wie Joghurt oder Süßwaren. Aber auch bezüglich größerer Anschaffungen in der Familie, wie beispielsweise einem neuen Auto, haben Jugendliche oft ein Mitspracherecht.

M1 Konsumfreudige Jugend

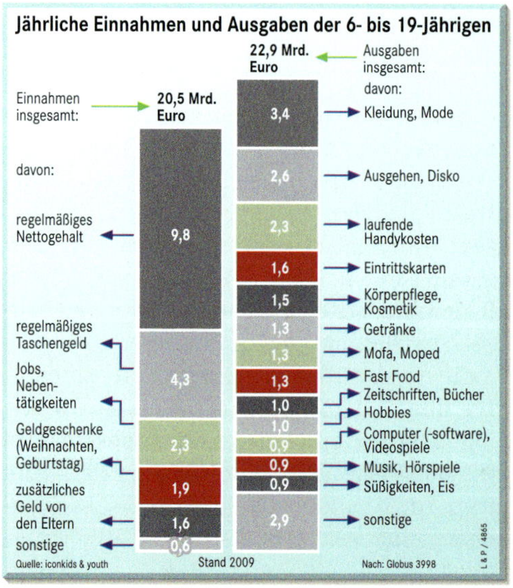

M2 „Es geht ums Image“

Dennis steht ungern früh auf, ist oft genervt und wird von seiner Umgebung als ungeduldig bezeichnet. Wenn es aber um sein Styling geht, ist er bereit, Stunden um Stunden zu opfern. Schon beim Shopping achtet er penibel darauf, nur Markenwaren zu kaufen. Egal, ob Haargel, Schuhe oder Handy: „Was keine Marke ist, ist Schrott.“ Sein drei Monate altes Marken-Handy ist seine größte Leidenschaft. Stundenlang lädt Dennis täglich Songs, Jingles, Pics und Clips aus dem Internet runter. Am nächsten Tag auf dem Schulhof oder vor der Schule werden die neuesten Klamotten stolz herumgezeigt und die aktuellen Downloads mit dem Handy ausgetauscht. „Es geht ja auch um mein Image“, meint Dennis dazu ernst.

www.bpb.de/files/8ZARRV.pdf (Zugriff am 27. 2. 2011)

INFO

Jingles: Klingeltöne

Pics und Clips: Bilder und Videos

M3 Von Geburt an

M4 Die beliebtesten Marken

M5 Das jugendliche Markenuniversum

Konsum wird von Marken geprägt – auch der [Konsum] von Jugendlichen. Nivea, Sony, Coca Cola, Milka oder Kellogg's – besonders beliebt sind diejenigen Produkte und Marken, die die Jugendlichen täglich umgeben und sie während ihrer Entwicklung begleiten. [...]
Zum anderen sind Marken beliebt, die die Erfüllung des Wunsches nach Anerkennung, Akzeptanz, aber auch nach Abgrenzung suggerieren. Diese sind in erster Linie in den Segmenten Kleidung und Technik zu finden. Dabei sticht besonders das Handy als Statussymbol hervor. Ebenso sind auch diejenigen Marken beliebt, die es schaffen, eine Verbindung zu Medien und Sendungen herzustellen, die die potenzielle Käufergruppe mag. So hat sich die Kosmetiklinie Mabelline Jade dank der Kooperation mit der Sendung „Germany's Next Top Model" einen Platz im Markenuniversum der Jugendlichen, insbesondere der Mädchen, ergattert. Kosmetik ist für sie ganz eng mit dem Firmennamen verbunden.

www.hoch-im-kurs.de/files/153/Thema_HiK_09_2010.pdf (Zugriff am 27. 2. 2011)

INFO
suggerieren: einreden

M6 „Konsumgesellschaft"

Grundsätzlich beschreibt der Begriff die Tatsache, dass man in einer Gesellschaft lebt, in der keine Versorgungslücken mehr auftreten, dass also alle Menschen immer mit den nötigen Konsumgütern versorgt werden können. [...]
Wenn heute der Begriff Konsumgesellschaft genannt wird, ist damit aber meist eine eher kritische Haltung gegenüber dem Lebensstil bestimmter Menschen gemeint, die das Konsumieren von Waren und Dienstleistungen in den Mittelpunkt ihres Lebens gestellt haben. [...]
Kritisiert wird zudem auch, dass in einer Konsumgesellschaft durch das Konsumieren nicht lebensnotwendige Bedürfnisse gestillt werden, sondern dass das Konsumieren um seiner selbst willen praktiziert wird. Und dabei wird alles zu Konsumgütern gemacht. Als kritisierte Beispiele wären die [...] Einkaufszentren und Erlebnisparks zu nennen, in denen die Art und Weise, wie das Einkaufen erlebt werden soll oder wie die Freizeit gestaltet wird, fest vorgegeben sind, oder auch der Aufenthalt in einem Ferienclub, bei dem man sich animieren lässt, anstatt selbst aktiv zu gestalten.
Kritiker der Konsumgesellschaft sprechen vor allem dieses standardisierte und wenig individuelle Verhalten an und pochen darauf, wieder mehr Eigeninitiative zu zeigen und auch zuzulassen.

David Hügle, Konsumgesellschaft, www.gesellschafteninfo.de/konsumgesellschaft.html (Zugriff am 27. 2. 2011)

◄◄ Druck der Gruppe – Gruppendruck, S. 22/23

1. Wertet die Grafik M1 im Hinblick auf die Einnahmen und Ausgaben von Jugendlichen aus.
2. Erläutert, was das Foto M3 ausdrücken soll.
3. Vergleicht das Markenbarometer von BRAVO (M4) mit euren eigenen Markenvorlieben.
4. Erläutert, warum Markenbewusstsein bei Jugendlichen einen hohen Stellenwert hat (M5).
5. Erklärt, was man unter „Konsumgesellschaft" versteht, und diskutiert die Vor- und Nachteile (M6).

4.6 Warum wir kaufen, was wir kaufen

M 1 Siegestrunk: Warum wir teures Wasser kaufen

1970 hieß Mineralwasser noch Sprudel. Es steckte in einheitlich genoppten Glasflaschen, die in hellbraunen Getränkekisten verkauft wurden. Der Pro-Kopf-Verbrauch in Deutschland betrug damals 12,5 Liter im Jahr. Heute ist er mehr also zehnmal so hoch (2006: 127 Liter) und wird vor allem aus aufwendig gestalteten Plastikflaschen gestillt. Dabei sprudelt es auch immer weniger: Stilles Wasser hat die höchsten Zuwachsraten – 2006 stieg der Konsum um 17 Prozent. Doch woran liegt es, dass wir immer mehr Geld ausgeben für Wasser, das eigentlich Leitungswasser ist? [...]

Der allgemeine Gesundheitstrend hilft den Wasseranbietern: „Es ist im Moment sehr einfach, Marketing für Mineralwasser zu machen“, sagt Kaise-Marie Delden von der schwedischen Traditionsmarke Ramlösa. „Die Menschen achten stärker darauf, was sie zu sich nehmen. Dadurch entsteht eine große Nachfrage.“

Die Verfügbarkeit und der Wunsch nach einem gesunden Durstlöscher reichen als Begründung nicht aus. Schließlich ist – von sehr wenigen alten Häusern mit Bleileitungen abgesehen – das Leitungswasser in Deutschland von hervorragender Qualität und für einen Preis von rund 0,2 Cent pro Liter ohne Schlepperei verfügbar. Einige Marken wie Bonaqa (Coca-Cola) oder Aquafina (PepsiCo) machen daraus ein Geschäft: Sie reichern das Leitungswasser ihrer Abfüllorte mit Mineralien und Kohlensäure an und verkaufen es als Mineralwasser. Die wenigsten Käufer wissen das. „Viele Leute trauen dem Wasser ihrer Stadtwerke nicht mehr“, sagt Ole Sandberg, Präsident und Marketingchef der Nobelmarke Voss. Seine unverwechselbaren zylindrischen Flaschen haben große silberne Deckel und sehen edler aus als manch teurer Wodka. Dahinter steckt Absicht: „Eine einzigartige und edle Verpackung ist ebenso wichtig, wenn man sich im oberen Segment des Wassermarktes behaupten will, wie sein Produkt gut zu platzieren.“ Nicht nur Supermärkte und Tankstellen führen ein immer umfangreicheres Sortiment an Wassersorten – auch Restaurants können es sich mittlerweile kaum mehr leisten, nur noch eine Sorte Wasser auf der Karte zu haben. „In Restaurants vertreten zu sein ist für Wassermarken entscheidend“, sagt von Wiesenberger und nennt die US-Kultmarke Fiji als Beispiel – eine viereckige Flasche mit durchsichtigem Etikett aus exotischen Blumen und einem Wasserfall. „Fiji hat es vor einigen Jahren geschafft, als erstes Wasser auch in Nobelrestaurants in der Plastikflasche gereicht zu werden. So etwas ist unschätzbar wichtig für die Akzeptanz.“ Auch die Preispolitik kann von Wiesenberger erklären: „Wasser einer exklusiven Marke zu trinken ist ein wenig teurer, sodass man das Gefühl hat, sich etwas Besonderes zu gönnen. Zugleich ist es nie so übertrieben teuer, dass man es sich nicht mehr leisten könnte. Evian oder San Pellegrino ist ein Hauch von Luxus für beinahe jeden.“

Dazu kommt geschicktes Product-Placement vor allem in Filmen und Fernsehserien: So nippt die Schauspielerin Tea Leoni in Deep Impact an einer Plastikflasche der Marke Avalon, in der Kultserie Friends ist in beinahe jeder Folge einer der Charaktere mit einer handlichen Wasserflasche zu sehen.

Verf.: Christoph Koch, Siegestrunk: Warum wir teures Wasser kaufen, in: fluter, Alles klar? Das Wasserheft, Nr.23/Juni 2007, S. 23

Die US-Kultmarke Fiji

M 2 Ist das Teuerste immer das Beste?

Qualität hat ihren Preis, diesen Spruch haben die Deutschen verinnerlicht. Wenn sie sich mal einen richtig guten Wein gönnen wollen, nehmen sie einen teuren. Zu Omas Geburtstag gibt es sicher nicht den Billiglikör. Und für die Hochzeit der besten Freundin ist ein Kleid von H&M, selbst wenn es neu ist, nicht angemessen. Es ist so normal, dass schlechtere Qualität in der Regel billiger ist, dass für viele schon der Umkehrschluss gilt: Ein niedriger Preis bedeutet für sie automatisch, dass sie schlechte Qualität kaufen. Was nix kost', is' nix, glaubt der Volksmund zu wissen. [...]

Doch dann liest man „Stiftung Warentest" und kommt ins Grübeln. Nehmen wir die Sonnencreme. [...] Im neuesten Test schnitt die Eigenmarke von dm mit der Note 1,9 ab, Piz Buin nur mit 2,7. Dabei waren 100 ml Piz Buin 26-mal so teuer wie 100 ml der Sonnenmilch der Drogeriemarktkette. Es geht noch weiter: Die Billig-Sonnenmilch von Schlecker, Rossmann, Aldi-Süd und Ihr Platz schnitten alle besser ab als die der Edelmarken Ambre Solaire, L'Oréal und Piz Buin. Ist das Teuerste vielleicht gar nicht das Beste? [...]

Der amerikanische Ökonom und Soziologe Thorstein Veblen sah Ende des 19. Jahrhunderts [...] den Grund [...] darin, dass der öffentliche Konsum von teuren Gütern den sozialen Status erhöht, weil man sich damit als Angehöriger der Oberschicht zu erkennen geben kann. Der Konsument kann sich umso besser profilieren, je teurer und exklusiver er einkauft. Gäbe es also zehn Reisetaschen ähnlicher Qualität, so würde der Luxuskonsument immer die teuerste kaufen. Wichtig wäre ihm dabei natürlich, dass den anderen – zumindest den Eingeweihten – sofort klar wäre, dass seine Reisetasche die teuerste ist. Sie könnte zum Beispiel irgendwo ganz dezent das Logo von „Chanel" oder „Dior" tragen (wodurch sie ihrem Zweck nicht besser dienen würde). Veblen hat diese Art der Produktnachfrage „Geltungskonsum" getauft [...]. Heute nennt man das Phänomen, dass die Nachfrage mit dem Preis steigt, den Veblen-Effekt. Beobachten kann man ihn täglich auf der Straße bei Prestigegütern wie Autos, Handys, Schmuck und Mode [...]. Dieser Snob-Effekt führt dazu, dass es Produkte gibt, die zwar teuer sind, aber für den Normalkonsumenten keinesfalls besser sind als andere Produkte. Gäbe es nur Normalkonsumenten, würden sie vom Markt verschwinden, doch dem geltungssüchtigen Luxuskonsumenten kommen sie gerade recht. Für ihn ist das teuerste Produkt immer das beste.

Markenunternehmen wie die großen Kosmetikkonzerne profitieren also davon, dass der Käufer ihnen möglicherweise ein großes Vertrauen entgegenbringt. Sie signalisieren durch Verpackung, Preis und Werbung, etwas Besseres zu verkaufen als die Billigkonkurrenz.

aus: Frankfurter Allgemeine Sonntagszeitung, 15. 07. 2007, Nr. 28/ S. 46, Verf.: Lisa Nienhaus

1 Erläutert anhand von M1 und M2, warum wir kaufen, was wir kaufen.

2 Diskutiert, inwiefern die Unternehmen mit ihrer Preisfestsetzung eine geschickte Marketing-Strategie verfolgen.

3 Nehmt Stellung zur These, dass Konsumieren ein Mittel gesellschaftlicher Abgrenzung ist.

4 Formuliert für ein Schülerlexikon einen anschaulichen Artikel zum „Veblen-Effekt".

4.7 Einkaufsfallen im Supermarkt

M 1 Der Gang durch die Regale ist genauestens geplant

Nicht in die Höhle ...

Normalerweise haben Menschen Angst, ihnen unbekannte Räume zu betreten, auch wenn es nur Supermärkte sind. Deshalb wird dem meist fensterlosen Verkaufsraum durch geschickte Beleuchtung der „Höhlencharakter" genommen. Warmes Licht und oft auch Pflanzen im Eingangsbereich helfen, die Schwellenangst zu überwinden, auch der Rest ist bis in die hintersten Winkel hell und freundlich ausgeleuchtet. Als Kunden werdet ihr erst einmal gebremst. Ihr habt noch euren „Straßenschritt" drauf, und das ist natürlich zu schnell. Gestoppt werdet ihr von in sonniges Licht getauchten Obst- und Gemüsebergen. Durch die geschickte Anordnung von Spiegeln sollt ihr das Gefühl haben, euch aus einem Paradies an frischer Ware das Beste aussuchen zu können. An der Fleischtheke wird nicht mit Spiegeln gearbeitet, dafür aber manchmal mit farbigem Licht. Unter einer speziellen Rotlichtlampe sieht selbst ein blasses, wässriges Schnitzel nach 1-A Qualität aus.
„Ein stiller Laden, der wirkt tot", sagen Verkaufsprofis. Deshalb wird die Hintergrundmusik teilweise direkt über Satellit in die Verkaufsräume eingespeist – vormittags Schlager für die Hausfrauen, nachmittags Popmusik für die Teenies. Am besten sind eingängige Melodien mit 72 Bassschlägen pro Minute: Dies entspricht der Pulsfrequenz eines gesunden, ausgeglichenen Menschen. Zur Verbesserung der Einkaufsatmosphäre trägt

Ein Paradies an frischer Ware

Sonderangebote mitten im Gang

ebenfalls eine konstante Temperatur von 19 °C bei. Vereinzelt soll auch überlegt werden, die Nasen der Kunden mit verkaufsfördernden Düften zu umgarnen: „aprilfrischer" Frühlingsduft neben den Waschmitteln, Pizzageruch rund um die Tiefkühlpizza, frischer Kuchenduft beim Gebäck.

Wege durch das Labyrinth

Das kennt ihr, oder? Der Weg zu den Sachen, die ihr am häufigsten braucht, führt – ob ihr wollt oder nicht – an allen Regalen und Theken vorbei. Das ist natürlich kein Zufall. Ihr sollt bei jedem Besuch mit der gesamten Warenpalette konfrontiert werden. Der erste Gang, rechts an der Wand, führt euch fast immer erst mal bis ans Ende des Raumes. Dann geht es gegen den Uhrzeigersinn immer links herum. Dieser Hang zu Linkskreisen ist 95 % aller Menschen angeboren. Die Gänge selbst sind mit Bedacht nicht zu eng und nicht zu breit angelegt. Wären sie zu eng, könnte Folgendes passieren: Ein Kunde, der etwas aus dem Regal genommen hat, wird versehentlich vom Einkaufswagen eines anderen Kunden gestreift. Erwiesenermaßen legt der erste Kunde bei der Berührung die Ware reflexartig wieder zurück – amerikanische Soziologen sprechen vom „ass-brush factor". Ist der Gang zu breit, geht ihr zu schnell durch den Laden. Die „Durchfahrt" ist mit Absicht nicht immer unproblematisch. Im Slalom müsst ihr um

Körbe mit Sonderangeboten herumfahren, Packpaletten versperren euch den Weg und oft kommen keine zwei Einkaufswagen aneinander vorbei. Die neueste Idee, den Vorwärtsdrang der Kunden zu bremsen, sind riesige Aufkleber auf dem Fußboden. So soll beispielsweise vor dem Süßwarenregal eine quadratmetergroße, dreidimensional wirkende Schokoladentafel den Appetit anregen.

Hüfthöhe = billig

In den Regalreihen sind die Produkte so angeordnet, dass ihr auf die teuren Sachen zulauft, während sich die preiswerteren in eurem Rücken befinden. Salz, Streichhölzer, Toilettenpapier oder Zucker müsst ihr zudem oft erst suchen, damit ihr auf dem Weg zu diesen „Artikeln des täglichen Bedarfs“ möglichst viele Produkte streift, die ihr nicht so oft braucht. Direkt neben den alltäglichen Waren befinden sich auch häufig „Impulswaren“ – teure Luxusartikel, die man spontan haben will, wenn man sie sieht.

Im Regal selbst geht dein Blick – wie beim Lesen – automatisch von links nach rechts. Also wird das teurere Produkt dort platziert, wo deine Augen am Schluss verweilen.

Auch bei der Höhe der Platzierung im Regal gibt es Unterschiede. So steht die teuerste Marmelade in Augenhöhe, die etwas günstigere wird ganz oben oder auf mittlerer Höhe eingeräumt, und die billigste werdet ihr meist im untersten Regal finden. „Ein Artikel, der in Kniehöhe im Regal platziert ist und dort 30-mal verkauft wird, bringt es in Hüfthöhe auf 70 Verkäufe, in Augenhöhe aber auf 100!“, sagen die Verkaufsprofis.

Sondersupergünstigpackung

Manchmal werdet ihr auch mit einer ungewöhnlich großen Menge der gleichen Ware verlockt. Ein riesiger Stapel Kartoffelchips – am besten noch auf einer Packpalette mitten im Gang – sieht nach einem günstigen Großeinkauf des Anbieters aus. Ein Sonderangebot! Aber ähnlich wie beim sogenannten „Doppelpack“, der Familien- oder der Vorratspackung solltet ihr lieber kurz nachrechnen. Die 500g-Sondersupergünstigpackung ist oft kaum preiswerter oder sogar teurer als die normale Packung. Besser wären „Grundpreisangaben“ (z.B. Preis pro 100 g), denn diese sind vergleichbar. Genau deshalb findet man sie aber nur allzu oft nicht!

Quengelware an der Kasse

Damit das Einkaufen nicht zur Routine wird und ihr auch mal wieder neue Produkte entdeckt, wird regelmäßig umgeräumt. Plötzlich ist das Knäckebrot nicht mehr da, wo es monatelang gelegen hat, oder es versperren „Stopper“-Regale den gewohnten Weg zur Tiefkühltruhe.

„Quengelware“

Als eine moderne Form der Wegelagerei entpuppen sich Regale und Körbe im Kassenbereich. In der Regel steht man dort in der Warteschlange und greift ungehemmter und aus Langeweile nach Zeitschriften, Süßigkeiten und Alkohol. Eine besonders lukrative Zielgruppe sind dort auch Kinder, die ihren Eltern mit Geschrei und Tränen ein Überraschungsei abtrotzen. Man nennt diese Produkte auch Quengelware. Der Umsatz in der Kassenzone ist gut zehnmal höher als in anderen Bereichen des Lebensmittelgeschäfts.

CHECKED4YOU; Online-Jugendmaganzin der Verbraucherzentrale Nordrhein-Westfalen, www.checked4you.de (Zugriff am 27. 2. 2011)

1 Arbeitet heraus, welche „Einkaufsfallen“ im Supermarkt lauern (M1).

2 Erkundet in Kleingruppen einen Supermarkt im Hinblick auf die angeführten „Einkaufsfallen“.

3 Formuliert „Tricks“, wie ihr den Einkaufsfallen im Supermarkt entgehen könnt.

◂◂ **Methode Unterrichtsgang, S. 70**

4.8 Abo-Fallen im Internet

INFO

Diese Internetseite wurde mittlerweile aus dem Netz genommen.

◀◀ **Zeit am Computer – Wie die Zeit vergeht, S. 30/31**

M1 In der Abofalle

Es war einer dieser Nachmittage, an denen Bianca lieber durchs Internet klickte, als sich mit Geometrie oder dem Aufsatz über Bertolt Brecht zu plagen. Und dann poppte diese Seite mit dem verlockenden Angebot auf: „Anmelden und mehr als 3 000 Hausaufgaben downloaden.“ Name und Adresse waren schnell eingetippt, und schon hatte Bianca Zugriff auf die Daten von www.hausaufgaben-heute.com.

Der Ärger begann zwei Wochen später, als die Schülerin eine Rechnung über 168 Euro erhielt. Davon zahlbar sofort 84 Euro. Bianca ignorierte das Schreiben. Doch die nächsten Zahlungsaufforderungen folgten in kurzen Abständen – von Mal zu Mal drängender und rüder im Ton. Die vermeintlich kostenlose Schülerhilfe entpuppte sich als klassische Kostenfalle. Die 15-Jährige hatte die kleingedruckten Vertragsbedingungen nicht zu Ende gelesen und versäumt, sich noch am selben Tag per E-Mail wieder abzumelden. Nun hatte sie ein teures Zwei-Jahres-Abo an der Backe.

www.stern.de/wirtschaft/geld/taschengeld-jung-leichtsinnig-und-ueberschuldet-616737.html (Zugriff am 28. 3. 2011)

M2 Der Teufel steckt im Kleingedruckten

aus den „Allgemeinen Geschäftsbedingungen“ (AGB) von „www.hausaufgaben-heute.com“:

§ 6 Preise und Zahlungsbedingungen

1. Das Entgelt für die Nutzung der Dienstleistung beträgt sieben (7) Euro pro Monat inklusive der Mehrwertsteuer in der jeweiligen gesetzlichen Höhe.
2. Die Vertragslaufzeit beträgt 24 Monate („Laufzeit“).
3. Das vertraglich geschuldete Entgelt für die Nutzung der Dienstleistung wird dem Kunden jeweils für zwölf Monate im Voraus in Rechnung gestellt.
4. Der Rechnungsbetrag muss spätestens am siebten Tag nach Zugang der Rechnung auf dem in der Rechnung angegebenen Konto gutgeschrieben worden sein. Bei schuldhafter Verzögerung ist der Dienstleister berechtigt, den durch den Verzug verursachten Schaden vom Kunden ersetzt zu verlangen.

§ 7 Zahlungsverzug/Zurückbehaltungsrecht und Aufrechnung

2. Bei Zahlungsverzug ist der Gesamtbetrag für die Restlaufzeit des Vertrages sofort in voller Höhe fällig, sofern der Kunde den geschuldeten Betrag trotz einer weiteren Zahlungsaufforderung des Dienstleisters nicht leistet.

www.hausaufgaben-heute.com (Zugriff am 28. 3. 2011)

M3 Der Haken mit dem Haken

Die 18jährige Christiane dachte sich nichts dabei, als es hieß: „Bei Registrierung gibt es einen Klingelton gratis!" Na fein, das kann man ja mal mitnehmen, hinterher muss man ja nix mehr bestellen. Also Handynummer eingegeben und abgeschickt! Seltsamerweise wurden daraufhin aber jeden Monat 2,99 € von ihrem PrePaid-Guthaben abgezogen, obwohl sie gar keine weiteren Logos oder Klingeltöne mehr bestellt hatte. Sie versuchte, sich an die Firma zu wenden, was nach mehreren Versuchen dann auch endlich gelang. Schließlich teilte man ihr mit, sie habe bei ihrer Registrierung doch auch das Monatsabo mit geordert und könne daher jeden Monat sieben Klingeltöne für insgesamt 2,99 € herunterladen. Kündigung sei jeweils zum Monatsende möglich.

So richtig klar war ihr aber immer noch nicht, bei welcher Gelegenheit sie eigentlich ein Abo bestellt haben sollte. [...] Sie ging noch mal auf die Seite des Anbieters und klickte dort auf den Link zum Gratisangebot, und siehe da: Es gab bei genauerem Lesen tatsächlich eine Stelle, an der bereits ein Haken in dem kleinen Kästchen eingetragen war. Das sah dann ungefähr so aus:

☑ Ja, ich will bis zu 80% sparen und erhalte 7 Klingeltöne für insgesamt nur € 2,99 im wiederkehrenden Monatsabo.
☐ Nutzungsbedingungen gelesen und mit Ihrer Geltung einverstanden

Weiter

Irgendwie hatte sie sich über den Haken echt keine Gedanken gemacht. Schließlich gibt's solche Kästchen ja dauernd irgendwo beim Bestellen im Internet, wer soll das alles auch noch lesen? Ist doch genau wie mit den „AGB", wer zieht sich die schon wirklich rein? Jetzt ist sie allerdings neugierig, und als sie draufklickt, bleibt sie an der Stelle hängen, an der etwas von „ ... kommt mit dem Nutzer ein Abonnement-Vertrag zustande" steht.

www.checked4you.de (Zugriff am 28. 3. 2011)

M4 Niemand muss zahlen

Juristisch ist klar: Niemand muss zahlen, denn es liegt kein wirksamer Vertrag vor. Dutzende Gerichte haben so geurteilt. Daher ist es eigentlich unnötig, auf die Rechnung zu reagieren. Es gibt ja nichts Rechtsgültiges, dem zu widersprechen wäre. [...] Aber wer ganz sichergehen will, kann der Rechnung per Einschreiben mit Rückschein widersprechen. [...] Doch egal, ob der „Kunde" widerspricht oder nicht: Die Abzocker lassen nicht locker. Ihr geradezu bösartiges Mahnwesen verschickt ständig neue Schreiben, meist durch Inkassobüros[...]. Oft wird gedroht mit Strafanzeige, Schufa, Gerichtsvollzieher, Gehaltspfändung. Systematisch wird Druck aufgebaut, der Ton wird schärfer, die Inkassokosten teurer. Der beste Rat: Nerven behalten, ruhig bleiben. „In jedem Fall gilt: Nicht zahlen!", rät das Bundesjustizministerium auf *www.bmj.bund.de/Abofallen*. Meist kommen sechs, sieben böse Briefe, dann nichts mehr. Die Opfer vor Gericht zu ziehen, davor hüten sich die Gauner. Wenn es zu Verfahren kommt, sind es meist Verbraucherzentralen oder die Betroffenen selbst, die den Prozess anstrengen. Die Abzocker ziehen dabei den Kürzeren.

aus: Stiftung Warentest: test11/2010, S. 12f., www.test.de (Zugriff am 28. 3. 2011)

INTERNET

www.bmj.bund.de/Abofallen

Kinder und Jugendliche haben Rechte – und Pflichten!, S. 122

INFO

SCHUFA: Wirtschaftsauskunftei, deren Geschäftszweck es ist, ihre Vertragspartner vor Kreditausfällen zu schützen

1 Arbeitet die Abo-Fallen im Internet heraus (M1 bis M3).

2 Erklärt mit eigenen Worten, was die „Allgemeinen Geschäftsbedingungen" sind und welche Bedeutung sie haben (M2).

3 Formuliert Tipps, wie ihr Abo-Fallen im Internet entgehen könnt.

METHODE

Richtiges Suchen im Internet

INTERNET

www.yahoo.de
www.allesklar.de
www.google.de
www.msn.de
www.metager.de
www.metacrawler.de

umweltfreundliche Suchmaschinen, S. 242

GLOSSAR

Internet

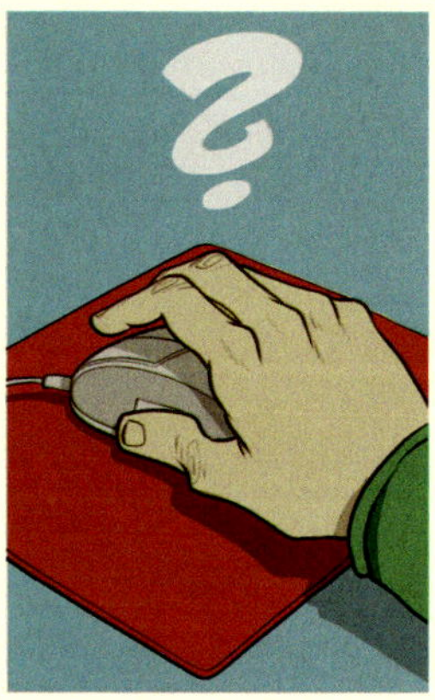

Viele kennen eigentlich nur *eine* Suchmaschine, aber man sollte wissen, dass es noch diverse andere gibt. Vor allem, weil die verschiedenen Suchmaschinen verschiedene Eigenschaften haben. Manche, wie z. B. *Yahoo* oder *allesklar.de*, sammeln ihre Seiten nicht, indem sie automatisiert das Netz nach Volltext-, Titel- und sonstigen Stichworten durchkämmen (wie es *google* oder *msn* tun), sondern sie haben Katalogverzeichnisse, die redaktionell betreut werden. Deshalb gibt es dort auch Rubriken, in denen man suchen kann.
Metasuchmaschinen aktivieren gleich mehrere andere Suchmaschinen, wenn man ein Suchwort eingibt, ein Beispiel dafür ist *metager.de* oder *metacrawler.de*. Außerdem gibt es „Suchdienste", thematisch ausgerichtete Suchmaschinen, die sich auf bestimmte Themengebiete wie z. B. Freeware-, Städte- oder Jobverzeichnisse spezialisiert haben.

Praktische Suchtipps

In ein Suchfeld kann man mehr eingeben als nur ein einzelnes Schlagwort. Bei der Eingabe mehrerer Begriffe kann man ab dem zweiten Begriff ein „+" (ohne Leerzeichen) vor jedes Wort setzen, um sicherzugehen, dass nur Ergebnisse mit allen eingegebenen Wörtern angezeigt werden. Genauso kann man auch Begriffe ausschließen, und zwar mit einem Minuszeichen vor dem Schlagwort, das nicht berücksichtigt werden soll.
Möchte man, dass die Suchwörter auf jeden Fall in der angegebenen Reihenfolge und als zusammenhängender Satz in den Ergebnissen vorkommen, setzt man Anführungszeichen – andernfalls wird alles angezeigt, was an irgendeiner Stelle der jeweiligen Internetseite die Schlagwörter enthält. Der Zusatz „NEAR" (mit Leerzeichen zwischen den Schlagwörtern) führt zu ähnlichen Resultaten, allerdings dürfen die Wörter nicht zu weit auseinanderliegen.
Als Platzhalter kann man das Sternchen verwenden – allerdings erweitert es eine Suche eher, als dass es sie eingrenzt. Sucht man z. B. mehrere Arten von „Abzocke", kann man auch „*abzocke" eingeben, um verschiedene Wortkombinationen wie Handyabzocke, Konto-, Jugend- oder Internetabzocke usw. zu bekommen. Außerdem hilft es, wenn ein Wort wie zum Beispiel Delfin (Delphin) verschiedene Schreibweisen hat. Man kann dann Del*in eingeben.

Ein Recherche-Beispiel:

Bleiben wir bei der „Abzocke" – die Eingabe dieses Wortes bringt uns bei Google über drei Millionen Treffer. Wir nehmen an, wir suchen nur Seiten, die sich mit betrügerischen Hausaufgabenseiten im Internet befassen, also fügen wir hinzu: „+hausaufgabenseiten". Trefferzahl: ca. 470! Um nun auch die vielfach vorkommende Handyabzocke noch auszuschließen, geben wir „-handy" ein. Übrig bleiben um die 150 Treffer, deren Überprüfung sich lohnen könnte. Auch wenn nicht alle diese Treffer hilfreich sein werden, zeigt dieses Beispiel, wie stark solche zusätzlichen Angaben das Ergebnis verändern. Die gesamte Eingabe sähe so aus: „abzocke +hausaufgabenseiten -handy".
Bei der Recherche von fundierten Informationen sollte man nie nur einer Maschine vertrauen, sondern immer bei mehreren suchen. Stets genau auf die Quelle und aufs Datum der Veröffentlichung achten. Da im Netz jedermann etwas schreiben kann, sollte man die Ergebnisse inhaltlich gut prüfen und nicht einfach übernehmen. Skepsis bzw. eine kritische Haltung sind also eine gute Grundvoraussetzung fürs Suchen, Finden und Weiterdenken.

Nach: www.checked4you.de/UNIQ129819608404990/suchmaschinen (Zugriff am 28. 2. 2011)

1 Wählt in der Klasse Suchbegriffe aus und führt Internetrecherchen entsprechend der im Text genannten Suchtipps durch.

4.9 Schulen im Visier der Werbebranche

M 1

Zeichnung: Nik Ebert

M 2

Werbung und Sponsoring in der Schule

Marketing im Schulgebäude oder auf dem Pausenhof wird bei den Unternehmen immer beliebter. Die Branche wächst, denn nur in der Schule sind alle Kinder und Jugendlichen einer bestimmten Altersgruppe zu finden. Schulleiter, Lehrer und Eltern stehen dem zunehmenden Werbedruck auf die Schulen kritisch gegenüber. Doch oft reichen die staatlichen Schuletats nur für das Nötigste. [...] Deshalb kooperieren immer mehr Schulen mit Firmen. Vom Schulsponsoring versprechen sich die Firmen in erster Linie einen Imagegewinn. Je dezenter ein Unternehmen dabei auftritt, desto offener sind Lehrer, Schüler und Eltern. Doch der Übergang vom Sponsoring zur Werbung ist fließend. [...] Dabei ist kommerzielle Produktwerbung in den meisten Bundesländern verboten. Als Vermittler zwischen Firmen und Schulen bieten sich sogenannte Schulmarketing-Agenturen an. Doch nur wenige stellen von Anfang an klar: Reine Konsumwerbung hat in Schulen nichts verloren. Die Agenturen planen zielgruppengerechte Events für Abi-Partys oder Funsportparcours, die Schüler im Rahmen eines Ausflugs besuchen können. Ebenfalls beliebt: Collegeblöcke und Hausaufgabenhefte mit Firmenlogo. Die Schüler bekommen das Material kostenlos.

Grundsätzlich befürworten auch offizielle Stellen das Schulsponsoring. Es gebe [...] viele Beispiele für eine gelungene Zusammenarbeit von Schulen und Firmen. Dies sei immer dann der Fall, wenn Schüler und Lehrer nicht absichtlich beeinflusst werden, ein Produkt zu kaufen, und der Sponsor als einzige Gegenleistung für seine Hilfe einen Imagegewinn verbucht. In zwei Fällen allerdings haben Gerichte vermeintliche Schulsponsoring-Aktionen gestoppt. Die Firma Kellogg's hatte 2003 zu einer Sammelaktion aufgerufen. Bei jedem Kauf einer Packung Frühstücksflocken gab es Taler, die in Schulsportgeräte eingetauscht werden konnten. Die Verbraucherzentrale klagte gegen die Kampagne und bekam 2007 Recht. Auch der Keks-Hersteller Bahlsen musste seine Aktion „Punkte sammeln für die Klassenfahrt" einstellen.

Silke Uebelstädt, Kinder im Visier der Werbebranche; Werbung und Sponsoring in der Schule; www.wdr.de/tv/quarks/sendungsbeitraege (Zugriff am 28. 2. 2011)

GLOSSAR
Werbung

1 Beschreibt die Schule auf dem Bild und gebt eure Gedanken dazu wieder (M 1).
2 Arbeitet anhand von M2 die unterschiedlichen Interessen von Schulen und Unternehmen bei der Werbung und beim Sponsoring in der Schule heraus.
3 Diskutiert, ob eure Schule Werbung und/oder Schulsponsoring zulassen sollte.

4.10 Jugendliche im Visier der Werbung

Werbung ist ein Teil unserer Wirtschaft, die mehr produziert, als wir brauchen oder wünschen. Entsprechend müssen Unternehmen sich etwas einfallen lassen, um trotzdem noch Konsumenten für ihre Produkte zu gewinnen. Für Werbung gaben die Unternehmen nach Angabe des Zentralverbands der deutschen Werbewirtschaft im Jahr 2009 28,84 Mrd. Euro aus. Jugendliche sind dabei aufgrund ihrer Kaufkraft und ihres Einflusses auf das Kaufverhalten der Eltern eine wichtige Zielgruppe.

M1 Wie entsteht Werbung für Jugendliche?

GLOSSAR
Werbung

Ein Unternehmen denkt sich seine Werbung entweder selbst aus, oder es beauftragt eine Werbeagentur. [...] Nehmen wir als Beispiel ein Gesichtswaschgel, mit dem man Pickel loswerden soll – ein typisches Produkt für Jugendliche [...]. Die Werbeagentur bekommt die Aufgabe, den neuen Gesichtsreiniger bei Jugendlichen bekannt zu machen. [...]
Zuerst erforscht die Werbeagentur alles, was für den Erfolg des Gesichtsreinigers wichtig ist. Man sagt, sie macht eine Analyse des Marktes. Das bedeutet, dass man sich anschaut, wer alles Gesichtsreiniger benutzt und warum. Man untersucht genau, wie die Gesichtsreiniger, die es schon gibt, beworben werden. Das ist wichtig, um eine neue Werbestrategie zu erfinden, die anders ist und deshalb neben anderen Werbungen auffällt.
Dann nimmt die Werbeagentur das neue Produkt unter die Lupe: Was sind die besonderen Merkmale des Gesichtsreinigers, wie lautet sein Name, wie sieht seine Verpackung aus, was ist drin? Man überlegt sich, was das neue Produkt seinen Käufern versprechen soll, z. B. „Reine Haut in nur zwei Wochen!"
Die Werbung nimmt jetzt [...] ihr Ziel ins Auge: Der neue Gesichtsreiniger soll bei Jugendlichen bekannt und beliebt gemacht werden. Der Gesichtsreiniger muss sich also so präsentieren, dass Jugendliche ihn spannend finden und überzeugt sind, dass er ihnen bei Pickelproblemen hilft. Dass der Gesichtsreiniger wirkt, ist nur eines seiner Merkmale, denn schließlich behaupten das die Konkurrenzprodukte von sich auch.
Deshalb denken sich Werber etwas Zusätzliches aus, um die Aufmerksamkeit von Jugendlichen zu gewinnen. Sie erfinden einen „Consumer Benefit", einen „ausgedachten" Nutzen für das neue Produkt. So ein Nutzen kann z. B. sein, dass der neue Gesichtsreiniger die Haut so zart macht, dass andere sie streicheln und küssen wollen. Die Werbung plant, das neue Produkt so in Szene zu setzen, dass es ein Image bekommt, mit dem es ein gutes Gefühl in uns auslöst. Hiernach wird die Botschaft bestimmt, die dann z. B. lautet: „Seit ich Gesichtsreiniger X benutze, fliegen die Jungs/Mädels auf mich!"
Dann legt die Werbung fest, wie viele und welche Jugendlichen sie ansprechen will. Sie

Anzeige aus der BRAVO

schaut sich die Medien an, die Jugendliche am häufigsten nutzen, und plant, überall dort Werbung für den Gesichtsreiniger zu machen.[...] Je mehr Werbung für ein Produkt uns an verschiedenen Orten begegnet, desto schneller lernen wir es kennen und finden es im Laden wieder.

Weil uns zuviel direkte Werbung, z. B. zwischen unserer Lieblingssendung, auf die Nerven geht, sucht sich die Werbung manchmal unauffälligere Wege. Oft versteckt Werbung sich, damit wir sie nicht sofort erkennen und z. B. in einer Zeitschrift weiterblättern. [...] Überall, wo Markennamen auftreten, steckt Werbung dahinter – in einem Magazin gibt es z. B. oft Artikel, auf denen ganz klein am Seitenkopf „Anzeige" steht. Das, was uns am Ende als Werbebilder und -botschaften auf Plakaten, in Zeitschriften usw. begegnet, bezeichnen die Werber als „Kreation". Diese entsteht nicht einfach so, sondern [sie] wird genau abgestimmt mit dem, was in der Forschung herausgefunden und was in der Planung beschlossen wurde. Für unser Beispiel Gesichtsreiniger wurde z. B. die Idee entwickelt, man bekäme mit diesem so zarte Haut, dass man sich vor Verehrern bzw. Verehrerinnen nicht mehr retten könne. Die Kreation denkt sich zu dieser Idee eine Geschichte aus, die von Jugendlichen erzählt, die mit dem neuen Gesichtsreiniger auf einmal ganz viel Spaß in ihrem Leben haben. Dabei muss das Produkt zu erkennen sein und mit einer klaren Botschaft verbunden werden. Die Aussage, die neben der Marke in der Werbung auftaucht, nennen die Werber „Claim". Damit wir die Werbung wiedererkennen und uns merken, erzählt sie ihre Geschichte mit der einen Botschaft an verschiedenen Orten auf verschiedene Weise: in einem Werbespot für Fernsehen oder Kino, auf einem unbewegten Bild, z. B. einem Plakat, in einer Anzeige einer Zeitschrift oder auf einer Ganzbemalung auf Bahnen oder Bussen. Auch im Radio wird die Geschichte in Sprache, Geräuschen und Musik (Jingle) erzählt. Im Internet tauchen Bilder und Sprüche aus der Werbung als Banner oder Pop-ups auf. Manchmal sendet die Werbung Botschaften auf unser Handy, als E-Mail (Spam) oder als Brief zu uns nach Hause (Direct Mail).

Online-Kurs „ABC der Jugendwerbung", erstellt im Auftrag der Verbraucherzentrale Bundesverband e. V. www.unterrichtshilfe-finanzkompetenz.de/lehrer/abc-jugendwerbung.pdf (Zugriff am 28. 2. 2011)

M 2 „... und vergesst nicht ..."

KINDGERECHTE FERNSEHWERBUNG

1 Arbeitet heraus, wie Werbung für Jugendliche entsteht und mit welchen Mitteln und auf welchen Wegen Werbung die Jugendlichen erreichen soll (M 1).

2 Analysiert die abgebildete Werbeanzeige auf S. 110:
- Welche Firma hat die Anzeige geschaltet?
- Welches Produkt wird beworben?
- Welche Sachinformationen enthält die Anzeige?
- Welche Versprechungen werden gemacht?
- Welcher Bezug besteht zwischen Überschrift und Text?
- Welche Wünsche und Erwartungen werden geweckt?

3 Gestaltet Werbeanzeigen und -kampagnen für ein neues (Fantasie-)Produkt, das sich an die Zielgruppe Jugend wendet.

4 Interpretiert den Cartoon M2.

4.11 „test" – eine Hilfe für Verbraucher

Die Stiftung Warentest wurde von der Bundesregierung gegründet. Sie soll die Öffentlichkeit neutral über die Qualität von Waren und Dienstleistungen informieren.
Dazu führt die Stiftung vergleichende Tests durch.
Die Ergebnisse werden in der Zeitschrift „test" veröffentlicht. Um die Unabhängigkeit von den Herstellern zu wahren, gibt es in der Zeitschrift keine Werbung. Die Testgegenstände werden in normalen Geschäften eingekauft und auch ganz normal bezahlt.

Tipp: Unter www.test.de gibt es kostenlose Meldungen und Kurzfassungen ausgewählter Tests. Alle Testergebnisse der Zeitschrift „test" seit Januar 2000 sind hier zu finden.

INTERNET
www.stiftung-warentest.de

Beispiel: Testbericht Inlineskates

AUSGEWÄHLT » GEPRÜFT » BEWERTET

Im Test: 13 Paar Inlineskates für Fitness und Freizeit, mit 4 Rollen, Durchmesser 80 bis 90 mm. Davon zwei Modelle mit identischem Schuh, aber erhältlich mit 84 oder 90 mm großen Rollen. Ein Modell mit längenverstellbarer Schiene. Bis auf ein Produkt gibt es alle Skates als Damen- oder Herrenmodell. Vom Hersteller Salomon war bis zum Testbeginn kein aktuelles Modell erhältlich, weshalb ein Damenskate aus dem Vorjahr im Test berücksichtigt wurde. Zusätzlich im Schnelltest mit reduziertem Prüfumfang: 2 Inlineskates als Aktionsware bei Discountern (Aldi und Plus).
Einkauf der Prüfmuster: Januar und März 2006.

Härtetest im Labor: Ein Inlineskate auf der Umlaufbahn über Betonplatten mit Fugen.

PREISE
Anbieterbefragung im Februar/März 2006 .

ABWERTUNGEN
War die Haltbarkeit von Schuh und Rollen im Praxistest „befriedigend", konnte das Gruppenurteil Haltbarkeit höchstens eine halbe Note besser sein.

LAUFEIGENSCHAFTEN: 60 %
Vier geübte Skaterinnen fuhren die Damen- und vier Skater die Herrenmodelle. Zu den Läufern gehörten ein Eis- und Inlinehockeyspieler sowie ein erfahrener Inline-Trainer. Die Teststrecke führte über feinen und rauen Asphalt, Betonplatten mit Fugen sowie verkehrsübliche Bordsteine und Hindernisse. Tester und Testerinnen fuhren jedes Modell mindestens dreimal und beurteilten die Fahreigenschaften: **Kurven, Ausweichen** und **Übersetzen, Fahren auf Asphalt, Fahren über Unebenheiten, Bremsen** sowie den **Tragekomfort** (dazu gehörten u. a. Passform, seitlicher Halt, Beweglichkeit nach vorn, Fußklima) und die **Dämpfung**. Die **Rollgeschwindigkeit** wurde mit eingefahrenen Skates bestimmt: Zwei Frauen und zwei Männer rollten eine abschüssige Asphaltstrecke mehrfach hinab. Am Ende der Strecke wurde die Geschwindigkeit mit Lichtschranke gemessen. Zum Urteil **Bremsen** gehören neben der Bewertung durch die Skater ebenfalls Messungen. Die Bremswege beim Einsatz der Fersenbremse wurden bestimmt unter Berücksichtigung der tatsächlichen Anfahrtgeschwindigkeit.

HANDHABUNG: 20 %
Die acht Tester prüften und bewerteten **Anziehen, Schnüren** und **Anpassen** der Schuhe an den Fuß. Zwei Skater führten das **Rollenwechseln** und den **Austausch der Stopper** mit dem jeweils mitgelieferten Werkzeug durch. Außerdem wurden die **Gebrauchsanleitungen** nach Lesbarkeit, Verständlichkeit und der europäischen Norm für Inlineskates (DIN EN 13843) bewertet.

HALTBARKEIT: 20 %
Die Skates wurden in Anlehnung an die DIN EN 13843 mit einer Aufprallprüfung sowie Schlagversuchen auf vordere Rolle und Bremse geprüft. Ferner liefen die Skates im Dauertest, belastet mit 60 kg in einer Kreisbahn über Betonplatten mit Fugen. Alle geprüften Modelle erwiesen sich als stabil. Die von den Testern gefahrenen Skates wurden auf Schäden an Schuh und Rollen nach dem **Praxistest** untersucht. Der **Stopperverschleiß** wurde anhand des Abriebs der Bremsbeläge durch die Bremsversuche ermittelt.

6

test

Freizeit + Verkehr

Ab 150 Euro vorn dabei

Inlineskates Millionen in Deutschland fahren auf die schnellen Rollen ab. Wir haben Damen- und Herrenmodelle für Fitness und Freizeit getestet. Die Sieger kommen von Fila und K2.

Über zehn Millionen Menschen haben die Rollenschuhe im Schrank, vorsichtig geschätzt. Inlineskating ist zu einer Massenbewegung geworden, deren größeren Teil Frauen stellen. Die Hersteller haben dem jetzt Rechnung getragen: Boten sie die meisten Schuhe früher als Unisexmodelle an, gibt es heute Damen- und Herrenschuhe für die Gemeinde fein säuberlich getrennt. 1

Wir haben Herren- und Damenmodelle des gleichen Produkts geprüft, nur Head 90 T 2 ist unisex. Ergebnis: Die Unterschiede sind bei Optik und Aufbau nicht unerheblich, aber in den Laufeigenschaften so klein und fein, dass sie kaum ins Gewicht fallen. Brauchen Frauen tatsächlich andere Schuhe als Männer – bislang ging es doch auch unisex? Abgesehen vom Design und der Farbgebung sprechen auch Unterschiede in der Anatomie des Fußes für zweierlei Paar Schuhe. Ursache ist der bei Frauen meist etwas tiefere Wadenansatz, der schmalere Leisten (Fußbreite) und die oft verkürzte Achillessehne.

Probleme mit Skates für Frauen

Um dem Frauenfuß gerecht zu werden, gehen die Hersteller verschiedene Wege. Teilweise verwenden sie etwas kürzere Schäfte oder spreizen sie im Wadenbereich aus. Wird dann jedoch die übliche Schaftversteifung verwendet, kann es zu Druckstellen am Schuhrand kommen. Andere Hersteller bieten einen weicheren Schuhabschluss, der sich besser an die Wadenform anpasst. Unsere Testfahrten haben gezeigt, dass es kaum Grund für Beanstandungen gab, nur in Einzelfällen klagten die Frauen über Druckstellen – besonders beim Streetfighter Pro 1400. 2

Inlineskaten ist keine ganz billige Sache – vor allem dann nicht, wenn ganze Familien auf die Piste gehen wollen. Die Mehrzahl der für „gut" befundenen Modelle des Testfelds kostet zwischen 150 und 200 Euro. Für weniger als 100 Euro präsentiert sich im Test nur ein „guter" Schuh: Hudora RX 23. Aber immerhin bestätigte sich auch jetzt der Trend der zurückliegenden Tests: Die zu billigeren Preisen angebotenen Modelle hinken in der Qualität nicht mehr in jedem Fall hinterher.

Die geprüften Inlineskates rollen auf relativ hohem Niveau aus der Fabrikation. Richtige Versager im Test gab es nicht. Nur zwei Modelle (Streetfighter Pro 1400 und Head 90 T 2) mussten sich mit dem test-Qualitätsurteil „befriedigend" abfinden.

Neben dem Preis bekommen deshalb die Details ein größeres Gewicht. Bei vergleichbarer Qualität könnte beispielsweise die Schnürung den Ausschlag für die Kaufentscheidung geben. So haben vier Schuhe kein klassisches Schnürsystem zum Binden: Man zieht kräftig mit einer Hand an einer Schnur und schon ist der Schuh festgezurrt (K2 Athena/Exo, Rollerblade Activa/Crossfire und Rollerblade Wing 4/Astro 4). Aber nicht jedem gefällt das: Manche unserer Testfahrer und -fahrerinnen waren begeistert, anderen war die Schnellschnürung schnuppe. Auch das Festzurrsystem mit Drehknopf (Rollerblade Wing 6 und Astro 6) erfreute sich unterschiedlicher Wertschätzung – also ausprobieren.

Den Stopper, das skateeigene Bremssystem, oder auch die Rollen auszutauschen, ging nicht immer gleich gut. Wer viel unterwegs ist, sollte einen geschärften Blick in die entsprechenden Tabellenzeilen werfen. Ärgerlich ist es, wenn der Bremsgummi nur so dahinschmilzt und früh ersetzt werden muss, wie beim Streetfighter Pro 1400. Aber auch Head 90 T2 und K2 VO2 Max radierten sich relativ schnell weg.

Die Rollenfrage

Wichtig ist die Rollenfrage: Sollen sie größer oder kleiner, härter oder weicher sein? Im Prinzip beschleunigt man mit kleineren Rollen besser und sie bringen auch mehr Wendigkeit, während größere bei der Geschwindigkeit punkten und sich auf langen Strecken leichter fahren. 5

Wie sich das Fahrverhalten ändern kann, je nachdem ob mit kleineren oder größeren Rollen geskatet wird, ist sehr gut am Fila Night Hawk CS zu sehen, den wir mit 90er und mit den kleineren 84er gefahren sind. In beiden Varianten gehört der Night Hawk zu den Besten des Vergleichs. Mit den kleineren 84er Rollen ist er aber noch einen Tick wendiger. Dafür kommt der mit den größeren Rollen auf mehr Speed. Die Unterschiede sind aber nicht sehr groß, und wirklich klein sind 84-Millimeter-Rollen auch nicht – schließlich waren früher Rollendurchmesser von 76 Millimetern die Regel.

Einsteiger werden sich wohl eher für Skates mit kleineren Rollen entscheiden. Sie schenken am Anfang der Fahrtechnik mehr Augenmerk als der Geschwindigkeit. Fortgeschrittene dagegen sind reif für mehr Speed und größere Rollen. Doch nicht jeder Skate mit 90er Rollen bietet die erhoffte höhere Geschwindigkeit, wie Head 90 T 2 im Test bewies. Überhaupt zeigten sich viele mit kleineren Rollen den größeren beim Tempo ebenbürtig. Es kommt eben nicht nur auf die Größe, sondern auf die gelungene Kombination von Rollen, Lagern und Achsen an.

Neben weiteren Faktoren beeinflusst auch die Härte der Rollen das Fahrverhalten, so bei der Dämpfung und dem Überwinden von Unebenheiten, wie Betonfugen oder Gullydeckeln. Eine Rolle mit der Bezeichnung 78 A (Werkstoffkennwert für Elastomere und Kunststoffe) ist weicher als eine 80 A – je höher die Zahl, desto härter die Rolle. Vereinfacht lässt sich sagen, härtere Rollen bringen höhere Geschwindigkeiten, aber die Haftung ist geringer. Glatte Bahnen und Feuchtigkeit können problematisch werden. Im Test hatten wir Härten von 78 A bis 84 A (*siehe Tabelle*).

Von der Straßenverkehrsordnung werden Skater stiefmütterlich behandelt: Sie dürfen nicht auf die Fahrbahn, aber auch der Radweg ist tabu. Man zählt sie zu den „besonderen Fortbewegungsmitteln" wie Rollstühle oder Kinderwagen und sie unterliegen den Regeln für Fußgänger *(siehe S. 87)*. Im wirklichen Leben schweben sie aber in ständiger Gefahr, mit Autos oder Fußgängern zu kollidieren. Skater besorgen sich deshalb am besten mit den Schuhen auch gleich eine private Haftpflichtversicherung (*siehe dazu auch die Aprilausgabe von FINANZtest*). ▶

test UNSER RAT 3

Wenn Sie großen Wert auf Wendigkeit legen, können wir den **Fila Night Hawk CS** mit den 84-mm-Rollen für 150 Euro empfehlen. Nur beim Bremsen zeigt er leichte Schwächen. Spitze beim Laufen: **K2 VO2** und **K2 VO2 Max** (180 und 200 Euro). Mit 89 Euro ist der noch „gute" **Hudora RX 23** eine preiswerte, aber qualitativ einfachere Alternative. Der Preisbrecher: **Streetfighter Pro 1400** kostet nur 65 Euro und fährt sich noch gut. Für den günstigen Preis müssen aber Kompromisse in Handhabung und Haltbarkeit in Kauf genommen werden.

TIPPS 4

EINKAUFEN Später am Tag mit belasteten, geschwollenen Füßen. Rollerblade-Modelle fallen meist etwas klein aus. Im Zweifel lieber eine Nummer größer wählen. Zur Anprobe dünne Socken um Druckstellen aufzuspüren.

KEIN SPIEL Ein Fußbett gehört in jeden Schuh. Die Ferse muss fest sitzen und darf kein Spiel haben. Auf Fahrversuch bestehen. Beim Bremsen darauf achten, dass Bremswinkel angenehm ist.

PROTEKTOREN An Schutzkleidung denken: Helm, Knie-, Ellenbogen- und Handgelenkschützer sind Pflicht. Leichte Dehnungsübungen vor dem Start verringern das Verletzungsrisiko.

REFLEKTOREN Helle, auffällige Kleidung sowie Reflektionsflächen an Skates, Helm und Protektoren machen früh erkennbar und schützen so vor Kollisionen.

Größenvergleich: 80er, 84er und 90er Rollen (von oben nach unten).

Moderate Standhöhe trotz 90er Rollen: K 2 Max. Rechts Rollerblade Activa.

82 test 5/2006

5/2006 test 83

Legende zum Testbericht

1. Beschreibung der Marktsituation bei Inlineskates und zusammenfassender Bericht.
2. Bericht über besondere Probleme, die richtigen Skates für Frauen zu finden.
3. Bei jedem Testbericht gibt es die Spalte „Unser Rat“. Hier werden Aussagen zum Preis-Leistungs-Verhältnis der getesteten Waren gemacht.
4. In der Spalte „Tipps“ werden Gesichtspunkte genannt, die man beim Kauf beachten sollte.
5. Bericht über die Wahl der richtigen Skaterrollen.
6. Bei jedem Testbericht gibt es die Spalte „Ausgewählt – Geprüft – Bewertet“. Hier werden die Testkriterien und -methoden beschrieben; außerdem wird erklärt, welche Rolle jedes Teilergebnis beim zusammenfassenden „test“-Qualitätsurteil spielte.
7. Jedes getestete Produkt ist abgebildet. Darunter stehen das zusammenfassende Qualitätsurteil als Note und eine Kurzbeschreibung.
8. In einer Tabelle sind alle Gesichtspunkte des Tests aufgelistet. Bei jedem Gerät ist durch Symbole angegeben, wie es jeweils abgeschnitten hat.

❶ **Fila CS (mit 84er Rollen), 150 Euro**

GUT (2,0)

Der wendigste Skate des Tests, aber weniger schnell als das bis auf die Rollen gleiche Fila-Modell (rechts). Zwei bewegliche Rollenpaare. Steckt Unebenheiten am besten weg.

❷ **Fila CS (mit 90er Rollen), 150 Euro**

GUT (2,0)

Rundum guter Skate mit 90er Rollen. In der Geschwindigkeit Spitze, aber trotz der beiden beweglichen Rollenpaare nicht so wendig wie Fila Night Hawk mit 84er Rollen.

❸ **K2 VO2, 180 Euro**

GUT (2,0)

Sauber verarbeiteter Skate mit durchweg guten Eigenschaften in allen Prüfpunkten. Spitzenwerte in der Handhabung. Praktisch: der T-Schlüssel für den Rollenwechsel.

test Inlineskates für Damen und Herren

8	Gewichtung	① Fila Night Hawk CS mit 84er Rollen	② Fila Night Hawk CS mit 90er Rollen 14)	③ K2 VO2	④ K2 VO2 Max	⑤ K2	⑥ Fila Helix Wave
Damenmodell (Abbildung im Vordergrund)		Lady 010606065	Lady 010696023	Woman 306009	Woman 306011	Athena 6.1	Lady 010606
Herrenmodell (Abbildung im Hintergrund)		Man 010606060	Man 010696022	Man 306008	Man 306012	Exo 6.1	Man 010606
Rollendurchmesser in mm / Rollenhärte		84 / 83 A	90 / 83 A	84 / 83 A	90 / 83 A	80 + 84 9) / 80 A	80 / 82 A
Mittlerer Preis in Euro ca.		150	150	180	200	150	100
Preis für einen Satz Rollen mit Lager in Euro ca.		50,00	60,00	28,00	35,00	25,00	35,00
Preis für zwei Stopper in Euro ca.		9,90	9,90	10,00	10,00	10,00	9,90
test-QUALITÄTSURTEIL	100 %	GUT (2,0)	GUT (2,0)	GUT (2,0)	GUT (2,1)	GUT (2,1)	GUT (2,2)
LAUFEIGENSCHAFTEN	60 %	gut (2,0)	gut (2,0)	gut (1,9)	gut (1,9)	gut (2,2)	gut (2,1)
Kurven, Ausweichen und Übersetzen		++	+	+	+	+	+
Fahren auf Asphalt		++	++	++	+	+	+
Fahren über Unebenheiten		++	+	+	+	+	+
Rollgeschwindigkeit		+	++	+	+	○	+
Bremsen		○	○	+	+	+	○
Tragekomfort		+	+	+	+	+	+
Dämpfung		+	+	+	+	+	+
HANDHABUNG	20 %	gut (2,2)	gut (2,2)	gut (1,9)	gut (1,9)	gut (1,9)	befried. (2,6
Schuh anziehen, schnüren und anpassen		+	+	+	+	+	○
Rollen wechseln		+	+	++	++	+	○
Stopper austauschen		+	+	++	++	++	+
Gebrauchsanleitung		+	+	++	++	++	+
HALTBARKEIT	20 %	gut (1,8)	gut (1,8)	gut (2,2)	befried. (2,7)	gut (2,0)	gut (1,8)
Schuh und Rollen im Praxistest		+	+	+	+	+	+
Stopperverschleiß		++	++	+	○	+	++
AUSSTATTUNG / TECHNISCHE MERKMALE							
Schnürsystem		Klassisch	Klassisch	Klassisch	Klassisch	Zugsystem mittig auf der Lasche	Klassisch
Klettverschluss / Schnalle / Ratsche an der Schnalle		■/■/□	■/■/□	■/■/□	■/■/□	■/■/□	■/■/□
Lagerklasse		ABEC 7	ABEC 7	ILQ 9	ILQ 9	ILQ 7	ABEC 5
Material Schiene		Kunststoff	Kunststoff	Alu / Titanium	Alu / Titanium	Aluminium	Aluminium
Schienenlänge / Gesamtlänge in mm 15)		278 / 419	278 /422	275 /412	275 /416	266 / 398	264 /405
Standhöhe in mm / Gewicht pro Paar in g 15)		135 /3 560	138 /3 790	112 /3 160	117 /3 220	110 /3 140	125 /3 230
Lieferbare Damengrößen		37–42,5	37–42,5	35–42	35–42	35–42	37–42,5
Lieferbare Herrengrößen		39–48	39–48	38–49	38–49	38–49	39–48
Besondere Details		1 Inbusschlüssel, Ersatzachse, Spacer einteilig, Rollen bis 90 mm einsetzbar. Schiene: Compound.	1 Inbusschlüssel, Ersatzachse, Spacer (Distanzstück für Lager) einteilig. Schiene: Compound.	T-Schlüssel Kombiwerkzeug, Spacer einteilig, umrüstbar bis 90 mm. Damen: weiße Rollen 10)	T-Schlüssel Kombiwerkzeug, Spacer einteilig. Damen: weiße Rollen. 10)	Achsen höhenverstellbar, T-Schlüssel, Kombiwerkzeug, Spacer einteilig. Damen: weiße Rollen. 10)	2 Inbusschlüss Ersatzachse, Spacer dreiteilig

Bewertungsschlüssel der Prüfergebnisse:
++ = Sehr gut (0,5–1,5). + = Gut (1,6–2,5). ○ = Befriedigend (2,6–3,5). ⊖ = Ausreichend (3,6–4,5). — = Mangelhaft (4,6–5,5).

Bei gleichem Qualitätsurteil Reihenfolge nach Alphabet.
■ = Ja.
□ = Nein.

***) Führt zur Abwertung** (siehe „Ausgewählt ...“ auf Seite 86).

1) Schiene um 2,3 cm auf 30 cm verlängerbar. 2 … systems abgebrochen. **3)** Damengröße 38: 76 … 82 A, Herrengröße 42–46: 82 mm/ 78 A, ab Gr… 84- mm-Rollen umrüstbar. .**4)** Fixierhaken abge… Anbieter 78 mm. **6)** Nähte und Verklebung am

84 test 5/2006

1 Das Beispiel zeigt einen typischen Testbericht. Notiert zu einigen der acht Teile des Testberichts, auf welche Weise sie jeweils für einen Käufer nützlich sein können.

2 Welche Gesichtspunkte haben bei diesem Test eine Rolle gespielt? Welcher war den Prüfern am wichtigsten?

3 Welche der drei Inlineskates würdet ihr kaufen? Begründet eure Auswahl mit den Testergebnissen.

4 Besorgt euch einige Hefte der Zeitschrift „test“ und informiert euch über die durchgeführten Tests.

METHODE

Durchführung eines Warentests

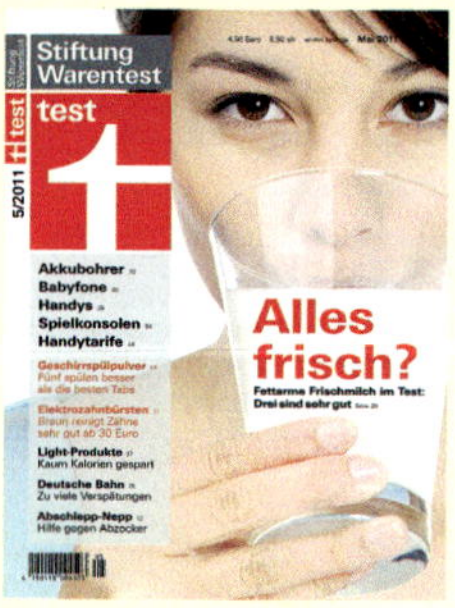

INFO

Teilnahme am Wettbewerb „Jugend testet" der Stiftung Warentest; nähere Informationen unter: www.jugend-testet.de

Wie die Stiftung Warentest arbeitet

Jeder Test beginnt mit der Festlegung des Untersuchungsthemas. [...] Damit die Auswahl der zu prüfenden Produkte nicht willkürlich und zufällig wird, ist der erste Schritt des Auswahlverfahrens die Erstellung einer Marktübersicht, auf deren Grundlage dann Auswahlkriterien formuliert werden. Das können technische Kriterien, überdurchschnittliche Marktanteile (Marktbedeutung) eines Produktes, versprochener Verbrauchernutzen durch den Hersteller oder auch der Preis sein.
Ist die Auswahl der Testgegenstände getroffen, müssen die Produkte, die geprüft werden sollen, beschafft werden. Bei der Stiftung Warentest geschieht das durch den Einkauf in normalen Geschäften. Die Mitarbeiter der Stiftung bleiben dabei anonym und verhalten sich wie ganz normale Kunden. Die Anonymität ist für die Objektivität des Tests von besonderer Wichtigkeit, da nur so eine eventuell mögliche Manipulation der Ware zu Testzwecken ausgeschlossen wird. Das bedeutet aber auch, dass die Ware ganz normal bezahlt werden muss. Andere „Tester" lassen sich häufig die Ware von den Herstellern kostenfrei zur Verfügung stellen. [...]
Prüflabors nicht nur in Deutschland, sondern in aller Welt arbeiten für die Stiftung Warentest. Bei der Auswahl der Labors kommt es darauf an, dass die Gewähr für eine objektive, neutrale und genaue Prüfung gegeben ist. In welchem Institut ein Produkt getestet wird, gibt die Stiftung Warentest nicht bekannt, um eine Einflussnahme von außen auszuschließen. Daneben spielt natürlich auch der Kostenfaktor eine Rolle. Bei den Warentests gliedern sich die Prüfungen in der Regel in die Bereiche Technische Prüfung, Umweltverträglichkeitsprüfung, Praktische Prüfung und Handhabungsprüfung. [...]
Bei den Dienstleistungstests werden andere Methoden angewandt, wie das Erfassen und Bewerten von Verbrauchererwartungen und -erfahrungen, Anbieterbefragung, Inhaltsanalysen, offene Beobachtung und verdeckte teilnehmende Beobachtung durch Testpersonen, die als „normale" Kunden das Angebot prüfen. Prüfung von Vertragsbedingungen und Expertengespräche vervollständigen das Testinstrumentarium. Für diese Arten von Tests werden von der Stiftung Warentest sogenannte Testinspektoren geschult, die sich freiwillig für die Arbeit als verdeckte Ermittler zur Verfügung stellen. [...] Prüflabors und Testinspektoren übermitteln ihre Gutachten bzw. ihre Fragebögen den Projektleitern bei der Stiftung Warentest. Diese informieren dann den Hersteller/Anbieter des jeweils getesteten Produkts über wesentliche Messergebnisse, ohne dabei allerdings die bereits vergebene Bewertung zu verraten. Anbieter/Hersteller bekommen so die Möglichkeit, eventuelle Irrtümer der Prüfung festzustellen und Einspruch zu erheben. In begründeten Fällen wird dem Einspruch stattgegeben, dann wird noch einmal nachgeprüft. Für die abschließende Bewertung eines getesteten Produktes/einer Dienstleistung werden Noten vergeben. Die Skala reicht von „sehr gut" bis „mangelhaft".
Auf der Grundlage des vom Prüflabor erstellten Gutachtens bewertet der Projektleiter bei der Stiftung Warentest die Ergebnisse, gewichtet sie und vergibt die Qualitätsurteile. [...] Anschließend werden die Ergebnisse veröffentlicht.

nach: Stiftung Warentest, Der vergleichende Warentest in: Markt & Warentest (Broschüre), auch unter: www.test.de/schule (Zugriff am 9. 8. 2012)

1 Arbeitet heraus, wie die Stiftung Warentest arbeitet.

2 Führt in der Klasse einen Warentest durch. Ihr könnt den Vorschlag „Warentest Vollmilchschokolade" übernehmen; ihr könnt aber auch ein anderes Produkt wählen, auf das ihr das Vorgehen anwendet.

METHODE

Warentest Vollmilchschokolade

1. Produktauswahl:

- Jeder von euch erkundet das Schokoladenangebot in einem anderen Geschäft, so bekommt ihr eine große Übersicht.
- Fasst eure Ergebnisse in einer Liste zusammen. Am besten ist es, dies am Computer zu tun, damit die Liste von allen als Arbeitsmaterial genutzt werden kann.
- Wählt aus eurer Liste die Schokoladenmarken aus, die ihr testen wollt. Berücksichtigt vor allem die am häufigsten angebotenen Marken.

2. Einkauf:

- Organisiert den Einkauf: Wer kauft die ausgewählte Schokolade wo ein (Warenhaus, Tankstelle, Supermarkt, Kiosk, Tante-Emma-Laden, Süßwarengeschäft ...)?

3. Festlegung der Testkriterien:

- Ihr legt die Kriterien fest und überlegt, mit welchem Gewicht die einzelnen Kriterien in die Bewertung aufgenommen werden sollen (Geschmack, Inhaltsstoffe laut Deklaration, Haltbarkeit, Verpackung, Preis ...).
- Beachtet bei der Festlegung der Kriterien, dass diese sich im Test gut überprüfen lassen müssen.

4. Durchführung des Tests:

- Alle Schokoladen werden registriert, d. h. ihr notiert die Marke/den Namen, den Preis, das Geschäft und evtl. Besonderheiten.
- Ihr notiert alle Herstellerangaben. Legt euch dazu eine Tabelle an: Zutaten, Haltbarkeitsdatum, Menge/Gewicht ...
- Ihr öffnet die Schokolade und begutachtet die Verpackung.
- Ihr bewertet den optischen Eindruck der Schokolade: Farbe, Größe der Riegel, Gravur/Beschriftung. Tragt eure Eindrücke in eine gemeinsame Tabelle ein (sehr gut - gut - befriedigend - ausreichend - mangelhaft - Bemerkungen).
- Ihr probiert aus, wie gut sich die einzelnen Riegel voneinander trennen lassen (z. B. sehr leicht - leicht - bröckelt - schwer und bröckelnd - zerfällt). Protokolliert eure Ergebnisse.
- Ihr führt eine sensorische Prüfung (Geschmack) durch. Legt die Schokoladenstücke auf gleiche Teller. Aufgrund der Gravur der Stücke ist ein unvoreingenommener Vergleich kaum möglich. Dieser ist für einen objektiven Test aber wichtig. Ihr müsst euch daher vor Beginn der Geschmacksprüfung die Augen verbinden lassen. Am besten arbeitet ihr mit einem Partner in zwei Durchgängen. Der eine schmeckt, der andere notiert die Bewertung (sehr gut - gut - befriedigend - ausreichend - mangelhaft - Bemerkung). Nachdem alle Schokoladen probiert wurden, werden die Teller neu verteilt und ihr wechselt die Rollen.

5. Auswertung des Tests:

- Stellt eure Einzelergebnisse fest und berechnet das Gesamtergebnis.

6. Veröffentlichung der Testergebnisse:

- Ihr könnt eure Ergebnisse z. B. in der Schülerzeitung bzw. am Schwarzen Brett veröffentlichen oder an einem Elternabend vorstellen.
- Ihr könnt die örtliche Presse informieren.
- Ihr könnt Firmen anschreiben.
- ...

4.12 Bewusst kaufen – nachhaltig konsumieren

▸▸ Gibt es nachhaltiges Wachstum, S. 246 ff.

◂◂ Nachhaltigkeit in der Kommune, S. 84

Nachhaltig konsumieren heißt, bewusst zu konsumieren und sich die ökologischen, sozialen und wirtschaftlichen Aspekte des Konsums bewusst zu machen: Unter welchen Bedingungen wurden beispielsweise die Kleidung oder der neue Computer hergestellt? Sind die Arbeiter angemessen bezahlt worden? Waren sie bei der Produktion schädlichen Stoffen ausgesetzt? Wie sieht es mit den Umweltauswirkungen der Produkte aus?

M1 Nachhaltiger Konsum

GLOSSAR
Nachhaltigkeit

Fast allen ist inzwischen bewusst: Wir Menschen in den Industriestaaten verbrauchen [...] mehr Rohstoffe und Energie und erzeugen mehr Schadstoffe, als uns zusteht, wenn alle die gleichen Chancen haben sollen. Mit unserem Kaufverhalten an der Ladentheke stellen wir alltäglich Weichen. Denn ob wir Kalbsragout mit Reis aus der Tiefkühltruhe aufwärmen oder ob wir ein vegetarisches Gericht mit regional erzeugtem Öko-Gemüse der Saison frisch zubereiten, ob wir ein Fertigparkett aus Tropenholz kaufen oder einen Linoleumbelag wählen, ob wir in den Kurzurlaub fliegen oder am örtlichen Badesee entspannen: Was und wie wir konsumieren, hat unterschiedliche soziale und ökologische Folgen.

Nachhaltiges Konsumieren ist umweltverträglich und sozial gerecht: Dabei müssen erstens die ökologischen Kosten bei der Rohstoffwahl, beim Transport der Waren, ihrer Verarbeitung und bei der Entsorgung im Auge behalten werden. Zweitens geht es auch um die sozialen Bedingungen bei der Produktion in den Erzeugerländern. Vielleicht freuen wir uns, dass der Discounter neuerdings auch Chiquita-Bananen in Öko-Qualität anbietet und dass das Tropenholz unserer Gartenmöbel aus nachhaltiger Waldbewirtschaftung stammt. Über die Arbeitsbedingungen in der Produktion ist aber wenig bekannt

nach: Nachhaltiger Konsum – Was ist das?, www.brot-fuer-die-welt.de (Zugriff am 1. 3. 2011)

M2 Wirklich zu teuer?

◂◂ Umweltbewusstsein im Klassenzimmer, S. 62/63

▸▸ Klimafreundlich leben heißt verzichten, S. 243

Fast jeder Fünfte sagte 2009: „Selber etwas gegen den Klimawandel zu tun, ist zu teuer.“ Dass zum Beispiel klimabewusstes Verhalten aber nicht zwingend Mehrkosten auslöst, zeigt eine [...] Studie, die das Ökoinstitut im Auftrag des Bundesverbandes der Verbraucherzentralen erstellt hat. Demnach wirken folgende Maßnahmen in einem Haushalt besonders positiv:

- Verzicht/Verlagerung von Fernflugreisen,
- weniger Pkw-Fahrten, dafür mehr Fahrrad fahren oder zu Fuß gehen,
- Erwerb eines Pkws mit niedrigem Verbrauch,
- auf einen „mediterranen“ Ernährungsstil umsteigen (weniger Fleisch, mehr Obst und Gemüse),
- Wärmedämmung in Haus/Wohnung,
- die alte Heizungsanlage durch eine neue austauschen, Solarkollektoren einbauen,
- Ökostrom beziehen,
- Biolebensmittel kaufen,
- spritsparend Auto fahren,
- alle Standby-Funktionen ausschalten.

Von diesen zehn wichtigsten Schritten würden sechs sogar helfen, Geld zu sparen, so das Ökoinstitut. Drei davon seien kostenneutral, und nur eine Umstellung sei teurer: der ausschließliche Kauf von Biolebensmitteln.

aus: Presse- und Informationsamt der Bundesregierung: Magazin für Verbraucher 12 08/2010; www.bundesregierung.de (Zugriff am 1. 3. 2011)

M3 Im Label-Dschungel

Klimafreundlich, ressourcenschonend, sozialverträglich, eben nachhaltig einkaufen – darauf legen Verbraucher immer mehr Wert. Doch ein Dschungel von immer neuen Bio- und Nachhaltigkeitssiegeln macht die Orientierung zunehmend schwieriger.

Neben den etablierten, staatlich kontrollierten Siegeln wie dem blauen Umweltengel oder dem Bio-Siegel vermarkten inzwischen auch Handelskonzerne ihre Eigenmarken mit selbst entwickelten Bio- und Nachhaltigkeits-Labeln. [...]

An die 50 Siegel, die im weitesten Sinne etwas mit Nachhaltigkeit zu tun haben, gibt es inzwischen nach Einschätzung von Georg Abel, Geschäftsführer des Bundesverbands Verbraucher Initiative. „Der Label-Wahn ist ausgebrochen", sagt auch Jan Berlin, Research-Direktor des Skopos-Instituts für Markt- und Kommunikationsforschung.

Wofür genau die Siegel stehen sollen, bleibt oft diffus oder wirkt eher verwirrend denn erhellend. Beispiel: das „Pro Planet"-Label der Kölner Rewe-Gruppe. Das blaue, dreieckige Siegel ist seit Frühjahr dieses Jahres auf Produkten zu finden, die sich durch eine geringere Umweltbelastung auszeichnen. „Wassersparend angebaut", heißt es dann ausgerechnet auf einer Packung importierter Erdbeeren, zudem ist eine siebenstellige Nummer aufgedruckt. Gibt der Verbraucher diese auf der Pro-Planet-Homepage ein, erfährt er, dass die Früchte aus der südspanischen Region Huelva kommen, wo die exzessive Landwirtschaft zu einer Absenkung des Grundwasserspiegels geführt hat. [...]

Organisationen wie Greenpeace oder Foodwatch sehen Nachhaltigkeitsinitiativen wie die von Rewe [...] kritisch. Zum einen werde die Aufmerksamkeit lediglich auf einen Aspekt von Nachhaltigkeit gelenkt. Zudem hapere es an der Nachprüfbarkeit für den Verbraucher.

Der verliert den Überblick. „Wenn demnächst alle Supermarktketten und Discounter eigene Nachhaltigkeitslabel entwickeln, wird das zu Verwirrung führen", sagt Greenpeace-Konsumexperte Jürgen Knirsch. Für problematisch hält er zudem, dass der Begriff nicht geschützt ist. „Die Kunden werden irgendwann nicht mehr wissen, was Nachhaltigkeit eigentlich bedeutet", befürchtet er. Deshalb plädiert Knirsch dafür, dass der Staat den Rahmen für ein einheitliches Nachhaltigkeitslabel vorgibt. Denn bisher gibt es kein Siegel, das ökologische und ökonomische Kriterien ebenso wie soziale Aspekte gleichermaßen abdeckt.

Jutta Maier, Nachhaltigkeits-Siegel: Im Label-Dschungel, in: Frankfurter Rundschau vom 23. 10. 2010; www.fr-online.de (Zugriff am 1. 3. 2011)

1 Erläutert, was unter nachhaltigem Konsum verstanden wird (M1).

2 Diskutiert die Vorschläge der Bundesregierung zum klimabewussten Verhalten (M2). Ergänzt Sie durch eigene Vorschläge.

3 Arbeitet anhand von M3 das Problem der Kennzeichnung und Zertifizierung von Produkten heraus.

4 Hinterfragt, worauf die zunehmende Flut an Labeln zurückzuführen ist.

5 Projektvorschlag:
- Ermittelt in einem Supermarkt Labels, mit denen Produkte ausgezeichnet sind.
- Überprüft die Labels: Wofür steht das Label? Welche Kriterien für die Vergabe gibt es? Wer vergibt das Label? Wird die Einhaltung der Vergabekriterien von unabhängiger Stelle kontrolliert?
  Zieht hierzu die Hintergrundinformationen des Bundesverbandes kritischer Verbraucher heran.
- Bewertet die Labels: Sind sie für die Verbraucher hilfreich oder eher irreführend?
- Stellt eure Argumente und Ergebnisse in der Klasse vor und gestaltet mit den wichtigsten Labels und Ergebnissen ein Poster.

INTERNET

www.label-online.de
Hintergrundinformationen des Bundesverbandes kiritischer Verbraucher

PERSPEKTIV-WECHSEL

Kauf nix! Konsumier doch!

INTERNET

www. tauschring.de

Der geleaste Teppich

Das Prinzip: Als der Arzneimittelhersteller Bionorica 2005 sein neues Verwaltungsgebäude plante, wollte er alles richtig machen. „Im Einklang mit der Natur" sollte das Haus im oberpfälzischen Neumarkt stehen, so Michael Popp, Geschäftsführer des Unternehmens.

Gut, dass man bereits im Vorfeld mit dem Hamburger Umweltinstitut Epea zusammengearbeitet hatte. Dort hatte man nämlich die Idee, Fenster und Teppiche nicht als Ware, sondern als Dienstleistung anzubieten. Die Idee dahinter: Man braucht lediglich die Funktion des Fensters, also das „Durchgucken" und den Schutz vor der Witterung, nicht jedoch das Fenster selbst. Das nimmt der Anbieter Schüco nach Gebrauchsdauer wieder zurück und trägt dann dafür Sorge, dass es fachgerecht wiederverwertet wird. Ähnlich bei den Teppichen im Haus. Die bestehen aus zwei Schichten – einer Verbleibschicht und einer Verbrauchsschicht. Ist Letztere abgelaufen, nimmt der Hersteller den Bodenbelag kostenlos zurück und verwertet beide Schichten getrennt, während Bionorica ein neues Exemplar bekommt.

Die Idee lässt sich prinzipiell auf alle Gebrauchsgüter übertragen. Anstelle einer Waschmaschine kann man auch einfach 3 000 Waschgänge kaufen, und der Hersteller nimmt die Maschine danach zurück. [...]

Nachhilfe gegen Haarschnitt

Das Prinzip: Michael Wünstel aus der Nähe von Karlsruhe kann gut mit dem Computer umgehen. Wem der PC Schwierigkeiten macht, dem hilft Wünstel gerne: Zwar nicht kostenlos, aber anstatt Geld verlangt er für eine Stunde Nachhilfe zehn „Talente". Das ist nämlich die Währung seines Tauschrings, den er unter tauschring.de betreibt. Wofür er die Talente, die sich auf seinem Konto sammeln, einsetzen will, weiß er auch schon: „Ich brauche Hilfe beim Anlegen eines Kräuterbeets." Es hilft ein Mitglied des Tauschrings. Das kostet Wünstel pro Stunde zehn „Talente".

Wünstel ist Gründungsmitglied des vor 13 Jahren gegründeten Tauschrings Karlsruhe. Er wollte damals „eine Alternative zum bestehenden Wirtschaftssystem" schaffen, sagt er. Anderen Betreibern ist „der Einsatz für ein lebendigeres Gemeinwesen" oder eine „stärkere Nachbarschaftshilfe" wichtig. Etwa 200 Tauschringe gibt es in Deutschland, meist in Städten und häufig mit fantasievollen Währungsnamen wie Batzen, Wuppis, Mäxe und dergleichen. Allen Tauschringen gemein ist die Absicht, Dienstleistungen und Waren auch ohne Geld zu tauschen. [...]

Miet-Smart statt eigenes Auto

Das Prinzip: Das eigene Auto nutzt der Ulmer Unternehmensberater Rudolf Straschewski für den Samstagseinkauf nur noch selten. Er nimmt lieber einen von 200 weiß-blauen Smarts aus dem Projekt „car2go". Der Stadtplan auf der Internetseite des Betreibers Daimler zeigt ihm die verfügbaren Fahrzeuge als grüne blinkende Punkte an. Mit einem Chip, der auf seinem Führerschein klebt, öffnet er den Wagen, fährt in die Stadtmitte und parkt den Wagen, wo er möchte. [...] Entweder reserviert er den Wagen für die Zeit nach dem Einkauf, oder er klappert später die Parkhäuser der Stadt ab, wo eigene Parkplätze für die Smarts reserviert sind. Hätte er ein Handy mit Internetzugang, so könnte er sich die Standpunkte auch darüber anzeigen lassen. Abgerechnet wird erst nach Fahrtende: 19 Cent kostet die Minute.

aus: TAZ vom 27. 11. 2009, Verfasser: Manuel Bogner

1 Erläutert den Titel des Zeitungsartikels „Kauf nix! Konsumier doch!" anhand der angeführten Textbeispiele.

2 Diskutiert die genannten Projekte als Alternative zum „normalen" Konsum.

Wichtiges zusammengefasst

KOMPAKT

- Menschen haben **Bedürfnisse**, die sie befriedigen wollen. Dabei unterscheidet man zwischen **Existenz- oder Grund-, Kultur- und Luxusbedürfnissen**. Eine eindeutige Zuordnung ist aber schwierig, da Bedürfnisse von der jeweiligen Lebenssituation abhängig sind. Was für den einen ein unerschwingliches Luxusbedürfnis ist, ist dem anderen, weil er über die entsprechenden Mittel verfügt, ein Grundbedürfnis. Ist Geld vorhanden, um ein Bedürfnis zu befriedigen, entsteht aus dem Bedürfnis Bedarf.

- Die Bedürfnisse der Menschen sind nahezu unbegrenzt, die Mittel zu ihrer Befriedigung, das Geld, das zur Verfügung steht, aber knapp. Von daher müssen immer Entscheidungen getroffen werden, welche Bedürfnisse befriedigt, welche zurückgestellt oder auch aufgegeben werden. Der Einzelne muss also die vorhandenen Mittel zielgerecht einsetzen, d. h. wirtschaftlich vorgehen (**ökonomisches Prinzip**): Er kann ein vorgegebenes Ziel mit möglichst geringen Mitteln (**Minimalprinzip**) oder mit gegebenen Mitteln ein möglichst großes Ziel (**Maximalprinzip**) erreichen. Auch Kinder und Jugendliche müssen bereits wirtschaften, denn das Taschengeld reicht für die vielen Wünsche meist nicht aus. Um einen Überblick über die Finanzen zu erhalten, bietet sich ein Budgetplaner an, in den alle Einnahmen und Ausgaben eingetragen werden.

- Wie Erwachsene können Jugendliche Kaufverträge schließen, allerdings nur im Rahmen ihres Taschengeldes. Der **„Taschengeldparagraf“** dient dem Schutz der Jugendlichen. Bei allen Käufen, die die Höhe des üblichen monatlichen Taschengeldes überschreiten, ist die Zustimmung der Eltern erforderlich. Bei **Online-Geschäften** müssen die Eltern grundsätzlich zustimmen. Dennoch erweist sich das „Kultobjekt“ Handy für immer mehr Jugendliche als Schuldenfalle.

- Jugendliche sind mit ihrer Kaufkraft ein bedeutender **Wirtschaftsfaktor**, wobei der Markenkonsum für die meisten im Vordergrund steht, der zu Ansehen und Anerkennung beitragen soll. Dieser **„Geltungskonsum“** ist aber keine jugendliche Erscheinung, auch Erwachsene kaufen teure Produkte, um den Anschein zu erwecken, sich etwas Besonderes leisten zu können. Neben dem Preis als geschickter Marketing-Strategie setzen Unternehmen weitere Tricks ein, um an das Geld der Kunden zu gelangen.

- Für die **Werbung** sind Jugendliche eine wichtige **Zielgruppe**. Werbung richtet sich häufig an die Gefühle der Jugendlichen, indem verborgene Wünsche und Vorstellungen angesprochen werden. Mit dem Produkt wird ein „Consumer Benefit“, ein ausgedachter Nutzen, verbunden, der zum Kauf verführen soll. Häufig bedient sich die Werbung auch „versteckter“ Wege, um ihre Werbebotschaften zu verbreiten, indem z. B. in Jugendzeitschriften Artikel platziert werden, die nicht als Anzeige erkennbar sind.

- **Bewusstes Kaufen** muss sorgfältig geplant sein. Wichtig ist, dass der Käufer **unabhängige Produktinformationen** und Hinweise bekommt. Hierzu leisten die in jedem Bundesland ansässigen Verbraucherzentralen einen Beitrag. Dazu gehört auch die von der Bundesregierung gegründete „Stiftung Warentest“, die vergleichende Waren- und Dienstleistungstests durchführt und die Ergebnisse in der Zeitschrift „test“ veröffentlicht. Neben dem Preis-Leistungs-Verhältnis erfordert bewusstes Kaufen auch die Beachtung **nachhaltiger Aspekte**: Wie umweltschädlich oder -schonend werden die Produkte hergestellt? Welchen Arbeitsbedingungen unterliegen die Arbeiter in den Erzeugerländern? Produktlabels können dabei eine Orientierung bieten, müssen gleichzeitig aber kritisch betrachtet werden, da es bislang keine unabhängigen Nachhaltigkeitskriterien gibt.

5. „Alles, was Recht ist“

1

Recht auf körperliche Unversehrtheit

2

3

Jugendarbeitsschutzgesetz

4

Recht auf Versammlungsfreiheit

Straßenverkehrsordnung

Schulordnung

- Wozu gibt es eigentlich „Recht“?
- Haben Kinder und Jugendliche besondere Rechte?
- Welche Folgen haben strafbare Handlungen?
- Welche Ursachen hat Jugendkriminalität?
- Sind Strafen eigentlich sinnvoll?
- Werden Menschenrechte eingehalten?

5

5.1 Kinder und Jugendliche haben Rechte – und Pflichten!

GLOSSAR
Rechtsfähigkeit

Die Rechtsfähigkeit des Menschen beginnt mit seiner Geburt. Rechtsfähig sein heißt, in eigener Person Rechte und die damit zusammenhängenden Pflichten zu erwerben. So kann bspw. ein Minderjähriger erben oder auch verpflichtet sein, Steuern zu zahlen – natürlich nur, wenn er Vermögen besitzt. Die für Kinder wohl bedeutsamste Pflicht ist die Schulpflicht.

Die Fähigkeit, Rechtsgeschäfte (meistens Verträge) abzuschließen, nennt man Geschäftsfähigkeit. Mit ihr erwirbt man zugleich auch die Prozessfähigkeit: Man kann Klage erheben und Anträge stellen. Minderjährige unter sieben Jahren sind geschäftsunfähig. An ihrer Stelle handeln die Eltern. Erst mit 14 Jahren können Jugendliche für Straftaten verantwortlich gemacht werden.

M1 Austritt aus dem Religionsunterricht

Ein Beispiel aus dem Schulalltag:

INTERNET
www.hessen.de
Hessisches Schulgesetz

Peter Meier besucht die 8. Klasse der Paul-Klage-Schule in Gießen. Am 26. September ist er 14 geworden. Weil er am Religionsunterricht etwas auszusetzen hat (und den Lehrer unsympathisch findet), eröffnet er zwei Wochen nach seinem Geburtstag seinen Eltern, dass er sich vom Religionsunterricht abmelden will. Seine Eltern, beide streng gläubig, verbieten ihm die Abmeldung. Dennoch gibt Peter bei der Schulleitung ein Schreiben ab, in dem zu lesen ist: Hiermit melde ich mich zum nächsten Halbjahr vom Religionsunterricht ab.
Eine Woche später erhält Peter ein Schreiben der Schulleitung, in dem auf die Hausordnung der Schule verwiesen wird. Danach könne er erst in zehn Monaten, zum Beginn des nächsten Schuljahrs, den Kurs wechseln. Peter wendet sich an den Vertrauenslehrer der Schule.

Reales Beispiel, von den Verfassern anonymisiert

M2 Rechtliche Grundlagen

INFO
Gesetz: allgemein verbindliche Rechtsnorm

Gesetz über die religiöse Kindererziehung, § 5
Nach der Vollendung des vierzehnten Lebensjahrs steht dem Kind die Entscheidung darüber zu, zu welchem religiösen Bekenntnis es sich halten will. Hat das Kind das zwölfte Lebensjahr vollendet, so kann es nicht gegen seinen Willen in einem anderen Bekenntnis als bisher erzogen werden.
Bundesgesetzblatt Teil III, Gliederungsnummer 404-9

Erlass: Anweisung einer Behörde an eine nachgeordnete Behörde

Erlass zum Religionsunterricht vom 5. 11. 2009
[...] Die Abmeldung ist nur in der Form der Einzelabmeldung statthaft. Sie soll in der Regel nur am Ende eines Schulhalbjahres erfolgen. [...]
www.hessen.de (Zugriff am 9. 2. 2011)

Hessisches Schulgesetz, § 8
(3) Eine Abmeldung vom Religionsunterricht ist möglich. Hierüber entscheiden die Eltern, nach Vollendung des 14. Lebensjahres die Schülerinnen und Schüler.
(4) Die Schülerinnen und Schüler, die am Religionsunterricht nicht teilnehmen, sind verpflichtet, an einem Ethikunterricht teilzunehmen, in dem ihnen das Verständnis für Wertvorstellungen und ethische Grundsätze und der Zugang zu ethischen, philosophischen und religionskundlichen Fragen vermittelt wird. Schülerinnen und Schüler verschiedener Schulen, Schulformen und Schulstufen können dabei zu einer pädagogisch vertretbaren Lerngruppe zusammengefasst werden.
Hessisches Schulgesetz in der Fassung vom 14. Juni 2005, zuletzt geändert durch Gesetz vom 14. Juli 2009

M3 Rechte und Pflichten von der Geburt bis zur Volljährigkeit

Die Rechte der Kinder und Jugendlichen (bis 18 Jahre)

Lebensalter

0 jedes Kind ist von Geburt an rechtsfähig

5 Namensänderung nur mit Einwilligung des Kindes

6 Beginn der allgemeinen Schulpflicht nach den Landesschulgesetzen; Kinobesuch bis 20 Uhr; Filme, PC-Spiele usw. „ab 6 Jahren“, mit Eltern auch Filme „ab 12 Jahren“

7 beschränkt geschäftsfähig; selbstständige Käufe mit dem eigenen Taschengeld; zivilrechtlich beschränkt deliktsfähig

12 Zustimmung bei einem Religionswechsel; Filme, PC-Spiele usw. „ab 12 Jahren“

13 leichte und geeignete Arbeiten sind stundenweise erlaubt

14 religionsmündig; Anhörungs- bzw. Mitentscheidungsrecht in familien- und sorgerechtlichen Fragen; bedingt strafmündig; Kinobesuch bis 22 Uhr

15 nach 9 Schuljahren endet die allgemeine Schulpflicht; Ende des Beschäftigungsverbots

Lebensalter

16
- ausweispflichtig
- meldepflichtig
- beschränkt testierfähig
- eidesfähig
- Eheschließung mit Zustimmung des Familiengerichts
- Besuch von Gaststätten, Discos und Kinos bis 24 Uhr
- Filme, PC-Spiele usw. mit Freigabe „ab 16“
- Bierkonsum in der Öffentlichkeit erlaubt
- Wahl zur betrieblichen Jugend- und Auszubildendenvertretung
- aktives Wahlrecht bei Kommunalwahlen*
- Führerschein A1, L, M, T

18
- volljährig
- voll geschäftsfähig
- prozessfähig
- deliktsfähig
- schuldfähig
- ehemündig
- aktives und passives Wahlrecht bei allgemeinen Wahlen
- Wahlrecht zum Betriebs- oder Personalrat
- Ende der Berufsschulpflicht**
- Führerschein Klasse A, B, BE, C, C1, CE, C1E

* in einigen Ländern
** alternativ; mit dem 21. Lebensjahr, mit Abschluss der Berufsausbildung

Quelle: Bergmoser + Höller Verlag AG — L&P / 4761

1 Informiert euch, wie der Austritt aus dem Religionsunterricht an eurer Schule praktiziert wird.

2 Prüft den Fall „Austritt aus dem Religionsunterricht“, vor allem die Antwort der Schulleitung, unter rechtlichen Gesichtspunkten (M1, M2).

3 Stellt bei M3 „Rechte“ und „Pflichten“ einander gegenüber. Informiert euch (arbeitsteilig) über die einzelnen Rechte und Pflichten (M3) und erläutert sie gemeinschaftlich.

5.2 Folgen strafbarer Handlungen

GLOSSAR
Bürgerliches Gesetzbuch

Bei Straftaten, d. h. Verstößen gegen Strafgesetze, die im **Strafgesetzbuch** niedergelegt sind, hat der Staat die Aufgabe, dem Recht Geltung zu verschaffen **(Strafrecht).** Nach staatlichen Ermittlungen wird in einem Strafprozess geprüft, ob der Angeklagte eine Rechtsverletzung begangen hat. Bei nachgewiesener Schuld legt das Gericht die entsprechende Strafe fest.

Unabhängig vom Strafverfahren besteht vom Geschädigten der Anspruch auf Wiedergutmachung. Es muss also, wenn ein Schaden entstanden ist, Schadensersatz geleistet werden. Hier hilft der Staat dem Geschädigten, zu seinem Recht zu kommen. Dies wird im **Zivilrecht** geregelt. Es ordnet die Rechtsbeziehungen der Bürger untereinander. Die wichtigsten Gesetze sind im **Bürgerlichen Gesetzbuch (BGB)** formuliert.

	Strafrecht (Teil des öffentlichen Rechts)	**Zivilrecht bzw. Privatrecht**
Ziel	Bestrafung einer Straftat, damit Rechtsfrieden und elementare Grundwerte der Gemeinschaft erhalten bleiben	Ausgleich des entstandenen Schadens (Schadensersatz/Wiedergutmachung)
Altersbegrenzung	Die strafrechtliche Verantwortung beginnt mit 14 Jahren.	Beginn der Verantwortung ab dem 8. Lebensjahr

M 1 Randale auf dem Schulhof

Bericht über die Vorkommnisse an der Eichendorffschule:

An diesem Wochenende waren wieder einmal Jugendliche unterwegs, die mit ihrer freien Zeit und Kraft nichts Sinnvolles anzufangen wussten. Gegen 3.30 Uhr nachts tummelten sich nach Angaben von Nachbarn der Schule etwa 20 Jugendliche trinkend und randalierend auf dem Schulhof. Mit vereinten Kräften schmissen sie alle Sitzbänke sowie die schweren Beton-Tischtennisplatten auf dem Schulhof um. Das gesamte Schulgelände war mit Scherben von Bier- und Schnapsflaschen übersät. Die von Anwohnern benachrichtigte Polizei brauchte bis zum Eintreffen leider mal wieder zu lange, sodass von den Tätern nichts mehr zu sehen war.

Dieses ist nicht der erste Vorfall dieser Art. Bereits an den vorangegangenen Wochenenden kam es immer wieder zu Beschädigungen auf dem Schulgelände: umgeschmissene Müllcontainer, umgeworfene Sitzbänke, mutwillig zerstörte Bilder auf Holzplatten, die zur Verschönerung des Schulgebäudes gedacht waren, Graffiti am Schulgebäude und auf Türen sowie den nun zerstörten Tischtennisplatten, zerschnittene Schutzummantelungen an den erst seit wenigen Tagen freigegebenen Spielgeräten auf dem neuen Spielplatz. Die angerichteten Schäden gehen mittlerweile in einen nennenswerten vierstelligen Betrag. [...]

Wir sind dankbar für jeden Hinweis, der zur Ermittlung der Täter beiträgt. [...] Bei der Polizei wurde Anzeige erstattet in der Hoffnung, dass im Falle einer Ermittlung die Täter zur vollen Verantwortung und Wiedergutmachung herangezogen werden.

www.die-eichendorffschule.de (Zugriff am 6. 2. 2011)

Solche Graffiti gibt es an vielen Schulgebäuden.

Rechtstexte erfassen

METHODE

Neben der bereits eingeübten Fähigkeit, Texte zu erfassen, bedarf das Verstehen juristischer Texte besonderer Kompetenzen. Bei juristischen Texten sind eigentlich alle Begriffe zu deuten bzw. auszulegen. Dies liegt an der Notwendigkeit, sich in Rechtssachen exakt und möglichst eindeutig auszudrücken. Wichtigstes Merkmal der juristischen Fachsprache ist die Eindeutigkeit (Konkordanz) der Begriffe, deren Bedeutung oft von der Alltagssprache abweicht. Es ist also immer zu prüfen, was juristisch unter dem Begriff zu verstehen ist. Hilfreich ist oft die Verwendung eines Kommentars. Dieser bezieht grundlegende Überlegungen ein, gibt aber auch Entscheidungen von Gerichten wieder.

◂◂ **Texte auswerten, S. 16/17**

M2 Strafrecht und Zivilrecht

Gesetzeswerk	**Strafgesetzbuch (StGB)**	
Erstellungsdatum der gültigen Fassung	Strafgesetzbuch in der Fassung der Bekanntmachung vom 13. November 1998 (BGBl. I S. 3322),	
Letzte Änderung	zuletzt durch Artikel 3 des Gesetzes vom 2. Oktober 2009 (BGBl. I S. 3214) geändert	
Jedes Gesetz ist in Paragrafen (§) und weiter in Absätze und Sätze gegliedert.	**§ 304 Gemeinschädliche Sachbeschädigung**	Rechtswidrigkeit: Handlung, die der Rechtsordnung widerspricht
(1) steht für den ersten Absatz. Man zitiert Textstellen wie folgt: „§ 304, Absatz 1, Satz 1, StGB“.	(1) Wer rechtswidrig Gegenstände [...], welche zum öffentlichen Nutzen [...] dienen, beschädigt oder zerstört, wird [...] bestraft.	öffentlicher Nutzen: für die Allgemeinheit, also nicht nur für Privatpersonen Beschädigungen oder Zerstörungen führen zu Schadensersatz.
Die Pünktchen in Klammern sind ein Auslassungszeichen. Hier ist bewusst Text weggelassen worden.	(2) Ebenso wird bestraft, wer unbefugt das Erscheinungsbild einer in Absatz 1 bezeichneten Sache oder eines dort bezeichneten Gegenstandes nicht nur unerheblich und nicht nur vorübergehend verändert.	unbefugt: ohne Erlaubnis bzw. Befugnis nicht unerheblich: Achtung, hier liegt ein nicht genau definierter Spielraum vor!
Die Fundstelle wird am Ende angegeben. Beim Internet gibt man die genaue Adresse und den Tag des Zugriffs an.	(3) Der Versuch ist strafbar. *www.gesetze-im-internet.de/stgb (20.12.2010)*	Versuch: Eine Straftat wurde mit einem Tat-Entschluss begonnen, aber noch nicht vollendet.

1 Schlagt im Bürgerlichen Gesetzbuch (BGB) § 823, Abs. 1; §828, Abs. 1 – 3; § 832, Abs. 1 nach, welche **zivilrechtlichen Pflichten** („Schadensersatz“) auf die Jugendlichen zukommen.

2 Arbeitet anhand der gefundenen Gesetzestexte sowie von M2 die strafrechtlichen und zivilrechtlichen Folgen der in M1 beschriebenen Zerstörungswut heraus.

3 Diskutiert, ob es sich durch die Anwendung beider Rechtsbereiche um eine doppelte Bestrafung handelt.

4 Bewertet den Sachverhalt, dass im Zivilrecht und im Strafrecht unterschiedliche Altersgrenzen gelten.

INTERNET

www.gesetze-im-internet.de/bgb

5.3 Vor dem Jugendgericht

M1 Der Fall Jan Fricke

Geständnis: Im Mai kommt Herr Fricke mit seinem 16-jährigen Sohn Jan in die Kanzlei der Rechtsanwältin Dr. Hüskens. Herr Fricke berichtet, dass sein Sohn ihm und seiner Ehefrau gestanden habe, in eine Gruppe von Jungen geraten zu sein, die bereits zahlreiche Ladendiebstähle begangen hätten. Jan sei an ca. 20 Diebstählen beteiligt gewesen. Er habe Schreibwaren, Zigaretten und Süßigkeiten gestohlen. Nach eingehender Erörterung des Sachverhalts schlägt die Rechtsanwältin Herrn Fricke und Jan vor, zur Polizei zu gehen und dort in eigenem Interesse ein umfassendes Geständnis abzulegen.

Aus dem Ermittlungsprotokoll der Polizei: Vernehmung des Beschuldigten Jan Fricke wegen einer Straftat:

Der Schüler Jan berichtet u. a.: „Wie diese Sache genau angefangen hat, weiß ich nicht mehr. Eines Tages kam ich wieder in die Stadt. Auf dem Marktplatz traf ich Rainer. Der gehörte auch zu den neuen Freunden. Alex und Marcel waren auch dabei. Ich meine auch, dass Jens dabei war. Rainer erzählte mir, dass sie auf dem Weg zur Firma Scholz wären. Da ich nichts zu tun hatte, ging ich mit. Wir waren dann im Laden, als ich sah, dass Rainer plötzlich jede Menge Süßigkeiten aus dem Regal nahm und unter seiner Jacke versteckte. Wir haben dann sofort den Laden verlassen.
Auf dem Roncalli-Platz hat Rainer dann hinterher die Süßigkeiten an uns verteilt. Als wir uns dann eine Woche später wieder trafen, wurde wieder über Diebstähle gesprochen. Alex machte uns einen Diebstahl schmackhaft. Wir beschlossen dann, dass jeder von uns mal einen Diebstahl begehen und die Beute an alle verteilen sollte.
Obwohl ich wusste, dass es sich dabei um eine Straftat handelt, wollte ich den anderen aus der Gruppe nicht nachstehen. So zog ich mit ihnen los. Ich kann mich nicht mehr genau erinnern, wer alles mit dabei war. Auf jeden Fall aber der Alex. Wir gingen ins Geschäft Berger. In einem Augenblick, als ich mich dort unbeobachtet fühlte, habe ich eine Schachtel Zigaretten geklaut. Das war so vereinbart. Meinen Diebstahl hat niemand bemerkt.“

Jan zählt nun auf, was er im Einzelnen gestohlen hat. Dabei betont er nochmals, dass er insgesamt nicht mehr als ca. 20 kleinere Ladendiebstähle begangen habe. [Im Laufe der Ermittlungen stellte sich heraus, dass er an weit mehr Fällen beteiligt war, sodass die Staatsanwaltschaft 100 Fälle zugrunde legte, Verf.] Der Wert der von ihm entwendeten Ware belaufe sich auf etwa 40 €. Er habe dann irgendwann von sich aus beschlossen, dass mit den Diebstählen Schluss sein müsse.

(Jan Frickes Fall wurde nach Gerichts- und Polizeiakten zusammengestellt. Die Personen- und Ortsnamen wurden geändert.)

◀◀ **Rechte und Pflichten von der Geburt bis zur Volljährigkeit, S. 123**

M2 Der Gang des Verfahrens

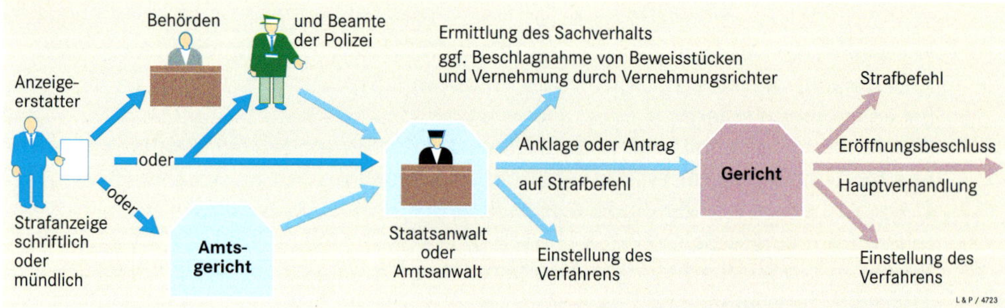

M3 Die Anklage

Aus der Anklageschrift der Staatsanwaltschaft:

Jan Fricke (16 J.), wohnhaft in ..., Deutscher, ledig.
Gesetzliche Vertreter: Stefan und Petra Fricke, wohnhaft: ebenda.
– wird angeklagt, in der Zeit vom 5.2. bis 24.7. dieses Jahres, als strafrechtlich verantwortlicher Jugendlicher handelnd, z. T. gemeinschaftlich mit anderen, gewerbsmäßig fremde bewegliche Sachen anderen in der Absicht weggenommen zu haben, sich diese rechtswidrig anzueignen.
Ihm wird zur Last gelegt: Der Angeklagte entwendete in dem benannten Zeitraum in mindestens 100 Fällen aus den Geschäften Berger, Scholz und Sprengkamp Zigaretten, Spirituosen, Süßigkeiten, Schreibwaren, Kartenspiele,

Videokassetten, CDs, DVDs sowie Computerdisketten, indem er mit den Schülern Rainer W., Alex F., Lothar W. und Jens S. in wechselnder Beteiligung die Geschäfte aufsuchte, um dort gemeinschaftlich zu stehlen. Einen Teil der Konsumgüter verkaufte er unmittelbar nach der Ausführung der Diebstahlhandlung an Jugendliche.

M4 Gesetzliche Grundlagen des Strafverfahrens

Aus dem Strafgesetzbuch (StGB):
§242 (Diebstahl)
(1) Wer eine fremde bewegliche Sache einem anderen in der Absicht wegnimmt, dieselbe sich rechtswidrig zuzueignen, wird mit Freiheitsstrafe bis zu fünf Jahren oder mit Geldstrafe bestraft.
§243 (Besonders schwerer Fall des Diebstahls)
(1) In besonders schweren Fällen wird der Diebstahl mit Freiheitsstrafe von drei Monaten bis zu zehn Jahren bestraft. Ein besonders schwerer Fall liegt in der Regel vor, wenn der Täter 1. zur Ausführung der Tat in [...] einen umschlossenen Raum einbricht [...] 2. gewerbsmäßig stiehlt. [...]

Aus dem Jugendgerichtsgesetz (JGG):
§1 (Persönlicher und sachlicher Anwendungsbereich)
[...]
(2) Jugendlicher ist, wer zur Zeit der Tat vierzehn, aber noch nicht achtzehn, Heranwachsender, wer zur Zeit der Tat achtzehn, aber noch nicht einundzwanzig Jahre alt ist.
§3 (Verantwortlichkeit)
Ein Jugendlicher ist strafrechtlich verantwortlich, wenn er zur Zeit der Tat nach seiner sittlichen und geistigen Entwicklung reif genug ist, das Unrecht der Tat einzusehen und nach dieser Einsicht zu handeln.

1. Verfasst einen Dialog zwischen Vater und Sohn, in dem am Ende vereinbart wird, gemeinsam zur Polizei zu gehen (M1).
2. Beschreibt den Tathergang in Form eines knappen Zeitungsberichts (M1, M3).
3. Führt ein Gespräch mit dem/der Abteilungsleiter/in der Spielwarenabteilung eines Kaufhauses über das Thema Ladendiebstahl. Fasst die Gesprächsergebnisse in einem Artikel für die Schülerzeitung zusammen.
4. Erklärt mithilfe des Schaubildes M2 den Stand des Verfahrens gegen Jan Fricke.
5. Stellt fest, warum die Staatsanwaltschaft Anklage erhoben hat (M3). Berücksichtigt dabei die Ermittlungsergebnisse, die Eingang in die Anklageschrift gefunden haben.

◂◂ Expertenbefragung – Interview, S. 82/83

① *Richter* ② *Staatsanwältin* ③ *Protokollführer* ④ *Angeklagter* ⑤ *Verteidiger* ⑥ *Zeuge*

M5 Das Urteil im Fall Jan Fricke

Im Namen des Volkes

Strafsache gegen den Schüler Jan Fricke, Deutscher, ledig
wegen Diebstahls

Das Jugendschöffengericht in [...] hat für Recht erkannt:
Der Angeklagte ist des fortgesetzten gemeinschaftlichen Diebstahls schuldig.
Ihm wird aufgegeben, 70 Stunden gemeinnützige Dienste nach näherer Weisung des für seinen Wohnort zuständigen Jugendamtes zu verrichten. Ihm wird außerdem aufgegeben, für mindestens sechs Monate an einem sozialen Trainingskurs teilzunehmen.
Von der Auferlegung der Kosten und Auslagen des Verfahrens wird abgesehen, seine notwendigen Auslagen trägt der Angeklagte jedoch selbst. [...]
Zur Tatzeit war der Angeklagte 16 Jahre alt. Da er nach dem Eindruck, den das Gericht in der Hauptverhandlung von ihm gewonnen hat, altersgemäß entwickelt ist, war er ohne Weiteres in der Lage, das Unerlaubte seines Tuns einzusehen und entsprechend dieser Einsicht zu handeln. Er war mithin uneingeschränkt nach Jugendstrafrecht abzuurteilen. Hierbei muss der Schwerpunkt der gegen ihn zu ergreifenden Maßnahme auf der erzieherischen Einwirkung liegen. Da der Angeklagte bisher noch nicht strafrechtlich relevant aufgefallen ist, hält das Gericht eine freiheitsentziehende Maßnahme als Erziehungsmittel noch nicht für erforderlich. [...]
Als Schüler ist der Angeklagte [...] ohne Weiteres in der Lage, eine Arbeitsauflage in Form unentgeltlicher gemeinnütziger Dienste zu verrichten [...] Neben der rein materiellen Einbuße hält das Gericht auch eine flankierende Hilfestellung für erforderlich. Zu diesem Zweck bietet sich ein sozialer Trainingskurs an. Darin soll er Verhaltenstechniken erlernen, um sich ggf. Zwängen und Verhaltensmustern der Gruppe entgegenzustellen.

◂◂ **Richtiges Suchen im Internet, S. 108**

◂◂ **Expertenbefragung – Interview, S. 82/83**

6 Erklärt wie der Urteilstext aufgebaut ist (M5).
7 Haltet ihr das Urteil für „gerecht“? Begründet eure Auffassungen.
8 Recherchiert mithilfe des Internets oder klärt in einem Gespräch mit einem Sozialarbeiter oder einem Mitarbeiter des Jugendamtes, was man unter einem „sozialen Trainingskurs“ versteht, wer ihn durchführt und worauf dieser abzielt.

Unterrichtsgang zu einer Gerichtsverhandlung

METHODE

Sich selbst ein Bild machen

Der Besuch einer Gerichtsverhandlung ist für die meisten Menschen eine ungewöhnliche Sache. Viele haben eine feste Vorstellung, was „vor Gericht" abläuft, doch die meisten haben sich selbst noch kein Bild von einer Gerichtsverhandlung gemacht. Bei den meisten Verhandlungen sind kaum Zuschauer anwesend, obwohl die Gerichtsverfahren im Allgemeinen öffentlich sind. Ausnahmen sind Jugendstrafverfahren, Entmündigungssachen oder Ehescheidungen. Überlegt einmal, warum Verhandlungen öffentlich sind.

Informationen zur Vorbereitung

Die Öffentlichkeit wird häufig durch Berichte und Reportagen über Gerichtsverhandlungen informiert. Ihr könnt zur Vorbereitung eines Gerichtsbesuches für eine gewisse Zeit (zwei Wochen oder einen Monat) die Berichterstattung auswerten, die in den Tageszeitungen erfolgt:

- Über welche Verfahren wird in welcher Form und in welchem Umfang berichtet?
- Ist die Berichterstattung knapp, klar, informierend, reißerisch ...?
- Wird der Bericht kommentiert? Sind Bericht und Kommentar getrennt?
- Welche Quellen werden genannt?
- Entspricht dieses Bild den Erkenntnissen aus der Kriminalstatistik? Ihr könnt die jährlich neu erstellte Kriminalstatistik beim Innenministerium oder dem Justizministerium erhalten.

Eine andere Möglichkeit, sich über den Ablauf von Gerichtsverfahren zu informieren, bieten Fernsehsendungen wie „Richterin Barbara Salesch", „Das Strafgericht" und „Richter Alexander Hold" oder Kriminalfilme. Aber Vorsicht: In englischen und amerikanischen Filmen laufen Gerichtsverfahren völlig anders ab!

Tipps zur Planung

Bei einem Gerichtsbesuch ist es lohnend, sich zwei Wochen vorher mit dem Gericht in Verbindung zu setzen, um zu sehen, welche Verhandlungen an einem bestimmten Tag angesetzt sind. Am Tag vor dem Besuch sollte man nochmals nachfragen, ob die Verhandlungstermine tatsächlich stattfinden. Günstig ist es, wenn der Richter bzw. der Staatsanwalt vorher weiß, dass sich eine Schulklasse oder Gruppe im Saal befindet – oft werden dann im Laufe der Verhandlung weitere Erklärungen für die Zuschauer gegeben. Wenn man einen günstigen Termin gewählt hat, z. B. die letzte Verhandlung vor einer Pause, stehen der Richter oder der Staatsanwalt ggf. für Erklärungen zur Verfügung, wenn dies vorher mit ihnen abgesprochen wird.

Die Teilnahme an der Verhandlung

Bei der Verhandlung solltet ihr auf verschiedene Dinge achten, die ihr euch am besten notiert. Die folgenden Fragen könnt ihr als „Checkliste" benutzen:

- Wie wirkt das Gerichtsgebäude, der Gerichtssaal auf euch?
- Wie ist das von euch besuchte Verfahren im Gerichtsgebäude angekündigt?
- Was fällt euch beim Betreten des Gerichtssaales auf?
- Wer ergreift zuerst das Wort? Wie geht das Verfahren weiter? Welche Teile des Verfahrens kann man unterscheiden?
- Welche Rollen spielen Richter, Schöffen, Staatsanwalt, Verteidiger, Angeklagter, Zeugen, Sachverständige?
- Wie wirken die Beteiligten auf euch (Sitzordnung, Kleidung, Redeweise ...)?
- Sind das Verfahren und die Sprache vor Gericht für die Beteiligten und die Zuschauer klar und verständlich?
- Wird ein Urteil gesprochen? Notiert die Begründung!

Nachbereitung

In der folgenden Politikstunde könnt ihr ein Auswertungsgespräch führen, bei dem ihr von den in der „Checkliste" festgehaltenen Beobachtungen ausgeht. Wenn die Beobachtungen in Kleingruppen (drei oder vier Schüler) diskutiert und zusammengefasst werden, können die wichtigsten Fragen leichter herausgearbeitet werden.

5.4 Strafe muss sein – muss Strafe sein?

Dass Strafe sein muss, ist in den meisten Fällen nicht umstritten. Und wohl jeder von uns ertappt sich dabei, gelegentlich zu denken: ‚Dem zahle ich es genauso heim, wie es mir ergangen ist!‘ Diese Überlegung entspricht einem der Grundgedanken, aus denen der Sinn der Strafe entwickelt werden kann. Wird die in der Vergangenheit verübte Tat in den Mittelpunkt einer Bewertung gestellt, so sind Vergeltung, Rache und Sühne der Zweck der Strafe.
Schwere, oft grausame Strafen, wie sie auch in Deutschland noch im 18. Jahrhundert üblich waren, sollten auch als Abschreckung dienen. Allerdings weiß man heute, dass Straftaten nicht durch Abschreckung allein verhindert oder in größerem Maße verringert werden können.
Soll durch die Verurteilung erreicht werden, dass der Täter keine weiteren Straftaten verübt und sich wieder in die Gesellschaft eingliedern kann, so muss das Gericht das bei dem Strafmaß berücksichtigen. Unser Rechtswesen ist gekennzeichnet durch die Verbindung von Vergeltung und Vorbeugung. Besserung und Erziehung sind bei einer Bestrafung wesentliche Merkmale staatlicher Strafmaßnahmen.
Gerade beim Jugendstrafverfahren steht vorrangig der straffällige junge Mensch im Vordergrund und nicht die Straftat. Er soll die Möglichkeit erhalten, aus seinen Fehlern zu lernen. Die Palette von Sanktionsmöglichkeiten ist breit: Sie reicht von Erziehungsmaßregeln (etwa dem Ableisten gemeinnütziger Arbeiten) bis zum Zuchtmittel (Jugendarrest). Aber auch die Jugendstrafe dient vorrangig der Erziehung. Daher sind besondere Jugendstrafvollzugsanstalten eingerichtet worden.

M 1 Milde Sanktionen fruchten nicht

Aus einem Zeitungsartikel:

Kinder und Jugendliche, die rauben, erpressen, sogar vergewaltigen – das sind Härtefälle, bei denen milde Sanktionen schon lange nicht mehr fruchten. […] Für diese Fälle wurde das geschlossene Heim in Hamburg eingerichtet. Dorthin gehören diese Serientäter – zu ihrer eigenen Sicherheit und zum Schutz der Allgemeinheit.
Das sollten auch die Familienrichter erkennen. Denn gerade sie sollten am besten wissen, was Experten seit Jahren predigen: Eine Sanktion muss dem Delikt auf dem Fuße folgen, damit Ursache und Wirkung erfahrbar werden. Und: Die Höhe der Strafe muss der Schwere der Tat angemessen sein. […] Wer nicht rechtzeitig und konsequent eingreift, der darf sich nicht wundern, wenn solche Täter als Kriminelle schon kurz darauf gar keine Grenzen mehr zu kennen scheinen.

Hamburger Abendblatt, 18. 9. 2003

M 2 Härtere Gesetze verringern nicht die Kriminalität

Aus einem Gespräch mit dem Strafrechtsexperten Heribert Ostendorf:

Härtere Gesetze können die Bevölkerung vielleicht zunächst beruhigen, tatsächlich verringern sie nicht Kriminalität. Die höchste Jugendstrafe beträgt hierzulande immerhin zehn Jahre. Dabei muss man berücksichtigen, dass junge Menschen Unfreiheit viel intensiver erleben als Erwachsene. Da sind zehn Jahre eine außerordentlich harte Sanktion. […] Es hilft nichts, Jugendliche einfach wegzusperren. Die Rückfallquote liegt bei männlichen Jugendlichen – und die meisten sind männlich – bei 80 Prozent. Gefängnis ist nur ein Wegschließen auf Zeit. Die Rückfallquoten liegen bei anderen Sanktionen, insbesondere bei sozialpädagogischen Maßnahmen, erheblich niedriger.

Frankfurter Rundschau, 10. 7. 1998

M3 „Richter in Turnschuhen“

Das Nachrichtenmagazin „Der Spiegel“ berichtet über Jugendlichengerichte:

In Hamburg und anderen Bundesländern entscheiden jugendliche Richter über jugendliche Täter. Die wirksamste Strafe: den Gleichaltrigen ins Gesicht sagen, wie uncool sie sind. [...] Die Idee kommt aus den USA, „Teen Courts“ heißen sie dort - in Deutschland haben Bayern, Hessen, Hamburg und Sachsen bereits eigene Schülergerichte geschaffen. Sie verhandeln „jugendtypische Straftaten“ wie Ladendiebstahl, Schwarzfahren oder Körperverletzung durch Prügeleien. [...] Wenn die Staatsanwaltschaft einen Fall für geeignet hält, überweist sie die Akten ans Schülergericht. [...] Damit ist der Fall für die Justiz erledigt - es sei denn, der Täter ignoriert die Sanktion des Schülergerichts oder verhält sich dort nicht kooperativ. Dann landet die Akte wieder bei der Staatsanwaltschaft, die formell Anklage erhebt. Die Schülerrichter sollen den Fall nicht aufklären, sondern nur über eine angemessene Strafe beraten. Außerdem müssen die Täter damit einverstanden sein, dass der Fall von einem Schülergericht bearbeitet wird. [...]

Ziel ist es, den Täter zu einem straffreien Leben zu erziehen. Bei leichten Körperverletzungen verlangen die Richter etwa vom Täter, sich schriftlich beim Opfer zu entschuldigen. Mag der nicht einsehen, dass er etwas falsch gemacht hat, kann er zu einem Aufsatz über seine Tat verdonnert werden. Oder bei schwerwiegenden Taten zu gemeinnütziger Arbeit [...].

Der Spiegel, Heft 42 (2005), Verfasserin: Caroline Schmidt

M4 Fit fürs Leben

Das Beispiel des Gefängnisses Rockenberg:

[...] Der Direktor des Gefängnisses, Johannes Fleck, hat die Aufgabe, sie zu hüten und fit für ein Leben ohne Straftaten zu machen. Etwa jeder Dritte aus Rockenberg Entlassene bleibt „sauber“. Das ist ein gutes Ergebnis.

Der Jurist sieht sich nicht als Wärter einer Horde Krimineller. Auch nicht als Resozialisierer. Denn die meisten Insassen seines Hauses seien noch nie sozialisiert gewesen. Sie hätten meist eine armselige Kindheit hinter sich, ohne die verlässliche Obhut von Erwachsenen. Die Jugendlichen holten sich Selbstbestätigung durch Gewalttaten und Diebstähle.

Die Jugendlichen brauchten die Erfahrung, auch ohne Kriminalität etwas leisten zu können. In Rockenberg gibt es daher diverse Ausbildungsmöglichkeiten: Hauptschulkurse, Deutsch für Ausländer, kreatives Gestalten, Ausbildung zu handwerklichen Berufen.

Soziales Verhalten soll durch Gruppendruck entstehen. Die Jugendlichen leben in 22-köpfigen Wohngruppen, für die jeweils fünf bis sechs Bedienstete zuständig sind. Sie beobachten jeden Jugendlichen - ob er die Alltagsregeln einhält, wie er mit den Gruppenmitgliedern umgeht. Verfehlungen werden in wöchentlichen Gruppensitzungen angesprochen. Das funktioniert, sagt Fleck.

nach: K. Nissen, Die meisten jungen Straftäter wurden ihr Leben lang nie sozialisiert, in: Frankfurter Rundschau, 8. 1. 2002, S. 35

Rückfälligkeit nach strafrechtlichen Sanktionen (in %)

nicht rückfällig		rückfällig
30,0	Jugendarrest	70,0
22,2	Jugendstrafe ohne Bewährung	77,8
43,6	Freiheitsstrafe ohne Bewährung	56,4
44,8	Jugendrechtliche Maßnahmen (ohne Jugendarrest)	55,2
40,4	Jugendstrafe mit Bewährung	59,6
55,3	Freiheitsstrafe mit Bewährung	44,7
69,8	Geldstrafe	30,2
64,3	alle Verurteilungen	35,7

Sehl/Heinz/Sutterer, Legalbewährung nach strafrechtlichen Sanktionen, 2003; Heinz, Zeitschrift für Jugendkriminalität und Jugendhilfe 2004, S. 42 L&P/4779

1. Erläutert die Zielsetzungen von Strafen, insbesondere von Jugendstrafen.
2. Stellt die in M1 und M2 formulierten Argumente in einer Tabelle gegenüber.
3. Diskutiert die in M1 und M2 wiedergegebenen Positionen. Beurteilt anschließend die Erfolgsaussichten der Jugendlichengerichte mit Blick auf die Zielsetzungen des Strafverfahrens (M3).
4. Erklärt, warum Jugendliche häufig rückfällig werden (M4/Tabelle).

5.5 Ursachen von Jugendkriminalität

M 1 Eine kriminelle Karriere

Eine fiktive, aber realitätsnahe Geschichte:

Anna hat keinen Schulabschluss. Anfangs jobbte sie eine Weile, nun ist sie seit einiger Zeit arbeitslos. Sie wohnt deshalb noch bei ihrer Mutter, die als alleinerziehende Berufstätige oft gestresst ist. Dafür greift sie ihrer Tochter finanziell sehr unter die Arme und macht ihr kleine Geschenke. Geschwister hat Anna nicht. Daher trifft sie sich oft mit Freundinnen aus der Nachbarschaft.
Schon mehrfach ist Anna in den letzten Jahren gerichtlich verurteilt worden: Betäubungsmittelmissbrauch, Diebstahl, schwerer Raub, Körperverletzung ...
Das erste Mal strafrechtlich auffällig wurde sie kurz nach dem Verlassen der Schule. Sie ist mit zwei anderen Mädchen in der Stadt unterwegs, kurzentschlossen überfallen sie zusammen eine junge Frau, die an ihnen vorbeigeht. Zuerst versuchen sie, der Frau die Handtasche wegzureißen. Als dies nicht gelingt und die Angegriffene fliehen kann, folgen sie ihr. Brutal schlagen sie die Frau nieder und treten auf sie ein, auch noch, als sie bereits verletzt am Boden liegt. Die Drei können flüchten.
Kurz darauf verüben die Freundinnen den nächsten Überfall, erneut an einer zufällig vorbeikommenden Passantin. Dieses Mal jedoch schlagen sie mit Holzbrettern zu, die sie vorher aus einem Bauzaun gerissen haben. Und wieder können sie zunächst entkommen. Durch Zeugenaussagen können die Mädchen aber später ausfindig gemacht und vor das Jugendschöffengericht gestellt werden. Anna erhält drei Jahre Haft.
Auch danach wird sie immer wieder kriminell. Inzwischen ist sie allerdings seit einiger Zeit nicht mehr straffällig geworden.

M 2 Straffälligkeit von Kindern

GLOSSAR
Kriminalität

Das Ergebnis einer Studie:

Die meisten der bei der Staatsanwaltschaft Marburg aktenkundig gewordenen Kinder waren in ihrem späteren Leben keine Straftäter mehr. Allerdings steige das Risiko, eine Verbrechenskarriere zu starten, automatisch stark an, wenn es bei Kindern und Jugendlichen mehrfach zu Straftaten komme, macht der Marburger Forscher Remschmidt im Gespräch mit der Oberhessischen Presse deutlich. Als Risikofaktoren nannte Remschmidt unter anderem Lernschwierigkeiten in der Schule sowie ungünstige Familienverhältnisse, die sich häufig in aggressivem Verhalten bereits im Kindergarten äußerten. Anhand dieser und einiger anderer Kriterien sei es möglich, bei mehr als 80 Prozent der späteren chronischen Straftäter ihre kriminelle Karriere vorherzusagen. Dies folgert Remschmidt aus einem Vergleich der untersuchten jungen Straftäter mit einer Kontrollgruppe.
Als weitere Schlussfolgerung fordert er: „Man müsste sich frühzeitig mit den Kindern eingehender beschäftigen, die schon früh negativ aufgefallen sind und eine Gefahr für sich und die Umwelt darstellen.“ Dabei machte Remschmidt im Gespräch mit der OP deutlich, dass es in Deutschland nicht darum gehe, für solche jungen Menschen wie in den USA „Strafcamps“ mit drastischen Regeln einzuführen. Jedoch müsse es gelingen, diese Kinder zu resozialisieren, bevor sie zu „Intensivtätern“ werden könnten.

Oberhessische Presse vom 3. 3. 2010

M3 Vernachlässigte Kinder

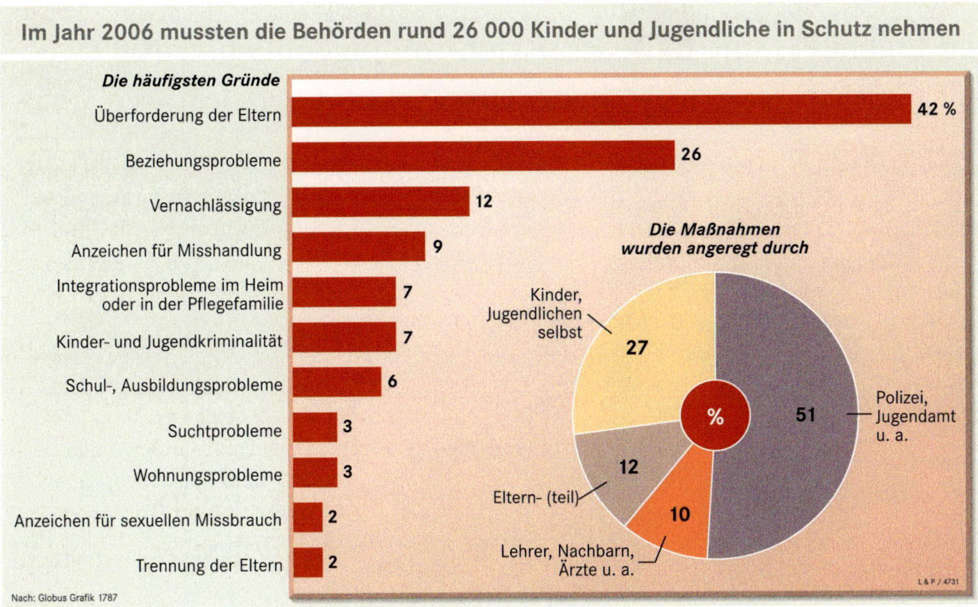

M4 „Folge misslungener Sozialisation“

Ein Erklärungsansatz:

Sich wiederholende Kriminalität ist häufig eine Folge misslungener Sozialisation von den ersten Kindheitsjahren an. In dieser Zeit wird die Entwicklung des Menschen maßgeblich bestimmt. Fehlentwicklungen, die auch in Kriminalität einmünden können, sind häufig hier bereits angelegt. Kriminalität ist nach der Sozialisationstheorie die Folge von Sozialisationsdefiziten, die insbesondere dann auftreten, wenn in der Kindheit eine dauerhafte Bezugsperson fehlte […]. Die Gewissensbildung, also die Verinnerlichung von Recht und Unrecht, kann aber auch bei Inkonsequenz, bei falschen Erziehungsmethoden, bei Hartherzigkeit der Erziehungspersonen oder auch bei überzogener Verwöhnung ver- beziehungsweise behindert werden. Eine Sozialisation wird insbesondere auch durch äußeren sozialen Druck gefährdet, durch beengte Wohnverhältnisse und/oder Dauerarbeitslosigkeit der Eltern, durch Armut. Positive emotionale Beziehungen, die für die Entwicklung eines Kindes notwendig sind, können in solchen sozialen Notsituationen häufig nur erschwert aufgebaut werden. Es ist in schwierigen sozialen Verhältnissen nur schwer möglich, notwendige Verhaltensbeschränkungen so zu vermitteln, dass sie auch verstanden werden.

Informationen zur politischen Bildung, Heft 306 (2010), S. 13

GLOSSAR
Sozialisation

1. Fasst zusammen, was aus eurer Sicht zur „kriminellen Karriere“ von Nadja A. geführt hat (M1).
2. Vergleicht die „kriminelle Karriere“ von Anna (M1) mit den Aussagen von M2 und M3.
3. Erläutert den theoretischen Erklärungsansatz M4 am Beispiel von Nadja A.
4. Verfasst einen abschließenden Text über Faktoren, die eine „kriminelle Karriere“ begünstigen können.

« Druck der Gruppe – Gruppendruck, S. 22 – 25

« Arm durch Kinder, S. 40 – 43

« Chancengleichheit, S. 54/55

5.6 Jugendkriminalität in der Statistik

M1 Kinder- und Jugendkriminalität

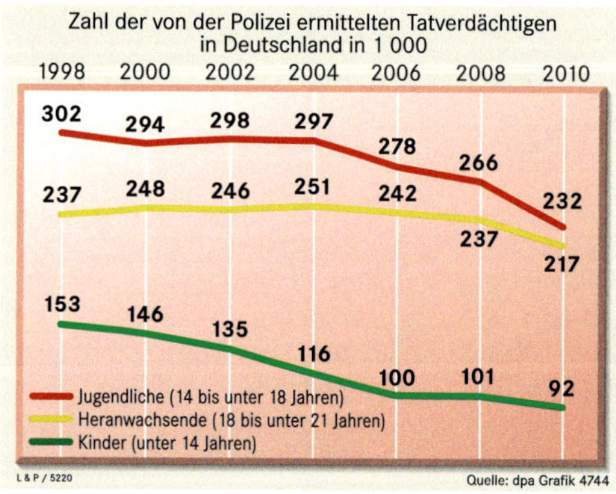

M3 Gesamtzahl der Jugendlichen (14–17 Jahre) in Deutschland

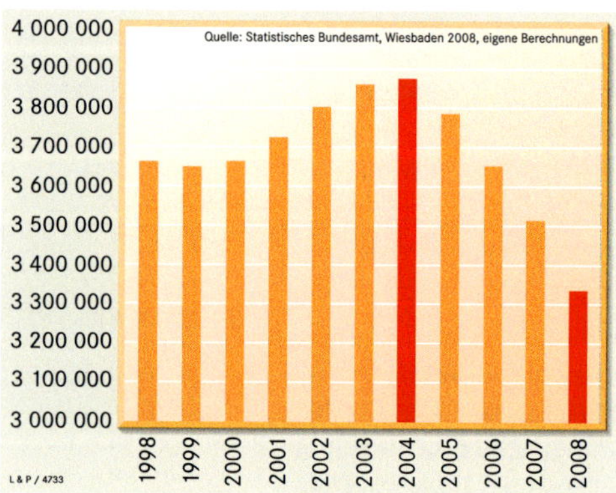

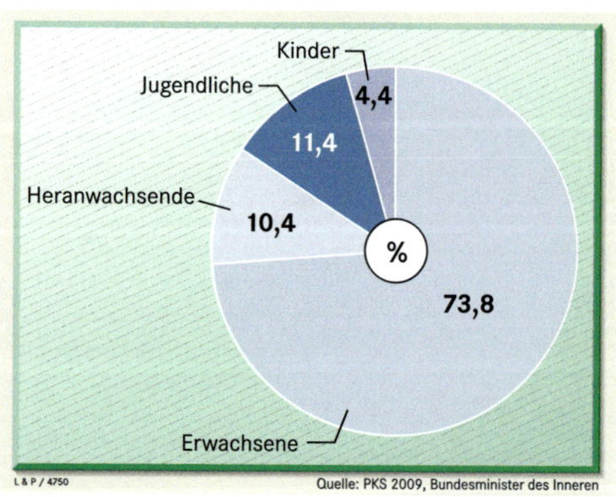

Tatverdächtige der Altersgruppen bei Tatverdächtigen insgesamt

M2 Straftaten von Jugendlichen 2009 (nach alter Zählung)

Straftat	Deutsche Jugendliche	Veränderung gegenüber Vorjahr in %	Nicht-deutsche Jugendliche	Veränderung gegenüber Vorjahr in %
Straftaten insgesamt	209 985	−4,9 %	44 220	−1,4
davon Rauschgiftdelikte	15 111	1,5 %	1 930	2,2
Ladendiebstahl	49 639	−2,6 %	10 353	2,0
Schwerer Diebstahl	20 679	−12,2 %	4 456	−6,4%
Bedrohung	7 708	3,3 %	1 488	−4,2%
Beleidigung	12 891	−2,9 %	2 126	−7%
Sachbeschädigung	38 943	−10,2 %	3 964	−9,5%
Körperverletzung insg.	50 055	−7 %	11 885	−7,6%

Daten nach: Polizeiliche Kriminalstatistik 2009

M4 Tatverdächtige nach Alter und Geschlecht 2009

Altersgruppe	insgesamt	Veränderung z. Vorjahr in %	Anteil in %	männlich Anzahl	in %	weiblich Anzahl	in %
Kinder	143 045	−1,9	6,3	102 647	71,8	40 398	28,2
bis unter 6	1 866	12,1	0,1	1 386	74,3	480	25,7
6 bis unter 8	4 610	−10,1	0,2	3 577	77,6	1 033	22,4
8 bis unter 10	14 083	−8,8	0,6	11 092	78,8	2 991	21,2
10 bis unter 12	35 384	−4,9	1,6	26 602	75,2	8 782	24,8
12 bis unter 14	87 102	0,8	3,8	59 990	68,9	27 112	31,1
Jugendliche	298 983	1,5	13,1	225 061	75,3	73 922	24,7
14 bis unter 16	142 870	2,4	6,3	102 038	71,4	40 832	28,6
16 bis unter 18	156 113	0,7	6,8	123 023	78,8	33 090	21,2
Heranwachsende (18 bis unter 21)	246 713	−0,4	10,8	199 523	80,9	47 190	19,1
Erwachsene	1 591 870	−0,4	69,8	1 224 402	76,9	367 468	23,1
Tatverdächtige insgesamt	2 280 611	−0,3	100,0	1 751 633	76,8	528 978	23,2

Daten nach: Polizeiliche Kriminalstatistik 2009

Mit komplexen Grafiken und Statistiken arbeiten

METHODE

Umgang mit einfachen Statistiken und Schaubildern, S. 33

Im Kapitel „Jugend und Familie“ habt ihr bereits gelernt, wie man mit einfachen Statistiken und Schaubildern umgeht. Am Beispiel der Polizeilichen Kriminalstatistik (PKS) aus dem Jahr 2009 soll diese Arbeit nun fortgeführt werden. In der PKS wird erfasst:

- Wie viele und welche Vergehen polizeilich bekannt wurden,
- wie viele Straftaten aufgeklärt wurden,
- wie viele Tatverdächtige ermittelt wurden,
- welches Geschlecht, Alter und welche Staatsangehörigkeit (deutsch/nichtdeutsch) die Tatverdächtigen haben,
- wer Opfer von Kriminalität wurde und
- welche Schäden die Kriminalität verursachte.

Aber: Vorsicht bei Statistiken! Sie erwecken zumeist den Endruck der Objektivität, so als sprächen die Zahlen für sich. Dem ist aber oft nicht so. Das Bundeskriminalamt z. B. führt selber an, dass die PKS kein getreues Abbild der Kriminalitätsentwicklung ist, denn erfasst werden nur die der Polizei bekannt gewordenen Vergehen und Verbrechen. Fachleute schätzen, dass die Zahl der Straftaten ein Mehrfaches dessen beträgt, was die offizielle Statistik ausweist. Inwieweit man von der polizeilich registrierten Anzahl der Delikte auf tatsächliche Kriminalität schließen kann, ist von Deliktsbereich zu Deliktsbereich verschieden. So werden bspw. Delikte, bei denen der Schadenersatz durch Versicherungen von einer Strafanzeige abhängt (insbesondere Delikte im Zusammenhang mit Kraftfahrzeugen), beinahe realitätsgetreu in der Polizeistatistik abgebildet, während es bei anderen Delikten entscheidend vom Anzeigenverhalten abhängt, ob ihre statistisch registrierte Anzahl steigt oder sinkt. Die Annahme, man könne von einem auch nur annähernd konstanten Verhältnis zwischen Statistik und Realität ausgehen, ist offenkundig falsch. Dies gilt ganz besonders für die Jugendkriminalität. In der PKS heißt es hierzu: „Wenn sich das Anzeigeverhalten der Bevölkerung oder die Verfolgungsintensität der Polizei ändert, kann sich die Grenze zwischen dem Hell- und Dunkelfeld verschieben, ohne dass eine Änderung des Umfangs der tatsächlichen Kriminalität damit verbunden sein muss.“
Als Einflussfaktoren auf die Entwicklung der Zahlen nennt die PKS neben dem Anzeigeverhalten die polizeiliche Kontrolle, die statistische Erfassung, Änderungen des Strafrechts und echte Kriminalitätsänderungen.

Von einem Anstieg oder Rückgang von Jugendkriminalität kann man sinnvoller Weise nur sprechen, wenn man die Zahl der Straftaten (bzw. der Tatverdächtigen) zur Entwicklung der Altersstruktur der Bevölkerung in Beziehung setzt. Dies leisten die vorliegenden Zahlen nicht.

Statistiken geben Anhaltspunkte – man muss sie lesen, beschreiben und deuten können!

Wertet die Statistiken (M1–M4) unter folgenden Aspekten/Fragen aus:

1. Wie haben sich die allgemeine Kriminalität und die Jugendkriminalität in Deutschland entwickelt?
2. Wie verteilen sich die Straftaten auf Altersgruppen und Geschlechter?
3. Welche Straftaten werden von Jugendlichen am häufigsten, welche werden besonders selten begangen?
4. Kann man von einem Anstieg oder einem Rückgang der Jugendkriminalität sprechen? Beachtet M3!
5. Welche Erklärungen lassen sich für eure Beobachtungen finden?

5.7 Menschenrechte – Grundrechte – Bürgerrechte

GLOSSAR
Menschenrechte
Grundrechte
Bürgerrechte

Unter den **Menschenrechten** werden die Rechte verstanden, die jedem Menschen von Geburt an zukommen. Sie sind am 10. 12. 1948 von den Mitgliedstaaten der Vereinten Nationen als **„Allgemeine Erklärung der Menschenrechte“** definiert und verkündet worden. Mit der Idee der Menschenrechte eng verbunden ist die Idee der angeborenen **Menschenwürde**. In Verfassungen formulierte Menschenrechte werden in der Regel als **Grundrechte** bezeichnet. Sie gelten für jeden Menschen, der sich im Geltungsbereich der Verfassung aufhält. Es gibt aber auch Grundrechte, die nur den einzelnen Staatsangehörigen vorbehalten sind (Grundrechte als **Bürgerrechte**).
Beobachter der Vereinten Nationen und Menschenrechtsorganisationen wie *amnesty international* stellen weltweit immer wieder unzählige Menschenrechtsverletzungen fest (Folter, Mord in staatl. Auftrag etc.).

M1 Die Entführung Jakob von Metzlers

» **Menschenrechte – Grundrechte – Bürgerrechte, S. 200**

Am Freitag, dem 27. September 2002, wurde der elfjährige Bankierssohn Jakob von Metzler entführt. Am Montag, dem 30. September 2002, nahm die Polizei den Jura-Studenten Magnus Gäfgen als Tatverdächtigen fest. Dieser gestand zwar die Entführung, war aber nicht bereit, den Ort des entführten Opfers anzugeben. Der Stellvertretende Frankfurter Polizeipräsident Wolfgang Daschner drohte dem Entführer daraufhin die Anwendung unmittelbaren Zwanges an. Unter dem Eindruck der Drohung machte Gäfgen die gewünschten Aussagen, der entführte Jakob konnte aber nur noch tot geborgen werden.
Gäfgen wurde verurteilt und verbüßt im hessischen Schwalmstadt eine lebenslange Haftstrafe, gegen die er vor dem Europäischen Gerichtshof für Menschenrechte klagte.
Das Verhalten Daschners führte in der Öffentlichkeit zu Debatten über die Zulässigkeit von staatlicher Gewaltandrohung bzw. -anwendung zur Erzwingung von Aussagen.
Autorentext

M2 Die Androhung von „Schmerzen“

Es war gegen 8 Uhr morgens am 1. Oktober 2002, als im Verhörzimmer des Frankfurter Polizeipräsidiums härtere Saiten aufgezogen wurden. Sieben Stunden lang hatten Fahnder den Verdächtigen Magnus Gäfgen während der Nacht bereits vernommen. Der Student log sie immer wieder an. Bestritt, der Entführer des Bankierssohns Jakob von Metzler zu sein. Zwischendurch machte er sich sogar über die Beamten lustig.
Frankfurts Vize-Polizeipräsident Wolfgang Daschner kannte jedes Wort der ergebnislosen Vernehmung. Der heute 60-jährige Chef-Fahnder wusste, dass Gäfgen der Täter sein musste. Immer wieder hatte er sich mit seinen Beamten beraten, war selbst in die Befragung eingestiegen und bestellte selbst die Mutter des Verdächtigen ins Präsidium. Nichts half. Deshalb traf Daschner nach wenigen Stunden Schlaf die wohl verhängnisvollste Entscheidung seiner Karriere. Im Führungsstab des Präsidiums diktierte er seinen Beamten, sie sollten Gäfgen bei der nächsten Vernehmung „Schmerzen“ androhen. Daschners Untergebene gehorchten. Einer der Beamten rückte ganz nah vor den Verdächtigen, packte seine Schultern und sprach mit leiser Stimme. Das ganze hier sei „kein Spiel“. Gäfgen müsse mit Schmerzen rechnen, die er noch nie in seinem Leben gekannt habe, wenn er nicht endlich auspacke. Per Hubschrauber sei „ein Experte“ unterwegs, der sein Folterhandwerk verstünde, ohne dass dabei Spuren hinterlassen würden.
nach: Spiegel-Online vom 20.4.2010; www.spiegel.de (Zugriff am 25. 5. 2011)

M3 Der Fall Daschner

Aus einem Interview der Zeitschrift Focus mit Wolfgang Daschner:

FOCUS: Ist Gewaltandrohung einem Beamten nicht strikt untersagt?

Daschner: Es gab einen extremen Handlungsdruck. Wir hatten ja gehofft, dass das Kind noch lebte. Normalerweise stirbt ein Mensch schon nach maximal vier Tagen ohne Flüssigkeit - diese Grenze war am Vormittag des 1. Oktober 2002 erreicht. Als ich um 8.23 Uhr darüber informiert wurde, dass in der von Magnus Gäfgen als Aufenthaltsort des Kindes bezeichneten Hütte am Langener Waldsee ein Schlaflager in Kindergröße mit Blutspuren gefunden worden war, fehlten zu dieser ultimativen Frist nur noch zwei Stunden. Magnus Gäfgen war zuvor stundenlang verhört worden, ohne uns bei der Suche nach dem Jungen weiterzuhelfen. [...] Wenn in diesem Verfahren von „Folter“ die Rede sein kann, dann war es die brutale Ermordung des elfjährigen Kindes Jakob von Metzler und das, was seiner Familie angetan wurde. Mein Auftrag an meinen Mitarbeiter Ortwin E. am Morgen des 1. Oktober 2002 lautete, Gäfgen noch einmal mit allem Nachdruck zu dem Aufenthaltsort des Kindes zu befragen, an sein Gewissen zu appellieren und auf die akute Lebensgefahr hinzuweisen. Für den Fall der weiteren Weigerung sollte er ankündigen, dass sich die Behördenleitung damit nicht zufrieden geben könne; er müsse damit rechnen, dass gegen ihn unmittelbarer Zwang angewendet werde. [...]

Gedenkstein der Carl-Schurz-Schule für Jakob von Metzler

Focus, Nr. 30 (2006)

M4 Zur Gesetzeslage

Artikel 5, Allgemeine Erklärung der Menschenrechte:
Niemand darf der Folter [...] unterworfen werden.

Artikel 1, Abs. 1, Grundgesetz:
Die Würde des Menschen ist unantastbar. Sie zu achten und zu schützen ist Verpflichtung aller staatlichen Gewalt.

Artikel 104, Abs. 1, Grundgesetz:
Die Freiheit der Person kann nur aufgrund eines förmlichen Gesetzes und nur unter Beachtung der darin vorgeschriebenen Formen beschränkt werden. Festgehaltene Personen dürfen weder seelisch noch körperlich misshandelt werden.

§ 34 StGB (Rechtfertigender Notstand):
Wer in einer gegenwärtigen, nicht anders abwendbaren Gefahr für Leben, Leib, Freiheit, Ehre, Eigentum oder ein anderes Rechtsgut eine Tat begeht, um die Gefahr von sich oder einem anderen abzuwenden, handelt nicht rechtswidrig, wenn bei Abwägung der widerstreitenden Interessen, namentlich der betroffenen Rechtsgüter und des Grades der ihnen drohenden Gefahren, das geschützte Interesse das beeinträchtigte wesentlich überwiegt. Dies gilt jedoch nur, soweit die Tat ein angemessenes Mittel ist, die Gefahr abzuwenden.

GLOSSAR
Rechtsstaat

M5 Das Verbot der Folter

Amnesty International:

Wenn der Staat einen Menschen foltert, nimmt er ihm seine Würde. Folter zielt darauf ab, einen Menschen innerlich zu unterwerfen, seine Psyche verfügbar zu machen und ihn seiner Würde zu berauben. Der Gefolterte wird zu einem Objekt gemacht, das keinerlei Möglichkeiten mehr hat, die eigenen Rechte wahrzunehmen. [...] Absolutes Folterverbot heißt, dass auch in Kriegs-, Krisen- und Notstandssituationen dieses Verbot nicht angetastet werden kann. Der Staat ist zu einem effektiven Schutz des menschlichen Lebens verpflichtet. Er darf dabei unter keinen Umständen die Menschenwürde antasten. Sie ist – im Völkerrecht ebenso wie im Grundgesetz – absolut garantiert. Es ist daher nicht möglich, die Menschenwürde gegen andere Rechtsgüter abzuwägen, auch nicht gegen das Recht auf Leben.

www.amnesty.de (Zugriff am 10. 2. 2011)

M6 Das Urteil der Strafkammer des Frankfurter Landgerichts

Das Verfahren endete am 20. Dezember 2004:

Wolfgang Daschner wurde im Dezember 2004 zu einer Geldstrafe von 90 Tagessätzen zu 120 Euro auf Bewährung verurteilt. Die Vorsitzende Richterin Bärbel Stock stellte in ihrer Urteilsbegründung fest: Keiner der von Daschner und seinen Verteidigern angeführten Gründe könne die Androhung schwerer Schmerzen rechtfertigen, weder „Nothilfe“, noch „übergesetzlicher Notstand“, noch „Gefahrenabwehr“. In allen diesen Situationen gelte die Norm, die auch in der deutschen Strafprozessordnung niedergelegt ist: Kein Mensch im Gewahrsam des Staates darf dazu gezwungen werden, etwas zu sagen, was er nicht sagen will.

Amnesty International Journal, Februar 2005, sprachlich leicht barbeitet

M7 Die Klage Gäfgens vor dem Europäischen Gerichtshof

Gäfgen erzielt einen Teilerfolg in letzter Instanz:

Der Kindsmörder Magnus Gäfgen hat einen Teilerfolg mit seiner Folterbeschwerde gegen Deutschland erreicht. Mit der Gewaltandrohung gegen Gäfgen bei der Fahndung nach einem entführten Kind habe Deutschland gegen das Folterverbot der Menschenrechtskonvention verstoßen, befand der Europäische Gerichtshof für Menschenrechte (EGMR) am Dienstag in Straßburg. Die Richter entschieden, dass „die Bestrafung der Polizeibeamten nicht den notwendigen Abschreckungseffekt hatte, um vergleichbaren Konventionsverletzungen vorzubeugen“. Mit anderen Worten: Deutschland hat zwar die Polizeibeamten, die Gäfgen mit Folter drohten, bestraft, allerdings waren diese Strafen zu gering.

Spiegel Online vom 1.6.2010 (Zugriff am 19. 12. 2010)

▸▸ Menschenrechte – Grundrechte – Bürgerrechte, S. 200/201

1. Stellt in einem Schaubild den Zusammenhang von Menschenrechten, Grundrechten und Bürgerrechten dar und ordnet die Artikel 1 – 19 des Grundgesetzes zu.
2. Beurteilt das Verhalten Daschners unter moralischen und (menschen-)rechtlichen Gesichtspunkten (M1–M5) und nehmt Stellung zu den Gerichtsurteilen (M6, M7).

5.8 Menschenrechte – Kinderrechte

Am 20. November 1989 wurde von den Vereinten Nationen die UN-Kinderrechtskonvention angenommen. In dieser sind die Rechte der Kinder zusammengefasst, denn Kinder brauchen, da sie nicht so stark sind wie Erwachsene und sich oft nicht wehren können, wenn ihnen Unrecht geschieht, einen besonderen Schutz. Die Kinderrechtskonvention hat die größte Akzeptanz aller UN-Konventionen. Mit Ausnahme der USA und Somalias haben weltweit alle Staaten dieser Erde die Kinderrechtskonvention ratifiziert (193 mit Stand 7. April 2010), einige Staaten jedoch unter Vorbehalten (darunter zunächst auch Deutschland). Allerdings bedeutet die Tatsache der Ratifizierung nicht, dass es in den unterzeichnenden Staaten nicht noch immer massive Verletzungen der Kinderrechte gibt. Eine besonders wichtige Maßnahme der Kinderrechte in Deutschland ist das im November 2000 verabschiedete Gesetz zur Ächtung von Gewalt in der Erziehung. Diskutiert wird, ob das Grundgesetz in Art. 6 wie folgt ergänzt werden soll: „Jedes Kind hat ein Recht auf Entwicklung und Entfaltung seiner Persönlichkeit, auf gewaltfreie Erziehung und auf den besonderen Schutz vor Gewalt, Vernachlässigung und Ausbeutung.“

GLOSSAR

Menschenrechte
Vereinte Nationen

M 1 „Zwei kleine Kinder aus verdreckter Wohnung geholt“

Aus einem Zeitungsbericht:

Erneut hat die Polizei am Montag zwei Kleinkinder aus einer völlig verdreckten Wohnung befreit. Beamte waren am frühen Nachmittag von Bewohnern eines Mehrfamilienhauses in Reinickendorf über eine zunehmend unerträgliche Geruchsbelästigung im Hausflur informiert worden. Darüber hinaus seien die Mieter der angrenzenden Wohnung seit Tagen nicht mehr gesehen worden, berichteten die Hausbewohner den Beamten. Auf deren Klingeln öffnete die 35 Jahre alte Wohnungsmieterin, alleinerziehende Mutter eines vierjährigen Jungen und eines acht Monate alten Mädchens.

Die Ordnungshüter mussten feststellen, dass sich die gesamte Zwei-Zimmer-Wohnung in einem desolaten Zustand befand. Zimmer, Küche, Bad und Flur waren vollkommen verdreckt, überall stapelten sich Berge von Unrat, Schmutzwäsche und diversen benutzten Einwegwindeln. Auf herumstehendem Geschirr fanden sich verschimmelte Essensreste, und die gesamte Wohnung war von Fliegenschwärmen befallen. Auch die beiden Kleinkinder befanden sich in einem verdreckten und völlig verwahrlosten Zustand. Mitarbeiter des sofort herbeigerufenen Fachkommissariats für Kindesmisshandlung und -vernachlässigung schalteten umgehend das Jugendamt ein. Dieses nahm die beiden Kinder in seine Obhut und brachte sie zunächst in einer Pflegeeinrichtung unter.

Was weiterhin mit den Kindern passiert, soll von den zuständigen Stellen in den nächsten Tagen entschieden werden. Gegen die Mutter wurde ein Ermittlungsverfahren eingeleitet.

Immer wieder müssen in der Hauptstadt Kinder aus solchen bedrohlichen Lebensumständen geholt werden. In vielen Fällen fühlen sich Eltern mit der Betreuung ihres Nachwuchses überfordert.

Bei Verdacht auf verwahrloste Kinder kann in Berlin seit einem Jahr auch die Hotline Kinderschutz angerufen werden. Auf diese Weise konnte bis Mai dieses Jahres rund 600 Jungen und Mädchen geholfen werden.

Knapp 1 000 Meldungen nahmen die Mitarbeiter der Hotline in dem ersten Jahr entgegen.

nach: Welt-online vom 1. 7. 2008 (Zugriff am 19. 12. 2010)

INFO

desolat: verwahrlost

M 2 Ein Plakat von Unicef

▸▸ Grenzen nationalstaatlicher Politik, S. 386

M 3 Kinderhandel

Kinderhandel in Österreich:

Zwei junge Mädchen werden unter falschen Versprechungen aus Nigeria [...] geholt; zum Zeitpunkt der Einreise [...] sind sie noch minderjährig. In Österreich wird ihnen mitgeteilt, dass sie die Kosten für die Reise – jeweils zwischen 40 000 und 45 000 Euro – abarbeiten müssten und „dass es mit Prostitution am schnellsten geht“, diese Schulden loszuwerden. Die Mädchen wagen es lange nicht, Hilfe zu suchen, denn ihre Familie zu Hause wird bedroht. Es kommt sogar zu Angriffen auf Familienmitglieder und auf das Haus der Familie. Die Mädchen fassen später aber Vertrauen zu einer Landsfrau in Österreich, erzählen ihr erstmals ihre Geschichte und sprechen über ihre Situation hier und zu Hause. Sie selbst versuche man durch Voodoo einzuschüchtern. Mittlerweile sind sie 22 und 24 Jahren. Beide haben mithilfe des Vereins „Exit“ Anzeige erstattet und die Lefö-Interventionsstelle gegen Frauenhandel um Hilfe ersucht.

nach: E. Probst/H. Sax/A. Winkler: Verkauft und verraten – Kinderhandel in Österrreich; www.kinderrechte.gv.at (Zugriff am 18. 10. 2010)

M 4 Kinderhandel?

„Kinderhandel“ in London:

Vorstandsboss Karl-Heinz Rummenigge vom deutschen Rekordmeister Bayern München wirft Teammanager Arsene Wenger vom englischen Champions-League-Halbfinalisten FC Arsenal Kinderhandel und Kidnapping vor. „Ein Arsene Wenger holt offenbar jedes Jahr Heerscharen von Spielern aus Frankreich und sonst woher. Dieser Art von Kinderhandel gilt es Einhalt zu gebieten. Das hat inzwischen ja Ausmaße angenommen, da ist das Wort Kidnapping nicht mehr weit“, sagte Rummenigge, Chef der europäischen Klub-Vereinigung ECA, der „Sport Bild“.
Als Beispiel für den Kinderhandel bezeichnete der Bayern-Boss den Transfer von Arsenal-Kapitän Cesc Fabregas, der im zarten Alter von 15 Jahren vom FC Barcelona zu den Gunners gewechselt war. „Das beste Beispiel ist doch Fabregas. Der ist mit 15 Jahren von Barcelona kostenlos nach London geholt worden, da er erst ab 16 vertraglich gebunden werden konnte“, sagte Rummenigge.

Welt-online vom 29. 4. 2009 (Zugriff am 18. 10. 2010)

M5 Zeichen setzen

Der Journalist Parvin Sadigh zur Aufnahme der Kinderrechte in das Grundgesetz:

Es ist nur ein einziger Satz, der dem Art. 6, der den Schutz von Ehe und Familie regelt, hinzugefügt werden soll. Nun kann man sagen: Diese Forderung sollte eigentlich selbstverständlich und mit den Menschenrechten abgedeckt sein, die ja auch für die Kinder gelten. Das ist ganz richtig – aber leider doch falsch. Denn es ist eben nicht selbstverständlich.

Aus diesem Grund hat man auch das Recht der Mütter in der Verfassung verankert, weil es dieses Symbol brauchte, um im Bewusstsein nicht nur von Richtern und Jugendamtsmitarbeitern zu verankern, dass Mütter eigene Rechte haben, nicht nur als Teil der Familie funktionieren. Bei Kindern ist das allerdings viel dringlicher, denn sie können nicht selbst auf ihre Menschenrechte pochen, wie erwachsene Mütter das könnten. Und Kinder sind nicht nur Teil einer schützenswerten Familie, sondern auch vor ihrer Familie zu beschützen, wenn das notwendig wird.

Die Pflicht zum Kinderschutz im Grundgesetz wäre natürlich nur ein Symbol und als ein solches nur ein Baustein [...] parallel zu vielen konkreten Maßnahmen [...]. Aber dieses Symbol kann trotzdem Kraft entwickeln. Denn es könnte dazu beitragen, Scheinargumente zu entkräften: Pflichtuntersuchungen beim Kinderarzt widersprechen der Verfassung, heißt es, weil Ärzte der Schweigepflicht unterliegen, weil der Staat sich doch nicht in die Hoheitsrechte der Familie einmischen darf. So etwas könnte man leicht vom Tisch fegen, wenn die Kinderrechte schwarz auf weiß daneben stünden ...

Zeichnung: Burkhard Bütow

Eine Verfassungsänderung wäre ein gutes Zeichen. Nun kann man argumentieren, demnächst könnten auch die Alten und Kranken einen eigenen Satz im Grundgesetz verlangen. Sie sind zwar erwachsen, doch gelegentlich auch nicht mehr in der Lage, für sich selbst zu sorgen. Warum also nicht? Das Grundgesetz verliert nicht an Glaubwürdigkeit, wenn es ein paar Sätze länger wird. Es wird nur konkreter und menschlicher.

www.spiegel.de (Zugriff am 19. 12. 2010) sprachlich leicht bearbeitet

1 Erläutert, inwiefern die in M1 geschilderte Situation gegen die Kinderrechtskonvention verstößt (Autorentext, M2).

2 Erstellt zu jedem der zehn Grundrechte für Kinder (M2) ein Ausstellungsplakat, mit dem auf dieses Grundrecht aufmerksam gemacht werden soll. Überlegt euch unterschiedliche Gestaltungsmöglichkeiten.

3 Vergleicht die in M3 und M4 beschriebenen Fälle. Kann man bei beiden von „Kinderhandel" sprechen?

4 Prüft die beschriebenen Fälle mit der UN-Kinderrechtskonvention (M2). Welche Grundrechte werden berührt?

5 Verfasst gemeinsam ein Schreiben an den Bundestagsabgeordneten in eurem Wahlkreis: „Kinderrechte sollten in das Grundgesetz aufgenommen werden, weil ...".

5.9 Wozu gibt es das Recht?

M1 Die Ermordung von Gönül Karabey

Ali Karabey hat am 13. Juni vorigen Jahres seine Schwester Gönül getötet, weil sie seiner Auffassung nach „Schande über die Familie gebracht" und deshalb „ihr Leben verwirkt" habe. Das hat gestern die Zweite Große Strafkammer des Wiesbadener Landgerichts nach mehrmonatiger Hauptverhandlung festgestellt und den 25 Jahre alten türkischen Angeklagten wegen Mordes, heimtückisch und aus niedrigen Beweggründen begangen, zu lebenslanger Haft verurteilt. [...]

Dass sie sich schließlich mit einem Deutschen habe verheiraten wollen, soll mindestens ihr ältester Bruder als „Schande" empfunden haben, die zu tilgen sei. Als ihre Familie im vorigen Jahr nach Berlin umzuziehen plante, tauchte Gönül am 4. Juli überraschend bei ihrem Freund S. auf, um bei ihm zu bleiben; zeitweilig soll sie auch überlegt haben, sich in ein Frauenhaus zu flüchten. S. brachte sie vorübergehend in einem seiner Mutter gehörenden Gartenhaus in Dotzheim unter. Beide hätten sich vor möglichen Reaktionen ihrer Familie gefürchtet, zumal Gönüls Arbeitgeber Ö., ein türkischer Boutique-Besitzer, sie vor der Verbindung gewarnt habe, sagte Richter Poulet.

Schließlich aber habe sich Ö. als Vermittler angeboten, und Gönüls Familie habe den Anschein erweckt, mit der Ehe einverstanden zu sein. Ali Karabey aber habe sich dann noch eine Aussprache mit seiner Schwester ausbedungen – allein mit ihr, weil türkische Mädchen in Gegenwart ihres Freundes angeblich „nicht ganz offen und ehrlich sprechen" könnten. Im Gartenhaus muss er die Zwanzigjährige dann regelrecht hingerichtet haben. [...]

Frankfurter Allgemeine Zeitung vom 30. 09. 2006 (Verfasserin: Heidi Müller-Gerbes)

M2 Archaischer Ehrbegriff

„Ehrenmorde" sind in islamischen Ländern in Traditionen eingebettet, die um einen altertümlich ausgelegten Ehrbegriff kreisen. Darin integriert ist ein Frauenbild, das die Frau weniger als selbstständiges Wesen, sondern vielmehr als „die Ehre des Mannes" ansieht. Auch Zwangsheiraten gehören in einem weiteren Sinn in diesen Komplex. [...]

Dennoch: Durch abschreckende Strafen, aber auch durch Aufklärung muss man dieses spezielle Gewaltgeflecht, das heute hauptsächlich ein „islamisches" Phänomen ist, allmählich auflösen und zerstören. Mord bleibt Mord, einen mildernden multikulturellen Bonus kann es da nicht geben.

nach: Frankfurter Allgemeine Zeitung vom 15. 04. 2006

M3 Der Wiesbadener Ludwig-Beck-Preis für Zivilcourage

Fatma Bläser und Serap Cileli

Träger des Ludwig-Beck-Preises für Zivilcourage sind Fatma Bläser und Serap Cileli (2006). Die beiden deutsch-türkischen Autorinnen nahmen als Rednerinnen an der bundesweit beachteten Demonstration und Kundgebung gegen „Ehrenmorde" am 30. Juni 2005 in Wiesbaden teil. Sie bezogen öffentlich Stellung gegen Gewalt an Frauen. Anlass war die Ermordung von Gönül Karabey, die am 13. Juni 2005 in Wiesbaden von ihrem Bruder erschossen wurde. Die Schriftstellerinnen stehen mit ihrem Engagement für elementare Werte des Grundgesetzes und der Menschenrechts-Charta ein.

www.hlz.tu-darmstadt.de (Zugriff am 10. 2. 2011)

M4 Aufgaben des modernen Rechts

Die wichtigste Funktion des Rechts ist die **Sicherung des inneren Friedens.** In einer Gesellschaft gibt es unterschiedliche Interessen, die unausweichlich zu Konflikten führen. Das Recht sorgt dafür, dass sie auf friedliche Weise in einem geregelten Verfahren ausgetragen werden. Die Rechtsordnung verbietet, privat Vergeltung zu üben oder das Recht auf eigene Faust durchzusetzen. Das Opfer einer Straftat darf an dem Täter keine Rache nehmen.[...] Der Bürger muss sich an die Gerichte wenden und sein Recht mithilfe der Staatsgewalt durchsetzen. [...] Der Gesetzgeber muss beim Erlass der Gesetze die unterschiedlichen Interessen und möglichen Konflikte vorwegnehmen. Das Recht dient so der Vorbeugung von Konflikten. [...]

Das Recht sichert nicht nur den inneren Frieden, sondern gewährleistet auch die **Freiheit des Einzelnen.** [...] In einer Gesellschaft, in der viele Menschen auf engem Raum zusammenleben, kann es aber keine uneingeschränkte Freiheit geben. Freiheit endet dort, wo das Recht des anderen beginnt. Die französische „Erklärung der Menschen- und Bürgerrechte" von 1789 hat das so ausgedrückt: „Die Freiheit besteht darin, alles tun zu können, was einem anderen nicht schadet." [...]

Das Recht regelt die privaten Rechtsbeziehungen. Das Recht schützt nicht nur Frieden und Freiheit in der Gesellschaft, es stellt auch ein System von rechtlichen Regeln bereit, in dem der Einzelne seine Rechtsbeziehungen in eigener Verantwortung gestalten kann. [...] Wenn jemand beispielsweise ein Haus bauen will, erwirbt er per Kaufvertrag zunächst ein Grundstück. Er wird als neuer Eigentümer in das Grundbuch eingetragen, damit ist sein Eigentum gesichert. Dann schließt er Verträge mit dem Architekten und den verschiedenen Handwerkern über die Bauausführung. [...]

Solche Vereinbarungen sind „rechtswirksam", die Rechtsordnung garantiert, dass sie eingehalten werden. [...]

Das Recht gestaltet die Gesellschaft. Die Sicherung des Friedens und der Freiheit und die Gewährleistung der Privatautonomie sind Kernbestandteile des liberalen Rechtsstaates. Der soziale Rechtsstaat greift darüber hinaus aktiv in alle Bereiche des persönlichen, sozialen und wirtschaftlichen Lebens ein. **Gesetzliche Regelungen schützen die Schwächeren** und sorgen für den Ausgleich sozialer Gegensätze. Das Arbeitsrecht beispielsweise enthält zahlreiche Regelungen zum Schutz der Arbeitnehmer: Kündigungsschutz, Arbeitszeitbegrenzung, Lohnfortzahlung, Schutz vor den Gefahren des Arbeitslebens, Mutter- und Jugendschutz, Mitbestimmung.

Der rasche gesellschaftliche Wandel, die begrenzten natürlichen Lebensgrundlagen, die Entwicklung neuer Technologien zwingen den Staat, steuernd und gestaltend in immer neue Lebensverhältnisse einzugreifen. Auch hier bedient sich der Staat vor allem des Rechts. Dem **Schutz der Umwelt** beispielsweise dienen das Immissionsschutzgesetz, das Atomgesetz, das Chemikaliengesetz und andere mehr. [...]

nach: Pötzsch, Horst: Die Deutsche Demokratie. 5. überarbeitete und aktualisierte Auflage, Bonn 2009, S. 131-133

GLOSSAR
Gesellschaft
Rechtsstaat

1 Tragt im Unterricht zusammen, was ihr unter Begriffen wie Ehre, Schande etc. versteht und welche Bedeutung diese Begriffe für euch haben.

2 Stellt dar, warum gerade die beiden genannten Autorinnen den Ludwig-Beck-Preis für Zivilcourage erhalten haben (M3, aber auch M2).

3 Erläutert die verschiedenen Funktionen des modernen Rechts (M4) und überprüft, welche bei der Ermordung von Gönül Karabey (M1) tangiert sind.

4 Verfasst eine Rede (Laudatio) zur Preisübergabe an die beiden Autorinnen (M3).

PERSPEKTIV-
WECHSEL

Leben ohne Recht

Das Recht in der Steinzeit
Zeichnung: unbekannt

M 1 In Sizilien gelten die Gesetze der Mafia

Im Stadtteil Brancaccio von Palermo riecht es süßlich nach warmem Blut. Der ekelhafte Geruch aus dem Schlachthof gehört zu diesem Niemandsland wie die Hochhäuser und die verlassenen Hütten, wo herrenlose Köter herumstreunen. Hier wuchsen Leonardo Cavanola (35) und Antonio Romero (29) auf, die für die Cosa Nostra zu Mördern wurden. Für 250 000 Lire monatlich. Sie gehörten zum Heer der 10 000 Ganoven, die die Mafia anheuerte, um die Drecksarbeit zu machen.
Sizilien mit einer Jugendarbeitslosigkeit von 50 Prozent ist der ideale Nährboden für die organisierte Kriminalität. Ihnen sei es um die Ehre gegangen, bekennen die zwei Mafia-Killer, die seit Kurzem mit der Justiz zusammenarbeiten. „Ich dachte, ich sei nun ein Teil von etwas ganz Großem, ich fühlte mich plötzlich wichtig, nicht mehr wie irgendwer", sagt Romero. Alle Mordaufträge seien von dem 1995 verhafteten Alberto Donizetti gekommen. „Uns wurde gesagt: Verfolgt den und erledigt jenen. Und wir gehorchten." Rund 20 Männer brachten sie eigenen Angaben zufolge um.
„Die Mafia ist noch lange nicht tot", warnt der sizilianische Oberstaatsanwalt Luigi Garibaldi. Laut Garibaldi kontrolliert die Mafia noch immer weite Teile Siziliens. Dem stehe eine personell ausgedünnte Justiz gegenüber, die teilweise handlungsunfähig sei. Der Grund: Viele wollen aus diesen Regionen versetzt werden, doch im Gegenzug will niemand kommen. Mafia-Jäger gehören zu den meistgefährdeten Personen in Italien. Allein in der Staatsanwaltschaft Palermo sind zwölf Stellen von 50 nicht besetzt.
Der Erzbischof der ostsizilianischen Hafenstadt Luigi Rommarito schickt einen verzweifelten Hilferuf nach Rom und in die Chefetagen der großen Unternehmen, „Arbeit ist das erste und dringendste Problem", mahnt er. In Catania wird derzeit fast jeden Tag ein Mafia-Mord verübt.

aus: Trierer Volksfreund vom 12. 2. 1997

INFO

Cosa Nostra: Teil der Mafia

250 000 Lire: entsprechen etwa 130 Euro

▸▸ **Karikaturen deuten, S. 232/233**

1. Beschreibt die Karikatur: Was hat sich ereignet? Wie könnte die „Geschichte" weitergehen? Auf welches Problem will der Zeichner aufmerksam machen?
2. Stellt die Rechtssituation dar, die in M 1 beschrieben wird.
3. Erläutert an einigen Beispielen die Unterschiede zwischen der in M 1 beschriebenen Situation und der Situation in der Bundesrepublik.

KOMPAKT

Wichtiges zusammengefasst

- In unserer Gesellschaft wird das Zusammenleben durch eine Vielzahl von **Bräuchen, Ritualen, Werten, Normen** und **Regeln** geordnet, die von vielen Mitgliedern gelebt und respektiert werden. Recht bzw. das **Gesetz** ist eine besondere Form dieser Normen – es ist für jeden verpflichtend! In einer Demokratie werden die Gesetze von gewählten Volksvertretungen, den **Parlamenten**, beschlossen. Die Einhaltung des Rechts kann erzwungen werden. Vor allem bei Verstößen gegen Strafgesetze hat der Staat die Aufgabe, dem Recht Geltung zu verschaffen. Nach staatlichen Ermittlungen wird in einem Strafprozess durch **unabhängige Gerichte** geprüft, ob der Angeklagte eine Rechtsverletzung begangen hat. Bei nachgewiesener Schuld legt ein Gericht die entsprechende Strafe in einem **Urteil** fest.
- Die Bundesrepublik ist ein **Rechtsstaat**, in dem es verschiedene **Rechtsnormen** (Verfassungsgrundsätze, einfache Gesetze, Verordnungen, Erlasse etc.) gibt. Alle zusammen bilden die verbindliche **Rechtsordnung**. **„Rechtsstaat“** bedeutet, dass sich alle – Bürger wie Staatsorgane – den Gesetzen unterordnen müssen. Die Rechtsbeziehungen der Bürger untereinander werden durch das **Privatrecht** (**Zivilrecht**), meist durch Verträge, geregelt. Im **Bürgerlichen Gesetzbuch (BGB)** sind die bürgerlichen Rechte niedergeschrieben. Das **Öffentliche Recht** regelt dagegen die Beziehungen von Staat und Bürger bzw. die Beziehungen der öffentlichen Gewalten untereinander. Anders als beim Privatrecht ist beim Öffentlichen Recht der einzelne Bürger der öffentlichen Gewalt untergeordnet (was nicht ausschließt, gegen Maßnahmen der öffentlichen Gewalt zu klagen). Bei der Gerichtsbarkeit wird grundsätzlich zwischen Zivilrecht und Strafrecht bzw. zwischen Zivil- und Strafprozessen unterschieden.
- Zivilrechtlich betrachtet sind schon Kinder ab sieben Jahren **beschränkt geschäftsfähig**. Mit zunehmendem Alter und wachsender Mündigkeit wächst auch die Geschäftsfähigkeit. Rechte wie Pflichten nehmen nun zu, wobei Beschränkungen in der Regel dem Schutz der Kinder und Jugendlichen dienen. Strafbare Handlungen, die von Jugendlichen begangen werden, fallen unter die **Jugendkriminalität**. Strafrechtlich wird zwischen Jugendlichen (ab 14 Jahren), Heranwachsenden (18–20 Jahre) und Erwachsenen (ab 21 Jahren) unterschieden.
- Alle Gesetze müssen die **Menschenrechte** beachten und dürfen nicht gegen sie verstoßen. Menschenrechte sind die Rechte, die jedem Menschen zustehen. In Verfassungen werden sie in der Regel als **Grundrechte** bezeichnet. Sie gelten für jeden Menschen, der sich im Geltungsbereich der Verfassung aufhält. Es gibt aber auch Grundrechte, die nur den einzelnen Staatsangehörigen vorbehalten sind (Grundrechte als **Bürgerrechte**). Umstritten ist, ob spezielle **Kinderrechte** (wie in der UN-Kinderrechtskonvention) in das Grundgesetz aufgenommen werden sollen.

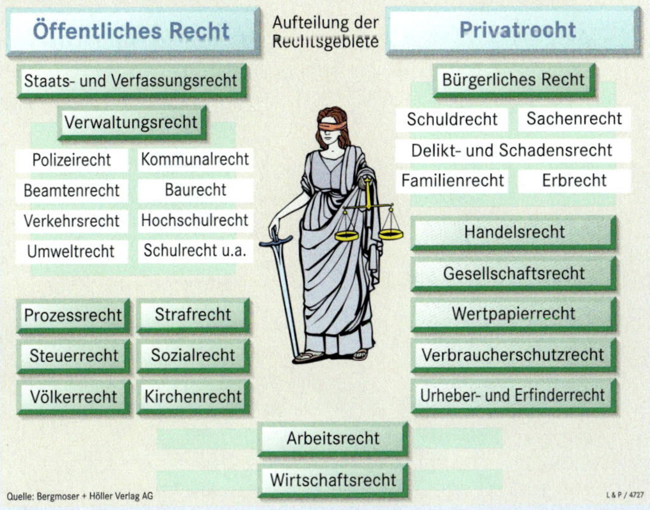

Öffentliches Recht und Privatrecht

6. Markt – Wirtschaft – Politik

1

- Wie funktioniert der Markt?
- Welche Rolle spielt der Staat in der Wirtschaft?
- Wie werden Konflikte im Betrieb ausgetragen?
- Was bestimmt Unternehmensentscheidungen?

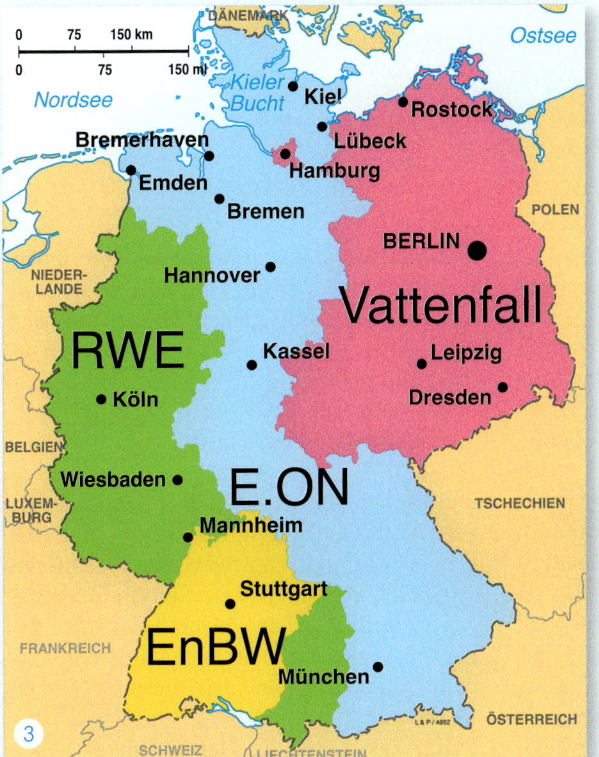

3

2

6.1 Wir orientieren uns auf dem Markt

Unsere Wirtschaft funktioniert wie selbstverständlich. Wir finden das, was wir brauchen, im Supermarkt oder beim Discounter, bezahlen dafür und nehmen den Einkauf mit nach Hause. Die einfachste Sache der Welt! Und doch stehen dahinter zahlreiche wirtschaftliche Prozesse, bis wir zum Beispiel den schon lange gewünschten iPod genau dort im Regal finden, wo wir ihn suchen. Wie von unsichtbarer Hand gesteuert werden milliardenfach Dinge produziert, die ihre Käufer finden – ohne dass es eines „menschlichen Superhirns“ bedarf, das diese Prozesse plant und überwacht. Diese Leistung vollbringen Märkte, auf denen die Wünsche, Bedürfnisse und Interessen von Unternehmern (Produzenten) und Verbrauchern (Konsumenten) zusammentreffen und koordiniert werden.

M 1 Der Wochenmarkt: „Zwei Pfund Tomaten: 1 €“

Die meisten von uns kennen Wochenmärkte, wo es Obst, Gemüse und manch anderes frisch zu kaufen gibt.

Ein Markt bietet dem Betrachter ein buntes und auf den ersten Blick verwirrendes Bild. Das Angebot vieler Stände sieht völlig gleich aus. Bei genauerem Hinsehen merkt man jedoch, dass die Preise und die Qualität unterschiedlich sind. Erfahrene Marktbesucher kaufen daher nicht gleich am ersten Stand, an dem sie vorbeikommen, sondern schlendern erst über den gesamten Markt. Tomaten werden zu verschiedenen Preisen angeboten, und sie sehen auch unterschiedlich aus. Da gibt es große, gleichmäßig rote, und kleinere, etwas weniger schöne. Für den Salat benötigen die Käufer große und saftige Tomaten. Der Salat soll ja auch ansehnlich sein, schließlich isst das Auge mit. Für eine Soße tun es auch kleinere Tomaten mit einigen braunen Stellen.

Die Kunden vergleichen die Preise und legen für sich fest, welche Waren sie in welcher Güteklasse erwerben wollen. Sie verhalten sich durchaus rational, wenn sie Tomaten an zwei verschiedenen Ständen kaufen. Die kleinen und etwas unansehnlichen zum niedrigsten Preis und einige große, die besser aussehen, aber auch teurer sind. Bei diesen gehen sie nicht nach den Kosten, sondern suchen sich die schönsten aus. Interessant ist für sie nicht nur der Preis, sondern vor allem das Preis-Leistungs-Verhältnis. Sie wählen nicht unbedingt das billigste Angebot, sondern das für sie beste.

Für die Händler ist der Markt weniger romantisch. Für sie ist er der Ort, an dem sie Kunden für ihre Waren finden. Dieser Warenverkauf sichert ihre Existenz, denn sie geben die Produkte nicht zu dem Preis ab, den sie auf dem Großmarkt selbst entrichtet haben, sondern sie kalkulieren einen Gewinn ein, der für sie selbst übrig bleibt und ihren Arbeits- und Kapitaleinsatz entlohnt. Die konkrete Preisgestaltung vollzieht sich auf Basis der eigenen Kosten nach Angebot und Nachfrage. Das heißt, die Händler sind davon abhängig, wie viele Kunden den Markt bevölkern, wie gut ihr Angebot im Vergleich zu dem der anderen Händler ist und wie diese ihre Preise gestalten.

Einige Zeit, bevor der Markt schließt, verändern sich die Preise noch einmal. Wenn ein Produkt knapp ist (z. B. Spargel zu Beginn der Saison), kann es durchaus sein, dass er gegen Ende der Marktzeit teurer und nicht billiger wird. Der Händler ist in diesem Fall sicher, dass er seine Ware auf jeden Fall verkauft, weil die Nachfrage das Angebot deutlich übersteigt. Bei anderen Obst- und Gemüsesorten senkt er hingegen den Preis, um sie doch noch zu verkaufen. Gerade bei solchen Lebensmitteln tritt durch die leichte Verderblichkeit schnell ein wirtschaftlicher Schaden ein. Da ist es besser, die Ware mit geringem Gewinn oder sogar ohne Gewinn zu verkaufen, als sie am darauffolgenden Tag wegwerfen zu müssen.

nach: Eckart D. Stratenschulte, Wirtschaft in Deutschland, Bonn 2006 (BpB), S. 12 f.

INFO

Kapitaleinsatz: das eingesetzte Geld

M2 Der Markt als „Nervenzentrum“ der Wirtschaft

Der Markt ist gewissermaßen das Nervenzentrum der Wirtschaft. In ihm treffen die Wünsche und Absichten von Konsumenten und Produzenten aufeinander, von Arbeitgebern und -nehmern, von Vermietern und Mietern, von Kapitalgebern und -nehmern – kurz: von Angebot und Nachfrage!

Die verschiedenen Marktpartner verfolgen unterschiedliche Ziele: Der Konsument will möglichst billig einkaufen, der Produzent möglichst teuer verkaufen. Andererseits will der Arbeitnehmer möglichst hohe Einkünfte erzielen, der Arbeitgeber mit möglichst niedrigen Löhnen auskommen – und so könnte man die Gegenüberstellung beliebig fortsetzen. Wer kauft (seien es Waren oder Arbeitskraft), ist immer an niedrigen Preisen, wer verkauft (gleich, ob seine Arbeitskraft oder Waren), immer an möglichst hohen Preisen interessiert. Diese widerstreitenden Interessen zum Ausgleich zu bringen, das ist in der freien Marktwirtschaft die Aufgabe des Preises.

nach: Walter Lippens, Im Kreislauf der Wirtschaft, Köln 2002, S. 91

GLOSSAR

Wirtschaft

Marktwirtschaft

M3 Die Preisbildung

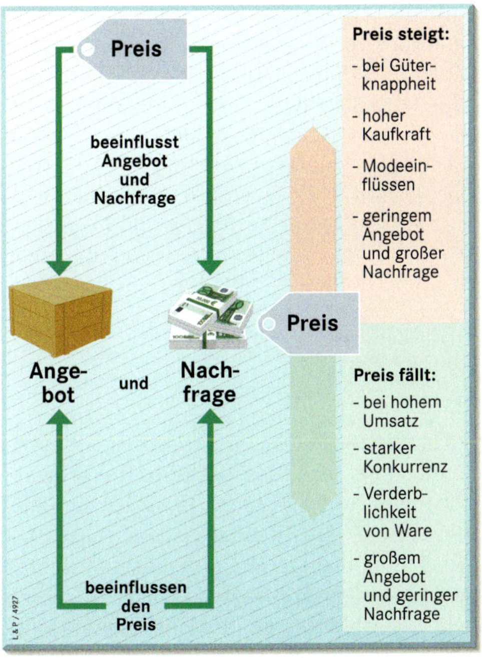

M4 Modell und Wirklichkeit

„Im Preis drückt sich der Tauschwert aus, den ein Gut im Verhältnis zu anderen Gütern hat.“ Dieses Modell stellt den Vorgang der Preisbildung allerdings vereinfacht dar; es geht von einem sogenannten „vollkommenen Markt“ aus, der zwar auf dem überschaubaren Wochenmarkt gegeben, aber in der Wirklichkeit selten ist. Der „ideale“ Markt hätte folgende Kennzeichen:

- Auf dem Markt stehen sich viele Anbieter und viele Nachfrager gegenüber, es herrscht vollständige Konkurrenz.
- Die angebotenen Güter sind „homogen“, d.h. nach Art und Qualität gleich.
- Es herrscht „Markttransparenz“: Die Marktteilnehmer sind über alle Preise, Qualitätsmerkmale und Produkteigenschaften informiert.

Autorentext

1 Erklärt, wie ein Wochenmarkt „funktioniert“ (M1 und M2): Was geschieht auf dem Markt? Welche Gruppen treten mit welchen Interessen auf?

2 Sucht – über den Wochenmarkt hinaus – weitere Beispiele für Märkte. Inwiefern kann man unsere Wirtschaft als eine „Marktwirtschaft“ bezeichnen?

3 Erläutert an selbst gewählten Beispielen das Zusammenspiel von Angebot, Nachfrage und Preis (M3).

4 Überprüft, ob die Voraussetzungen des marktwirtschaftlichen Modells (M4) in der Wirklichkeit gegeben sind (M3): Wo treffen sie zu? Wo treffen sie nicht zu?

5 Überlegt, wie ihr als Marktteilnehmer für euch „Markttransparenz“ herstellen könnt (M4).

◀◀ „test“ – eine Hilfe für Verbraucher, S. 112

◀◀ Bewusst kaufen – nachhaltig konsumieren, S. 116

6.2 Von Märkten und Kreisläufen

Eine Volkswirtschaft funktioniert im Grunde nicht anders als ein Wochenmarkt: Einige bieten etwas an, andere möchten diese Waren kaufen. Angebot und Nachfrage treffen sich. Diese Tauschprozesse vollziehen sich jeden Tag millionenfach und immer wieder aufs Neue. Es bildet sich ein Kreislauf heraus: der sogenannte Wirtschaftskreislauf. Das Geld übernimmt dabei die wichtige Funktion des Tausch- und Zahlungsmittels.

M 1 Der einfache Wirtschaftskreislauf

Die Unternehmen stellen Güter und Dienstleistungen her, die von den Haushalten und von anderen Unternehmen gekauft werden. Diese Güter und Dienstleistungen werden von Arbeitskräften („privaten Haushalten") produziert, die dafür Löhne erhalten, die sie wiederum für Konsum ausgeben. Das ausgegebene Geld fließt als Konsumausgabe zurück in die Unternehmen.
In dem wirtschaftlichen Kreislaufschema gibt es entsprechend zwei Wertströme, den Güterstrom und den Geldstrom. Die Wertströme fließen zwischen den Haushalten und den Unternehmen: Die Güter werden von den Haushalten mit Geld bezahlt. Mit diesem Geld wird die Arbeitsleistung entlohnt und fließt so zurück in die Haushalte. Man unterscheidet je nach Tauschgut verschiedene Märkte: Arbeitsmarkt, Gütermarkt und Kapitalmarkt.

nach: www.hochimkurs.de (Zugriff am 29. 4. 2011)

M 2 Der erweiterte Wirtschaftskreislauf

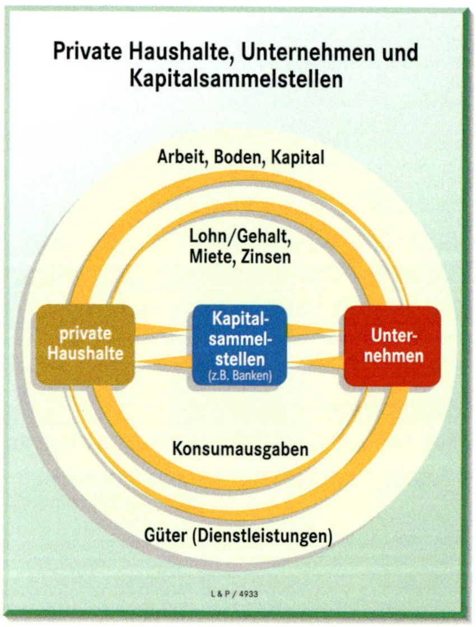

Der erweiterte Wirtschaftskreislauf schließt den Kapitalmarkt mit ein. Geld, das nicht für Konsum ausgegeben, sondern gespart wird, fließt zu Banken, Sparkassen oder anderen Kapitalsammelstellen, die die gesammelten Beträge an Unternehmen weiterleiten, in erster Linie um Kredite für Investitionen zur Verfügung zu stellen.
Wo immer Unternehmen forschen, investieren, produzieren oder Dienstleistungen erbringen, also etwas „unternehmen", brauchen sie Geld. Dieses Geld, auch Kapital genannt, haben sie aber häufig nicht in ausreichendem Maße. Sie benötigen weitere Kapitalquellen, etwa um neue Maschinen und Anlagen erwerben zu können (Investitionen). Je mehr die Unternehmen auf diese Weise investieren können, desto mehr Produkte oder Dienstleistungen können sie anbieten und verkaufen. Dann brauchen sie neue Arbeitskräfte, die Löhne und Gehälter fließen wieder in den Konsum und ein Teil kann gespart werden. So bleibt der Kreislauf in Gang und die Volkswirtschaft wächst.

nach: www.hochimkurs.de (Zugriff am 29. 4. 2011)

M3 Der Staat im erweiterten Wirtschaftskreislauf

Auch der Staat beeinflusst den Wirtschaftskreislauf. Bei jedem Handel, der in Deutschland stattfindet – egal ob mit Arbeitskraft oder mit Waren –, fließt gleichzeitig Geld an den Staat: Arbeitende Personen müssen Lohn- oder Einkommensteuer zahlen. Auf den Preis einer jeden Ware wird die Mehrwertsteuer aufgeschlagen, die beim Verkauf an den Staat fließt. So wird der Staat Teil des Wirtschaftskreislaufs.

Der Staat nimmt aber nicht nur Geld ein, er gibt es auch aus. Zum einen zahlt er Gehälter an seine Angestellten, also an Lehrer, Polizisten, Verwaltungsfachangestellte und andere. Zum anderen baut er sogenannte öffentliche Güter, Schulen, Schwimmbäder oder Straßen, und hält sie instand. Außerdem unterstützt er Personengruppen, z. B. Familien mit dem Kindergeld oder Schüler und Studenten durch die BAföG-Zahlungen.

nach: www.hochimkurs.de (Zugriff am 29. 4. 2011)

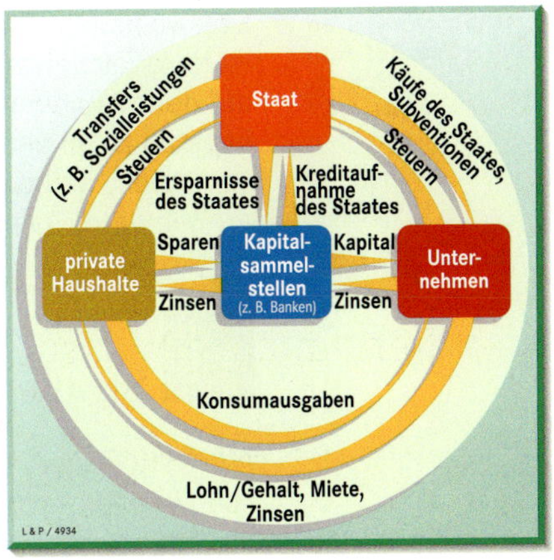

Auch dafür gibt es einen Markt

- Überraschungseier: Man kann ja gar nicht so viele essen, dass man alle Star-Wars-Happy-Hippos zusammenkriegt, bevor die wieder durch die nächsten Figuren ersetzt werden. Eines von den Plastiknilpferden fehlt immer. Damit sich die Sammlung vervollständigen lässt, gibt es spezielle Märkte im echten Leben, mit Ständen und Besuchern, auch in Zeiten von Ebay. Schließlich erkennt man auf so einem kleinen Internetfoto ja kaum, in welchem Zustand der gewünschte „Luke Eiwalker" ist.
- Schnee: Ebay ist auch ein Spezialist für unmögliche Angebote. Der Ort Steinach in Thüringen versteigerte „zehn Kubikmeter Schnee für Selbstabholer". Sie gingen weg, sogar für 1420 Euro. Gemeint war ein Einsatz zum Schneeräumen. Der Kaufpreis für die weißen Kubikmeter floss an eine Stiftung.
- Feuerversicherung für Fische: Für alles findet sich eine Versicherung, auch für die skurrilsten Ängste. Wie für die eines Liebhabers teurer japanischer Fische, der Angst vor einem Feuer hatte. Ein Brand könne das Wasser im Aquarium erwärmen und den empfindlichen Fischen schaden, befürchtete er.

Frankfurter Allgemeine Sonntagszeitung, 21.01.2007, S. 54

1 Analysiert die Schaubilder des einfachen und des erweiterten Wirtschaftskreislaufs und erläutert jeweils die grundlegenden Zusammenhänge (M1, M2).

2 In der Finanzkrise 2007/2008 vergaben Banken, die Milliarden Euro Verluste machten, kaum noch neue Kredite an Unternehmen. Erklärt anhand des erweiterten Wirtschaftskreislaufes die Folgen für die Wirtschaft (M2).

3 Notiert in kurzen Stichworten, welche Rolle der Staat im Wirtschaftskreislauf spielt (M3). Findet konkrete Beispiele für Gelder, die der Staat einnimmt, und Aufgabenfelder, in die er investiert.

4 Projektvorschlag: Erstellung eines Lernplakats zum Wirtschaftskreislauf.
- Übertragt das Schaubild des erweiterten Wirtschaftskreislaufs unter Berücksichtigung der Rolle des Staates (M3) auf ein Plakat.
- Sammelt aus Tageszeitungen und Wochenzeitschriften Artikel, die die aktuelle Rolle von Haushalten, Unternehmen, Banken und Staat im Wirtschaftskreislauf zum Gegenstand haben, und ordnet sie dem jeweiligen Träger zu.
- Diskutiert jeweils die Beziehungen zwischen den verschiedenen Wirtschaftseinheiten.

6.3 Konkurrenz belebt das Geschäft

◀◀ **Wir orientieren uns auf dem Markt, S. 148/149**

GLOSSAR

Marktwirtschaft

Das wichtigste Prinzip der Marktwirtschaft ist der Wettbewerb. So würde der Händler auf dem Wochenmarkt seine Tomaten am liebsten zu einem möglichst hohen Preis verkaufen, weil damit sein Gewinn umso größer wäre. Da aber mehrere Händler gleichermaßen Tomaten anbieten und die Marktbesucher aus dem Angebot wählen können, kann er den Preis nicht beliebig festsetzen; er muss sich auch an den Preisen der Konkurrenz orientieren, um nicht auf seiner Ware sitzen zu bleiben.

M 1 Straßenkampf im Handy-Markt

Mit dem Einstieg ins Mobilfunkgeschäft hat der Discountriese Aldi einen neuen Preiskrieg angezettelt. Die alten Tarifmodelle der Netzbetreiber geraten ins Wanken:

Noch vor wenigen Monaten wäre das Aldi-Angebot ein Schock für die Branche gewesen. Nicht selten telefonierten die Handy-Nutzer da noch zu Preisen von mehr als 50 Cent pro Minute. Wie in einer verschworenen Gemeinschaft hielten die vier Netzbetreiber und die großen Service-Provider an einem Tarifgefüge fest, das große Preiskämpfe verhinderte. Denn im Dschungel von rund 1 800 Tarifvarianten verlieren selbst aufmerksame Pfennigfuchser den Überblick. Doch seit dem Frühjahr drängt eine neue Generation von Anbietern auf den Markt. [...] Anders als die etablierten Anbieter, die den Kunden langfristige Verträge und teure Tarife mit verbilligten Handys schmackhaft machen, setzen die Neulinge auf niedrige Gebühren und transparente Konditionen. Langfristige Verträge gibt es in der Regel nicht. [...]

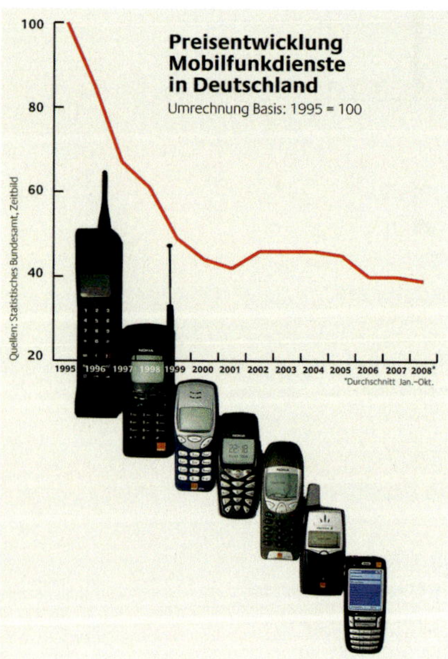

Das Tor für die Preisoffensive haben die vier großen Netzbetreiber selbst geöffnet. Ihre Funknetze sind nicht ausgelastet. Deshalb konnten sie nicht der Versuchung widerstehen, einen Teil ihrer freien Kapazitäten an die neuen Discounter zu verhökern. [...] Die Aldi-Einkäufer gelten als besonders hartnäckige Verhandler. [...] Um das Weihnachtsgeschäft nicht zu verpassen, wurden sich die Handelsmanager schließlich mit E-Plus einig. [...] Um das Angebot von der Konkurrenz abzuheben, griffen die Händler zu einem Trick. Neben dem Normalpreis von 15 Cent führten sie noch eine Art Haustarif mit 5 Cent pro Minute ein. Der gilt allerdings nur für jene Gespräche, die Aldi-Kunden untereinander führen. [...]

Doch die Händler hatten offenbar die Flexibilität der Konkurrenz unterschätzt. „Wir sind die günstigsten“, posaunte Simply-Vertriebschef Vlasios Choulidis – und konterte: Mit einem Minutenpreis von 14 Cent unterbot er nicht nur Aldis Normaltarif, sondern drehte die Gebühr für Gespräche unter Simply-Kunden auf null. Sofort zogen Easymobile und Klarmobil mit fast identischen Konditionen nach und ließen das Aldi-Angebot ebenfalls verblassen.

Das bizarre Gefeilsche ist der Anfang eines Preiskriegs, der den deutschen Markt dramatisch verändern dürfte. Auf Dauer werden die Großen ihr Tarifmodell mit subventionierten Handys und teuren Gebühren nicht halten können. Denn nach dem Vorstoß von Aldi verlagert sich der Kampf jetzt auch auf die Straße.

[...] Wie nervös die Großen geworden sind, zeigt die Reaktion des Branchenführers. Unmittelbar nach dem Aldi-Start bescherte T-Mobile den rund 14 Millionen Kunden seines Tarifs „Xtra Click&Go“ eine drastische Preissenkung. Für Gespräche innerhalb des T-Mobile-Netzes müssen sie jetzt nur noch 5 Cent pro Minute zahlen. Vorher waren dafür 15 Cent fällig.

Beitrag von: Klaus-Peter Kerbusk, in: Der Spiegel, Heft 50 von 2005

M2 Wettbewerb als Motor der Marktwirtschaft

Konkurrenz belebt das Geschäft, heißt es umgangssprachlich. Und dieser Satz ist in mehrfacher Hinsicht richtig. Der Wettbewerb bringt [...] die Preisfestsetzung zugunsten der Kunden in Bewegung, weil die Unternehmen sich unterbieten oder zumindest mit den Preisen der anderen mithalten müssen. Und er belebt die Unternehmenspolitik, weil jede Firma versucht, der Konkurrenz zumindest eine Nasenspitze voraus zu sein, also ein Produkt anzubieten, das irgendwie besser ist oder zumindest scheint als das der anderen Anbieter. Konkurrenz belebt das Geschäft auch insofern, als die Unternehmen unter dem Konkurrenzdruck fortlaufend versuchen, durch Senkung der Produktionskosten eine günstigere Ausgangsposition für den Preiswettbewerb zu haben. Daher werden ständig Arbeitsabläufe verbessert, Rohstoffe eingespart, neue Maschinen eingesetzt - und Menschen entlassen, weil sie zu teuer sind. Konkurrenz kann einen Rationalisierungsdruck allerdings nur bewirken, wenn es sie gibt. Und so sehr die Unternehmen daran interessiert sind, ihre Mitbewerber auszuschalten, so sehr muss der Gesellschaft daran gelegen sein, dass die Wirtschaft sich weiterhin in einer Wettbewerbssituation befindet.

aus: Eckart D. Stratenschulte, Wirtschaft in Deutschland, Bonn 2006, S. 41 f.

M3 Verschiedene Marktformen

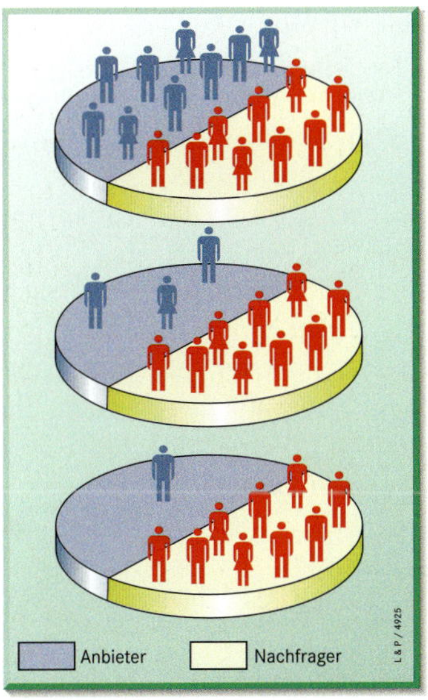

Vollständige Konkurrenz (Polypol): Einer Vielzahl von Anbietern steht eine große Zahl von Nachfragern gegenüber. Ein Beispiel hierfür ist der Handy-Markt. Ansonsten gibt es diese Idealform des Marktes in der Realität aber nur selten.

Eingeschränkte Konkurrenz (Oligopol): Es stehen sich einige wenige Anbieter gegenüber, unter denen der Verbraucher auswählen kann. Ein Beispiel ist der deutsche Benzin-Markt, der von fünf großen Anbietern beherrscht wird: Shell, BP/Aral, Esso, Total und JET.

Ausgeschlossene Konkurrenz (Monopol): Ein Anbieter beherrscht den Markt, von dem die Verbraucher abhängig sind. Das bekannteste Beispiel ist Microsoft, das mit „Microsoft Windows" ein Quasi-Monopol für PC-Betriebssysteme und mit „Microsoft Office" ein Quasi-Monopol für Office-Suiten innehat.

1. Beschreibt, wie sich der Handy-Markt durch den Einstieg von Aldi 2005 verändert hat (M1).
2. Verdeutlicht am Beispiel des Handy-Marktes die Bedeutung, die der Wettbewerb vieler Anbieter für die Kunden hat.
3. Erläutert die Funktionen des Wettbewerbs in der Marktwirtschaft (M2). Inwiefern ist der Wettbewerb eine wichtige Voraussetzung für das Funktionieren der Marktwirtschaft?
4. Findet weitere Beispiele für die unterschiedlichen Marktformen (M3).
5. Benennt die Konsequenzen, die die jeweiligen Marktformen für die Anbieter (Produzenten) und die Nachfrager (Konsumenten) haben.

6.4 Der Staat als „Marktwächter“

Welche Waren hergestellt und zu welchem Preis sie angeboten werden, legen die Betriebe und Hersteller fest. Darüber, welche Produkte auf dem Markt tatsächlich abgesetzt werden können, entscheiden die Verbraucher. Der Staat achtet lediglich darauf, dass die „Spielregeln“, die er für das Funktionieren des Marktes erlassen hat, eingehalten werden. Er schafft die Rahmenbedingungen für das Markthandeln und greift im Interesse des störungsfreien Ablaufs und des Verbraucherschutzes der Bürger ein. So muss er z. B. gewährleisten, dass der Wettbewerb erhalten bleibt. Besteht die Gefahr, dass Unternehmen eine marktbeherrschende Stellung einnehmen oder mit anderen Unternehmen Kartelle bilden, d. h. Absprachen treffen, um den Verbrauchern Preise „diktieren“ zu können, muss er regulierend eingreifen. Das geschieht auf der Grundlage von Gesetzen durch das Bundeskartellamt oder die Europäische Kommission.

INFO

2003 wurde Netscape von AOL geschlossen und die Technologie zur Mozilla-Stiftung transferiert. Mozilla veröffentlichte alle Programm-Codes, sodass die Nutzer die Anwendung weiterentwickelten. Diese Politik kippte das Microsoft-Monopol in Deutschland: Firefox ist nun der meistgenutzte Internet-Browser.

M1 Das Erfolgskonzept von Microsoft

Die Methode [...] ist so simpel wie effektiv: Auf jede neue Version des dominanten Betriebssystems „Windows“ [...] sattelt Microsoft zusätzliche Funktionen drauf – zum Beispiel das E-Mail-Programm „Outlook“ oder ein Programm zum Brennen von CD-Roms – und so gebiert ein Monopol fast automatisch das nächste. [...] Kleineren Firmen [...], die solche Anwendungsprogramme zuvor entwickelt hatten, geht bei dieser Expansionspolitik des PC-Monopolisten die Luft aus.
In Amerika war der Zankapfel der Internet-Browser. Als Microsoft diesen 1995 fest in sein Betriebssystem „Windows“ integrierte, sank der Marktanteil des bis dahin weltweit führenden Browser-Herstellers „Netscape“ rapide. Am Ende war die vom Internet-Pionier Marc Andreessen gegründete Firma [...] nicht mehr lebensfähig und wurde von AOL geschluckt. Jetzt geht es um den „Media-Player“ – eine Software, mit der Musikstücke, Videoclips und Filme abgespielt werden. Das war zunächst die Domäne der 1994 von Rob Glaser gegründeten US-Firma Real Networks. Doch seit auch Gates die Bedeutung eines „Media-Players“ erkannt und ein eigenes Abspielprogramm fest in „Windows“ integriert hat, gehen Glasers Geschäfte schlecht. Inzwischen ist der Marktanteil des „Real-Players“ auf 20 Prozent abgesackt, Apples Multimedia-Player „Quicktime“ verwendet gar nur noch jeder zehnte PC-Nutzer.

Der Spiegel 14/2004, Verfasser: Klaus-Peter Kerbusk

M2 Rekordstrafe für Microsoft

In dem jahrelangen Streit mit Microsoft hat die Europäische Kommission am Mittwoch eine Rekordstrafe von 899 Millionen Euro verhängt. Brüssel hat den US-Softwarekonzern damit bisher mit Geldstrafen von insgesamt 1,68 Milliarden Euro belegt. Wettbewerbskommissarin Neelie Kroes bezeichnete dies als angemessen. „Es ist ein Signal an Microsoft, dass wir bei unserer Linie bleiben.“ Es wäre auch eine Einzelstrafe von bis zu 1,5 Milliarden Euro möglich gewesen, sagte sie. „Reden ist billig, sich über Regeln hinwegsetzen ist teuer.“ Microsoft habe zu hohe Preise für Informationen verlangt, die andere Hersteller zur Vernetzung ihrer Produkte mit Microsoft-Programmen brauchten.

aus: Tagesspiegel vom 28. 2. 2008

M3 Microsoft und die anderen

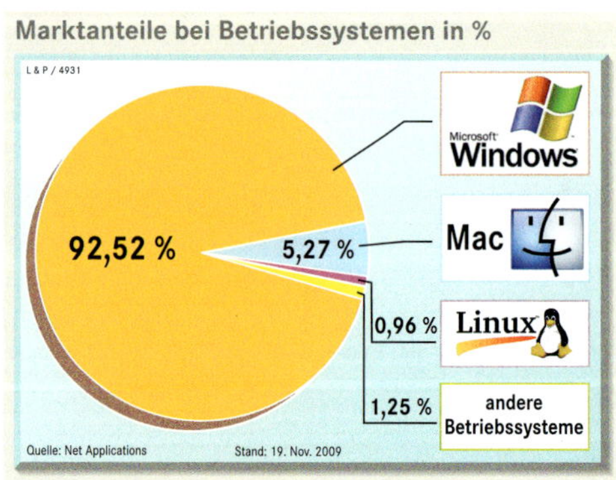

M4 „Nutzen für den Endkunden"

Aus einem Interview mit Bill Gates, Gründer von Microsoft:

Im Software-Raum [...] geht es nur um eines: den Nutzen für den Endkunden. [...] Sie müssen sich nur mal anschauen, was „Microsoft Office" oder „Windows" vor zehn Jahren konnten und was diese Programme damals kosteten und welche Möglichkeiten sie heute zu welchem Preis bieten. Die Kosten gingen runter, die Fähigkeiten stiegen rasant an. Wir sollten uns wirklich wünschen, dass alle anderen Bereiche – von der Autoindustrie bis zur Politik – ähnliche Verbesserungen brächten wie unsere Branche, was Innovationen angeht. [...] Das ist auch der Grund, weshalb wir wahrscheinlich das größte Forschungs- und Entwicklungs-Budget unter allen großen Konzernen haben. [...] Die Kunden erwarten viel von uns. [...] Letztlich sind sie es, die jeden Tag wieder neu entscheiden, wen sie wählen. [...]
Die Ironie dahinter [hinter dem damals eingeleiteten Verfahren der EU] ist [...], dass wir dazu aufgefordert werden, ein Produkt anzubieten, das weniger leistungsfähig ist. [...] Es ist nicht im Interesse unserer Kunden, ein Produkt anbieten zu müssen, das weniger Fähigkeiten besitzt, als es eigentlich hat. Was wir mit Microsoft in die Computerindustrie brachten, ist ein Wettbewerb, den es nirgendwo sonst vorher gab. [...] Wir brachten mit „Windows" Vergleichbarkeit. Wer ist der Schnellste, der Sicherste, der Billigste, der Servicefreundlichste?

aus: Der Spiegel 5/2005, Autoren: Thomas Tuma und Klaus-Peter Kerbusk

M5 „Mittelmäßig und viel zu teuer"

Man stelle sich vor, es gebe auf der Welt nur einen Autohersteller, der zugleich alle Tankstellen kontrolliert. Der den Motor zum Auto nur liefert, wenn der Kunde auch eine Garage bestellt, einen Wohnanhänger, Winterreifen und einen Dachgepäckträger, selbst wenn er solches Zubehör nicht braucht. Neue Modelle gäbe es nur unregelmäßig. Die Käufer könnten aber nie sicher sein, ob die neue Autogeneration auch zuverlässig funktioniert, und alle paar Jahre wird die Qualität des Monopol-Treibstoffs so geändert, dass ältere Modelle auf den Schrott müssen. Eine absurde Welt, natürlich unrealistisch.
Aber es gibt einen Markt, auf dem es so ähnlich zugeht: Der Markt für Computer-Software, den der amerikanische Konzern Microsoft [...] beherrscht. Der hat mit seinem Basis-Betriebssystem „Windows" eine solche Marktmacht, dass er Anwenderprogramme verkaufen kann, die Fachleute für mittelmäßig und viel zu teuer halten. [...] Endlich hat in dieser Woche der Europäische Gerichtshof dem Unternehmen nach zehnjährigem Rechtsstreit einen Dämpfer verpasst. Europa kann stolz auf sich sein. Es ist einem Riesen entgegengetreten, der [...] die ganze Welt quasi als Geisel nahm. Die Kunden mussten mit dem zufrieden sein, was Microsoft ihnen gnädigerweise anbot.

nach: Süddeutsche Zeitung vom 22.09.2007, Verfasser: K.-H. Büschemann

1 Arbeitet heraus, warum die EU-Kommission gegen Microsoft vorgegangen ist (M1 bis M3). Bezieht hierbei die Bedeutung des Wettbewerbs ein.

2 Stellt dem Vorgehen der EU die Position von Bill Gates (M4) gegenüber: Wie sieht er die Rolle von Microsoft bei der Entwicklung von Software-Programmen? Wie beurteilt er das Vorgehen der EU gegen seinen Konzern?

3 Diskutiert die Entscheidungen der EU gegen Microsoft: Nutzen oder schaden sie eher den Verbrauchern? Bezieht hierbei auch den Kommentar ein (M5).

4 Formuliert, ausgehend vom Fall Microsoft, Rollen und Aufgaben, die der Staat im marktwirtschaftlichen System hat.

INFO

Die EU gegen Microsoft – eine Chronik:

März 2004: Die EU-Kommission verhängt eine Rekordstrafe von 497 Millionen Euro gegen Microsoft „wegen Missbrauchs seiner Marktmacht in der EU". Sie verlangt, dass Microsoft das Betriebssystem Windows künftig auch ohne Media Player anbietet und die Schnittstellen-Informationen für Wettbewerber offenlegt.
Juli 2006: Die Kommission verhängt eine zweite Geldstrafe von 281 Millionen Euro, weil Microsoft die Schnittstellen-Informationen nicht vollständig offengelegt habe.
Februar 2008: Die EU-Kommission verhängt ein neues Bußgeld in Höhe von 899 Millionen Euro, weil das Unternehmen bis Oktober 2007 mit überhöhten Preisen für die Schnittstellen-Informationen gegen die Auflagen verstoßen habe.

6.5 Vom Auf und Ab der Wirtschaft – die Konjunktur

Die wirtschaftliche Entwicklung verläuft im marktwirtschaftlichen System nicht stetig, sondern vollzieht sich in Schwankungen. Diese sind einerseits saisonal bedingt (z. B. Urlaubsreisen im Sommer; Konsumartikel als Geschenke in der Weihnachtszeit, verringerte Bautätigkeit wegen des schlechten Wetters im Winter), andererseits aber auch Ausdruck der freien, unabhängig voneinander getroffenen Entscheidungen der Produzenten und Konsumenten.

M 1 Die Achterbahn der Wirtschaft

Stellen wir uns eine Wohnstraße in einer Stadt vor. Tausend Menschen leben in dieser Straße und alle frühstücken morgens. Jeder isst zwei Brötchen. Für den Bäcker in der Straße ist das einfach. Er muss jeden Morgen 2000 Brötchen backen und kann seine Kapazitäten sowie sein Personal darauf einrichten. Angebot und Nachfrage sind ausgeglichen, alles läuft rund. Leider ist das nur in der Vorstellung so. Tatsächlich schwankt die Nachfrage nach Brötchen. Mal verzichten einige aufs Frühstück, mal haben andere Besuch und benötigen mehr Brötchen [...]. Einige bevorzugen tiefgefrorene Brötchen, die sie im Supermarkt kaufen und morgens selbst aufbacken. Der Supermarktleiter wiederum sieht, dass Brötchen an seinem Standort ein gutes Geschäft sind, und eröffnet einen „Back-Shop“ in seinem Markt. Da er damit neue Kunden in den Laden zieht, die dann auch andere Dinge kaufen, muss er seinen Gewinn nicht alleine durch die Brötchen erzielen. Er unterbietet also den Preis des Bäckers, der daraufhin weitere Kunden verliert und zusätzlich mit dem Preis runtergehen muss. [...] Obwohl unsere Beispielstraße eigentlich ein guter Absatzmarkt für Brötchen ist, bleibt die Bäckerei unter Umständen auf der Strecke und muss Konkurs anmelden. [...]

Dies geschieht jeden Tag und es geht dabei nicht nur um Brötchen, sondern auch um Autos, Computer oder Wohnzimmersessel. Es sind zu viele Waren auf dem Markt. Die Ladenhüter drücken [...] auf den Gewinn, denn in ihnen stecken Kosten, die sich jetzt nicht oder nur verspätet wieder einspielen lassen. Die Unternehmen reagieren darauf mit Preisnachlässen. [...] Das ist natürlich für die Kunden schön, weil sie jetzt zum Beispiel beim Autokauf Geld sparen können. Dennoch hat diese Entwicklung für viele Menschen zwei Seiten. Sie sind ja nicht nur Konsumenten, sondern auch Beschäftigte. [...] Das Unternehmen wird nämlich zum einen versuchen, [...] die Lohnkosten zu senken, beispielsweise durch die Rücknahme von bisher gezahlten Leistungen wie Weihnachtsgeld, Urlaubsgeld oder Sonderzuschlägen. Zum anderen lohnt es sich ja nicht mehr, so viele Waren wie bisher zu produzieren. Für weniger Waren benötigt man aber auch weniger Kapazitäten. Diese (Fabrikhallen, Maschinen, Lagerräume) werden daher stillgelegt. Auch personelle Kapazitäten werden „stillgelegt“, das heißt, das Unternehmen entlässt Beschäftigte.

Auf dem Markt kommt es so zu einem Ausgleich von Angebot und Nachfrage, nämlich dadurch, dass das Angebot verkleinert wird. Die Verknappung des Angebots schafft neue Chancen. Jetzt werden den Kunden weniger Pkw angeboten. Da sie weiterhin Autos erwerben wollen, es aber kein Überangebot mehr gibt, kann man die Fahrzeuge wieder zum „normalen“ Preis verkaufen, also mit Gewinn. Die Einnahmesituation der Unternehmen verbessert sich dadurch, sie sehen ihre Chancen und produzieren mehr. Dafür benötigen sie auch mehr Arbeitskräfte, die sie nun einstellen. Dies geht eine Zeitlang gut, bis sich wiederum eine Übersättigung des Marktes einstellt. Die ganze Achterbahnfahrt beginnt von vorne.

aus: Eckard D. Stratenschulte, Wirtschaft in Deutschland, Bonn (BpB) 2006, S. 52 f.

INFO

Bruttoinlandsprodukt (BIP): Wert aller Güter und Dienstleistungen, die in einer bestimmten Zeit (meist in einem Jahr) in einem Land hergestellt werden. Der Wert wird mithilfe der Marktpreise errechnet, die meistens steigen. Damit man ermessen kann, wie sich die tatsächlich verfügbare Gütermenge entwickelt, wird das BIP in konstanten Preisen eines Basisjahres oder in Preisen des jeweiligen Vorjahres ausgewiesen.

M2 Der klassische Konjunkturzyklus

Einem Aufschwung der Wirtschaft (mit steigender Wachstumsrate) folgt ein kurzer Boom (Höhepunkt der Wachstumskurve), an den sich ein Abschwung (mit fallenden Wachstumsraten) anschließt, der nach Durchschreiten des Tiefpunkts in einen neuen Aufschwung mündet. Die regelmäßig wiederkehrende Abfolge von Aufschwung, Boom (Hochkonjunktur), Abschwung (Rezession) und Tiefstand (Depression) bezeichnet man als Konjunkturzyklus.

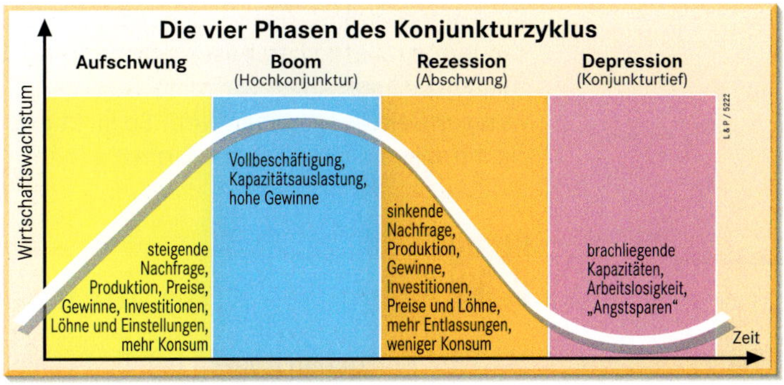

M3 Die Konjunkturfaktoren

Entscheidenden Einfluss auf den Konjunkturverlauf haben die Nachfrage der privaten Haushalte, die Investitionen der Unternehmen, die Einnahmen und Ausgaben des Staates sowie die Importe und Exporte. Veränderungen der genannten Größen beeinflussen den Konjunkturverlauf einerseits positiv, wirken also belebend auf die Konjunktur und erzeugen damit einen konjunkturellen Aufschwung. Andererseits können Veränderungen dieser Faktoren den Konjunkturverlauf auch negativ beeinflussen, die Konjunktur dämpfen und einen Abschwung auslösen oder verstärken. Eine positive, belebende Wirkung auf den Konjunkturverlauf haben z. B. ein Anstieg der Investitionen, eine höhere Nachfrage der privaten Haushalte, erhöhte öffentliche Ausgaben sowie steigende Exporte und geringere Importe. Einen negativen, dämpfenden Einfluss auf den Konjunkturverlauf haben z. B. eine sinkende Nachfrage der privaten Haushalte, eine rückläufige Investitionstätigkeit, verringerte Staatsausgaben und höhere Einnahmen durch steigende Steuern und sinkende Exporte bei wachsenden Ausgaben für Einfuhren.

aus: Duden Wirtschaft von A bis Z, Mannheim 2009

M4 Deutschlands Konjunktur

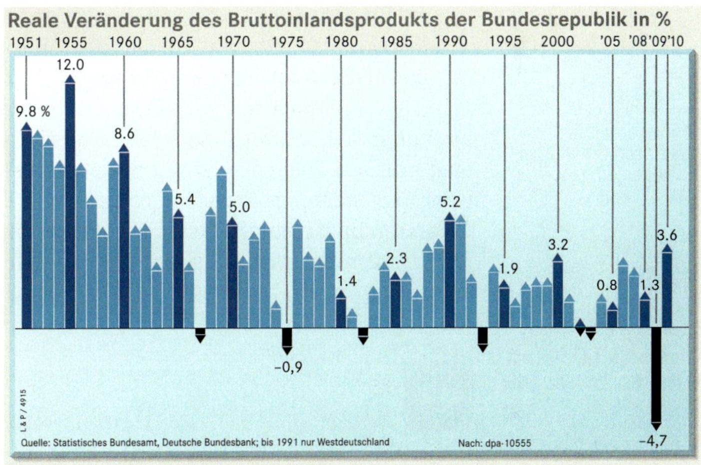

1 Erläutert anhand des Beispiels in M1 den Verlauf des Konjunkturzyklus (M2).

2 Zeigt die Faktoren auf, die Einfluss auf den Konjunkturverlauf haben (M3).

3 Beschreibt den Verlauf der konjunkturellen Entwicklung (M4): In welchen Phasen vollzog sich die Entwicklung? Welcher langfristige Trend ist erkennbar?

GLOSSAR

Boom
Depression
Konjunktur
Rezession

6.6 Der Staat als Krisenmanager

Die Immobilienkrise in den USA hat in vielen Ländern zu Wirtschaftskrisen geführt – nicht zuletzt, weil aus Angst vor schlechten Zeiten weniger Geld ausgegeben wird. So sinkt die Nachfrage, die Umsätze der Firmen gehen zurück, Arbeitslosigkeit entsteht, was wiederum die Nachfrage noch weiter sinken lässt – ein Teufelskreis. Um diese Nachfragelücke zu füllen, die Wirtschaft also wieder anzukurbeln, ist der Staat gefordert.

M1 Gegen die Krise, für neues Wachstum

Mit zwei Konjunkturpaketen hat die Bundesregierung im Winter 2008/2009 entschlossen auf die internationale Finanz- und Wirtschaftskrise reagiert. [...] Die Idee ist klar – und sie hilft: Der Staat entlastet die Bürger und Unternehmen bei Steuern und Sozialbeiträgen. Ein längeres Kurzarbeitergeld sichert Arbeitsplätze. Städte und Gemeinden erhalten zusätzliches Geld, um beispielsweise Schulen und Kindergärten zu sanieren. [...]
Vor allem die mittelständischen Unternehmen erhalten besondere Kredithilfen und eine verstärkte Innovationsförderung.
All diesen Instrumenten ist eines gemeinsam: Sie stärken die Inlandskonjunktur und kurbeln die Wirtschaft vor Ort an. Und sie sichern die Beschäftigung und das Know-how für die Zeit nach der Krise. Ebenso wie die mittlerweile ausgelaufene Umweltprämie („Abwrackprämie"). Sie sorgte im vergangenen Jahr [2008] dafür, dass die Nachfrage nach Automobilen auch in wirtschaftlicher schwieriger Zeit nicht abriss.
Das Land soll stärker aus der Krise hervorgehen, als es hineingegangen ist, hat Bundeskanzlerin Angela Merkel immer wieder betont: „Wir müssen uns anstrengen, und es wird nicht einfach, aber wir werden es schaffen", so die Kanzlerin.

Presse- und Informationsamt der Bundesregierung: 2009, www.konjunkturpaket.de (Zugriff am 29. 4. 2011)

INFO

Kurzarbeitergeld: wird gewährt, wenn die wöchentliche Arbeitszeit infolge wirtschaftlicher Ursachen vorübergehend verkürzt wird. Kurzarbeiter erhalten vom Arbeitgeber weiterhin Lohn und Gehalt, jedoch nur für die tatsächlich geleistete Arbeitszeit. Das ausfallende Netto-Entgelt wird durch die Bundesanstalt für Arbeit (BA) teilweise ausgeglichen: zu 60 Prozent bei Kinderlosen, zu 67 Prozent bei Beschäftigten mit mindestens einem Kind.

M2 Milliarden für die Konjunktur

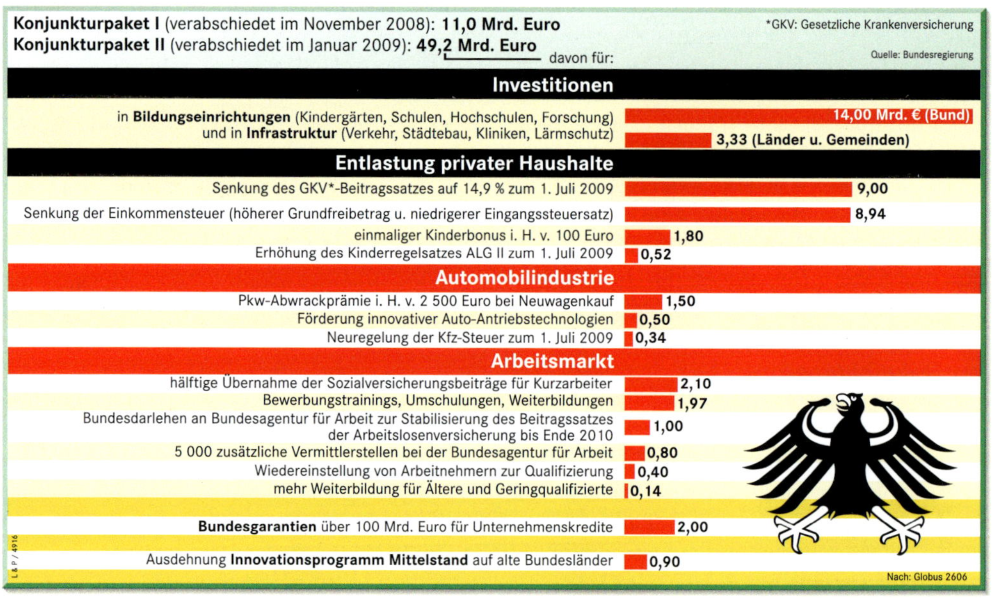

M3 Die Idee der Konjunkturprogramme

Konjunkturprogramme haben zum Ziel, die Nachfrage zu stärken. Dies wird am häufigsten durch Steuersenkungen, die Förderung privater Investitionen oder durch direkte staatliche Investitionen realisiert. [...] Demnach soll der Staat in einer Abschwungphase über höhere Ausgaben die Nachfrage beleben, damit zu einer besseren Auslastung der Unternehmen beitragen und so weitere Investitionen veranlassen. Sind die Kassen wieder gefüllt, soll der Staat seine Schulden durch Steuererhöhungen oder Senkung seiner Ausgaben für öffentliche Aufträge begleichen – so die Idee der antizyklischen Wirtschaftspolitik.

Lexikon der Bundeszentrale für politische Bildung; www.bpb.de (Zugriff am 29. 4. 2011)

M4 „War nix"

Zeichnung: Thomas Plaßmann

M5 Veränderung der Wirtschaftsleistung

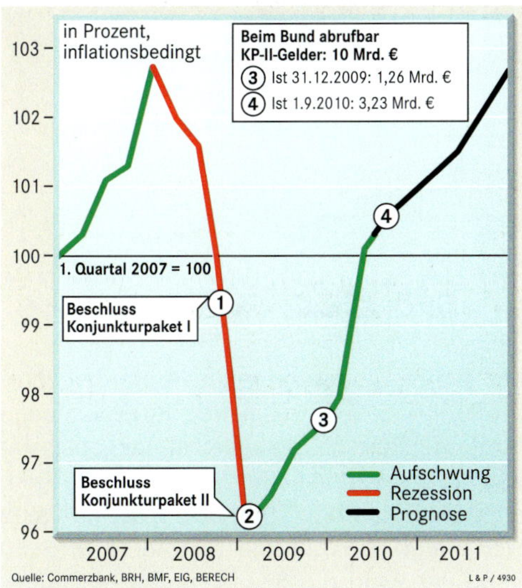

M6 „Beachtliche Wirkung"

Immerhin rund drei Viertel des Konjunkturpakets lieferten „positive Wachstumsimpulse", berichtet das Institut der deutschen Wirtschaft in Köln. „Im Frühjahr hatten viele einen Einbruch der Wirtschaft um sieben Prozent befürchtet. Davon redet jetzt keiner mehr." Die Kölner Wirtschaftsforscher haben sich auch darangemacht, den sogenannten „Multiplikator" des Konjunkturpakets auszurechnen: Das ist jene Größe, die angibt, wie viel zusätzliches Geschäft in der Wirtschaft ein eingesetzter Euro des Staates schafft. [...] Das Institut der deutschen Wirtschaft kommt bislang auf einen Multiplikator von zwei – [...] eine beachtliche Wirkung.

Christian Siedenbiedel, Das Milliardenprogramm: Wirkt es denn?, in FAZ.Net vom 27. 9. 2009 (Zugriff am 29. 4. 2011)

GLOSSAR
Konjunkturpolitik

1. Arbeitet heraus, mit welchen Maßnahmen die Bundesregierung auf die internationale Finanz- und Wirtschaftskrise 2008/09 reagierte und welche Ziele sie dabei verfolgte (M1, M2).
2. Erläutert anhand der Karikatur M4 die Idee der antizyklischen Wirtschaftspolitik (M3).
3. Ermittelt die Wirkung der Konjunkturprogramme der Bundesregierung (M5, M6). Erklärt dabei auch den Multiplikator-Effekt der staatlichen Maßnahmen.

6.7 Der Staat in der Schuldenfalle

▸▸ **Der Euro: Vom Wunder zum Sorgenkind?, S. 332/333**

Zeichnung: Thomas Plaßmann

Im Gefolge der Finanz- und Wirtschaftskrise (2008/2009) sind die staatlichen Schuldenberge in ungeahnte Höhen gestiegen. Milliarden für die Rettung von Banken, für Konjunkturprogramme zur Stützung der Wirtschaft und schließlich für die Rettung des Euro haben die Staatsschulden Deutschlands auf Rekordniveau hochschnellen lassen.

M 1 Springflut der Staatsschulden

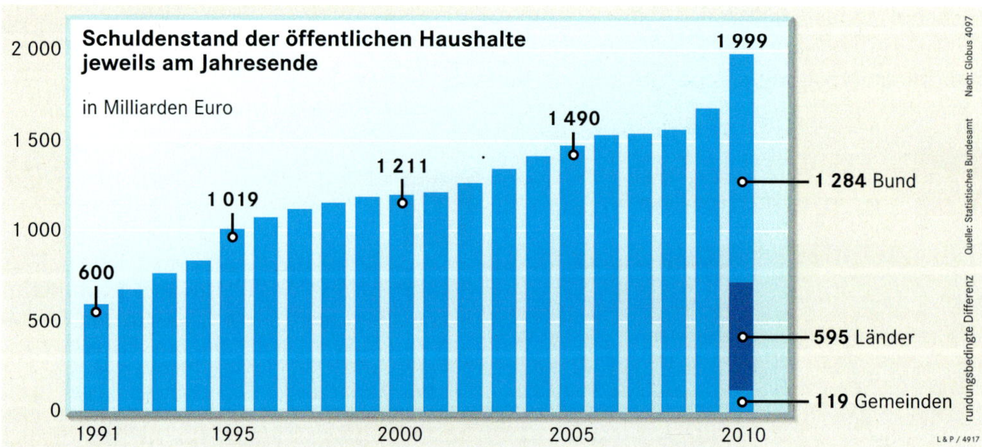

M 2 „Die Schulden von heute sind die Steuern von morgen"

Wer Schulden macht, muss Zinsen zahlen. Der Staat muss heute jeden achten Euro, den er durch Steuern einnimmt, für Schuldzinsen ausgeben; der Bund sogar jeden fünften. Dieses Geld fehlt an anderer Stelle, um die eigentlichen Aufgaben des Staates zu erfüllen. Auch wird dadurch der Spielraum für dringend notwendige Entlastungen auf der Steuer- und Abgabenseite eingeschränkt, und zwar erheblich.

Hinzu kommt die zunehmende Empfindlichkeit des Staates gegenüber Zinsänderungen an den Geld- und Kreditmärkten. Erhöhen sich die Zinsen mittelfristig um nur einen Prozentpunkt, steigen die Zinskosten allein des Bundes um rund zehn Milliarden Euro pro Jahr. Und jede zusätzlich aufgenommene Milliarde Euro an neuen Schulden belastet nachfolgende Haushalte – und damit die Steuerzahler – mit 45 Millionen Euro an fällig werdenden Zinszahlungen. Alleine in 2010 muss der Bund für Zinsen rund 36,8 Milliarden Euro ausgeben.

Die Schulden von heute sind die Steuern von morgen, denn die Schulden, die der Staat heute macht, müssen wir oder uns nachfolgende Generationen später in Form von Steuern zurückzahlen.

Bund der Steuerzahler Deutschland e. V., Januar 2011; www.steuerzahler.de (Zugriff am 29. 4. 2011)

M3 Der Staat in der Schuldenfalle

Infolge ständiger Neuverschuldung hat sich in Deutschland eine Gesamtverschuldung aufgehäuft, die mit jedem defizitären Haushalt weiter wächst. Wenn der Schuldendienst nicht aus den laufenden Steuereinnahmen geleistet werden kann, sind neue Kredite erforderlich, nur um die Zinsen bereits bestehender Schulden zu bezahlen. So hätten 2008 die Einnahmen des Bundes in Höhe von 270 Mrd. Euro für die eigentlichen Staatsausgaben (242 Mrd. Euro) ausgereicht. Nur für die erforderlichen Zinszahlungen in Höhe von 40 Mrd. Euro mussten neue Schulden aufgenommen werden, was den Schuldenstand weiter erhöht. Eine Tilgung, d. h. eine Rückzahlung des geliehenen Geldes, erfolgt dabei nicht. „Damit nährt sich die Verschuldung aus sich selbst heraus“ (Deutsche Bundesbank), der Staat gerät in eine „Schuldenfalle“.

aus: Themenblätter im Unterricht Nr. 82, BpB, 2010

INFO

defizitär: verschuldet

M4 „Schulden-“ und „Reichtumsuhr“

„Schuldenuhr“ des Steuerzahlerbundes in Wiesbaden, Stand: 10. 3. 2011

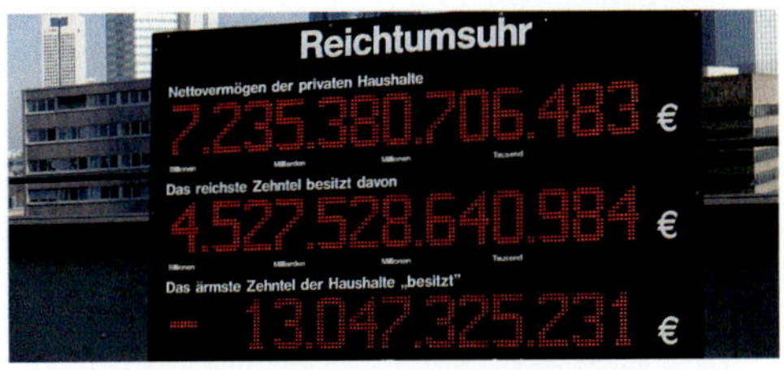

„Reichtumsuhr“ der Gewerkschaft Verdi und des DGB in Frankfurt a. M., Stand: 23. 2. 2011

M5 Reichtum im Sekundentakt

„Wo Armut ist, ist auch Reichtum“, sagte Stefan Körzell, Vorsitzender des DGB Hessen-Thüringen [...]. Der private Reichtum [...] wachse jede Sekunde um 5 888 Euro.
Der Wohlstand sei jedoch sehr ungleich verteilt: Die oberen zehn Prozent der privaten Haushalte besitzen laut DGB rund 4,5 Billionen Euro, die unteren zehn Prozent sind dagegen mit etwa 13 Milliarden Euro verschuldet. Zugleich nehme die Staatsverschuldung immer mehr zu, und Geld für Bildung, Erziehung oder erneuerbare Energien stehe nicht ausreichend zur Verfügung. Nach Angaben des DGB sind die hiesigen vermögensbezogenen Abgaben mit 0,8 Prozent des Bruttoinlandsprodukts zu niedrig. Ein hohes Einkommen und große Vermögen müssten „angemessen“ besteuert werden; die Abgaben sollten sich zumindest am OECD-Durchschnitt orientieren, sagte Körzell. Dieser Wert liegt laut OECD bei 1,8 Prozent. Würde die Vermögensteuer – bei einem Freibetrag von 500 000 Euro – auf ein Prozent erhöht, brächte das jährlich zusätzliche Staatseinnahmen in Höhe von rund 20 Milliarden Euro ein. [...] Diese Berechnungen zeigen aus der Sicht von Körzell, dass Deutschland „ein Einnahmeproblem und kein Ausgabenproblem hat“.

FAZ.NET vom 24.3.2011; (Zugriff am 29. 4. 2011)

INFO

OECD (Organisation for Economic Co-operation and Development): Organisation für wirtschaftliche Zusammenarbeit und Entwicklung mit Sitz in Paris, bedeutendste Organisation der westlichen Industrieländer zur Koordinierung der Wirtschafts-, Handels- und Entwicklungspolitik

1 Beschreibt und interpretiert die Karikatur auf S. 160 im Zusammenhang mit M1.
2 Arbeitet die Probleme der wachsenden Staatsverschuldung heraus (M2 bis M4).
3 Diskutiert die in M5 vertretene These, dass Deutschland „ein Einnahmeproblem und kein Ausgabenproblem“ habe, und nehmt Stellung zur Forderung, die Vermögenssteuer in Deutschland zu erhöhen (M4).

6.8 Unternehmen in der Marktwirtschaft – Die ökonomische Seite

GLOSSAR
Marktwirtschaft

Unternehmen befriedigen in der Marktwirtschaft die angenommenen Bedürfnisse potenzieller Kunden. Antrieb ihres ökonomischen Handelns ist dabei nicht das konkrete Bedürfnis der Verbraucher, also der tatsächliche Gebrauchswert des hergestellten Produktes, sondern das Interesse, Gewinn zu erzielen. Unternehmen sind dementsprechend ökonomische Gebilde, deren eigentlicher Zweck Gewinn ist, wobei der Markt – die kaufkräftige Nachfrage – über den Sinn eines Produktes oder einer Produktion entscheidet.

M 1 Unternehmensentscheidung: Das rot-grüne Modell

Es begann beinahe euphorisch: Verbraucher wie Politiker wünschten sich ein Dreiliterauto [...]. In der Schweiz war das Swatch-Mobil in Planung, in Wolfsburg sagte der damalige VW-Chef Ferdinand Piëch, zum neuen Jahrtausend werde sein Konzern das erste serienmäßige Dreiliterauto der Welt vorstellen. Da schien ein Markt zu sein. Und wo ein Markt ist, will ein Unternehmen hin.

Als der Wagen fertig war, hatten sie ihn auf 2,99 Liter Verbrauch runtergehungert. 80 Prozent der Teile waren anders als im Basismodell, was eine eigene Produktionsstraße in Wolfsburg nötig machte. Und viel Handarbeit. Das Auto ging für 26 900 Mark in den Markt – das waren 8 000 mehr als ein normaler Lupo. Und es lief super. Das Auto brachte nicht nur Publicity, es verkaufte sich sogar. Europaweit 7 300 Stück im Jahr 2000, allein 4 600 in Deutschland. Die Zahlen lagen über den Erwartungen.

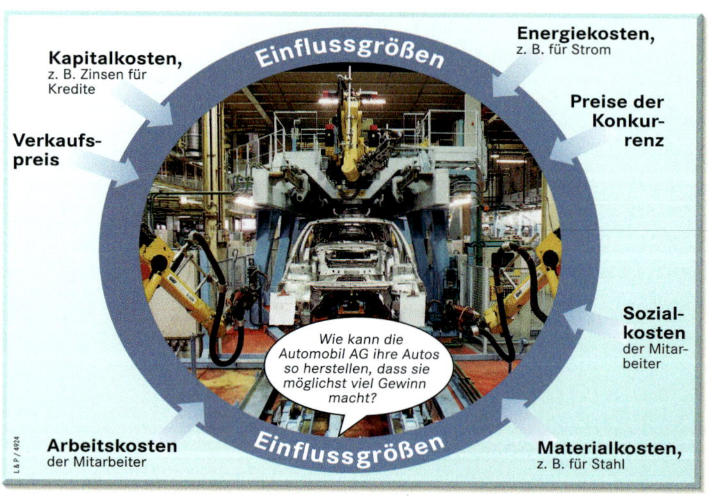

Doch dann kam der Börsencrash. Der Euro. Die große deutsche Krise. Die Kunden in den Autohäusern fingen an, sich über den hohen Preis zu beklagen und nach der fehlenden Klimaanlage zu fragen. „Die sagten: Was bringt mir dieser eine Liter weniger?“ Sie sahen nur noch den Kaufpreis, nicht die Folgekosten. Die Rente war nicht mehr sicher, der Arbeitsplatz auch nicht, da kauften die Leute lieber einen Škoda, der das Gleiche kostete, aber mehr bot.

Mit der Stimmung brachen 2001 auch die Zahlen ein. Das Dreiliterauto war nicht nur teuer für die Kunden, sondern auch für Volkswagen. Bernd Pischetsrieder, der neue Chef, machte es 2004 sogar öffentlich zum Gespött, als er sagte: „Beim Dreiliterauto ist es so: Jeder will es – aber nur auf der Einfahrt des Nachbarn.“ Zwei Jahre früher als geplant nahm VW den Lupo aus dem Programm. Statt des kleinen Lupos baut VW jetzt den kleinen Fox, in Brasilien. Der Fox soll billig sein, ein Auto für die ganze Welt und nicht für eine deutsche Nische. Es geht nur um den Kaufpreis, sonst nichts. Die Zeiten sind so. Die Globalisierung hat offenbar auch manchen guten Vorsatz verschluckt.

Die Zukunft bei VW heißt ab sofort „BlueMotion“. So nennen sie im Konzern jetzt das jeweils sparsamste Modell einer Klasse. Den Polo haben sie schon fertig. Er verbraucht 3,9 Liter – 0,5 weniger als das Basismodell. Er hat etwas schmalere Reifen, eine etwas bessere Aerodynamik, einen etwas anderen Motor. Auf Aluminium haben sie verzichtet, dafür glänzt am Heck dieser Name. „BlueMotion“. Die Umwelt darf jetzt noch nicht mal mehr grün sein. Blau ist die sympathischere Farbe. Blau ist der Himmel und das Meer. Vielleicht ist BlueMotion die Aufgabe einer Idee. Vielleicht ist es ihre „marktgängige“ Rettung.

nach: Henning Sußebach: Das rot-grüne Modell, in: DIE ZEIT vom 8. 6. 2006

M2 Die wirtschaftliche Bedeutung des Gewinns

Entscheidungen über die Einführung neuer Produkte, über die Veränderung von Produktionsprozessen, die Einstellung oder Entlassung von Mitarbeitern sind in marktwirtschaftlich organisierten Unternehmen vor allem darauf ausgerichtet, Gewinn zu erzielen. Diese Orientierung wird auch als erwerbswirtschaftliches Prinzip bezeichnet. [...] Dabei gilt der Gewinn als Antriebsfeder für unternehmerisches Handeln: Er ist der „Lohn“ für die Inkaufnahme von Risiken. Gewinne sind aber auch die unverzichtbare Voraussetzung für die Existenzsicherung, für Erweiterungs- und Erhaltungsinvestitionen und für die Weiterentwicklung der Güter und Dienstleistungen. Gewinne entstehen nur, wenn der am Markt erzielte Umsatz höher ist als die für die Produktion aufgewandten Kosten. Gewinne werden beeinflusst durch die Nachfrager, durch das Angebot der Konkurrenz sowie durch den eigenen Umgang mit den verfügbaren Ressourcen. Ein Unternehmen kann den Preis nicht beliebig wählen, den Gewinn nicht unbegrenzt maximieren, da die Verbraucher nicht bereit sind, jeden beliebigen Preis zu zahlen. Der Gewinnspielraum wird aber nicht nur durch die Kunden, sondern auch durch die existierenden und sogar durch noch nicht existierende Konkurrenten beschränkt. Können nämlich am Markt Preise durchgesetzt werden, die weit über den Produktionskosten liegen, sind kurzfristig hohe Gewinne möglich: Diese stellen aber auch Anreize für andere Anbieter dar, auf diesem Markt tätig zu werden. So zwingt der Wettbewerb der Anbieter um die begrenzten Mittel der Kunden im Idealfall zu qualitativ guten Produkten und zu günstigen Preisen. Wirtschaftlicher Erfolg zeigt sich im Gewinn, Misserfolg in Form von Verlusten.

Birgit Weber, Gewinne oder Verluste – die ökonomische Seite, in: Unternehmen und Produktion (Informationen zur politischen Bildung, Heft 293/Nr. 4 2006), S. 25–27

M3 Das Ökonomische Prinzip

Wirtschaftlichkeit Ökonomisches Prinzip	**= Maximalprinzip**	Den **größtmöglichen** Erfolg mit den **gegebenen** Ressourcen erzielen.
	= Minimalprinzip	Ein **angestrebtes** Ergebnis mit **geringst möglichen** Mitteln erreichen.

L&P/4926

◂◂ **Vom Bedürfnis zur Nachfrage, S. 90/91**

1 Arbeitet die Motive heraus, die VW bei der Aufnahme und bei der Einstellung der Produktion des Lupo hatte (M1).

2 Verdeutlicht – ausgehend von den Entscheidungen des VW-Konzerns – die wirtschaftliche Bedeutung des Gewinns für die Unternehmen (M1 und M2).

3 „Geiz ist geil“ hieß der Werbeslogan eines bekannten Discounters im Elektronik-Handel. Diskutiert diese Aussage im Zusammenhang mit der Einstellung der Produktion des Lupo.

4 Ermittelt anhand der Grafik (S. 162), welche Einflussgrößen den Gewinn eines Unternehmens bestimmen, und erklärt, wie ein Unternehmen seinen Gewinn steigern kann.

6.9 Unternehmen in der Marktwirtschaft – Der „Fall“ Nokia

▸▸ Grundlagen des Sozialstaats, S. 177

Unternehmen sind nicht nur ökonomische Gebilde, sondern auch komplexe soziale Systeme, in denen Menschen mit unterschiedlichen Interessen zusammenwirken. Von daher tragen sie auch eine soziale Verantwortung für ihre Mitarbeiter und die Gesamtgesellschaft. Diese „Sozialbindung“ ist im Grundgesetz (Art. 14) festgeschrieben, in dem das Privateigentum einerseits gewährleistet, andererseits sein Gebrauch zum „Wohle der Allgemeinheit“ gefordert wird.

M1 Nokia schließt Werk – 2 300 Arbeitsplätze fallen weg

▸▸ Globalisierung und Strukturwandel, S. 275

Vor gut einem Jahr war es BenQ Mobile, jetzt ist es Nokia: Der weltgrößte Handy-Hersteller wird sein Werk in Bochum schließen. Die Produktion von Mobiltelefonen in Deutschland soll eingestellt werden, teilte die Gesellschaft heute in Helsinki mit. Künftig will Nokia in Osteuropa produzieren, der Standort in Bochum soll bereits Mitte 2008 dichtgemacht werden. „Das Unternehmen plant, die Produktion in andere, wettbewerbsfähigere Nokia-Werke in Europa zu verlagern“, hieß es. „Aufgrund der Marktentwicklung und der steigenden Anforderungen hinsichtlich der Kostenstruktur ist die Produktion mobiler Endgeräte in Deutschland für Nokia nicht länger darstellbar“, erklärte Konzernmanager Veli Sundbäck.

2 300 Beschäftigte müssen jetzt um ihre Arbeitsplätze fürchten. [...]

Die Verlagerung des Standortes ist der zweite schwere Schlag für die Mobilfunkbranche im Ruhrgebiet: Vor gut einem Jahr hatten rund 3 000 Menschen in Kamp-Lintfort und Bocholt ihren Arbeitsplatz durch die Pleite von BenQ Mobile verloren.

Spiegel-Online vom 15. 01. 2008; www.spiegel.de (Zugriff am 29. 4. 2011)

M2 Gewerkschaft wirft Nokia blanke Profitgier vor

GLOSSAR

Gewerkschaften

Der Gesamtbetriebsratsvorsitzende Werner Hammer nennt es einen „K.-o.-Schlag“, die IG-Metall-Bevollmächtigte Ulrike Kleinebrahm findet es „ungeheuerlich“. Die Schließung des Nokia-Werks hat die 2 300 Mann starke Belegschaft völlig unvorbereitet getroffen. „Das ist eine absolute Sauerei“, ereifert sich Barbara Wisniewski vor den Werkstoren. Geahnt habe sie nichts von den Plänen der Konzernführung. Wie viele ihrer Kollegen hat sie erst aus dem Radio von der geplanten Stilllegung der Handy-Produktion erfahren. [...]

Der Telekommunikationsexperte Torsten Gerpott von der Universität Duisburg-Essen sieht die Werksschließung skeptisch. „Mobiltelefone werden hochautomatisiert gefertigt. Das Kostenargument ist damit vorgeschoben“, sagte er der „Westdeutschen Allgemeinen Zeitung“. Er gehe davon aus, dass die weltweite strategische Neuausrichtung Nokias mit der Konzentration auf wenige Standorte der eigentliche Grund für die Schließung sei. „Der Standort Bochum ist klein. Und den Kleinsten beißen dann halt die Hunde“, sagte er.

Die IG Metall vermutet hinter Nokias Maßnahmen blanke Profitgier. „Das Werk in Bochum soll nicht geschlossen werden, weil es defizitär ist, sondern weil es der Gewinnsucht des Nokia-Managements nicht genügt“, sagt Oliver Burkhard, Bezirksleiter für Nordrhein-Westfalen.

nach: Spiegel-Online vom 15. 1. 2008, www.spiegel.de (Zugriff am 29. 4. 2011)

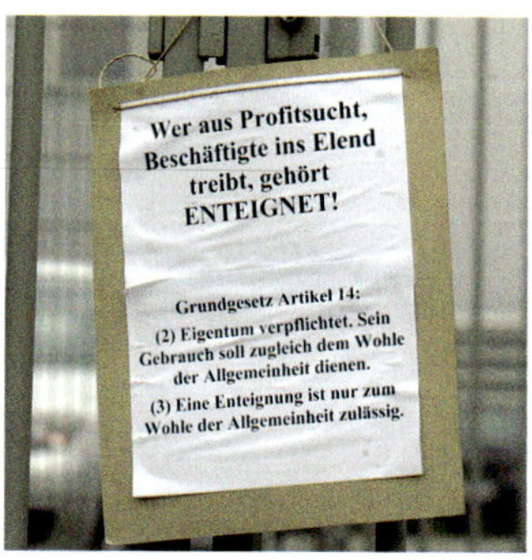

Protest bei Nokia

M3 Aus einem Kommentar der FAZ: „strategisch sinnvoll"

Wie aber soll sich Nokia verhalten? Ein Unternehmen [...] muss dort produzieren, wo dies zu wettbewerbsfähigen Kosten möglich und strategisch sinnvoll ist. Das haben vor Nokia leider auch schon die Wettbewerber BenQ aus Taiwan und Motorola aus Amerika zum Nachteil ihrer deutschen Werke so entscheiden müssen. [...] Ein Handy kann man inzwischen überall in einer guten Qualität fertigen. Dem Konsumenten ist es ohnehin gleichgültig: Er vertraut allein der Marke. Er wird Gründe haben, warum er für Elektronikprodukte nicht mehr darauf achtet, ob „Made in Germany" auf der Packung steht. Das ist bei Autos und Maschinen anders, zu Recht.

FAZ vom 17.01.2008, Nr. 14

M4 Keine Erfolgsgeschichte

Am Anfang war die Euphorie groß in Jucu, jenem gottverlassenen Bauern-Dorf unweit von Klausenburg. Sozusagen über Nacht hatte sich dort der [...] Handy-Hersteller Nokia auf einem 200 Hektar großen Gemüseacker angesiedelt, um Handys am laufenden Band zu produzieren. Dank niedriger Lohnkosten jedes um ein paar Euro billiger als in Bochum. Ein ganzes Industrie-Dorf mit Zulieferfirmen und einem Sportpark sollte entstehen: Nokia-Village, mit bis zu 20 000 neuen Arbeitsplätzen und einem Jahresgewinn von 100 Millionen Euro. [...]

Obwohl das Unternehmen Nokia gut anlief – Gewerkschafter lobten anfangs ausdrücklich das angenehme Arbeitsklima und die, für rumänische Verhältnisse, gute Bezahlung – ist das „Wunder von Klausenburg" bisher ausgeblieben. Bis zum Herbst schrieb man schwarze Zahlen. Doch die globale Finanzkrise hat auch die boomende Region rund um Klausenburg erreicht. [...]

[Nun] hat Nokia 600 Arbeiter entlassen, berichten Gewerkschaften. Von den geplanten dreieinhalbtausend Angestellten arbeitet bisher nur die Hälfte. Außerdem liegt Nokia nach nur einem Jahr im Clinch mit den regionalen Arbeitnehmer-Vertretern, weil seit Herbst in 12-Stunden-Schichten gearbeitet wird. Wer die neuen Bedingungen nicht akzeptieren wollte, dessen Vertrag wurde nicht verlängert. Auch sonst hat sich vor allem Ernüchterung breitgemacht auf der grünen Wiese: Der als Zukunftsprojekt hochgelobte Industrie-Park dümpelt vor sich hin. Eine Druckerei für Handy-Gebrauchsanweisungen, ein Kartonhersteller für Verpackungen – mehr Zuliefer-Firmen konnten die Finnen bisher nicht in ihr neues „Nokia-Village" locken.

Andrea Mühlberger, ARD-Studio Südosteuropa: Keine Erfolgsgeschichte, 15.1.2009; www.dradio.de (Zugriff am 29.4.2011)

Ein Bauer bei Jucu in der Nähe des Nokia-Werkes

▸▸ Der europäische Binnenmarkt, S. 324/325

1 Arbeitet heraus, worum es beim Nokia-Konflikt ging, wie die Geschäftsführung ihre Entscheidung begründete und was die Gegner der Schließung vermuteten (M1, M2).

2 Prüft, inwiefern es im Fall Nokia auch um den Artikel 14 des Grundgesetzes ging.

3 Diskutiert anhand der Schließung des Werkes in Bochum das Spannungsverhältnis, in dem Unternehmen im globalen Wettbewerb bei ihren Entscheidungen stehen. Bezieht hierbei auch den Kommentarauszug aus der FAZ ein (M3).

4 Vergleicht die Beweggründe der Entscheidung Nokias für den Standortwechsel (M1) mit der tatsächlichen Entwicklung (M4).

6.10 Unternehmen in der Marktwirtschaft – Das Modell der Mitbestimmung

M1 Siemens will in Deutschland nicht mehr kündigen

Der Elektronikkonzern Siemens hat seinen 128 000 Mitarbeitern in Deutschland eine unbefristete Standort- und Jobgarantie gegeben. Der Konzern werde auf betriebsbedingte Kündigungen verzichten, sagte Siemens-Chef Peter Löscher in München. Sollten Personalanpassungen notwendig werden, wolle Siemens mit Alternativen wie einem Personalausgleich zwischen den Standorten oder Kurzarbeit arbeiten. Nach Angaben einer Unternehmenssprecherin ist die Vereinbarung unbefristet, allerdings nach Ablauf von drei Jahren kündbar.

„Das ist ein klares und langfristiges Bekenntnis zum Standort Deutschland. Siemens ist ein verantwortungsvoller Arbeitgeber", sagte Löscher weiter. Demnach gilt die Standort- und Beschäftigungssicherung künftig für den gesamten Konzern mit seinen deutschen Tochtergesellschaften. [...]

tagesschau.de vom 22. 9. 2010; www.tagesschau.de (Zugriff am 29. 4. 2011)

GLOSSAR
Mitbestimmung

M2 „Kampf um Talente"

Was treibt die Siemens-Führung zu so weitreichenden Zugeständnissen an die Belegschaft? Es ist in erster Linie die Angst vor dem Fachkräftemangel. Siemens, so Aufsichtsrat Dieter Scheitor, werde sich mit dem Pakt „bei Schul- und Hochschulabgängern profilieren. Das hilft Siemens beim Kampf um die Talente auf allen Ebenen". Schon heute kann Siemens 3 000 offene Stellen, vor allem für Ingenieure, nicht sofort besetzen.

Thomas Magenheim, Jakob Schlandt, Markus Sievers und Eva Roth: Einmal Siemens – immer Siemens, in: Frankfurter Rundschau vom 23. 09. 2010

M3 Beteiligung der Arbeitnehmer an betrieblichen Entscheidungen

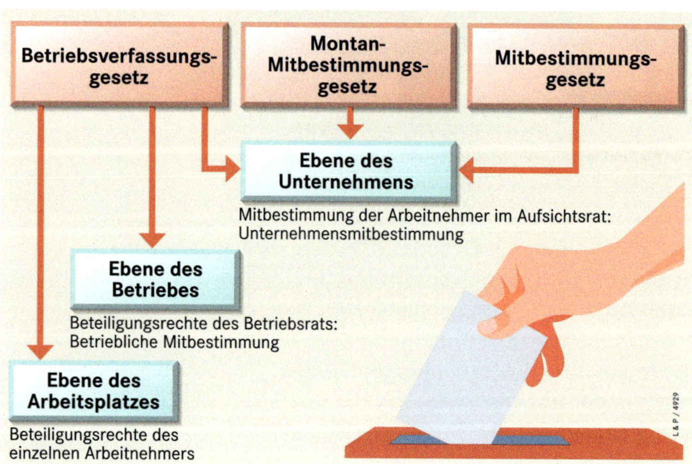

M4 Seite an Seite mit dem Konzernchef

Ein Kommentar:

Der eigentliche Wert des Paktes liegt in seinem Geist: Arbeitnehmer sollen stärker als bisher und vor allem früher in strategische Planungen einbezogen werden. [...] Das deutsche, von Mitbestimmung geprägte Modell der Unternehmensführung ist der angelsächsischen Hire-and-fire-Mentalität überlegen. Das sollten Löscher und andere Manager nicht vergessen, wenn der nächste Abschwung kommt und sich die Beschäftigungspakte bewähren müssen.

aus: Süddeutsche Zeitung vom 23. 09. 2010, Verf.: Martin Hesse

M5 Der Betriebsrat – Instrument betrieblicher Mitbestimmung

Je nach Art der Entscheidung und Anzahl der Beschäftigten hat der Betriebsrat abgestufte Mitwirkungsrechte:

- Volle Mitbestimmungsrechte kommen ihm allein bei sozialen Angelegenheiten zu, dabei handelt es sich beispielsweise um die Frage der Arbeitszeit, Urlaubsgrundsätze und soziale Einrichtungen. Solche Entscheidungen können nur vom Betriebsrat und dem Arbeitgeber gemeinsam getroffen werden.
- Falls in Unternehmen mehr als 20 Arbeitnehmer beschäftigt sind, hat der Betriebsrat bei personellen Angelegenheiten Zustimmungs- und Widerspruchsrechte. Dies betrifft beispielsweise die Gestaltung des Personalfragebogens, die Festlegung von Beurteilungsgrundsätzen und Richtlinien für die personelle Auswahl bei Einstellungen. Bei Kündigungen ist er anzuhören.
- Ab 20 Arbeitnehmern ist er über wirtschaftliche Entscheidungen zu informieren.
- Ab fünf Arbeitnehmern unter 18 Jahren ist eine Jugendvertretung zu wählen.

aus: Informationen zur politischen Bildung 293, S. 39, Verf.: Birgit Weber; www.bpb.de (Zugriff am 29. 4. 2011)

▸▸ **Gerechtigkeit als Ziel staatlichen Handelns, S. 186/187**

M6 Unternehmensmitbestimmung

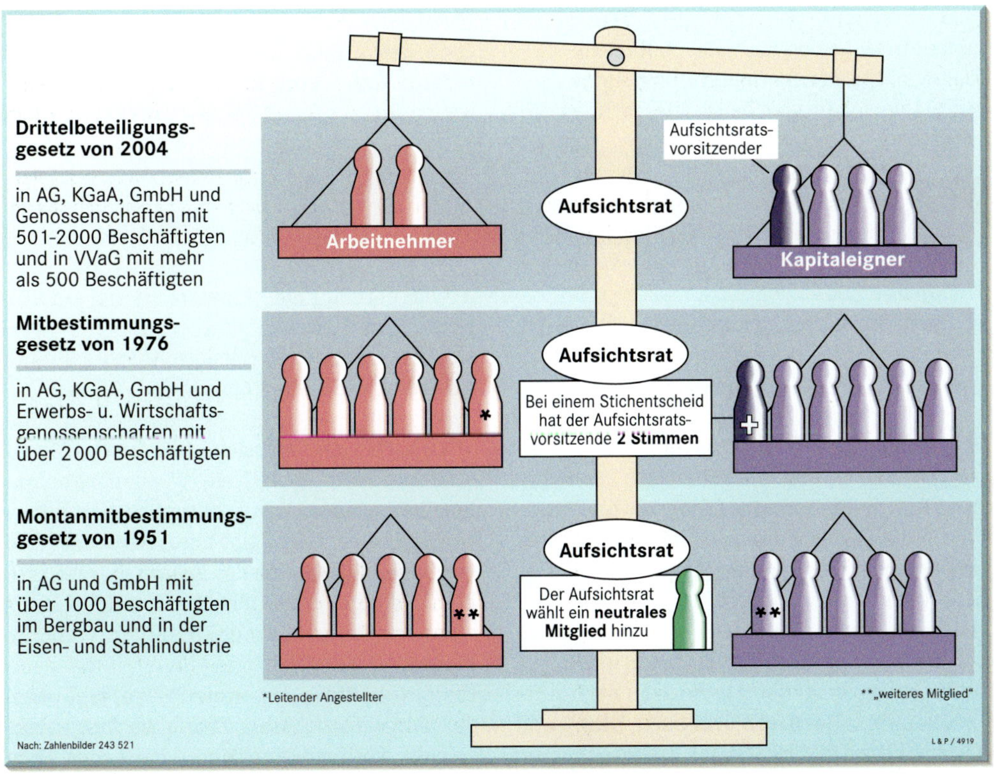

INFO

AG (Aktiengesellschaft), **KGaA** (Kommanditgesellschaft auf Aktien), **GmbH** (Gesellschaft mit beschränkter Haftung) und **Genossenschaften** sind unterschiedliche Rechtsformen von Unternehmen

1. Vergleicht die Unternehmensstrategie von Siemens (M1, M2) mit der von Nokia.
2. Erläutert das deutsche Modell der Unternehmensführung (M3 bis M6).
3. Diskutiert Vor- und Nachteile des deutschen Modells sowohl für die Arbeitnehmer als auch für die Unternehmen.

◂◂ **Der „Fall" Nokia, S. 164**

6.11 Arbeitgeber- und Arbeitnehmerinteressen

M 1 Bahn will Streik mit neuem Angebot abwenden

28. Januar 2009

Berlin – Bahn und Gewerkschaften haben die Verhandlungen am Vormittag wieder aufgenommen. Nach übereinstimmenden Angaben [...] hat die Bahn dabei ein neues Angebot vorgelegt, um drohende Streiks am Donnerstag noch abzuwenden. [...]

Der Konzern verhandelt seit dem 14. Januar mit Transnet und GDBA über neue Tarifverträge. Die für rund 130 000 Beschäftigte auftretende Tarifgemeinschaft fordert zehn Prozent mehr Lohn. Parallel dazu spricht die Bahn mit der Lokführergewerkschaft GDL, die für rund 20 000 Lokführer 6,5 Prozent mehr Lohn verlangt. Die Bahn bietet bislang eine Lohnerhöhung von einem Prozent sowie je nach Wirtschaftsergebnis des Konzerns Einmalzahlungen in Höhe von maximal 1000 Euro.

Nachdem bei den Verhandlungen keine Einigung abzusehen war, hatte die Tarifgemeinschaft zu Wochenbeginn Warnstreiks angekündigt. Erste Arbeitskämpfe waren für Donnerstag geplant. Wo und wann genau gestreikt werden soll, wollte die Gewerkschaft am Mittwoch gegen 13 Uhr bekannt geben. [...] Zuvor hatte der Transnet-Vorsitzende Alexander Kirchner nur gesagt, dass es sich um „punktuelle Aktionen" handeln werde. Man wolle nicht die gesamte Republik lahmlegen. [...] Bahn-Chef Hartmut Mehdorn habe in der Vergangenheit zugesagt, beim Lohn nachzulegen, sollte es dem Unternehmen besser gehen. „In dieser Situation sind wir jetzt", sagte Kirchner, der auf die Unternehmensgewinne von jeweils mehr als 1,6 Milliarden Euro in 2007 und 2008 verwies. „Jetzt sagen die Kollegen berechtigterweise: Nun muss ein Stückchen das wahrgemacht werden, was vorher versprochen wurde."

www.spiegel.de (Zugriff am 19. 4. 2011)

M 2 Einigung im Tarifkonflikt bei der Bahn

1. Februar 2009

Im Tarifkonflikt bei der Deutschen Bahn gab es am späten Samstagabend eine Einigung. Bahn und Gewerkschaften hätten für die rund 150 000 Beschäftigen eine schrittweise Gehaltserhöhung von 4,5 Prozent zuzüglich einer Einmalzahlung ausgehandelt, so Bahn-Personalvorstand Norbert Hansen nach dem Verhandlungsmarathon. Damit bleibt den Bahnkunden ein monatelanger Streik wie noch vor einem Jahr erspart.

HB Frankfurt. Die Gewerkschaftsvertreter zeigten sich mit den Ergebnis zufrieden. [...] Nun müssen dem Abschluss noch die Tarifkommissionen von Transnet, GDBA und der Lokführergewerkschaft GDL zustimmen. Die Gremien wollen am Mittwoch und Donnerstag tagen.

Die Eisenbahner erhalten ab Februar eine Gehaltserhöhung von 2,5 Prozent, im Januar 2010 steigen die Löhne um weitere zwei Prozent. Zudem haben sich Arbeitnehmer und Arbeitgeber auf eine Einmalzahlung von 500 Euro in der zweiten Jahreshälfte 2009 verständigt. Insgesamt hat der Abschluss eine Laufzeit von 18 Monaten.

Zusätzlich wurden die Arbeitszeiten für die Mitarbeiter neu geregelt. Die Beschäftigten erhielten nun zwölf freie Wochenenden im Jahr, von denen acht verbindlich vereinbart würden, sagte GDL-Chef Claus Weselsky. Die von den Eisenbahnern geforderte bessere Planbarkeit der Arbeitszeiten war bis zuletzt einer der Hauptstreitpunkte in den Verhandlungen.

Die Mitte Januar gestarteten Gespräche standen lange auf Messers Schneide: Erst in der vierten Verhandlungsrunde hatte der Konzern ein für die Gewerkschaften verhandlungsfähiges Angebot vorgelegt, einen ersten Warnstreik hatte es bereits gegeben. Danach hatten sich Bahn und Arbeitnehmervertreter beim Thema Entgelt angenähert.

aus: Handelsblatt vom 1. Februar 2009

GLOSSAR

Gewerkschaften

M3 Tarifauseinandersetzungen

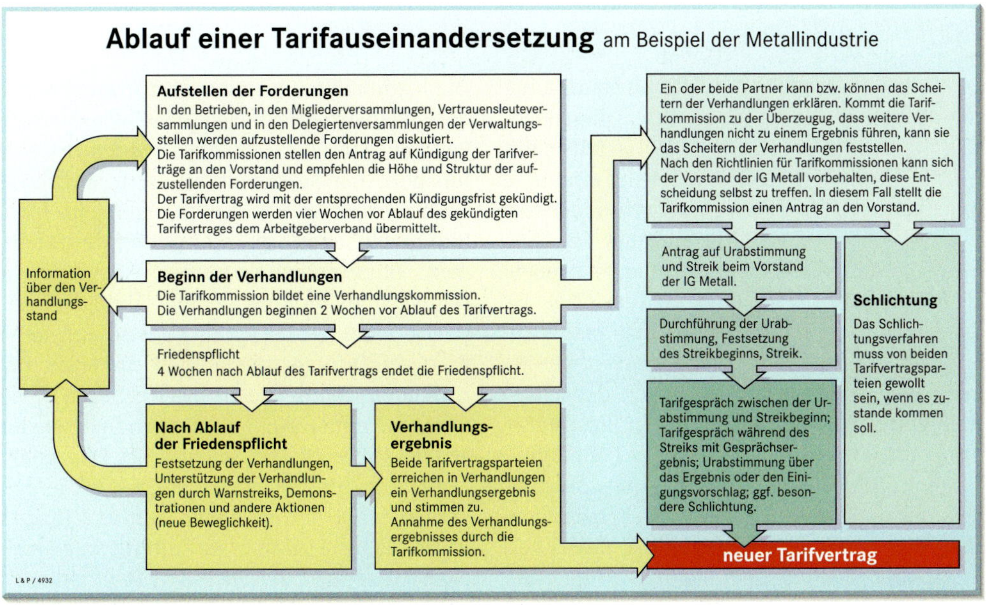

Tarifverträge können nur zwischen den entsprechenden Parteien geschlossen werden; das sind auf der Seite der Arbeitnehmer z. B. Gewerkschaften, aufseiten der Arbeitgeber z. B. Arbeitgeberverbände oder Handwerksinnungen. Um rechtswirksam zu sein, bedürfen sie der Schriftform. Inhaltlich unterscheidet man Manteltarifverträge, die Fragen der Einstellung, Kündigung, Arbeitszeit, des Urlaubs usw. regeln, und Lohntarifverträge. Dem Geltungsbereich nach unterscheidet man Flächen- und Haustarifverträge. Während der Haus- oder Firmentarifvertrag nur für einen einzelnen Arbeitgeber gilt, stellt der Flächen- oder Branchentarifvertrag gleiche Arbeits- bzw. Wettbewerbsbedingungen für diejenigen Unternehmen eines bestimmten Wirtschaftszweiges her, die in einer bestimmten Region Mitglied des tarifschließenden Arbeitgeberverbandes sind. In Deutschland herrschen die Flächentarifverträge vor. Haus- oder Firmentarifverträge gibt es z. B. bei VW, der Lufthansa, der Post.

Der Flächentarifvertrag bietet für beide vertragschließende Parteien Sicherheit. Für die Unternehmen schafft er Planungssicherheit. [...] Zudem schafft er im Grundsatz branchen-einheitliche Standards und somit einheitliche Rahmenbedingungen. Den Arbeitnehmern bietet er im Allgemeinen die Gewähr, dass ihre Entlohnung und ihre allgemeinen Arbeitsbedingungen die im Tarifvertrag vereinbarten Standards nicht unterschreiten.

Ausnahmen davon regeln sogenannte Öffnungsklauseln. Diese erlauben den Betriebsparteien (Geschäftsführung und Betriebsrat), im Falle einer wirtschaftlichen Krise – zeitlich befristet – untertariflich zu entlohnen oder die Arbeitszeit zu vermindern. So können betriebsbedingte Kündigungen zumindest für eine bestimmte Zeit vermieden werden.

Autorentext

GLOSSAR

Tarifverträge

Verbände/Interessenverbände

1. Gebt die Tarifauseinandersetzung im Unternehmen Deutsche Bahn mit eigenen Worten wieder. Stellt die Forderungen beider Seiten gegenüber; erstellt eine Chronik der wichtigsten Stationen in dieser Tarifauseinandersetzung (M1, M2).
2. Ordnet diese Chronik in den „Ablauf einer Tarifauseinandersetzung“ ein (M3).
3. Arbeitgeber und Arbeitnehmer werden häufig als „Sozialpartner“ bezeichnet. Klärt diesen Begriff und diskutiert, ob er das Verhältnis von Arbeitgebern und Arbeitnehmern zutreffend erfasst.

M4 „Arbeit muss sich lohnen“

Gustav Horn, Chef des gewerkschaftsnahen Instituts für Makroökonomie und Konjunkturforschung:

Die Finanzkrise ist vorbei, die jüngsten Konjunkturzahlen fallen gut aus [...]. Offensichtlich erholt sich die deutsche Wirtschaft sehr kräftig. Besonders stark ist – wieder einmal – der Export. [...] Vor dem Hintergrund der tiefen Krise ist all dies ein Erfolg, aber das Ziel, ein selbsttragender Aufschwung, ist noch nicht erreicht. Will man diesem Ziel in Deutschland näher kommen, muss man sich von den Rezepten der Vorkrisenzeit verabschieden. Dazu gehört das Mantra der Lohnmäßigung. Es war genau diese Lohnmäßigung, also das Zurückbleiben der Löhne hinter den mittelfristigen Produktivitätszuwächsen, die zum Entstehen der Krise beigetragen hat. Sie hat nämlich dazu geführt, dass über Jahre hinweg die Einkommen umverteilt wurden: von Arbeit zu Kapital, von der Mittel- und Unterschicht hin zur Oberschicht. Erst auf diese Weise konnte jene Vermögensballung entstehen, die nach renditeträchtigen Anlagen auf den Finanzmärkten suchte [...]. Die Lohnmäßigung trug auch zur Entstehung der weltwirtschaftlichen Ungleichgewichte bei: Sie führte zwar zu Wettbewerbsvorteilen für die Exportindustrien, belastete wegen ihrer negativen Nachfragewirkungen jedoch die binnenwirtschaftlich orientierten Unternehmen. Im Ergebnis hing das Wachstum in Deutschland am Außenhandelsüberschuss. [Jetzt] muss Deutschland stärker auf seine Binnennachfrage setzen, und zu einer florierenden Binnennachfrage gehören leistungsgerechte Löhne, die sich endlich wieder an der Produktivität orientieren. Das heißt: Die Löhne müssen stärker steigen als in den vergangenen Jahren. Einen selbsttragenden Aufschwung wird man in Zukunft nur erreichen, wenn die Umverteilung von unten nach oben ein Ende hat. Wenn sich auch Arbeit wieder lohnt, und nicht nur Kapitalbesitz.

aus: Spiegel Online vom 13. 8. 2010; www.spiegel.de (Zugriff am 29. 4. 2011)

Zeichnung: Thomas Plaßmann

M5 „Die Chancen nicht verbauen“

Michael Hüther, Direktor des arbeitgebernahen Instituts der Deutschen Wirtschaft:

Die deutsche Wirtschaft ist im ersten Halbjahr 2010 deutlich in Schwung gekommen, alle Industriebranchen sind auf Erholungskurs. [...] Die hiesigen Unternehmen haben angemessen investiert – und stehen international gut da. Nun kommt es darauf an, die Chancen für zusätzliche Produktionskapazitäten und zusätzliche Beschäftigung nicht zu verbauen. Hier ist entscheidend, welche künftigen Kosten die Unternehmen erwarten. Dabei geht es um Rohstoffkosten, Belastungen durch den Staat- und Arbeitskosten. [...] Die Wirtschaft muss erst wieder produktiver werden, bevor die Löhne stark steigen können. [...]
Zum einen besteht die Binnennachfrage nicht nur aus Konsum, sondern ebenso aus Investitionen. Wie viel die Unternehmen in neue Bauten und Ausrüstungen investieren, wird aber von der zu erwartenden Kostenentwicklung maßgeblich beeinflusst. Für die Gesamtnachfrage ist nichts gewonnen, wenn der Konsum steigt, die Investitionen aber sinken. Zum anderen ist schon grundsätzlich die Vorstellung verfehlt, man könne über kräftige Lohnerhöhungen die Binnenkaufkraft dauerhaft stärken. Denn für die Entwicklung der Konsumnachfrage ist weniger die Lohndynamik als vielmehr die Beschäftigungsentwicklung entscheidend. Empirische Analysen zeigen: Steigt die Beschäftigung um ein Prozent, nimmt der private Konsum um 0,8 Prozent zu, steigt der Reallohn um ein Prozent, wächst der private Verbrauch hingegen lediglich um 0,2 Prozent. Will man den privaten Konsum stärken, braucht man also vor allem eines: eine beschäftigungsorientierte Lohnpolitik.

aus: Spiegel Online vom 13. 8. 2010; www.spiegel.de (Zugriff am 29. 4. 2011)

GLOSSAR

Produktivität

M6 Die Lohn-Illusion

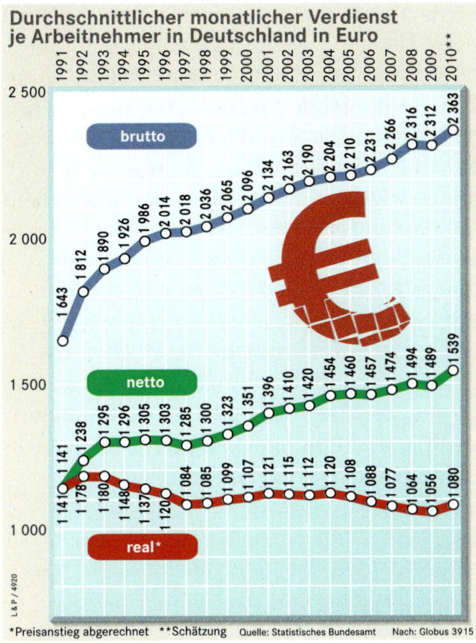

M7 Lohnminus in Deutschland

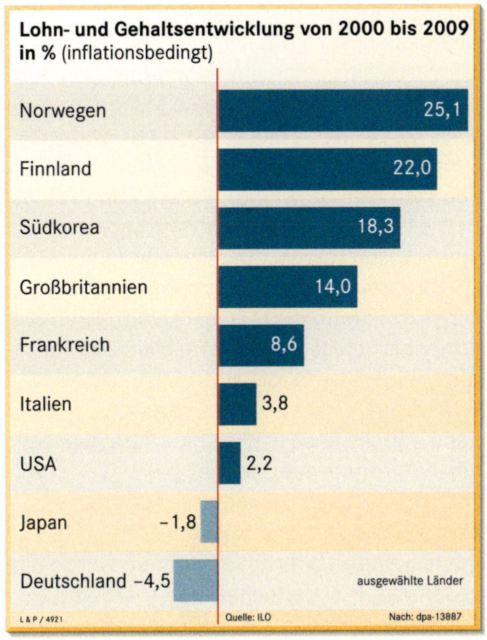

INFO

Bruttolohn: das im Arbeitsvertrag festgelegte Entgelt

Nettolohn: Bruttolohn abzüglich der Steuern und Sozialversicherungsbeiträge

Reallohn: Kaufkraft des Nettolohns aufgrund des Anstiegs der Verbraucherpreise

M8 Wächst Deutschland auf Kosten anderer Staaten?

Die Deutschen setzen auf Export – und machen mit dem Ausland glänzende Geschäfte. Egoistisch und katastrophal, schimpfen die Nachbarn der Euro-Zone. [...] Berlin müsse die heimische Nachfrage stärken, forderte die französische Wirtschaftsministerin Christine Lagarde [...]. Der große Handelsüberschuss durch Geschäfte mit dem Ausland gefährde die Wettbewerbsfähigkeit anderer Staaten der Euro-Zone.

Die Position wird einem Zeitungsbericht zufolge von wirtschaftlich schwachen EU-Staaten unterstützt, die in der Gemeinschaft auf Einschränkungen der deutschen Wettbewerbsvorteile drängen. Deutschland werde „von einigen Akteuren vorgeworfen, mit seinem exportorientierten Wirtschaftsmodell sein Wirtschaftswachstum auf Kosten anderer" Euro-Staaten zu erreichen [...].

Für manche Nachbarn in der Euro-Zone wiegen die moderaten Lohnzuwächse in der Bundesrepublik doppelt schwer. Zum einen haben deutsche Unternehmen im internationalen Konkurrenzkampf oft die Nase vorn. Zum anderen kaufen die Bundesbürger nicht genug im Ausland ein. Deutschland, so die These, wächst auf Kosten anderer Staaten, was auf Dauer nicht gut gehen kann.

aus: Focus Online vom 15. 3. 2010; www.focus.de (Zugriff am 29. 4. 2011)

Handelsüberschuss: die Summe der Ausfuhren (Warenexporte) übersteigt die Summe der Einfuhren (Warenimporte)

GLOSSAR

Wirtschaftswachstum

▸▸ Gerechtigkeit als Ziel staatlichen Handelns, S. 186/187

▸▸ Der Euro: Vom Wunder zum Sorgenkind, S. 332/333

4 Beschreibt und interpretiert die Karikatur auf S. 170.

5 Arbeitet die in M4 und M5 vertretenen Positionen zur Frage, ob Deutschland höhere Löhne braucht, heraus. Erläutert und diskutiert die unterschiedlichen Sichtweisen und die dahinterstehenden Interessen.

6 Wertet die Grafiken zur Lohnentwicklung in Deutschland aus (M6 und M7).

7 Nehmt Stellung zum Vorwurf, Deutschland wachse „auf Kosten anderer Staaten." (M8).

PERSPEKTIV-WECHSEL

Planwirtschaft statt Chaos-Wirtschaft

Von Nordeuropa bis Südafrika, von Asien bis Amerika – wie ein unheimlicher Virus rast die Wirtschaftskrise um den Erdball, vernichtet die Existenzgrundlage von Millionen, lässt Menschen, Städte, Regionen, ganze Länder verarmen, bringt Maschinen und Fabriken zum Stillstand. Wenn es noch eines Beweises bedurft hat, dann wird er durch diese Krise erbracht: Das gegenwärtige Wirtschaftssystem dient nicht den Menschen, dient nicht der Gesellschaft, kann die Wirtschaft nicht sinnvoll organisieren und regulieren, es zerstört statt aufzubauen. [...] Höchste Zeit, eine Alternative zum Chaos des Kapitalismus zu erreichen. Aber wie soll diese Alternative aussehen? [...]
Nehmen wir an, die Industriekonzerne, die Banken und Versicherungen wären in Gemeineigentum überführt, und nun würde ein gesamtgesellschaftlicher Plan erarbeitet. Zunächst wäre das Motiv für die Produktion ein ganz anderes. Die Frage würde nun nicht mehr lauten „Was bringt Profit?“, sondern „Was ist sinnvoll? Was brauchen wir? Welche Prioritäten sollen wir setzen?“ Diese Fragestellungen würden auf allen Ebenen der Gesellschaft breit diskutiert werden. Beispiel Energieversorgung: Eine gesellschaftliche Diskussion über die Zukunft der Energieversorgung würde aller Voraussicht nach ergeben, dass zuallererst alle Möglichkeiten zur Energieeinsparung genutzt werden, und die Energieversorgung auf erneuerbare Energiequellen – also Sonne, Wind, Wasser, Wellen, Biomasse, Erdwärme – umgestellt werden muss.
Man würde eine Bestandsaufnahme über das Produktionspotenzial der Gesellschaft machen. Dabei würde herauskommen, dass derzeit in Deutschland circa 750 000 Menschen in der Autoindustrie beschäftigt sind. Im Bereich der erneuerbaren Energie arbeiten hingegen nur rund 280 000 Menschen. Also würde man einen Plan erarbeiten, wie die Produktion umgestellt werden kann: Statt Getriebe für LKWs könnte man Getriebe für Windräder produzieren, statt Glas für Autoscheiben Glas für Sonnenkollektoren oder Isolierverglasung für Wohnhäuser. [...] Ziel der Produktion wäre es, die Umwelt zu schonen und Arbeitszeit zu sparen. Gesellschaftlich unnötige Produktion und Tätigkeiten würden gestoppt, an oberster Stelle die Rüstungsindustrie, aber auch zum Beispiel die Werbebranche. Die frei werdende Arbeitszeit könnte genutzt werden, um die Arbeitszeit für alle zu verkürzen. [...] Die Wirtschaft müsste nicht nur im nationalen, sondern im internationalen Maßstab geplant werden. Das ist heute notwendiger denn je. Die Produktivkräfte (Produktionsmittel und menschliche Arbeitstätigkeit) sind so gewaltig geworden, dass sie mit jedem Tag, den sie länger [...] ungeplant eingesetzt werden, den gesamten Planeten zu zerstören drohen. Das gilt für die CO_2-Produktion ebenso wie für die Verschmutzung von Luft und Wasser oder die Überfischung der Weltmeere. Jedes dieser Probleme (und viele andere mehr) erfordert ein planmäßiges, koordiniertes Vorgehen der Länder dieser Erde.
Diese Aufgabe erscheint vielen als so gigantisch, dass sie sie für unlösbar halten. Aber schon heute gibt es doch Organisationen, die auf unterschiedlicher Ebene versuchen, die Probleme anzugehen. Von lokalen Bürgerinitiativen zum Erhalt von Naturschutzgebieten bis zu den Treffen des Weltsozialforums, bei denen Menschen aus allen Kontinenten über globale Probleme und Lösungen diskutieren. Aber sie können heute nur protestieren und nicht entscheiden. Trotzdem kann man sich doch vorstellen, dass Gremien, deren Mitglieder demokratisch gewählt sind, nicht nur lokal, sondern auch international Beschlüsse fassen, Pläne erstellen und für deren Umsetzung Sorge tragen.

Georg Kümmel: Plan-Wirtschaft statt Chaos-Wirtschaft, in: Solidarität – Sozialistische Zeitung Nr. 78, April 2009

1 Diskutiert die These des Verfassers, dass das marktwirtschaftliche System nicht den Menschen, sondern nur dem Profit diene.

2 Nehmt Stellung zu der Forderung „Planwirtschaft statt Chaos-Wirtschaft“.

Wichtiges zusammengefasst

KOMPAKT

- Der **Markt** ist der Ort, an dem Waren und Dienstleistungen angeboten und nachgefragt werden. Die Anbieter wollen am Markt ihre Waren verkaufen und dabei einen möglichst hohen Gewinn erzielen. Die Nachfrager wollen hochwertige Güter zu möglichst niedrigen Preisen einkaufen. Der Ausgleich der Interessen von Anbietern und Nachfragern wird im Allgemeinen durch den **Preis** bewirkt: In der Regel werden die Preise bei großem **Angebot** und geringer **Nachfrage** sinken, bei geringem Angebot und großer Nachfrage steigen. Sinkende oder steigende Preise wiederum beeinflussen Angebot und Nachfrage.
- Der Zusammenhang zwischen den Teilnehmern am Wirtschaftsleben wird modellhaft in Kreisläufen dargestellt: Das Modell des **einfachen Wirtschaftskreislaufes** gibt das Zusammenspiel zwischen privaten Haushalten und Unternehmen wieder (Güter- und Geldströme). Im **erweiterten Wirtschaftskreislauf** sind Kreditinstitute wie Banken einbezogen, die den Unternehmen Kapital für Investitionen zur Verfügung stellen. Als weiterer Teilnehmer tritt im **erweiterten Wirtschaftskreislauf** der Staat hinzu: Über Einnahmen (Steuern, Abgaben) und über Ausgaben beeinflusst er den Wirtschaftsprozess.
- Grundlegende Voraussetzung für das Funktionieren der Märkte ist der **Wettbewerb** zwischen Unternehmen. Der Idealfall ist das Vorhandensein vieler Anbieter, die auf dem Markt um potenzielle Käufer konkurrieren **(Polypol)**. Der Wettbewerb führt aber dazu, dass leistungsstarke Unternehmen sich am Markt durchsetzen. Dies führt zu Märkten mit eingeschränkter Konkurrenz **(Oligopol)**, im Extremfall auch zu Märkten mit ausgeschlossener Konkurrenz, auf denen es nur noch einen Anbieter gibt **(Monopol)**. Wird der Wettbewerb stark eingeschränkt oder gar abgeschafft, greift der Staat ordnend ein, um ihn als wichtigstes Gestaltungselement der Marktwirtschaft zu erhalten **(Ordnungspolitik)**.
- Die durch den Ausgleich von Angebot und Nachfrage bestimmte wirtschaftliche Entwicklung vollzieht sich in Wellenbewegungen. Der Zeitraum, in dem die verschiedenen Phasen (Aufschwung, Boom/Hochkonjunktur, Rezession/Abschwung, Depression/Konjunkturtief) ablaufen, wird als **Konjunkturzyklus** bezeichnet. Angesichts der Folgewirkungen, insbesondere der Entstehung von (Massen-)Arbeitslosigkeit in der Depression, greift der Staat mit Maßnahmen direkt in den wirtschaftlichen Prozess ein **(Prozesspolitik)**, um die konjunkturellen Schwankungen zu beeinflussen und den Wirtschaftsverlauf zu verstetigen **(antizyklische Konjunkturpolitik)**.
- Ein zentrales Problem ist die **Staatsverschuldung**, die die Handlungsmöglichkeiten des Staates einschränkt (Schuldendienst) und zukünftige Generationen belastet. Umstritten ist aber die Lösung des Problems: Kürzung der Staatsausgaben (Sparhaushalte) oder Erhöhung der Staatseinnahmen (höhere Abgaben bzw. Steuern). **Unternehmen** haben in der Marktwirtschaft das vorrangige Ziel, **Gewinn** zu erzielen. Der Gewinn hängt dabei davon ab, welche Kosten bei der Herstellung von Waren bzw. der Bereitstellung von Dienstleistungen entstanden sind und welcher Preis auf dem Markt realisiert werden kann. Entsprechend wichtig sind **Standortfaktoren**, die die Gewinnspanne beeinflussen und über die Wahl von Standorten, z. B. Produktionsverlagerungen in andere Länder, entscheiden. Unternehmen sind aber auch eingebettet in ihr gesellschaftliches Umfeld und tragen eine **soziale Verantwortung**. Über gesetzliche Bestimmungen haben die Arbeitnehmer in Deutschland **Mitwirkungs- und Mitbestimmungsrechte** an Unternehmensentscheidungen.
- Arbeitnehmer und Arbeitgeber verfolgen unterschiedliche Interessen, was zu Konflikten führt, z. B. bei der Frage des Lohns oder der Arbeitsbedingungen. Diese Konflikte werden in **Tarifverträgen** geregelt, welche **Gewerkschaften** als Interessenvertretung der Arbeitnehmer und **Arbeitgeberverbände** als Interessenvertretung der Unternehmen miteinander aushandeln. Tarifauseinandersetzungen folgen dabei festgelegten Spielregeln, zu denen als letztes Kampfmittel auch **Streik** und **Aussperrung** gehören.

7. Sozialstaat in der Krise?

- Welche Aufgaben hat ein Sozialstaat, wie wird er finanziert?
- Ist unser Sozialstaat in einer Krise? Ist ein „Umbau“ erforderlich?
- Welche Einschnitte ins soziale Netz sind künftig unvermeidbar?
- Kann man soziale Gerechtigkeit gewährleisten? Auf welche Weise?

5

Hier können noch weitere Leistungen des Arbeitgebers hinzukommen, z. B. vermögenswirksame Leistungen

Steuern fallen erst ab einem Bruttogehalt von 897 Euro an.

	840,00

Steuer/Sozialversicherung:

1)	Steuer-Brutto2)		Lohnsteuer		Kirchensteuer		SolZ				Steuerrechtl. Abzüge
L	840	00	0	00	0	00	0	00			0,00

1)	KV/PV-Brutto		RV/AV-Brutto		KV-Beitrag		PV-Beitrag4)		RV-Beitrag		AV-Beitrag		SV-rechtl. Abzüge
L	840	00	840	00	68	88	8	19	68	88	12	60	173,25

Netto-Verdienst
666,75

Verdienstbescheinigung:2)			
Gesamt-Brutto		Steuer Brutto	
840	00	840	00
Lohnsteuer		Kirchensteuer	
0	00	0	00
SolZ		Steuerfreie Bezüge	
0	00	0	00
SV-Brutto		RV-Beitrag	
840	00	68	88
KV-Beitrag		PV-Beitrag4)	
68	88	8	19
AV-Beitrag		KUG-AusZ	VW. ges.
12	60		
Pfändung Rest	Darlehen Rest	pauschal versteuerte Zukunftsversicherung	

Nr.	Netto-Bezüge/Netto-Abzüge

Kranken-versicherungs-beitrag

Renten-versicherungs-beitrag

Die zweite Hälfte der Sozialabgaben übernimmt jeweils der Arbeitgeber.

Bank **Hessische Bank**
BLZ **550 000 00**
Kto.-Nr. **649649649**

Auszahlungsbetrag
666,75

1) A = Abfindung, E = Einmalbezug, F = frei, J = Gesamt-Brutto, K = Korrektur, Km = Kilometer, L = laufender Bezug, M = mehrjährige Versteuerung, N = Nachberechnung, P = Pauschalierung, S = sonstiger Bezug, St = Stück, Std. = Stunde, T = Tag, V = Vorjahr, W = Wertguthaben
2) Einschließlich der steuerlich relevanten Werte bei einer Nachberechnung ins Vorjahr
3) Gegebenenfalls Nettolohn/Nettostundenlohn 4) Z = Einschließlich Beitragszuschlag zur PV für Kinderlose

Arbeitslosen-versicherungs-beitrag

Pflege-versicherungs-beitrag

L&P/4937

Dennis Gehaltsabrechnung (Lohnzettel)

7.1 Wie fängt uns das soziale Netz auf?

GLOSSAR
Solidaritätsprinzip

Wer sorgt für uns, wenn wir krank sind oder einen Unfall haben? Woher kommt Geld, wenn wir arbeitslos sind? Wer kümmert sich um uns im Alter?
Früher war allein die Familie zuständig, heute ist es auch der moderne Sozialstaat, der für die Absicherung von Lebensrisiken und im Alter sorgt. Seine Grundlage ist die Solidarität zwischen den Bevölkerungsgruppen und den Generationen. Das heißt: Alle leisten Beiträge für die Gemeinschaft, die im Bedarfsfall auch ihnen hilft. Wie dies funktioniert, soll das Beispiel eines Verunglückten zeigen.

M 1 Dennis hat einen Unfall

Wie es genau passiert ist, daran kann Dennis Meyer, 18 Jahre, sich heute nicht mehr erinnern. An jenem Montagmorgen musste auf der Baustelle alles schnell gehen. Außerdem war er nicht ganz fit: Am Sonntagabend hatte er noch mit Freunden den Sieg ihrer Fußballmannschaft mit ein paar Bier gefeiert. Er erinnert sich noch, dass er in ca. sieben Meter Höhe einen Seitenschutz an einem Gerüst anbringen wollte. Danach setzt seine Erinnerung aus. Erst im Krankenhaus ist er wieder aufgewacht. Er muss das Gleichgewicht verloren haben und von der Plattform gestürzt sein.
„Glück im Unglück!", sagen die Arbeitskollegen, die ihn im Krankenhaus besuchen. Aber das ist für Dennis kein Trost, denn er hat neben einer schweren Gehirnerschütterung Knochenbrüche davongetragen, die mehrere Operationen erforderlich machen werden. Wochen wird er im Krankenhaus verbringen müssen. Aber noch mehr belastet ihn, wie es mit ihm weitergehen wird:

- Wer bezahlt eigentlich die Kosten für seinen Krankenhausaufenthalt?
- Er ist erst im zweiten Ausbildungsjahr als Gerüstbauer und hat noch nicht viel in die Krankenversicherung eingezahlt. Kommt seine Krankenkasse trotzdem für alles auf?
- Er war – zugegeben – auch nicht so gut drauf an diesem Morgen. Wird das einen Einfluss auf die Bezahlung seiner Krankenkosten haben? Trägt er Mitschuld an dem Unfall?
- Während der Arbeit hat er nicht den vorgeschriebenen Helm getragen. Wird das einen Einfluss auf die Begleichung der Kosten haben?
- Muss er jetzt um seinen Ausbildungsplatz fürchten, wenn er wochenlang nicht arbeiten kann?
- Bekommt er sein Ausbildungsentgelt weiter, obwohl er längere Zeit nicht arbeitet?
- Was wird sein, wenn er in seinem Beruf, der körperlich hohe Anforderungen stellt, nicht mehr arbeiten kann?

Autorentext

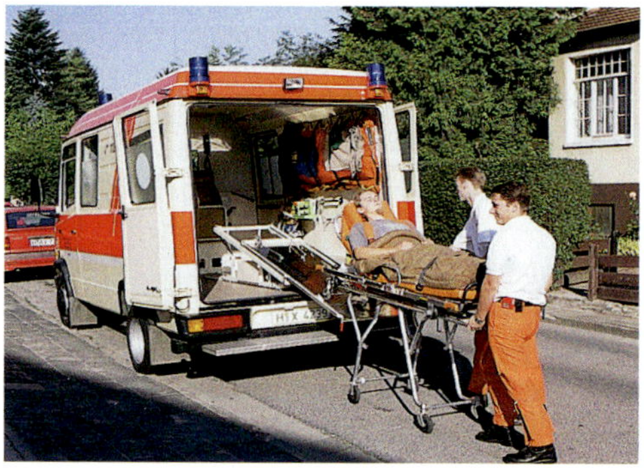

Dennis auf dem Weg ins Krankenhaus.

1 Macht euch mit Dennis' Schicksal und seinem Krankheitsfall genau vertraut (M1). Könnt ihr Fragen, die Dennis sich stellt, bereits beantworten?
2 Wertet die Materialien auf den Folgeseiten aus, um Dennis' Fragen zu beantworten.
3 Diskutiert, ob man aus dem Grundgesetz und der Menschrechtscharta der UNO bzw. aus den Prinzipien des Sozialstaats (vgl. M2 und M3) materielle Ansprüche für Dennis herleiten könnte.

7.2 Grundlagen des Sozialstaates

M2 Rechtsgrundlagen des Sozialstaates

Grundgesetz: „Die Bundesrepublik Deutschland ist ein demokratischer und sozialer Bundesstaat."

Art. 20.1, GG

Allgemeine Erklärung der Menschenrechte: „Jeder Mensch hat als Mitglied der Gesellschaft Recht auf soziale Sicherheit; er hat Anspruch darauf, durch innerstaatliche Maßnahmen und internationale Zusammenarbeit unter Berücksichtigung der Organisation und der Hilfsmittel jedes Staates in den Genuss der für seine Würde und die freie Entwicklung seiner Persönlichkeit unentbehrlichen wirtschaftlichen, sozialen und kulturellen Rechte zu gelangen."

Art. 22, UN-Menschenrechtscharta von 1948

Frieden als Aufgabe internationaler Zusammenarbeit, S. 348/349

M3 Prinzipien des deutschen Sozialstaates

Das hauptsächliche Ziel des modernen Sozialstaates ist es, Menschen in Notlagen zu helfen und diesen Notlagen, wenn möglich, aktiv vorzubeugen. [...]

Das Leistungsspektrum [...] lässt sich in drei Kategorien einteilen: [...] Das Fürsorgeprinzip umfasst staatliche Hilfe für bedürftige Bürger, wie z. B. Wohngeld, Arbeitslosengeld II oder auch Sozialhilfe. Unter Versorgungsleistungen fallen die staatlichen Leistungen für Bürger, die entweder Opfer oder besondere Leistungen für die Gemeinschaft erbracht haben. Dazu gehören sowohl Entschädigungszahlungen an Hinterbliebene von Kriegsopfern wie auch das Kindergeld oder die Beamtenversorgung. Die Versicherungsleistungen dienen der Vorsorge von Einkommensausfall durch z. B. Alter, Arbeitslosigkeit, Invalidität, Krankheit, Mutterschaft, Pflegeabhängigkeit oder durch den Tod des Ernährers.

Bundeszentrale für politische Bildung; www.bpb.de (Zugriff am 16. 5. 2011)

M4 Grundpfeiler des sozialen Sicherungssystems

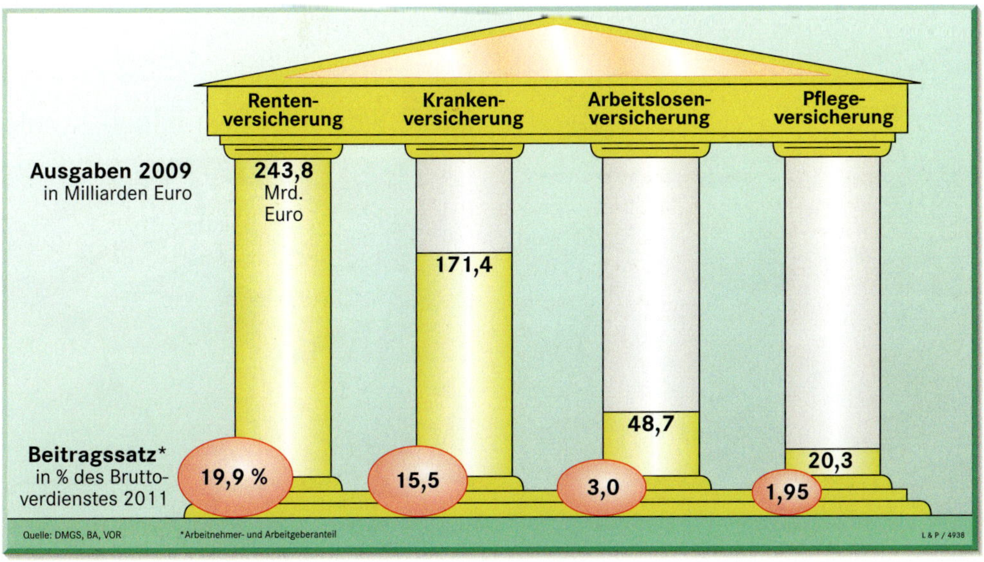

GLOSSAR

Sozialstaat

Sozialleistungen

7.3 Wie funktioniert das Gesundheitssystem?

Vom ersten Tag an krankenversichert

Jeder Auszubildende ist vom ersten Tag der Ausbildung bei einer Krankenkasse pflichtversichert - so wie Arbeiter und Angestellte, Arbeitslose, Sozialhilfeempfänger, Rentner und Studenten. Auch Ehepartner und Kinder sind (familien-)versichert, wenn sie selbst nicht arbeiten oder nur geringfügig beschäftigt sind. Im Krankheitsfall bekommt der Arbeitnehmer in der Regel sechs Wochen lang seinen Lohn weitergezahlt, danach zahlen die Krankenkassen Krankengeld (70 Prozent des regelmäßig erzielten Bruttoarbeitslohns) bis zu 78 Wochen innerhalb eines Zeitraums von drei Jahren. Wer drei Jahre hintereinander die sogenannte Jahresentgeltgrenze (2007: 49 500 Euro) überschreitet, scheidet aus der Krankenversicherungspflicht aus. Er kann entweder freiwillig zu einer gesetzlichen Krankenkasse gehen oder sich privat versichern.

Die Stärkeren schützen die Schwächeren

Die gesetzliche Krankenversicherung (GKV) wird ganz besonders vom Solidaritätsgedanken getragen: Ihre Sachleistungen bekommen alle im gleichen, jeweils erforderlichen Umfang, ohne Rücksicht darauf, wie hoch die Beitragsleistung des Einzelnen ist. Die Höhe der Beiträge hängt vom Einkommen ab. Das ist in der privaten Krankenversicherung (PKV) anders: Hier muss jeder Versicherte eine Prämie zahlen, die sich nach Krankheitsrisiko (Gesundheitsprüfung), Geschlecht und Alter errechnet. Alte und kranke Menschen zahlen in der PKV daher höhere Prämien als junge und gesunde Versicherte. In der GKV werden lediglich die Geldleistungen - also in erster Linie das Krankengeld - nach dem Einkommen des einzelnen Arbeitnehmers bemessen.

M 1 Entwicklung der Leistungsausgaben in der GKV (in Mio. Euro)

Jahr	Summe der Leistungsausgaben	Behandlung durch Ärzte	Behandlung durch Zahnärzte	Arzneien etc. aus Apotheken	Krankenhausbehandlung
1970*	12 194	2 791	873	2 160	3 072
1980*	43 949	7 852	2 821	6 428	13 020
1991	88 743	15 375	5 479	14 558	29 191
2000	125 943	21 503	7 709	21 121	43 145
2009	160 587	26 040	8 217	28 446	56 104

* = alte Bundesländer   Quelle: Kassenärztliche Bundesvereinigung   L&P / 4939

M 2 Ausgaben der GKV

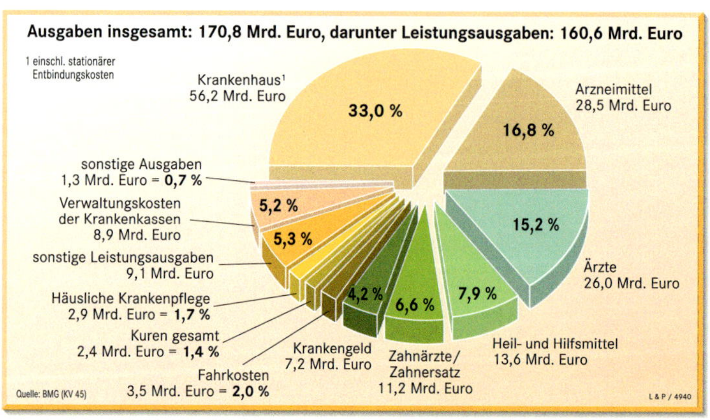

M 3 Baustelle: Gesundheitssystem

Zeichnung: Roger Schmidt

M4 Die staatliche Gesundheitsreform

Das Ziel der Finanzreform des [ehemaligen] Gesundheitsministers Philipp Rösler ist es, das für das Jahr 2011 erwartete Defizit in der gesetzlichen Krankenversicherung in Höhe von bis zu elf Milliarden Euro auszugleichen und abzufangen. Zudem soll es auf lange Sicht gesehen zu einer Abkopplung der Gesundheitskosten von den Arbeitskosten in Deutschland kommen. Dazu verabschiedete die Bundesregierung am 22. September 2010 einen Gesetzesentwurf. Einer der wichtigsten Eckpunkte [ist] die Anhebung des Beitragssatzes in der gesetzlichen Krankenversicherung um 0,6 Prozentpunkte auf nunmehr 15,5 Prozent. Diese Beitragserhöhung wird zwischen dem Arbeitgeber und dem Arbeitnehmer geteilt. Arbeitgeber zahlen nunmehr ab dem 01. Januar 2011 7,3 Prozent und Arbeitnehmer einen Anteil von 8,2 Prozent. Nach Aussage von Philipp Rösler soll es sich bei dieser Erhöhung um die letzte Anhebung des Arbeitgeberanteils in der gesetzlichen Krankenversicherung handeln. Die Bundesregierung rechnet durch die Anhebung des Beitragssatzes mit Mehreinnahmen von rund sechs Milliarden Euro.

Durch die Gesundheitsreform 2011 werden die Krankenkassen ermächtigt, zukünftig Zusatzbeiträge ohne eine Obergrenze als Pauschale zu erheben. Dieser Zusatzbeitrag ist von den Versicherten direkt an die Krankenversicherung zu zahlen. Somit tragen in Zukunft die Versicherten die künftigen Mehrkosten für die Leistungsausgaben der Krankenkassen (z. B. für Kliniken, Ärzte und Pharmaindustrie) allein.

Klaus Meininger; rentenberatung-aktuell.de (Zugriff am 13. 5. 2011)

M5 Der DGB zur Gesundheitsreform

Mit der Verabschiedung der Gesundheitsreform von Minister Rösler macht die Koalition Politik gegen die Bevölkerung. Es ist der Gipfel der Ungerechtigkeit, dass die 70 Mio. Versicherten der gesetzlichen Krankenversicherung (GKV) künftig alle Kostensteigerungen allein mit der Kopfpauschale bezahlen sollen. Das Einzige, was an dieser Reform nachhaltig ist, sind die einseitig steigenden Belastungen für 90 Prozent der Bevölkerung. [...] Die Entscheidung über die Kopfpauschale fällt nicht heute, sondern bei der Bundestagswahl 2013 – spätestens bis dann wird es Kopfpauschalen hageln und spätestens dann wird die Koalition die Quittung von den BürgerInnen bekommen. Der DGB wird die Zeit nutzen und weiter Front gegen den Ausstieg aus der solidarischen Krankenversicherung von Schwarz-Gelb machen. Unser Ziel ist es, dass den Versicherten die Kopfpauschale erspart bleibt. Wir wollen die unsolidarischen Zusatzbeiträge abschaffen, die paritätische Finanzierung wiederherstellen und die GKV zur Bürgerversicherung weiterentwickeln.

Annelie Buntenbach, DGB-Vorstandsmitgleid; www.stoppauschale.de (Zugriff am 13. 5. 2011)

1 Beschreibt anhand der gesetzlichen Krankenversicherung den Solidaritätsgedanken, der dem Sozialversicherungssystem zugrunde liegt (Autorentext).

2 Beschreibt die Trends bei der Entwicklung der Leistungsausgaben in der gesetzlichen Krankenversicherung. Stellt Gründe zusammen, warum es zu dieser Ausgabensteigerung gekommen ist (M1).

3 Diskutiert, ob die gegenwärtige Lösung zur Reform der Krankenversicherung sinnvoll und gerecht ist (M4, M5).

4 Untersucht, welche Leistungen der verunglückte Dennis erwarten kann und mit welchen finanziellen Problemen er rechnen muss (M1, M2 auf S. 176 f.).

5 Entwickelt und diskutiert eigene Ideen, wie man der Kostenexplosion und der damit verknüpften Beitragserhöhung der Krankenversicherung entgegenwirken könnte (M2, M4, M5).

7.4 Arbeitslos – und nun?

In Deutschland ist jeder Arbeitnehmer Pflichtmitglied der Arbeitslosenversicherung. Die Beiträge hierzu – 3 % vom Bruttolohn – werden je zur Hälfte vom Arbeitgeber und vom Arbeitnehmer entrichtet. Wird ein Arbeitnehmer arbeitslos, kann er (je nach Beschäftigungsdauer) bis zu einem Jahr Arbeitslosengeld (ALG I) beziehen, also 60 % des letzten Nettolohnes. Hat der Arbeitnehmer Kinder, erhöht sich dieser Satz. Für ältere Arbeitnehmer gelten Sonderregelungen. Wenn die Bezugsdauer des ALG I abgelaufen ist, ohne dass der Arbeitnehmer eine neue Stelle gefunden hat, erhält er Arbeitslosengeld II (ALG II). Das ALG II – auch als Hartz IV bezeichnet – wurde im Jahr 2005 geschaffen, als die frühere Arbeitslosenhilfe und die Sozialhilfe zusammengelegt wurden.

M1 Das Arbeitslosengeld II

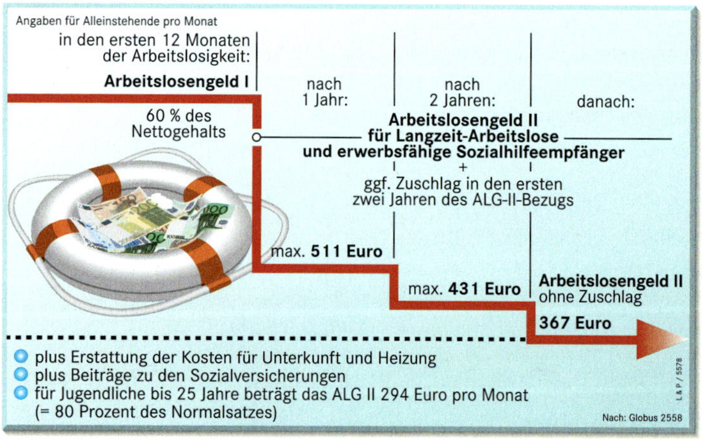

M2 Die Arbeitslosenzahlen

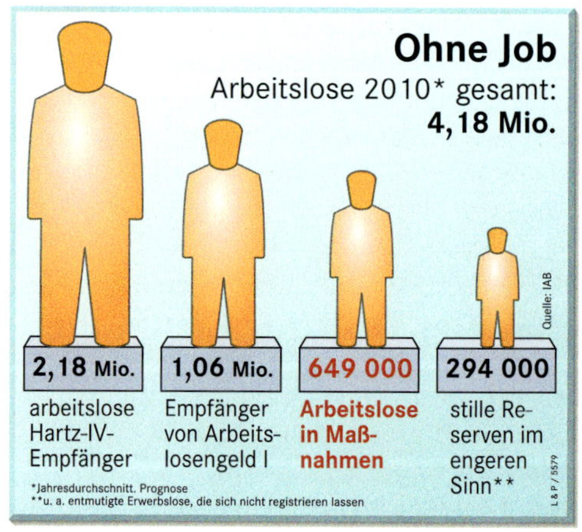

M3 Psychosoziale Folgen von Arbeitslosigkeit

▸▸ „Generation ungewiss“!?, S. 284/285

INTERNET

www.arbeitsagentur.de

GLOSSAR

Arbeit

Arbeitslosigkeit

Generell tendieren Arbeitslose dazu, sich überflüssig zu fühlen, einen Mangel an Lebenssinn zu verspüren und ein negatives Selbstbild zu entwickeln. Sie machen sich häufig für ihre Situation verantwortlich und zweifeln an sich selbst. Da sie ihr weiteres Leben nicht mehr planen können, fühlen sie sich hilflos und ihrem Schicksal ausgeliefert. Mit zunehmender Dauer der Arbeitslosigkeit wird ihre Grundstimmung immer negativer, verlieren sie die Hoffnung auf Besserung ihrer Situation, werden sie immer passiver, unzufriedener und verbitterter. Oft werden sie depressiv oder alkoholkrank, wobei Alkoholmissbrauch vielfach mit erhöhter Streitlust, Aggressivität und Gewaltanwendung in der Familie verbunden ist. Auch verschlechtert sich ihr Gesundheitszustand, sie sind häufiger krank. Obwohl Arbeitslose heute weniger stigmatisiert werden als in den 60er- und 70er-Jahren, erleben sie weiterhin Vorurteile, Diskriminierung und eine Beeinträchtigung ihrer sozialen Beziehungen. So nimmt vor allem der Kontakt zu früheren Kollegen bald ab. Vereinzelt kommt es aber auch zur Selbstisolation. Anzumerken ist noch, dass die Stärke der beschriebenen psychosozialen Belastungen unter anderem von der Dauer der Arbeitslosigkeit und der subjektiven Einschätzung der eigenen Chancen am Arbeitsmarkt abhängig ist.

Martin Textor (Hg.): Kindergartenpädagogik – Online-Handbuch; www.kindergartenpaedagogik.de (Zugriff am 16. 5. 2011)

M4 Hartz IV – „Hobel der Gesellschaft“

Deutschland ist fürwahr kein armes Land, aber es gibt immer mehr Armut in Deutschland. Diese Armut hat viele Gesichter, das macht die Armutsbekämpfung so schwierig: Da ist der wegrationalisierte Facharbeiter, da ist der arbeitslose Akademiker, da ist die alleinerziehende Mutter, die den Sprung ins Berufsleben nicht mehr schafft.

Da sind die Einwandererkinder, die nicht aus ihrem Getto herauskommen, da sind die dreihunderttausend Obdachlosen und da sind die Ein-Euro-Jobber. Da sind die schon immer zu kurz Gekommenen am Rand der Gesellschaft und da sind die, die sich nie hatten vorstellen können, auf einmal nicht mehr gut situiert zu sein.

All diese relativ Armen haben wenig gemeinsam, es verbindet sie nur Hartz IV. Hartz IV ist der große Hobel der deutschen Gesellschaft. Das „Gesetz über die Grundsicherung von Arbeitssuchenden“ (so heißt das Hartz-IV-Gesetz im Wortlaut) hat der deutschen Gesellschaft die Grundsicherheit genommen – die Sicherheit darüber, dass es in Deutschland soziale Grundsicherheit gibt. Hartz IV ist die Chiffre dafür geworden, dass das Sichere nicht sicher ist. [...]

Hartz IV ist der Name der Armut in Deutschland. Es ist dies natürlich eine andere Armut als die in Kalkutta. Die deutschen Armen wären Krösusse in der Dritten Welt. Aber dort leben sie nicht, sie leben hier, in einer immer noch reichen Gesellschaft. Arm zu sein unter Armen, das könne man ertragen; arm zu sein unter protzigem Reichtum, das sei unerträglich. Die deutschen Armen verhungern nicht, Armut hierzulande ist keine Kalorienfrage. Armut in Deutschland bedeutet, ausgeschlossen zu sein aus einer Gesellschaft, die sich nur den Bessergestellten entfaltet.

Die deutschen Armen sind relativ [...] arm dran: Sie haben die Anerkennung ihrer Bedürftigkeit verloren. Das ist das besonders Bittere an Hartz IV. Und deshalb tut sich die Politik so schwer damit, den Grundbedarf der Langzeitarbeitslosen an die seit zehn Jahre steigenden Preise anzupassen; die Kampagne gegen den Sozialstaat, der das soziale Netz als soziale Hängematte diskreditiert hat, wirkt nach. Der Staat, der sehr schnell ungeheuere Milliardenpakete für die Wirtschaft packen kann, tut sich schwer damit, den Armen seiner Gesellschaft das Existenzminimum zu sichern.

Heribert Prantl, in: Süddeutsche Zeitung vom 29. 1. 2009

◀◀ Vom Bedürfnis zur Nachfrage, S. 90/91

▶▶ Der Staat auf dem Rückzug, S. 194/195

▶▶ Urteil des BVerfG zur Höhe der HartzIV-Kürzungen, S. 224

GLOSSAR

Existenzminimum

Zeichnung: Klaus Stuttmann

1 Beschreibt mithilfe der Grafik M1 den „Weg“ eines Menschen, der arbeitslos wird und bleibt (Autorentext, M1).

2 Prüft, ob Dennis (vgl. S. 176 und Gehaltsabrechnung S. 175) Anspruch auf ALG I hat. Bedenkt dabei, dass Dennis als Auszubildender in einem Versicherungsverhältnis gestanden hat.

3 Vergleicht die „offizielle“ Zahl und das tatsächliche Ausmaß der Arbeitslosigkeit. Diskutiert, welche Zahl aussagekräftiger ist (M2).

4 Arbeitet die psychosozialen Folgen von Arbeitslosigkeit für die Betroffenen heraus (M3).

5 Fasst den Kommentar von Heribert Prantl stichwortartig zusammen und diskutiert seine These, Hartz IV habe der Gesellschaft „die Grundsicherheit genommen“ (M4).

INFO

nähere Informationen zu Aufgabe 2 findet ihr unter: www.arbeitsagentur.de

7.5 Das System der gesetzlichen Alterssicherung

M 1 Wie funktioniert das gesetzliche Rentensystem?

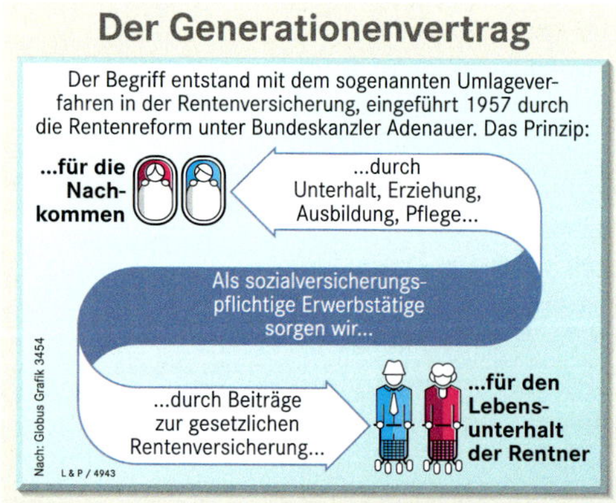

Angestellte und Arbeiter, aber auch Auszubildende sind (bis auf wenige Ausnahmen) in der gesetzlichen Rentenversicherung (GRV) pflichtversichert und zahlen einen monatlichen Versicherungsbeitrag. Die GRV wird über das sogenannte Umlageverfahren finanziert. Dabei werden die Einnahmen des laufenden Monats für die Rentenzahlungen des nächsten Monats herangezogen. Das heißt, ein Rentner erhält sein Altersgeld aus den Beiträgen, die im Vormonat von Erwerbstätigen und Arbeitgebern – je zur Hälfte – entrichtet wurden. Die arbeitende Generation kommt somit in Form eines Solidarsystems für die Ruhegelder der älteren Generation auf. Hinzu kommt zur Deckung der Ausgaben ein Zuschuss des Bundes, der im Jahr 2011 rund 80 Milliarden Euro (mehr als ein Viertel des gesamten Bundeshaushalts) beträgt.

Mit den Beiträgen, die ein Arbeitnehmer in die GRV zahlt, erwirbt er Ansprüche darauf, später selbst eine Rente zu bekommen. Die Höhe der Ansprüche hängt in erster Linie davon ab, wie lange jemand berufstätig war, wie viel er verdient hat und in welchem Alter er in Rente geht.

Autorentext

M 2 Rentenansprüche

INTERNET
www.rententips.de

GLOSSAR
Rentenversicherung

Altersrente: Die sogenannte Regelaltersrente erhält zurzeit nur der, der das 65. Lebensjahr vollendet hat und fünf Jahre versichert war. Nur wenige Arbeitnehmer sind jedoch so lange beruflich aktiv. Wer vor Erreichen der Altersgrenze Rente beantragt, erhält für jeden fehlenden Monat eine um 0,3 % verminderte Rente (maximal 10,8 %). Ab 2012 verschiebt sich die Regelarbeitsgrenze auf 67 Lebensjahre.

Erwerbsminderungsrente: Die Erwerbsminderungsrente wird gezahlt, wenn Arbeitnehmer aus gesundheitlichen Gründen ihren Job vor Erreichen des Rentenalters aufgeben müssen. Haben sie der gesetzlichen Rentenversicherung mindestens fünf Jahre lang angehört und in den letzten fünf Jahren mindestens 36 Monate Pflichtbeiträge gezahlt, erhalten sie bei Berufsunfähigkeit die entsprechende Altersrente, bei teilweiser Erwerbsminderung die Hälfte dieser Rente.

Verletztenrente: Die gesetzliche Unfallversicherung gewährt eine Verletztenrente, wenn Erwerbstätige durch einen Arbeitsunfall oder eine Berufskrankheit eingeschränkt sind und die Erwerbsminderung länger als 26 Wochen andauert. Die Höhe der Verletztenrente ist abhängig vom Grad der Minderung der Erwerbsfähigkeit und vom Jahresarbeitsverdienst des Verletzten vor Eintritt des Arbeitsunfalls. Ist die Erwerbsfähigkeit verloren, erhält er eine Vollrente, etwa zwei Drittel des Jahresarbeitsverdienstes.

Autorentext

1. Erläutert das System der gesetzlichen Alterssicherung in Deutschland (M 1, M 2).
2. Prüft, ob Dennis (S. 176) einen Anspruch auf Rente hat und ob gegebenenfalls diese Rente für seinen Lebensunterhalt ausreichen würde (Vergütung Gerüstbauer im 2. Ausbildungsjahr: 600,00 Euro).

M3 Rente mit 67 – „notwendig und vertretbar“

Die Erhöhung der Altersgrenze auf 67 [...] ist notwendig [...]. Allein in den letzten 50 Jahren ist die Lebenserwartung von Männern und Frauen um elf Jahre gestiegen. Das ist gut für den Einzelnen. [...] Dadurch wird aber [...] die Frage nach der gerechten Lastenverteilung zwischen den Generationen aufgeworfen. Der zweite Tatbestand ist der durchschnittliche Rentenbezug. In den letzten 50 Jahren hat sich die Dauer des Rentenbezugs fast verdoppelt. Vor 50 Jahren bezog ein Rentner im Durchschnitt zehn Jahren lang eine Rente, heute sind es im Schnitt 18 Jahre. Vor zehn Jahren erarbeiteten noch sechs Erwerbstätige eine Rente, heute sind es drei Erwerbstätige. [...]

Die Rente mit 67 ist vertretbar. Wir haben im Augenblick weniger als drei Millionen Arbeitslose. Unter den OECD-Staaten haben wir in unserem Land das höchste Wachstum. Noch nie waren so viele Menschen sozialversicherungspflichtig tätig. Uns geht nicht die Arbeit aus – wir haben so viel Arbeit und so viele Aufträge wie nie zuvor –, aber uns gehen die Arbeitskräfte aus. Deshalb ist die Rente mit 67 bis 2029 auch ein wichtiger Schritt, um im Arbeitsmarkt genügend Fachkräfte zu haben.

Ich weiß, dass Kritiker einwenden: Was ist mit den körperlich schweren Tätigkeiten? Soll der Dachdecker bis 67 auf dem Dach arbeiten? – Nein, das soll er nicht. [...] So jemand hat Lebenserfahrung, Kompetenzen und Betriebswissen. Mit diesem Know-how kann er sich zum Beispiel auf den Vertrieb, die Ausbildung oder den Arbeitsschutz spezialisieren. Vorausschauende Unternehmen und übrigens auch vorausschauende Sozialpartner denken längst anders. Ich weiß, sie sind noch in der Minderheit, aber sie sind die Trendsetter einer altersgerechten Arbeitswelt.

aus: Bundestags-Rede von Ursula von der Leyen, Bundesministerin für Arbeit und Soziales, anlässlich der ersten Lesung des Berichts der Bundesregierung zur Anhebung der Regelaltersgrenze auf 67 Jahre (2. 12. 2010); www.bmas.de (Zugriff am 13. 5. 2011)

M4 Rente mit 67 – „Altersarmut vorprogrammiert“

Es ist [...] ein großer sozialpolitischer Fehler, wenn die Bundesarbeitsministerin [...] an der Rente mit 67 festhält. Ohne ernsthaft die Fakten zu überprüfen und sich mit der Lebenswirklichkeit der Menschen z. B. auf den Baustellen, in den Krankenhäusern und Kindergärten, am Hochofen oder auf den Werften auseinanderzusetzen, schickt sie ältere Beschäftigte in die Altersarmut oder in die Langzeitarbeitslosigkeit. [...]

Fast ein Drittel aller Arbeitslosen, nämlich 900 000, sind älter als 50 Jahre, und über 300 000 sind länger als zwei Jahre arbeitslos. Bei der Arbeitslosigkeit unter den Älteren hat es keinerlei Verbesserung gegeben. Dies gilt vor allem für die Gruppe der über 60-Jährigen, deren Arbeitslosigkeit ist in den letzten zwölf Monaten um 50 Prozent angestiegen. Und nur jeder vierte ältere Arbeitslose über 55 Jahren findet überhaupt noch einmal Zugang zum Arbeitsmarkt. Deshalb sind am Ende noch nicht einmal zehn Prozent der 64-Jährigen sozialversicherungspflichtig beschäftigt. Heute muss die Hälfte der Altersrentner vor 65 mit Abschlägen in Rente gehen und verliert dabei im Durchschnitt 110 Euro Monatsrente. Und diejenigen, die aus gesundheitlichen Gründen vorher ausscheiden, werden mit Erwerbsminderungsrenten von ca. 640 Euro pro Monat abgespeist. [...]

Viele Frauen und Männer werden in Zukunft nur mit massiven Rentenkürzungen in Rente gehen können und zahlen wieder einmal die Zeche für eine falsche Politik.

Pressemitteilung des DGB vom 13. 8. 2010; www.dgb.de (Zugriff am 13. 5. 2011)

3 Stellt die Argumente für und gegen die Erhöhung der Rentenaltersgrenze auf 67 Jahre tabellarisch einander gegenüber und diskutiert die Positionen (M3 und M4).

7.6 Sozialstaat in der Krise

M1 Sozialversicherung

M2 Bevölkerungsentwicklung und Altersstruktur

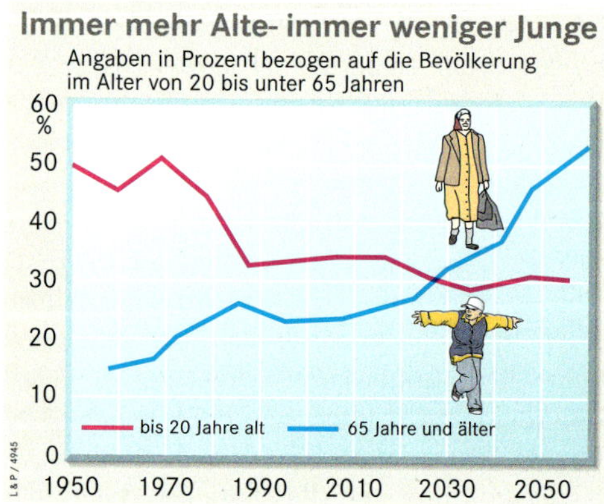

M3 „Die alternde Gesellschaft wird zum Problem"

Eine immer höhere Lebenserwartung gepaart mit einer sinkenden Geburtenrate treibt den Sozialetat zu immer neuen Höhen. Die Staatskasse ächzt, denn die Ausgaben in diesem Bereich sind in Deutschland ohnehin schon größer als anderswo.

[...] Der deutsche Staatshaushalt [...] leitet traditionell einen besonders hohen Anteil der Wirtschaftsleistung in den Sozialbereich – genau dorthin, wo die Alterung der Gesellschaft zukünftig die Ausgaben am stärksten in die Höhe treiben wird. [...] Das bittere Erwachen ist damit quasi schon programmiert: Anders als krisenbedingte Ausgaben, die derzeit weltweit die Etats belasten, kann man Sozialausgaben nicht einfach demnächst wieder streichen. Sie steigen vielmehr speziell in alternden Gesellschaften mit fast unbändiger Macht immer weiter an.

Binnen eines Jahrzehnts hat sich das jährliche Gesamtvolumen der deutschen Sozialausgaben um 130 Mrd. Euro oder mehr als ein Fünftel erhöht. Auch inflationsbereinigt bleibt noch ein Anstieg um 20 Mrd. Euro pro Jahr. Größte Ausgabentreiber im Zehn-Jahres-Vergleich: Leistungen für Arbeitslose (plus 38 Prozent), Pflegeversicherung (plus 36 Prozent), Krankenkassen (plus 30 Prozent).

Ausgerechnet die Position Rente nimmt sich bisher fast bescheiden aus (plus elf Prozent). Nur: Dort liegt die Ausgabenexplosion ja noch vor uns. Nach amtlicher Vorausschätzung steigen die jährlichen Rentenausgaben im neuen Jahrzehnt um mindestens 25 Prozent [...].

Dietrich Creutzburg, in: Handelsblatt vom 8. 4. 2010

◀◀ Familie – Gestern, heute und morgen, S. 32

GLOSSAR

Demografie

M4 Rentner und Arbeitnehmer

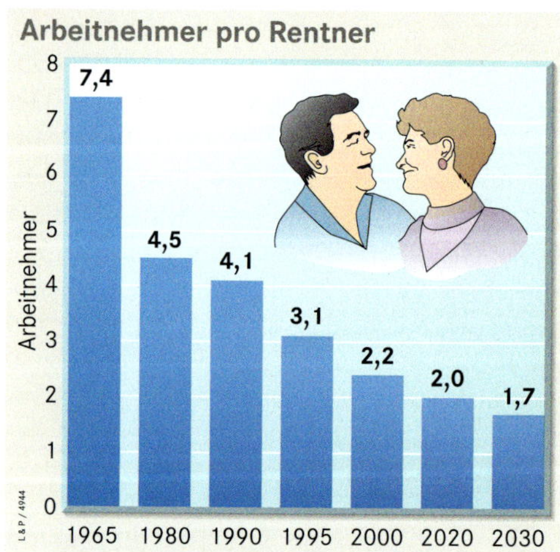

M5 „Die wachsende Zahl der Alten muss nicht zur Last werden“

Aus einem Interview der Zeitung „Die Welt“ mit dem Statistik-Professor Gerd Bosbach:

Werden die Jungen im Jahre 2050 [...] unter der Last der Alten zusammenbrechen?
Bleiben wir dabei, dass alles so eintritt, wie von den Demografen prognostiziert. Selbst dann muss die wachsende Zahl der Alten nicht zwangsläufig zur Last werden. Ältere Menschen können noch sehr produktiv sein, [...]. Wenn dann zum Beispiel das Renteneintrittsalter nur um wenige Jahre erhöht wird, sieht auch im Jahr 2050 das Verhältnis zwischen Erwerbstätigen und Ruheständlern schon viel entspannter aus.
Was muss die Politik heute tun, um den demografischen Wandel für alle Generationen gerecht zu gestalten?
Sie muss für eine gute Ausbildung der Jungen sorgen und zugleich altengerechte Arbeitsplätze schaffen, die einen fließenden Übergang in den Ruhestand erlauben. Auch die Betriebe würden davon profitieren, wenn die alten und erfahrenen Mitarbeiter nicht immer früher aus dem Arbeitsprozess verschwinden. Wir brauchen mehr Forschung in diesem Bereich und Modellversuche von Altersteilzeit in der Industrie. Über eine Verlängerung der Lebensarbeitszeit muss erst diskutiert werden, wenn es tatsächlich einen Arbeitskräftemangel gibt.
Sehen Sie auch Chancen in dem bevorstehenden demografischen Wandel?
In allen westlichen Industrienationen altern die Gesellschaften. Deutschland könnte im Umgang mit dem Alter und in der Schaffung altersgerechter Arbeitsplätze zu einem Vorreiter werden. Das wäre international ein echter Wettbewerbsvorteil.
Das sind ja geradezu rosige Zukunftsaussichten. Sehen Sie denn gar keine Schattenseiten?
In den vergangenen Jahrzehnten ist es gelungen, die rasante Alterung der Gesellschaft durch höhere Produktivität zu kompensieren. Immer weniger Junge können so immer mehr Alte versorgen. Da sehe ich auch in Zukunft keine Probleme. Voraussetzung ist allerdings, dass es der Gesellschaft gelingt, die Arbeitslosigkeit in den Griff zu bekommen. [...]

Welt-Online vom 3. 6. 2004; www.welt.de (Zugriff am 7. 5. 2011)

INFO
Altersstruktur: Verhältnis zwischen Jung und Alt

M6 Wer sind die Gewinner der Demografie-Debatte?

Es gibt viele einflussreiche Gewinner der Demografie-Debatte. In vorderster Linie natürlich die privaten Rentenversicherer. Wer will ihnen auch verdenken, dass sie von dem großen Kuchen der gesetzlichen Rentenversicherung (GRV) – 2004 ungefähr 240 Milliarden Euro – ein möglichst großes Stück haben wollen? Und dazu ist es nötig, in allen Köpfen zu verankern, dass die gesetzliche Rentenversicherung das Problem der Demografie nicht lösen kann. Die Allianz [eine große Versicherung] hat Mitte März den Erfolg schon gefeiert: „Die wachsende Nachfrage nach privater Altersvorsorge hat der Allianz 2005 zu kräftigem Wachstum verholfen.“ Aber auch die anderen Finanz-Dienstleister haben großes Interesse an Geldzuflüssen von außen. [...] Der Vorteil der Arbeitgeber, die sich über die private Vorsorge aus der paritätisch finanzierten Rente verabschieden, liegt auf der Hand.

Der Statistiker-Professor Bosbach, in: Berliner Debatte INITIAL 17 (2006) 3, S. 59 ff.

1. Arbeitet die Aussageabsicht des Karikaturisten heraus (M1).
2. Beschreibt, wie sich die Altersstruktur entwickelt (M2, M4).
3. Erörtert anhand von M3 und M5 mögliche Auswirkungen der demografischen Entwicklungen auf den Sozialstaat.
4. Verfasst aus Sicht eines Vertreters einer Versicherung eine Stellungnahme zu den Ausführungen des Statistik-Professors Bosbach (M5, M6).

▸▸ **Karikaturen deuten, S. 232/233**

7.7 Gerechtigkeit als Ziel staatlichen Handelns

Das Sozialstaatsgebot des Grundgesetzes (s. S. 177) verpflichtet den Staat, für soziale Gerechtigkeit zu sorgen. Er soll die wirtschaftlich Schwächeren schützen und zu große soziale Ungerechtigkeit verhindern. Der Staat soll mit politischen Maßnahmen, der Sozialpolitik, als Korrektiv des ungezügelten Marktes dienen und eine an sozialen Zielen orientierte Marktwirtschaft, eine Soziale Marktwirtschaft, verwirklichen, indem das Prinzip der Freiheit des Marktes mit dem Prinzip der sozialen Sicherung und der sozialen Gerechtigkeit verbunden wird.

M1 Sozialpolitik und Marktwirtschaft

Kern der Sozialpolitik sind die klassischen Systeme der sozialen Sicherung gegen Lebensrisiken: Alter, Krankheit, Unfall, Pflegebedürftigkeit, Arbeitslosigkeit. Dazu gehören ferner Maßnahmen des sozialen Ausgleichs und der Hilfe in Notlagen: Kindergeld, Kinderfreibeträge, Erziehungsgeld, Mutterschutz, Wohngeld und Sozialhilfe.
Sozialpolitik im weiteren Sinne umfasst Maßnahmen der Bildungspolitik (Ausbildungsförderung für Schüler sowie Studierende), der Wohnungsbaupolitik (sozialer Wohnungsbau, und Wohnungsbauprämien), der Arbeitsmarktpolitik (Arbeitsbeschaffungsmaßnahmen, Fortbildung und Umschulung von Arbeitslosen, Kurzarbeitergeld), der Steuerpolitik (Steuerermäßigungen und -befreiungen für niedrige Einkommen). Durch das Sozialstaatsgebot ist der Staat schließlich dazu verpflichtet, die Arbeitsbedingungen so zu regeln, dass die schwächere soziale Position der Arbeitnehmerinnen und -nehmer gestärkt wird. Dazu gehören der Schutz im Betrieb durch Arbeitszeitregelungen, der Schutz vor Gefahren des Arbeitslebens, der Schutz vor Entlassungen [...]. Diese [...] werden ergänzt durch die Gesetzgebung über die Mitbestimmung.

Horst Pötzsch, Die deutsche Demokratie, Bonn (bpb) 2009, S. 33

▸▸ **Urteil des BVerfG, S. 224 f.**

M2 Entwicklung der Sozialleistungen

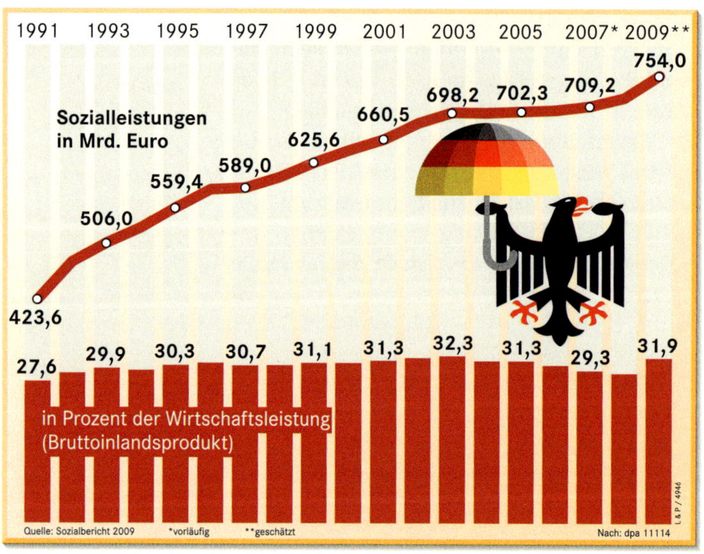

M3 Das soziale Netz

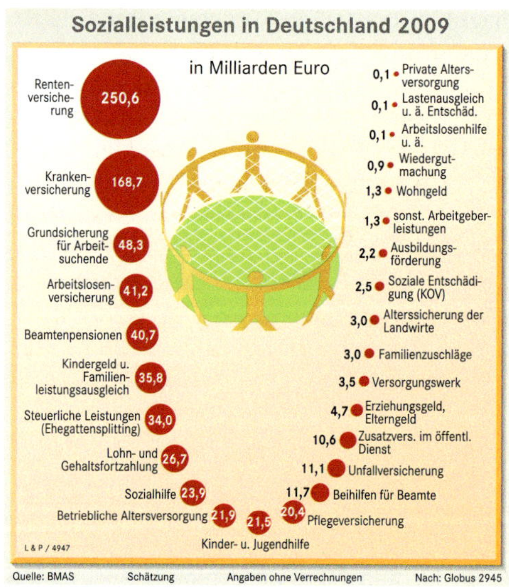

M4 Was ist gerecht?

- Jugendliche mit Migrationshintergrund müssen durchschnittlich 17 Monate lang eine Lehrstelle suchen, ihre Altersgenossen deutscher Herkunft finden schon nach durchschnittlich drei Monaten einen Platz.
- Frauen verdienen in Deutschland weniger als Männer. Frauen werden bei Einstellungen im öffentlichen Dienst bei Vorliegen gleicher Qualifikation männlichen Bewerbern vorgezogen.
- Die Frankfurter Oberbürgermeisterin verdient mehr als ein U-Bahnfahrer bei den Frankfurter Verkehrsbetrieben. Die Frankfurter Oberbürgermeisterin verdient deutlich weniger als ein Profifußballer bei Eintracht Franfurt.

M5 Soziale Gerechtigkeit und Gleichheit

Wie gleich müssen die Bürger, wie unterschiedlich dürfen sie sein, damit eine Gesellschaftsordnung als gerecht empfunden wird? [...] Soziale Gerechtigkeit hat nicht die Gleichheit aller zum Ziel, sondern das Maß der sozialverträglichen Ungleichheit. Dass jemand, der viel und fleißig arbeitet, mehr verdient als jemand, der faul und nachlässig ist, dürfte allgemein akzeptiert sein. Dass Männer und Frauen für denselben Job ein unterschiedliches Gehalt bekommen [...], dürfte allgemein als ungerecht empfunden werden. Gerechtigkeit hat also mit Gleichheit zu tun. Kontrovers diskutiert wird die Frage, wo die relative Gleichheit bestehen müsse, bei den Chancen oder den Ergebnissen. Ist jeder seines Glückes Schmied und für seinen Erfolg oder Misserfolg selbst verantwortlich, oder muss der Staat dafür sorgen, dass im Ergebnis alle mehr oder weniger denselben Anteil am Wohlstand, an der sozialen Sicherung, an der Gesundheitsversorgung und bei der kulturellen Teilhabe besitzen?

Soziale Gerechtigkeit, Themenblätter im Unterricht Nr. 44, bpb 2008, Verf.: Eckart D. Stratenschulte

GLOSSAR

Chancengleichheit

M6 Verteilungsgerechtigkeit oder Chancengerechtigkeit?

Rolf Stöckel (SPD): Ohne Verteilungsgerechtigkeit gibt es keine Zugangsgerechtigkeit. Jemand, der in die Familie eines Bergmannes und seiner Frau, die nebenbei näht und putzt, geboren wird, wird ohne staatliche Umverteilung der Mittel und Investitionen in öffentliche Infrastrukturen keine wirkliche Zugangs- und Chancengerechtigkeit erfahren.

Krings: Ich finde, dass wir das Modell der Verteilungsgerechtigkeit schon überreizt haben. Wir haben heute eine Staatsquote von deutlich über 50 Prozent. Ein erheblicher Teil davon sind Sozialausgaben, die umverteilt werden. Wir müssen aufpassen, dass wir nicht vor lauter Transaktions- und Bürokratiekosten die eigentlichen Leistungen so sehr einschränken, dass nachher alle weniger haben.

Stöckel: [...] Dennoch: Die persönlichen Entwicklungschancen eines Menschen dürfen nicht von Herkunft und vom Geldbeutel seiner Eltern abhängen. Trotz sozialer Marktwirtschaft und gemeinsamer Politik der Volksparteien gibt es hier noch immer große Disparitäten.

nach: Blickpunkt Bundestag, Streitgespräch, Was ist gerecht; www.bundestag.de

INFO

Staatsquote: Anteil der staatlichen Ausgaben an der gesamten volkswirtschaftlichen Leistung; 2010 betrug die Staatsquote 46,6 %

Transferleistungen: direkt vom Staat gezahlte Sozialleistungen, ohne dass dafür vorab Beiträge gezahlt oder andere Gegenleistungen erbracht wurden

Disparitäten: Ungleichheiten

1 Erklärt das Ziel und die Bereiche der staatlichen Sozialpolitik (M 1).

2 Beschreibt, wie sich die staatlichen Sozialleistungen entwickelt haben und in welche Bereiche sie fließen (M2, M3 und M5).

3 Bezieht Stellung zu den unterschiedlichen Konzepten von sozialer Gerechtigkeit (M5, M6), und diskutiert, was für euch sozial gerecht ist (M4).

7.8 Werden Frauen in der Arbeitswelt benachteiligt?

Zeichnung: Martin Erl

Frauen wurden jahrhundertelang in unterschiedlicher Weise diskriminiert. Das hat sich im 20. und 21. Jahrhundert grundlegend geändert: Die Frauenbewegung war wahrscheinlich die erfolgreichste soziale Kraft der letzten Jahrzehnte. Zwar sind Frauen und Männer formal durch das GG gleichberechtigt. In vielen gesellschaftlichen Teilbereichen (z. B. in der Ehe, am Arbeitsplatz, in Universitäten, Betrieben, Aufsichtsräten, bei der Entlohnung) werden Frauen aber nach wie vor noch diskriminiert, obgleich Abiturientinnen und Studienanfängerinnen mittlerweile in der Überzahl sind. Bei sozialen Führungspositionen dominieren noch immer die Männer. Fehlt manchen Frauen der Mut, um sozial privilegierte Positionen zu kämpfen, oder wirken hier noch alte patriarchalische Muster nach? Soll man bei Führungspositionen eine „Frauenquote" einführen?

M 1 Mehr Rechte per Quote?

Um die Gleichberechtigung von Mann und Frau steht es in der westlichen Welt kaum besser als in Entwicklungsländern. Bei seiner jüngsten Sitzung in New York hat sich der UN-Frauenrechtsausschuss mit der Diskriminierung der Frauen weltweit befasst. Wenig überraschend war, dass sich die Situation in Finnland und im Jemen sehr unterscheidet. Beide Länder gelten als Positiv- und Negativbeispiel für Gleichberechtigung.
Eine weitere Feststellung des UN-Komitees war schon überraschender: Danach gehe es zwar Frauen in den Industriestaaten insgesamt besser, aber von der Gleichstellung mit Männern seien sie oft genauso weit entfernt wie die Frauen in Entwicklungsländern. [...]
Gleichberechtigung?
Deutschland und Ruanda landeten auf demselben, nämlich dem vierten Platz. Deutsche Frauen haben zwar einen höheren Bildungsgrad und eine längere Lebenserwartung als ruandische Frauen, [...] doch gemessen an den Männern im eigenen Land stehen Frauen in Deutschland nicht besser da als in Ruanda. Luxemburg und die Schweiz [...] hätten ein hohes Pro-Kopf-Einkommen. Analysiert man aber auch die Hierarchien, die zwischen Mann und Frau in Unternehmen bestehen, so schnitten die beiden europäischen Länder nicht besser ab als Mozambique. [...] In Osteuropa sind Frauen mit einem Hochschulabschluss immer häufiger arbeitslos. [...]
Auch für Deutschland mahnte die UN-Kommission bei ihrer jüngsten Prüfung vor vier Jahren an, dass ostdeutsche Frauen häufiger arbeitslos sind – im Vergleich zu Frauen im Westen, aber auch im Vergleich zu ostdeutschen Männern. Im gesamten Bundesgebiet arbeiten derzeit [...] nur die Hälfte der Frauen Vollzeit. Der durchschnittliche Stundenlohn liegt ein Fünftel unter dem der Männer. Die Regierungen müssten den Frauen mehr Schutz gewähren. Quotenregelungen in der Politik, aber auch auf dem Arbeitsmarkt seien das Erfolgsrezept jener Länder, die zu den Vorbildern bei der Gleichberechtigung gehören.

Varinia Bernau; in: Süddeutsche Online vom 6. 8. 2008; www.sueddeutsche.de (Zugriff am 13. 5. 2011)

M2 Verdienstabstand

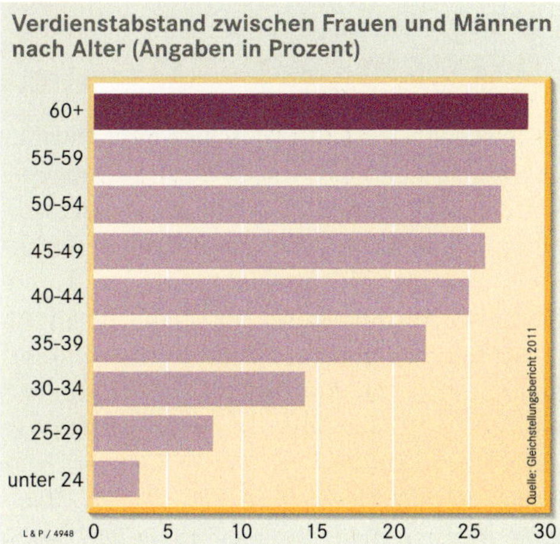

M3 Ursachen der Benachteiligung von Frauen

Die Tatsache, dass viele Frauen trotz guter schulischer und beruflicher Qualifikationen im Berufsleben Teilzeitbeschäftigungsverhältnisse eingehen und damit Einschränkungen bei Verdienst- und Aufstiegschancen in Kauf nehmen, spiegelt die gesellschaftliche Wirklichkeit. Frauen tragen nach wie vor die Hauptverantwortung für die Familienarbeit, und das Angebot an Ganztagsbetreuungsmöglichkeiten für Kinder aller Altersstufen ist noch nicht ausreichend. [...]

aus einem Bericht der Bundesagentur für Arbeit, BA-Regional 03/2008

M4 Streit über die Frauenquote in Großunternehmen

Kühl ließen die Manager die CDU-Ministerin [Kristina Schröder] am Mittwoch [im Frühjahr 2011] auflaufen. Zustimmung zu einem Plan, der bis 2013 dreimal so viele Frauen in Führungspositionen vorsieht wie heute? Nein danke, sagten die Vertreter der 30 Dax-Konzerne. [...]. „Die Wirtschaft muss meinem Stufenplan nicht zustimmen“, sagte [die Ministerin] Spiegel Online. Denn schließlich seien die Unternehmen nicht für Gesetze zuständig, sondern der Bundestag. „Und ich will noch dieses Jahr ein Gesetz.“

Die Manager wollten sich am Mittwoch nicht auf konkrete Ziele festlegen lassen. Stattdessen kündigten sie an, für jeden Dax-Konzern eigene Ziele zu definieren, wie sie den Frauenanteil in der Führungsebene erhöhen wollen. Diese Pläne sollen auch veröffentlich werden. [...] Trotz ihres Tadels für die Manager sagte [die Ministerin], es sei „absurd, Maschinenbauunternehmen zur selben Frauenquote zu verdonnern wie Unternehmen der Kommunikationsbranche“.

Spiegel-Online vom 2. 4. 2011; www.spiegel.de (Zugriff am 16. 5. 2011)

INFO

Ungleichheit in Unternehmensvorständen:
2011 betrug der Frauenanteil in den Vorständen deutscher börsennotierter Unternehmen nur 3,1 %.

M5 Von der Leyen fordert gesetzliche Frauenquote

Die CDU-Politikerin verwies darauf, dass es seit zehn Jahren eine freiwillige Vereinbarung mit der Privatwirtschaft gebe, den Anteil der Frauen in Führungspositionen von Unternehmen zu steigern. „Diese Vereinbarung ist krachend gescheitert, für die Frauen hat sich kaum etwas bewegt“, sagte von der Leyen. „Wir müssen jetzt eine breite Debatte über das Thema Quote führen, aber dann auch die Konsequenzen ziehen.“

www.tagesschau.de (Zugriff am 11. 5. 2011)

1 Fasst anhand des UNO-Berichts zusammen, wie Frauen diskriminiert werden (M1).

2 Untersucht die Statistik M2 und fasst die Ergebnisse thesenartig zusammen. Überlegt, warum bei älteren Frauen der Verdienstabstand zu den Männern zunimmt.

3 Verfasst einen Kommentar zu den möglichen Ursachen von Benachteiligungen (M3).

4 Diskutiert die unterschiedlichen Strategien gegen Diskriminierung (M3, M4, M5).

7.9 Armut und Reichtum – was ist gerecht?

M1 Reich an Geld

Die Maximilianstraße in München. Louis Vuitton, Prada – alle, die das Schöne und Teure feilbieten, haben hier ihren Sitz. Verschleierte Frauen, die Hände voller Einkaufstüten, eilen vorbei, 20-Jährige mit Einstecktuch, Männer, die Formel-1-Manager sind oder zumindest so aussehen wollen. Bei Hemmerle, dem Luxusjuwelier, muss der Kunde durch eine Sicherheitsschleuse gehen, bevor er sich an erlesenem Schmuck weiden kann. Gehen die Geschäfte schlechter? Herr Hemmerle lächelt versonnen. „Aber nein, das Schöne verkauft sich doch immer."

Auch die Reichen haben 2008 unter der Finanzkrise gelitten, ja, einen Moment lang sah es so aus, als wäre die Welt ein wenig gleicher geworden. Doch sie haben ihre Vermögensverluste schon wieder weitgehend ausgeglichen. [...] Zahlen sollen nun vor allem die Armen und die Mittelschicht. Sie tragen die Hauptlast im Sparpaket der deutschen Bundesregierung, und ihr Protest lässt nicht auf sich warten. Zehntausende gingen am vergangenen Wochenende in Berlin und Stuttgart auf die Straße.

Angela Köckritz/Arne Storn: Deutschlands Millionäre: Reich an Geld, reich an Sorgen, in: Die Zeit vom 17. 6. 2010

M2 Armes Deutschland? – Reiches Deutschland!

◂◂ Arme Kinder, S. 38/39

GLOSSAR
Ungleichheit, soziale
Chancengleichheit

Deutschland ist nach den USA und Japan die drittgrößte Volkswirtschaft der Welt. Das Bruttoinlandsprodukt liegt bei über zwei Billionen Euro. Die Wirtschaftsleistung pro Einwohner ist seit 1950 preisbereinigt um das Fünffache gestiegen. Deutschland ist Exportweltmeister und verkauft jährlich Güter im Wert von 970 Milliarden Euro in alle Welt. Der wirtschaftliche Erfolg hat nicht nur die Löhne angekurbelt: 1950 verdiente ein Arbeitnehmer im Schnitt umgerechnet 56 Cent brutto pro Stunde – heute sind es 13,59 Euro. Die Menschen können sich für ihre Arbeit auch mehr leisten: Nach dem Krieg musste der Durchschnittsverdiener etwa für ein Päckchen Butter 73 Minuten arbeiten; heute sind es nur noch fünf Minuten.

Die 82 Millionen Bundesbürger haben insgesamt über neun Billionen Euro auf der hohen Kante, und wer wenig oder gar nichts hat, dem hilft der Staat: Der Anteil der Sozialausgaben am Bruttoinlandsprodukt ist seit 1960 von 21,1 auf rund 30 Prozent gestiegen. Staat und Sozialversicherungen geben mittlerweile rund 700 Milliarden Euro jährlich für Renten und Gesundheitsleistungen, für Wohn- und Kindergeld, für Arbeitslosengeld und Sozialhilfe aus. Die durchschnittliche Lebenserwartung ist seit 1950 von 66 auf 79 Jahre gestiegen, die Wochenarbeitszeit von 48 auf 38 Stunden gesunken. [...] Auch wenn regierungsamtliche Armutsberichte und Gewerkschaften etwas anderes suggerieren: Deutschland ist, allen sozialen Problemen zum Trotz, eines der wohlhabendsten Länder der Welt.

aus: Wirtschaftswoche Global Nr. 1, 26. 1. 2009, S. 10 f.

M3 Arm und Reich

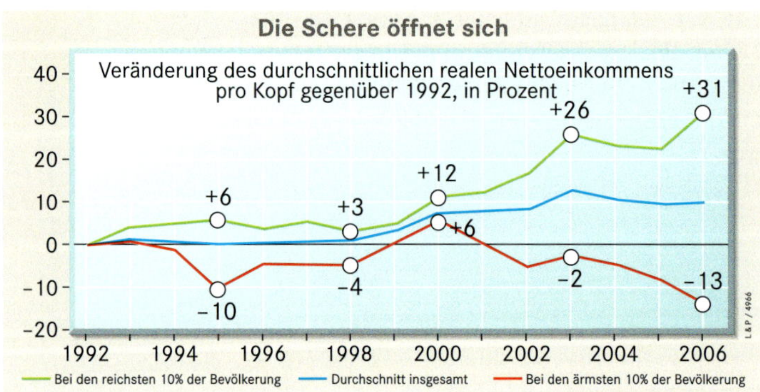

M4 Deutschland driftet auseinander

Lange Zeit [war in Deutschland] der Unterschied zwischen den Klassen klein und die Mittelschicht riesengroß. Während das reichste Zehntel der Bevölkerung mittlerweile über fast 60 Prozent des bundesdeutschen Immobilien-, Aktien- oder Geldvermögens verfügt, haben die unteren Einkommensschichten oft gar nichts mehr – außer Schulden. [...]
Der große Graben zwischen oben und unten verbreitert sich derzeit in vielen Industrieländern. Das Tempo aber, mit dem sich die sozialen Gegensätze in Deutschland verschärfen, lässt selbst erfahrene Verteilungsökonomen staunen. [...]
Wer heute in Deutschland als Kurierfahrer oder Wachmann, Pförtner oder Reinigungskraft arbeitet, ist meist nur befristet angestellt, seine soziale Absicherung deckt oft nicht mal das Existenzminimum. Wer arbeitslos wird, muss damit rechnen, rasch auf Fürsorgeniveau zu rutschen. Im Land des Exportweltmeisters ist eine neue Unterschicht der arbeitenden Armen entstanden, die schon froh ist, wenn der Lebensstandard wenigstens einen Hauch über Hartz IV liegt.

Spiegel Spezial, Heft 5 (2008)

M5 Reichensteuer in der Diskussion

Die Idee einer speziellen Besteuerung Reicher hat eine lange Tradition und zielt in der politischen Debatte auf die gerechte Verteilung der Lasten auf alle Menschen. Befürworter beziehen sich dabei auf den Grundsatz, dass Vermögende sich stärker am Gemeinwohl beteiligen sollen als finanziell Schwächere. Oft wird dabei das Grundgesetz (Artikel 14, Absatz 2) zitiert: „Eigentum verpflichtet. Sein Gebrauch soll zugleich dem Wohle der Allgemeinheit dienen."
Die SPD forderte seinerzeit: „Besserverdiener (Ledige ab 250 000 Euro und Verheiratete ab 500 000 Euro im Jahr) zahlen statt 42 Prozent künftig 45 Prozent Steuern." [...] Auch die Grünen und die Linkspartei machten sich für eine stärkere Besteuerung Reicher stark.
Gegner der „Reichensteuer", neben der Union auch die FDP, argumentierten dagegen, dass Vermögende bereits jetzt deutlich mehr Steuern zahlen als alle anderen. Es wäre daher ungerecht, ausgerechnet diejenigen zu „bestrafen", die überdurchschnittlichen Einsatz für ein stärkeres Wachstum der Volkswirtschaft leisten. Die Gegner der auch „Neidsteuer" genannten Abgabe befürchten zudem, dass Gutverdienende ihr Geld im Falle einer solchen Steuer ins Ausland schaffen und so die Steuereinnahmen insgesamt sinken könnten.

www.focus.de (Zugriff am 11. 5. 2011)

1. Stellt die Aussagen über die soziale Entwicklung der deutschen Gesellschaft einander gegenüber (M1 bis M4).
2. Charakterisiert anhand von M5 das unterschiedliche Verständnis von Gerechtigkeit.
3. Diskutiert vor dem Hintergrund des gesamten Kapitels die Frage, ob die deutsche Gesellschaft sozial gerecht ist.

METHODE WebQuest

Thema: Reichtums- und Armutsbericht

WebQuest – was ist das?

Frei übersetzt bedeutet WebQuest „abenteuerliche Spurensuche im Internet". Diese Form des Unterrichts nutzt die Möglichkeiten, die PC und Internet bieten, um an einem konkreten Thema eigenständig zu lernen. Im Rahmen von WebQuests erarbeiten sich Schüler aktiv Wissen, präsentieren ihre Ergebnisse und bewerten ihre Arbeit selbst.

WebQuests können auch über einen längeren Zeitraum angelegt sein. Dabei können die Ergebnisse entweder über das Internet oder lokal auf für alle Beteiligten zugänglichen Rechnern abgerufen, eingesehen und gegebenenfalls auch ergänzt und verändert werden.

Vorbereitung

(1) Thema: Die Schüler erhalten ein konkretes Thema zur Bearbeitung.
(2) Aufgabenstellung: Die Aufgaben zur Bearbeitung des Themas werden im Allgemeinen auf Arbeitsgruppen aufgeteilt und von diesen bearbeitet. Treffen Arbeitsgruppen und Lehrkraft Arbeitsvereinbarungen, so werden diese ebenfalls festgehalten.
(3) Materialien: Für die Bearbeitung der Aufgaben werden Materialien zur Verfügung gestellt. Neben Websites können das z. B. Sachbücher, Artikel aus Zeitschriften und Zeitungen, Broschüren, Nachschlagewerke oder Software sein.

Durchführung

(4) Arbeitsprozess: Die Arbeitsgruppen besprechen zunächst nochmals ihren Arbeitsauftrag und legen den Arbeitsablauf und einen Zeitplan fest. Sie entscheiden sich für eine bestimmte Form der Präsentation. Danach bearbeiten sie ihre Aufgabe(n) und bereiten die Ergebnisse für die Präsentation vor. Die Lehrkraft berät, sofern Probleme und Fragen auftauchen.
(5) Präsentation: Die Gruppenergebnisse werden z. B. in einer Wandzeitung, mithilfe von Präsentationsprogrammen (z. B. PowerPoint) oder im Internet (z. B. auf der Homepage der Schule) präsentiert.

Auswertung

(6) Bewertung: Die Schüler erhalten Unterlagen zur Bewertung ihrer Arbeit, z. B. einen Bewertungsbogen. Sie untersuchen das eigene Vorgehen bei der Arbeit und ihre Ergebnisse.

Vorgehen bei einem WebQuest

(zu 1) Thema: Armuts- und Reichtumsbericht

Als die Bundesregierung im Mai 2008 einen neuen Armuts- und Reichtumsbericht ankündigte, hagelte es ganz unterschiedliche Schlagzeilen: „Armutsbericht der Regierung – Jeder achte Deutsche ist arm", titelte die alternative „tageszeitung" (taz). Dagegen kam der Gastkommentar in der konservativen „Welt" zu dem Schluss: „Deutschland geht es so gut." Wenig später war in der „Frankfurter Allgemeinen Zeitung" (FAZ) – wichtige Lektüre in den Führungsetagen der Wirtschaft – zu lesen: „Harsche Kritik an Datengrundlage – Streit über den Armutsbericht." Mit einem WebQuest sollt ihr euch selbst ein Bild über Aspekte von Armut und Reichtum in Deutschland machen.

(zu 2) Aufgabenstellung: Findet heraus,

1. ob Reichtum und Armut in Deutschland nah beieinander oder weit auseinander liegen;
2. welches die wichtigsten Ursachen für Armut in Deutschland und welche Gruppen besonders von Armut betroffen sind;
3. in welchem Ausmaß Kinder und Jugendliche von Armut betroffen sind und welche Auswirkungen die Armut auf die Entwicklungschancen von Kindern und Jugendlichen hat;
4. welche wesentlichen Möglichkeiten die Bundesregierung sieht, um Armut zu vermeiden bzw. zu verringern; welche Maßnahmen hierfür eingeleitet wurden und wie diese zu bewerten sind.

Bildet vier Arbeitsgruppen. Jede Gruppe übernimmt die Bearbeitung einer Aufgabe, fasst die Ergebnisse eurer Untersuchung zusammen, präsentiert sie in der Klasse.

(zu 3) Materialien für die Bearbeitung

Kommentar in der Wochenzeitung „Die Zeit" vor der Veröffentlichung des Berichts:

Der neue Bericht der Bundesregierung über Armut und Reichtum in Deutschland erfüllt seinen Zweck nicht – aber aufschlussreich ist er trotzdem. Wer erfahren will, wie es den Schwachen geht, wird enttäuscht. Dafür ist die Datengrundlage zu alt. Die Statistiken stammen aus dem Krisenjahr 2005, das mit Horrormeldungen von fünf Millionen Arbeitslosen begann und mit vorgezogenen Neuwahlen endete. Seither hat sich viel getan. Nur noch 3,5 Millionen Arbeitslose sind offiziell registriert, die Stimmung hat sich verändert. Gern wüsste man, wer vom Aufschwung der Jahre 2007 und 2008 profitiert hat und wer nicht. Doch das steht nicht im Bericht. Die Analyse der Armutsprobleme im Land zeigt, dass die Politik dazugelernt hat. Kinderarmut, Altersarmut, Armut trotz Arbeit – von diesen Gerechtigkeitsdefiziten war vor wenigen Jahren selten die Rede, jetzt werden sie beschrieben. Und die meisten Lösungsvorschläge leuchten ein: Mindestlöhne, mehr öffentliche Bildungsangebote schon für Kleinkinder, eine bessere Kinderbetreuung, damit etwa Alleinerziehende ihre Qualifikationen nutzen könnten und ihre Kinder nicht in Armut leben müssten. Sogar der Hinweis auf die Staatsverschuldung überzeugt. Im Jahr 2008 müssten für Zinszahlungen 15 Prozent des Haushalts ausgegeben werden. Wer heute Schulden abbaut, kann den Armen von morgen helfen.

nach: Die Zeit, 21. 5. 2008, S. 21

Beschränkt euch bei euren Recherchen auf folgende Fundstellen:

- Eine Kurzfassung des Berichts unter dem Titel „Lebenslagen in Deutschland. Der 3. Armuts- und Reichtumsbericht der Bundesregierung" steht auf der Homepage des Bundesministeriums für Arbeit und Soziales unter der Rubrik „Soziale Sicherung" und dort unter „Publikationen" zur Verfügung.

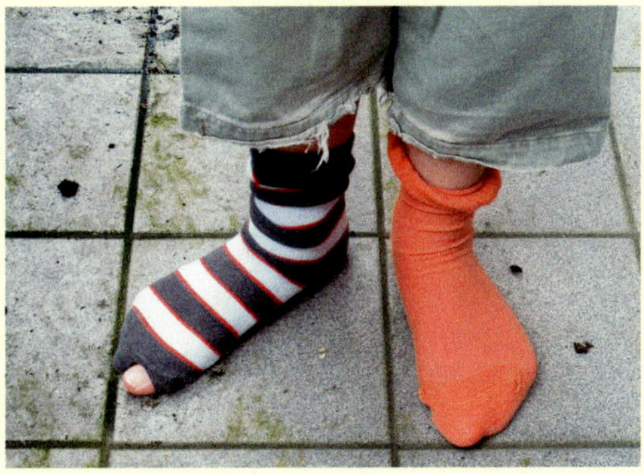

Ein zehn Jahre altes Mädchen mit abgetragener Kleidung und ohne Schuhe in einem Hamburger Hinterhof

- Über die soziale Situation und speziell über Kinderarmut in Deutschland gibt es verlässliche Informationen z. B. auf der Homepage der Bundeszentrale für politische Bildung. Dort stehen unter der Rubrik „Wissen" auch verschiedene Lexika zur Verfügung, in denen ihr Begriffe nachschlagen könnt.
- Informationen speziell zur Kinderarmut findet ihr auch auf der Homepage des Deutschen Kinderschutzbundes unter der Rubrik „Schwerpunktthemen ⇨ Kinderarmut".

(zu 4) Arbeitsprozess

Untergliedert die Aufgabenstellung in euren Arbeitsgruppen in detaillierte Fragen, sodass ihr möglichst zielgerichtet recherchieren könnt. Falls die Lehrkraft nicht für alle Arbeitsgruppen eine bestimmte Form der Präsentation vorgegeben hat, überlegt euch, wie ihr die Ergebnisse präsentieren wollt. Arbeitet in „Schleifen": Trefft euch nach einer ersten Rechercherunde, stellt eure vorläufigen Ergebnisse zusammen, besprecht diese und überlegt, welche Ergänzungen für die Beantwortung der Aufgabe noch erforderlich sind. Tretet dann in eine zweite Rechercherunde ein usw. Plant drei solcher „Schleifen" ein, bevor ihr die Ergebnisse für die Präsentation zusammentragen könnt.

(zu 5) Präsentation und (zu 6) Bewertung

Präsentiert die Ergebnisse eurer Arbeit und bewertet sie anschließend.

INTERNET

www.bmas.de
Bundesministerium für Arbeit und Soziales

www.bpb.de
Bundeszentrale für politische Bildung

www.sksb.de
Deutscher Kinderschutzbund

1 Führt den WebQuest in den beschriebenen sechs Schritten durch.

7.10 Der Staat auf dem Rückzug?

INTERNET

www.tafel.de

Die Tafeln

„Tafeln“, die kostenlos Lebensmittel an Bedürftige austeilen, breiten sich rasant aus. In Deutschland gibt es mittlerweile 800 Lebensmitteltafeln, täglich verteilen zehntausende ehrenamtliche Helferinnen und Helfer „das täglich Brot“ an fast eine Million Menschen.
Ihr Vorbild ist die 1983 in New York gegründete „City Harvest“. Inzwischen ist die Tafelbewegung eine der größten Bürgerbewegungen der Bundesrepublik.

Ist das ein Hinweis darauf, dass der deutsche Sozialstaat an seine Grenzen geraten ist, oder ein Zeichen, dass die Steuer- und Sozialpolitik in Deutschland die sozial Privilegierten begünstigt und die Armen an den Rand drängt?
Wie müsste die Politik in der „reichen“ Bundesrepublik Deutschland darauf reagieren, dass die Armen immer ärmer und die Reichen immer reicher (und einflussreicher) werden?

M 1 Tafeln bundesweit

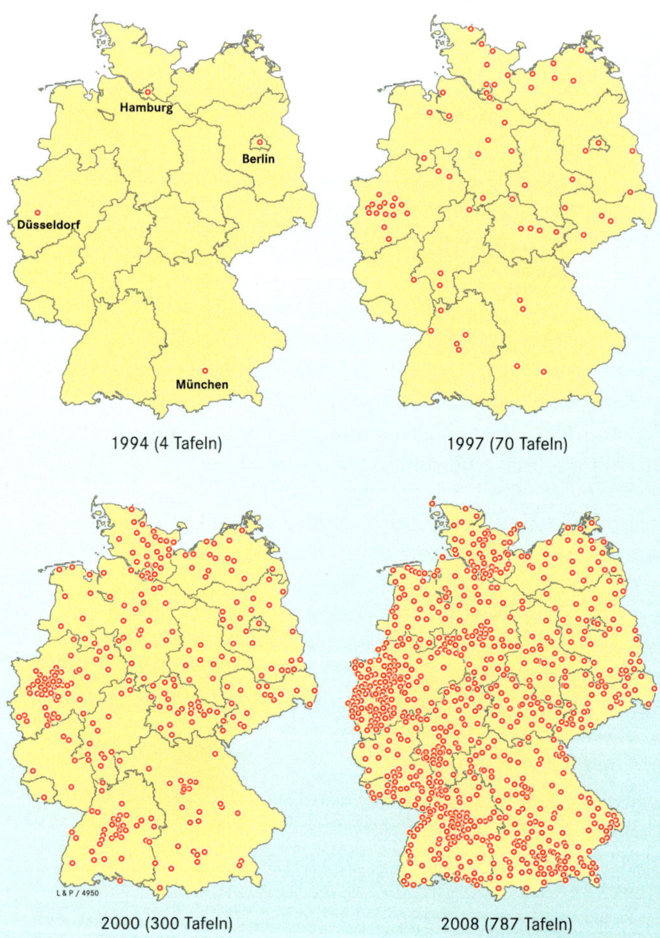

1994 (4 Tafeln)

1997 (70 Tafeln)

2000 (300 Tafeln)

2008 (787 Tafeln)

Quelle: Bundesverband Deutsche Tafel e.V.

M 2 Was machen die Tafeln?

Die Idee, die hinter den Tafeln steckt, ist bestechend einfach: Auf der einen Seite gibt es Lebensmittel, die im Wirtschaftsprozess nicht mehr verwendet werden können, aber qualitativ noch einwandfrei sind – beispielsweise aus Überproduktionen, zu großen Lagerbeständen und bei Sortimentswechsel, aber auch Brot und Brötchen vom Vortag, Lebensmittel kurz vor Ende des Mindesthaltbarkeitsdatums, falsch abgefüllte oder verpackte Ware, saisonale Produkte am Ende der Saison etc.
Auf der anderen Seite gibt es auch in einem Land wie Deutschland viele Bedürftige, die diese Lebensmittel gebrauchen können: vor allem Arbeitslose, Alleinerziehende, Geringverdiener, kinderreiche Familien und Rentner.
Die ehrenamtlichen Helfer der Tafeln bemühen sich hier um einen Ausgleich: Sie sammeln diese „überschüssigen“ Lebensmittel und geben sie an Bedürftige weiter – unentgeltlich oder zu einem symbolischen Betrag. Die Tafeln helfen so wirtschaftlich benachteiligten Menschen, eine schwierige Zeit zu überbrücken, und geben ihnen dadurch Motivation für die Zukunft – und verhindern gleichzeitig, dass wertvolle Lebensmittel im Müll landen.

www.tafel.de/10-fragen-an-die-tafeln.html (Zugriff am 16. 5. 2011)

M3 Tafeln im Kontext sozialer Gerechtigkeit

Die Tafeln dürfen nicht zum Bestandteil einer staatlichen Strategie zur Überwindung von Armut (Armutsbekämpfung) werden. Unabhängig davon, ob und in welchem Umfang Tafeln existieren, ist es ausschließlich die Aufgabe des Staates, auf der Grundlage der Unantastbarkeit der Menschenwürde in §1 des Grundgesetzes die Daseinsvorsorge nach sozialstaatlichen Zielsetzungen der sozialen Gerechtigkeit und sozialen Sicherheit zu gestalten. [...] Der Sozialstaat muss der Garant dafür sein, dass Armut strukturell und nachhaltig aus der Gesellschaft verbannt wird. [...] Tafeln können kein wirksames Instrument zur Überwindung gesellschaftlicher Armut sein. Sie sind [...] in erster Linie ein Mittel der Armutslinderung.
Die Tafeln als Objekt in der sozialpolitischen Auseinandersetzung um Armutsfragen stehen aktuell in der Gefahr, von Politikkonzepten vereinnahmt zu werden, die in ihrer Zielsetzung nicht die Armutsüberwindung und die Stärkung der sozialen Gerechtigkeit haben. Solche Politikkonzepte würdigen einerseits das Tafel-Engagement überschwänglich, versuchen aber andererseits auch die Verantwortung für die Armutsüberwindung mehr und mehr in den zivilgesellschaftlich-privaten Raum abzuschieben. Dies führt dazu, dass sich für viele Menschen die Lebenslage Armut verfestigt, da ihnen der gesicherte Zugang zu Armut überwindenden Leistungen erschwert wird beziehungsweise das Verbleiben in der Armut gefördert wird.

aus: Diakonie Texte, Positionspapier 03.2010; www.tafelforum.de (Zugriff am 16. 5. 2011)

M4 Grenzen des Sozialstaats?

Die Notwendigkeit einer Begrenzung des Wohlfahrtsstaates und eines Ausstiegs aus dem Teufelskreis unbegrenzter wohlfahrtsstaatlicher Umverteilung [...] ist eine Folge der Logik kollektiver Entscheidungen, die, wenn sie fehlerhaft ist, die Existenz einer Organisation gefährdet. Der Wohlfahrtsstaat ist nicht einfach „zu teuer“, er führt zu einem Zusammenbruch des politischen und sozialen Gefüges. Wenn wir die rechtsstaatliche Demokratie erhalten wollen, müssen wir den Wohlfahrtsstaat abbauen und umbauen.
[...] Der Staat muss als „Hort des Rechts“ stets den Anspruch einlösen können, in dem Sinn „gerecht“ zu sein, dass er alle Bürger gleich behandelt. Dieser Anspruch ist bestenfalls im Bereich der öffentlichen Ordnung und der Justiz erfüllbar. In allen andern Bereichen führt das politische Versprechen, „gerecht“ oder „gerechter“ zu sein, in die grenzenlose Unzufriedenheit und in die grenzenlos wachsenden Ansprüche: in den Teufelskreis der Enttäuschungen und Frustrationen, die schließlich auch das Vertrauen in das Funktionieren des Staats als Hüter der Ordnung unterminieren. Das Versprechen der Verteilungsgerechtigkeit ist nicht einlösbar und wird finanzpolitisch früher oder später zu einem „Fass ohne Boden“.

Robert Nef, Wohlfahrtsstaat, der geordnete Rückzug, in: www.ef-magazin.de (Zugriff am 16. 5. 2011)

▸▸ Hartz-Gesetze, S. 228

1 Gebt wieder, was Tafeln sind, und beschreibt, wie sie sich entwickelt haben (M1 und M2).
2 Informiert euch über die Tätigkeit von Tafeln in eurer Region.
3 Arbeitet heraus, wie die evangelische Diakonie als Tafel-Betreiber ihre eigene Arbeit sieht (M3).
4 Diskutiert die in M4 erhobene Forderung nach einer „Begrenzung des Wohlfahrtsstaates.“

PERSPEKTIV-WECHSEL

Grundeinkommen für alle?

Die Idee eines Grundeinkommens fasziniert [...], weil sie [...] etwas verspricht, was viele für unmöglich halten: mit einfachen politischen Beschlüssen und geringem Aufwand den Alltag der Bürger und damit das Leben in dieser Gesellschaft grundlegend zu verändern, zu verbessern [...]: 500 Euro oder 1 000 oder gar 1 500 Euro bar auf die Hand, ohne dafür auch nur einen Handstreich tun zu müssen. [...]
Elke M. erzieht allein ihre beiden kleinen Kinder. Deshalb nimmt sie auch keine Erwerbsarbeit an. Sie erhält 750 Euro Grundeinkommen für sich - wie jeder andere erwachsene Bürger - und jeweils 250 Euro für ihre Kinder; zusammen 1 250 Euro. 20 Jahre später: Die Kinder sind erwachsen, Elke M. ist in ihren erlernten Beruf zurückgekehrt, verdient 3 000 Euro brutto. Nehmen wir einen Steuersatz von 35 Prozent an: Sie muss also 1 050 Euro Einkommenssteuer bezahlen. Sie erhält, wir erinnern uns, für sich ein Grundeinkommen in Höhe von 750 Euro. Beides wird miteinander verrechnet, das Ergebnis: Elke M. bezahlt jeden Monat 300 Euro Einkommenssteuer an den Staat.
So könnten wir mit Elke M. noch andere Lebensphasen durchrechnen: mit einer Teilzeitarbeit und ihren Kindern in der Schule, als Betreuerin in einem kleinen privaten Kinderhort mit viel Freude an der allerdings gering bezahlten Arbeit, als Ruheständlerin mit 900 Euro Rente. Immer wird ihr Einkommen verrechnet mit Grundeinkommen und eventueller Steuer, immer lohnt es sich für sie, arbeiten zu gehen, aber wenn sie es nicht kann, hat sie trotzdem immer ein verlässliches, wenn auch bescheidenes finanzielles Fundament, das ihr keine Verordnung, keine Bedürftigkeitsprüfung und kein penibler Bürokrat streitig machen kann. Das steht ihr zu. [...]

Elke M. könnte als Betreuerin in einem kleinen privaten Kinderhort arbeiten.

Was wäre das für eine Gesellschaft, in der es den Alltag von Elke M. millionenfach gäbe? Die Bürger wären freier. Weil sie häufiger Nein sagen könnten - beispielsweise zu einem miesen Job. Weil sie reibungsloser Leben und Arbeit so kombinieren könnten, wie es ins Leben passt: Mal stehen die Kinder im Mittelpunkt und die Erwerbsarbeit wird verkürzt, mal ist es umgekehrt, wenn die Kinder groß sind. [...]
Wie soll dieses Grundeinkommen finanziert werden? Antwort: mit Einsparungen, denn vom Arbeitslosengeld II über Bafög und Pflegegeld bis hin zum Kindergeld fallen viele Sozialleistungen weg. Hohe Einkommen, Erbschaften, Luxusgüter und Vermögen werden höher besteuert, und für Unternehmen, die mit modernster Technik und weniger Arbeit ihre Produktivität enorm steigern, fällt eine Wertschöpfungsabgabe an.
Grundeinkommen - eine Idee, die diese Arbeitsgesellschaft einfach auf die Füße stellt. Das Signal: Wir lassen niemanden hängen. Das Signal: Jeder Bürger erhält mehr Wahlmöglichkeiten. Das Signal: Endlich wird die Arbeit von Hausfrauen, Hausmännern und Müttern bezahlt - und damit respektiert. Das Signal: Wir kommen endlich von unserem bornierten Arbeitsbegriff weg, bei dem Erwerbsarbeit alles und Tätigkeiten in Vereinen, Sozialeinrichtungen und Bürgerinitiativen so gut wie nichts wert sind. Das Signal: Die Lust, neue Ideen zu denken, steigt, weil viel mehr verwirklicht werden kann und nicht Hirngespinst bleiben muss. Mit einem Grundeinkommen im Rücken können 15 Elternpaare viel leichter einen Kinderladen aufmachen und eine qualifizierte Erzieherin einstellen. Oder die Rentner machen sich ihren Traum von der Kleinkommune mit Pfleger wahr.

Wolfgang Storz, Grundeinkommen für alle?, in: Chrismon - Das evangelische Magazin 7/2009, S. 42 f.

1 Arbeitet das Konzept des „Grundeinkommens für alle" heraus.

2 Diskutiert Vorzüge und Nachteile, Probleme, Chancen und Risiken dieses Modells als Alternative zum bestehenden Sozialstaat.

Wichtiges zusammengefasst

KOMPAKT

- Der **Sozialstaat** sichert einige wichtige und schwerwiegende Lebensrisiken seiner Bürger ab, er schafft einen gewissen Ausgleich zwischen den sozial Schwachen und Starken. Der Sozialstaat wird durch Beiträge der Beschäftigten und der Arbeitgeber sowie durch Steuern finanziert. Die **Sozialversicherungsbeiträge** der Arbeiter und Angestellten werden direkt vom Lohn abgezogen. Die Höhe der Versicherungsbeiträge für die gesetzlich vorgeschriebenen Versicherungen (Kranken-, Renten-, Arbeitslosen- und Pflegeversicherung) hängt bei Arbeitern und Angestellten von der Lohnhöhe ab. Ab einem bestimmten Einkommen kann man sich auch privat versichern.

- Vor allem durch die hohe **Dauerarbeitslosigkeit** – Arbeitslose zahlen keine Beiträge in die gesetzlichen Versicherungen – und durch den **demografischen Wandel** (die Zahl der Beitragsleistenden wird, gemessen an der Zahl der Empfänger von Sozialeistungen, etwa der Rentner, immer kleiner) geriet der **Sozialstaat in eine Krise**. Um das Beitragsaufkommen zu erhöhen, nahm der Gesetzgeber von dem früheren Solidaritätsgedanken Abstand: Der Anteil, den die Beschäftigten zu entrichten haben, vergrößert sich nun gegenüber dem Anteil, den die Arbeitgeber entrichten müssen. Auch für die Rente müssen nun die Beschäftigen eine „private Vorsorge" betreiben, da die Renten künftig nicht mehr so steigen werden wie die Löhne der abhängig Beschäftigten. Für viele Geringverdiener ist aber eine solche „private Vorsorge" nicht erschwinglich.

- Ein wichtiges Ziel des Sozialstaats ist es, soziale Ungleichheit ein wenig abzumildern und der Idee der sozialen Gerechtigkeit zu mehr Geltung zu verhelfen. **Soziale Gerechtigkeit** kann aber sehr unterschiedlich definiert werden.

- Ein Sonderproblem von sozialer Gerechtigkeit ist die noch weithin existierende **Diskriminierung von Frauen** im Erwerbsleben. Obgleich Frauen in Deutschland mittlerweile höhere Bildungsabschlüsse als Männer erreichen, werden sie oft noch benachteiligt. Sie erhalten weniger Lohn als Männer und haben mehr Probleme, in gut bezahlte Führungspositionen zu gelangen. Politisch und gesellschaftlich umstritten sind die Ursachen für diese Benachteiligung und die notwendigen Maßnahmen, ihr wirksam zu begegnen. Auch manche Frauen halten die Einführung einer Frauenquote bei der Besetzung leitender Positionen für problematisch, andere meinen, dass nur durch eine Frauenquote die Unternehmen oder Behörden gezwungen werden können, patriarchalisches Denken zu überwinden.

- Trotz steigender Ausgaben für den Sozialstaat ist in Deutschland die **Schere zwischen Arm und Reich** deutlich größer geworden. In immer mehr deutschen Städten werden Tafeln eingerichtet, die Geringverdiener, Arbeitslose oder Rentner aufsuchen, weil die Sozialleistungen nicht mehr ausreichen, um einigermaßen „über die Runden" zu kommen. Sollte der Sozialstaat weiter ausgebaut werden, um sozialer Gerechtigkeit mehr Geltung zu verschaffen, oder sollte sich der Staat hier stark zurückhalten, weil der Sozialstaat „ein Fass ohne Boden" ist? Diese Frage wird in Deutschland in den politischen Parteien und von unterschiedlichen Interessenorganisationen kontrovers diskutiert.

8. Politik in Deutschland

1

2

3

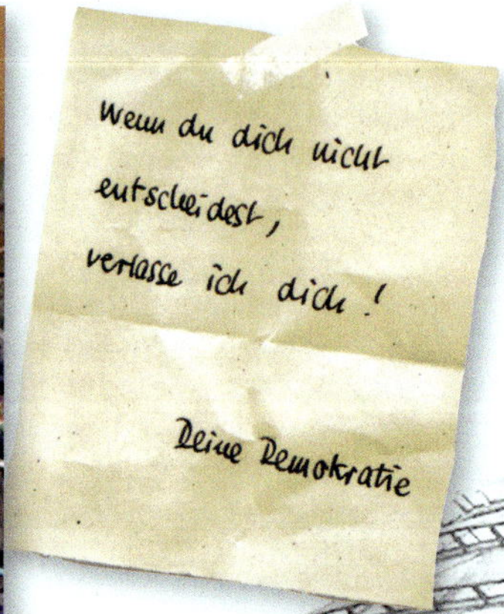

Grundgesetz, Artikel 20

(1) Die Bundesrepublik ist ein demokratischer und sozialer Bundesstaat.

(2) Alle Staatsgewalt geht vom Volke aus. Sie wird vom Volke in Wahlen und Abstimmungen und durch besondere Organe der Gesetzgebung, der vollziehenden Gewalt und der Rechtsprechung ausgeübt.

(3) Die Gesetzgebung ist an die verfassungsmäßige Ordnung, die vollziehende Gewalt und die Rechtsprechung sind an Gesetz und Recht gebunden.

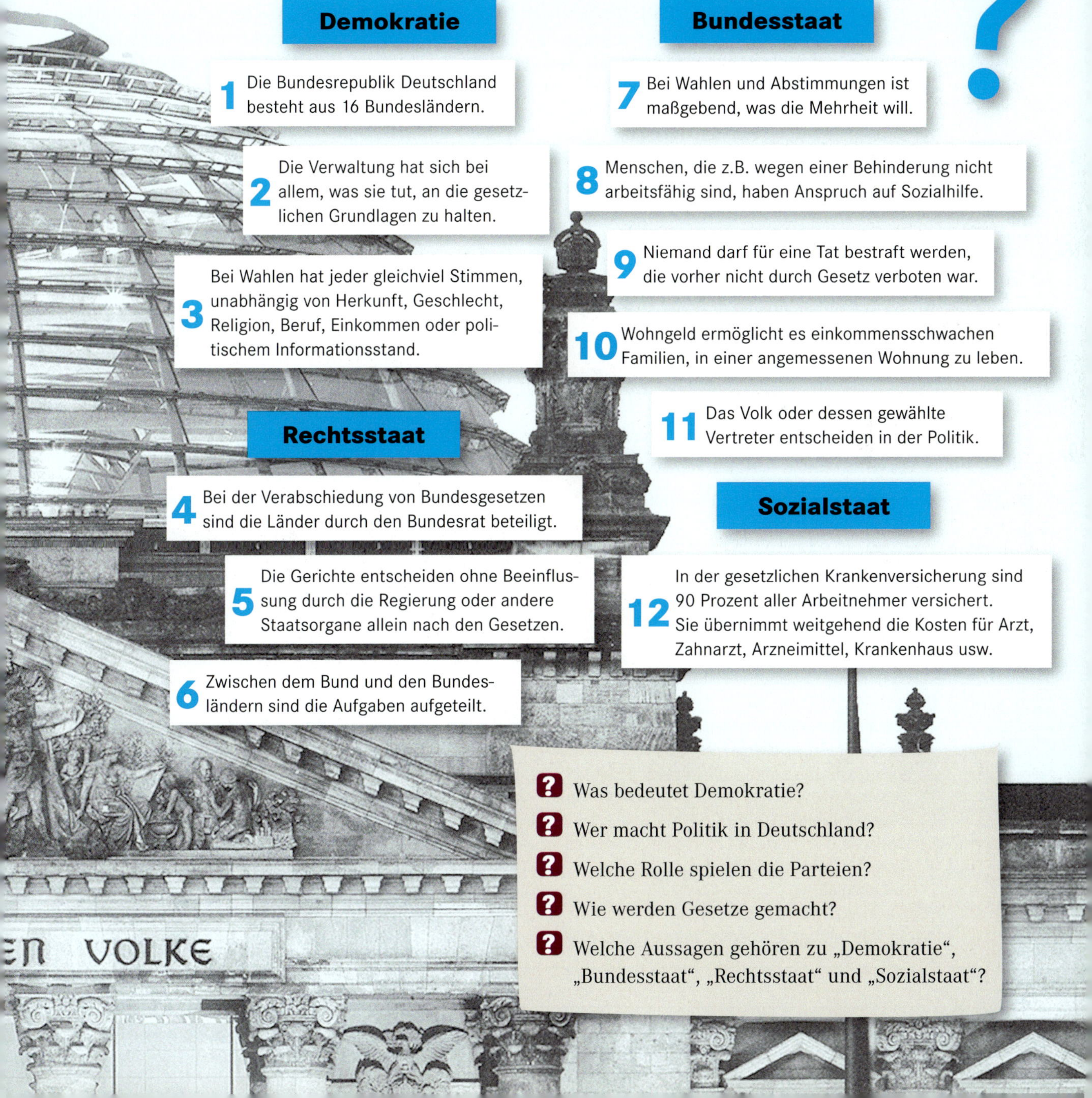

Demokratie

1 Die Bundesrepublik Deutschland besteht aus 16 Bundesländern.

2 Die Verwaltung hat sich bei allem, was sie tut, an die gesetzlichen Grundlagen zu halten.

3 Bei Wahlen hat jeder gleichviel Stimmen, unabhängig von Herkunft, Geschlecht, Religion, Beruf, Einkommen oder politischem Informationsstand.

Rechtsstaat

4 Bei der Verabschiedung von Bundesgesetzen sind die Länder durch den Bundesrat beteiligt.

5 Die Gerichte entscheiden ohne Beeinflussung durch die Regierung oder andere Staatsorgane allein nach den Gesetzen.

6 Zwischen dem Bund und den Bundesländern sind die Aufgaben aufgeteilt.

Bundesstaat

7 Bei Wahlen und Abstimmungen ist maßgebend, was die Mehrheit will.

8 Menschen, die z.B. wegen einer Behinderung nicht arbeitsfähig sind, haben Anspruch auf Sozialhilfe.

9 Niemand darf für eine Tat bestraft werden, die vorher nicht durch Gesetz verboten war.

10 Wohngeld ermöglicht es einkommensschwachen Familien, in einer angemessenen Wohnung zu leben.

11 Das Volk oder dessen gewählte Vertreter entscheiden in der Politik.

Sozialstaat

12 In der gesetzlichen Krankenversicherung sind 90 Prozent aller Arbeitnehmer versichert. Sie übernimmt weitgehend die Kosten für Arzt, Zahnarzt, Arzneimittel, Krankenhaus usw.

- ? Was bedeutet Demokratie?
- ? Wer macht Politik in Deutschland?
- ? Welche Rolle spielen die Parteien?
- ? Wie werden Gesetze gemacht?
- ? Welche Aussagen gehören zu „Demokratie“, „Bundesstaat“, „Rechtsstaat“ und „Sozialstaat“?

8.1 Menschenrechte – Grundrechte – Bürgerrechte

◂◂ **Menschenrechte – Grundrechte – Bürgerrechte, S. 136**

GLOSSAR

Bürgerrechte
Grundrechte
Grundgesetz
Menschenrechte
Staat
Verfassung

Bürger- und Menschenrechte sind Grundrechte, die jedem Bürger der Bundesrepublik Deutschland im Grundgesetz, der Verfassung des deutschen Staates, zugesichert sind. Sie dürfen nicht beseitigt und in ihrem Kern (ihrem „Wesensgehalt") nicht angetastet werden.
Die Grundrechte schützen den Freiheitsraum jedes einzelnen Menschen gegen Ansprüche und Übergriffe der öffentlichen Gewalt (Freiheitsrechte). Sie sind somit Abwehrrechte des Bürgers gegen den Staat, der in seinem Handeln und in seinen Maßnahmen an die Grundrechte als unmittelbar geltendes Recht gebunden ist. Dazu gehört auch, dass der Staat dafür Sorge tragen muss, dass kein Mitglied der Gesellschaft von der Wahrnehmung der Freiheitsrechte z. B. aufgrund ökonomisch verursachter Benachteiligungen ausgeschlossen wird; Freiheit darf nicht nur gewährt und gewährleistet, sondern sie muss auch ermöglicht werden.
Die allgemeinen Menschenrechte sind überstaatliche Rechte und haben universelle Bedeutung. Sie gehören zur Natur des Menschen, sind also natürliche, „angeborene" Rechte, die auch nicht vom Staat aberkannt werden können. Zu ihnen gehören die meisten Freiheitsrechte oder Grundfreiheiten, z. B. die Unantastbarkeit der Menschenwürde (Art. 1 GG), das Recht auf freie Entfaltung der Persönlichkeit und persönliche Freiheit, die Gleichheit vor dem Gesetz oder das Recht, seine Meinung frei zu äußern.
Bürgerrechte gelten demgegenüber nur für deutsche Staatsangehörige („Alle Deutschen haben das Recht ..."), beispielsweise das Recht, Vereinigungen zu bilden, und das Recht, Arbeitsplatz und Wohnort frei zu wählen.

M 1 Aus dem Grundgesetz

Art. 1: Die Menschenwürde steht unter dem Schutz des Staates.
Art. 2: Recht auf Leben, körperliche Unversehrtheit und freie Entfaltung der Persönlichkeit
Art. 3: Recht auf Gleichheit vor dem Gesetz und Gleichberechtigung von Mann und Frau
Art. 4: Recht auf Glaubens- und Gewissensfreiheit
Art. 5: Recht auf freie Meinungsäußerung und ungehinderte Information
Art. 6: Schutz von Ehe und Familie; Elternrecht auf Erziehung
Art. 7: Schule und Staat; Eltern bestimmen über Teilnahme am Religionsunterricht
Art. 8: Versammlungsfreiheit
Art. 9: Recht, Vereine und Gesellschaften zu bilden
Art. 10: Unverletzlichkeit des Brief-, Post- und Fernmeldegeheimnisses
Art. 11: Recht auf Freizügigkeit in der Bundesrepublik
Art. 12: Recht auf freie Wahl des Berufs und des Arbeitsplatzes
Art. 13: Unverletzlichkeit der Wohnung
Art. 14: Gewährleistung des Eigentums und des Erbrechts
Art. 15: Möglichkeit der Vergesellschaftung von Privateigentum gegen Entschädigung
Art. 16: Recht auf Staatsangehörigkeit und Schutz vor Auslieferung an das Ausland; Asylrecht für politisch Verfolgte
Art. 17: Recht, Bitten und Beschwerden an das Parlament zu richten
Art. 18: Verwirkung von Grundrechten, wenn sie zum Kampf gegen die Demokratie missbraucht werden
Art. 19: Recht, ein Gericht anzurufen, wenn man sich durch die öffentliche Gewalt in seinen Rechten verletzt fühlt
Art. 20: Recht zum Widerstand gegen jeden, der die freiheitliche-demokratische Ordnung beseitigen will
Art. 33: Jeder Deutsche hat die gleichen staatsbürgerlichen Rechte und Pflichten.
Art. 38: Wahlrecht; Gleichheit der Stimme
Art. 101: Anspruch auf den gesetzlichen Richter
Art. 103: Anspruch auf Gehör vor Gericht
Art. 104: Schutz vor willkürlicher Verhaftung

M 2 Wann wird die menschliche Würde verletzt?

1. Jemand stiehlt mir fünf Euro aus der Brieftasche.
2. Jemand veröffentlicht von mir und meiner Freundin ein Bild im Internet.
3. Mein Tischnachbar wühlt in meinem Rucksack und liest einen Brief von mir.
4. Klassenkameraden veröffentlichen meine Tagebuchnotizen auf Facebook.
5. An Flughäfen werden „Nacktscanner" installiert.
6. Kaufhäuser installieren eine Videoüberwachung.
7. Ein Gesetz sieht vor, dass körperliche Behinderungen im Pass einzutragen sind.
8. Ein Gesetz sieht vor, dass auch unbescholtene Bürger von der Polizei fotografiert werden dürfen.
9. Am Busbahnhof sind Kameras installiert, die alle Passanten filmen.
10. Ein Gesetz sieht vor, dass die Polizei Ausweiskontrollen durchführen darf.
11. Ein Gesetz sieht vor, dass die Polizei einen Kidnapper durch Folter zwingen darf, das Versteck des Opfers preiszugeben.

◂◂ Menschenrechte – Grundrechte – Bürgerrechte, S. 136–139

M 3 Menschenrechte in Deutschland mangelhaft?

Deutschland hat sich schlechte Noten beim UN-Menschenrechtsrat geholt. Am lautesten beschwerten sich Länder, die selbst nicht gerade für ihre Menschenrechte berühmt sind. Rassismus, Diskriminierung von Fremden, Umtriebe von Neonazis: Die Vertreter der Bundesregierung mussten sich am Montag vor den Vereinten Nationen herbe Kritik über die Menschenrechtslage in Deutschland anhören. Der UN-Menschenrechtsrat, oberstes globales Gremium gegen Unterdrückung, Folter und Gewalt, hatte die Deutschen erstmals nach Genf geladen – alle anderen UN-Mitglieder müssen sich auch einer Überprüfung stellen. „In Deutschland gibt es Schwierigkeiten", räumte der Staatsminister im Auswärtigen Amt, Gernot Erler, zu Beginn der Anhörung ein. Er nannte Mängel bei der Integration von Ausländern, bei der Gleichberechtigung von Mann und Frau und rechtsextreme Delikte.

Viele Länder begnügten sich nicht mit diesem Eingeständnis: Iran, Russland, Ägypten, Pakistan, Indien und Kuba bohrten weiter. Der Vertreter des iranischen Gottesstaates sprach von einem „dramatischen Anstieg" rassistischer Gewalt in Deutschland, der Gesandte der kubanischen Castro-Diktatur prangerte einen Rassismus gegen Roma und Sinti an. [...] „Das war klar, dass diese Themen kommen würden", bemerkte ein Diplomat. „Gerade die Länder, die selbst keine weiße Weste in puncto Menschenrechte haben, wettern am lautesten."

Bericht von Dirk Hebermann vom 3. 2. 2009; www.tagesspiegel.de (Zugriff am 29. 3. 2011)

▸▸ Menschenrechte in der Europäischen Union, S. 334

1 Erläutert den Begriff der Menschenwürde mit eigenen Worten (Autorentext, M1).

2 Diskutiert, welche Aussagen/Handlungen in M2 eindeutig die Menschenwürde verletzen.

3 Diskutiert, welche Einschränkungen der Bürger hinnehmen muss, damit der Staat die öffentliche Sicherheit gewährleisten kann.

4 Erläutert mithilfe des Autorentextes die Begriffe Menschen- und Bürgerrechte. Begründet, warum bestimmte Grundrechte Menschenrechte oder Bürgerrechte sind.

5 Erörtert, ob Länder, die selbst Menschenrechte verletzen, Menschenrechtsverletzungen in Deutschland anprangern dürfen (M3).

M4 Was verstehen wir unter Demokratie?

GLOSSAR
Demokratie
Direkte Demokratie
Gesetze
Bundestag

Unter Demokratie versteht man „Volksherrschaft“, etwa im Gegensatz zur Aristokratie, wo die „Ersten“, die „Besten“, die „Adligen“ herrschen. Im Athen der Antike herrschte zeitweise eine direkte Demokratie. Die Bürger trafen sich zu festgelegten Zeiten, um alle politischen Entscheidungen zu diskutieren und um über diese dann abzustimmen.

Eine solche Form der unmittelbaren oder direkten Demokratie ist in einer modernen Massengesellschaft mit Millionen von Einwohnern recht schwierig, vor allem dann, wenn rasch Entscheidungen getroffen werden müssen und wenn die jeweiligen Gesetze eine komplizierte Materie betreffen. Aber auch in den modernen Demokratien gibt es Elemente einer direkten Demokratie, etwa bei Volksbegehren und Volksentscheiden zu wichtigen Themen oder bei Verfassungsänderungen. Viele Menschen fordern, dass bei wichtigen Entscheidungen oder Großprojekten, etwa bei dem umstrittenen und sehr teuren Stuttgarter Bahnhofsumbau „Stuttgart 21“, Volksentscheide stattfinden sollen. Aber für die allermeisten Gesetze, die etwa der deutsche Bundestag verabschiedet, interessieren sich allenfalls nur Minderheiten.

In Westdeutschland und in den USA entwickelte sich die repräsentative Demokratie: Die Bürger stimmen nicht selbst über Gesetze ab, sondern wählen ein Gremium, ein Parlament, das über Gesetze berät und diese verabschiedet. Dieses Parlament wird regelmäßig von allen Wahlberechtigten neu gewählt.

Damit dies funktioniert, braucht es gemeinsame Grundüberzeugungen, die von allen Beteiligten akzeptiert werden. Man nennt das einen „Basiskonsens“. Dieser Basiskonsens besteht aus gemeinsamen Werten und gemeinsam akzeptierten „Spielregeln“. Dazu gehört u. a., dass man sich gegenseitig zuhört, dass man den politischen Gegner nicht bedroht, dass das Argument des politischen Gegners ernst genommen und geprüft wird, dass man seinen Gegner nicht verachtet und lächerlich macht. Werden diese Spielregeln nicht beachtet, verletzt man den Basiskonsens und eine vernünftige Diskussion ist erschwert.

Zu diesem demokratischen Basiskonsens gehört ferner, dass man die Existenz und die Berechtigung verschiedener Meinungen und vor allem unterschiedlicher Interessen grundsätzlich akzeptiert. Denn viele Interessen sind eben gegensätzlich: die der Mieter und der Vermieter, der Schüler und der Lehrer, der Arbeitnehmer und der Arbeitgeber. Jede Gruppe soll das Recht haben, ihre Überzeugungen und Interessen uneingeschränkt vertreten zu dürfen.

Autorentext

▸▸ **Karikaturen deuten, S. 232/233**

6 Erklärt, welche Regelverletzungen die Karikatur verspottet.
7 Erläutert Unterschiede zwischen direkter und repräsentativer Demokratie (M4).
8 Stellt wichtige „Spielregeln“ zusammen, die in einer Demokratie gelten sollten.
9 Benennt die vom BVerfG festgelegten Grundelemente unserer Demokratie (M5, M6).
10 Diskutiert anhand der Aussagen von M7, ob hier wichtige Spielregeln verletzt werden oder ob diese Verhaltensweisen ein Element einer Demokratie sind.

M5 Die freiheitlich demokratische Grundordnung

Das Bundesverfassungsgericht (BVerfG) hat einige grundlegende Prinzipien aufgelistet, die von allen Bürgern akzeptiert werden müssen:

[...] So lässt sich die freiheitliche demokratische Grundordnung als eine Ordnung bestimmen, die unter Ausschluss jeglicher Gewalt- und Willkürherrschaft eine rechtsstaatliche Herrschaftsordnung auf der Grundlage der Selbstbestimmung des Volkes nach dem Willen der jeweiligen Mehrheit und der Freiheit und Gleichheit darstellt. Zu den grundlegenden Prinzipien dieser Ordnung sind mindestens zu rechnen:

- Achtung vor den im GG konkretisierten Menschenrechten, v. a. vor dem Recht der Persönlichkeit auf Leben und freie Entfaltung,
- die Volkssouveränität,
- die Gewaltenteilung,
- die Verantwortlichkeit der Regierung,
- die Gesetzmäßigkeit der Verwaltung,
- die Unabhängigkeit der Gerichte,
- das Mehrparteiensystem,
- die Chancengleichheit für alle politischen Parteien mit dem Recht auf verfassungsmäßige Bildung und Ausübung einer Opposition.

BVerfG-Urteil, zit. nach: Demokratie. Informationen zur politischen Bildung 165, S. 29.

GLOSSAR
Gewaltenteilung

M6 Die Gewaltenteilung – Grundelemente einer Demokratie

In einer Demokratie soll nicht eine Person oder Gruppe die gesamte Gewalt in der Hand haben, die Gewalten sollen vielmehr aufgeteilt werden, um eine Machtkonzentration oder einen Machtmissbrauch zu verhindern und eine gegenseitige Kontrolle zu ermöglichen.

Die Idee der Gewaltenteilung wurde erstmalig von John Locke (1632–1704) und Montesquieu (1689–1755) entwickelt und zielte darauf ab, die Macht der absolutistischen Fürsten zu begrenzen. Montesquieu unterschied drei fundamenalte Gewalten:

- Die gesetzgebende Gewalt (Legislative).
- Die ausführende Gewalt (Exekutive – gemeint ist damit die Regierung, die staatliche Verwaltung und die Polizei). Sie ist bei ihren Handlungen an die Gesetze der Legislative gebunden und darf nicht willkürlich handeln.
- Die rechtsprechende Gewalt (Judikative – dazu gehören verschiedene Gerichte). Sie überprüft, ob sich Legislative und Exekutive an die verbindlichen Gesetze halten.

Die Freiheit der Bürger sei – so meinte Montesquieu – nur dann gewährleistet, wenn diese drei Gewalten nicht in einer Hand lägen, sondern in drei voneinander unabhängigen und sich gegenseitig kontrollierenden sowie sich gegenseitig beschränkenden Gewalten aufgeteilt sind.

Autorentext

Montesquieu, 1689–1755

John Locke, 1632–1704

M7 Demokratie braucht „Spielregeln“

Wann werden diese Regeln verletzt?

- Ein Redner im Bundestag wird durch spöttische Zwischenrufe gestört.
- Sprechchöre hindern einen Politiker daran, eine Rede zu halten.
- Eine Partei bekommt hohe Spenden von Wirtschaftsunternehmen.
- Wahlplakate von gegnerischen Parteien werden abgerissen oder zerstört.
- Polizisten vertreiben Gegendemonstranten bei einer politischen Veranstaltung.
- In einem Leserbrief wird ein Politiker scharf kritisiert.
- Bei einer öffentlichen Wahlkampfkundgebung wird ein Zwischenrufer von der Polizei weggetragen.

Autorentext

◂◂ **Menschenrechte – Grundrechte – Bürgerrechte, S. 136/137**

8.2 Politikverdrossenheit und politisches Engagement

M1 Politisches Engagement – Pro und kontra

Warum ich mich politisch engagiere:
Ich möchte dazu beitragen, einen Politikentwurf zu erarbeiten, der allen Menschen [...] gleiche Chancen zur Verfügung stellt. Mir ist wichtig, dabei vor allem auch den Anliegen junger und künftiger Generationen zum Ausdruck zu verhelfen. Dies bedeutet, den Grundsatz der Nachhaltigkeit als prägendes politisches Prinzip zu beherzigen: Probleme der Gegenwart dürfen nicht einfach auf die Schultern nachfolgender Generationen abgewälzt werden. Es geht um Generationengerechtigkeit und Generationensolidarität – nicht um Generationenegoismus! Um die zentralen Herausforderungen zur Bekämpfung von Massenarbeitslosigkeit und Staatsverschuldung erfolgreich bewältigen zu können, engagiere ich mich bei den [...] Denn hier sind meine politischen Wertvorstelllungen und Ziele am besten aufgehoben.

Jugendstiftung Baden-Württemberg; www.jungeseiten.de (Zugriff am 7. 12. 2012)

Warum ich mich nicht politisch engagiere?
Weil ich das System dahinter einfach nicht verstehen kann. Und ich habe auch noch niemand gefunden der es mir erklären konnte [...]. Allein wenn ich schon wieder die Bude vom Tierschutzverein vorm Supermarkt stehen sehe kommt mir die Galle hoch, die wollen mir als armen Azubi noch Geld abnehmen weil sie meinen sie könnten irgendwas gegen Tierversuche und Tierquälerei tun. Dabei kaufen sie dafür nur noch nen Klappstuhl für ihren dämlichen Stand. Als gäbe es keine gravierenden Probleme in Deutschland und Europa. Wartet noch ein wenig, und ihr werdet mehr „engagierte" Jugendliche auf den Straßen sehen, als euch lieb ist. Allein wenn demnächst der Abschlussjahrgang G8 kommt, wenn doppelt so viele Jugendliche auf den Ausbildungs- und Studienplatz-Markt geschmissen werden wie sonst schon.

Ratgeber Netzwerk GmbH; www.cosmiq.de (Zugriff am 7. 12. 2011)

M2 Entwicklung der Wahlbeteiligung in der Bundesrepublik

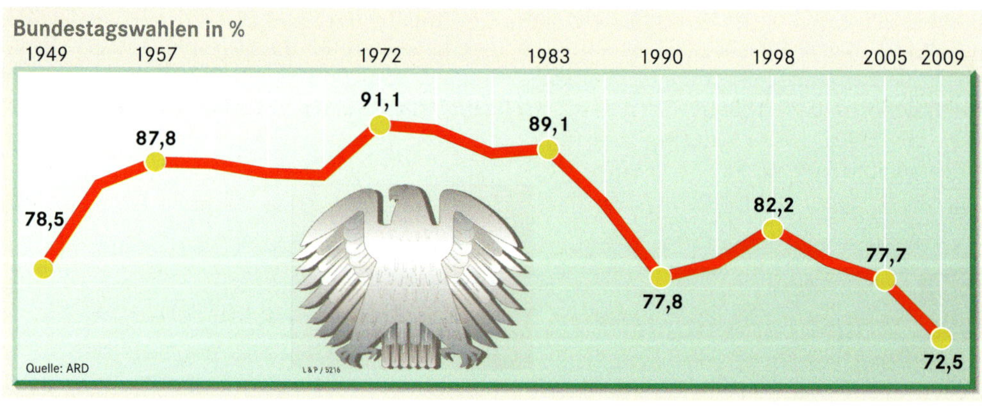

1 Erläutert in der Klasse kurz die in M1 vertretenen Standpunkte. Verfasst selbst ein kurzes Statement „Warum ich mich (nicht) politisch engagiere". Setzt M2 in Beziehung zu M1.

2 Erklärt, was mit den einzelnen Partizipationsformen in M3 konkret gemeint ist und welche besonderen Chancen diese eröffnen.

M3 Partizipationsformen

1. **Wahlrecht, Aktivität in einer Partei**
2. **Punktuelle Beteiligung,** z. B. Vorformen der Beteiligung wie Aktionen und Dialoge mit Politikern, Planspiele ohne Antrags- und Entscheidungsbefugnisse, einfache Informationserhebung und Interessenermittlung durch Befragungen, symbolische Beteiligung, Unterschriften sammeln.
3. **Repräsentative Formen,** Gremien, Kinder- und Jugendinteressenvertretung, z. B. Kinder- und Jugendparlamente, Klassen- und Schulsprecher, Kinder- und Jugendbeiräte.
4. **Offene Versammlungsformen,** z. B. offene Kinder- und Jugendforen, Runde Tische, Vollversammlungen, Streiks, Teilnahme an Demonstrationen und Sitzblockaden, ziviler Ungehorsam.
5. **Projektorientierte Verfahren der Partizipation**, z. B. Beteiligung in und durch produkt- und ergebnisorientierte, auf bestimmte Themen fokussierte Aktionsformen (z. B. Zukunftswerkstatt), Happening, Menschenketten, Bürgerinitiativen.
6. **Alltägliche Formen der Partizipation,** Beteiligung bei der Bewältigung alltäglicher Themen und Probleme in der Familie und in pädagogischen Institutionen (in der Schule z. B. Klassenrat).
7. **Medienorientierte Beteiligung,** Beteiligung an der Gestaltung von Radio, Fernsehen oder Printmedien (z. B. Leserbriefe schreiben).

Autorentext, ergänzt durch: www.blk-demokratie.de (Zugriff am 2. 5. 2011)

« Demokratie und Mitbestimmung in der Schule, S. 48–50

« Engagierte Bürger – Möglichkeiten der Mitbestimmung, S. 76–78

GLOSSAR

Partizipation

INTERNET

www.blk-demokratie.de
Programm Demokratie lernen und leben

M4 Teilnahme am politischen Leben

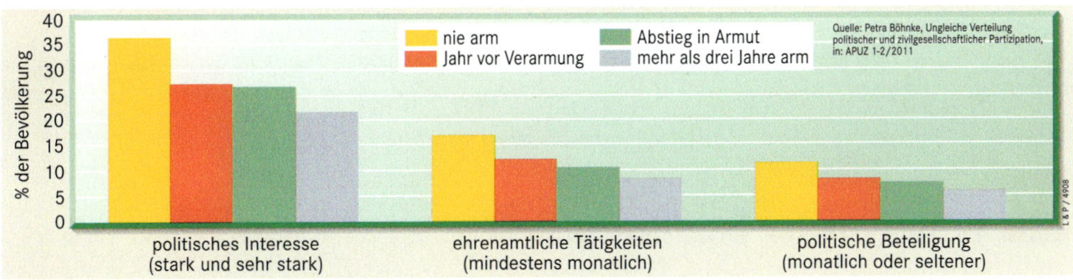

M5 Welche Voraussetzungen begünstigen eine erfolgreiche Partizipation?

Voraussetzungen/persönliche Fähigkeiten	positive Möglichkeiten und Folgen
Man besitzt eine entsprechende Bildung	Man nimmt Einfluss auf breite Öffentlichkeit
... verfügt über finanzielle Mittel	... wird bekannt
... ist in Vereinen oder Parteien vernetzt	... überzeugt seine Zuhörer
... kennt wichtige Leute und hat gute Kontakte	... vermeidet unnötige Konflikte
... hat eine einflussreiche Position	... findet breite Zustimmung
... kann gut auftreten, kennt wichtige Argumente	... widerspricht der behaupteten Alternativlosigkeit von Planungen
... ist persönlich von Entscheidungen betroffen	

3 Erklärt mithilfe von M4–M5, welche Faktoren politisches Engagement begünstigen und welche die Teilnahme am politischen Leben erschweren. Diskutiert (mögliche) Folgen fehlenden politischen Engagements.

M6 Zwischen Politikverdrossenheit und Partizipation

Berliner Morgenpost: Die Jugend gilt heute als politikverdrossen, stimmt der Eindruck?
Politikverdrossenheit ist das falsche Schlagwort. Die jungen Menschen zwischen 16 und 29 Jahren verspüren eine Politiker- und Parteienverdrossenheit. Das Vertrauen in sie schwindet, nicht dramatisch, aber spürbar. Die Ablehnung von Politik wird dabei umso stärker formuliert, je schwieriger die ökonomische Situation ist.
Was gefällt Jugendlichen nicht an den Politikern und Parteien?
Dass sich Parteien aus machtpolitischen Erwägungen gegenseitig blockieren, ist ihnen nicht vermittelbar. Auch nehmen sie eine Kritik am Gegner hin, bei der der Ankläger keine eigene nachvollziehbare Position einnimmt.
Was bedeutet das für den Willen, sich politisch zu engagieren?
Die Jugendlichen sind politisch wach und setzen sich ein, sobald sie eine Gelegenheit sehen, sich einzumischen. Die Bereitschaft zu demonstrieren etwa nimmt nicht ab. (...)
Das politische Engagement drückt sich aber nicht in der Mitarbeit in Parteien aus.
Das liegt am schlechten Image der Parteien. Um die Politisierung richtig einschätzen zu können, müssen wir einen erweiterten Politikbegriff anwenden. Durch ihr Konsumverhalten drücken viele bewusst eine politische Haltung aus. Es gibt bereits das Wort „Buykott". Bestimmte Waren aus bestimmten Ländern oder von bestimmten Firmen werden bewusst nicht gekauft. Ihren Konsum verstehen junge Menschen als politische Handlung.
Das Durchschnittsalter des Zeitungslesers steigt, auch die Nachrichten im Fernsehen werden eher von Älteren gesehen, ist das nicht Indiz für ein Desinteresse?
Nein. Zeitungen wurden immer schon hauptsächlich von der Bürgerjugend gelesen. Die holt sich ihre Informationen auch aus dem Internet. Fast jedes Mail-Programm bietet auf der Startseite Nachrichten. Politik ist damit überall. Die Jugendlichen können sich beiläufig informieren und tun dies auch. Viel wichtiger ist aber, dass sie viele neue Formen politischer Artikulation im Netz nutzen.

Interview mit dem Jugendforscher Wolfgang Gaiser in: Berliner Morgenpost vom 2.3.2009

M7 Ursachen der Politikverdrossenheit

Politische Entscheidungsträger und Bevölkerung, Staat und Gesellschaft haben sich in den letzten Jahren voneinander entfernt. Die „politische Klasse" scheint sich mittlerweile von ihrem gesellschaftlichen Wurzelgrund mehr und mehr abgelöst zu haben. In weiten Teilen der Gesellschaft wiederum wachsen Ahnungslosigkeit und Unkenntnis über die Realität des komplexen politischen Prozesses. (...) Die Ursachen der Entkoppelung von Politik und Gesellschaft sind leicht auszumachen und vielfach diagnostiziert. Die zunehmende Komplexität und Interdependenz politischer Probleme macht deren sachkundige Beurteilung immer schwerer. Gleichzeitig anonymisieren mit den Schlagworten Globalisierung, Europäisierung und Internationalisierung gekennzeichnete transnationale Verflechtungen die Verantwortlichkeiten für politische Beschlüsse, wodurch sich bei zahlreichen Bürgern das Gefühl verstärkt, die Politik sei eine ihnen fremde, abgeschottete Welt. Diese Entkoppelung wird ebenfalls befördert durch gesellschaftliche Großtrends wie Säkularisierung und Entheimatung der Individuen.

Beitrag des Göttinger Instituts für Demokratieforschung, Die Zeit Online vom 17.03.2010

INFO

Interdependenz: wechselseitige Abhängigkeit

Säkularisierung: Verweltlichung, sozialer Bedeutungsverlust von Religion

4 Arbeitet die Auffassung Wolfgang Gaisers zur These von der „Politikverdrossenheit der Jugend" heraus (M6).

5 Erläutert die in M7 genannten Ursachen von Politikverdrossenheit und ergänzt diese. Vergleicht diese abschließend mit eurer eingangs formulierten Statements.

8.3 Wählen als Mittel demokratischer Beteiligung

In einer Demokratie ist man sich einig darüber, dass bei Wahlen und Abstimmungen die Mehrheit entscheidet und dass die Minderheit diese Entscheidung akzeptiert. Dabei gelten die fünf Wahlgrundsätze. Es gibt allerdings mehrere Möglichkeiten, anhand der abgegebenen Stimmen bei einer Wahl die Zusammensetzung eines Parlaments zu bestimmen.

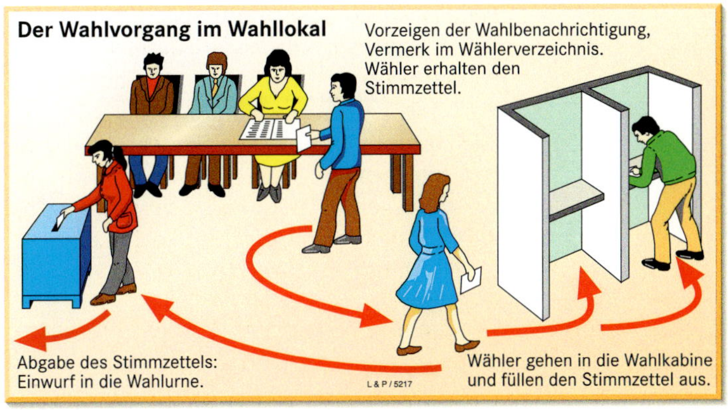

Mehrheitswahlrecht

Beim Mehrheitswahlrecht unterscheidet man zwischen relativem und absolutem Mehrheitswahlrecht. Beim relativen Mehrheitswahlrecht gewinnt, wer in einem Wahlgang die meisten Stimmen erzielt.
Beim absoluten Mehrheitswahlrecht sind mehr als 50 Prozent der Stimmen erforderlich. Erreicht der Kandidat oder die Kandidatin im ersten Wahlgang nicht die absolute Mehrheit, so ist ein zweiter Wahlgang nötig.

Verhältniswahlrecht

Beim Verhältniswahlrecht wird den Parteien gemäß ihrem relativen (verhältnismäßigen) Stimmenanteil die Zahl der Mandate zugewiesen.

Wahlergebnis und Mandatsverteilung

Im folgenden Beispiel wird vereinfachend angenommen, dass die Mandate an die Parteien mit den beiden stärksten Wahlergebnissen vergeben werden.
Die beiden Beispiele gehen von jeweils vier Wahlkreisen (Abkürzung für Wahlkreis = WK), einem 4-Parteien-System (Parteien A, B, C und D) und zwei Mandaten pro Wahlkreis aus.

INTERNET

www.bundeswahlleiter.de
www.abgeordnetenwatch.de

GLOSSAR

Abgeordnete

Wahlergebnis und Mandatsverteilung nach relativem Mehrheitswahlrecht

L&P/4922

Partei	Stimmen WK 1	Abg.	Stimmen WK 2	Abg.	Stimmen WK 3	Abg.	Stimmen WK 4	Abg.	Stimmen landesweit	Parlamentssitze
A	94	2	31		83	2	65	2	273	6
B	9		61		34		40		144	
C	40		43		8		56		147	
D	57		65	2	75		39		236	2
Summe	200	2	200	2	200	2	200	2	800	8

Wahlergebnis und Mandatsverteilung nach Verhältniswahlrecht

Partei	Stimmen WK 1	Stimmen WK 2	Stimmen WK 3	Stimmen WK 4	Stimmen landesweit	Parlamentssitze
A	94	31	83	65	273 (34,1 %)	3
B	9	61	34	40	144 (18,0 %)	1
C	40	43	8	56	147 (18,4 %)	1
D	57	65	75	39	236 (29,5 %)	3
Summe	200	200	200	200	800 (100,0 %)	8

1 Analysiert im Fallbeispiel das Wahlergebnis zum relativen Mehrheitswahlrecht. Erörtert, ob die Zusammensetzung des Parlaments den Wählerwillen widerspiegelt.

2 Erläutert, wie sich die Mandatsverteilung im Parlament durch das Verhältniswahlrecht ändert.

3 Beurteilt, welches Wahlrecht
a) den politischen Willen der Bevölkerung besser abbildet,
b) für stabilere Regierungsmehrheiten sorgt,
c) im Wahlkampf eher den Kult um Spitzenkandidaten als das Interesse an programmatischen Orientierungen der Parteien fördert,
d) stärker regionale oder gesellschaftliche Minderheiten schützt.

M 1

Welches Gewicht hat meine Stimme?

ERSTSTIMME

Mehrheitswahl

Jeder Wähler entscheidet sich für einen Kandidaten seines Wahlkreises. Gewählt ist, wer mindestens eine Stimme mehr hat als jeder andere Mitbewerber.

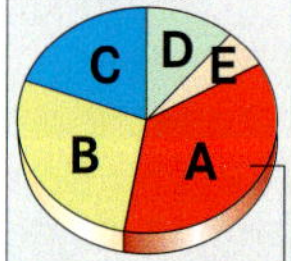

Der Kandidat der Partei A gewinnt Wahlkreis

ZWEITSTIMME

Verhältniswahl

Der Wähler gibt die Zweitstimme der Landesliste einer Partei. Die Zahl der Sitze im Parlament, die eine Partei erhält, richtet sich nach deren Anteil an den bundesweit abgegebenen Zweitstimmen.

SPERRKLAUSEL

Bei der Vergabe der Sitze werden nur Parteien berücksichtigt, die bundesweit wenigstens **fünf Prozent der Zweitstimmen** erhalten haben. Ein Zweitstimmenanteil unter fünf Prozent wird nur dann in Mandate umgerechnet, wenn eine Partei mindestens **drei Direktmandate** hat.

VERTEILUNG DER SITZE AUF DIE PARTEIEN

Wie viele Abgeordnete (Mandate) den Parteien zustehen, wird mit dem Sainte-Laguë-Verfahren, einem Divisor-Verfahren ermittelt. Danach ergibt sich bei nachfolgendem Beispiel (drei Parteien haben die 5-Prozent-Hürde übersprungen) folgende Sitzverteilung:

Partei	Stimmen	Sitze
A	430 000	250
B	390 000	226
C	210 000	122

299 Direktmandate

Die Hälfte der 598 Abgeordnetensitze wird von Direktkandidaten eingenommen.

598 Sitze im Bundestag gesamt

A B C D E

DIREKTMANDAT

Die Bewohner der 299 Wahlkreise wählen je einen Abgeordneten. Er kommt auf jeden Fall ins Parlament – auch wenn seine Partei bei den Zweitstimmen an der Fünf-Prozent-Klausel scheitert.

LANDESLISTEN DER PARTEIEN

Der Bundeswahlleiter und seine Helfer ermitteln, **wie viele Sitze den Landesverbänden der Parteien zustehen.** Zunächst werden die Direktmandate verrechnet. Die verbleibenden Sitze werden auf die Bewerber **nach ihrer Reihenfolge auf den Landeslisten verteilt.** Bereits direkt gewählte Abgeordnete werden übersprungen.

VERTEILUNG DER SITZE AUF DIE PARTEIEN

Landesverbände, die viele Wähler gewinnen, bekommen auch viele Sitze. Die Zahl der Sitze im Bundestag der Partei A im Bundesland Y errechnet sich so:

$$\frac{250\ \text{(Gesamtzahl der Sitze der Partei A)} \times 39\,500\ \text{(Zweitstimmen der Partei A im Bundesland Y)}}{430\,000\ \text{(Gesamtzahl der Zweitstimmen der Partei A)}}$$

Ergebnis: 22,965. Das entspricht 23 Sitzen im Bundestag.

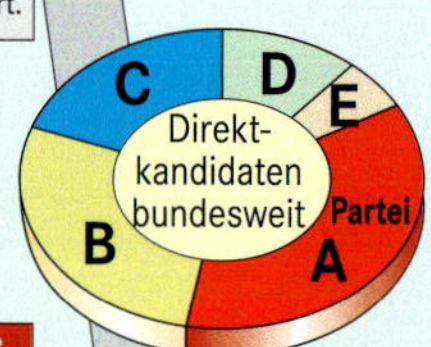

ÜBERHANGMANDATE

Hat eine Partei in einem Bundesland mehr Direktmandate errungen als ihr – den Zweitstimmen nach – zustehen, erhält sie Überhangmandate.
Beispiel: Die Partei A hat im Bundesland Z alle 24 Direktmandate gewonnen. Nach Zweitstimmen stehen ihr nur 22 Mandate zu.
Die zwei fehlenden Sitze erhält die Partei als Überhangmandat.

WAHLKREISE

In jedem der 299 Wahlkreise leben im Durchschnitt 250 000 Wahlberechtigte. Das bevölkerungsreiche NRW stellt fast so viele Direktmandate wie der Osten Deutschlands (65).

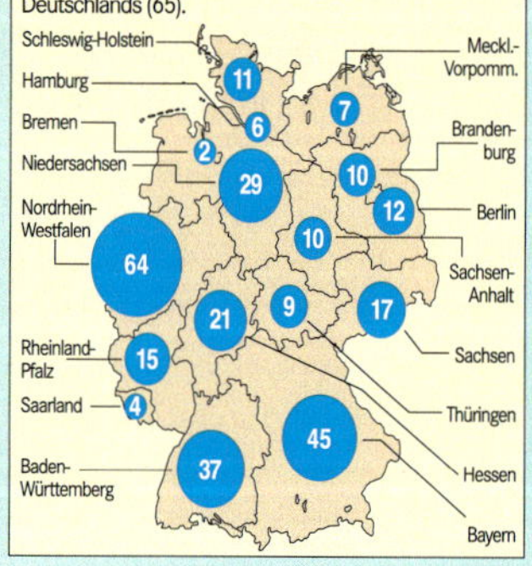

299 Direktmandate

299 Listenmandate

SITZVERGABE

Erzielt die Partei A im Bundesland Y 14 Direktmandate und der dortige Landesverband hat Anspruch auf 23 Bundestagssitze, entfallen 9 auf die Landesliste.

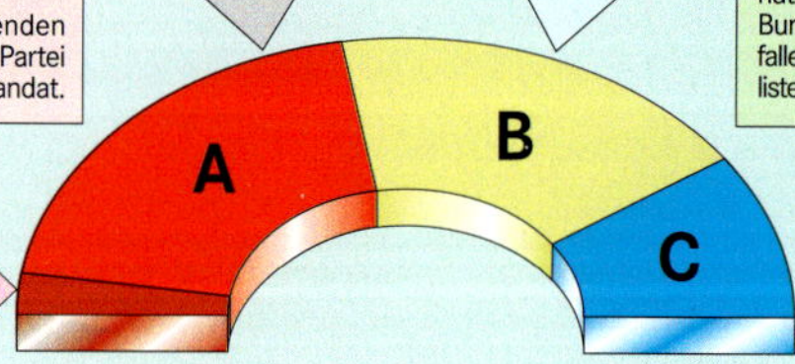

Nur die Parteien A, B und C haben Direktmandate errungen.

L & P / 4903

GLOSSAR

Partei
Überhangmandate

INFO

Für Hessen sind Faksimile-Stimmzettel online abrufbar unter: **www.hessen.de/wahlen.htm**

In der Bundesrepublik gibt es das personalisierte Verhältniswahlrecht. Bei diesem wird das Verhältniswahlrecht (Zweitstimme) mit dem Mehrheitswahlrecht (Erststimme) kombiniert. Entscheidend für die Zahl der Sitze im Parlament ist die Zahl der Zweitstimmen.

INTERNET

www.duwaehlst.de

M2 Aus einer Umfrage

Laut einer aktuellen Umfrage sind fast 42 Prozent der Wähler nicht ausreichend über die Bedeutung ihrer zwei Stimmen bei der Bundestagswahl informiert. Demnach wissen knapp 45 Prozent der Befragten nicht, welchen Zweck die Erststimmen haben. 41,6 Prozent kennen die Bedeutung der Zweitstimme nicht. Am schlechtesten sind die Jungwähler informiert – zwei Drittel kennen sich nicht richtig aus.

www.duwaehlst.de/Artikel/5.wahlen (Zugriff am 27.4.2011)

M3 Die Bedeutung der Zweitstimme

Münchens SPD-Oberbürgermeister Christian Ude spricht aus, was viele Sozialdemokraten denken: Er wirft den Grünen in seiner Stadt vor, für „vergeudete Stimmen" verantwortlich zu sein. Ausgerechnet in einer der letzten rot-grünen Bastionen der Republik verhält es sich nämlich so: Die Grünen werben massiv auch um die Erststimmen. Schon bei der Wahl 2002 war das genauso. Die Folge: Die Münchner SPD-Bewerber Stephanie Jung und Christoph Moosbauer verpassten den Einzug in den Bundestag. Sie waren bei den Erststimmen knapp den Konkurrenten von der CSU unterlegen. Taktisch klüger hätten sich Münchens grüne Wähler verhalten, wenn sie die Erststimme diesen Direktkandidaten der verbündeten SPD und nur die Zweitstimme ihrer Partei gegeben hätten.

aus: Süddeutsche Zeitung vom 16.9.2005

◂◂ **Wahlgrundsätze, S. 77**

M4 Direktmandate und Landeslistensitze 2009

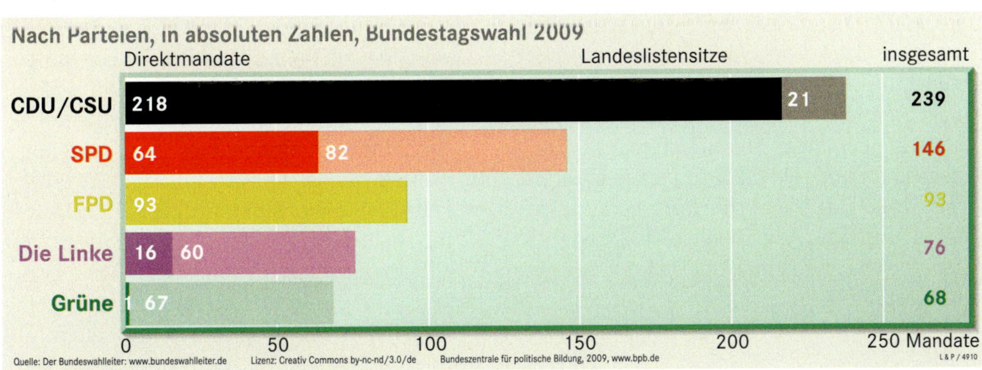

INFO

Gegenüber der Bundestagswahl 2005 konnte die CDU/CSU die Zahl ihrer Direktmandate deutlich erhöhen (plus 68). Die SPD verlor hingegen viele ihrer Direktmandate (minus 81). Während sich bei der Partei DIE LINKE die Zahl der Direktmandate von 2005 auf 2009 von drei auf 16 erhöhte, blieb es bei BÜNDNIS 90/DIE GRÜNEN bei einem Direktmandat.

1 Erläutert, wie die Sitzverteilung im Bundestag zustande kommt (M1, M4).
2 Erklärt einem Jungwähler den Unterschied von Erst- und Zweitstimme (M2).
3 Nehmt aus Sicht eines Münchner Grünen Stellung zur Kritik des Oberbürgermeisters (M3).

8.4 Parteien: Funktionen, Merkmale und politische Unterschiede

INFO

Intermediäres System: Die Verbindung zwischen Parteien und Entscheidungsträgern erfolgt in zwei Richtungen: Zum einen vertreten die Parteien die Interessen und Vorstellungen der Bürger und speisen sie in das Entscheidungssystem ein. Zum anderen informieren sie die Bürger über die dort getroffenen Entscheidungen und begründen diese. Die Parteien nehmen diese Funktionen zusammen mit Interessenverbänden, Bürgerinitiativen und Medien wahr. Dieses Zusammenspiel wird als „intermediäres System" bezeichnet, aber nur die Parteien haben direkten Einfluss auf die personelle Zusammensetzung der Verfassungsorgane.

GLOSSAR

Partei

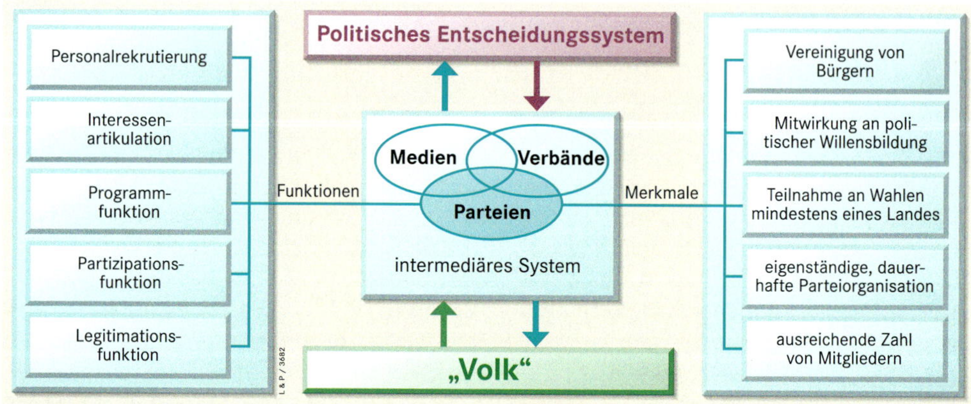

M1 Funktionen nach § 1 Parteiengesetz

- Personalrekrutierung: Parteien präsentieren Kandidaten zur Besetzung öffentlicher Ämter.
- Interessenartikulation: Parteien formulieren Erwartungen und Forderungen gesellschaftlicher Gruppen an die Politik. [...]
- Programmfunktion: In Wahlprogrammen [...] fassen die Parteien ihre kurz- bis mittelfristig angestrebten politischen Ziele sowie ihre Vorstellungen zu deren Umsetzung zusammen. Grundsatzprogramme bringen hingegen tiefer gehende Überzeugungen zum Ausdruck und sollen längerfristige Orientierungen für die Tagespolitik bieten.
- Partizipationsfunktion: Parteien ermöglichen die politische Beteiligung der Bürger.
- Legitimationsfunktion: Die Parteien verbinden Volk und staatliche Entscheidungsträger (Bundestag, Bundesregierung); sie sollen so zur Akzeptanz des politischen Systems in der Gesellschaft beitragen.

M2 Merkmale nach § 2 Parteiengesetz

- Vereinigung von Bürgern: Es können nur natürliche Personen, nicht aber Verbände einer Partei angehören. Eine Partei soll kein verlängerter Arm eines Interessenverbandes sein.
- Mitgliederzahl: Eine Partei muss so viele Mitglieder haben, dass sie wenigstens landesweit präsent und schlagkräftig ist.
- Eigenständige und dauerhafte Organisation: Eine Partei darf sich organisatorisch nicht auf einen fremden Verwaltungsapparat[...] stützen und muss ständig funktionsfähig sein. Sie soll kein bloßer Wahlverein sein.
- Teilnahme an Wahlen: Es kommt auf regelmäßige, nicht aber zwingend erfolgreiche Teilnahme an Bundestags- bzw. Landtagswahlen an.
- Politische Willensbildung: Die politische Einflussnahme darf sich inhaltlich nicht nur auf kleine, eng begrenzte Bereiche beziehen. [...] „Ein-Punkt-Parteien" sind keine Parteien im Sinne des Parteiengesetzes.

1 Erklärt, warum Parteien in einer Demokratie wichtig sind.

2 Erläutert die Funktionen und Merkmale von Parteien nach § 1 und § 2 Parteiengesetz (Grafik, M1, M2).

3 Erklärt, warum eine Partei regelmäßig Parteiführer und -vorstand neu wählen muss.

4 Stellt zusammen, über welche Qualifikationen ein Parteimitglied verfügen sollte, das von seiner Partei als Kandidat bei der Landtags- oder Bundestagswahl aufgestellt wird.

Parteien wirken an der politischen Willensbildung mit und sind die Schnittstelle zwischen Volk und politischem Entscheidungssystem. Sie vertreten gesellschaftliche Interessen und unterscheiden sich in ihren Inhalten und ihrer Programmatik.

M3 Aus den Parteiprogrammen zur Bundestagswahl 2009

CDU CSU Die Kernenergie ist ein vorerst unverzichtbarer Teil in einem ausgewogenen Energiemix. Wir verstehen den Beitrag der Kernenergie zur Stromversorgung als Brückentechnologie, weil heute klimafreundliche und kostengünstige Alternativen noch nicht in ausreichendem Maße verfügbar sind. Daher streben wir eine Laufzeitverlängerung der sicheren deutschen Anlagen an.

www.cdu.de (Zugriff am 27. 4. 2011)

SPD Die Nutzung der Atomenergie birgt zu große Risiken. Nicht zuletzt ist die Frage der Endlagerung des Atommülls bis heute ungelöst. Der im Atomgesetz geregelte Ausstieg wird durchgesetzt. Wir steigen bis 2021 komplett aus der Atomenergie aus. Bis zum Ausstieg gelten die höchstmöglichen Sicherheitsstandards in allen Anlagen mit der Pflicht zur ständigen Nachrüstung. Eine Verlängerung der Laufzeiten würde dringend nötige Investitionen in neue Technologien verzögern.

Regierungsprogramm der SPD 2009–2013, beschlossen am 14. 6. 2009 in Berlin

FDP Die Liberalen Der Ausstieg aus der Kernenergie ist zum jetzigen Zeitpunkt ökonomisch und ökologisch falsch. Wir brauchen die Kernenergie als Übergangstechnologie, bis erneuerbare Energien in ausreichendem Umfang grundlastfähigen Strom erzeugen können oder die CO_2-Abscheidung und -Einlagerung für Kohlekraftwerke im großtechnischen Maßstab zur Verfügung steht. Die Laufzeiten sicherer Kernkraftwerke müssen daher in diesem Sinne verlängert werden.

www.deutschlandprogramm.de (Zugriff am 27. 4. 2011)

BÜNDNIS 90 DIE GRÜNEN Wir setzen den Atomausstieg ohne Wenn und Aber fort. Nach dem Atomausstiegsgesetz werden in der kommenden Legislaturperiode bis zu sieben Atomkraftwerke abgeschaltet. Alte, besonders riskante Meiler wollen wir vorzeitig vom Netz nehmen. Der Umbau unserer Energieversorgung zu mehr Effizienz und erneuerbaren Energien wird umso schneller gelingen, je früher die unflexiblen, nuklearen Großkraftwerke vom Netz genommen werden.

www.gruene-bochum.de (Zugriff am 27. 4. 2011)

DIE LINKE. Der Betrieb von Atomanlagen birgt [...] unverantwortlich hohe Risiken; eine sichere Endlagerung von Atommüll für eine Million Jahre und mehr ist nicht zu gewährleisten. [...]

Die LINKE fordert daher die unverzügliche und unumkehrbare Stilllegung aller Atomanlagen sowie ein Verbot für den Export von Atomtechnik.

www.die-linke.de (Zugriff am 27. 4. 2011)

▸▸ Die Regierung, S. 214/215
▸▸ Die Opposition, S. 218/219
▸▸ Fukushima: Reaktionen der Politik, S. 222/223

INTERNET
www.cdu.de
www.spd.de
www.liberale.de
www.gruene.de
www.die-linke.de

Das Kernkraftwerk in Biblis

5 Vergleicht die Auffassungen der Parteien zur Nutzung der Kernenergie (M3).

6 Stellt am Beispiel weiterer Politikfelder die unterschiedlichen Vorstellungen der Parteien einander gegenüber (Sozialpolitik, Bildung etc.).

7 Schätzt mögliche Konsequenzen für die Regierungsbildung/Koalitionsmöglichkeiten ein.

METHODE

Anregungen zur Analyse von Wahlplakaten

Wahlplakate sind für Parteien im Wahlkampf unverzichtbar. Auch wenn moderne Wahlkämpfe sogenannte Medienwahlkämpfe sind und als solche hauptsächlich im Fernsehen ausgetragen werden, sind Wahlplakate immer noch ein wesentlicher Bestandteil von Wahlkampagnen. Sie sorgen für die ständige Präsenz der Parteien, ihrer Kandidaten und ihrer Themen in der Öffentlichkeit. Aus diesem Grunde ist es wichtig, mehr über Wahlplakate herauszufinden, und sinnvoll, diese vergleichend zu analysieren.
Bei der Analyse werden Wahlplakate aus einem Wahlkampf(jahr) miteinander verglichen (z. B. die Wahlplakate aus dem Bundestagswahlkampf 2009). Dabei lassen sich die Unterschiede zwischen den Wahlplakaten der verschiedenen Parteien herausfinden.

Bei der vergleichenden Analyse von Wahlplakaten sind folgende Fragen sinnvoll:

Plakatbild:
- Wie ist das Plakat aufgeteilt?
- Was wird auf dem Plakat dargestellt (Politiker etc.)?
- Wie erfolgt die Darstellung des Inhaltes (Fotografie, Zeichnung etc.)?
- Welche Farben werden benutzt?
- Wie wirkt das Plakatbild auf Euch?

Plakattext:
- Wie umfangreich ist der Plakattext?
- Wie aussagekräftig ist der Plakattext?
- Wird ein konkretes Thema angesprochen?
- Werden bestimmte Ziele oder Werte in den Vordergrund gestellt?
- Richtet sich das Plakat an eine konkrete Zielgruppe?

Bei einer Längsschnittanalyse werden die Wahlplakate aus mehreren Wahlkämpfen miteinander verglichen (z. B. die Wahlplakate aus den Bundestagswahlkämpfen von 1949 bis 2005). Dabei lassen sich langfristige (parteiübergreifende) Veränderungen von Wahlplakaten herausfinden.

INTERNET

www.bpb.de
Hier findet ihr weitere Wahlplakate im Netz.

METHODE

1 Untersucht arbeitsteilig die abgebildeten Wahlplakate und präsentiert eure Ergebnisse.

2 Entwickelt selbst zwei oder drei politische Forderungen und entwerft ein eigenes Wahlplakat.

8.5 Die Regierung

Die deutsche Machtzentrale: Eingang des Bundeskanzleramts in Berlin neben dem Reichstag. Die Stahlplastik des baskischen Bildhauers Eduardo Chillida steht als Symbol für die deutsche Einheit.

INTERNET

www.bundesregierung.de

Gewinnt keine Partei bei der Bundestagswahl die absolute Mehrheit, müssen zwei oder mehrere Parteien eine Koalition bilden. Die Parteien erklären bereits im Wahlkampf, mit welchen anderen Parteien sie zu Koalitionen bereit oder nicht bereit sind. Bei den Koalitionsverhandlungen geht es zunächst um die Verständigung bei Sachthemen, dann wird festgelegt, welche Parteien oder Personen welches Ministeramt übernehmen sollen. Am Ende der Koalitionsverhandlungen wird ein Koalitionsvertrag unterschrieben, bei dem strittige Fragen ausgeklammert werden. Der Bundeskanzler wird auf Vorschlag des Bundespräsidenten ohne Aussprache durch den Bundestag gewählt und anschließend durch den Bundespräsidenten ernannt. Der Bundeskanzler schlägt dann dem Bundespräsidenten die Bundesminister vor, die durch den Bundespräsidenten ernannt und vor dem Bundestag vereidigt werden.

GLOSSAR

Bundeskanzler
Bundespräsident
Bundestag
Koalition
Parlament

M 1 Die Regierungsbildung

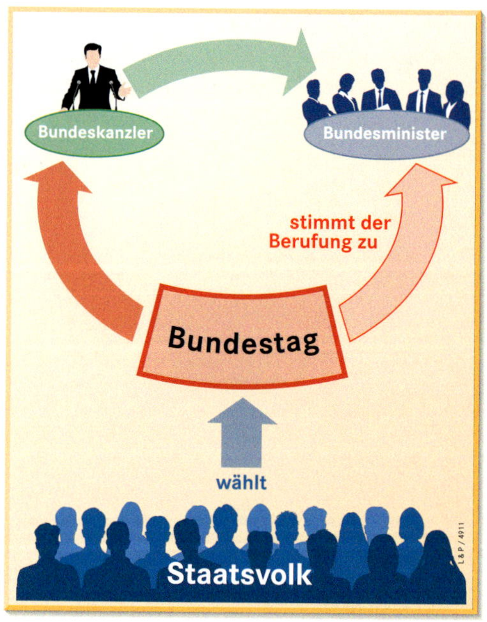

M2 Die Bundestagswahl 2009

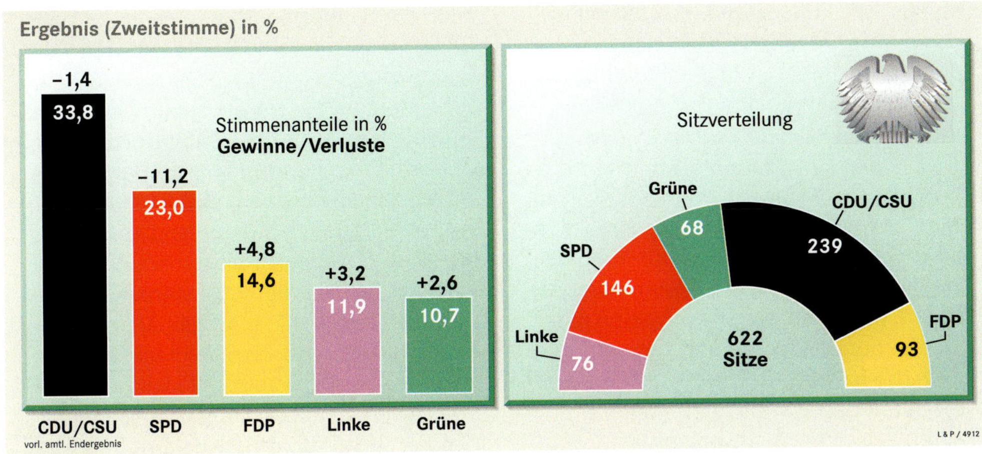

M3 Aus dem Koalitionsvertrag

Kernenergie: Die Kernenergie ist eine Brückentechnologie, bis sie durch erneuerbare Energien verlässlich ersetzt werden kann. Andernfalls werden wir unsere Klimaziele, erträgliche Energiepreise und weniger Abhängigkeit vom Ausland nicht erreichen. Dazu sind wir bereit, die Laufzeiten deutscher Kernkraftwerke unter Einhaltung der strengen deutschen und internationalen Sicherheitsstandards zu verlängern. Das Neubauverbot im Atomgesetz bleibt bestehen. In einer möglichst schnell zu erzielenden Vereinbarung mit den Betreibern werden zu den Voraussetzungen einer Laufzeitverlängerung nähere Regelungen getroffen (u. a. Betriebszeiten der Kraftwerke, Sicherheitsniveau [...]). Die Vereinbarung muss für alle Beteiligten Planungssicherheit gewährleisten.

Nukleare Endlagerung: Eine verantwortungsvolle Nutzung der Kernenergie bedingt auch die sichere Endlagerung radioaktiver Abfälle. Wir werden deshalb das Moratorium zur Erkundung des Salzstockes Gorleben unverzüglich aufheben, um ergebnisoffen die Erkundungsarbeiten fortzusetzen. [...]

aus dem Koalitionsvertrag zwischen CDU, CSU und FDP; www.cdu.de (Zugriff: 19. 4. 2011)

INFO

Guido Westerwelle: Außenminister in der schwarz-gelben Koalition

1 Fasst zusammen, welche Koalitionen nach der letzten Bundestagswahl 2009 rein rechnerisch möglich gewesen wären (M2). Zeigt am Beispiel der Aussagen zur Kernenergie (S. 211, M3) auf, welche der Parteien sich inhaltlich nahe stehen und welche sich unterscheiden.

2 Fasst die Position der Bundesregierung zur Kernenergie zusammen (M3). Bezieht dabei die Ergebnisse von Aufgabe 1 ein.

3 Diskutiert die Aussage der Karikatur: Ist sie gerechtfertigt?

INTERNET

www.gesetze-im-internet.de

» **Karikaturen deuten, S. 232/233**

Konrad Adenauer CDU (1949–1963)

Ludwig Erhard CDU (1963–1966)

Kurt Georg Kiesinger CDU (1966–1969)

Willy Brandt SPD (1969–1974)

Die bisherigen Bundeskanzler der Bundesrepublik Deutschland

In unser parlamentarischen Demokratie stellen die Bundesregierung und insbesondere das Bundeskanzleramt wichtige Machtzentralen dar. Ihre Erklärungen, Entscheidungen und konkreten Maßnahmen stehen in der alltäglichen Berichterstattung im Vordergrund. Die Bundesregierung und der Bundeskanzler/die Bundeskanzlerin scheinen eine gewaltige Macht zu haben. Tatsächlich sind ihre Befugnisse in einer parlamentarischen Demokratie aber ziemlich eingeschränkt. Die Bundesregierung braucht für ihre Entscheidungen zunächst die Zustimmung der Parteien, die die Regierungskoalition stellen; ohne deren Zustimmung kann der Bundeskanzler bzw. die Regierung keine Gesetze durch den Bundestag bringen. Die meisten Gesetzesinitiativen kommen von der Bundesregierung, die sich auf die Ministerialbürokratie der Ministerien stützen kann. Weiterhin müssen in vielen Fällen auch die Bundesländer im Bundesrat den Gesetzen zustimmen. Schließlich kann die Bundesregierung kaum gegen die „öffentliche Meinung" regieren; sie braucht in vielen Fällen nicht nur die Unterstützung der Opposition im Bundestag (z. B. Hartz IV-Gesetze), sondern sie wird sich auch mit den großen Verbänden beraten und abstimmen, die oft über ein beachtliches praktisches Expertenwissen verfügen. So werden der Gesundheitsreform nicht nur die Ärzteverbände mit einbezogen, sondern auch die Krankenkassen. Eine Regierung, die nicht das intensive Gespräch mit den einflussreichen Verbänden sucht, droht zu scheitern.

M4 „Spielregeln" der Regierung

Welche „Spielregeln" gelten nun für den Bundeskanzler und welche Rolle haben die Bundesminister innerhalb der Bundesregierung? Hierzu formuliert das Grundgesetz (Artikel 62 ff.) einige Vorgaben:

Richtlinienkompetenz: Der Bundeskanzler bestimmt die Richtlinien der Politik und trägt dafür die Veranwortung. Der Bundeskanzler gibt also die allgemeine Richtung vor, an die sich die Minister zu halten haben. Konkrete Details eines Gesetzes werden in den Ministerien ausgearbeitet, hierfür ist der Fachminister verantwortlich **(Ressortprinzip)**.

Die Verfassung erlaubt dem Bundeskanzler eine straffe Führung der Regierungsgeschäfte. Gelingt es einem Kanzler, in der veröffentlichten Meinung als anerkannte Führungspersönlichkeit zu erscheinen, wird sich dies als „Kanzlerbonus" bei den nächsten Wahlen positiv für ihn auswirken, denn viele Menschen wünschen sich einen Regierungschef, der als „entscheidungsfreudig" in der Öffentlichkeit auftritt.

Kollegialitätsprinzip: Bei Meinungsverschiedenheiten innerhalb der Regierung entscheidet die Mehrheit der Minister, alle Minister sind bei allen Fragen stimm- und gleichberechtigt. Der Sozialminister stimmt also auch bei Fragen der Verteidigungspolitik gleichberechtigt mit dem Verteidigungsminister ab.

Auf welche Weise kann eine Regierung gestürzt und durch eine andere abgelöst werden? Wenn der Bundestag mehrheitlich einen anderen Kandidaten zum Bundeskanzler wählt, gilt der gegenwärtige Bundeskanzler und mit ihm sein gesamtes Regierungskabinett als abgewählt (**Konstruktives Misstrauensvotum** = Abwahl einer Regierung durch die Neuwahl eines neuen Bundeskanzlers).

Autorentext

4 Erläutert, warum der Bundeskanzler im Regierungskabinett der „Erste unter Gleichen" („primus inter pares") ist (Autorentext, M1).

M5 Aus dem Terminkalender der Bundeskanzlerin

Mittwoch, 15. Dezember 2010

Um 9.30 Uhr tagt das Kabinett unter der Leitung der Bundeskanzlerin.

Die Bundeskanzlerin wird um 11 Uhr im Bundestag eine Regierungserklärung zum Europäischen Rat in Brüssel abgeben.

Merkel empfängt anschließend Angehörige von Soldaten sowie von Polizistinnen und Polizisten, die sich im Auslandseinsatz befinden. Sie wird mit ihnen sprechen und dabei das Engagement der Frauen und Männer von Bundeswehr und Polizei würdigen, die bei internationalen Einsätzen im Ausland ihren Dienst tun.

Am Nachmittag trifft die Kanzlerin mit den Regierungschefs der Länder zu ihrer routinemäßigen halbjährlichen Besprechung zusammen. Hierbei werden insbesondere europäische Vorhaben diskutiert. Daneben stehen die Themen Bildung und Integration auf der Tagesordnung.

Danach wird im Bundeskanzleramt ein sogenanntes „Multi Party Agreement“ für die Bewerbung Münchens um die Austragung der Olympischen und Paralympischen Winterspiele 2018 unterzeichnet. Neben Angela Merkel werden auch Ministerpräsident Seehofer und weitere Repräsentanten aus Land, Region und Sport das Dokument unterzeichnen.

Abends hält die Kanzlerin die Festrede beim Festakt „125 Jahre Deutsche Landwirtschaftsgesellschaft“.

www.bundeskanzlerin.de (Zugriff am 27. 4. 2011)

M6 Grenzen der Richtlinienkompetenz des Bundeskanzlers

In dem Maße aber, in dem die Macht des Kabinetts [etwa durch ausgehandelte Koalitionsvereinbarungen] ausgelaugt wurde, hat das Instrument der Richtlinienkompetenz seinen Biss verloren. Das gilt umso deutlicher, je größer die Koalitionspartner sind. Ist deshalb der Kanzler gänzlich machtlos? Gewiss nicht in den Krisensituationen, in denen er (oder sie) allein und ad hoc handeln kann – und muss. Ansonsten kommt es für seine Durchsetzungsfähigkeit einzig darauf an, ob er seinen Partnern und Rivalen ernsthaft mit der Drohung „Dann macht doch euren Kram allein“ Angst vor Stimmenverlusten einjagen oder ob er ihnen einen Wahlsieg versprechen kann – gestützt auf innere und äußere Autorität, auf politische Leidenschaft, sachliche Überzeugungskraft und durchschlagende Popularität.

Robert Leicht, Durchregieren? Von wegen, in: Die Zeit Online vom 13. 10. 2005 (Zugriff am 27. 4. 2011)

Sitzung des Bundeskabinetts

Helmut Schmidt SPD (1974–1982)

Helmut Kohl CDU (1982–1998)

Gerhard Schröder SPD (1998–2005)

Angela Merkel CDU (seit 2005)

INFO

ad hoc: rasch, umgehend

5 Entwickelt gemeinsam ein Schaubild, mit welchen Institutionen sich der Bundeskanzler abstimmen muss, bevor er Entscheidungen treffen oder ein Gesetzesvorhaben auf den Weg bringen kann.

6 Diskutiert ausgehend von M6, worauf die „Macht“ des Bundeskanzlers basiert.

7 Was bedeutet „regieren“? Fertigt ausgehend von M5 eine Mind-Map an und ergänzt diese durch weitere Punkte. Berücksichtigt dabei eure Ergebnisse aus den Aufgaben 1 und 2.

Ideensammlung zum Thema „Freizeit“, S. 28/29

8.6 Die Opposition

Während autokratische Systeme eine Opposition eher als eine Gruppe betrachten, die man am besten unterdrückt oder „klein hält", spielt die Opposition in parlamentarischen Demokratien eine zentrale Rolle. Sie ist Teil der verfassungsmäßigen Ordnung und sie hat entsprechende Rechte. Sie setzt dem Handeln der Regierung klare Grenzen und entwickelt alternative Modelle zum Regierungshandeln.
Der Oppositionsführer wird vom Regierungschef daher regelmäßig auch in vertrauliche Maßnahmen der Regierung eingeweiht, denn schließlich könnte der Oppositionsführer der künftige Bundeskanzler sein.

« Die Gewaltenteilung, S. 203

« Partizipationsformen, S. 205

« Menschenrechte – Grundrechte – Bürgerrechte, S. 200/201

GLOSSAR
Opposition

M1 Die Opposition in der parlamentarischen Demokratie

Die Opposition wird im Grundgesetz nicht wörtlich erwähnt. Das Bundesverfassungsgericht hat aber bei seiner Klärung, welche Elemente zu einer freiheitlichen demokratischen Grundordnung (FDGO) gehören, das Recht auf Bildung und Ausübung einer Opposition zu einem unverzichtbaren Kern der Demokratie erklärt. Eine Opposition ist also kein lästiges Übel, sondern sie ist ein zentraler Bestandteil für eine Demokratie.
Als der französische Philosoph und Staatstheoretiker Montesquieu (1689–1755) die Idee der funktionalen Gewaltenteilung entwickelte, ging er davon aus, dass das Parlament die Regierung kontrolliert, also ein Gegengewicht zur Regierung bildet. Dieses Modell wird eher in einer präsidialen Demokratie verwirklicht, etwa in den USA. In diesem System der „checks and balances" stehen das Repräsentantenhaus und der Senat (die Legislative) einem mächtigen Präsidenten (der Exekutive) gegenüber. In unserer parlamentarischen Demokratie hingegen geht die Regierung aus der Parlamentsmehrheit hervor und wird von dieser gestützt. Die Parlamentsminderheit bildet demgegenüber die Opposition, die über besondere Rechte verfügt.
Daneben gibt es auch die außerparlamentarische Opposition, die Kritik an der Regierungspolitik übt und die von Medien, Bürgerinitiativen oder auch von Vereinen gebildet wird. Ihre Aktivitäten sind durch das Versammlungsrecht sowie die Meinungs- und Pressefreiheit gewährleistet.
Autorentext

M2 Wer kontrolliert die Regierung?

M3 Kontrollinstrumente des Bundestages

- Vertrauensentzug: konstruktives Misstrauensvotum (Art. 67 GG), Vertrauensfrage (Art. 68 GG)
- Haushalts- und Finanzkontrolle (Art. 110, Budgetrecht Art. 114 GG)
- Informations- und Interpellationsrechte (Art. 43 GG)
- Große Anfrage: von mindestens fünf Prozent der Abgeordneten gestellt; schriftliche Stellungnahme der Regierung und anschließende öffentliche Debatte im Plenum des Bundestages
- Kleine Anfragen: von mindestens fünf Prozent der Abgeordneten gestellt; schriftliche Stellungnahme der Regierung; keine öffentliche Debatte
- Fragestunde: hat ihren festen Platz in der Sitzungswoche; bis zu zwei Fragen pro Abgeordneten sind erlaubt
- Aktuelle Stunde: Fragen und Stellungnahmen einzelner Abgeordneter zu aktuellen Themen
- wöchentliche Befragungen im Anschluss an Kabinettssitzungen
- Regierungserklärungen und Debatten darüber
- Teilhabe an der Gesetzgebung
- Einsetzung von Untersuchungsausschüssen durch ein Viertel der Mitglieder des Bundestages (Art. 44 GG)
- Wahl des Wehrbeauftragten (Art. 45b GG)

www.powi.forenking.com (Zugriff am 27. 4. 2011)

Untersuchungsausschüsse
Nach Artikel 44 des Grundgesetzes kann und muss der Deutsche Bundestag auf Antrag eines Viertels seiner Mitglieder einen Untersuchungsausschuss einsetzen. Dieser prüft mögliche Missstände in der Regierung und Fehlverhalten von Politikern.

Rechte eines Untersuchungsausschusses
Untersuchungsausschüsse können Zeugen und Sachverständige vernehmen und sonstige Ermittlungen durch Gerichte und Verwaltungsbehörden vornehmen lassen. Das Ergebnis fasst der Untersuchungsausschuss in einem Bericht an das Plenum zusammen.

www.bundestag.de/bundestag/ausschuesse (Zugriff am 27. 4. 2011)

M4 Kleine Anfrage der Abgeordneten Sylvia Kotting-Uhl

Das Bundesministerium für Wirtschaft und Technologie (BMWi) finanziert diverse Gutachten, Forschungsvorhaben und Entwicklungsprojekte im Atombereich. Neben den Vorhaben, mit denen sich die Kleine Anfrage [...] bereits beschäftigte, sollen hier die weiteren Vorhaben und die Organisation der Förderungsentscheidungen erfragt werden.
Analog sollen auch die Projekte des Bundesministeriums für Umwelt, Naturschutz und Reaktorsicherheit (BMU) erfragt werden.

1. Wie ist
a) im BMWi und b) im BMU
die Vergabe von Mitteln für Gutachten, Forschungsvorhaben und Entwicklungsprojekte im Atomkraft- und Atommüllbereich organisiert [...]?

2. Welche Gutachten, Forschungsvorhaben und Entwicklungsprojekte im Atomkraft- und Atommüllbereich haben
a) das BMWi und b) das BMU
in dieser und in der letzten Wahlperiode in welche Höhe gefördert?

Deutscher Bundestag, Drucksache 17/4173 vom 14. 12. 2010

INFO
Sylvia Kotting-Uhl: ist seit 2005 Bundestagsabgeordnete. Sie ist Atompolitische Sprecherin der Fraktion Bündnis 90/Die Grünen

analog: entsprechend

GLOSSAR
Abgeordneter

1 Erklärt die Aufgaben und Möglichkeiten der Opposition in der parlamentarischen Demokratie (M1, M2).
2 Informiert euch über die verschiedenen Kontrollinstrumente des Bundestages (M3).
3 Erläutert das Kontrollinstrument der Kleinen Anfrage (M3, M4). Diskutiert die (mögliche) Absicht der Fragestellerin.

8.7 Organisierte Interessen als Akteure der Willensbildung

Die Verbände können als Bindeglieder zwischen den Bürgern und dem Staat betrachtet werden. Haben sie viele Mitglieder und vertreten sie prestigeträchtige Interessen, so haben sie auch viel Macht und können auf politische Entscheidungen Einfluss nehmen. Der Ärzteverband oder Verbände von Industriellen, der ADAC mit seinen 16 Millionen Mitgliedern oder der Deutsche Fußballbund (6,5 Mio. Mitglieder) haben ein ganz anderes politisches Gewicht als ein kleiner Heimat- oder Briefmarkensammlerverband. Die großen Verbände unterhalten in Berlin und in Brüssel Büros, um dort auf die Abgeordneten Einfluss zu nehmen und sie für ihre Verbandsinteressen zu gewinnen. Derartig tätige Verbandsfunktionäre werden als Lobbyisten bezeichnet. Sie sind Spezialisten in ihrem Bereich, und sie sind auf ihrem Feld den Abgeordneten zumeist fachlich oder argumentativ überlegen. Ein Beispiel: Seit einigen Jahren drängen Verbraucherschützer darauf, Lebensmittel auf eine einfache und klar zu interpretierende Weise zu kennzeichnen, inwiefern sie gesund oder eher gesundheitsschädlich sind (z. B. durch die Farbe Rot für zu viel Zucker oder Fett). Die einflussreichen Verbände der Lebensmittelindustrie wollen diese Kennzeichnung verhindern, denn sie könnte sich nachteilig auf den Absatz bestimmter Produkte auswirken. Die Lebensmittelindustrie behauptet dabei, solche Kennzeichnungen könnten zu Fehl- oder Mangelernährung führen.

M1 Die Macht der Verbände

◂◂ Möglichkeiten politischer Partizipation, S. 204/205

GLOSSAR
Verbände

Als erster deutscher Lebensmittelkonzern hat der Tiefkühlkostanbieter Frosta die Ampel-Kennzeichnung eingeführt. [...] Das Medienecho war gewaltig und brachte selbst die zuständige Verbraucherministerin unter Druck: „Warum gibt's keine Ampel-Pflicht, Frau Aigner?“, fragte die BILD-Zeitung, und drückte damit aus, was sich Verbraucherschützer, Gesundheitsexperten und nicht zuletzt viele Kunden seit Langem fragen.

Denn tatsächlich wird seit Jahren zwischen Industrie, Politik und Verbraucherschützern erbittert um die richtige Kennzeichnung der Inhaltsstoffe gestritten. Gesundheitsexperten und Verbraucherorganisationen fordern eine farbliche Kennzeichnung der Inhaltsstoffe nach einem Ampelsystem. Mit den Farben grün (niedrig), gelb (mittel) und rot (hoch) soll dem Verbraucher einfach und schnell signalisiert werden, was er isst.
Die Lebensmittelindustrie lehnt dieses System ab – angeblich, weil es bestimmte Lebensmittel diskriminiere. Sie hat sich stattdessen auf das GDA-System (Guideline Daily Amount) verständigt, das den Nährwert bezogen auf Portionsgrößen angibt. Dabei ist den Produzenten egal, dass der Kunde die Ampel will: Zwei Drittel der Kunden sprachen sich bereits im Februar in einer Emnid-Umfrage für das von der Industrie so ungeliebte System aus. Das liegt auch daran, dass sie es schlicht besser verstehen als das von der Industrie als Alternative angebotene GDA-System. Das belegt eine von der Verbraucherorganisation Foodwatch in Auftrag gegebene Studie des Marktforschungsunternehmens GfK. [...]

M2 Die Lebensmittel-Ampel

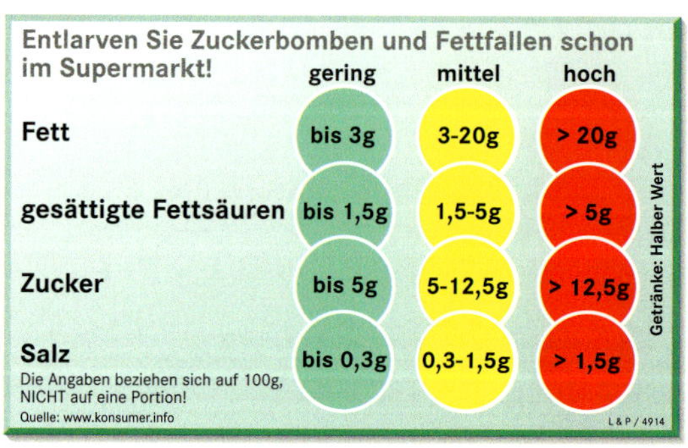

„Hier ist er“ [der Beweis], sagte der stellvertretende Foodwatch-Geschäftsführer Matthias Wolfschmidt – und forderte erneut eine verpflichtende Kennzeichnung: „Wenn Zuckerbomben durch die verwirrenden Zahlen und Prozentwerte schlanker erscheinen als sie sind, ist dies unverantwortlich.“

Susanne Amann: Lebensmittel-Ampel schlägt Modell der Industrie, in: Spiegel Online vom 15.6.2009; www.spiegel.de (Zugriff am 5.4.2011)

Zeichnung: Christiane Pfohlmann

M3 Lebensmittel-Ampel ist vom Tisch

Die künftige schwarz-gelbe Koalition will keine farbliche Kennzeichnung von Dickmachern in Lebensmitteln einführen. Trotzdem wird über eine Alternative nachgedacht.

Die Unterhändler von Union und FDP haben sich im Zuge der Koalitionsverhandlungen [...] darauf verständigt, dass es keine Kennzeichnung von Fett, Salz, Zucker und gesättigten Fettsäuren je nach Menge in den Ampelfarben Rot, Gelb und Grün geben soll.

In der Arbeitsgruppe, die sich mit Verbraucherthemen befasst, wurde stattdessen favorisiert, den Gehalt von Fett, Zucker, Salz und Kalorien als Anteil der täglichen Menge anzugeben. Ob dies farblich unterlegt wird, ist offen.

Unter der schwarz-roten Regierung hatten sich die CSU-Verbraucherminister Horst Seehofer und Ilse Aigner nur halbherzig für eine Kennzeichnung von Lebensmitteln in den Ampel-Farben eingesetzt. Seehofer hatte dabei auf die Freiwilligkeit der Unternehmen gesetzt. [...]

Rainer Jensen: Lebensmittel-Ampel ist vom Tisch, in: Zeit Online vom 8.10.2009 (Zugriff am 5.4.2011)

INFO

favorisiert: bevorzugt

M4 Warum Steuersenkungen für Hotels und Gaststätten?

Jetzt wittert die Opposition einen neuen Skandal. Im Fokus: Die FDP und ihre Millionenspende, die sie von dem Hotel Unternehmer August von Finck bekommen hat. Gerade die Liberalen hatten sich für eine Senkung der Mehrwertsteuer im Hotelgewerbe stark gemacht, gemeinsam mit der CSU, die zuletzt ebenfalls von Spenden des „Mövenpick“-Miteigentümers Finck profitierte. „Mövenpick-Partei“ – so ätzt Linke-Fraktionsvize Gesine Lötzsch im Bundestag gegen die FDP, die Grünen sprechen von einem Verhalten, das Politik „in die Nähe der Käuflichkeit“ rücke. Schwere Vorwürfe.

Und was sagt die FDP? Ein Zusammenhang zwischen der Spende und der Steuersenkung sei absurd, für eine Rückzahlung der Spenden gebe es keinen Anlass.

in: Spiegel Online vom 19.1.2010; www.spiegel.de (Zugriff am 5.4.2011)

INFO

Mehrwertsteuer für Hotels und Gaststätten: Kurz nach dem Regierungsantritt der schwarz-gelben Koalition wurde der Mehrwertsteuersatz im Hotel- und Gaststättengewerbe deutlich gesenkt.

1. Stellt Beobachtungen zusammen, auf welche Weise ein Interessenverband sich Gehör verschaffen kann. Denkt dabei an die unterschiedlichen Partizipationsformen.
2. Erstellt eine Liste von Verbänden und diskutiert, warum diese einen geringen oder einen großen Einfluss haben.
3. Obwohl die Mehrzahl der Verbraucher eine Ampel-Kennzeichnung von Lebensmitteln wünschte (M1, M2), hat sich die Bundesregierung dagegen entschieden (M3). Diskutiert mögliche Erklärungen für diese Entscheidung und bezieht auch M4 ein.

8.8 Fukushima: Reaktionen der Politik

Das nach dem Erdbeben und Tsunami schwer beschädigte japanische AKW Fukushima (Aufnahme vom 31. 03. 2011)

Am Freitag, dem 11. März 2011, verwüstete ein Tsunami die Küsten im Nordosten Japans. Ausgelöst wurde er durch das bisher schwerste Erbeben in dieser Region. Betroffen von der Flutwelle war auch das Atomkraftwerk in Fukushima, in dem der Strom ausfiel – Strom, der zur Kühlung der Brennstäbe benötigt wird. In den folgenden Tagen kam es zu Explosionen, Bränden und dem Austritt radioaktiver Strahlung: Das „Restrisiko" war zum realen Risiko geworden, der „Supergau" Wirklichkeit – und das in einem der technologisch am höchsten entwickelten Länder der Erde. Innerhalb weniger Tage zog die deutsche Bundesregierung Konsequenzen: Sie rückte von der Laufzeitverlängerung für deutsche Atomkraftwerke ab; das im Herbst 2010 beschlossene Vorhaben wurde „ausgesetzt". Die ältesten Reaktoren wurden vom Netz genommen; ihre sowie die Sicherheit der übrigen Atomkraftwerke sollte überprüft werden. In allen Parteien stehen seitdem Debatten um die Nutzung der Kernenergie auf der Tagesordnung.

INFO

GAU:
größter anzunehmender Unfall

◂◂ Aus den Parteiprogrammen zur Bundestagswahl 2009, S. 211

◂◂ Die Regierung, S. 215

M1 Aus dem Gesetzentwurf der Fraktionen der CDU/CSU und FDP vom 28.9.2010

Die Laufzeit der 17 Kernkraftwerke in Deutschland wird [...] um durchschnittlich zwölf Jahre verlängert. Bei Kernkraftwerken mit Beginn des Leistungsbetriebs bis einschließlich 1980 wird die Laufzeit um acht Jahre verlängert, bei den jüngeren beträgt der Zeitraum der Verlängerung 14 Jahre.

www.dip21.bundestag.de (Drucksache 17/3051) (Zugriff am 16. 4. 2011)

M2 Moratorium der Bundesregierung vom 15. 3.

Angesichts der nuklearen Katastrophen in Japan und der von Landtagswahlkämpfen geprägten innenpolitischen Debatte sollen in den kommenden drei Monaten die sieben ältesten Kernkraftwerke in Deutschland abgeschaltet werden. Darauf haben sich in einer Besprechung im Kanzleramt die Bundesregierung und die Ministerpräsidenten der fünf Bundesländer mit Kernkraftwerken, verständigt.
Bundeskanzlerin Angela Merkel (CDU) sagte, während des drei Monate langen Moratoriums solle es eine Sicherheitsüberprüfung in allen Kernkraftwerken in Deutschland geben. Die sieben Kraftwerke, die vor 1980 in Betrieb genommen wurden, sollten während dieser Zeit abgeschaltet werden. Die jüngeren Kernkraftwerke sollten weiterhin Strom produzieren.

www.faz.net (Zugriff am 16. 4. 2011)

M3 Initiativen der Bundestagsfraktion der Grünen

Angesichts der dramatischen Ereignisse im japanischen Atomkraftwerk Fukushima bringt die Grüne Bundestagsfraktion in dieser Woche drei Initiativen in den Bundestag ein. In unserem Gesetzentwurf fordern wir die sofortige Rücknahme der Laufzeitverlängerung und die Wiederherstellung der Rechtslage vor der Laufzeitverlängerung.
In einem Entschließungsantrag fordern wir die Bundesregierung weiter auf, die ältesten sieben Atomkraftwerke und das Pannen-AKW Krümmel sofort und endgültig stillzulegen.
In einem weiteren Entschließungsantrag fordern wir die sofortige Inkraftsetzung des neuen Kerntechnischen Regelwerks mit höheren Sicherheitsanforderungen, das die schwarz-gelbe Bundesregierung außer Kraft (gesetzt hat).

www.oliver-krischer.eu (Zugriff am 16. 4. 2011)

M4 „Fukushima hat eine neue Lage herbeigeführt“

„Fukushima hat eine neue Lage herbeigeführt“, betonte er [Röttgen] im Interview mit CDU.TV. Darauf müsse die Politik nun reagieren, da die Risiken der Kernenergie von vielen neu bewertet würden. Zugleich gehe es darum aufzuzeigen, dass die Kernenergie ersetzbar sei und der Einstieg in die regenerativen Energien enorme Potenziale biete.

Im Hinblick auf die zukünftige Energiepolitik unterstrich der Umweltminister die Notwendigkeit eines „parteiübergreifenden, gesellschaftlichen Konsenses“. Zugleich warnte er vor falschen Erwartungen: „Wir können nicht vom einen auf den anderen Tag den Stecker umlegen“, unterstrich Röttgen in Bezug auf einen wirtschaftlich vernünftig gestalteten Prozess, in dem die Kernenergie [...] ersetzt werde. Diesen Prozess gelte es zu beschleunigen. Darüber werde in den nächsten Monaten „in der ganzen Breite der Partei“ diskutiert werden, so Röttgen.

www.cdu.de (Zugriff am 16. 4. 2011)

M5 Umfrage-Ergebnis Infratest-Dimap

M6 Demonstrationen vor ...

Am 12. Juni 2010 demonstrierten am Atomkraftwerk Biblis um die 500 Menschen, um auf die Gefahren der Kernenergie hinzuweisen. In Sichtweite des RWE-Kraftwerks wurden dazu über 12 000 Ballons gestartet. Diese Ballons sollen veranschaulichen, wohin eine radioaktive Wolke ziehen könnte, wenn es im AKW Biblis zu einer Freisetzung von Radioaktivität käme – etwa als Folge eines Störfalls, eines Terroranschlags oder eines Flugzeugabsturzes.

Artikel vom 12.6.2010; www.realfragment.de (Zugriff am 29. 4. 2011)

M7 ... und nach Fukushima

Mehr als 10 000 Menschen haben am Ostermontag in Biblis für die endgültige Abschaltung der dortigen Reaktoren A und B demonstriert. Bei ihrem Zug durch die südhessische Stadt riefen sie unter anderem: „Atomkraft? Nein danke!“ Auch viele Familien mit Kind und Hund waren unter den Demonstranten. Während die Veranstalter von 15 000 Demonstranten sprachen, schätzte die Polizei rund 10 000 Teilnehmer. [...]

Die Innenstadt in Biblis war für den Protestzug abgesperrt. Es gab Kundgebungen an mehreren Orten. [...]

www.morgenweb.de (Zugriff am 29. 4. 2011)

INFO

siehe Foto der Demonstration auf S. 198

1 Recherchiert den Ablauf der Ereignisse in Japan (Fukushima) seit dem 11. 3. 2011.

2 Erläutert die Folgen der Ereignisse in Japan für die deutsche Politik (M1 bis M5).

3 Zeigt auf, wie sich die Atompolitik aufgrund der Reaktorkatastrophe von Fukushima verändert hat (M6, M7 und S. 211 M3, S. 215 M3).

4 Diskutiert am Beispiel der Energiepolitik den Zusammenhang von außerparlamentarischen und parlamentarischen Einflussfaktoren auf Politik (M3, M6, M7).

8.9 Das Bundesverfassungsgericht

Das Urteil wird in die Geschichte eingehen: Im Februar 2010 stufte das Bundesverfassungsgericht das Zustandekommen der Hartz-IV-Regelsätze als grundgesetzwidrig ein. Das Gesetz muss nachgebessert und die Regelsätze müssen neu berechnet werden.

INTERNET

www.bundesverfassungsgericht.de

« Arbeitslos – und nun?, S. 180 ff.

GLOSSAR

Bundesverfassungsgericht

Gesetz

M 1 Urteil des BVerfG zur Höhe der Hartz IV-Leistungen

I. Sachverhalt

1. Das Vierte Gesetz für moderne Dienstleistungen am Arbeitsmarkt vom 24. Dezember 2003 (sog. „Hartz IV-Gesetz") führte [...] die bisherige Arbeitslosenhilfe und die bisherige Sozialhilfe im neu geschaffenen Sozialgesetzbuch Zweites Buch (SGB II) in Form einer einheitlichen, bedürftigkeitsabhängigen Grundsicherung für Erwerbsfähige und die mit ihnen in einer Bedarfsgemeinschaft lebenden Personen zusammen. Danach erhalten erwerbsfähige Hilfebedürftige Arbeitslosengeld II und die mit ihnen in einer Bedarfsgemeinschaft lebenden, nicht erwerbsfähigen Angehörigen, insbesondere Kinder vor Vollendung des 15. Lebensjahres, Sozialgeld. Diese Leistungen [...] werden nur gewährt, wenn ausreichende eigene Mittel, insbesondere Einkommen oder Vermögen, nicht vorhanden sind. [...]

II. Die Entscheidung des Bundesverfassungsgerichts

Der Erste Senat des Bundesverfassungsgerichts hat entschieden, dass die Vorschriften des SGB II, die die Regelleistung für Erwachsene und Kinder betreffen, nicht den verfassungsrechtlichen Anspruch auf Gewährleistung eines menschenwürdigen Existenzminimums aus Art. 1 Abs. 1 GG in Verbindung mit Art. 20 Abs. 1 GG erfüllen.

Der 2. Senat des Bundesverfassungsgerichts in Karlsruhe bei der Urteilsverkündung

Der Entscheidung liegen im Wesentlichen folgende Erwägungen zugrunde:

Das Grundrecht auf Gewährleistung eines menschenwürdigen Existenzminimums aus Art. 1 Abs. 1 GG in Verbindung mit dem Sozialstaatsprinzip des Art. 20 Abs. 1 GG sichert jedem Hilfebedürftigen diejenigen materiellen Voraussetzungen zu, die für seine physische Existenz und für ein Mindestmaß an Teilhabe am gesellschaftlichen, kulturellen und politischen Leben unerlässlich sind. [...]

Der Umfang des verfassungsrechtlichen Leistungsanspruchs kann im Hinblick auf die Arten des Bedarfs und die dafür erforderlichen Mittel nicht unmittelbar aus der Verfassung abgeleitet werden. Die Konkretisierung obliegt dem Gesetzgeber, dem hierbei ein Gestaltungsspielraum zukommt. Zur Konkretisierung des Anspruchs hat der Gesetzgeber alle existenznotwendigen Aufwendungen folgerichtig in einem transparenten und sachgerechten Verfahren nach dem tatsächlichen Bedarf, also realitätsgerecht, zu bemessen.

[...] Wegen des gesetzgeberischen Gestaltungsspielraums ist das Bundesverfassungsgericht nicht befugt, aufgrund eigener Einschätzungen und Wertungen gestaltend selbst einen bestimmten Leistungsbetrag festzusetzen. Der Gesetzgeber muss vielmehr ein Verfahren zur realitäts- und bedarfsgerechten Ermittlung der zur Sicherung eines menschenwürdigen Existenzminimums notwendigen Leistungen entsprechend den aufgezeigten verfassungsrechtlichen Vorgaben durchführen und dessen Ergebnis im Gesetz als Leistungsanspruch verankern. [...] Sollte der Gesetzgeber allerdings seiner Pflicht zur Neuregelung bis zum 31. Dezember 2010 nicht nachgekommen sein, wäre ein pflichtwidrig später erlassenes Gesetz schon zum 1. Januar 2011 in Geltung zu setzen.

www.bundesverfassungsgericht.de/pressemitteilungen (Zugriff am 27. 4. 2011)

M2 Das Ende der Willkür

[...] Willkürlich legten sie [die Beamten im Arbeitsministerium] die Hartz-IV-Sätze fest. Ihr Leitmotiv war nicht der tatsächliche Bedarf der Langzeitarbeitslosen und deren Familien, ihr Kriterium war nicht das Existenzminimum, nicht die Menschenwürde. Die Basis ihrer Berechnungen war eine simple Zahl, vorgegeben von der Bundesregierung: 345 Euro im Monat sollten zur Grundsicherung ausreichen, das stand schon fest, bevor im Arbeitsministerium überhaupt damit begonnen wurde, über die tatsächlichen oder vermeintlichen Bedürfnisse der Betroffenen nachzudenken.

[...] Noch unverfrorener und ignoranter ging man anschließend bei der Ermittlung der Kindersätze zu Werke, denn hier kam das Ministerium gänzlich ohne Berechnungen aus. Stattdessen wurde der Erwachsenensatz einfach pauschal gekürzt – mit absurden Folgen: Einem Baby steht rechnerisch Geld für Kneipenbesuche zur Verfügung, aber keines für Windeln. Und ein heranwachsender 17-Jähriger hat laut Gesetz exakt 80 Prozent so viel Hunger wie seine Mutter. Geld für Bildung war bei Erwachsenen nicht vorgesehen, also auch nicht für Kinder. [...]

nach: www.zeit.de (Zugriff am 27. 4. 2011)

« Arme Kinder, S. 38/39

M3 Die Stellung des Bundesverfassungsgerichts

Das Bundesverfassungsgericht in Karlruhe achtet darauf, ob die staatlichen Stellen bei ihren Maßnahmen das Grundgesetz achten. Das oberste deutsche Gericht besteht aus zwei Senaten mit jeweils acht Richtern und Richterinnen. Sie werden gemeinsam vom Bundstag und Bundesrat mit Zweidrittelmehrheit gewählt, ihre Amtszeit beträgt zwölf Jahre.

Das Bundesverfassungsgericht wird nicht von sich aus tätig. Es kann von den Verfassungsorganen (Bundestag, Bundesrat, Bundespräsident) angerufen werden, aber auch von Bürgern, die sich in ihren Grundrechten verletzt sehen. Allerdings müssen hierzu erst die unteren Gerichtsinstanzen durchlaufen werden. Entscheidungen des Bundesverfassungsgerichts können nur vor dem Europäischen Gerichtshof angefochten werden.

Verfassungsbeschwerde: Fühlt man sich durch eine Behörde, ein Gericht oder ein Gesetz in seinen Grundrechten verletzt, kann man eine Verfassungsbeschwerde einlegen.

Normenkontrollverfahren: Das BVG kann, wenn es durch ein untergeordnetes Gericht angerufen wurde, feststellen, dass z. B. das Gesetz zur Festlegung der Hartz IV-Sätze mit dem GG nicht vereinbar ist. Auch ein Drittel der Parlamentarier sowie die Landes- oder Bundesregierung können vom BVG überprüfen lassen, ob ein Gesetz mit dem GG vereinbar ist.

Verfassungsstreit: Bestehen zwischen zwei Verfassungsorganen – z. B. Bundespräsident und Bundesrat – Auffassungsunterschiede über die Auslegung des GG, können sie das BVG anrufen.

Autorentext

1. Erläutert die Argumentation des Bundesverfassungsgerichts, mit der es die Hartz IV-Bestimmugen für verfassungswidrig erklärte (M1, M2).
2. Stellt dar, wie das BVerfG die Grundrechte des Einzelnen, die Verfassung und die Demokratie wahren kann (Autorentext, M1-M3, S. 231 M1).
3. Bei sehr vielen politischen Grundsatzentscheidungen wird das BVerfG angerufen. Beurteilt diese Entwicklung sowohl im Hinblick auf die Stellung des obersten Gerichtes als auch auf die Rolle der Politik in der Gesetzgebung (M3).

« Menschenrechte – Grundrechte – Bürgerrechte, S. 136
« Fukushima: Reaktionen der Politik, S. 222-223

8.10 Die Legislative – Bundestag und Bundesrat

INTERNET

www.bundestag.de

Der Bundestag wird direkt vom Volk gewählt, er hat daher einen besonderen Rang in der demokratischen Ordnung Deutschlands. Alle wichtigen Entscheidungen, vor allem die Gesetze, müssen im Bundestag beraten und beschlossen werden. Ohne die Zustimmung des Bundestags kann die Bundesregierung keine Maßnahmen veranlassen oder Verträge mit ausländischen Mächten abschließen. In unserer parlamentarischen Demokratie wählt (anders als in Frankreich oder in den USA) der Bundestag auch den Regierungschef, also den Bundeskanzler, der dann die Bundesminister bestimmt. Der Bundestag kann aber auch den Bundeskanzler abwählen, indem er aus seinen Reihen einen anderen Bundeskanzler wählt. Auf diese Weise wird zugleich die bestehende Bundesregierung abgewählt.
Der Bundestag verhandelt grundsätzlich öffentlich. Die Abgeordneten, die einer bestimmten Partei angehören, bilden die Fraktionen. Sie stehen entweder hinter der Regierung oder sie bilden die Opposition, die in einer parlamentarischen Demokratie besondere Rechte hat.

M 1 Der Deutsche Bundestag (17. Wahlperiode)

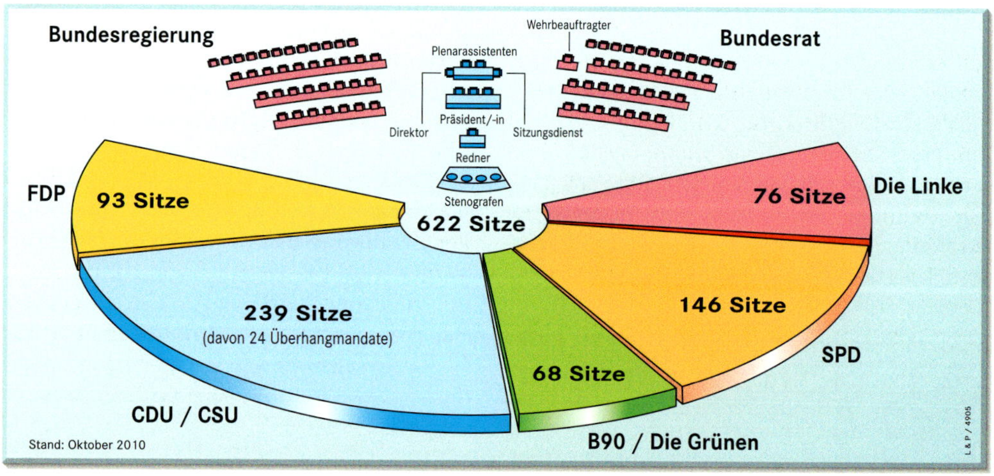

GLOSSAR

Bundesrat
Bundestag
Fraktion
Legislative

M 2 Der Bundestag debattiert

INFO

Entwurf der Neuregelung der Grundsicherung für Hartz-IV-Bezieher: Der Regelsatz für Erwachsene soll um fünf auf 364 Euro steigen, die Hinzuverdienstgrenze wird um 20 Euro angehoben. Der Gesetzentwurf sieht zudem mehr Bildungsförderung für die Kinder von Langzeitarbeitslosen vor.

Runde eins in der Debatte über die Neuregelung der Hartz-IV-Sätze: In der ersten Lesung verteidigte Arbeitsministerin Ursula von der Leyen den umstrittenen Gesetzentwurf. [...] Weil die nötigen Stimmen im Bundesrat fehlen, ist Schwarz-Gelb auf die Zustimmung der SPD-geführten Länder angewiesen. Arbeitsministerin von der Leyen rief die Opposition deshalb zur Kompromissbereitschaft auf. Die Arbeitsministerin gab sich kompromissbereit: „Die Tür ist offen, ich bin verhandlungsbereit“, sagte sie mit Blick auf die Opposition. Sie appellierte an die Abgeordneten, sich einer Verständigung nicht zu verschließen. „Machen Sie mit, blockieren Sie nicht“, warb die Ministerin. [...]
Es sei wichtig, dass sich „die Vernünftigen in der Mitte zusammenfinden“ und verbessern, was anfangs bei Hartz IV versäumt worden sei. [...]

Süddeutsche Zeitung vom 29.10.2010; www.sueddeutsche.de (Zugriff am 16.1.2011)

M3 Der Bundesrat

Die politischen Vertreter der 16 Bundesländer bilden den Bundesrat. Der Bundesrat ist an wichtigen bundespolitischen Entscheidungen beteiligt. Wenn im Deutschen Bundestag ein Gesetz beschlossen wird, kann der Bundesrat ihm zustimmen, es ablehnen oder Einspruch einlegen. Manche Gesetze können nur dann gültig werden, wenn der Bundesrat zustimmt.
Der Bundesrat hat 69 Mitglieder. Jedes Bundesland hat mindestens drei, höchstens sechs Stimmen. Je mehr Einwohner ein Bundesland hat, desto mehr Stimmen hat es im Bundesrat. Die Vertreter der Bundesländer im Bundesrat sind nicht direkt vom Volk gewählt wie die Mitglieder des Bundestages, sondern sie gehören den jeweiligen Landesregierungen an. Der Bundesratspräsident wird jeweils für ein Jahr gewählt. Er ist Vertreter des Bundespräsidenten.

www.hanisauland.de/lexikon/b/bundesrat.html (Zugriff am 28. 4. 2011)

M4 Reform droht zu scheitern

Die von der Bundesregierung geplante Reform von Hartz IV droht zu scheitern. Die SPD kündigte am Montag an, das Regelwerk in der jetzigen Form sowohl im Bundestag als auch im Bundesrat abzulehnen. Der rheinland-pfälzische Ministerpräsident Kurt Beck (SPD) warf der Regierung vor, immer mehr Menschen in Armut zu treiben. Union und FDP sind auf die Zustimmung der Sozialdemokraten angewiesen, da sie in der Länderkammer keine eigene Mehrheit mehr haben.

Stern-Online vom 4. 10. 2010; www.stern.de (Zugriff am 3. 5. 2011)

M5 Bundesrat und Vermittlungsausschuss

Der Bundesrat vertritt die Länderinteressen auf Bundesebene. Er muss Gesetzen zustimmen, die die Länderinteressen, insbesondere bei Finanzfragen, betreffen („zustimmungspflichtige Gesetze"). Auch wenn die Landesverwaltungen ein Gesetz umsetzen müssen, hat der Bundesrat ein Vetorecht. Verweigert der Bundesrat die Zustimmung, kann der Vermittlungsausschuss angerufen werden, der sich aus gleich vielen Mitgliedern des Bundestags und Bundesrats zusammensetzt. Über das Vermittlungsergebnis muss im Bundestag und Bundesrat abgestimmt werden.

Autorentext

M6 Die Stimmen im Bundesrat 2010

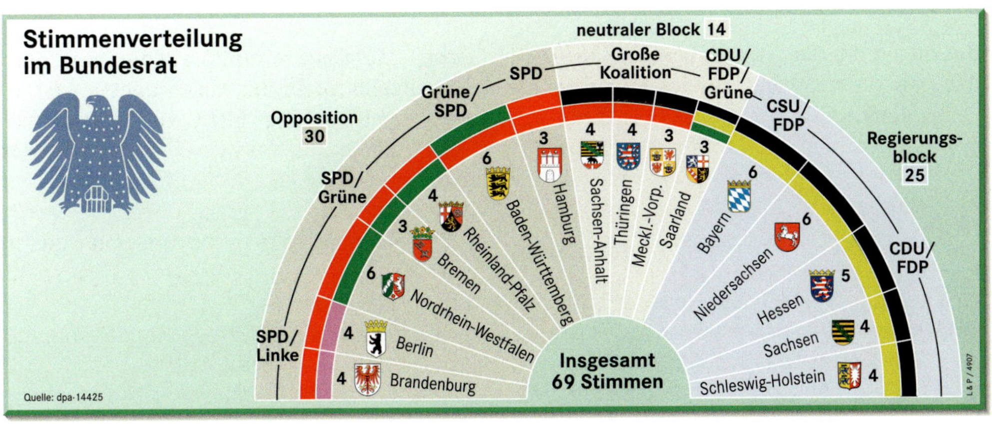

M7 Vor den Verhandlungen im Vermittlungsausschuss

SPD-Verhandlungsführerin Manuela Schwesig kritisierte vor Beginn der Verhandlungen, die Erhöhung der Regelsätze um fünf Euro und die Leistungen für Kinder könnten schon jetzt ausgezahlt werden. „Jetzt blockiert sie an dieser Stelle, um uns zu erpressen", warf sie Bundesarbeitsministerin Ursula von der Leyen (CDU) vor. Schwesig, Sozialministerin in Mecklenburg-Vorpommern, forderte von der Bundesregierung, sich an den Kosten für mehr Schulsozialarbeiten zu beteiligen. Zu den Erfolgsaussichten der Verhandlungen sagte Schwesig: „Ein endgültiges Ergebnis sehe ich nach der Blockadehaltung von Frau von der Leyen noch nicht."

www.news.de (Zugriff am 28. 4. 2011)

M8 Der Kompromiss im Vermittlungsausschuss

Zwei Monate hat der zähe Hartz-Poker im Vermittlungsausschuss von Bundestag und Bundesrat gedauert – am Mittwoch einigte sich das Gremium nun endlich. Um 12.33 Uhr traten Sozialministerin Ursula von der Leyen (CDU) und SPD-Verhandlungsführerin Manuela Schwesig gemeinsam vor die Berliner Presse und verkündeten das Ende des Verhandlungsmarathons. Von der Leyen sprach von einer „großen Reform", Schwesig sah ein „Ergebnis, das sich sehen lassen kann". Grüne und Linke zeigten sich enttäuscht.

◂◂ Der Staat auf dem Rückzug, S. 194/195

Als „große Gewinner" der Reform bezeichnete von der Leyen die Kinder und Kommunen. Insgesamt komme das Gesetzespaket mit einem Gesamtvolumen von 5,5 Milliarden Euro rund 7 Millionen Kindern und Erwachsenen zugute. Schwesig lobte die „Erfolge, die wir gemeinsam erzielt haben" – und überspielte damit den wochenlangen Reformzwist zwischen Regierung und Opposition. Zugleich räumte sie ein, dass „die Menschen vielleicht wenig Verständnis dafür haben", dass so lange verhandelt wurde.

Gestritten wurde bis zuletzt über die Erstattungsform der Kosten für das Bildungspaket für arme Kinder und der Wohnkosten für Langzeitarbeitslose. Die Länder pochten darauf, den Kommunen ihre Ausgaben möglichst schnell zu erstatten. Der Bund wollte sich dafür mehr Zeit lassen. Wegen der Unstimmigkeiten waren die Verhandlungen, die nach dem Kompromiss der Landeschefs eigentlich als Formsache galten, kurz vor dem Abschluss in der Nacht zum Mittwoch überraschend unterbrochen worden. Letztlich sei der Bund den Forderungen der Kommunen entgegengekommen, sagte von der Leyen.

Nach dem Kompromiss sollen die Regelsätze für die 4,7 Millionen erwachsenen Hartz-IV-Empfänger schrittweise um acht Euro und die Leistungen des Bildungspakets für Kinder auf 1,6 Milliarden Euro steigen. Geplant sind auch weitere Branchenmindestlöhne, unter anderem in der Zeitarbeit, dem Sicherheitsgewerbe und der Weiterbildung.

Die Grünen verwehrten dem Kompromiss ihre Stimmen. Die Berechnung der neuen Regelsätze sei „nicht verfassungsfest", die Steigerung um wenige Euro willkürlich, sagte der Parlamentarische Geschäftsführer Volker Beck. Er verwies darauf, dass die von Rot-Grün festgelegten Regelsätze schon einmal im Bundesverfassungsgericht gescheitert seien: „Sehenden Auges wollen wir diesen Fehler nicht wiederholen."

Focus Online vom 23. 2. 2011; www.focus.de (Zugriff am 3. 5. 2011)

INFO

Am 21. 2. 2011 ging der Kompromiss in den Vermittlungsausschuss. Am 23. 2. 2011 wurde er im Bundestag verabschiedet, der Bundesrat hat am gleichen Tag in einer Sondersitzung dem neuen Gesetz zugestimmt.

1. Informiert euch im Grundgesetz Art. 72–75 über die Aufgabenverteilung von Bund und Ländern.
2. Stellt den Weg der Neuregelung für Hartz-IV-Bezieher dar (M2, M4 und M7).
3. Diskutiert, inwieweit der Bundesrat Länderinteressen und/oder parteipolitische Interessen vertritt (M3 bis M7).
4. Bewertet den Kompromiss (M8). Wer hat sich bei der Neuformulierung des Gesetzes durchgesetzt?

M9 Der Weg eines Gesetzes

PHASE

Gesetzentwürfe können von der Bundesregierung, aus dem Bundestag oder vom Bundesrat eingebracht werden. Gesetzesvorlagen der Bundesregierung müssen vor der Einbringung dem Bundesrat zur Stellungnahme zugeleitet werden. **1**

Die **erste Beratung im Plenum des Bundestages** dient der Darlegung und der Erörterung der Grundsätze der Vorlage. Es erfolgt noch kein Beschluss. **2**

Der Gesetzentwurf wird in dem fachlich zuständigen **Bundestagsausschuss** beraten. Der Ausschuss kann dem Plenum eine Abänderung, Annahme oder Ablehnung des Gesetzentwurfs empfehlen. **3**

Die **zweite Beratung im Plenum des Bundestages** erfolgt auf der Grundlage der Ausschussempfehlung. Über die einzelnen Bestimmungen des Entwurfs wird beraten und abgestimmt. Bei Ablehnung aller Teile einer Vorlage findet keine weitere Beratung statt. **4**

Die **dritte Beratung im Plenum des Bundestages** erfolgt sofort auf die zweite Beratung. Am Ende dieser Beratung steht die Schlussabstimmung.

Der **Bundesrat** berät über das Gesetz. **5**

Bei Meinungsverschiedenheiten zwischen Bundestag und Bundesrat wird versucht, im **Vermittlungsausschuss** einen Kompromiss zu finden. **6**

Bei Einspruchsgesetzen kann der Bundestag den **Einspruch des Bundesrats** und den **Vermittlungsvorschlag** zurückweisen. Bei zustimmungspflichtigen Gesetzen muss nach dem Bundestag auch noch der Bundesrat den Vermittlungsvorschlag annehmen. **7**

Nach der Verabschiedung eines Gesetzes wird es **dem zuständigen Minister** und dem **Bundeskanzler** vorgelegt, die durch ihre Unterzeichnung die politische Verantwortung dafür übernehmen. **8**

Das Gesetz wird **vom Bundespräsidenten geprüft und unterzeichnet.** **9**

Das Gesetz wird im **Bundesgesetzblatt** verkündet und tritt in Kraft. **10**

GLOSSAR
Gesetzgebung

5 Vergleicht den Weg zur neuen Hartz IV-Regelung (S. 224–228) mit den im Schaubild dargestellten Etappen. Recherchiert im Internet mögliche fehlende Informationen.

6 Beurteilt, ob der komplizierte Gang eines Gesetzgebungsverfahrens nicht vereinfacht werden sollte. Welche Risiken wären damit verbunden?

8.11 Der Bundespräsident

RIchard von Weizsäcker (1984–1994)

Theodor Heuss (1949–1959)

Heinrich Lübke (1959–1969)

Gustav Heinemann (1969–1974)

Walter Scheel (1974–1979)

Karl Cartens (1979–1984)

Roman Herzog (1994–1999)

Johannes Rau (1999–2004)

Horst Köhler (2004–2010)

Christian Wulff (2010–2012)

Joachim Gauck (seit 2012)

Das Staatsoberhaupt der USA, der Präsident, hat äußerst weitreichende Befugnisse, ähnlich auch der französische Staatspräsident. Das deutsche Staatsoberhaupt ist der Bundespräsident. Welche Macht hat dieser oberste Repräsentant der Bundesrepublik? Im Deutschen Kaiserreich hatte der Kaiser weitreichende Vollmachten, er bestimmte zwar keineswegs allein die Politik, aber er bestimmte, wer Reichskanzler wurde, wer also die Regierung führte. Er konnte das Parlament auflösen und Neuwahlen anordnen, und er hatte den Oberbefehl über die Armee. Die Gesetze hingegen beriet und verabschiedete sowohl im Kaiserreich wie in der Weimarer Republik ein vom Volk gewähltes Parlament. In der Weimarer Republik hatte der Reichspräsident eine fast ebenso große Macht wie der frühere Kaiser, er konnte in Krisensitutationen sogar Gesetze verordnen. Da aber der zweite Reichspräsident der Weimarer Republik, der frühere General von Hindenburg, eine große Rolle bei der Errichtung der Diktatur der Nationalsozialisten spielte, wollte man bei der Gründung der Bundesrepublik die Macht des Staatsoberhaupts radikal beschneiden: Der Bundespräsident, sollte nur eine „repräsentative" Rolle spielen, ähnlich wie die englische Königin, die zwar Staatsoberhaupt ist, aber keine wirkliche Macht besitzt.

M1 Aufgaben des Bundespräsidenten

- Wenn der Bundestag einen neuen Regierungschef, den Bundeskanzler, wählt, schlägt der Bundespräsident einen Kandidaten vor und ernennt die vom Bundestag gewählte Person zum Kanzler.
- Hat die Regierung mit anderen Staaten einen Vertrag ausgehandelt und stimmt der Bundestag diesem Vertrag zu, unterschreibt der Bundespräsident diesen Vertrag.
- Hat der Bundestag (evtl. gemeinsam mit dem Bundesrat) ein Gesetz verabschiedet, prüft der Bundespräsident, ob dieses Gesetz mit dem Grundgesetz vereinbar ist und unterschreibt es, dadurch tritt es nach seiner Veröffentlichung in Kraft.
- Der Bundespräsident kann Straftäter begnadigen, er kann bestimmte Strafen mildern oder aussetzen.
- Kommt ein ausländischer Botschafter nach Berlin, empfängt ihn der Bundespräsident und nimmt sein Beglaubigungsschreiben entgegen.
- Ausländische Regierungsvertreter oder Staatsoberhäupter werden vom Bundespräsidenten empfangen. Führt er mit ihnen politische Gespräche, muss er sich hierzu erst mit der Bundesregierung abstimmen.
- Der Bundespräsident verleiht Orden und Ehrenzeichen wie das Bundesverdienstkreuz.
- Der Bundespräsident hält Reden, die er in wichtigen Fällen vorher mit der Bundesregierung abstimmt.

1 Fasst zusammen, welche Aufgaben das deutsche Staatsoberhaupt hat. Diskutiert, inwiefern mit diesen Aufgaben eine wirkliche Machtausübung verbunden ist (M1).

8.12 Gefährdungen der Demokratie: Rechtsextremismus

M 1 Das rechtsextreme Weltbild

Rechtsextremistische Ideologie ist mit der freiheitlich-demokratischen Grundordnung unvereinbar [...] Kennzeichnend für ein rechtsextremistisches Weltbild sind:

- ein aggressiver Nationalismus, für den nur deutsche Interessen als Richtschnur gelten, andere Nationen sind ‚minderwertig'
- der Wunsch nach einer Volksgemeinschaft auf ‚rassischer' Grundlage, die die Rechte des Einzelnen beliebig einschränkt (‚Du bist nichts, Dein Volk ist alles')
- Antipluralismus
- eine aggressive, extrem gewaltbereite Fremdenfeindlichkeit und Wiederbelebung rassistischen, antisemitischen Gedankenguts
- der Wunsch nach einem ‚Führerstaat' mit militärischen Ordnungsprinzipien
- Relativierung oder sogar Leugnung der Verbrechen des „Dritten Reiches"
- ständige Diffamierung der demokratischen Institutionen und ihrer Repräsentanten.

nach: Gabriele Nandlinger: Wann spricht man von Rechtsextremismus?, Bundeszentrale für politische Bildung; www.bpb.de (Zugriff am 6. 12. 2011)

Demonstration der rechtsextremistischen NPD am 1. Mai 2011 in Halle

M 2 Die Tat ist die Botschaft

Auf T-Shirts der Neonazis stehen Parolen wie „Vernichtet den Feind" oder „Gegen Demokraten - helfen nur Granaten". Endzeitszenarien, wonach Deutschland spätestens 2025 der „Volkstod" drohe, weil es systematisch „überfremdet" werde, sind an der Tagesordnung - und erhöhen den Handlungsdruck in einer Bewegung, in der eine explosive Mischung aus Männlichkeitskult und Minderwertigkeitskomplexen, Waffenfetisch und Weltherrschaftsträumen ohnehin prägend sind. [...]

„Werde unsterblich" propagieren Neonazi-Gruppen in Brandenburg und Sachsen aus dem Umfeld der mutmaßlichen Terror-Unterstützer. Mit Fackeln ziehen sie unangemeldet durch Kleinstädte und produzieren martialische Propaganda-Videos ihrer surrealen Aufmärsche. „Werde unsterblich" - die selbst ernannten „politischen Soldaten" sehen sich in einer geradezu religiösen Mission. Der Einzelne zählt nichts, das völkische Kollektiv alles. Unsterblich wird, wer sein Leben gibt für den Kampf. Eine interessante Parallele zum Dschihad übrigens.

Kommentar von Patrick Gensing; www.tagesschau.de (Zugriff am 6. 12. 2011)

1. Informiert euch im Internet über Gewalttaten mit rechtsextremen Hintergrund und vergleicht diese (Täter/Opfer/Art der Gewalttat u. ä.).
2. Erläutert die Merkmale des rechtsextremen Weltbildes (M 1, M 2)
3. Verfasst eine genaue Beschreibung des Fotos und erläutert den Zusammenhang von Weltbild und Auftreten (M2).
4. Diskutiert, wie sich der demokratische Rechtsstaat vor Rechtsextremismus schützen kann.

METHODE

Karikaturen deuten

Eine Karikatur ist ein überzeichneter oder auch verzerrender Kommentar zu aktuellen politischen oder sozialen Themen. Der Betrachter schmunzelt, wenn er die Pointe erfasst. Die dargestellten Personen oder Sachverhalte werden bloßgestellt oder lächerlich gemacht, vom Betrachter wird dabei erwartet, dass er den dargestellten Sachverhalt auf die politische Situation beziehen kann: Er soll zu dem dargestellten Problem kritisch Stellung beziehen.

Vorgehen bei der Karikatur-Analyse nach der „Hot-Spots-Methode“

- Beschreibt die dargestellten Personen, deren Mimik und Körpersprache.
- Findet so viel wie möglich über den politischen Hintergrund heraus, über die Entscheidungssituation oder das Problem, das der Karikaturist darstellt.
- Klärt, welche Auffassung oder Position der Karikaturist vermitteln will.
- Nehmt zu dieser Position des Karikaturisten Stellung. Warum könnt ihr ihm zustimmen, warum bewertet ihr die Problematik anders? Begründet eure Entscheidung.

Der giftgrüne Westerwelle macht eine lange Nase („ätsch“), er triumphiert gleichsam als „Trittbrettfahrer“.

Die Kanzlerin dominiert die Szenerie, die demonstrative Siegergeste und der Spruch „Wir haben die Kraft.“ wirken aber angesichts der herabgezogenen Mundwinkel und der gelben „Klette“ nicht so recht überzeugend.

Zeichnung: Oliver Schopf 2009

Die Wahlurne ist offen, die Wahl ist vorbei, die Stimmzettel sind gezählt, „Schwarz-Gelb“ hat die Wahl gewonnen.

Hilf- und sprachlose Empörung des geschrumpften Steinmeier, der die Wahlniederlage der SPD symbolisiert.

Sprachlosigkeit

Die „Hot-Spots-Methode" zur Vorbereitung der Karikaturanalyse

METHODE

Beschreibung:
Die Wahlurne ist offen, die Stimmzettel quellen heraus und werden gezählt. Die Karikatur wird beherrscht von der übermächtigen Kanzlerin und Wahlsiegerin Angela Merkel, die demonstrativ verkündet: „Wir haben die Kraft." Diese Botschaft wird indes getrübt und relativiert durch ihre eigene Selbstinszenierung, denn sie wirkt trotz ihrer (vorgetäuschten) Körpersprache nicht wie eine selbstbewusste Wahlsiegerin, ihr Gesichtsausdruck verrät auch ihre Enttäuschung.
Ohnmächtige Wut und hilflose Frustration kennzeichnen den ehemaligen Vizekanzler und Außenminister, den Sozialdemokraten Walter Steinmeier, der sich in der beengten Rolle des Oppositionsführer bescheiden muss. – Westerwelles Triumph wirkt ambivalent, er erscheint in der Rolle des Juniorpartners der Union, im Gegensatz zu Merkel scheint sich Westerwelle aber über die Situation zu freuen.

Interpretation:
Der Karikaturist nimmt zum Wahlausgang eine distanzierte Stellung ein. Er stellt zwar Sieger und Verlierer dar (auch gekennzeichnet durch die politischen Farben Schwarz, Rot, Gelb), aber er sieht, dass auf den schwarzen Wahlsieger offenbar einige Probleme durch den gelben Partner zukommen: Die Wahlsiegerin Angela Merkel demonstriert zwar optisch (und verbal) Kraft und Elan, diese Energie wird aber offenbar getrübt und behindert, weniger durch die ohnmächtig erscheinende Opposition (die Sozialdemokraten), sondern viel mehr durch den Koalitionspartner, der seinen Anteil an der Macht haben will und den anderen eine „lange Nase" macht. Die Farbgebung wirkt verräterisch, aus dem Gelb der FDP wird ein eigentümliches Giftgrün: Hat der Karikaturist schon vorausgeahnt, dass die FDP durch ihre eigenen politischen Ansprüche das Koalitionsklima erheblich belasten, ja geradezu vergiften wird?

Wertung:
Was meint ihr zu dieser Deutung der Karikatur, versteht ihr sie ebenso oder deutet ihr sie anders?

Karikaturen im Internet (Stand: 23.5.2011)
- Burkhard Mohr: *www.burkhard-mohr.de*
- Paolo Calleri: *www.paolo-calleri.de*
- Kostas Koufogiorgos: *www.koufogiorgos.de*
- Christiane Pfohlmann: *www.pfohlmann.de*
- Thomas Plaßmann: *www.thomasplassmann.de*
- Heiko Sakurai: *www.sakurai-cartoons.de*
- Roger Schmidt: *www.karikatur-cartoon.de*
- Klaus Stuttmann: *www.stuttmann-karikaturen.de*
- Jürgen Tomicek: *www.tomicek.de*

PERSPEKTIV-WECHSEL

Warum gab es in der DDR keine Opposition?

Joachim Herrmann antwortet auf einen Leserbrief:

INFO

Joachim Herrmann (1928–1992)
war Chefredakteur des „Neuen Deutschland“ und Mitglied des Politbüros der SED der DDR

Liebe Karin!

Stell Dir bitte einmal vor, Du hättest eine solche Oppositionspartei gegründet und würdest jetzt in den Wahlkampf ziehen. Zunächst müsstest Du ein Programm verkünden, denn die Wähler geben sich mit Deiner sympathischen Erscheinung allein nicht zufrieden. Sie würden von Dir und Deiner Partei vielmehr wissen wollen, warum Du Opposition machst, wofür Du bist und wogegen, wie Du denkst und was Du tun willst. Was könntest Du fordern, wenn Du mit dem Programm der Parteien und Organisationen bei uns, also mit dem Programm der Nationalen Front, nicht einverstanden wärst? Du könntest beispielsweise fordern, die Gleichberechtigung der Frau soll wieder abgeschafft werden. Die Volkskammer soll das Gesetz zum Schutz der Mütter außer Kraft setzen. Die Säuglingsheime, Kindergärten und Schulhorte werden geschlossen. Die Frauen werden wieder schlechter entlohnt als die Männer. Oder: Die Studenten erhalten keine Stipendien mehr vom Staat, und die Schulgeldpflicht wird wieder eingeführt, damit, wie vor 1945 und wie heute noch in Westdeutschland, nur die Kinder der Reichen eine höhere Bildung erwerben können. Überhaupt – weg mit den ganzen Maßnahmen und Gesetzen zur Förderung der Jugend! Und da Du weißt, dass all das, wogegen Du Front machst, von der Arbeiter- und Bauern-Macht geschaffen wurde, müsstest Du als konsequente Oppositionsführerin natürlich fordern, dass diese Macht beseitigt wird, dass es keine, volkseigenen Betriebe mehr gibt und die Bauern ihr Land den Junkern zurückgeben. Das aber heißt: alles wird wie früher. Die großen Kapitalisten herrschen wieder. Und wo die herrschen, da werden auch die Arbeiter wieder ausgebeutet, die Bauern entrechtet und die Handwerker und kleinen Gewerbetreibenden ruiniert. Wo die Kapitalisten herrschen, da gehört der Krieg zum großen Geschäft. Also müsste Deine Forderung lauten: Her mit der Wehrpflicht, rein in die NATO, her mit den Atom- und Wasserstoffbomben! Du willst das alles natürlich nicht. Aber nicht nur Du – keiner will das. Und weil keiner so irrsinnige Gedanken hat, wie wir sie eben ausgesponnen haben – deshalb gibt es bei uns keine Oppositionspartei. Deshalb gibt es bei uns stattdessen die einheitliche Liste der Nationalen Front, der alle Parteien und Organisationen angehören, die Kandidaten zur Wahl stellen.

Bis zum nächsten Mal alles Gute!

Quelle: Neue Berliner Illustrierte Nr. 21/1957. Zitiert nach Hermann Weber: Kleine Geschichte der DDR. Köln 1980, S. 98

Einzelzelle im ehemaligen Gefängnis der Staatssicherheit der DDR, Berlin-Hohenschönhausen, heute Gedenkstätte

1. Notiert die Argumente, die Herrmann gegen eine Opposition anführt.
2. Erklärt, warum er keine Opposition möchte und beurteilt seine Argumente.
3. Versetzt euch in die Lage von Karin und verfasst einen Antwortbrief, in dem ihr auf die Funktionen der Opposition eingeht.

◂◂ Die Opposition, S. 218/219

Wichtiges zusammengefasst

KOMPAKT

- **Bürger- und Menschenrechte** bilden die unverzichtbare, notwendige Grundlage unserer demokratischen Ordnung. Es sind elementare Schutzrechte der Menschen, über die der Staat wachen muss, und es sind zugleich Abwehrrechte gegenüber dem Staat. Sie sollen ein selbstbestimmtes, freies Leben ermöglichen. Bürger- und Menschenrechte sollen gewährleisten, dass der Bürger uneingeschränkt am gesellschaftlichen und auch am politischen Leben teilnehmen (partizipieren) kann.
- Demokratie kann man auf unterschiedliche Weise gewährleisten, durch eine direkte Demokratie oder eine **repräsentative Demokratie**. Unsere parlamentarische Demokratie zählt zu den repräsentativen Formen, wir wählen Abgeordnete für das kommunale Parlament, die Landtage, den Bundestag und das Europäische Parlament. Es gibt aber auch einige direktdemokratische Elemente, durch die der Bürger politische Entscheidungen unmittelbar mitbestimmen kann.
- Eine demokratische Grundordnung benötigt „elementare Spielregeln". In einer Demokratie sind die drei Gewalten mehr oder minder voneinander getrennt, um eine Machtkonzentration zu verhindern. **Die legislative, die exekutive und die judikative Gewalt** beschränken und kontrollieren sich gegenseitig.
- Demokratie lebt von der Teilhabe (Partizipation) der Bürger vor allem im vorparlamentarischen Bereich. Der politische Streit, der Konflikt, gilt daher in einer demokratischen Ordnung als wichtiges Element im Prozess der Meinungsbildung und der politischen Entscheidung.
- Die miteinander konkurrierenden **politischen Parteien** spielen im Willensbildungsprozess eine wichtige Rolle. Sie müssen für alle Bürger offen sein, hier werden politische Entscheidungen vorformuliert und diskutiert. In den Parteien wird entschieden, wer als Kandidat für die verschiedenen Parlamentswahlen aufgestellt wird. Sie stellen wie die Verbände ein Bindeglied zwischen Gesellschaft und Staat dar. Hier kann sich der Bürger am politischen Prozess beteiligen und Anteil an der Macht erlangen. Gewählt wird bei den Bundestagswahlen nach dem **personalisierten Verhältniswahlrecht**: Dem Stimmenanteil für die einzelnen Wahlen entspricht die Zahl der Sitze **(Zweitstimme)**, zugleich kann der Bürger durch seine **Erststimme** mitentscheiden, welcher Persönlichkeit er den Vorrang gibt.
- Parteien, die im Parlament gemeinsam die Mehrheit der Sitze haben, können eine **Regierungskoalition** bilden, ihre Fraktionen entscheiden dann auch über die Wahl des Bundeskanzlers, der seinerseits die Minister bestimmt. Das Parlament kann den Kanzler dadurch stürzen, das es mit der Mehrheit seiner Stimmen einen neuen Bundeskanzler wählt (**konstruktives Misstrauensvotum**).
- **Die Opposition** spielt in der parlamentarischen Demokratie eine wichtige Rolle, sie kontrolliert und kritisiert die Regierung und versucht eine bessere Alternative zum jeweiligen Regierungshandeln zu entwickeln. Die Opposition verfügt gegenüber der Bundesregierung über mehrere Kontrollinstrumente.
- **Verbände** nehmen ebenfalls Einfluss auf politische Entscheidungen, vor allem dann, wenn sie viele Mitglieder haben. Bei dem Gesetzgebungsprozess durch Bundestag und Bundesrat sind Verbände im Vorfeld beteiligt. Sie nehmen Einfluss auf Parlamentarier und Parteien.
- Über die Einhaltung der Verfassung wacht das **Bundesverfassungsgericht**, vor allem auch, wenn Bürger sich in ihren Grundrechten verletzt fühlen. Das Verfassungsgericht hat in Deutschland eine mächtige Stellung, es kann z. B. feststellen, dass bestimmte Gesetze nicht unserer Verfassung entsprechen. In solchen Fällen müssen diese neu verabschiedet werden.
- Das Staatsoberhaupt, **der Bundespräsident**, hat eine eher repräsentative Funktion. Es kann aber durch Reden und andere Aktivitäten auf das gesellschaftliche und politische „Klima" Einfluss nehmen und gesellschaftliche Gruppen oder Staatsorgane „ermahnen".

9. Umweltbewusst leben – nachhaltig wirtschaften!

1

2

3

- Was ist das Problem des Klimawandels?
- Welche Faktoren tragen vor allem zum Klimawandel bei?
- Welchen Anteil hat der Einzelne am Klimawandel?
- Wie können Wirtschaft und Politik angemessen auf den Klimawandel reagieren?

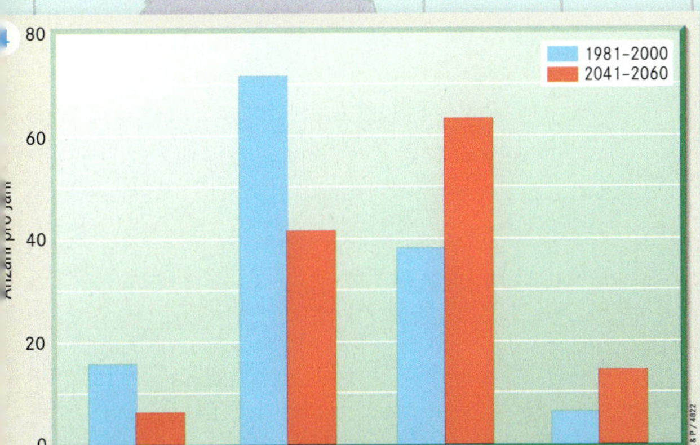

Prognose: Anzahl kalter und heißer Tage in Gießen im Zeitraum 2041–2060 verglichen mit 1981–2000.

Quelle: Hessisches Landesamt für Umwelt und Geologie

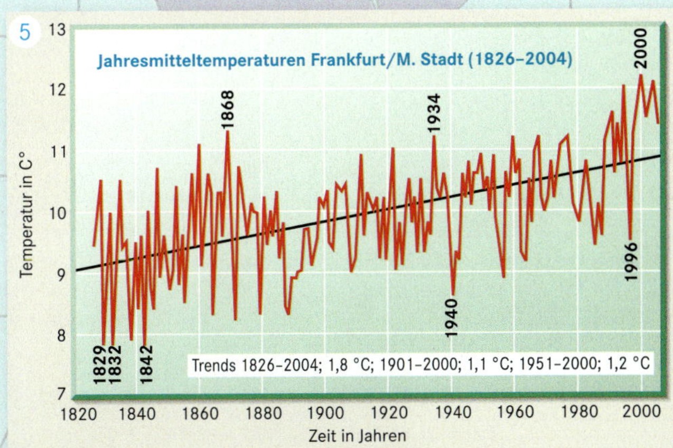

5 Jahresmittelwerte der bodennahen Lufttemperatur in Frankfurt/Main (Stadtgebiet), mit Gesamttrend und Trendwerten für verschiedene Zeitintervalle.

L&P / 4821

9.1 Treibhauseffekt und Klimawandel

M 1 Konzentration und Emission von CO_2

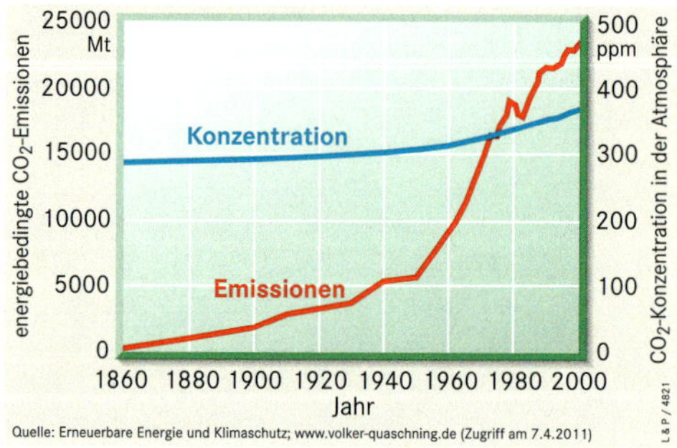

M 2 Der Methangasausstoß

Seit der Industrialisierung im 18. und 19. Jahrhundert hat der Verbrauch fossiler Brennstoffe (Kohle, später Öl und Gas) erheblich zugenommen. Auf dieser Grundlage konnte erstmalig in der Menschheitsgeschichte eine Fülle von Konsumgüter industriell produziert werden. Als Folge der damit einhergehenden Emission von Treibhausgasen hat sich die Erdatmosphäre erwärmt. Es hat ein durch den Menschen verursachter Klimawandel eingesetzt, dessen Folgen vielfältig und teilweise dramatisch sind. Die gewaltigen Eismassen an den Polen schmelzen ab, Gletscher in Hochgebirgen tauen, die Temperaturen der Weltmeere verändern sich, Wetterextremereignisse nehmen zu. Auch die Folgen für die Anbauflächen für Lebensmittel sind beträchtlich. Weitere Ursachen und Folgen des Treibhauseffekts sind dem Schaubild zu entnehmen.

▸▸ Verkehrspolitik der Zukunft, S. 254/255

M 3 Der Treibhauseffekt

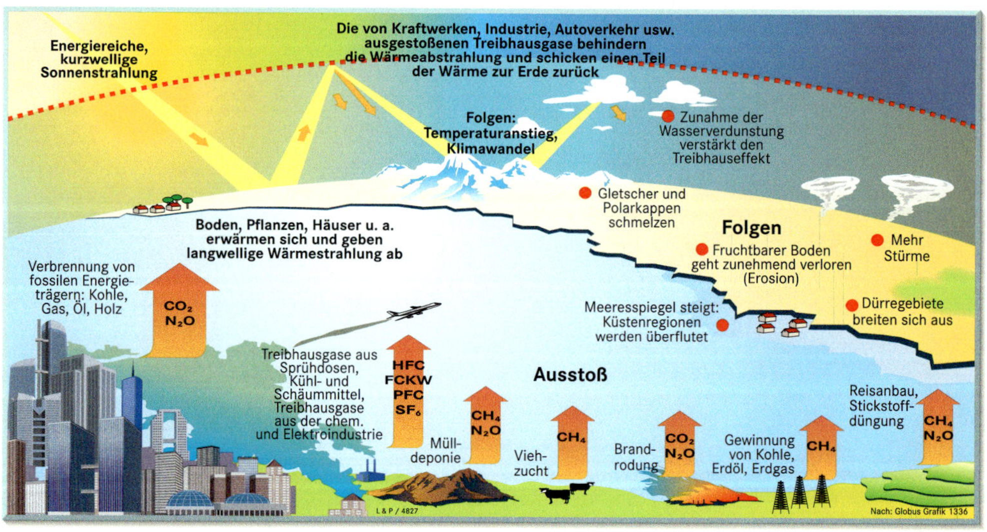

M4 Die volkswirtschaftlichen Folgen des Klimawandels

Die Volkswirtin Maike Bunse über die Klimakosten in Deutschland:

Ohne eine geeignete Klimaschutzpolitik ist damit zu rechnen, dass es auch in Deutschland zu einer steigenden Anzahl und Intensität von extremen Wetterereignissen kommen wird. Dies würde in den kommenden Jahrzehnten zu ernsthaften volkswirtschaftlichen Schäden in nahezu allen Sektoren führen. Laut Deutschem Institut für Wirtschaftsforschung (DIW) werden die *Land- und Forstwirtschaft* besonders betroffen sein, wo es aufgrund von Trockenheit und Wassermangel zu Ernteausfällen in Höhe von insgesamt ca. drei Milliarden Euro bis 2050 kommen könnte. Durch Überflutungen und Hochwasser ist zusätzlich mit Immobilien- und Infrastrukturschäden von ca. zehn Milliarden Euro zu rechnen. Dazu kämen dann noch Kosten für die Anpassung an den Klimawandel (z. B. für eine Umstellung auf andere Anbaumethoden), deren Höhe für diesen Sektor auf etwa das doppelte der Klimaschäden geschätzt wird.

Für den *Tourismussektor* werden für den Zeitraum bis 2050 die Kosten der Klimaschäden (z. B. ausbleibender Schnee in Wintersportregionen) vom DIW auf ca. 19 Milliarden Euro geschätzt, Anpassungskosten (z. B. für alternative Tourismusangebote) auf ca. elf Milliarden Euro. Auch im Gesundheitssektor ist mit hohen Kosten zu rechnen; die Kosten der Klimaschäden für den gleichen Zeitraum (z. B. verursacht durch das Auftreten von Krankheiten, die bisher überwiegend in subtropischen Ländern vorkommen) können ca. 37 Milliarden Euro betragen, die der Anpassung z. B. in Form von Vorsorgemaßnahmen ca. 24 Milliarden Euro.

Im *Energie- und Verkehrssektor* ist mit einer extremen Steigerung der Energiekosten zu rechnen. Allein durch eine 20-prozentige Steigerung der Energiepreise würden bis 2050 volkswirtschaftliche Schäden von ca. 130 Milliarden Euro entstehen. [...] Bei den Rückversicherern wird mit einer zusätzlichen Kostenbelastung von ca. 100 Milliarden Euro gerechnet.

Ohne stärkere Maßnahmen zur Bekämpfung des Klimawandels könnten sich die Kosten der Auswirkungen in Deutschland laut DIW bis zum Jahr 2050 auf insgesamt knapp 800 Milliarden Euro belaufen. [...]

Bundeszentrale für politische Bildung; www.bpb.de (Zugriff am 4. 2. 2011)

M5 Drei Gründe, nichts zu tun

Zeichnung: Gerhard Mester

M6 „Wein unter Wasser“

M7 Emissionen von Kohlendioxid (CO_2) nach Verursachern

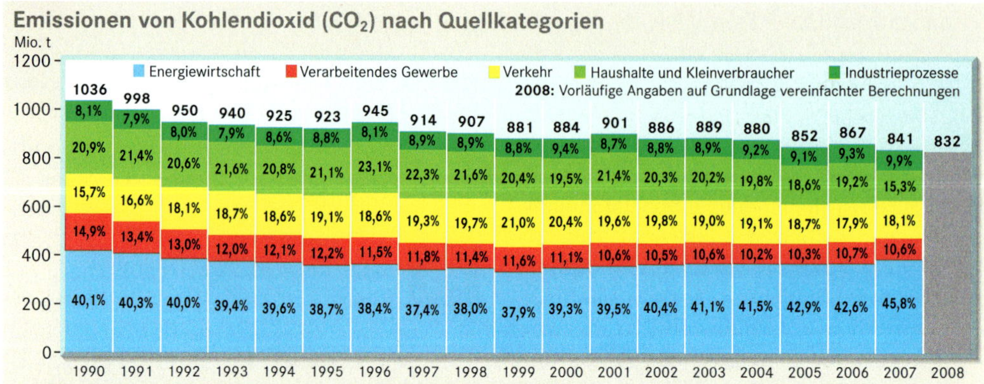

Kohlendioxidemissionen: ohne Landnutzung, Landnutzungsänderung und Forstwirtschaft
Verkehr: Land- und Forstwirtschaftlicher Verkehr
Haushalte und Kleinverbraucher: mit land- und forstwirtschaftlichen Verkehr sowie Militär
Lösemittel und andere Produktverwendung: Die Emissionen dieser Quellgruppe können in der Grafik nicht ausgewiesen werden und machen 0,2 % bis 0,3 % aus.

Quelle: Umweltbundesamt, Nationale Trendtabellen für die deutsche Berichterstattung atmosphärischen Emissionen seit 1990; Emissionsentwicklung 1990-2007 (Endstand 12.11.2008) und Presseinformation 16/2009 vom 29.03.2009

L&P / 4842

M8 Europas Abgase

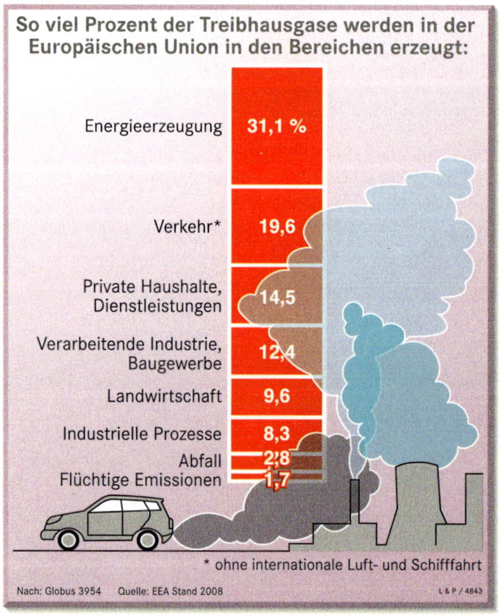

M9 CO_2-Sünder

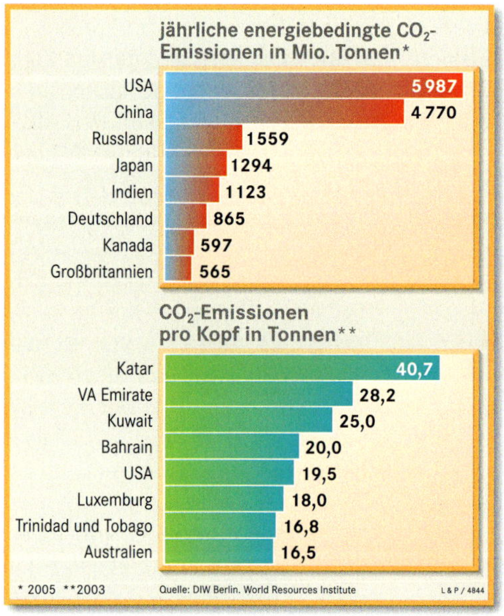

1. Beschreibt das Schaubild „Ursachen und Folgen des Klimawandels". Stellt zusammen, welche Faktoren zum Treibhauseffekt beitragen (M3).
2. Erklärt die Wirkungszusammenhänge des Klimawandels (M1–M3, M6).
3. Erklärt vor diesem Hintergrund die Grafik „CO_2-Sünder" (M9).
4. Erörtert, ob Klimaschutzpolitik eine Geldverschwendung darstellt (M4).
5. Verfasst einen Kommentar dazu, welche Sektoren und welche Staaten besonders viel CO_2 ausstoßen (M7–M9).

9.2 Konsum als Problem

Was hat unser Lebensstil mit dem Weltklima zu tun? Erheblich mehr, als uns bewusst ist. Immer wenn wir einen Döner essen oder eine Cola trinken, ein Hemd oder ein Schulheft kaufen, belasten wir die Umwelt. Denn zur Herstellung und zum Transport dieser Güter wird Energie benötigt, wird Boden genutzt und Wasser verbraucht, und es entstehen Abgase. Kurz: Bei jedem Konsum eines Produkts belasten wir die Umwelt in einer ganz besonderen Weise. Das ist unvermeidlich. Jedes Konsumgut schleppt einen sogenannten „ökologischen Rucksack“ mit sich, denn es hat bereits Umweltbelastungen verursacht.
Allerdings sind diese Umweltbelastungen sehr unterschiedlich, denn es ist ein Unterschied, ob wir die Äpfel aus der näheren Region kaufen oder aus Neuseeland, ob die Schulhefte aus Recycling-Papier oder aus „neuem“ Papier sind, dessen Herstellung erheblich mehr Wasser und Energie verbraucht und dementsprechend stärker die Umwelt belastet.
Naturwissenschaftler bewerten Produkte nach ihrem „ökologischen Fußabdruck“ oder nach ihrem „ökologischen Rucksack“. Diese Werte geben den Grad der ökologischen Belastung an, die mit der Herstellung des jeweiligen Produkts verbunden ist.

Zur Herstellung eines Kilogramms Kunststoff werden fünf Kilogramm Ressourcen benötigt, bei einem Kilogramm Papier sind es 15 Kilogramm, bei Aluminium gar 85, bei Kupfer 500 und bei Gold sogar 550 000 Kilogramm.
Diese Zahlen sind freilich nur grobe Richtwerte, denn es gibt noch weitere Begleiterscheinungen. So werden beispielsweise zur Herstellung von Jeans in der Baumwollproduktion auch Pestizide eingesetzt, die das Wasser und die Umwelt belasten. Die Berechnung des „ökologischen Fußabdrucks“ für ein Produkt ist also eine ziemlich komplizierte wie auch umstrittene Sache.

INFO

Ökologischer Fußabdruck:
Summe aller Ressourcen, die ein Mensch für seinen Lebensstil verbraucht

INTERNET

www.mein-fussabdruck.at

M1 „Ökologischer Fußabdruck“ im Vergleich

	ÖF (ha/Person)		ÖF (ha/Person)
USA	9,6	**Lateinamerika**	2,0
Kanada	7,6	**China**	1,6
Großbritannien	5,6	**Afrika**	1,1
Deutschland	4,5	**Indien**	0,8

Bei einer Biokapazität von 11,1 Milliarden ha und einer Weltbevölkerung von 6,2 Milliarden Menschen beträgt die Fläche, die jedem im Durchschnitt zusteht, 1,8 ha.

Quelle: Global Footprint Network 2006

M2 Verwendung von Strom pro Person und Jahr

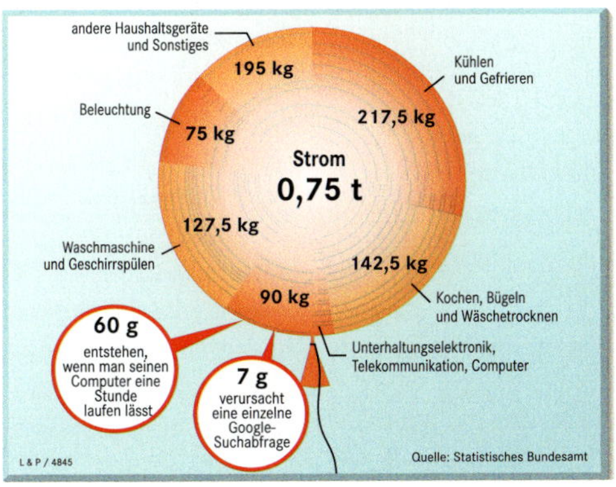

M3 CO_2-Produktion der Deutschen pro Person und Jahr

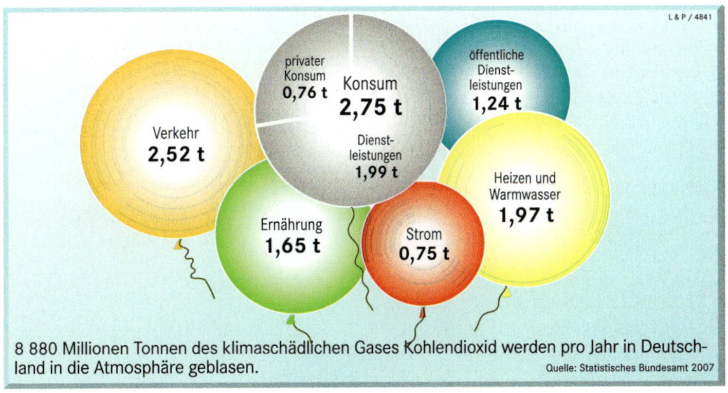

M4 Wie viel Energie kostet eine Google-Suche?

Die Kosten für das Surfen im Internet beschränken sich nicht nur auf den eigenen Stromverbrauch und den Kauf des Computers. Auch die Server von Google, Ebay und Co. verbrauchen beim Ansteuern der Sites Energie und produzieren mehr CO_2, als viele Nutzer vermuten.

Wer im Internet unterwegs ist, kann in Sekundenschnelle an jedem Ort der Welt sein. Ein Flugzeug muss man dafür nicht besteigen – ein paar Mausklicks reichen aus. Was vielen Menschen nicht bewusst ist: Auch virtuelles Reisen kostet eine Menge Energie. Allein eine Anfrage bei der Suchmaschine Google kostet vier W/h oder zwei Gramm CO_2-Ausstoß, wie Forscher aus den USA errechnet haben: „Das entspricht dem Stromverbrauch einer Energiesparlampe, die eine Stunde lang brennt“, sagt Siegfried Behrendt vom Institut für Zukunftsstudien und Technologiebewertung in Berlin.

Der Wissenschaftler beschäftigt sich seit rund 20 Jahren mit dem Energieverbrauch der Informations- und Kommunikationsbranche. Er hat beobachtet, dass hierzulande beim Thema Klimawandel vor allem über klassische Energiefresser wie das Auto oder Kraftwerke debattiert werde, während die Nachhaltigkeit in der Informationsgesellschaft kaum eine Rolle spiele. Dabei entfielen laut Behrendt schon 2001 fünf Prozent des Elektroenergieverbrauchs in Deutschland auf die Informations- und Kommunikationstechnik, nämlich 23,2 Terawattstunden. „Für 2010 wird mit 29, für 2015 mit 31 Terawattstunden gerechnet“, sagt Behrendt.

Dabei ist es nicht allein der Computer am Arbeitsplatz oder daheim, der beim Internetsurfen die Energie verbrät. Im Wesentlichen treiben die Infrastruktur der Datenautobahnen sowie die Serverleistung den Stromverbrauch in die Höhe. Und vielbesuchte Internet-Seiten wie Google oder Wikipedia haben gewiss keine kleinen Serverräume, um die unzähligen Anfragen aus aller Welt zu beantworten.

Aber es lässt sich durchaus noch teurer durch das World Wide Web surfen. „Eine Auktion bei Ebay schlägt mit 18 Gramm CO_2 zu Buche“, sagt Behrendt. Und wer im Netz gleich ganze virtuelle Identitäten annimmt, wird vollends zum Klimasünder. „Ein Jahr lang eine Identität in der Parallelwelt Second Life zu pflegen, entspricht dem durchschnittlichen jährlichen Stromverbrauch eines Brasilianers“, erläutert Behrendt.

www.stern.de/digital/online/stromverbrauch-wie-viel-energie-kostet-eine-google-suche-634098.html (Zugriff am 20. 1. 2011)

Serverraum eines Internetunternehmens

INFO

1 Suchabfrage bei google ≙ 2 g CO_2-Emissionen

88 Milliarden Suchen pro Monat ≙ 176 000 t Kohlenstoffdioxid-Ausstoß

≙ 2 Millionen Tonnen CO_2-Emissionen

W/h: Watt pro Stunde (Energieeinheit)

◂◂ Richtiges Suchen im Internet, S. 108

◂◂ Zeit am Computer – Wie die Zeit vergeht, S. 30

INTERNET

umweltfreundliche Suchmaschinen:
ecosia.de
– unterstützt mit seinen Einnahmen die Arbeit des WWF im Amazonas

znout.de
Der gesamte über Znout-Suchen verursachte Kohlendioxid-Ausstoß wird durch den Erwerb von Zertifikaten für erneuerbare Energien kompensiert. Finanziert werden die Zertifikate durch die Google AdSense Werbeanzeigen in den Suchergebnissen.

Weitere umweltschonende Suchmaschinen sind z. B. Forestle, Ecocho oder Searchgreen.

M5 „Klimafreundlich leben heißt verzichten"

Ein Journalist berichtet über den Klimaschutz im Selbstversuch:

Die Tomaten sind das Erste, was mir auffällt. Gerade habe ich beschlossen, vor dem entscheidenden Gipfel in Kopenhagen vier Wochen lang klimafreundlich zu leben, da merke ich, dass ich damit auch meine Essgewohnheiten ändern muss. Es soll für mich die größte Herausforderung werden.

Ich esse gern Tomaten. Doch nun muss ich sie im November von meinem Speiseplan streichen. Es gibt im Winter einfach keine Biotomaten, die in der Wetterau unter freiem Himmel wachsen. [...]

Auf dem Erzeugermarkt stelle ich mich in die Schlange am Biostand. Ich frage die Marktfrau, ob der Koriander aus dem Gewächshaus ist. Sie nickt. „Natürlich", sagt sie. „Das geht doch jetzt gar nicht mehr anders." Dann will ich keinen. „Aber da ist nichts dran. Der ist Bio", sagt sie. Eigentlich sollte ich ihr jetzt erklären, dass die Klimabilanz ihrer Gewächshauskräuter ziemlich schlecht ist, weil es viel Energie kostet, das Grünzeug zu beheizen. Aber ich komme mir jetzt schon wie ein Freak vor. Ich kaufe zwei Knollen Fenchel – Freiland.

Zum Abendessen habe ich zwei Freunde eingeladen. Das klimafreundliche Dinner – Nudeln mit Tofu, Pilzen und Kürbis, dazu Endivien-Salat mit Fenchel – kommt noch gut an, das klimafreundlich geheizte Wohnzimmer dagegen nicht. „Das ist aber schon etwas kalt", sagt der eine und setzt sich direkt an die Heizung.

Der andere hat extra schon einen dicken Wollpullover angezogen. Wir schauen die Sportschau und frieren. Das Thermometer zeigt 18 Grad Celsius. Mit jedem Grad mehr würde ich sechs Prozent mehr Energie verbrauchen.

Meine Heizung verbrennt Erdgas und setzt damit kräftig CO_2 frei. Nur, wie bekomme ich meinen Vermieter dazu, eine Holzpellet-Heizung einzubauen? Beim Deutschen Mieterbund erklärt man mir, dass ich da als Mieter keine rechtlichen Möglichkeiten habe. Ich könne nur versuchen, meinen Vermieter zu überzeugen. [...]

Mein Plan ist ehrgeizig: Ich will meinen privaten CO_2-Verbrauch auf eine Tonne im Jahr senken. So viel darf nach den Berechnungen des Potsdam-Instituts für Klimafolgenforschung (PIK) jeder Mensch verursachen, wenn sich die Erde nicht um mehr als zwei Grad erwärmen soll.

Allein mit dem Strom komme ich auf fast 700 Kilogramm CO_2 im Jahr. Ich wechsele zu Ökostrom und spare so 670 Kilogramm ein. Das entspricht fast 20 000 Kilogramm Freilandtomaten aus biologischem Anbau.

Meinen Konsum will ich ebenfalls einschränken. Keine neuen Möbel, keine neuen Kleider und vor allem keine neuen Elektrogeräte. Zur Arbeit fahre ich ohnehin schon mit dem Fahrrad. Da kann ich also kein CO_2 einsparen.

Meine neuen Essgewohnheiten werden langsam zum Dauerthema. Vor allem die Soja-Milch und der Tofu bescheren mir immer wieder kritische Fragen. Nein, für Bio-Soja werden keine Regenwälder abgeholzt. Diese Sojabohnen werden an Schweine verfüttert.

Nein, der Transport versaut die CO_2-Bilanz der Soja-Milch nicht. Vielmehr haben Milchprodukte und Fleisch allgemein keine gute Klimabilanz. In Kuhmägen entsteht beim Wiederkäuen Methan. Weil Methan die Atmosphäre 21-mal so stark aufheizt wie CO_2, verursacht eine Kuh pro Jahr in etwa genauso viele Klimagase wie ein Auto mit 18 000 Jahres-Kilometern.

Aber der Käse fehlt mir doch sehr. Weil ich mich an die Soja-Milch im Kaffee nicht gewöhnen will, trinke ich ihn schwarz: Klimafreundlich leben heißt verzichten.

[...] Nach zwei Wochen ist meine Klimabilanz deutlich besser als zu Beginn. Laut dem Rechner des Umweltbundesamtes spare ich nun mit neuem Speiseplan, Ökostrom und kühlem Wohnzimmer mehr als drei Tonnen CO_2 im Jahr. Doch ich bin immer noch bei vier Tonnen – meine Reisen nicht eingerechnet.

Der nächste Flug ist schon gebucht. Es geht nach Madison. [...] Doch mit dem Flug bin ich alleine schon für 4,5 Tonnen CO_2 verantwortlich. Er allein verursacht also mehr Klimagase, als ich sonst in einem ganzen Jahr verbrauchen würde.

Andreas Kraft, Die Hitze der Tomaten, in: Frankfurter Rundschau vom 4. 12. 2009, S. 26 f.

◂◂ **Umweltbewusstsein im Klassenzimmer, S. 62/63**

▸▸ **Erscheinungsformen und Dimensionen der Globalisierung, S. 368 ff.**

M6 Gerodete Urwaldflächen

Unsere Ernährung und der „Ökologische Fußabdruck"

Jährlich werden über zwei Milliarden Tonnen Getreide hergestellt, damit könnte die ganze Menschheit ausreichend ernährt werden. Warum aber hungert trotzdem etwa eine Milliarde Menschen? Die Antwort ist einfach: Fast die Hälfte (etwa 40 Prozent) der Getreideernte wird vor allem an Rinder, Schweine oder Hühner verfüttert. Um aber eine Kalorie in Form von Fleisch zu erzeugen, müssen sieben bis zwölf pflanzliche Kalorien aufgewendet werden. Auf diese Weise werden alltäglich gigantische Mengen an Lebensmitteln nur für die Fleischproduktion verschwendet. Um ein Kilogramm Rind- oder Putenfleisch herzustellen, muss mehr als die 10-fache Menge an Getreide aufgewendet werden. Weil Europäer oder Nordamerikaner gern Fleisch konsumieren, hungern zahllose andere Menschen, denn der gewaltige Soja- und Getreideaufwand zur Mast von Hühnern, Schweinen oder Rindern landet letztlich nicht bei den hungernden Produzenten.
Alljährlich werden unter anderem in Lateinamerika riesige Urwaldflächen gerodet, um weitere Anbauflächen für Soja und Getreide zu schaffen. Für den Transport der Produkte nach Nordamerika oder Europa müssen zudem gewaltige Energiemengen aufgewendet werden.

M7 Futtermittelimporte

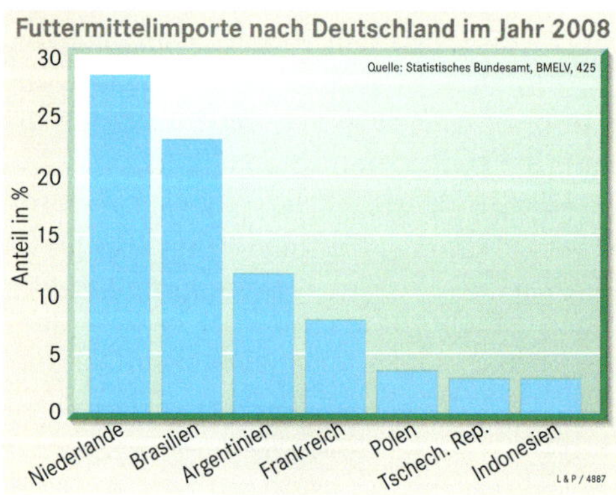

▸▸ Neue Technologien, Kommunikation und Transport, S. 372

M8 Die Klima-Anlage unserer Erde

Aus dem Greenpeace-Report „Eating up the Amazon“:

Wissenschaftler bezeichnen den Amazonas-Regenwald als die Klimaanlage unserer Erde. Der Regenwald gibt jährlich rund sieben Billionen Tonnen Wasser in die Atmosphäre ab und reguliert so nicht nur das Klima in Südamerika, sondern weltweit. Die Zerstörung des Amazonas-Regenwaldes schadet dem Klima daher gleich doppelt. Mit der Brandrodung wird die Welt-Klimaanlage zerstört, und die Brände verursachen zudem die Emission großer Mengen des Klimakillers CO_2. Laut brasilianischer Regierung ist die Waldrodung für 75 Prozent des Treibhausgas-Ausstoßes in Brasilien verantwortlich.

Kleine Bohne, große Wirkung

Die einzigartige Vielfalt des Amazonas-Regenwaldes wird mehr und mehr von riesigen Soja-Monokulturen verdrängt. Die Nachfrage nach billiger brasilianischer Soja für Tierfutter stieg in den letzten Jahren kontinuierlich an. Die Soja-Produktion Brasiliens hat sich in den vergangenen sieben Jahren fast verdoppelt. Seit 2005 ist Brasilien die Nummer eins unter den Soja exportierenden Ländern; gefolgt von den USA und Argentinien. Im Wirtschaftsjahr 2004/05 wurden in Brasilien Sojabohnen auf einer Anbaufläche von fast 23 Millionen Hektar geerntet, einer Fläche so groß wie Großbritannien.

Während Soja anfangs hauptsächlich im Süden Brasiliens angebaut wurde, fressen sich die Soja-Felder inzwischen immer weiter in den Amazonas-Regenwald. Zwar ist die aus dem Amazonas-Gebiet stammende Soja-Ernte mit fünf Prozent an der Gesamternte noch relativ gering. Doch dahinter verbirgt sich immerhin eine Anbaufläche von 1,2 Millionen Hektar mitten im Regenwald und eine Soja-Ernte von 2,5 Millionen Tonnen: Tendenz rasant steigend!

Die in Brasilien angebaute Soja wächst meist auf großflächigen Monokulturen: Soja-Bohnen, so weit das Auge reicht, und Totenstille. Denn auf solchen Feldern gibt es keinen Lebensraum für Vögel und andere Nützlinge. Die einzigartige Vielfalt von Pflanzen und Tieren wurde durch eine kleine Bohne ersetzt. Doch Monokulturen sind auch verantwortlich für Bodenerosion und den massiven Einsatz von chemischen Düngern und Pestiziden. Da verwundert es nicht, dass Brasilien einer der weltweit größten Verbraucher von Pestiziden ist. Rund ein Viertel davon wird zum Soja-Anbau eingesetzt. Der Anbau von Soja in Monokulturen und der Einsatz von Chemie führt schnell zur Auslaugung der Böden. Die Farmer verlassen diese Flächen und zerstören Amazonas-Regenwald, um neue Anbau-Flächen zu bekommen.

www.einkaufsnetz.org/download/22113.pdf (Zugriff am 3. 2. 2011)

1 Berechnet euren individuellen „Ökologischen Fußabdruck“. Im Internet gibt es hierzu viele kostenlose Angebote (Autorentext, M1).

2 Informiert euch über Möglichkeiten, den individuellen ökologischen Fußabdruck zu verkleinern. Tauscht eure Ergebnisse hierzu untereinander aus (M2, M3, M5).

3 Beschreibt welche Überraschungen der Journalist bei seinem Selbstversuch erlebt und welche Erkenntnisse er gewinnt (M5).

4 Informiert euch über den weltweiten Soja-Anbau und über den Einsatz von Soja als Futtermittel (Autorentext, M8).

5 Zwischen dem Regenwaldbild M6 und der Grafik M7 besteht ein Zusammenhang. Verfasst hierzu einen Zeitungsartikel.

6 Erklärt einem Computerfreak, warum auch er ein „Klimakiller“ ist (M4).

INTERNET

www.mein-fussabdruck.at
Footprint-Rechner

9.3 Gibt es nachhaltiges Wachstum?

Bis vor einigen Jahrzehnten galt Wirtschaftswachstum als selbstverständliches, nicht hinterfragtes Ziel des wirtschaftlichen Handelns. Wachstum wurde mit Fortschritt und Wohlstand gleichgesetzt; Wachstum, so behauptete man, sichere nicht nur die Arbeitsplätze in der Gesellschaft, sondern auch die internationale Konkurrenzfähigkeit und damit die Zukunft einer Volkswirtschaft.
Dieses einfache und unmittelbar einleuchtende „Glaubensbekenntnis“ der allermeisten Ökonomen (und auch Politiker) wird seit einiger Zeit heftig kritisiert. Es gibt folgende Einwände:

- Grenzenloser Wachstum ist mit zunehmendem Verbrauch von begrenzten fossilen Energieträgern verbunden. Die Atomenergie ist kein Ausweg, da sie mit unkalkulierbaren Risiken verbunden und die sichere Endlagerung von verbrauchtem Uran und von Reaktorelementen nicht zu gewährleisten ist.
- Das Versprechen, dass Wachstum Arbeitsplätze sichere, kann angesichts der ständigen Rationalisierung in der industriellen Produktion nicht eingehalten werden.
- Wirtschaftswachstum allein dient nicht sozialer Gerechtigkeit, sondern vertieft die Spaltung der Menschheit zwischen Arm und Reich.
- Das Wachstum der Weltwirtschaft gerät durch die Ressourcenknappheit an Grenzen.
- Ständiges Wachstum bedroht die natürlichen Lebensgrundlagen unserer Welt und hat umwelt- und vor allem klimaschädliche Auswirkungen, die wir immer stärker zu spüren bekommen und deren mittel- und langfristige Folgen für die Menschheit verhängnisvoll sind.

Gegenwärtig wird über neue Wirtschaftsmodelle nachgedacht, die die negativen Folgen des Wachstums vermeiden sollen. Es ist aber ebenso notwendig, die Idee der Nachhaltigkeit auch generell im gesellschaftlichen Leben zu verankern.

◂◂ **Bewusst kaufen – nachhaltig konsumieren, S. 116**

◂◂ **Nachhaltigkeit in der Kommune, S. 84/85**

GLOSSAR
Nachhaltigkeit

M 1 Was meint „Nachhaltigkeit“?

Nachhaltige Entwicklung ist bereits seit dem 18. Jahrhundert als Prinzip aus der Forstwirtschaft bekannt: Aus Gründen eines dauerhaften Ressourcenerhaltes darf nicht mehr Holz eingeschlagen werden als nachwächst. Der Brundtland-Bericht, der 1987 das Nachhaltigkeitskonzept in die Debatte eingeführt hat, beschreibt Nachhaltigkeit als „Entwicklung, die den Bedürfnissen der heutigen Generation entspricht, ohne die Möglichkeiten künftiger Generationen zu gefährden, ihre eigenen Bedürfnisse zu befriedigen und ihren Lebensstil zu wählen“. Mit dem Ziel, den „Umweltraum“ als Wirtschafts- und Lebensgrundlage langfristig zu erhalten, ist Nachhaltigkeit dem normativen Anspruch intergenerativer Gerechtigkeit verpflichtet. Zum Leitbild der Staatenwelt ist das Konzept der nachhaltigen Entwicklung spätestens seit der Weltkonferenz zu Umwelt und Entwicklung (UNCED) in Rio de Janeiro 1992 geworden. Dort haben mehr als 170 Staaten die „Agenda 21“ unterschrieben (u. a. auch Deutschland) und sich damit verpflichtet, in ihren Ländern eine nachhaltige Entwicklung zu verwirklichen.

Christine Katz/Dagmar Vinz, Nachhaltigkeit, in: ABC der Globalisierung, Hamburg 2005, S. 126.

M2 „Ein Gebot der Stunde“

Der stellvertretende Vorstandsvorsitzende der Fraport AG zum Flughafenausbau:

INFO

Fraport AG: Betreibergesellschaft des Frankfurter Flughafens

Wachstum in Frankfurt gefährdet

Der Flughafen Frankfurt operiert [...] bereits an der Grenze seiner Kapazität. Jahr für Jahr kann er zwischen zehn und 15 Prozent der nachgefragten Start- und Landezeiten nicht mehr bedienen. Die durchschnittliche jährliche Wachstumsrate im Passagieraufkommen lag bei 4,2 Prozent in den Jahren 1992 bis 2005, seine Wachstumsrate im Vergleich 2005 zu 2004 nur noch bei 2,2 Prozent. In diesem Jahr ist mit einem weiteren Rückgang zu rechnen. Der Flughafen Frankfurt hat offensichtlich einen Auslastungsgrad erreicht, der seine Teilhabe an weiterem Wachstum erschwert, wenn nicht gar gefährdet. [...]

Flughafenausbau heißt Steigerung der luft- und landseitigen Kapazitäten (Start- und Landebahnsystem, Vorfelder, Terminals). Die luftseitige Kapazität eines Flughafens, die mit seiner landseitigen Kapazität harmonieren muss, wird primär über die Zahl der Start- und Landebahnen und die stündlich koordinierbaren Flugbewegungen definiert. Die Flughäfen Paris Charles de Gaulle und Madrid haben bereits vier und Amsterdam hat sechs Start- und Landebahnen. Sie haben bereits eine Kapazität von 120 Bewegungen je Stunde mit immanentem [inneren] Steigerungspotenzial. [...]

Negative Auswirkungen auf die Region

Diese Zahlen verdeutlichen, dass sich die Ausbaufrage für den Flughafen Frankfurt viel schärfer und dringender stellt als für München oder andere europäische Wettbewerbsflughäfen. Letztere haben mehrheitlich die erforderlichen luft- und landseitigen Kapazitäten bereits geschaffen. Gelingt es nicht, den Flughafen Frankfurt unverzüglich auszubauen, wird dies zwar den weltweiten Wachstumstrend im Luftverkehr nicht beeinflussen. Der Flughafen Frankfurt und die Region könnten dann aber nicht mehr adäquat daran teilhaben – der Luftverkehr würde sich seinen Weg über diejenigen europäischen Flughäfen suchen, die ihm ausreichende Kapazitäten anbieten können. [...]

Vor allem das Vertrauen darauf, dass es gelingen wird, das Start- und Landebahnsystem zeitnah auszubauen, hat einen solchen Effekt bislang verhindert. Dieses Vertrauen darf nicht erschüttert werden, die nachteiligen Folgen für Frankfurt-Rhein-Main wären nicht zu verantworten. Die internationale Anbindung der Region würde stagnieren oder sich reduzieren, Ansiedlungsentscheidungen global operierender Unternehmen würden überprüft, Ansiedlungsinteresse würde sich kaum mehr entwickeln. Die negativen Auswirkungen auf den Arbeitsmarkt wären absehbar. Die Politik ist somit in der Verantwortung, den Ausbau des Flughafens Frankfurt voranzubringen und den Kräften entgegenzutreten, die ihn verhindern oder verzögern wollen. [...]

IHK WirtschaftsForum Oktober 2006

M3 Vogelperspektive: Frankfurter Flughafen

Für den Flughafen Frankfurt ist, ausgehend von rund 52 Millionen Passagieren in 2005, eine Passagierzahl von 88,3 Millionen im Jahr 2020 prognostiziert.

1 Erläutert das Prinzip der Nachhaltigkeit: Was soll damit erreicht werden (M1)?

2 Stellt die Argumentation in M2 thesenartig zusammen. Wer sind die Adressaten?

M4 Flug über Mörfelden

Zeichnung: Greser & Lenz

M5 Treibhausgas-Emissionen

Gesamtverkehr	+ 26
Andere Verkehrsmittel	+ 17
Binnenluftverkehr	+ 33
Binnenschifffahrt	+ 9
Eisenbahnverkehr	– 26
Straßenverkehr	+ 27

Quelle: Europäische Umweltagentur

M6 Der Flughafenausbau – eine „nationale Aufgabe“

Der Vorstandsvorsitzende der Fraport AG Wilhelm Bender zum Flughafenausbau:

Von einem „historischen Tag für den Frankfurter Flughafen und auch die nationale Luftfahrt“ sprach der Vorstandsvorsitzende der Fraport AG, Dr. Wilhelm Bender, anlässlich der Unterzeichnung des Planfeststellungsbeschlusses durch den Hessischen Staatsminister für Wirtschaft, Verkehr und Landesentwicklung, Alois Rhiel, in Wiesbaden. Vor Journalisten erklärte Bender, damit sei eine „wichtige Etappe auf dem Weg zum dringend notwendigen Ausbau des Frankfurter Flughafens“ genommen. Nur die Erweiterung der Kapazität sichere die Zukunfts- und Wettbewerbsfähigkeit des Frankfurter Flughafens, der auf dem dritten Platz der europäischen Flughäfen liege und zu den Top Ten der Welt gehöre.

Bender sagte, der Flughafenausbau sei aber auch eine „nationale Aufgabe“. Deutschlands zentraler Luftfahrtstandort bedürfe auf dem Wachstumsmarkt der Luftverkehrswirtschaft der Zukunftssicherung, um sich auf dem sich bis 2020 an Passagieren und Fracht verdoppelnden Markt international behaupten zu können.

Bender verwies darauf, dass der Ausbau mit rund vier Milliarden Euro das größte privatwirtschaftlich finanzierte Investitionsprogramm in Deutschland sei. Außerdem würden in den baulichen Bestand jährlich bis zu 300 Millionen Euro investiert.

Gleichzeitig sei die Erweiterung nach Ansicht Benders ein „gewaltiges Beschäftigungsprogramm mit der Schaffung von 100 000 zusätzlichen Arbeitsplätzen“. In dieser Zahl spiegelten sich unterschiedliche positive Effekte, die von direkter Beschäftigung am Flughafen über indirekte Wirkungen bei Dienstleistern und Lieferanten bis hin zu [...] Reaktionen durch die Ansiedlung von Unternehmen oder Niederlassungen in Flughafennähe wegen des überragenden Mobilitätsangebotes reichten.

Bereits in den vergangenen zweieinhalb Jahrzehnten hat der Flughafen nach Angaben Benders die Zahl seiner Arbeitsplätze verdoppelt. In der letzten Dekade seien 10 000 neue Arbeitsplätze geschaffen worden. Bereits heute sei der Flughafen mit über 70 000 Beschäftigten Deutschlands größte lokale Arbeitsstätte. 2020 rechne man mit über 95 000 direkt am Flughafen beschäftigten Arbeitnehmern, was die Bedeutung des Luftfahrtstandortes als „Jobmaschine“ unterstreiche.

Bender sagte, der heutige Beschluss diene auch der Entwicklung der Airport City, mit der ein Platz in der neuen Topliga von weltweiten Wirtschaftstandorten erobert werden solle. Großflughäfen wie Frankfurt seien Städte der Zukunft, Jobmaschinen, Stätten der Innovation und Kommunikation, interkulturelle Marktplätze, erste Immobilien-Adressen und Imageträger für Kommunen und Regionen.

www.gsc-research.de (Zugriff am 4. 2. 2011)

M7 Im Steigflug in die Klimakatastrophe?

Die vom Flughafen Frankfurt ausgehenden Klimabelastungen machen annähernd die Hälfte der vom Land Hessen insgesamt verursachten Klimabelastungen aus.
[...] Würden die Flüge nach und von Hannover, Düsseldorf, Köln/Bonn, Stuttgart und Nürnberg wegen ausreichenden Verkehrsangebots im Schienenverkehr auf den Bodenverkehr verlagert, würden 23 500 Flugbewegungen entfallen. Die täglich knapp 4 000 Fluggäste wären im Wesentlichen in den bereits fahrplanmäßig angebotenen Zügen unterzubringen. [...]
Insgesamt würden die innerdeutschen Flugbewegungen in Frankfurt um jährlich rund 42 000 vermindert und damit mehr als halbiert (tagesdurchschnittliche Reduktion von 215 auf 100 Flugbewegungen). [...]
Von insgesamt rund 241 000 Starts in Frankfurt (2006) könnten 21 400 entfallen. Verglichen mit den Starts im echten Interkontinentalverkehr (über die Mittelmeerstaaten hinausgehend) in Höhe von rund 47 600 im Jahr 2006 ist das eine beachtliche Größenordnung.

Luftverkehrsstudie 2007: Im Steigflug in die Klimakatastrophe? Zusammenfassung der Studie des Wuppertal-Instituts, April 2007

M8 Jobmaschine Green-Tech

Eine neue Sichtweise auf die Wirtschaftsimpulse von erneuerbaren Energien:

Trotz der herausragenden volkswirtschaftlichen Bedeutung ist die Umwelt in vergangenen Jahren immer wieder als Jobkiller, Wachstumsbremse oder Investitionshemmnis kritisiert worden. Umwelt- und Klimaschutz [...] würden angeblich den Industriestandort Deutschland gefährden. Der Umweltwirtschaftsbericht 2009 zeigt: Die Realität sieht anders aus. Der ökologische Umbau der Industriegesellschaften ist zur Jobmaschine geworden. [...] Umwelt und Klima sind neue große Wachstumsmärkte.
Das Umweltthema hat inzwischen ganze Industrien geschaffen, wie die Recyclingbranche, die mit den Abfallgesetzen ihren entscheidenden Aufschwung erhalten hat. Umweltgesetze und -regulierungen lösen immer wieder Innovationsschübe mit wegweisenden technischen Weiterentwicklungen aus. Sie tragen so dazu bei, dass umwelteffiziente Produkte auf den Markt kommen, die besonders wettbewerbsfähig sind. [...]
Als Beschäftigungsprogramm der besonderen Art erweist sich die von den Klimabeschlüssen der Bundesregierung verstärkt angeschobene, energetische Optimierung der Häuser. [...] Hier bringt der Klimaschutz mehrfachen Nutzen: Er spart Energiekosten für Hausbesitzer und Mieter. Er schont Gesundheit, Umwelt und Erdatmosphäre. Und er sichert Arbeitsplätze und Beschäftigung. Importierte, teure Energie wird durch heimische Wertschöpfung ersetzt.

Bundesministerium für Umwelt, Naturschutz und Reaktorsicherheit: Arbeit u. Umwelt. Deutschl. auf dem Weg zur grünen Wirtschaft, Berlin 2009, S. 8-10.

▸▸ Erneuerbare Energien, S. 252

INFO

Innovation: Einführung von etwas Neuem

3 Erklärt, was die Zeichnung verspotten will (M4).

4 Vergleicht die Treibhausgas-Emissionen der verschiedenen Verkehrsmittel. Welche Konsequenzen lassen sich daraus ableiten (M5)?

5 Stellt die Argumente der Fraport AG zum Flughafenausbau zusammen. Welche gesellschaftlichen Interessengruppen sollen damit angesprochen werden (M6)?

6 Diskutiert die These: „Hohe Umweltauflagen schaden dem Standort Deutschland“ (M7, M8).

METHODE Analyse einer politischen Rede

M1 Wege in die Zukunft Hessens

Eine Rede Volker Bouffiers, Ministerpräsident des Landes Hessen, anlässlich des Hessischen Unternehmertags (HUT). Seit 1979 stellt der HUT ein Dialogforum für Politik, Wirtschaft und Verwaltung dar. Er ist heute mit über 1.200 Gästen die Spitzenveranstaltung der Vereinigung der hessischen Unternehmerverbände.

[...] Sie haben Ihren 19. Hessischen Unternehmertag überschrieben: „Mit Energie in die Zukunft." Ich würde dies gerne gleich zu Beginn ergänzen: „Mit Energie und mit Optimismus in die Zukunft." Das ist die Richtschnur, nach der wir handeln wollen. Und ich glaube, wir haben allen Anlass für Energie und für Optimismus. [...]

Wenn wir schauen, wo Deutschland heute steht, dann mutet es dem einen oder anderen gelegentlich an wie ein Wunder. Kein Industrieland auf der Erde hat ein solches wirtschaftliches Wachstum zu verzeichnen wie Deutschland. Wir sind bei Arbeitsplätzen in der glücklichen Situation, dass wir unter drei Millionen Arbeitslose kommen werden. Das ist der beste Wert der letzten 20 Jahre. Und ein Ergebnis, das wir mit Freude zur Kenntnis nehmen.

Als wir vor zwei Jahren zusammen waren, war das beherrschende Thema: „Wie tief wird die Talfahrt sein?" Von allen Seiten gab es dramatische Meldungen über Geschäftseinbrüche. Um nur eine Branche herauszugreifen: 40 Prozent beim Maschinenbau. „Größte Wirtschafts- und Finanzkrise seit dem Zweiten Weltkrieg" – war das bestimmende Stichwort. Nicht nur die Stimmung war moll, sondern vor allem die Situation so, dass sie einen sehr besorgen musste. Und – auch das will ich heute sagen – uns zum Teil immer noch besorgen muss. [...]

◀◀ Der Staat als Krisenmanager, S. 158/159

Das zeigt, dass dieses Land, diese Wirtschaft und diese Gesellschaft die Kraft haben zu ungeheurer Anstrengung und zum Erfolg. Das ist keineswegs selbstverständlich und auch nicht vom Himmel gefallen. Es hat mancherlei Gründe, zum Beispiel einen, der auch in der Wirtschaftsstruktur unseres Landes liegt. Wenn man die Bundesrepublik Deutschland mit anderen wichtigen Wettbewerbsländern wie z. B. Frankreich oder Großbritannien vergleicht, dann ist für mich ein Teil der Antwort für diese großartige Entwicklung, dass bei uns der Anteil der Industrie an der Bruttowertschöpfung wesentlich höher ist als in allen anderen Ländern. Wenn wir das mit Frankreich oder Großbritannien vergleichen, mehr als das Doppelte. Wenn man dann schaut, auch im Kern, wo die großen Arbeitsplätze liegen, dann hat das aus meiner Sicht eine Menge damit zu tun.

Wenn sie mich fragen, wo wird der Weg Hessens hingehen, dann will ich sagen, dass die von mir geführte Regierung sich klar zu diesem Industriestandort Hessen bekennt, auch wenn Wirtschaft mehr ist als Industrie. Aber ich will die Industrie bewusst an den Anfang stellen.

Wenn Sie nach Hessen schauen, dann kann ich wirklich nur mit Freude vermelden: Der Einzelhandel ist zufrieden. Das Handwerk meldet Spitzenergebnisse. Und auch die Industrie sagt: „Wir sind zuversichtlich." [...] „Die hessische Wirtschaft meldet Optimismus zu 90 Prozent." Ich kann mich in den zurückliegenden Jahren nicht erinnern, wann uns eine solche Prognose quer über alle Bereiche der Wirtschaft erfreut hat. Dafür sind wir außergewöhnlich dankbar. Und das ist mit der Grund, warum ich sage: „Wir haben Anlass zum Optimismus." [...]

www.vhu.de (Zugriff am 29. 3. 2011)

METHODE

Aspekte einer Redeanalyse

- Wer ist der Redner?
- Anlass und Adressat: Beschreibt den politischen Anlass und das Publikum, vor dem der Redner spricht. Setzt sich der Redner mit einem politischen Gegner auseinander oder spricht er vor einem Publikum, das ihm eher wohlgesonnen ist?
- Redeinhalt: Zu welchem Thema spricht der Redner, welche Sachverhalte werden hervorgehoben, gibt es Kernaussagen?
- Begründungen und Schlussfolgerungen: Wie begründet der Redner seine Behauptungen oder Sachaussagen? Zu welchen Schlussfolgerungen kommt er?
- Sprachebene: Spricht der Redner eher kompliziert hochsprachlich oder verwendet er eher eine leicht verständliche Sprachebene? Warum wählt er diese Sprachebene?

Interpretation der Rede

- Welche Zielsetzungen verfolgt der Redner? Was will er bei dem Publikum erreichen, was ist seine Botschaft (z. B. Angebot, Abwertung der Gegner, Angstverbreitung, Aufwertung der Wir-Gruppe, Emotionalisierung, Ermutigung, Kritik, Lob, Mahnung, Polarisierung durch Freund- und Feindbilder, Rat, Überredung oder Vermittlung)?
- Rhetorische Mittel: Zielt der Redner eher auf den Verstand oder will er Emotionen wecken? Welche sprachlichen Mittel werden hierzu eingesetzt?

Zusammenfassung der Ergebnisse

- Hat der Redner seine Ziele erreicht?

Volker Bouffier, Ministerpräsident des Landes Hessen, Rede im Wiesbadener Kurhaus vor dem Hessischen Unternehmertag am 26. 10. 2010

9.4 Erneuerbare Energien

In der Menschheitsgeschichte bildete jahrtausendelang Holz den wichtigsten Energieträger; Wälder wurden bedenken- und rücksichtslos abgeholzt. Im 18. Jahrhundert wurde von Fachleuten erstmals das Prinzip der Nachhaltigkeit eingeführt: Es darf nur soviel abgeholzt werden, wie nachwachsen kann. Vor allem seit dem 19. Jahrhundert wurde dann Kohle als Energieträger genutzt; seit der Industrialisierung ermöglichten Dampfmaschinen die Entwässerung der Kohlegruben und damit die industrielle Förderung von Braun- und Steinkohle. Ab der zweiten Hälfte des 20. Jahrhunderts kamen zum Kohleabbau auch die Förderung von Erdöl und Erdgas sowie die Nutzung der Kernenergie hinzu. All diese Formen der Energiegewinnung sind nun aber seit einigen Jahrzehnten mit zunehmenden Problemen verbunden: Man hat erkannt, dass sich durch Energiegewinnung aus fossilen Brennstoffen das Erdklima in folgenreicher Weise negativ verändert. Zum anderen stellt die Endlagerung der verbrauchten Ressourcen der unkalkulierbaren Nukleartechnologie ein bislang ungelöstes Problem dar: Wohin mit dem hochgefährlich strahlenden Atommüll? In diesem Zusammenhang erlangten die „erneuerbaren“ und weniger klima- und umweltschädlichen Energien mehr Aufmerksamkeit. Sie stellen nun einen immer größer werdenden Anteil bei der Energiegewinnung, während die traditionellen Formen der Energiegewinnung aus ökologischen Gründen zunehmend in Misskredit geraten. Aber auch die erneuerbaren Energien bergen noch technische Probleme, z. B. hinsichtlich des Transports und Speicherung.

◂◂ Jobmaschine Green-Tech, S. 249

M 1 Beispiele für erneuerbare Energien

kleine Wasserkraftwerke

Wasserkraftwerke erzeugen Strom aus Fließenergie. Sie können zur Stromversorgung unzugänglicher Gemeinden genutzt werden oder Strom in das Netz einspeisen. Kleine Wasserkraftwerke benötigen keine künstlichen Stauseen, sodass bei ihnen kein Methan durch zerfallende Biomasse gebildet und freigesetzt wird.

Wind

Mit dem Strom von Windrädern unterschiedlicher Größe werden unzugängliche Ortschaften versorgt und das Elektrizitätsnetz gespeist.

Biomasse

Pflanzenmasse – entweder speziell angebaute oder Abfallprodukte – kann verbrannt oder vergoren und so zur Strom- oder Wärmegewinnung genutzt werden. Das freigesetzte CO_2 entspricht der Menge, die die Pflanzen während ihres Lebenszyklus aus der Atmosphäre entnommen haben. Biomasse gilt daher als CO_2 neutral.

Erdwärme

In Gebieten mit starker geologischer Aktivität können Kraftwerke mit der intensiven Wärmeenergie der Erde betrieben werden (Geothermie). In anderen Gegenden kann die Erdwärme, die 1,5 m unter der Erdoberfläche konstant bleibt, zur Klimatisierung von Gebäuden genutzt werden.

Solarenergie

Photovoltaik-Zellen wandeln die Energie der Sonneneinstrahlung in elektrischen Strom um. Wärmezellen wandeln die Energie der Sonneneinstrahlung in Wärme um.

Gezeitenwerke

Die Bewegungen der Gezeiten können zur Stromgewinnung genutzt werden.

L&P/4953

Die roten Balken geben den erzeugten Strom, die gelben die erzeugte Wärme in Gigawatt an.

Quelle: Kirstin Dow, Thomas E. Downing: Weltatlas des Klimawandels, Europäische Verlagsanstalt Hamburg 2007

M2 Ausweg Energiesparen?

[Bei der künftigen Energieversorgung geht es um Milliarden.] Auf der einen [...] Seite steht die Atomlobby. Sie will ihre alten, hochprofitablen Kernkraftanlagen am Netz halten und von den Gewinnen möglichst wenig abgeben. Zu viel Öko-Strom ist der Atomlobby ein Graus. Auf der anderen Seite steht die zukunftsorientierte, kaum weniger gierige Öko-Strom-Lobby. Sie erwartet, dass die jährlich mit über zehn Milliarden Euro gespeiste Subventionsquelle weiter sprudelt und der Vorrang erneuerbarer Energien im Stromnetz auf ewig gesichert bleibt. Zu viel Atomstrom ist der Öko-Lobby ein Graus.

Diese Interessengruppen, beide Vertreter der Stromwirtschaft, haben die Debatte über die Zukunft der Energie in Deutschland gekapert. [...] Atom oder Erneuerbare – die Frage wird heiß diskutiert. Übers Energiesparen redet kaum jemand. Dabei hilft das dem Klima viel mehr. [...] Da spielt der Stromsektor eine überschätzte Rolle: [...] Nur rund sieben Prozent der Emissionen eines privaten Haushalts werden direkt durch den Stromverbrauch verursacht. Gerade im Wärmebereich sind dagegen enorme Einsparungen günstig möglich. Leicht ließe sich der Energieverbrauch von Gebäuden halbieren. [...] Die Kosten für die Einsparungen durch Solarstrom [...] sind mehr als 20-mal so hoch. Auch der Verkehr bietet teils günstige Einsparpotenziale, zum Beispiel, wenn mehr Gütertransport auf die Schiene wandert. Am wirksamsten aber sind Effizienzvorgaben für Industrie- und Elektrogeräte. [...] Doch in diese Richtungen tut sich kaum etwas.

Jakob Schlandt, in: Frankfurter Rundschau vom 27. 8. 2010, S. 10

◂◂ Umweltbewusstsein im Klassenraum, S. 62/63

M3 Der Energiemix

Energieträger	1991	2000	2005	2009
Atomkraft	27,3	29,4	26,3	22,6
Braunkohle	29,3	25,7	24,8	24,5
Steinkohle	27,7	24,8	21,6	18,3
Erdgas	6,7	8,5	11,4	12,9
Mineralölprodukte	2,7	1,0	1,9	2,1
erneuerbare Energien	3,2	6,6	10,2	15,6
• Wasserkraft	2,9	4,3	3,2	3,2
• Windenergie	0,0	1,6	4,4	6,3
• Biomasse	0,1	0,3	1,9	4,2
• Photovoltaik	0,0	0,0	0,2	1,0
• Müll	0,2	0,3	0,5	0,8
übrige Energieträger	3,0	3,0	3,8	4,0

L&P/4817

M4 Entwicklung erneuerbarer Energien

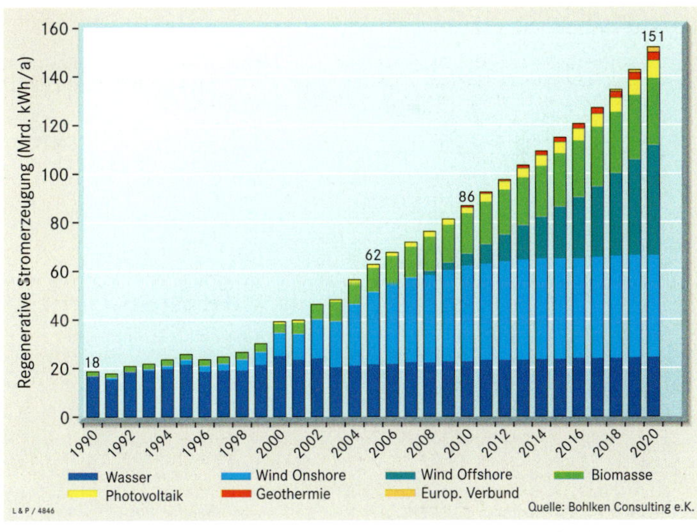

1 Recherchiert und erstellt Kurzreferate zu den verschiedenen Formen der erneuerbaren Energien (M1, M4).

2 Woher beziehen die Deutschen ihre Energie? Stellt stichpunktartig den Wandel der Energieversorgung in Deutschland dar (M3, M4).

3 Formuliert Leitlinien für eine künftige Energiepolitik. Bezieht dabei auch die Bedenken gegen die Öko-Energien ein (M3).

◂◂ Methode: Richtiges Suchen im Internet, S. 108

9.5 Verkehrspolitik der Zukunft

Weltweit nimmt der Verkehr mit PKWs, LKWs, Schiffen und Flugzeugen zu. Dieser wachsende Güter- und Personenverkehr gilt als Hauptgrund für den internationalen Anstieg des klimaschädlichen CO_2. Seit etwa 50 Jahren bauen viele Länder ihr Straßennetz systematisch aus und leisten damit der Zersiedelung der Landschaft und der Ausweitung des Verkehrs Vorschub. Flugreisen werden für immer mehr Menschen erschwinglich. Die Globalisierung der Weltwirtschaft hat den internationalen Warenaustausch und damit den Schiffs- und Flugverkehr dramatisch ausgeweitet. Eine ähnliche Entwicklung vollzieht sich weltweit auch in den Städten: Hier wurde dem Individualverkehr Vorrang vor dem Öffentlichen Nahverkehr durch Busse und Straßenbahnen eingeräumt – mit fatalen Folgen, denn allzu oft sind viele Straßen hoffnungslos verstopft, und man kommt mit dem Auto nur im Schritttempo voran. Das ist freilich kein Naturgesetz, sondern eine von den Menschen zu verantwortende Entwicklung.

Wie soll der Verkehr der Zukunft aussehen? Immer mehr Straßen, noch breitere Autobahnen und noch größere Parkplätze? Kann der Ausbau der Verkehrsinfrastruktur die Verkehrsprobleme der Zukunft lösen, oder werden sich dadurch die Probleme eher noch verschlimmern? Wie müsste schließlich eine zukunftsweisende Verkehrspolitik aussehen, die auch auf die zunehmende Ölknappheit und Benzinpreisverteuerung angemessen reagiert, und die die klimatisch folgenreiche CO_2-Belastung verringern will? Hierzu haben Verkehrsökologen interessante Modelle vorgelegt.

M1 „Was soll's!?"

Zeichnung: Gerhard Mester

M2 Verkehrsalltag in Deutschland

M3 Vorrang für Bus und Bahn

Der Biologe und Umweltberater Jürgen Paeger über ein zukunftsfähiges Verkehrskonzept:

Wie wenig effizient unser Verkehr ist, kann man rund um jede Großstadt an jedem Arbeitstag selber sehen: Tausende von Menschen fahren, meist alleine im Auto, in dieselbe Richtung (und am Abend wieder zurück). Ein durchschnittlicher Autofahrer soll sechs Monate seines Lebens im Stau stehen. [...] Technisch ist ein nachhaltiges Verkehrskonzept längst möglich; die Hindernisse sind hauptsächlich psychologischer Art. [...] Mit Bussen und Bahnen zu fahren, gilt [...] als Zeichen von sozialer Ausgeschlossenheit; akzeptiert allenfalls bei Pendlern und Geschäftsreisenden im ICE. Jedenfalls hat das Auto heute einen Anteil von über 80 Prozent an der gesamten (motorisierten) Personenverkehrsleistung, Busse liegen etwas über 7 Prozent und die Bahn knapp darunter (dazu kommt der Flugverkehr mit einem Anteil von 4,1 Prozent). Bei Berücksichtigung von Fahrrad- und Fußgängerverkehr kommt das Auto immer noch auf einen Anteil von 77,1 Prozent.

Kernpunkt eines nachhaltigen Verkehrskonzeptes sind daher attraktive Busse und Bahnen. Erst wenn diese nicht mehr als „Auffangbecken“ für alle gelten, die sich kein Auto leisten können, wird sich die Verteilung der Verkehrsträger dauerhaft ändern. Ein Weg dahin sind kurze Taktzeiten - im besten Fall muss man keinen Fahrplan mehr kennen, da ohnehin alle 10 bis 15 Minuten oder sogar noch öfter ein Bus oder Zug in die gewünschte Richtung fährt. Dieses lohnt sich, wenn deutlich mehr Menschen Busse und Bahnen benutzten. Nach den Vorstellungen des englischen Ökonomen Alan Storkey könnte man die Fahrzeiten deutlich verkürzen, indem man Spuren für Busse freihält - nicht nur in den Städten, sondern auch auf Autobahnen. Da ein mit 35 Personen besetzter Bus 25 Autos ersetzt, würde sich ab einer bestimmten Busfrequenz die Situation für die Autos trotzdem nicht verschlechtern, die Transportkapazität unserer Straßen insgesamt würde sich sogar erhöhen. Damit würden aber die Fahrzeiten von Bussen und Bahnen auch in den Städten mit denen der Autos vergleichbar.

www.oekosystem-erde.de/html/verkehrszukunft.html (Zugriff am 23. 2. 2011)

M4 Emissionsvergleich

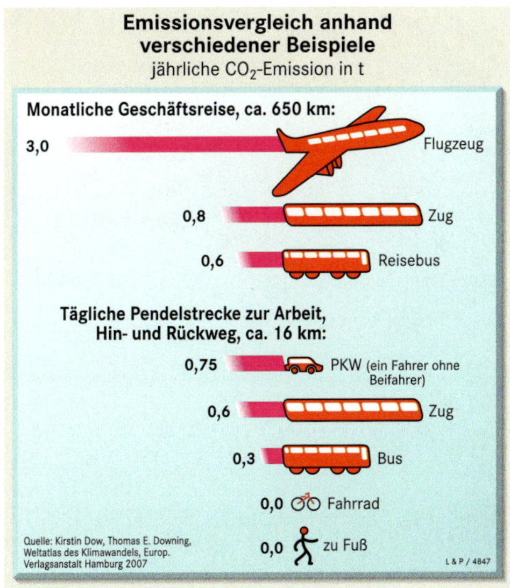

◀◀ Treibhauseffekt und Klimawandel, S. 238/239

1 Sammelt Zeitungsartikel, die sich mit den Ursachen von örtlichen Verkehrsprobleme befassen und die Alternativmodelle entwickeln.

2 Sammelt Informationen über das Elektroauto und stellt Argumente für und gegen diese neue Technologie gegenüber.

3 Formuliert Ansprüche an den örtlichen Öffentlichen Personennahverkehr. Bezieht hierzu auch eure eigenen alltäglichen Erfahrungen ein (M1 bis M4).

4 Entwickelt ein Szenario, in dem der Individualverkehr als ein historisch überholtes Modell des 20. Jahrhunderts erscheint. Bedenkt dabei die Chancen, die ein modernes Verkehrssystem des 21. Jahrhunderts in finanzieller und ökologischer Hinsicht eröffnen könnte.

9.6 Klimaschutz als internationales Problem

INFO

Zwei-Grad-Ziel: In Vorverhandlungen zum Kopenhagener Gipfel waren sich die Vertreter der führenden Industrie- und Schwellenländer darüber einig, dass die globale Temperatur um nicht mehr als 2 °C gegenüber der vorindustriellen Zeit ansteigen darf.

Die Agenda 21

Im Jahr 1992 trafen sich die Delegierten von mehr als 170 Staaten in Rio de Janeiro, um im Rahmen der Vereinten Nationen (UNO) ein Aktionsprogramm für das 21. Jahrhundert zu beschließen, die Agenda 21. Ausgangspunkt der UNO-Konferenz war, dass die Menschheit an einem entscheidenden Punkt ihrer Geschichte steht: Ein Teil der Menschheit lebt in immer größerer Armut und Hoffnungslosigkeit, der Hunger nimmt zu und auch das Analphabetentum. Die Schere zwischen Arm und Reich wird immer größer, die Schädigungen des weltweiten Ökosystems – verursacht vor allem durch die reicheren, entwickelteren Länder, aber vor allem arme Länder massiv betreffend – werden immer verheerender.
Das Aktionsprogramm, die Agenda 21, wollte mit einer Fülle von sehr konkreten Ideen und Handlungsaufträgen dieser Verschlechterung der Situation für immer mehr Menschen entgegenwirken und die Situation von Menschen in ärmeren Ländern nachhaltig verbessern. In der Welt sollte endlich mehr soziale Gerechtigkeit herrschen.
Die Konferenz wollte möglichst viele Menschen in diesen Prozess einbeziehen, also nicht nur Politiker ansprechen. Sie appellierte daher auch an alle Bürger, für das Weltklima und für weltweite soziale Gerechtigkeit Mitverantwortung zu übernehmen. Inzwischen haben sich viele Gemeinden, Schulen, Wohngemeinschaften, Vereine, Bürgerinitiativen, Firmen usw. an der sogenannten lokalen Agenda 21 beteiligt und zahlreiche Projekte gestartet. Die Möglichkeiten des individuellen und gemeinsamen Engagements sind gewaltig. Allerdings verhalten sich auch viele Kommunen und Bürger sehr reserviert, das öffentliche Interesse an der Agenda 21 und an lokalen Projekten scheint stark nachgelassen zu haben.

M 1 Agenda 21

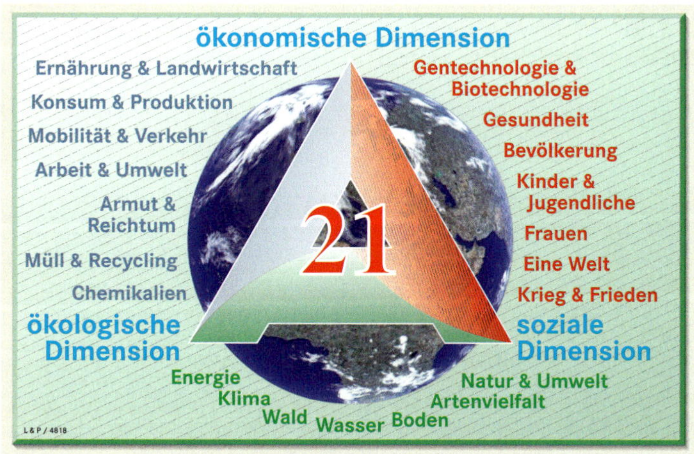

M 2 So leben wir, so leben wir alle Tage

Zeichnung: Jupp Wolter

Nachfolgende Klima-Konferenzen

Auf nachfolgenden Klima-Konferenzen (Kyoto 1997, Kopenhagen 2009, Cancún 2010) einigte man sich zwar grundsätzlich darauf, Maßnahmen zu ergreifen, um die Erderwärmung im 21. Jahrhundert nicht über 2 Grad gegenüber dem vorindustriellen Niveau steigen zu lassen, also auch auf die Reduktion von CO_2-Emissionen. Allerdings konnte man sich nicht auf konkrete Ziele verständigen. Insbesondere China und die USA verweigerten konkrete Zusagen. Viele sich entwickelnde Länder verweisen darauf, dass vor allem die wenigen hoch entwickelten Länder maßgeblich für die CO_2-Emissionen der Vergangenheit und Gegenwart verantwortlich seien.

M3 UN-Konferenz über Umwelt und Entwicklung, Rio 1992

Grundsatz 1: Die Menschen stehen im Mittelpunkt der Bemühungen um eine nachhaltige Entwicklung. Sie haben das Recht auf ein gesundes und produktives Leben im Einklang mit der Natur.

Grundsatz 2: Die Staaten haben im Einklang mit der Charta der Vereinten Nationen und den Grundsätzen des Völkerrechts das souveräne Recht, ihre eigenen Ressourcen entsprechend ihrer eigenen Umwelt- und Entwicklungspolitik auszubeuten, und haben die Verantwortung, dafür Sorge zu tragen, dass Tätigkeiten unter ihrer Hoheitsgewalt oder Kontrolle der Umwelt anderer Staaten oder Gebiete jenseits der Grenzen des Bereichs nationaler Hoheitsbefugnisse keinen Schaden zufügen.

Grundsatz 3: Das Recht auf Entwicklung muss so verwirklicht werden, dass den Entwicklungs- und Umweltbedürfnissen der heutigen und der kommenden Generationen in gerechter Weise entsprochen wird.

Grundsatz 4: Damit eine nachhaltige Entwicklung zustande kommt, muss der Umweltschutz Bestandteil des Entwicklungsprozesses sein [...].

Grundsatz 5: Alle Staaten und alle Menschen müssen bei der grundlegenden Aufgabe, als unverzichtbare Voraussetzung für die nachhaltige Entwicklung die Armut zu beseitigen, zusammenarbeiten, um Ungleichheiten im Lebensstandard zu verringern [...].

www.un.org (Zugriff am 19. 2. 2011)

▸▸ **Grenzen nationalstaatlicher Politik, S. 386/387**

INTERNET

www.agenda-transfer.de

M4 Geld und Armut

Auf der Konferenz für Umwelt und Entwicklung in Rio [1992] versprachen die Industrieländer, die Schulden der Entwicklungsländer zu verringern und ihnen mehr Geld für Aufbau und Unterstützung ihrer Wirtschaft zu geben. Beide Versprechen hat der Norden nicht gehalten. Von 1992 bis 2000 stieg die Schuldenlast des Südens nach Angaben der UNO um 34 Prozent auf 2,5 Billionen Dollar. Gleichzeitig sank die staatliche Entwicklungshilfe von 58 Milliarden auf 53 Milliarden Dollar.

Viele arme Staaten bekamen in den letzten Jahren 25 Prozent weniger an Entwicklungshilfe. Im Zuge der wirtschaftlichen Globalisierung stiegen zwar die ausländischen Direktinvestitionen von privaten Unternehmen in Entwicklungs- und Schwellenländer von 30 Milliarden Dollar auf 120 Milliarden Dollar. Doch 80 Prozent dieses Geldes landeten in nur zehn wirtschaftlich aufstrebenden Staaten. An Afrika gingen die Kapitalströme größtenteils vorbei.

Der Anteil der Entwicklungshilfe am Bruttoinlandsprodukt (BIP) der Industrieländer fiel seit Rio von 0,35 Prozent auf 0,22 Prozent. Nur Schweden, Dänemark, Luxemburg, die Niederlande und Norwegen erreichen das seit Jahrzehnten propagierte Ziel, 0,7 Prozent des BIP als Entwicklungshilfe zu zahlen. [...]

So subventionieren die EU und die USA ihre Agrarproduktion und den Export dieser Überschüsse in den Süden. Gleichzeitig schotten aber die Propheten des freien Welthandels ihre Länder gegen Importe aus dem Süden ab. Nach einer Studie der britischen Entwicklungsorganisation Oxfam würden die Entwicklungsländer bei Aufhebung der Handelshemmnisse im Norden 350 Milliarden Dollar einnehmen – also siebenmal so viel, wie derzeit an Entwicklungshilfe fließt.

1,2 Milliarden Menschen leben nach Angaben der Weltbank von weniger als einem Dollar am Tag. Insgesamt 2,8 Milliarden Menschen müssen mit zwei Dollar auskommen. In Schwarzafrika ist das durchschnittliche Einkommen niedriger als vor dreißig Jahren.

nach: taz Magazin Nr. 6835 vom 24. 8. 2002, S. III, Autor: Bernhard Pötter

GLOSSAR

Agenda 21
Entwicklungsländer
Vereinte Nationen

1 Erklärt, warum der Klimaschutz eine internationale Aufgabe ist (M1, M3).
2 Interpretiert die Karikatur M2.
3 Verfasst einen Kommentar zur Zwischenbilanz „Geld und Armut" (M4).

◂◂ **Karikaturen deuten, S. 232/233**

M5 „Wir erwarten mehr Engagement“

Die Position einer afrikanischen Umweltministerin:

Frau Ayittey, welche Folgen des Klimawandels beobachten sie in Ghana?

Seit November regnet es in Ghana, wir haben tropische Stürme und Überflutungen, das ist völlig außergewöhnlich für diese Jahreszeit. Normalerweise weht in dieser Jahreszeit der trockene und staubige Harmattan. Das sind für uns sehr ernst zu nehmende Folgen des Klimawandels.

Was bedeutet das für die Landwirtschaft?

Unsere Bauern sind auf die Regenperioden von Mai bis Juli und September bis Oktober angewiesen. Wenn diese Klimazyklen durcheinandergeraten, hat das massive Auswirkungen auf die Ernten.

Kann Ghana die Folgen des Klimawandels bewältigen?

Natürlich hat unsere Regierung auch nationale Strategien, verfolgt beispielsweise Bewässerungsprojekte für extreme Phasen der Trockenheit. Aber letztlich kann kein Land, kein Kontinent, auch nicht Europa, mit den Folgen der globalen Erderwärmung fertig werden. Dabei muss klar sein: Die Industrienationen mit ihren gewaltigen CO_2-Emissionen sind die Hauptverursacher des Klimawandels, unter dem alle, besonders aber die armen Länder, zu leiden haben.

Was erwarten Sie von den Verhandlungen in Cancún?

Dass wir Fortschritte machen auf dem Weg zu einem fairen Abkommen, das den Reichen und den Armen hilft, ihre Umwelt zu managen. Das wird schwer genug. Beim letzten Gipfel in Kopenhagen haben wir das nicht erreicht. Bislang sind nicht einmal die dort gemachten Zusagen für Finanzhilfe eingehalten worden. Die Industriestaaten haben den armen, verwundbaren Ländern 30 Milliarden Dollar bis 2012 für Anpassungen an den Klimawandel versprochen. Davon haben wir bislang nichts gesehen.

Europa beansprucht eine Führungsrolle bei der Unterstützung von Entwicklungsländern, den Klimawandel anzugehen. Zu Recht?

Da bin ich ein bisschen zurückhaltend. In Kopenhagen hat die EU 7,2 Milliarden Euro bis 2012 versprochen. Bisher ist das nicht erfüllt. Wir erwarten da deutlich mehr Engagement. Neben Geld geht es vor allem auch um Technologietransfer zur Anpassung an den Klimawandel und zur Reduzierung von Emissionen in Entwicklungsländern.

Auch da sind wir seit Kopenhagen noch nicht wirklich vorangekommen. Wir brauchen das Wissen und die Technik aus dem Westen.

Ghana will bis 2018 ein Kernkraftwerk errichten. Setzen Sie als Ministerin für Umwelt und Technologie auf Atomkraft?

Es gibt tatsächlich Pläne, aber bis 2018 ist es noch lange hin. Zurzeit produzieren wir Energie aus dem Holz unserer Wälder, die wir als CO_2-Speicher ja schützen wollen, und vor allem aus Wasserkraft. Ich will erneuerbare Energien fördern. In Ghana haben wir das ganze Jahr über Sonne und produzieren Hunderttausende Tonnen von pflanzlichen Abfällen. Wir müssen das nutzen. Bei meinem Besuch in Deutschland habe ich mir Biogasanlagen angeschaut.

Was erwarten Sie von Europa? Ist das Ziel, den CO_2-Ausstoß bis 2020 um mindestens 20 Prozent unter den Wert von 1990 zu senken, ausreichend?

Nein, die Europäer sollten ihr Ziel auf minus 30 Prozent erhöhen. Bis 2050 kann die EU durchaus 80 Prozent erreichen. Aber auch Nationen wie China, Indien und Brasilien müssen konkrete Reduktionsziele auf den Tisch legen.

Frankfurter Rundschau vom 9. 12. 2010

Sherry Ayittey, Umweltministerin von Ghana

▸▸ **Die Dritte Welt: Burkina Faso und der Globalisierungsprozess, S. 379/380**

M6

„Ein großer Schritt nach vorne"

Ein Klimaexperte über die Verhandlungsergebnisse in Cancún:

Herrr Professor Edenhofer, hilft das Cancún-Ergebnis dem Klimaschutz?
Es hilft – und zwar doppelt. Cancún hat den Weg zur Fortsetzung des Kyoto-Protokolls freigemacht. Die Staaten der Erde werden über neue verbindliche Verpflichtungen zur CO_2-Reduktion verhandeln. Damit wird immerhin die Chance gewahrt, das Zwei-Grad-Limit der Erderwärmung noch einzuhalten. Das sollte man nicht zu gering schätzen. Der zweite große Pluspunkt ist die Absichtserklärung, einen grünen Klimafonds einzurichten, der ab 2020 rund 100 Milliarden Dollar pro Jahr für klimafreundliche Entwicklung und Anpassung investieren soll – das kann einen echten Schub geben.

Das Zwei-Grad-Limit ist nun erstmals offiziell in einem UN-Text fixiert worden. Aber Papier ist geduldig ...
Trotzdem macht es einen Unterschied. Die Verbindlichkeit ist viel größer als bisher. Das ist nicht genug, aber es ist besser als nichts. Außerdem wird das Ziel für eine gerade noch hinnehmbare Erderwärmung bis 2015 noch einmal daraufhin überprüft, ob es nicht sogar auf 1,5 Grad verschärft werden muss.

Einklagbar sind die Ziele nicht.
Richtig. Aber Cancún stärkt weltweit die Erwartung, dass es mit dem Klimaschutz weitergeht. Das ist keine Nebensache, denn es bedeutet: Unternehmen, die in Infrastruktur investieren – in Gebäude, Kraftwerke und Stromnetze, Verkehrswege –, müssen einkalkulieren, dass der CO_2-Preis steigt. Was bedeutet, dass sie ihre Risiken reduzieren, wenn sie „grün" investieren. Die Wahrscheinlichkeit nimmt zu, dass immer mehr Länder Emissionshandelssysteme nach dem EU-Modell einführen werden. Darauf stellen sich die Akteure in der Wirtschaft ein. Dieses Management von Erwartungen ist ungeheuer wichtig.

Ottmar Edenhofer, Vizepräsident des Potsdam-Instituts für Klimafolgenforschung und Professor an der TU Berlin:

Wie groß ist die Lücke zwischen den von den Staaten bisher angepeilten nationalen CO_2-Zielen und dem, was nötig wäre?
Noch sehr groß. Würde hier nicht nachgelegt, bekämen wir eine 3,5-Grad-Welt. Das brächte gefährliche Klimaveränderungen. Aber in Cancún wurde ein Fahrplan festgesetzt, um genau das abzuwenden: Beim Gipfel 2011 in Südafrika wird entschieden, ab wann der globale CO_2-Ausstoß sinken muss und wie schnell. Die USA und China haben da ihre Blockade aufgegeben – ein großer Schritt nach vorne.

Aber verbindliche Zusagen von den USA und China, die zusammen für über 40 Prozent des CO_2-Ausstoßes verantwortlich sind, gibt es nicht. Macht das die Vereinbarung nicht wertlos?
Nein, keineswegs. Die USA und China haben sich aufeinander zubewegt. Und vor allem China schaltet schon jetzt stark auf grünes Wachstum um. Beide werden in Durban nachlegen.

Frankfurter Rundschau vom 13. 12. 2010, S. 3 (Interview: Joachim Wille)

4 Formuliert einen Protestbrief an die nächste internationale Klimakonferenz aus der Sicht eines Einwohners von Ghana (M5).

5 Erläutert, welche konkreten Vereinbarungen auf Klimakonferenzen getroffen werden müssten. Stellt hierzu einen Katalog von Maßnahmen und Vereinbarungen auf (M6).

PERSPEKTIV-
WECHSEL

„Wir haben den Krieg mit der Erde angefangen“

[...] Der frühere US-Vizepräsident Al Gore hat bei der Verleihung des Friedensnobelpreises zu einer Mobilisierung gegen den Klimawandel aufgefordert, wie man sie bisher nur von Kriegen kennt. Gore sagte in Oslo bei der Entgegennahme des Preises, den er mit dem UN-Klimarat teilt: „Wir Menschen haben es mit einem globalen Notfall zu tun. Die Erde hat jetzt Fieber. Und das Fieber steigt.“

Der indische Chef des Weltklimarates, Rajendra Pachauri, erklärte, die Eindämmung der globalen Erwärmung sei die „vielleicht entscheidende Sicherheitsfrage unserer Zeit“.

Das norwegische Nobelkomitee begründete die Vergabe des Preises an den 59-jährigen US-Politiker und den 1988 gegründeten Weltklimarat mit deren erfolgreichen Bemühungen zur „Ausbreitung von größerem Wissen um die von Menschen verursachten Klimaänderungen“.

Gore sagte in seiner Dankesrede in Anwesenheit von Norwegens König Harald V. weiter: „Wir müssen schnell einen Weg finden, um unsere globale Zivilisation zu mobilisieren.“ Dies müsse mit der Dringlichkeit geschehen, wie es bisher nur geschah, „wenn Nationen für einen Krieg mobilisiert haben. [...] Ohne es zu bemerken, haben wir einen Krieg mit der Erde angefangen. Es ist Zeit, Frieden mit dem Planeten zu schließen“, sagte Gore.

Er erinnerte an den Zweiten Weltkrieg, bei dem eine frühere Generation „mit dem Sieg über den Faschismus die moralische Autorität zur Lösung der damaligen Krise gefunden hat“. „Wieder einmal ist es fünf vor zwölf“, sagte Gore. Das blieb nicht der einzige historische Vergleich: Statt eines „nuklearen Winters“, wie er während der Ost-West-Konfrontation als Folge eines Atomkriegs befürchtet wurde, drohe der Welt wegen des Ausstoßes von Klimagasen nun ein „Kohlendioxid-Sommer“, warnte Gore. [...]

Gore verlangte weiter ein komplettes Verbot für neue Kohlekraftwerke, sofern diese ihren

Gore (l.) und Pachauri bei der Preisverleihung

CO_2-Ausstoß nicht komplett unterirdisch lagern könnten. Nach dem Vorbild der EU müssten auch die USA und China einen „Preis für die CO_2-Verschmutzung“ durch den Handel mit Emissionsquoten bestimmen. Gore setzte sich außerdem für eine hohe Besteuerung von Treibhausgas-Emissionen ein.

Pachauri verwies in seiner Dankesrede für den Klimarat mehrfach auf den engen Zusammenhang zwischen Klimawandel und Friedenssicherung. Vor allem in Afrika und in dicht besiedelten Gebieten Asiens würde eine deutliche Erwärmung des Klimas zu Instabilität und nicht mehr kontrollierbaren Konflikten führen. „Trotzdem hat die Menschheit alle Möglichkeiten, dieser Bedrohung zu begegnen“, sagte Pachauri. Er hatte zuvor 2015 als das Jahr genannt, in dem aus wissenschaftlicher Sicht spätestens eine Verminderung der globalen Treibhausgas-Emissionen erreicht sein müsse.

Der Friedensnobelpreis ist mit zehn Millionen schwedischen Kronen (1,1 Millionen Euro) dotiert. Im letzten Jahr wurde der Bankier Mohammed Yunus (67) aus Bangladesch für seine Mikrokredite zur Armutsbekämpfung ausgezeichnet. Letzter deutscher Preisträger war 1971 der damalige Bundeskanzler Willy Brandt (1913–1992) für seine Entspannungspolitik gegenüber osteuropäischen Ländern.

Welt Online vom 10. 12. 2007

1 Arbeitet heraus, welche historischen Vergleiche Al Gore hier bemüht.
2 Erläutert, was er damit bezwecken will, auch mit Blick auf die US-Öffentlichkeit.
3 Beschreibt den Zusammenhang zwischen Klimawandel und Friedenssicherung.

Wichtiges zusammengefasst

KOMPAKT

- **Treibhauseffekt und Klimawandel**
  Der Zusammenhang zwischen Industrialisierung, Treibhauseffekt und Klimawandel (und Wetterextremereignissen) wird heute kaum noch bestritten. Auch wenn noch nicht alle Mechanismen genau erforscht sind, werden die volkswirtschaftlichen Kosten als immens eingeschätzt. Für heutige Versäumnisse werden die nächsten Generationen aufkommen müssen. Wichtige Faktoren bei der Treibhausgas-Emission sind dabei die Energieerzeugung, Verkehr, Industrie, private Haushalte und Landwirtschaft.

- **Einsparpotenziale**
  Einsparpotenziale sind vorhanden, sie müssen aber auch politisch gewollt und gefördert werden. Auch durch eine Änderung des individuellen Konsum- und Mobilitätsverhaltens kann dem Klimawandel entgegengewirkt werden. Der **ökologische Fußabdruck** beschreibt den Flächenbedarf, der benötigt wird, um Konsumgüter nachhaltig zu produzieren.

- **Ernährung und Regenwaldabholzung**
  Der hohe Fleischkonsum in den USA und in Europa wirkt sich besonders klimaschädlich aus. Lebensmittel, die zum Beispiel in Lateinamerika unter Einsatz von Brandrodung des Regenwaldes hergestellt werden, dienen in Europa als Futtermittel für Schweine und Hühner. Durch die systematische Abholzung der Regenwälder wird das Gleichgewicht des Klimas erheblich gestört.

- **Wachstum**
  Der Wachstumsbegriff muss auf den Prüfstand. Höheres Wachstum bedeutet nicht mehr „Fortschritt", sondern in der Regel klimaschädliches und zukunftsfeindliches Verhalten. Das Prinzip der **Nachhaltigkeit** muss mit Wachstumserwartungen (und vermeintlichen Wohlstandserwartungen) in einen Ausgleich gebracht werden.

- **„Grüne Technologien" und erneuerbare Energien**
  Der Umweltschutz erfordert immer wieder technische Weiterentwicklungen. Grüne Technologien wie Recycling und energetische Optimierung, sowie erneuerbare Energien haben Zukunft, und zwar im doppelten Sinne: Sie schützen Klima und Umwelt, sparen Energie und schonen die Ressourcen. Außerdem sind sie Wachstumsmärkte und schaffen neue Arbeitsplätze.

- **Verkehrspolitik**
  Eine Verkehrspolitik, die vorrangig auf den Individualverkehr setzt, belastet unsere Städte und ist wenig zukunftstauglich. Eine kluge Verkehrspolitik darf als große politische und kulturell bedeutsame Herausforderung gelten. Hier gilt es zu experimentieren und erfolgreiche Verkehrsmodelle, die andere Länder entwickelt haben, zu übernehmen. Das Beispiel des Frankfurter Flughafenausbaus verdeutlicht jedoch, wie schwer wirtschaftliche Interessen und klimapolitische Ziele miteinander zu vereinbaren sind.

- **Internationale Klimapolitik**
  Klimaschutz ist eine individuelle, nationale, aber auch eine internationale Aufgabe. Der Weltgemeinschaft ist es bislang nicht gelungen, einen gerechten Ausgleich zwischen unterentwickelten, sich entwickelnden und hochindustrialisierten Ländern herzustellen. Arme Länder argumentieren mit guten Gründen, dass die reichen Länder in der Vergangenheit und in der Gegenwart den größten Anteil am Klimawandel hatten bzw. haben. Es gibt erste Ansätze zu internationalen Vereinbarungen, aber diese sind noch lange nicht ausreichend. Die Industrieländer sind dazu aufgefordert, sich zur Verminderung des Ausstoßes von Treibhausgasen zu verpflichten, indem sie mess- und überprüfbare Ziele formulieren.

10. Arbeits- und Berufswelt im Wandel

1

- Was will ich werden?
- Welcher Beruf passt zu mir?
- Welche Rolle spielt der Mensch im Arbeitsprozess?
- Wie kann Arbeit gerecht verteilt werden?
- Wie sieht die Berufswelt von morgen aus?

2

3

10.1 Die Qual der Wahl: Was will ich werden?

M1 Jugendliche erzählen:

Anne

In der Schule habe ich Spaß an den Naturwissenschaften. Ich werde das Abitur machen. Ich möchte in meinem Beruf Eigenverantwortung tragen. Das Einkommen ist mir wichtig. Für eine Ausbildung würde ich auch von zu Hause ausziehen. Vielleicht werde ich Medizin studieren. Ich weiß, dass man für das Studium einen guten Abschluss, Durchhaltevermögen und Disziplin braucht, sonst kann man das nicht schaffen. Vor dem Studium würde ich gerne ein Soziales Jahr in der Klinik machen. Da bekomme ich den besten Einblick in den Pflege- und den Medizinbereich.

Manuel

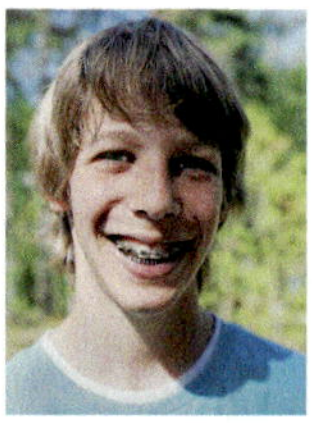

In der Schule habe ich oft das Amt des Klassensprechers oder des Schulsprechers. Ich organisiere gerne und überlege mir, wie man etwas gestalten könnte, um einen großen Nutzen für alle daraus zu ziehen. Ich arbeite gerne mit anderen zusammen. In den Fächern Deutsch und Englisch bin ich ganz gut. Ein größeres Unternehmen, in dem es viele Arbeitsbereiche gibt, fände ich spannend. Vielleicht lerne ich einen Beruf in der öffentlichen Verwaltung, in einem Betrieb oder im Hotelwesen.

Sarah

Ich schauspielere und fotografiere sehr gerne. Ich mag kuriose Ideen. An der Schule haben wir eine Theater-AG, an der ich teilnehme. Am liebsten mag ich Deutsch und Kunst. Abwechslung in meiner Freizeit ist mir sehr wichtig. Ich kann lange an einer Sache dranbleiben, bis ich zufrieden bin. Im Schulpraktikum war ich an einem kleinen Theater. In künstlerischen Berufen muss man risikofreudig sein und darf nicht nur an einem Ort bleiben wollen. Kommunikationsdesign oder Medientechnik kann ich mir gut vorstellen. Vielleicht schaffe ich es ja auch an eine Schauspielschule.

Paul

Ich will in meinem Beruf auf jeden Fall mit Menschen zu tun haben. Abwechslung im Alltag ist mir sehr wichtig. Die Ausbildung sollte nicht so lange dauern wie ein Studium. Das Einkommen ist für mich zweitrangig. Aufstiegschancen? Ja, ich kann mir schon vorstellen, dass mir das einmal wichtig sein könnte. Ich hatte mir überlegt, Heilerziehungspfleger zu lernen. Darauf kann man gut aufbauen oder Zusatzqualifikationen erwerben. Für die Ausbildung brauche ich die Mittlere Reife.

Claus

Ich möchte mich in meinem Beruf bewegen können. Ich möchte mit den Händen arbeiten. Mit Werkzeug und Köpfchen. In der Schule interessieren mich Physik und Technik. Ich werde mich auf jeden Fall nach einem technischen Beruf erkundigen. Vielleicht sehe ich mich auch nach Ausbildungen in der Landwirtschaft oder Forstwirtschaft um. Ich werde den Hauptschulabschluss machen. Auf eine weiterführende Schule will ich erst mal nicht. Ich möchte schnell unabhängig von meinen Eltern sein und eigenes Geld verdienen.

aus: Fit für den Job; www.jobfit.jugendnetz.de (Zugriff am 24. 3. 2011)

▸▸ Anregung für die Durchführung eines Praktikums, S. 288/289

▸▸ Schüleraustausch/Studieren in Europa, S. 320/321

GLOSSAR

Arbeit

M 2 Studium oder Ausbildung?

Gründe, die für ein Studium sprechen:

- Bestimmte berufliche Ziele lassen sich ohne ein Studium nicht erreichen bzw. benötigen einen akademischen Grad.
- Innerhalb eines Studiums entwickelst du Fähigkeiten und Fertigkeiten (z. B. wissenschaftliches Arbeiten), die man in einer Ausbildung nicht erlangen kann, die aber in vielen Berufssegmenten gefragt sind.
- „Lebenslanges Lernen" wird immer selbstverständlicher. Ein Hochschulabschluss zeigt, dass du den Willen hierzu hast!
- Als Akademiker ist die Gefahr, später arbeitslos zu werden, bedeutend geringer als bei anderen Qualifikationsgruppen.
- Bestimmte Unternehmenshierarchien erreicht man nur mit einem Hochschulabschluss.

Gründe, die für eine Ausbildung sprechen:

- Wer eine Ausbildung anstatt eines Studiums wählt, ist nahezu immer früher fertig und verdient somit schneller eigenes Geld.
- Mit dem ersten selbst verdienten Geld steigt die finanzielle und auch persönliche Unabhängigkeit bzw. Selbstständigkeit.
- Eine Ausbildung ist leichter zu finanzieren als ein Studium.
- Der erste Schritt ins Berufsleben ist nach einer Ausbildung bereits getan.
- Wer grundsätzlich lieber praktisch als theoretisch arbeitet, sollte es eher mit einer Ausbildung versuchen.
- Viele Studiengänge unterliegen einem sogenannten „Numerus Clausus" (NC). Der Zugang zu einem Ausbildungsplatz ist häufig einfacher und direkter möglich.
- Viele Berufe ermöglichen einen Quereinstieg auch mit einer Ausbildung. Gerade in wirtschaftlich schlechten Zeiten ist Berufserfahrung häufig mehr nachgefragt als theoretisches Fachwissen.

www.studium-ratgeber.de/studium-oder-ausbildung.php (Zugriff am 24. 3. 2011)

M 3 Besser ausgebildet, seltener arbeitslos

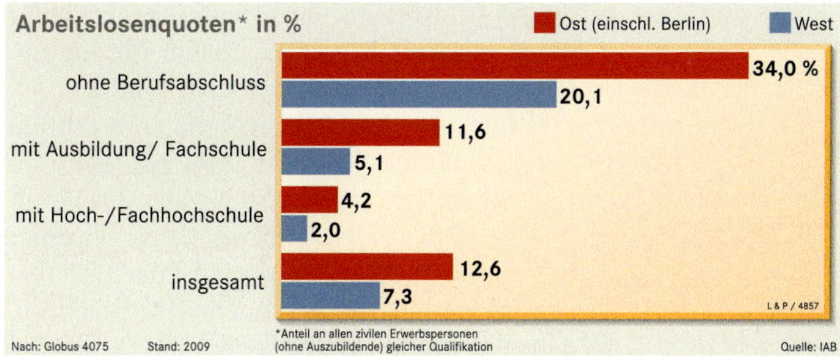

M 4 Bildung zahlt sich aus

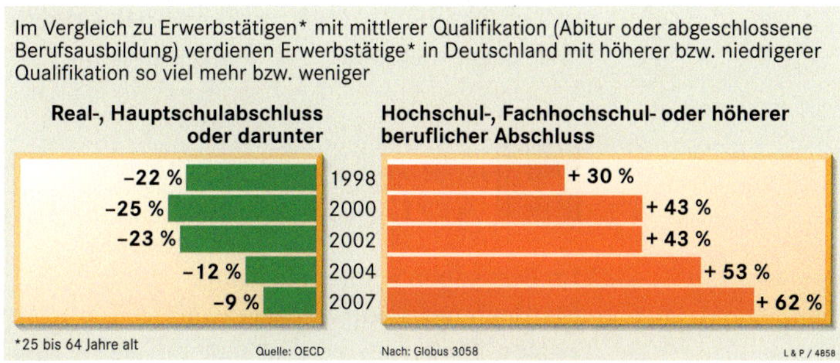

M 5 Was ein Studium kostet

Wohnungskosten (Miete und Nebenkosten)	210 - 348 €
Ernährung	140 - 163 €
Fahrtkosten (wenn nur Öffentlicher Nah- und Fernverkehr)	35 €
Fahrtkosten (wenn nur Auto)	116 €
Kleidung	43 - 54 €
Kommunikation (Telefon, Internet, GEZ, Post)	35 €
Lernmittel	28 - 86 €
Krankenversicherung, Arztkosten und Medikamente	0 - 120 €
Freizeit, Kultur und Sport	63 €
Semesterweise auftretende Kosten (auf Monat umgelegt, z. B. auch Studiengebühren)	8 - 100 €
Mindestkosten insgesamt (günstigster vs. ungünstigster Durchschnitts-Fall, im Einzelfall kann es also auch noch teurer oder - sehr selten - günstiger gehen)	**562 - 1 085 €**

Daten auf der Grundlage der im Sommersemester 2009 erfolgten 19. Sozialerhebung des Deutschen Studentenwerks, www.studis-online.de

1 Vergleicht die Berufswünsche der Jugendlichen und ihre Motive (M 1).

2 Formuliert – ähnlich wie die Jugendlichen – eure Berufsvorstellungen und -erwartungen (M 1).

3 Wertet M 2 bis M 5 aus und diskutiert die Frage: „Studium oder Ausbildung?"

M6 In den Fußstapfen der Eltern

◀◀ Rollen in der Familie, S. 36/37

◀◀ Chancengleichheit, S. 54/55

Eltern sind für die Berufswahl ihrer Kinder die wichtigsten Ratgeber. Zudem werden unbewusst Verhaltensmuster übernommen. Zumeist orientieren sich Jugendliche an ihrem Vater. Laut einer Forsa-Umfrage [...] ist für 50 Prozent der Jugendlichen der Vater das berufliche Vorbild. Nur 37 Prozent der Teenager orientieren sich an der Mutter. Zudem fühlen sich 60 Prozent der befragten Heranwachsenden und jungen Erwachsenen durch den beruflichen Erfolg ihrer Eltern unter Druck gesetzt, ebenfalls Karriere zu machen.

„Kommunikationsstile, Streitkultur, Ehrgeiz und auch die Rolle im Team sind oftmals stärker durch unsere Eltern geprägt, als wir es selber zugeben wollen“, erklärt Coach Hendrichs. Aber es geht auch anders herum. „Oft erkenne ich eine Orientierung am Gegenkonzept der Eltern“, sagt der Hamburger. Viele seiner Klienten wollten nicht in das Handlungsschema der Eltern verfallen und suchten Berufe, „die scheinbar weit weg davon sind“. Besonders oft entscheiden sich Kinder stark erfolgreicher Eltern für diesen Weg der Abgrenzung. Kinder wünschen sich die Anerkennung und den Stolz der Eltern. Ist aber die Karriere des Vaters oder der Mutter so groß und scheint nicht wiederholbar, müssen eigene Wege gegangen werden. Dies ist umso mehr der Fall, wenn Eltern den Erfolg ihrer Kinder über deren Berufsverlauf definieren.

aus: Zeit-Online vom 23. 9. 2009, Verf.: Sabine Bomeier, www.zeit.de (Zugriff am 24. 3. 2011)

M7 Arzt, so wie im Fernsehen

Im Fernsehen wimmelt es von Herzchirurgen, Stardesignern und Rechtsanwälten. Die fiktionalen TV-Serien zeigen aber ein völlig verzerrtes Bild der Berufswelt: Zu diesem Schluss kommt eine neue Studie von Kommunikationswissenschaftlern der Universität Münster.

„Die Berufswelt in den Serien hat mit der Realität wenig gemein“, erläuterte eine Sprecherin. „Während fast jeder Dritte der knapp 40 Millionen berufstätigen Deutschen im Jahr 2007 in der Produktion beschäftigt war, ist es in den Serien nur etwa ein Prozent. Dagegen arbeiten in den Serien je 30 Prozent in der Gastronomie und im Bereich der sonstigen Dienstleistungen. In der Realität sind diese Berufsgruppen mit drei und sieben Prozent wesentlich kleiner.“

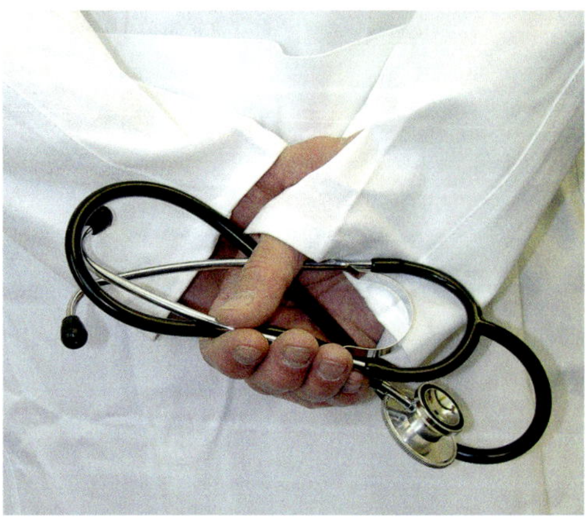

Den Angaben zufolge sind 35 Prozent der Serien im deutschen Fernsehen thematisch in den Bereichen Verwaltung und Verteidigung angesiedelt. „19 Prozent spielen im Gesundheits- und Sozialwesen“, so die Sprecherin.

Das Institut für Kommunikationswissenschaft [...] hat die Berufsdarstellungen in TV-Serien analysiert und auch die Folgen bei jungen Zuschauern untersucht. Es wurden gut 1 300 Schülerinnen und Schüler zu Berufsvorstellungen je nach Mediennutzung untersucht. Dieses verzerrte Bild der Berufswelt wirkt sich nachhaltig auf die Berufsvorstellungen Jugendlicher aus: So steigt beispielsweise der Wunsch, im Gesundheitswesen zu arbeiten, signifikant mit dem Konsum von gesundheitsbezogenen Serien an.“

Allgemein unterschieden sich die Berufswünsche von Jugendlichen erheblich von der realen Berufsverteilung, auch wenn sie nicht ganz so stark von der Realität abwichen wie die Berufswelt in den Serien, hieß es. „Das Interesse am Handwerksgewerbe beispielsweise ist wohl auch deshalb gering, weil zugehörige Berufsfelder im Fernsehen keine Rolle spielen“, sagte die Universitätssprecherin zu den Ergebnissen.

aus: Süddeutsche Zeitung vom 5. 1. 2011

M8 Berufe haben ein Geschlecht

Sich für einen Beruf und gegen einen anderen zu entscheiden, hat oft wenig mit den Inhalten zu tun und mehr damit, wie wir uns als Männer oder Frauen verstehen. Bestimmte Berufe rufen bestimmte Bilder in den Köpfen hervor. Eine Verkäuferin, eine Lehrerin, eine Erzieherin wird eher mit „weiblich“ assoziiert als eine Frau im Blaumann, die an einem Auto schraubt.

Das „Doing Gender“ bei der Berufswahl beschränkt sich nicht auf traditionelle Tätigkeiten. In den IT-Berufen tut sich eine neue Geschlechterkluft auf. Als das Studium der Informatik an den Unis noch als Orchideenfach galt, wurde es gern von Frauen gewählt. Seit das Fach den Zugang zu den Schaltstellen der Informationsgesellschaft verspricht, sinkt der Anteil der Studentinnen. Auch im dualen Ausbildungssystem umweht die Informatik eine herbe männliche Note. Junge Frauen fühlen sich vom Beruf „DV-Kaufmann/Kauffrau“ nicht mehr angesprochen, seit er in „Informatikkaufmann/-frau“ umbenannt wurde – auch wenn sich an den Inhalten nichts geändert hat. Als aus dem Ausbildungsgang „mathematisch-technische(r) Assistent/Assistentin“ der/die „Fachinformatiker/in“ wurde, sank der Frauenanteil von 60 auf 28 Prozent. Offensichtlich glauben viele, „Assistentin“ sei etwas typisch Weibliches.

Ein Vater, der seine Tochter ermuntert, mit Bohrmaschine, Feile oder Computer umzugehen, eine Lehrerin, die SchülerInnen Praktika in einer Elektronikwerkstatt vermittelt, eine Freundin, die Schreinerin lernt, können hilfreich sein. Aber dann ist da immer noch die Berufsberaterin im Arbeitsamt, die zu einer Ausbildung als Altenpflegerin rät, da sind die gleichaltrigen Freunde, die Mädchen im Blaumann doof finden oder meinen, Computer seien Männersache.

aus: TAZ vom 13. 9. 2003, Verf. Claudia Pinl, www.taz.de (Zugriff am 10. 5. 2011)

M9 Die Top Ten der Ausbildungsberufe

INFO

Doing Gender: „Herstellen“ von Geschlecht

◂◂ Jungen und Mädchen – Benachteiligung heute, S. 56/57

▸▸ Werden Frauen in der Arbeitswelt benachteiligt?, S. 188/189

4 Arbeitet die Einflussfaktoren heraus, die die Berufsentscheidung von Jugendlichen prägen (M6–M8).

5 Überprüft die Aussagen von M8 an den „Top Ten der Ausbildungsberufe“ (M9).

6 Hinterfragt eure eigenen Berufsvorstellungen und -wünsche im Hinblick auf mögliche Einflussfaktoren.

7 Formuliert unter Einbezug aller Materialien Kriterien, die bei der Berufswahlentscheidung berücksichtigt werden sollten.

10.2 Arbeits- und Berufswelt im Wandel: Das Beispiel Opel

Die Arbeitswelt veränderte sich über Jahrhunderte hinweg nur geringfügig. Mit der Industrialisierung im 19. Jahrhundert setzte ein tief greifender Wandel ein, der nicht nur die Berufe, Arbeitsplätze und Arbeitsbedingungen „revolutionierte", sondern auch die Lebenswelt der Menschen erfasste und die gesamte Gesellschaft veränderte.
Am Beispiel Opel lässt sich dieser Prozess nachvollziehen: der Weg von einer weitgehend von (industrieller) Handarbeit geprägten Produktion bis hin zur computergestützten, global vernetzten „schlanken Fabrik" der Gegenwart.

M 1 Viermal Autoproduktion

1. Wagenmontage bei Opel um 1900

2. Autoproduktion bei Opel Rüsselsheim 1927

3. Teamarbeit bei Opel in Eisenach Anfang der 90-er Jahre

4. Autoproduktion bei Opel Rüsselsheim 2002

M2 Schöne neue Arbeitswelt?

Frederic Winslow Taylor, geboren 1856 in Germantown (Pennsylvania), widmete sein ganzes Leben dem Wesen der Effizienz in den Betrieben. Als er am Morgen nach seinem 59. Geburtstag starb [...], sollte die Welt nicht mehr sein, wie sie vor ihm war. [...]
Taylor sezierte die Arbeit [...] in Bewegungsabläufe, in immer kleinere Abläufe, maß sie in Zeit und Raum, fügte sie neu zusammen, trennte sie in richtige und falsche Arbeitsmethoden und gab ihnen schließlich seine Richtung: höhere Produktion, niedrigere Kosten, höherer Profit, höherer Lohn.
In seiner Vorstellung verschmolzen die menschlichen und maschinellen Teile zu einem unscheidbaren Organismus: zu einem Mensch-Maschine-System, in dem „Arbeiter und Maschine ihren höchsten Nutzeneffekt erreicht haben". [...] Die Zerlegung der Arbeit in immer kleinere Schritte bestimmte und normierte fortan den Takt der Arbeitswelt. [...]

Die Produktion als System war gefunden und zwang künftig den Gesellschaften ihre Ordnung auf. [...] Traditionelle Gesellschaftsschichten wie die Bauern verloren an Boden, neue stiegen auf. Die Führungskaste der Manager entstand und trat an die Stelle der Firmenpatriarchen. Zu Beginn des Jahrhunderts stand einem versprengten Häuflein Angestellter mit weißem Kragen ein Heer von Arbeitern im Blaumann gegenüber.
Von den USA aus trat die zweite industrielle Revolution ihren Siegeszug an, deren Symbol das Fließband [1913 von Henry Ford in seinem Automobilwerk in Highlandpark eingeführt] wurde. Industrialisierung hieß fortan Massenproduktion. Und Massenproduktion wurde zum Synonym der Moderne. [...]
Über Jahrhunderte hatte sich der Wandel für die Menschen wie ein zäher, ruhiger Fluss vollzogen. Bis ins 18. Jahrhundert lebten rund 80 Prozent der Europäer auf dem Land und arbeiteten in der Landwirtschaft. Die Natur bestimmte den Rhythmus ihrer Arbeit. Was der Mensch an Gütern zum Leben benötigte, wurde in Handwerksarbeit hergestellt – von Töpfern, Schmieden, Webern.
Knapp hundert Jahre der industriellen Revolution reichten, die mittelalterliche Arbeitswelt auszulöschen. Die Arbeit verlagerte sich in die Hallen der Fabriken, Stechuhren und Maschinen bestimmten fortan den Tagesablauf der Menschen.

aus: Das Jahrhundert des Kapitalismus: Die moderne Fabrik, in: Der Spiegel, 26/1999, S. 120f., Autor: Markus Dettmer

INFO
sezieren: zerlegen

1 Beschreibt die einzelnen Bilder M1 im Detail und vergleicht sie miteinander: Welche Unterschiede stellt ihr fest? Welche Entwicklungen sind erkennbar?

2 Erklärt die „revolutionären Veränderungen", die sich mit Frederic Winslow Taylor verbinden. Welches Ziel verfolgte er? Mit welchen Mitteln setzte er es in die Wirklichkeit um? Welche Rolle spiel(t)en die Menschen in seinem System, dem Taylorismus (M2)?

M3 Opel führt die Fließbandarbeit ein

Mit dem Ziel, wieder eine sichere Position im Automarkt zu gewinnen, investierte Opel kurz nach der Währungsreform eine Million Goldmark in die Modernisierung der Automobilfertigung. Als erster deutscher Hersteller führten die Rüsselsheimer 1924 die Großserienproduktion mit Fließbandtechnik ein. [...] Dank des neuen Produktionsverfahrens sank der Verkaufspreis von ursprünglich 4 500 Mark bis auf 1 990 Mark im Jahr 1926. Damit rückte für viele Menschen der Autobesitz in greifbare Nähe.

aus: www.opel.de (Zugriff am 24. 5. 2011)

M4 Bei Opel am Fließband – der gelernte Sattler Ludwig B.

„Nehmen wir mal ‚die Räder festmachen'. Sie sitzen so da, am Nierenkasten mit Schrauben. Nur die Muttern. Der Wagen kommt angefahren, Sie nehmen zwei Muttern, drehen sie ein bisschen an, fertig, weiter, der Nächste.

Der Nächste dreht am selben Rad auch zwei oder drei Schrauben rein. Dann geht der weg – da hintendran hängt der Pressluftschlauch runter, packt ihn, setzt ihn rein an die Schraube, drückt ab. Pistolengriffartig der Abzug: prrr macht's – fertig sind die Schrauben. Und das machen Sie von morgens bis abends – nur die Schrauben. Glauben Sie, dass Sie mit der Zeit überschnappen? Wenn Sie mal wegwollen, austreten, da müssen Sie Bescheid sagen, dass ein Springer kommt. [...] Und wenn er kommt, macht er weiter. Das ist so eine richtige Zuchthausarbeit, wo keiner direkt was lernt dabei."

aus: Peter Schirmbeck (Hrsg.): „Morgen kommst du nach Amerika". Erinnerungen an die Arbeit bei Opel 1917–1987, Bonn 1988, S. 85

M5 Opel führt die Teamarbeit ein

Heute [1993] stehen die Unternehmen am Vorabend einer zweiten industriellen Revolution. Wiederum geht es um die Verwirklichung neuer Herstellungsverfahren, die sich den veränderten wirtschaftlichen Rahmenbedingungen anpassen. [...] Doch anders als vor 70 Jahren stehen diesmal nicht die Maschinen, sondern die Menschen im Mittelpunkt des Veränderungsprozesses.

Teamarbeit im Fertigungsbereich, Opel-Werk Eisenach

Opel hat ein richtungweisendes Produktionssystem entwickelt, das nicht nur den aktuellen Anforderungen nach höherer Produktivität, noch besserer Qualität und geringeren Kosten entspricht, sondern auch den Wünschen der Mitarbeiter nach mehr Eigenverantwortung und Abwechslung entgegenkommt. Nicht das Fließband, sondern die Menschen bestimmen künftig bei Opel den Ablauf der Tätigkeiten. [...]

- Die Beschäftigten arbeiten in Gruppen, die neben der reinen Montagetätigkeit auch Aufgaben wie Qualitätssicherung, Instandhaltung und Materialbereitstellung übernehmen.
- Die Qualität hat oberste Priorität. Jeder Mitarbeiter kann bei Qualitätsproblemen die Produktion stoppen.
- Die Mitarbeiter haben Gelegenheit, Arbeitsplätze und Arbeitsabläufe kontinuierlich zu verbessern.
- Die innerbetrieblichen Zusammenhänge werden jederzeit transparent gemacht. Klare Zielvorgaben und konsequente Zielkontrollen dienen der Erfassung und Beseitigung von Problemen.

aus: Adam Opel AG (Hrsg.), Das Opel Produktionssystem, Rüsselsheim 1993, S. 7

M6

Opel heute: Rolle rückwärts am laufenden Band

Das Fließband in der Autoproduktion ist zurückgekehrt. Richtig ausrangiert war es nie. Von der Gruppenarbeit, zwischendurch als humane Arbeitsform gepriesen, ist wenig geblieben. [...]

Bernhard Hortsch und seine drei Kollegen bauen Airbags ein. [...] Kissen untern Arm klemmen, den Poka-Yoke-Schrauber aus der Aufhängung ziehen, vier Schrauben aus dem Materialkasten greifen. Das flache Kissen legt Hortsch aufs nackte Blech, dort, wo später die Rückbank eingebaut wird. Er zieht den Kopf ein und schwingt sich mit dem Oberkörper ins Auto. Er steckt die Schraube auf den Schrauber, setzt ihn in die vorgestanzte Öffnung, ein kurzes Surren, das Licht leuchtet, der Leuchtpunkt verschwindet, alles okay, nächste Schraube. Viermal. Er holt einen Stempel aus der Hosentasche, so groß wie ein Korken, und drückt ihn auf die vorgezeichneten Kästchen des Kontrollzettels, viermal. Stempel in die Hosentasche, raus aus dem Auto, Kissen untern Arm geklemmt. Das hat 60 Sekunden gedauert. [...]

Nach jeder Pause tauschen die vier Männer einer Gruppe ihren Arbeitsplatz. An den anderen Stationen hängen sie Airbags ein, verschrauben Massebänder und verlegen Kabelsätze.[...] Jeder der vier Arbeiter muss jeden Handgriff beim Airbageinbau beherrschen. Auch deshalb wird alle eineinhalb Stunden gewechselt. [...]

Das neue Werk ist fast so groß wie sieben Fußballfelder. [...] Zehn Minuten zu Fuß entfernt ist die alte Halle. [...] Im alten Werk ist ein Arbeiter über drei bis vier Stationen mitgefahren und hat mehrere Arbeiten erledigt. Wochen habe es gedauert, sagt Meister Pascal Fell, bis ein Beschäftigter angelernt war. Im neuen Opelwerk beschränkt man sich auf maximal eine Arbeit pro Station. Das begreift einer ganz schnell.

Wie viele Sekunden sind nötig, um ein Kabel anzuschließen? Wie lange dauert das Surren des Schraubers? Jeden Arbeitsschritt zerhacken die Zeitmesser in einzelne Handgriffe und legen fest, wie lange einer maximal dafür brauchen darf. Airbag einbauen: vier Mann, eine halbe Minute. Daran ist nicht zu rütteln. Aber auch Laufen, Bücken, Stehen, Hinsetzen kostet Zeit. Wie lang darf Hortsch brauchen, um sich auf sein Kissen zu schwingen? Das entscheidet die Gruppe. Ein Schritt ist ein Meter, ist eine Sekunde. Geht's auch schneller? Wer den Materialkasten näher zu sich heranzieht, spart einen Schritt, spart eine Sekunde. Optimieren ist unser Hauptjob, sagt Fell. Ziel ist, dass jeder jede Minute am Tag voll ausgelastet ist. [...]

Bernhard Hortsch hat gewechselt. Jetzt verlegt er Kabelsätze. [...] Das macht er heute, das macht er morgen, nächste Woche, nächstes Jahr. Immer in der gleichen Gruppe. Trotzdem sei es besser als im alten Werk. „Weniger Handgriffe, der Takt ist schneller, aber die Beine tun nicht mehr so weh wie früher, als wir auf dem Band mitlaufen mussten."

aus: Frankfurter Rundschau vom 29. 4. 2003, Verf.: Michaela Böhm

3 Gebt wieder, wie sich der Arbeitsprozess bei Opel verändert hat (M3–M6).

4 Arbeitet die jeweiligen Motive des Unternehmens heraus.

5 Beurteilt die Entwicklung bei Opel unter dem Gesichtspunkt der „Humanisierung der Arbeitswelt".

10.3 Strukturwandel und Arbeitsmarkt

GLOSSAR
Strukturwandel

Mit dem Begriff **Strukturwandel** werden grundlegende Veränderungen in der Wirtschaft bezeichnet, die gravierende Auswirkungen auf den Arbeitsmarkt und die gesamte Gesellschaft haben.
Diese Veränderungen können sich auf die gesamte Wirtschaft beziehen, wenn sich der Anteil der Branchen in der Wirtschaft verändert **(sektoraler Strukturwandel)**. Hierbei werden drei Sektoren unterschieden: der **primäre Sektor** (Land- und Forstwirtschaft, Fischerei sowie der Bergbau), der **sekundäre Sektor** (Industrie, Handwerk sowie Energie- und Wasserversorgung) und der **tertiäre Sektor** (Dienstleistungen). Je nachdem, welchen Anteil die Sektoren haben, spricht man von einer **Agrar-**, einer **Industrie-** und einer **Dienstleistungsgesellschaft**.
Veränderungen können sich aber auch innerhalb einzelner Sektoren **(intrasektoraler Strukturwandel)** vollziehen, wie das Beispiel Opel zeigt: die Veränderung der Produktion z. B. durch den Einsatz von Industrierobotern.

M1 Symbol der Industrialisierung

früher:

heute:

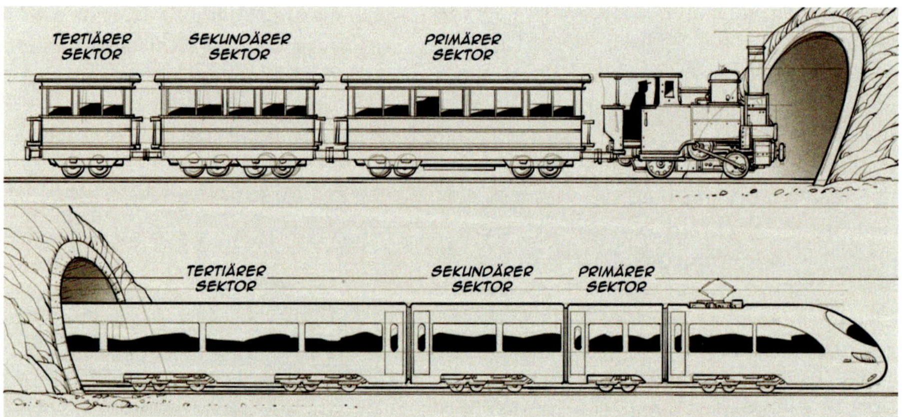

nach: Handelsblatt macht Schule: Unternehmen und Strukturwandel, 2. aktualisierte Auflage, Oldenburg 2006

M2 Wirtschaftsstruktur im Wandel

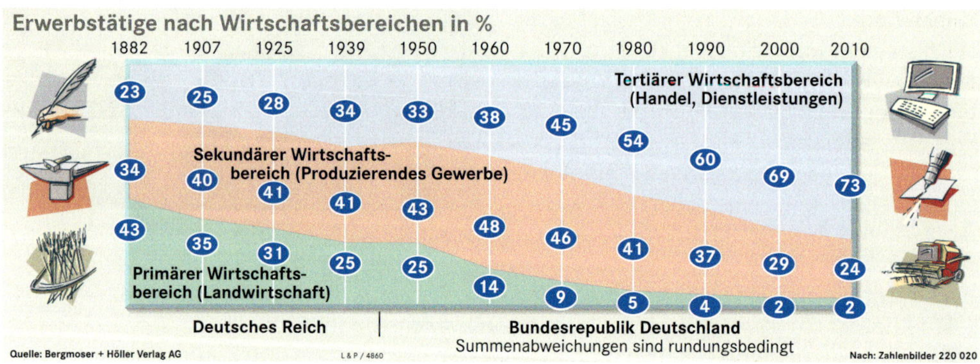

M3 Kollege Roboter

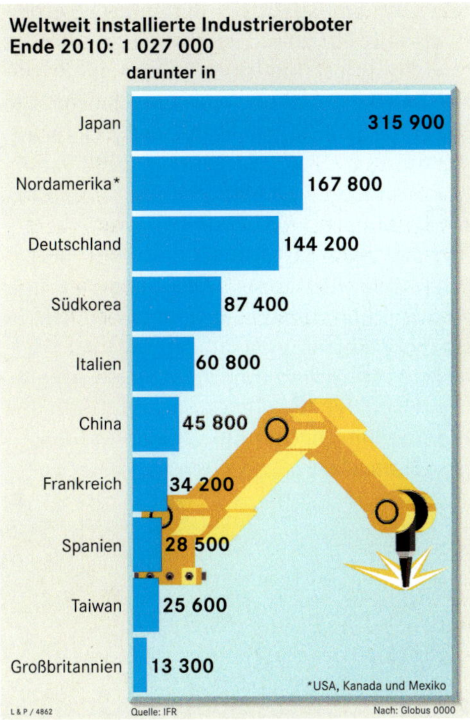

M4 Produktion und Beschäftigung in der Stahlindustrie

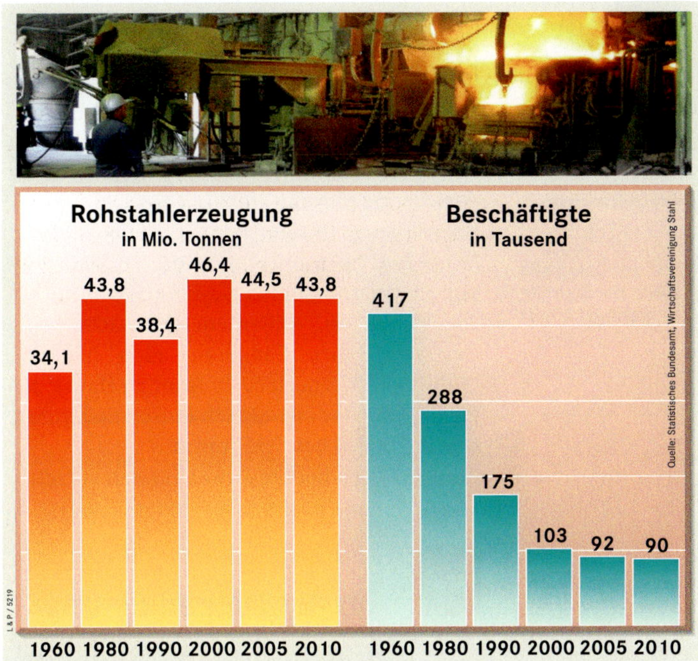

M5 Ursachen des Strukturwandels

Die ungeheuren Produktivitätsfortschritte in der [...] Güterherstellung - zusammengefasst unter dem Schlagwort Rationalisierung - setzen Arbeitskräfte im sekundären Sektor frei [...]. Der Dienstleistungssektor kann als Auffangbecken für diese „überflüssig" gewordenen Arbeitskräfte dienen, weil dort die Rationalisierung und die Produktivitätszuwächse zumindest teilweise stärkeren Einschränkungen unterliegen. So lassen sich zum Beispiel Schulunterricht oder Pflegedienste an alten Menschen nicht in dem Maße automatisieren wie die Montage von Autos oder Fernsehgeräten. Zudem erhöht sich [...] auch die private Nachfrage nach Dienstleistungen [...]: zum Beispiel stärkere Nachfrage nach Freizeitangeboten durch sinkende Arbeitszeiten, höherer Bedarf an Unterhaltung und Versorgung durch die Alterung der Bevölkerung oder vermehrte Nachfrage nach Reparatur- und Wartungsdiensten durch die Technisierung des Alltags.

nach: Geißler, Rainer, Entwicklung zur Dienstleistungsgesellschaft, in: Informationen zur politischen Bildung 269 (2000): Sozialer Wandel in Deutschland, S. 19 f.

1. Überprüft die Darstellung in den beiden Zeichnungen M1 am Wandel der Beschäftigungsstruktur in Deutschland M2.
2. Ermittelt, wann Deutschland durch den sektoralen Strukturwandel eine Industriegesellschaft, wann eine Dienstleistungsgesellschaft wurde.
3. Wertet die Grafiken zum Einsatz von Industrierobotern M3 und zum Produktivitätsfortschritt M4 aus und erläutert Ursachen und Folgen des Strukturwandels M5.

M 6 Computer und Internet auf dem Vormarsch

◂◂ Freizeitverhalten, S. 26/27

◂◂ Zeit am Computer – Wie die Zeit vergeht, S. 30/31

Computer und Internet prägen das Leben der Deutschen im Berufs- und Privatleben immer stärker. In den vergangenen fünf Jahren stieg allein der Anteil der Beschäftigten, die regelmäßig bei der Arbeit einen Computer nutzen, auf rund 60 Prozent im Januar 2008, wie das Statistische Bundesamt [...] mitteilte. Das war ein Zuwachs um 14 Prozentpunkte gegenüber dem Vergleichsjahr 2003 [...].

Im selben Zeitraum nahm [...] die Zahl der Menschen ab zehn Jahren, die zu Hause einen PC nutzten, um zwölf Prozentpunkte auf 76 Prozent zu. Außerdem gebrauchten die Deutschen ihre Computer auch häufiger: Während 2003 noch 62 Prozent zu Hause den PC täglich oder fast täglich einschalteten, waren es 2008 schon 75 Prozent.

Zum Teil noch höhere Zuwachsraten verzeichneten die Statistiker bei der Internetverbindung und -nutzung. Hier stieg die Zahl der zumindest fast täglichen Nutzer in Privathaushalten innerhalb von fünf Jahren um 20 Prozentpunkte auf 66 Prozent. Bei der Arbeit waren 2003 erst 31 Prozent, 2008 bereits 53 Prozent der Beschäftigten über Computer mit dem Internet verbunden.

Darüber hinaus verfügten Anfang Januar 2008 rund 21 Prozent der Computer nutzenden Unternehmen über ein Intranet. In der Mehrzahl konnten auf den organisationsinternen Netzwerken beispielsweise Arbeitsunterlagen für das Tagesgeschäft, Leitfäden und Handbücher heruntergeladen werden.

Spiegel-Online vom 27. 11. 2008, www.spiegel.de (Zugriff am 24. 3. 2011)

M 7 Von der Dienstleistungs- zur Wissens- und Informationsgesellschaft

GLOSSAR
Dienstleistung

Dieser Wandel wird oft auch als postindustrielle oder Informationsgesellschaft beschrieben; Daniel Bell (US-amerikanischer Soziologe) etwa hat den großen Einfluss der Wissenschaft und der Informations- und Kommunikationstechnologien hervorgehoben; weniger die Verarbeitung von Fabrikationsgütern als die von Information kennzeichnet diese Form von Wirtschaft und Beschäftigung. Inzwischen ist auch häufig von der Wissensgesellschaft die Rede. Wissen wird hierbei neben Kapital, Arbeit und Boden(-schätzen) zu einer eigenständigen Produktivkraft. Daneben kommt es zur Entwicklung von globalen digitalen Netzwerken – dem bekannten world wide web (www). Dadurch entstehen neue Branchen, Berufe und Tätigkeiten, wie etwa der Screen-Designer, der Webdesigner, der Multimedia-Kaufmann oder der Online-Redakteur.

Josef Schmid, Wer soll in Zukunft arbeiten? Zum Strukturwandel der Arbeitswelt, in: Aus Politik und Zeitgeschichte Nr. 48/ 29. 11. 2010

M8 Globalisierung und Strukturwandel: Wer gewinnt?

Obwohl die Unternehmen weiterhin Arbeitsplätze ins Ausland verlagern, wird in den kommenden 15 Jahren die Nachfrage nach Arbeitskräften fortlaufend stärker wachsen als das Angebot. [...] Zu diesem Ergebnis kommt eine aktuelle Studie (von 2010) der Bertelsmann Stiftung über die Folgen der Globalisierung für den deutschen Arbeitsmarkt.

Nach Berechnungen der Stiftung geht [...] die Verlagerung von Arbeitsplätzen aus Deutschland ins Ausland ungebremst weiter. Insbesondere im produzierenden Gewerbe wird diese Tendenz noch weiter zunehmen und die Anzahl der Arbeitsplätze sinken. Anders dagegen bei den Dienstleistungen: Hier ist seit 2005 eine Trendwende zu beobachten. Obwohl Arbeitsplätze auch im Dienstleistungsbereich fortlaufend ins Ausland verlagert werden, steigt die Beschäftigung an, da der Bedarf größer wird als das Angebot, und im Inland mehr Arbeitsplätze geschaffen werden als verloren gehen. [...]

Immer entscheidender für die individuellen Zukunftsaussichten und die eigene Arbeitsplatzsicherheit wird der Grad der Qualifikation sein. Dabei wächst der Zwang zur Fortbildung. [...] „Grundsätzlich lässt sich feststellen, dass solche Arbeitsplätze gefährdet sind, die durch routinemäßige, manuelle Tätigkeiten geprägt werden, wie etwa bei der Bestückung oder Bedienung von Maschinen", so Eric Thode, Leiter der Studie bei der Bertelsmann Stiftung [...] Gefährdet seien aber auch Berufe mit mittlerem Qualifikationsniveau, wie Buchhaltung.

Weniger gefährdet durch die Globalisierung sind alle Arbeitsplätze, in denen entweder nicht in wiederkehrenden Routinen gearbeitet wird oder eine Nähe zwischen dem Arbeitsplatz und dem Leistungsabnehmer erforderlich ist. Dazu zählen alle Tätigkeiten, in denen analytische Fähigkeiten gefragt sind, wie Forschung, Entwicklung, Planung und Evaluation, sowie Berufe, die durch interaktives Handeln geprägt sind, wie Verkaufen, Delegieren oder Koordinieren. „Das Gebot der Stunde heißt darum Qualifikation", so Eric Thode. Besonders sicher seien zudem jene Tätigkeiten, die am Menschen erbracht werden oder an einen Ort gebunden sind. [...]

Besonders gefragt werden Akademiker sein: Der Bedarf steigt bis 2020 um rund 800 000 Universitäts- und 1,1 Millionen Fachhochschulabsolventen. [...] Gesucht werden demnächst aber auch Meister, Techniker und Fachschulabsolventen. Hier steigt das Arbeitsplatzangebot ebenfalls um mehr als eine halbe Million. Jeder dritte Arbeitnehmer in Deutschland wird in zehn Jahren einen entsprechenden Berufs- oder Universitätsabschluss vorweisen können.

nach: Pressemeldung der Bertelsmann Stiftung vom 28. 7. 2010, www.bertelsmann-stiftung.de (Zugriff am 24. 3. 2011)

▸▸ Neue Technologien, Kommunikation und Transport, S. 372/373

GLOSSAR
Globalisierung
Strukturwandel

M9 Expansionsbedarf nach Qualifikation

	Expansionsbedarf (Beschäftigte)	Anteile an den Beschäftigten (in Prozent)	
	2003 – 2020	2003	2020
ohne Berufsabschluss	798 000	12,0	9,0
mit Berufsabschluss	– 57 000	58,9	55,6
Meister-/Techniker-/Fachschulabschluss	542 000	10,8	11,8
mit Fachhochschulabschluss	1 176 000	18,3	23,6
mit Universitätsabschluss	885 000	ohne Angaben	

Quelle: www.bertelsmann-stiftung.de (Zugriff am 8. 4. 2011)

4 Arbeitet den Trend zur Informations- bzw. Wissensgesellschaft heraus (M6 und M7).
5 Erläutert die in M7 getroffene Aussage vom Wissen als „eigenständiger Produktivkraft".
6 Beschreibt und interpretiert die Karikatur auf S. 274.
7 Arbeitet die Folgen der Globalisierung für den deutschen Arbeitsmarkt heraus (M8, M9): Wer gewinnt, wer verliert?
8 Formuliert Schlussfolgerungen, die ihr aus der Beschäftigung mit dem Strukturwandel für eure spätere Berufswahlentscheidung treffen könnt.

◂◂ Karikaturen deuten, S. 232/233

10.4 Die Berufswelt verändert sich

M1 Jobs mit Zukunft

◂◂ Jobmaschine Green-Tech, S. 249

GLOSSAR

Erwerbsarbeit

Gerd Zika vom Institut für Arbeitsmarkt- und Berufsforschung und Robert Helmrich vom Bundesinstitut für Berufsbildung [...] haben erforscht, wie sich Arbeitskräfte-Bedarf und Arbeitskräfte-Angebot in verschiedenen Berufsgruppen entwickeln, wenn bisherige Trends fortgeschrieben werden.

Bei Gesundheits- und Sozialberufen wie Ärzten, Pflegern, Sozialarbeitern und Erzieherinnen erwarten sie [...] einen stark steigenden Bedarf. [...] Im Sozialsektor wird etwa die Zahl der Kita-Beschäftigten steigen, betonen Forscher. Im Gesundheitswesen werden insbesondere in der Altenhilfe und der ambulanten Versorgung Kranker neue Jobs entstehen [...]. Die klassische Gesundheitsbranche sei aber auch ein wichtiger Motor für Zulieferer wie die Medizintechnik und für neue Technologien. So sei das größte Anwendungsgebiet für Biotechnologie das Gesundheitswesen. Auch die Telemedizin, zu der die Fernüberwachung von Patienten gehört, gewinne an Bedeutung. [...]

Worüber sich der Forscher Zika selbst gewundert hat: Den ersten Platz beim Personalzuwachs belegen nach seiner Modellrechnung die Gastronomie- und Reinigungsberufe. In keiner anderen Berufsgruppe wird der Arbeitskräftebedarf demnach stärker steigen. [...] So werde es künftig mehr Catering und Essensdienste für Firmen und Altenheime geben. Hinzu kommt: Was früher die Hausfrau ehrenamtlich erledigte, das Putzen etwa, werde zunehmend Erwerbsarbeit. [...]

Die größte Überraschung ist die Prognose für technisch-naturwissenschaftliche Berufe wie Ingenieure: Hier erwarten die Forscher zwar einen wachsenden Bedarf. Rein rechnerisch sei aber kein Fachkräftemangel zu erwarten. Das bundesweite Angebot an Arbeitskräften ist demnach bis 2025 sogar ein bisschen größer als die Nachfrage. In einzelnen Regionen oder speziellen Ingenieur-Fachrichtungen gebe es durchaus einen Mangel, so Zika. „Er ist aber nicht so groß wie beispielsweise in den Gesundheits- und Sozialberufen.“ [...]

Wie es im Bildungssektor weitergeht, hängt stark von politischen Entscheidungen ab. Die Zahl der klassischen Lehrer wird eher sinken, weil die Schülerzahl schrumpft, vermutet Baethge. Wachsen könne der Bedarf an Sozialarbeitern und Psychologen, wenn Deutschland mehr Ganztagsschulen einrichtet. Nötig seien zudem mehr professionelle Fachkräfte in der Weiterbildung.

Und dann gibt es noch einen Mega-Trend, der viele Berufe betrifft: „Die Entwicklung zum Green Business ist unumkehrbar“, befindet Martin Wittig, Chef der Unternehmensberatung Roland Berger. Dazu gehören erneuerbare Energien, nachwachsende Rohstoffe und grüne Technologien zum Ressourcenschutz. Öko-Experten werden etwa im Maschinenbau, der Elektrotechnik und in der Beratung benötigt. Heute beschäftigt der Umweltsektor laut Bundesregierung 1,8 Millionen Menschen. Hilbert ist sicher: Künftig werden mehr Menschen mit Umweltschutz ihr Geld verdienen.

aus Frankfurter Rundschau vom 29. 01. 2010, Verf.: Eva Roth

M2 Entwicklung der Berufe

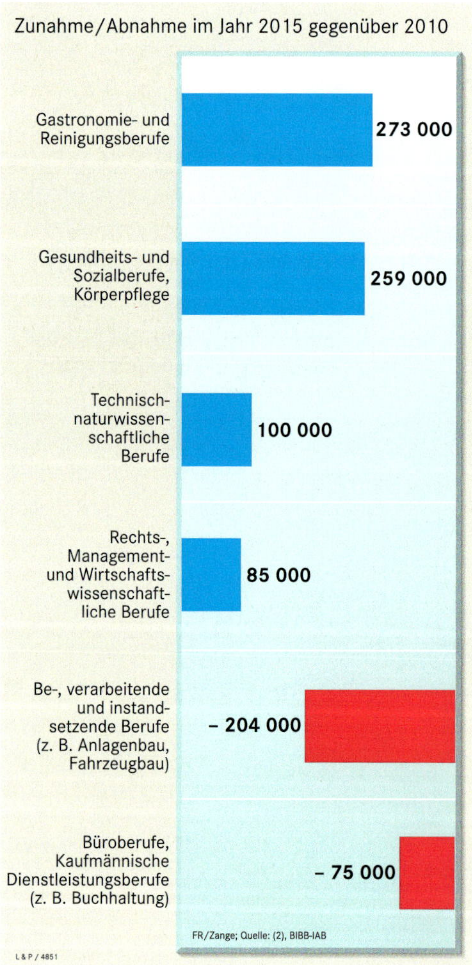

M3 Wer den Wandel verschläft, hat verloren

Früher war es einfacher, etwas zu werden, da galt das Prinzip: Das lerne ich, das bin ich und das werde ich auch bleiben. „Heute ist nicht mehr klar, was man einmal machen wird“, sagt Claudia Eckstaller, Professorin für Betriebswirtschaft an der Hochschule München. [...]
Eines zeigt sich immer deutlicher: Berufe verändern sich. Dumm nur, wenn man sich selbst nicht verändert. „Um attraktiv zu bleiben, muss man an sich arbeiten“, sagt Eckstaller. Das Lernen endet nicht mit dem Diplom oder Meisterbrief. Als das Internet kam, musste auch der Malermeister plötzlich Neues lernen, denn viele Aufträge kommen heute übers Netz. [...] Nehmen wir den Beruf des Arztes. Je nach Fachrichtung hat sich das Jobprofil dramatisch verändert. Mehr denn je brauchen Mediziner ein Gespür für Technisches. Sie müssen mit Lasertechnik umgehen können, mit Computerprogrammen. Die Zeiten, als Skalpell und Röntgenstrahlen genügten, sind vorbei. Wer diesen Wandel verschläft, den braucht die Arbeitswelt irgendwann nicht mehr.

aus: Süddeutsche Zeitung Online vom 18. 3. 2009, Verf.: A. Hagelüken und A. Mühlauer, www.sueddeutsche.de (Zugriff am 24. 3. 2011)

M4 Das Hobby als Beruf: Entertainerin im Netz

Daniela Weber geht einem Beruf nach, den es eigentlich noch gar nicht gibt: Die 26-Jährige ist Community-Moderatorin und Netzmanagerin. Für die Stuttgarter Internet-Plattform Superweb von der Agentur Frank und Freunde moderiert sie einen digitalen Treff, der von Jugendlichen im Alter zwischen 13 und 18 Jahren bevölkert wird. [...] Sichtbar wird ihr Eingreifen nur über die Beiträge, die sie regelmäßig in die Tastatur ihres Computers klopft. Dabei schlichtet sie Streitereien, wenn sich die Kommunikation zweier Jugendlicher verhakt hat, oder gibt Themenanstöße, wenn eine kreative Flaute herrscht. [...]
„Die meisten Jugendlichen sind Mitglieder von Internet-Communitys“, sagt Daniela Weber. Die Konkurrenz schläft nicht, deshalb muss sie immer wissen, was die Teenager bewegt. Das funktioniert nur, wenn sie deren Sprache versteht. Mädchen werden auf der Plattform zu getippten „M.eedchen“. „SaGn“ bedeutet sprechen. „Adden“ meint, etwas hinzufügen. „Anfangs dachte ich, die haben alle eine ausgeprägte Rechtschreibschwäche.“ Inzwischen hat sie fast alle Codes entschlüsselt.
Eine reguläre Ausbildung für Daniela Webers Tätigkeit gibt es nicht. Bevor sie das Internet als Berufsfeld für sich entdeckt hat, war sie Jurastudentin. „Das war nicht so mein Ding. Ich hab dann eine Ausbildung als Werbekauffrau bei der Agentur Frank und Freunde begonnen. Seitdem moderiere ich und bin für den Usersupport zuständig.“

aus: Stuttgarter Zeitung vom 7. 12. 2007, Verf.: Christine Pander (Zugriff am 24. 3. 2011)

1. Arbeitet heraus, in welchen Berufsfeldern die Arbeitsmarktforscher Zukunftsperspektiven prognostizieren (M1, M2).
2. Erläutert die Konsequenzen, die sich aus der Veränderung der Berufe ergeben und zieht Schlussfolgerungen im Hinblick auf eure derzeitige schulische und spätere berufliche Qualifizierung (M3).
3. Vergleicht den beruflichen Werdegang der „Entertainerin im Netz“ mit einer traditionellen Berufsbiografie (M4). Diskutiert Vor- und Nachteile einer solchen Berufswahl.

10.5 Schöne neue Arbeitswelt?

M1 Familienfreundlich arbeiten

Sigrun Eggerling, technische Beraterin bei IBM und Mutter von einem Zwei- und einem Einjährigen, hat sich für die 30-Stunden-Woche entschieden. Von ihrer Arbeitszeit verbringt sie 10 bis 15 Prozent zu Hause. Aus Sicht der Spezialistin, die auch viel bei Kunden unterwegs ist, hat die Abwesenheit vom Betrieb jedoch ihre Grenzen. „Wenn man zu häufig von zu Hause arbeitet, gehen persönliche Kontakte verloren, das Networking leidet." Die Kinder betreut der Mann, für den es als einziger Mann in der Krabbelgruppe zunächst ungewohnt gewesen sei. „Jetzt findet er die Sache aber interessant", erzählt die 36-Jährige.

Auch IBM-Eventmanagerin Esther Jeske, alleinerziehende Mutter eines sechsjährigen Jungen, braucht für ihre Arbeit nicht mehr als einen Laptop, eine Internetverbindung und ein Telefon. Deshalb kann sie ihre 80-Prozent-Teilzeitstelle an zwei Tagen in der Woche vom Home Office aus erledigen. Dienstag und Mittwoch sind dann ihre „Büro-Meeting-Tage", Freitag ist frei. Jeske schwärmt von dem flexiblen Modell: „Ich finde das super, für mich funktioniert das gut."

IBM gibt an, durchweg positive Erfahrungen mit den flexiblen Modellen gemacht zu haben. Manche Kandidaten würden sich sogar gezielt deswegen auf eine Stelle bei IBM bewerben.

aus: Zeit-Online vom 7. 2. 2011, www.zeit.de (Zugriff am 24. 3. 2011)

M2 Kaum noch Vollzeitjobs

Aus einer Studie im Auftrag der Gewerkschaft Ver.di:

◂◂ Arbeitslos – und nun?, S. 180/181

◂◂ Werden Frauen in der Arbeitswelt benachteiligt?, S. 188/189

◂◂ Armut und Reichtum – Was ist gerecht?, S. 190/191

Nur noch ein knappes Viertel aller Verkäuferinnen arbeitet Vollzeit, der Rest Teilzeit. „Viele Mitarbeiter würden gern Vollzeit arbeiten, aber volle Stellen werden immer weniger angeboten", sagt Arno Peukes, Fachbereichsleiter Handel bei Ver.di. Viele Azubis werden nur in Teilzeit übernommen. 80 Prozent der Teilzeit-Mitarbeiter stehen zudem in einem geringfügigen Beschäftigungsverhältnis, das heißt, sie arbeiten höchstens 15 Stunden pro Woche. Zum Leben reicht das nicht, jeder Sechste muss zusätzlich um Hartz IV bitten.

aus: Hamburger Morgenpost vom 19. 2. 2011, Verf.: Simone Pauls, www.mopo.de (Zugriff am 24. 3. 2011)

1. Erklärt den Begriff „Telearbeit" (M1).
2. Hinterfragt die betrieblichen Gründe, die Unternehmen zur Einführung von Telearbeit veranlassen, und diskutiert, ob diese Arbeitsform nur Vorteile für die Telemitarbeiter bringt.
3. Vergleicht die Gründe für Teilzeitarbeit in M1 und M2.

M3 Befristete Jobs boomen

Für viele Menschen wird der Wunsch nach einem sicheren Job trotz der wirtschaftlichen Erholung nicht in Erfüllung gehen. Im vorigen Jahr war jede zweite Neueinstellung befristet. [...] Der Anteil der befristeten Neueinstellungen stieg um sechs Prozentpunkte auf 49 Prozent, berichtet das Institut für Arbeitsmarkt- und Berufsforschung (IAB). Das sei zwar angesichts der schwierigen Lage nicht überraschend, so die Forscher. Dennoch sei die Entwicklung kritisch zu bewerten. Denn gerade für Berufseinsteiger bedeuten befristete Jobs Unsicherheit. Dies könne dazu führen, dass Paare ihren Kinderwunsch verschieben oder ganz aufgeben – und die Geburtenrate niedrig bleibt. [...]

aus: Frankfurter Rundschau vom 22. 11. 2010, Verf.: Eva Roth

INFO

Befristet beschäftigt:
von je 1 000 Arbeitnehmern hatten einen befristeteten Anstellungsvertrag:

1996	47
2000	63
2005	76
2009	88

M4 Minilöhne für Millionen

In Deutschland bekommt [...] inzwischen jeder Fünfte für seine Arbeit nur einen Niedriglohn. Rund 20,7 Prozent der Beschäftigten in Deutschland hätten 2008 einen Lohn unterhalb der Niedriglohnschwelle der Industrienationen erhalten, teilte das Institut für Arbeit und Qualifikation (IAQ) der Universität Duisburg-Essen mit. 6,55 Millionen Arbeitnehmer seien demnach im Niedriglohnsektor tätig – so viele wie nie zuvor. Innerhalb von zehn Jahren sei die Zahl der Niedriglohnempfänger um 2,3 Millionen Menschen gewachsen. Nach Berechnungen der OECD liegt die Schwelle für Westdeutschland bei 9,50 Euro, in Ostdeutschland bei 6,87 Euro. Mit rund 70 Prozent stellen die Frauen den weitaus größten Teil der Niedriglöhner. Auch Minijobber, junge Menschen und gering Qualifizierte sind oft darunter. Besonders betroffene Branchen sind etwa das Gastgewerbe, der Einzelhandel sowie das Gesundheits- und Sozialwesen. Aber auch andere Berufsgruppen verdienen sehr wenig. Dramatisch sieht die Lage für 10,3 Prozent der Billiglohn-Beschäftigten aus, die Niedriglöhne von weniger als sechs Euro pro Stunde erhalten. Eine Friseurin in der untersten Tarifgruppe in Thüringen etwa erhält in der Stunde 3,18 Euro, ein Fleischer aus Niedersachsen 6,33 Euro.

Spiegel-Online vom 12. 8. 2010 (Zugriff am 24. 3. 2011)

INFO

Niedriglöhne:
weniger als zwei Drittel des mittleren Stundenlohns (Niedriglohnschwelle für Westdeutschland: 9,50 Euro, für Ostdeutschland: 6,87 Euro)

M5 Niedriglöhne kosten 50 Milliarden

Seit dem Start von Hartz IV haben die Steuerzahler weit über 50 Milliarden Euro ausgegeben, um Niedriglöhne aufzustocken. Dies geht aus Zahlen des Bundesarbeitsministeriums hervor [...]. Die Ausgaben für die Aufstocker steigen kontinuierlich, von acht Milliarden Euro in 2005 auf elf Milliarden Euro in 2009. [...] Damit dient im Hartz-IV-System fast jeder dritte Euro dazu, niedrige Löhne aufzustocken, weil diese allein den Lebensunterhalt nicht sichern. 2005 hatte dieser Anteil noch bei einem Fünftel gelegen.

aus: Frankfurter Rundschau vom 12. 8. 2010, Verf.: Markus Sievers

◂◂ **Der Staat in der Schuldenfalle, S. 160/161**

4 Beschreibt die Entwicklung bei Neueinstellungen (M3).

5 Erläutert die Motive von Unternehmen, befristete Arbeitsverträge zu schließen und beschreibt die Folgen dieser Praxis für Arbeitnehmer.

6 Arbeitet heraus, wie sich der Niedriglohnsektor in den letzten Jahren entwickelt hat und welche Gruppen von dieser Entwicklung besonders betroffen sind (M4, M5).

7 Nehmt Stellung zur These des DGB, dass mit der Aufstockung der Minilöhne Lohndumping staatlich subventioniert werde.

M 6 Helfer zweiter Klasse

Mit Wut im Bauch fährt Uwe Bening täglich zur Arbeit. [...] Der Diplom-Psychologe betreut behinderte und psychisch kranke Menschen in einer Werkstatt des niedersächsischen Caritas-Vereins Altenoythe. Bening macht sie fit für den Arbeitsmarkt und hilft ihnen, ihr Leben selbst in die Hand zu nehmen. Der 52-Jährige könnte glücklich sein. Wenn da nicht die Sache mit dem Arbeitsvertrag wäre.

Vor Jahren hat der Akademiker die Stelle schon einmal besetzt, damals noch als Schwangerschaftsvertretung. Er war direkt beim Verein angestellt und verdiente 3 600 Euro brutto für eine 35-Stunden-Woche. Gerne hätte Bening die Stelle behalten. Doch nach seiner Vertretungszeit wurde sein Vertrag nicht verlängert. [...] Dieses Mal stellte ihn nicht der Verein selbst, sondern die „Caritas Verein Altenoythe Dienstleistungs-GmbH“ (CVA-D) ein. Seither ist Uwe Bening Leiharbeiter. Für die gleiche Tätigkeit verdient er heute 800 Euro im Monat weniger. Seinen Frust will er nicht länger herunterschlucken: „So wie ich sind viele Kollegen über die unfaire Beschäftigung wütend [...].“

Wie der Psychologe arbeiten nach Angaben der Dienstleistungsgewerkschaft ver.di inzwischen 240 Menschen als Leiharbeiter für die Caritas Altenoythe, ein Drittel der gesamten Belegschaft. Hinter dem Einsatz der vielen Leiharbeiter stecke System, meint Gewerkschafterin Jannette Scheele: „Die Caritas fängt mit den Leiharbeitern nicht mehr nur Auftragsspitzen ab, sondern besetzt mit ihnen systematisch feste Planstellen“, sagt sie. Neue Mitarbeiter stelle der Verein nur noch über die Zeitarbeitsfirma ein. Denn für Leiharbeiter wie Uwe Bening gilt der „Tarifvertrag Zeitarbeit“. Der schreibt 20 bis 40 Prozent niedrigere Löhne vor als die Arbeitsrichtlinien der Caritas für Festangestellte.

aus: Zeit-Online vom 2. 9. 2010, Verf.: Massimo Bognanni, www.zeit.de (Zugriff am 10. 5. 2011)

M 7 Billiglohn in der Leiharbeit

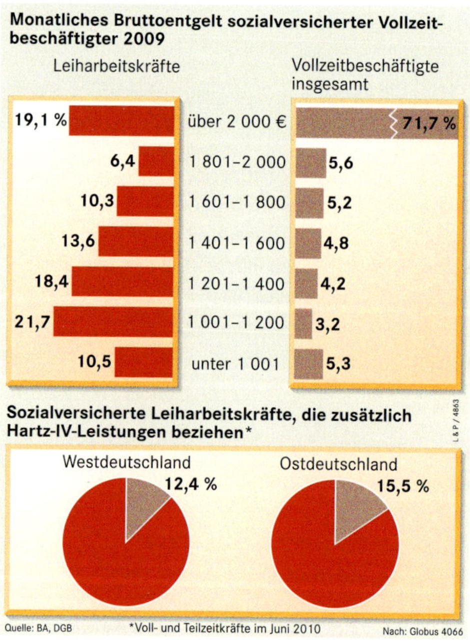

M 8 Flexibilität für Unternehmen

Aus dem Internetportal der Zeitarbeitsfirma Randstad:

Zeitarbeit [...] bietet die von den Unternehmen geforderte und gerade in Zeiten konjunktureller Unwägbarkeiten dringend notwendige Flexibilität. [...] bei Auftragsspitzen, Personalengpässen aufgrund von Krankheit, Bundeswehr und Mutterschutz sowie bei zusätzlichem Know-how-Bedarf in der Projekt-Arbeit [...]. Unternehmen können durch Zeitarbeit flexibel auf veränderte Personalanforderungen reagieren und sich auf ihr Kerngeschäft konzentrieren. Außerdem sparen sie Personalsuch-, Personalauswahl- und Einstellungskosten, und es werden ihnen ausschließlich die tatsächlich geleisteten Stunden in Rechnung gestellt. In vielen Fällen dient die Zeitarbeit dazu, Überstunden abzubauen und damit die eigenen Mitarbeiter zu entlasten.

www.randstad.de (Zugriff am 24. 3. 2011)

M9 Das „System Schlecker“

Wie geschickt Unternehmen [...] vorgehen, wenn es darum geht, die Lohnkosten zu drücken, zeigt das Beispiel Schlecker. Der Drogeriediscounter hat dieses Jahr rund 800 kleinere Läden geschlossen, dafür werden größere XL-Märkte eröffnet. Oft in direkter Nachbarschaft zu den ehemaligen Geschäften. Hunderten Mitarbeitern, die gerade noch Tariflohn bekommen haben, wurde betriebsbedingt gekündigt. Dann wurde ihnen angeboten, in den XL-Märkten tätig zu werden – aber nicht länger für Schlecker, sondern für die Zeitarbeitsfirma Meniar.
Geleitet wird Meniar von einem langjährigen Schlecker-Personalmanager – [man] zahlt nach Angaben der Gewerkschaft aber bis zu 50 Prozent weniger Lohn. [...] Weihnachts- und Urlaubsgeld seien gestrichen, freie Tage auf das gesetzliche Minimum reduziert.

aus: Spiegel-Online vom 23. 12. 2009, Verf.: Ole Reißmann und Anne Seith; www.spiegel.de (Zugriff am 10. 5. 2011)

M10 Aus einem Aufruf des DGB: Arbeit – sicher und fair

Leiharbeit ist für immer mehr Menschen tagtägliche Arbeitsrealität. Sie verdrängt reguläre und abgesicherte Beschäftigung. [...] Die Leiharbeiternehmer [...] leben in ständiger Unsicherheit, weil „hire and fire“ gang und gäbe ist. Und für diese Unsicherheit und ständige Flexibilität verdienen sie in der Regel 30 Prozent weniger als fest angestellte Kolleginnen und Kollegen, die die gleiche Arbeit machen. Wir fordern:

- gleicher Lohn für gleiche Arbeit in der Leiharbeit ab dem ersten Tag der Beschäftigung;
- einen allgemeinen gesetzlichen Mindestlohn von 8,50 Euro;
- kein Dauereinsatz von Leiharbeitnehmern in Betrieben und Verwaltungen;
- mehr Mitbestimmungsrechte der Personal- und Betriebsräte beim Einsatz von Leiharbeit;
- Schluss mit der sachgrundlosen Befristung von Arbeitsverhältnissen.

aus: Aufruf des DGB zum Aktionstag „Gegen Lohndumping – für sichere und faire Arbeit“ am 24. 2. 2011, www.dgb.de (Zugriff am 10. 5. 2011)

▸▸ **Die EU auf dem Weg zu einer Sozialunion, S. 326–328**

GLOSSAR
Gewerkschaften

M11 Wir geben Ungelernten die Möglichkeit, sich zu beweisen

Ariane Durian, Vorsitzende des Interessenverbands Zeitarbeit:

Wir sind sehr an einer Weiterentwicklung von Tarifverträgen interessiert. Wir tauschen uns mit den Gewerkschaften aus und favorisieren intelligente Lösungen. Dennoch wollen wir, dass die Zeitarbeit eine eigenständige Branche bleibt, mit eigenen Tarifverträgen. [...] Es gibt immer weniger Jobs für Ungelernte in Deutschland. Darum darf die Zeitarbeit in diesem Bereich nicht zu teuer werden. Mit steigenden Lohnkosten stiege die Gefahr, dass diese Jobs verschwinden, etwa indem sie in billigere Länder verlagert werden. Hier erfüllt Zeitarbeit jedoch eine wichtige Aufgabe, weil sie Ungelernten wieder Zugang zum Arbeitsmarkt verschafft, die Möglichkeit, sich in einem Unternehmen zu beweisen.

aus einem Interview in Zeit-Online vom 7. 3. 2011, www.zeit.de (Zugriff am 10. 5. 2011)

8 Erklärt am Beispiel des Diplom-Psychologen in M6, was Leiharbeit ist, und erläutert die Motive des Arbeitgebers und die Folgen für den Arbeitnehmer.
9 Vergleicht das Angebot der Zeitarbeitsfirma in M8 mit dem „System Schlecker“ (M9).
10 Beurteilt die unterschiedlichen Einschätzungen zur Leiharbeit (M 10, M 11).

10.6 Das Atypische wird normal

M1 Entwicklungen auf dem Arbeitsmarkt (2011):

Befristete Beschäftigung: Fast jede zweite Neueinstellung ist befristet (ohne Auszubildende gerechnet). Vor zehn Jahren war es weniger als jede dritte. Es gibt heute etwa 2,7 Millionen befristet Beschäftigte – das sind rund eine Million mehr als Mitte der Neunzigerjahre.

Selbstständige: Ihre Zahl hat sich seit 1994 um knapp 900 000 auf 4,1 Millionen erhöht. Dies liegt vor allem am Zuwachs der Solo-Selbstständigen ohne Mitarbeiter. Viele von ihnen seien, so Walwei, berufliche „Kümmerexistenzen".

Teilzeitjobs: Sie haben sich in den vergangenen 15 Jahren um 4,35 auf 8,7 Millionen in etwa verdoppelt. Etwa ein Fünftel der Teilzeit-Arbeitnehmer würde laut Umfragen gerne Vollzeit arbeiten. Tatsächlich dürfte aber gerade bei den Frauen die Quote höher sein. [...]

Geringfügige Beschäftigung: Seit 1999 hat sich die Zahl der Minijobs um mehr als 1,1 Millionen auf 4,8 Millionen erhöht. Unberücksichtigt sind dabei die zwei Millionen, die diese steuerbegünstigte Beschäftigungsform als Nebenjob nutzen. [...]

Leiharbeit: Sie hat sich seit 1994 mehr als verfünffacht. 2004 gab es in Deutschland etwa 140 000 Leiharbeiter. In diesem Jahr nähert sich die Zahl der Millionengrenze. Nur etwa sieben Prozent der Leiharbeiter können nach Angaben des Instituts in dem Betrieb bleiben, in dem sie eingesetzt werden. Nur zehn Prozent würden es schaffen, außerhalb der Zeitarbeitsbranche eine Festanstellung zu bekommen.

aus: Süddeutsche Zeitung vom 04. 03. 2011, Verf.: Thomas Öchsner, www.sueddeutsche.de (Zugriff am 10. 5. 2011)

M2 Anders arbeiten

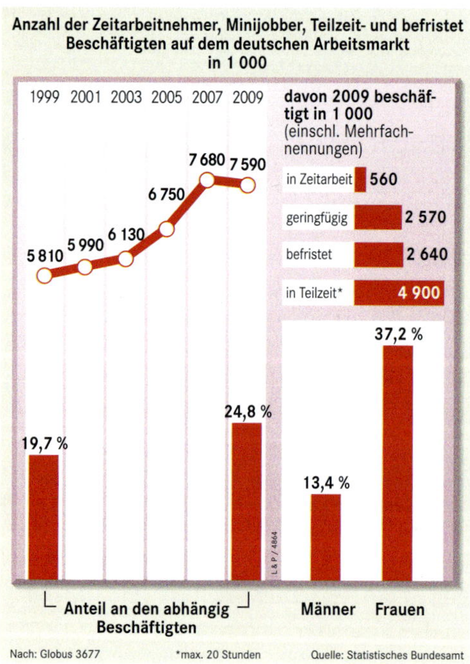

M3 Atypische Beschäftigung

Atypische Beschäftigungsverhältnisse beziehen sich auf Arbeitsverträge, die von den im Kern des Arbeitsmarktes üblichen Standards (d. h. dem Normalarbeitsverhältnis) deutlich abweichen [...]:

- zeitlich befristete Beschäftigungsverhältnisse, die nicht vom allgemeinen Kündigungsschutz erfasst sind;
- Erwerbstätigkeit im Rahmen der Arbeitnehmerüberlassung bzw. Zeitarbeit;
- Arbeit, die außerhalb des allgemein üblichen Sozialversicherungsschutzes ausgeübt wird, wie zum Beispiel Minijobs;
- (Schein-)selbstständige Arbeit, bei der es sich um ein Quasi-Beschäftigungsverhältnis handelt, ohne dass entsprechender arbeits- und sozialrechtlicher Schutz vorhanden ist;
- Beschäftigung mit einem geringen Monats- oder Stundenlohn.

www.bundestag.de/dasparlament/2010/48/Beilage/001.htm (Zugriff am 10. 5. 2011)

M4 Die neue Arbeitswelt – Ära der Unsicherheit

In Deutschland gibt es zwei Arbeitswelten, sie existieren nebeneinander – und driften immer weiter auseinander.

Da ist auf der einen Seite die Welt der Beschäftigten in Normalarbeitsverhältnissen; sie leben in langfristigen und gesicherten Anstellungen und waren das Modell des deutschen Wirtschaftswunders. Jahrzehntelang stieg ihr Einkommen. [...] Auf der anderen Seite ist eine zweite Welt entstanden, flexibler und vielfältiger, bunter, aber auch brutaler. Hier gibt es keine lebenslangen Jobs, sondern viele Beschäftigungsformen [...]

In den Unternehmen verfestigt sich allmählich eine Drei-Klassen-Gesellschaft: Es gibt die Stammbelegschaft mit den Managern und wichtigen Mitarbeitern, es gibt externe Spezialisten, die zu Projekten hinzugezogen werden, und schließlich gibt es flexible Arbeitskräfte, die bei Bedarf eingestellt und wieder entlassen werden. In manchen Dienstleistungsbranchen wie dem Einzelhandel, der Gastronomie, dem Bildungsbereich oder den Pflegeberufen sind die atypischen Arbeitsverhältnisse inzwischen die Norm.

Die deutsche Wirtschaft hat von diesem Wandel profitiert. [...] Die Unternehmen „atmen", wie die Fachleute sagen: Sie können ihre Beschäftigten über Arbeitszeitkonten und ausgeklügelte Schichtmodelle variabel einsetzen und mithilfe atypischer Beschäftigungsformen ihre Belegschaften jeder Auftragslage anpassen.

Der ökonomische Erfolg hat seinen Preis – für den Einzelnen und die Gesellschaft. Mit dem Niedriglohnsektor wächst der Druck auf die sozialen Sicherungssysteme. Die neue Arbeitswelt verändert die Lebensperspektive der Menschen und die Kultur in den Unternehmen. Sie bietet mehr Verantwortung, Freiheit und Selbstständigkeit, aber sie kostet Sicherheit und Berechenbarkeit. [...]

Der Wohlstand wird neu verteilt – und mit ihm das Risiko. In einer hochflexiblen und wissensintensiven Wirtschaft wird Bildung zum Schlüssel für den Aufstieg. Das wiederum erhöht den Druck auf die Menschen mit geringer Qualifikation und niedrigem Verdienst.

Ihre Jobs und Löhne stehen nicht nur weiter im scharfen Wettbewerb der internationalen Arbeitsteilung, des technischen Fortschritts und neuer Immigrationsbewegungen. Ihnen fehlt auch noch schlicht das Geld für kostspielige private Weiterbildung, um überhaupt eine Chance auf höheren Wohlstand zu wahren. Deshalb wird auch die Mittelschicht an ihrem unteren Rand weiter erodieren.

Die neue Arbeitswelt hat eine Kluft geschaffen, sie spaltet die Gesellschaft. „Oben bleibt oben, unten unten, und die Mitte bröckelt", sagt der Soziologe Heinz Bude. Der „Optimismus, es doch in diese Mitte zu schaffen", gehe verloren. Die klassischen Milieus lösen sich auf, seit sich lang geglaubte Gewissheiten oft als Trugschluss erweisen – etwa dass ein Arbeitsplatz Sicherheit bedeutet und ein einmal gewählter Beruf ein Leben lang ausgeübt werden kann. [...] Ein geradliniger Lebenslauf wird zur Ausnahme. Was heute noch als gebrochene Erwerbsbiografie gilt, wird künftig Normalität sein: Arbeitnehmer, die heute fest angestellt sind, sind morgen vielleicht arbeitslos und übermorgen selbstständig.

Dettmer, M.; Kretz, S.; Müller, M. U.; Repinski, G.; Tietz, J.: Ära der Unsicherheit, in: Der Spiegel 12/2010

◀◀ **Armut und Reichtum – Was ist gerecht?, S. 190/191**

1 Beschreibt die Entwicklungen auf dem Arbeitsmarkt (M1 und M2).

2 Erklärt, worin sich „atypische Beschäftigungsverhältnisse" vom „Normalarbeitsverhältnis" unterscheiden (M3).

3 Diskutiert die Folgen der Entwicklungen auf dem Arbeitsmarkt für die Erwerbstätigen und die Gesellschaft (M4).

10.7 „Generation ungewiss“!?

M 1 Ein Job in weiter Ferne

- Die Hälfte der unter 30-Jährigen hat bereits drei oder mehr Praktika gemacht, 20 Prozent sogar fünf oder mehr, berichtet das Bundesarbeitsministerium.
- Nur ein Drittel der 18- bis 34-Jährigen findet nach der Ausbildung oder dem Studium nahtlos einen regulären Job, 43 Prozent gelingt dies erst auf Umwegen, so die Studie „Berufseinstieg aus Sicht der jungen Generation“.
- 51 Prozent der Praktika, die Berufseinsteiger machen, sind unbezahlt. Aber über 80 Prozent von ihnen werden mehr als die Hälfte der Zeit als normale Arbeitskraft eingesetzt.

aus dem Internetportal der Wirtschaftswoche vom 25. 6. 2009, Verf.: Daniel Rettig, www.wiwo.de (Zugriff am 10. 5. 2011)

M 2 Job-Chancen der Lehrlinge

M 3 Jung und erwerbstätig

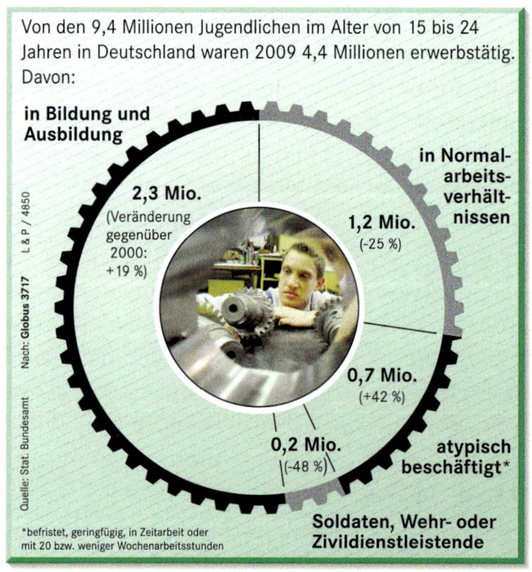

M 4 Jung, schlau, arbeitslos

Für Millionen junge Menschen gilt: Stellt euch vor, es ist Aufschwung, aber nicht für euch. Die Quote arbeitsloser Jugendlicher liegt 50 Prozent über der von Erwachsenen. [...]

Eine „Generation Ungewiss“ wächst heran, deren Normalität darin besteht, dass nichts mehr normal ist. Der Job ist flüchtig, die Bezahlung gering, die Zukunftsaussichten sind trübe bis trist. Die Jugendarbeitslosigkeit in Deutschland ist derzeit um 50 Prozent höher als die der erwachsenen Mitbürger.

Auswandern scheint sinnlos, denn Deutschland ist das günstigste aller EU-Länder für junge Menschen. In Spanien beträgt die Jugendarbeitslosigkeit 37,9 Prozent, in Schweden 25 Prozent, in Frankreich 23,3 Prozent, womit die deutschen elf Prozent die Situation hierzulande noch in ein milderes Licht tauchen.

◂◂ Arbeitslos – und nun?, S. 180/181

GLOSSAR
Arbeitslosigkeit

Kaum eine Generation hat ihre Ausbildung so sehr auf den Arbeitsmarkt ausgerichtet wie die jetzige. Auslandsaufenthalt, Studienabschluss in der Regelstudienzeit, Praktika in den Semesterferien – viele Lebensläufe von Studenten und Absolventen lesen sich heute wie Mustervorlagen aus dem Karriereratgeber. Auch Nichtakademiker besuchen Abendkurse, pauken Sprachen und sammeln Abschlüsse in Fernstudien, um dem Lebenslauf den nötigen Schliff für den Berufsstart zu geben.
Doch ausgerechnet diejenigen, die die Anforderungen des Arbeitsmarktes nachgerade zu übertreffen versuchten und ihr Leben danach ausrichteten, scheitern nun daran, auf diesem Markt ihren Platz zu finden. Denn nun fordern die Arbeitgeber etwas, das die Jungen in den Hörsälen und Klassenzimmern nicht erlernen können: Erfahrung. Vorbei sind die Zeiten, als die Zeitungen voll waren mit Geschichten darüber, dass die Älteren durch jüngere, frischere Kräfte ausgetauscht werden. Der Jugendwahn scheint vor allem ein Medienphänomen zu sein.

aus: Handelsblatt vom 12. 8. 2010, www.handelsblatt.com (Zugriff am 24. 3. 2011)

M 5 Für die Jugend wird sich das Blatt bald wenden

Nach den geburtenstarken Jahrgängen 1955 bis 1970, den sogenannten „Baby Boomern“, bekamen die Deutschen im Trend immer weniger Kinder. „Es gibt schon heute nur etwa halb so viele 15-Jährige wie Baby Boomer“, sagt Johann Fuchs, Experte für Demografie am Institut für Arbeitsmarkt und Berufsforschung (IAB). [...] Bis die besonders geburtenstarke Generation in Rente geht, dauert es zwar noch – doch Deutschland verliert jetzt bereits jedes Jahr Arbeitskräfte. „Dieser demografische Faktor verstärkt sich mit der Zeit noch“, so der Experte. [...]
Für die gut qualifizierten jungen Arbeitnehmer der Zukunft sind das gute Nachrichten: „Unternehmen werden sich noch intensiver um die besten Köpfe bemühen müssen“, sagt Arbeitsmarktexperte Fuchs. Eine im Sommer veröffentlichte Studie des IAB geht davon, dass die Unterbeschäftigung daher langfristig stark zurückgeht. Demnach wird die Nachfrage nach Arbeitskräften zumindest in Westdeutschland noch weiter steigen. Insgesamt 1,5 Millionen Jobs sollen der Studie zufolge bis 2025 in Branchen wie Forschung und Entwicklung, Software und Ingenieurdienstleistungen, Rechts-, Steuer- und Unternehmensberatung, Werbung und PR, aber auch bei der Leiharbeit entstehen, zeigt die IAB-Analyse.
Andererseits werden es die Verlierer von heute auch auf dem Arbeitsmarkt der Zukunft schwer haben. „Die Ansprüche der Arbeitgeber steigen, die Aufgaben werden anspruchsvoller“, so Fuchs. Das sei ein längerfristiger Trend.
Die Folge ist ein zwiegespaltener Arbeitsmarkt: Auf der einen Seite Fachkräftemangel, der möglicherweise über qualifizierte Zuwanderung aufgefangen wird – auf der anderen Seite eine immer noch hohe Arbeitslosigkeit bei Geringqualifizierten. „Für schlecht Qualifizierte wird es vielleicht noch schwerer als jetzt“, warnt Fuchs. Doch auch wer bei den schulischen Leistungen schwach ist, hat noch Chancen, meint der Experte. „Wer zumindest die Schlüsselqualifikationen wie Zuverlässigkeit und Motivation besitzt, hat auch als Geringqualifizierter Chancen auf dem Arbeitsmarkt“, ist er überzeugt. Und der demografische Wandel habe auch auf den Arbeitsmarkt für Geringqualifizierte zumindest einen entlastenden Effekt.

aus: Rheinische Post Online vom 12. 8. 2010, Verf.: Stephan Dörner, www.rp-online.de (Zugriff am 24. 3. 2011)

◂◂ Sozialstaat in der Krise, S. 184/185

1 Arbeitet die Situation von Jugendlichen auf dem Arbeitsmarkt heraus (M 1–M 4).
2 Erläutert den Zusammenhang von demografischer Entwicklung und Zukunftsperspektiven von jungen Menschen auf dem Arbeitsmarkt (M 5).

10.8 Die Berufswelt kennenlernen

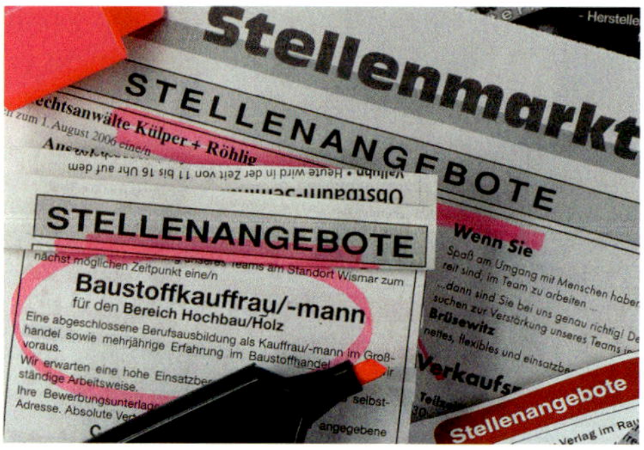

Die Arbeits- und Berufswelt verändert sich: Der Job auf Lebenszeit stirbt aus, befristete Arbeitsverhältnisse nehmen zu. Die Umbrüche am Arbeitsmarkt verlangen von Arbeitnehmern eine hohe Flexibilität: Sie müssen sich immer wieder auf neue Anforderungen, Menschen und Situationen einstellen. Neben dem Fachwissen, den sogenannten „hard skills“, entscheiden zunehmend Schlüsselqualifikationen, „soft skills“, über den Erfolg im Beruf.

M 1 Der geheime Erfolgsfaktor

Wichtige Schlüsselqualifikation:
- Präsentationstechniken
- Ausdrucksfähigkeit
- Zeitmanagement
- Konfliktfähigkeit
- Teamfähigkeit
- Eigeninitiative
- Führungsstärke
- Durchsetzungsfähigkeit
- Organisationsvermögen
- Belastbarkeit
- Problemlösefähigkeit
- Leistungsbereitschaft
- Ausdauer
- Sorgfalt und Gewissenhaftigkeit
- Interkulturelle Kompetenz

Eine Stadtverwaltung im Raum Frankfurt sucht eine Büroangestellte. Konfliktfähig soll sie sein und gut mit Menschen aus verschiedenen Kulturen umgehen können. Ein Unternehmen in Nordrhein-Westfalen hält Ausschau nach einem Software-Entwickler in leitender Funktion: Ein durchsetzungsstarker Teamplayer mit souveränem Auftreten und Kommunikationsverhalten.

Wer Stellenanzeigen in Tageszeitungen oder im Internet studiert, merkt schnell: Es genügt heute nicht mehr, nur „vom Fach“ zu sein, sprich eine Berufsausbildung oder ein Studium vorweisen zu können. Gefordert sind auch sogenannte Schlüsselqualifikationen, also fach- und positionsübergreifende Fähigkeiten wie Teamgeist, Stressresistenz oder Organisationsvermögen. Häufig wird dafür auch der Begriff Soft Skills verwendet. Er fasst die von Arbeitgebern so geschätzten „weichen“ Fähigkeiten im Gegensatz zum „harten“ Fachwissen zusammen.

„Früher mussten vor allem Führungskräfte team- und konfliktfähig sein und stark in der Kommunikation“, sagt Dirk Werner, Bildungsexperte beim Institut der Deutschen Wirtschaft (IW) in Köln. „Heute wird das von jedem Sachbearbeiter erwartet.“

Schlüsselqualifikationen sind quer durch alle Branchen und Berufe gefragt. Das gilt auch für Freiberufler und Selbstständige. Je nach Aufgabe sind unterschiedliche Fähigkeiten erforderlich. [...]

So spielen zum Beispiel soziale Kompetenzen wie Team- und Konfliktfähigkeit für 40 Prozent der Unternehmen eine große Rolle [...]. Und laut einer Unternehmensumfrage des Deutschen Industrie- und Handelskammertages sind Teamfähigkeit, Selbstmanagement, Einsatzbereitschaft und Kommunikationsfähigkeit die wichtigsten Kompetenzen, die Hochschulabsolventen beim Berufseinstieg mitbringen sollten. Erst an fünfter Stelle rangiert Fachwissen.

aus: Stiftung Warentest vom 07. 11. 2009; www.test.de (Zugriff am 10. 5. 2011)

1. Arbeitet heraus, was unter „Schlüsselqualifikationen“, den sogenannten „Soft Skills“, verstanden wird (Autorentext, M 1).
2. Benennt für die Stellenanzeige auf S. 287 wichtige Schlüsselqualifikationen.
3. Entwickelt Möglichkeiten, wie ihr im schulischen oder privaten Bereich „Soft Skills“ erwerben könnt.

Anregungen für die Sammlung und Auswertung von Stellenanzeigen

METHODE

Eine Möglichkeit, die Berufswelt und die veränderten Anforderungen kennenzulernen, sind Stellenanzeigen. Hier erfahrt ihr gleichsam aus erster Hand, welche Berufe gefragt sind und was von den Bewerbern verlangt wird. Über dies könnt ihr, wenn ihr eure Untersuchung über einen längeren Zeitraum anlegt, Entwicklungen feststellen. Neben regionalen und überregionalen Tageszeitungen solltet ihr auch Jobbörsen im Internet heranziehen.

- Sichtet Anzeigen, die euren Berufsinteressen entsprechen.
- Heftet die Stellenanzeigen chronologisch geordnet ab bzw. druckt die Internet-Stellenanzeigen aus und verfahrt entsprechend. Notiert stets Quelle und Erscheinungsdatum der Anzeige.
- Arbeitet heraus, wie die Stellenanzeigen aufgebaut sind.
- Untersucht die Anzeigen im Hinblick auf:
  - das Aufgabengebiet, das mit der Position verbunden ist,
  - das Anforderungsprofil: Welche „Muss-Kriterien" werden verlangt („Sie besitzen ...", „Wir erwarten ...", „Sie verfügen über ...", „Sie haben ...", „Voraussetzung sind ...") ? Welche „Kann-Kriterien", Zusatzqualifikationen, sind wünschenswert, aber nicht unbedingt Voraussetzung („sind wünschenswert ...", „sind von Vorteil ...", „verfügen Sie über ...")
  - persönliche Eigenschaften, die geforderten Schlüsselqualifikationen (Soft Skills),
  - versteckte Kriterien, die bei einem oberflächlichen Lesen der Anzeige meist übersehen werden. So bedeutet „verschiedene Projekte", oder „Kunden aus verschiedenen Branchen", dass Flexibilität gefragt ist, „Leistungsbereitschaft", dass die Arbeitszeiten sich nicht immer nach dem Dienstplan richten, und „Belastbarkeit", dass der Bewerber fähig sein muss, Druck auszuhalten, ohne in heiklen Situationen gleich einzuknicken. „Mobilität" bedeutet die Bereitschaft, auch größere Strecken zu pendeln oder eventuell sogar den Wohnort zu wechseln.
- Wertet eure Beschäftigung aus: Sind Entwicklungen erkennbar im Hinblick auf Häufigkeit, Aufmachung und Ausführlichkeit der Anzeigen, auf Niveau und Zusammensetzung der Anforderungen?

INTERNET

www.monster.de
www.jobpilot.de
www.jobscout24.de
www.jobware.de
www.stepstone.de
www.stellenanzeigen.de

Generation Power

Der weltweite Strombedarf wächst. Der Bereich Generation Power gehört zu den international führenden Anbietern von Kraftwerkstechnik und beschäftigt weltweit rund 33 500 Mitarbeiter. Generation Power entwickelt und baut fossil befeuerte Kraftwerke und Komponenten zur Stromerzeugung, Windkraftanlagen sowie mechanische Antriebe und Kompressoren für industrielle Anwendungen.

Unterstützen Sie unsere globalen Aktivitäten bei der Abwicklung dieser Projekte auf den Baustellen. Agieren Sie für unsere Standorte in Erlangen oder Offenbach und bewegen Sie sich – gerne von Ihrem derzeitigen Wohnort aus – für Ihre Projekte innerhalb und außerhalb Europas.

Fachexperten (m/w) für die Baustellenabwicklung von Kraftwerksprojekten

In den ausgeschriebenen Außendienstfunktionen verantworten Sie die operative Projektabwicklung auf Kraftwerksbaustellen im In- und Ausland. Sie gewährleisten die Einhaltung der Kosten-, Termin- und Qualitätsziele und koordinieren die Unterauftragnehmer. Dabei überwachen Sie deren Leistungen im Hinblick auf vertrags-, plan- und spezifikationsgerechte Ausführung und führen Abnahmen durch. Im Rahmen Ihrer Tätigkeit leiten Sie eigene und fremde Mitarbeiter (u. a. örtliches Personal) und sorgen dafür, dass die auf der Baustelle gewonnenen Erfahrungen in die kontinuierliche Verbesserung unserer Prozesse und Produktverbesserung einfließen. Nach mehrjähriger erfolgreicher Tätkeit auf Baustellen und Zwischeneinsätzen an unseren Standorten können Sie Aufgaben als Baustellenleiter/in übernehmen. Auch ein Einsatz in der Projektleitung an unseren Standorten Erlangen und Offenbach ist bei entsprechendem Potenzial und mit der nötigen Erfahrung möglich.

- **Maschinentechnischer Bauleiter (m/w)**
- **Elektronischer Bauleiter (m/w)**
- **Bautechnischer Bauleiter (m/w)**
- **Kaufmännischer Bauleiter (m/w)**

- **Maschinentechnischer Inbetriebsetzungsingenieur (m/w)**
- **Elektrotechnischer Inbetriebsetzungsingenieur (m/w)**
- **Leittechnischer Inbetriebsetzungsingenieur (m/w)**
- **Inbetriebsetzungsingenieur (m/w)**

Für alle Positionen benötigen Sie ein abgeschlossenenes Hochschulstudium der entsprechenden Fachrichtung oder eine Berufsausbildung mit Weiterbildung zum/zur Techniker/in. Einschlägige Berufserfahrung und interkulturelle Erfahrung sind von Vorteil. Sie sind in der Lage, mit Kunden, Behörden, Lieferanten und internen Organisationseinheiten erfolgreich zu verhandeln und Mitarbeiter aus verschiedenen Kulturkreisen auch in einem teilweise schwierigen Umfeld zu führen. Ihre Aufgabe erfordert neben weltweiter Reisebereitschaft (gilt nicht für die Innendienstpositionen) gute Deutsch- und sichere Englischkenntnisse, weitere Fremdsprachen sind von Vorteil (z. B. Spanisch, Französisch, Italienisch oder Portugiesisch). Sie arbeiten erlebnis- und kundenorientiert und verfügen über Planungs- und Organisationsgeschick sowie Entscheidungsfähigkeit. Ausgeprägte Teamfähigkeit, Kommunikationsstärke und Durchsetzungsvermögen runden Ihr Profil ab.

Nähere Informationen zu den einzelnen Positionen sowie die Möglichkeit zur Online-Bewerbung finden Sie auf unseren Karriereseiten: www.power.de/jobboerse

Mehr zu unserem Geschäftsbereich unter: **www.power.com**

Für Fragen steht Ihnen Frau Christine Meister unter Tel. 01111/19-2180 gern zur Verfügung.

METHODE Anregungen für die Durchführung eines Praktikums

INTERNET

www.bo.bildung.hessen.de/portal_news/index.html

www.ihk-hessen.de (Stichwort: Berufsorientierung; Praktikum)

www.berufenet.arbeitsagentur.de

www.kids2biz.de

Die Bewerbung

Erkundigt euch rechtzeitig nach freien Praktikumsplätzen, die euch interessieren. Es empfiehlt sich, zunächst telefonisch mit dem Unternehmen in Kontakt zu treten. Bei Interesse wird der Praktikumsbetrieb in der Regel eine schriftliche Bewerbung anfordern. Nicht alle Unternehmen verlangen für ein Betriebspraktikum eine vollständige Bewerbung mit Anlagen. Fragt nach, welche Unterlagen ihr schicken sollt. Manche Betriebe erwarten eine Online-Bewerbung. Dennoch solltet ihr eine ausgedruckte Fassung bereithalten, die ihr beim Vorstellungsgespräch vorlegen könnt.

Eine Bewerbung für das Betriebspraktikum stellt eine gute Übung für spätere Bewerbungen dar (z. B. um einen Ausbildungsplatz, einen Studienplatz oder ein Stipendium). Schreibt am PC und achtet auf einen fehlerfreien, guten Gesamteindruck.

Aufbau einer schriftlichen Bewerbung:

a) ein Deckblatt („Bewerbung um ein Betriebspraktikum bei ...“, Zeitraum, Name und Anschrift der Praktikantin/ des Praktikanten, Name der Schule und der betreuenden Lehrkraft, Inhaltsverzeichnis);
b) ein aussagekräftiges Anschreiben (Briefkopf mit Absender, Datum, Anschrift; Betreff, persönliche Anrede; Formulierung des Praktikumszieles, Begründung der Wahl des Betriebes; Nennung praktikumsbezogener Interessen und Fähigkeiten; Einsatzwünsche; Angebot der persönlichen Vorstellung, Grußformel, Unterschrift);
c) ein tabellarischer Lebenslauf (Name, Geburtsdatum, -ort, Eltern und Geschwister – evtl. mit Beruf, Jahresangaben zu Grundschule und weiterführender Schule, Interessen und Fähigkeiten, Fremdsprachen, Datum, Unterschrift);
d) ein neueres Porträtfoto (auf Deckblatt oder Lebenslauf befestigt);
e) eine Kopie des letzten Zeugnisses;
f) Bescheinigungen (Lehrgänge, Prüfungen).

Am besten fasst ihr die Papiere in einer klappbaren Bewerbungsmappe zusammen. Nach einem Monat könnt ihr telefonisch nachfragen, ob schon eine Entscheidung gefallen ist und ob ihr euch persönlich vorstellen dürft.

Verhalten im Praktikumsbetrieb

Euer Praktikum soll ein voller Erfolg werden. Einige Ratschläge können euch dabei helfen:

a) Begrüßt am ersten Tag die Mitarbeiter eures Betriebes und stellt euch kurz vor.
b) Benehmt euch in eurem Praktikumsbetrieb wie ein Gast, den man gern wieder einladen würde, also freundlich, höflich, pünktlich, zuverlässig und kooperativ. Kleidet euch passend.
c) Löst die euch gestellten Aufgaben so gut wie möglich und fragt nach neuen Tätigkeiten, wenn ihr fertig seid. Fragt nach, wenn ihr etwas nicht versteht oder ob ihr etwas verbessern dürftet.
d) Nutzt die Zeit, um möglichst viel über den Betrieb, die Berufe, die Ausbildung und die Arbeit zu erfahren. Macht euch gleich Notizen in euer Arbeitsheft.
e) Haltet die Pausen ein und nutzt sie zur Erholung.
f) Beachtet unbedingt die Sicherheits- und Unfallverhütungsvorschriften. Bedient keine Maschinen ohne ausdrückliche Anweisung. Haltet euch an die Betriebsordnung.
g) Meldet euch im Betrieb bei eurem Betreuer an und ab; bewegt euch nicht ohne sein Wissen allein durch das Gebäude oder über das Betriebsgelände.
h) Nehmt nie etwas ohne Erlaubnis aus dem Betrieb mit; macht keine Fotografien ohne zu fragen. Wendet euch wegen Prospekten, Formularen oder Werkstücken an eure Betreuer.
i) Wenn größere Schwierigkeiten oder Konflikte im Betrieb auftreten, besprecht sie zuerst mit eurem Betreuer, dann auch mit eurer Lehrkraft.
j) Solltet ihr krank werden oder wegen höherer Gewalt nicht im Betrieb erscheinen können, benachrichtigt sofort telefonisch die Schule und den Betrieb.

METHODE

Am letzten Tag:

k) Lasse dir im Betrieb bescheinigen, dass du dein Praktikum erfolgreich absolviert hast.
l) Gib entliehene Unterlagen zurück.
m) Bedanke dich am Schluss bei allen Mitarbeitern, besonders bei deiner Betreuerin/deinem Betreuer. Vielleicht kannst du Anregungen für das nächste Praktikum geben.

Grundkenntnisse der Arbeitswelt im Praktikum erwerben

In deinem Praktikumsbetrieb wird man dir Gelegenheit zum Zuschauen geben und dir kleine Arbeiten übertragen. Deine vielfältigen Erfahrungen kannst du nach der folgenden Gliederung fortlaufend notieren. Wichtig: Persönliche Daten musst du ggf. anonymisieren.

Beobachtungsaufträge ausführen und protokollieren:

- Arbeitsablauf in einer Zeiteinheit: Art, Inhalt, Dauer und Schwierigkeitsgrad der Tätigkeiten, Arbeitskleidung, Hilfsmittel (Computer, Werkzeug, Maschine usw.), Pausengestaltung;
- Arbeitsplatz (Zeichnung oder Fotografie, wenn gestattet): Funktionalität, Sicherheit, Hygiene, persönliche Gestaltung;
- Arbeitsorganisation: Herkunft der Arbeitsaufträge (Anordnung oder Eigeninitiative), Zusammenarbeit zwischen Vorgesetzten und Kolleginnen/Kollegen in der Arbeitsgruppe, Art der Arbeitsabläufe, Arbeitsschutz, Verwendung des Arbeitsproduktes;
- Betriebsklima: Verhältnis der Kolleginnen/Kollegen untereinander, zur Leitung, zu Auszubildenden (an Fällen dargestellt);
- Motivation: Gründe für Zufriedenheit/Unzufriedenheit mit Tätigkeit und Arbeitsplatz, innerbetriebliches Vorschlagwesen/Mitsprache, Entlohnung, Sozialleistungen;
- Berufsbild entwerfen: Ausbildungsgang für den Beruf, Vergleich der Ausbildung mit der Tätigkeit im Betrieb, Zukunftsaussichten.

Eigene Mitarbeit dokumentieren:

- Arbeitsaufträge: Arbeitsabläufe, zur Verfügung stehender Arbeitsplatz, Schwierigkeiten und Lerneffekte beschreiben;
- Arbeitsergebnisse (Dokument, Zeichnung, Fotografie): Nutzen für den Betrieb oder für die Praktikantin/den Praktikanten;
- Betriebsklima: Behandlung durch die Menschen im Betrieb;
- Motivation: Gründe für Zufriedenheit/Unzufriedenheit mit Tätigkeit, Arbeitsplatz und Betriebsangehörigen.

Das Praktikum auswerten

Möglichkeiten der Auswertung:

- Erfahrungsaustausch in Form von Gruppengesprächen, nach der Methode der Podiumsdiskussion, nach der Zweikreismethode („Fishbowl-Methode") oder im Klassengespräch;
- mündlicher Praktikumsbericht mit Anwendung von Präsentationstechniken;
- Fragebogen (selbst entwickelt);
- schriftlicher, bebilderter Praktikumsbericht in digitaler oder gedruckter Form.

Der schriftliche Praktikumsbericht kann in rein informativer, sachlicher Form abgefasst werden. Er dokumentiert, welche Beobachtungsaufträge ihr ausgeführt und welche praktischen Arbeiten ihr verrichtet habt. Denkt daran, dass ihr bei jeder Information, die ihr einholt, die Informationsquelle notiert.
Ihr könnt aber auch die Erfahrungen mit der Arbeitswelt in den Mittelpunkt rücken, dabei verschiedene Stilformen ausprobieren und die Auswertung z. B. mit einem Zeitungsprojekt verbinden.

Praktikant, Zeichnung: Thore

PRAKTIKUMSBERICHT

von ____________________
Name, Klasse, Schule

Praktikumsberuf: ____________
Praktikumsbetrieb: ____________
Praktikumszeitraum: vom ____ bis ____

Betreuer im Betrieb: ____________
Betreuender Lehrer: ____________

Arbeit in der Abteilung: ____________
vom ____ bis ____

Arbeit in der Abteilung: ____________
vom ____ bis ____

....
....

Muster für das Deckblatt eines Praktikumsberichtes

1 Erstellt Bewerbungen um einen Praktikumsplatz und vergleicht sie miteinander.
2 Interpretiert die Karikatur. Welche Lehre nehmt ihr für euer Praktikum mit?

PERSPEKTIV-WECHSEL

Heinrich Böll: Anekdote zur Senkung der Arbeitsmoral

Heinrich Böll (1917-1985)

In einem Hafen an einer westlichen Küste Europas liegt ein ärmlich gekleideter Mann in seinem Fischerboot und döst. Ein schick angezogener Tourist legt eben einen neuen Farbfilm in seinen Fotoapparat, um das idyllische Bild zu fotografieren. [...] Das spröde, fast feindselige Geräusch weckt den dösenden Fischer, der sich schläfrig aufrichtet. [...]
„Sie werden heute einen guten Fang machen."
Kopfschütteln des Fischers.
„Aber man hat mir gesagt, dass das Wetter günstig ist."
Kopfnicken des Fischers.
„Sie werden also nicht ausfahren?"
Kopfschütteln des Fischers, steigende Nervosität des Touristen.[...]
„Oh, Sie fühlen sich nicht wohl?"
Endlich geht der Fischer von der Zeichensprache zum wahrhaft gesprochenen Wort über. „Ich fühle mich großartig", sagt er. „Ich habe mich nie besser gefühlt." [...]
Der Gesichtsausdruck des Touristen wird immer unglücklicher [...]: „Aber warum fahren Sie dann nicht aus?"
Die Antwort kommt prompt und knapp. „Weil ich heute morgen schon ausgefahren bin."
„War der Fang gut?"
„Er war so gut, dass ich nicht noch einmal auszufahren brauche, ich habe vier Hummer in meinen Körben gehabt, fast zwei Dutzend Makrelen gefangen [...] Ich habe sogar für morgen und übermorgen genug", sagt er, um des Fremden Seele zu erleichtern. [...]
Der Fremde setzt sich kopfschüttelnd an den Bootsrand [...].
„Ich will mich ja nicht in Ihre persönlichen Angelegenheiten mischen", sagt er, „aber stellen Sie sich mal vor, Sie führen heute ein zweites, ein drittes, vielleicht sogar ein viertes Mal aus und Sie würden drei, vier, fünf, vielleicht sogar zehn Dutzend Makrelen fangen ... stellen Sie sich das mal vor [...]. Sie würden [...] nicht nur heute, sondern morgen, übermorgen, ja, an jedem günstigen Tag zwei-, dreimal, vielleicht viermal ausfahren - wissen Sie, was geschehen würde? [...] Sie würden sich in spätestens einem Jahr einen Motor kaufen können, in zwei Jahren ein zweites Boot, in drei oder vier Jahren könnten Sie vielleicht einen kleinen Kutter haben, mit zwei Booten oder dem Kutter würden Sie natürlich viel mehr fangen - eines Tages würden Sie zwei Kutter haben, Sie würden ...", die Begeisterung verschlägt ihm für ein paar Augenblicke die Stimme, „Sie würden ein kleines Kühlhaus bauen, vielleicht eine Räucherei, später eine Marinadenfabrik, mit einem eigenen Hubschrauber rundfliegen, die Fischschwärme ausmachen und Ihren Kuttern per Funk Anweisung geben. Sie könnten die Lachsrechte erwerben, ein Fischrestaurant eröffnen, den Hummer ohne Zwischenhändler direkt nach Paris exportieren - und dann ...", wieder verschlägt die Begeisterung dem Fremden die Sprache. [...]
Der Fischer klopft ihm auf den Rücken, wie einem Kind, das sich verschluckt hat. „Was dann?" fragt er leise.
„Dann", sagt der Fremde mit stiller Begeisterung, „dann könnten Sie beruhigt hier im Hafen sitzen, in der Sonne dösen - und auf das herrliche Meer blicken."
„Aber das tu ich ja schon jetzt", sagt der Fischer, „ich sitze beruhigt am Hafen [...]."
Tatsächlich zog der solcherlei belehrte Tourist nachdenklich von dannen, denn früher hatte er auch einmal geglaubt, er arbeite, um eines Tages einmal nicht mehr arbeiten zu müssen, und es blieb keine Spur Mitleid mit dem ärmlich gekleideten Fischer in ihm zurück, nur ein wenig Neid.

Böll, Heinrich: Romane und Erzählungen 1961-1970, Köln: Kiepenheuer & Witsch 1994, S. 267-269

1 Arbeit die unterschiedlichen Einstellungen und Haltungen des Touristen und des Fischers zur Arbeit und zum Leben heraus und erläutert die Lehre, die der Fischer dem Touristen vermittelt.

2 Diskutiert diese Lehre im Hinblick auf eure eigenen Arbeits-, Berufs- und Lebensperspektiven.

Wichtiges zusammengefasst

KOMPAKT

- Die Arbeits- und Berufswelt unterliegt heuzutage einem „revolutionären“ Wandel, der die Berufsfindung immer schwieriger macht. Erkennbar ist, dass eine zunehmend höhere Qualifikation der Bewerber erforderlich ist, die sich nicht nur finanziell auszahlt, sondern auch das Risiko der Arbeitslosigkeit verringert. Neben einem höheren Bedarf an Akademikern braucht die Wirtschaft aber auch weiterhin sehr gut ausgebildete Facharbeiter.

- Bei der Entscheidung, welches Studium oder welchen Beruf man wählt, ist es wichtig, die persönlichen Stärken und Neigungen zu berücksichtigen und mit den Anforderungen, die der ins Auge gefasste Beruf stellt, abzugleichen. Die Berufswahl wird von äußeren Faktoren beeinflusst: den Eltern, medial vermittelte „Traumbilder“ von einem Beruf oder überkommene Rollenbilder von „männlichen“ und „weiblichen“ Berufen.

- Der Wandel in der Arbeitswelt wurde und wird maßgeblich durch die technische Entwicklung bestimmt. Ausgangspunkt der modernen Arbeitswelt ist das von Frederic Winslow Taylor im 19. Jahrhundert entwickelte Produktionssystem (Taylorismus), in dem die Arbeit mit dem Ziel einer höheren Effizienz in immer kleinere Arbeitsabläufe zerlegt und in eine organische Einheit mit der Maschine eingepasst wurde. Die praktische Umsetzung des Taylorismus erfolgte in der Massenproduktion am Fließband. Die Veränderungen in der Arbeitswelt führten auch zu einem grundsätzlichen Wandel der Gesellschaft: Die Gesellschaft entwickelte sich von der Agrar- zur Industriegesellschaft und von der Industrie- zur Dienstleistungsgesellschaft. Angesichts dessen, dass Informations- und Wissensarbeit heute in nahezu allen Bereichen geleistet werden muss, spricht man von einer neuen Umbruchphase, dem Übergang in die Wissens- und Informationsgesellschaft. Dieser Prozess wird auch maßgeblich von der Globalisierung bestimmt, der Verlagerung von Arbeitsplätzen, insbesondere im industriellen Sektor, aber auch im Dienstleistungsbereich, ins kostengünstigere Ausland.

- Mit der technischen Entwicklung geht auch ein Wandel der Beschäftigungsformen einher. Flexibiliät ist dabei das Schlagwort. Auch wenn das Normalarbeitsverhältnis, eine unbefristete, sozialversicherungspflichtige und abhängige Vollzeitbeschäftigung nach wie vor die Mehrzahl ausmacht, nehmen atypische Beschäftigungs- und Arbeitsverhältnisse zu. Diese beinhalten befristete sowie geringfügige Verhältnisse, die in Teilzeit ausgeübt werden oder bei denen es sich um Leiharbeitsverhältnisse handelt. Dieser Trend ist gesellschaftspolitisch umstritten, da der Niedriglohnsektor wächst, zunehmend Menschen von ihrer Arbeit nicht mehr leben können und durch staatliche Transferleistungen unterstützt werden müssen. Befürchtet wird eine zunehmende Spaltung der Gesellschaft in immer weniger Menschen, die in sicheren Arbeitsverhältnissen leben, und immer mehr, die keine Arbeitsplatzsicherheit haben und von Armut betroffen bzw. bedroht sind.

- Junge Menschen sind von den genannten Entwicklungen besonders betroffen: Die Jugendarbeitslosigkeit liegt über der allgemeinen Arbeitslosigkeit, Jugendliche werden nach ihrer Ausbildung häufig von den Betrieben nicht mehr übernommen und müssen sich mit befristeten Beschäftigungsverhältnissen abfinden, für viele Hochschulabsolventen sind unbezahlte Praktika der Einstieg ins Berufsleben. Angesichts des demografischen Wandels kann sich die Situation aber grundlegend ändern, da die Nachfrage der Unternehmen nach qualifizierten Arbeitskräften das Angebot übersteigen wird. Besonders gute Chancen werden dabei junge Menschen haben, die nicht nur über hohe schulische und fachliche Qualifikationen, die „hard skills“, sondern auch über Schlüsselqualifikationen, die „soft skills“, verfügen.

11. Medien im Spannungsfeld von Wirtschaft und Politik

1

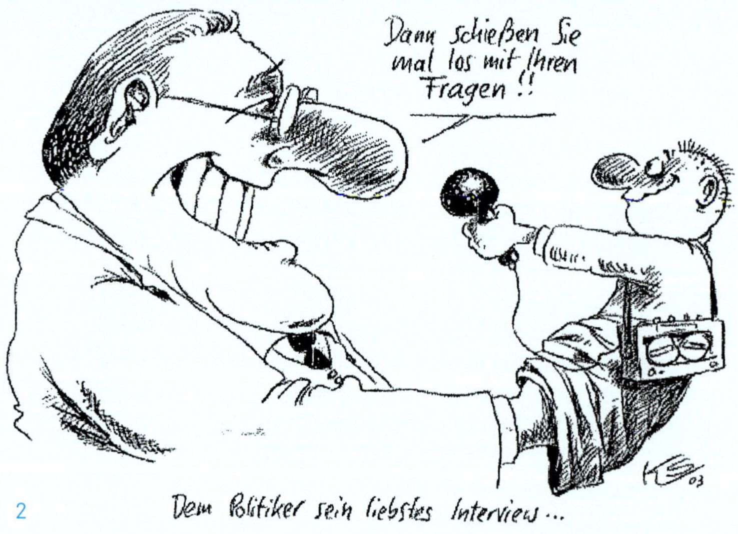

2

Karikatur: Klaus Stuttmann

3

Grundgesetz der Bundesrepublik Deutschland, Art. 5, Abs. 1

Jeder hat das Recht, seine Meinung in Wort, Schrift und Bild frei zu äußern und zu verbreiten und sich aus allgemein zugänglichen Quellen ungehindert zu unterrichten. Die Pressefreiheit und die Freiheit der Berichterstattung durch Rundfunk und Film werden gewährleistet. Eine Zensur findet nicht statt.

5

4

- Warum ist kritischer Journalismus wichtig?
- Was ist das Besondere am Medienmarkt?
- Wie hat sich dieser in den vergangenen Jahren entwickelt (Zeitungen/Fernsehen)?
- Welche Zusammenhänge bestehen zwischen Politik und Medien (-märkten)?

11.1 Öffentliche Kontrolle durch die „Vierte Gewalt"

Neben der Legislative, der Exekutive und der Judikative gelten die Medien oft als die „Vierte Gewalt". Sie sollen Politik öffentlich machen und kontrollieren und so zur Mündigkeit der Bürger beitragen. Leisten sie dies, oder tragen sie nicht eher, wie vielfach beklagt wird, zur Verdummung bei? Wird Politik immer mehr zum Opfer von Medienkampagnen? Oder greifen die Meinungsmacher in den Redaktionen nur unausgesprochene Stimmungen aus den Führungsetagen auf und veröffentlichen von der Regierung geplante Vorhaben? Welches Selbstverständnis haben Journalisten heute? Welche Druckpotenziale haben große Sender und Verlage? Hängt der Einfluss eines Journalisten vom Medium oder der Auflage ab?
Zusammengefasst: Welche Macht haben heute (Massen-)Medien?

M 1 Der Fall Jürgen Emig

Aus dem Rechercheprotokoll eines Journalisten:

Es begann am 29. Februar 2004. An diesem Tag spielten in der Deutschen Eishockey-Liga die Kassel Huskies gegen die Frankfurt Lions. Ich war in der Kasseler Eissporthalle – als ganz normaler Zuschauer. Unter den Zuschauern war ein prominenter Gast – Jürgen Emig, Sportchef des Hessischen Rundfunks (hr), war mit Ehefrau Atlanta Killinger nach Kassel gekommen, um sich das Spiel anzuschauen. [...]
Auf der Pressetribüne wurde die Frage diskutiert: Was macht Herr Emig samt Gattin in Kassel? In den Drittelpausen des Eishockeyspiels gab es eine Volksgaudi. Zuschauer konnten aufs Tor schießen und gewannen dann etwas bei Hessen-Lotto. Das Unternehmen wollte damit für seine Oddset-Sportwetten Werbung machen. Das allein war keineswegs verdächtig. Stutzig wurde ich erst, als ich später im Fernsehen den hr-Bericht über das Spiel sah. Von den fünf Minuten waren 50 Sekunden dem Hessen-Lotto-Gewinnspiel in den Pausen gewidmet. Mehr Schleichwerbung ging wohl nicht. Die Frage war zunächst: Wie konnte hr-Sportchef Emig so etwas absegnen?
Ich wusste, dass Emigs Frau Atlanta Killinger eine Agentur besaß, die Sportveranstaltungen vermarktete und Promotion für Unternehmen machte. Schon ein Blick auf die Homepage der Killinger-Firma zeigte, dass auch Hessen-Lotto zu den Killinger-Kunden zählte. Eine Interessenkollision des Ehepaares Emig-Killinger lag nahe: Hier der Sportchef des öffentlich-rechtlichen Senders, verantwortlich für die Berichterstattung, dort seine Frau, die in den Sendungen ihre Kunden präsentierte.
Bei Interviews mit den Huskies-Spielern war im hr-Fernsehen im Hintergrund immer eine Tafel mit verschiedenen Firmen-Logos zu sehen, darunter auch Hessen-Lotto und etwa Mainova (Frankfurter Energieversorger). Diese Firmen gehörten nicht zu den Huskies-Sponsoren und hatten nichts mit dem Kasseler Eishockey zu tun. Warum waren sie im Fernsehen zu sehen?
Wieder wurde ich bei der Killinger-Firma fündig. Alle Unternehmen, deren Logo im hr-Fernsehen zu sehen waren, waren Kunden von Atlanta Killinger, der Ehefrau Emigs.
Wir berichteten darüber – und traten eine Lawine los. Es meldeten sich Sportler, Funktionäre, Vereinspräsidenten, die fast unglaubliche Geschichten erzählten: Wer bei Emig mit längeren Berichten ins Fernsehen kommen wollte, musste zahlen. Betroffen waren vor allem Randsportarten wie Rudern, Reiten und Tanzen, aber auch Handball. [...]
Der hr, der Emig rauswarf, möchte nun auf dem zivilrechtlichen Weg von seinem ehemaligen Sportchef eine Million haben. So viel Schaden sei dem Sender entstanden. Strafrechtlich ermittelt die Staatsanwaltschaft Frankfurt immer noch wegen Betrugs und Steuerhinterziehung.

nach: Frank Thonicke: Wie die Geschichte entstand, www.anstageslicht.de (Zugriff am 12. 2. 2011)

M2 Bestechung beim hr – Der Fall Jürgen Emig

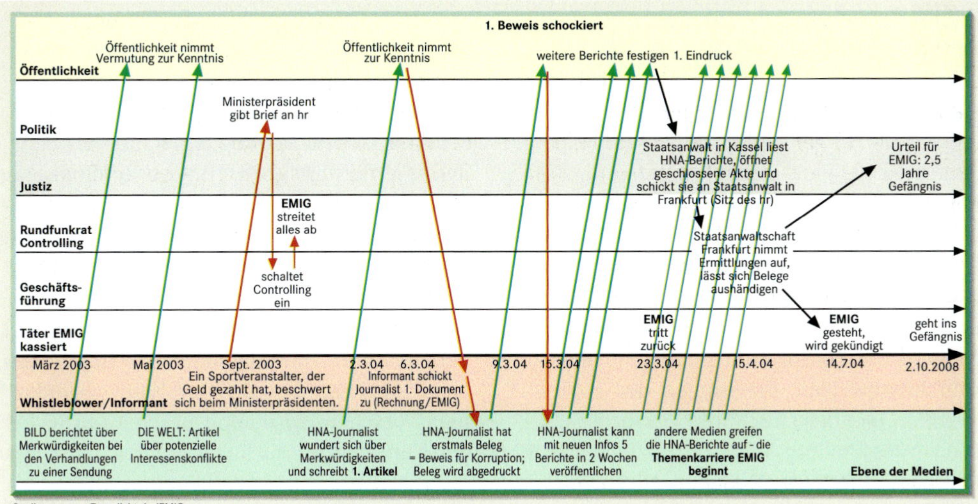

Quelle: www.ansTageslicht.de/EMIG

L & P / 4753

M3 Der Wächterpreis der Tagespresse

Der erste Preis (12 000 Euro) geht an ein Redaktionsteam des Bonner „General-Anzeiger“ für eine Serie über eklatante Missstände bei dem 200 Millionen-Projekt der Stadt Bonn „World Conference Center Bonn“ (WCCB). Über Monate hinweg haben sechs Journalisten – Lisa Inhoffen, Rita Klein, Bettina Köhl, Bernd Leyendecker, Florian Ludwig und Wolfgang Wiedlich – den Bau verfolgt und eine Fülle von Fehlentwicklungen, Leichtfertigkeiten und Verschwendungen transparent gemacht. Die Probleme eines Großprojekts unter kommunaler Regie werden an diesem Fall drastisch deutlich.

Den zweiten Preis (8 000 Euro) erhält Christine Kröger, Redakteurin beim „Weser-Kurier“, Bremen. Sie wurde von der Jury für ihre hartnäckigen Recherchen im Rockermilieu ausgezeichnet. Dabei stieß sie bei der Begleitung eines Strafverfahrens um Mitglieder der „Hells Angels“ und „Bandidos“ auf Verbindungen zur organisierten Kriminalität und zugleich auf Verharmlosungen dieses Phänomens durch die zuständigen Behörden.

Der dritte Preis (6 000 Euro) geht an den Redakteur Roland Kirbach – DIE ZEIT. Er lieferte eine auszeichnungswürdige Analyse von Finanztransaktionen deutscher Gebietskörperschaften und dokumentiert dabei in verständlicher Weise die Praxis des „Cross-Border-Leasing“, mit der viele Kommunen ihre Finanzen und damit ihre Steuer- und Abgabenzahler erheblich belastet haben.

www.anstageslicht.wordpress.com/waechterpreis-der-tagespresse-2010 (Zugriff am 13. 11. 2010)

INTERNET

www.anstageslicht.de

1 Fasst zusammen, wie Frank Thonicke vorging, was er aufdeckte, welche Arbeit er sich machte und auf welche Widerstände er stieß (M1).

2 Erläutert differenziert am Beispiel des „Falls Emig“ den Zusammenhang von kritischer Berichterstattung, Politik und Justiz (M1, M2).

3 Diskutiert, warum Betrug und Korruption bei Fernsehsendern besonders brisant sind.

4 Informiert euch über den Wächterpreis und gestaltet Plakate, die über den Preis, die Preisträger und ihre jeweiligen Arbeiten informieren (M3). Bezieht hierbei die Internetseite www.anstageslicht.de ein.

11.2 Pressefreiheit, Wahrheit, Manipulation

M 1 Gerügte Bildzeitung

Eine kritische Internetseite über die vom Presserat gerügte Bild-Zeitung:

Bei den Ermittlungen kam raus: Jimmy hatte sich schon vor Monaten von der hübschen Mandy (18) getrennt. Sie lernte den 19-jährigen Murat kennen, die beiden wurden ein Paar. Doch Mandy hegte Rachegefühle gegenüber ihrem Ex-Freund – und stiftete Murat zur Tat an. Der 17-jährige Nasir war bei der Bluttat dabei, er ist wie der Killer bereits polizeibekannt. **Murat G. sitzt wegen Mordes, Nasir L. wegen Beihilfe zu schwerer Körperverletzung, Mandy wegen Anstiftung zum Mord im Knast.**

Der Komplize: Nasir L. (17) kommt wegen Beihilfe in den Knast

Der Messerstecher: Murat (19) wurde für seine Freundin zum Mörder

„Bild" berichtet, dass zwei Männer, die einen Mord begangen haben sollen, festgenommen wurden und nennt sie „Murat G." und „Nasir L.". In Wahrheit handelt es sich allerdings um Deutsche, sogar ohne sogenannten Migrationshintergrund und mit typisch deutschen Namen. Die Zeitung hat nicht nur, ohne darauf hinzuweisen, die Namen der „Mörder" geändert, sondern auch ihre Herkunft. [...]
Die Rechtsabteilung von Axel Springer bestreitet, dass durch die Namensänderung Stimmung gegen türkische Mitbürger gemacht worden sei. Sie weist darauf hin, dass die Polizei ursprünglich nach „Tätern südländischer Herkunft" gesucht habe. Die Redaktion habe vergeblich versucht, am Tag vor der Meldung die tatsächlichen Namen der Täter in Erfahrung zu bringen. (Anmerkung: Gelungen war es ihr allerdings offenbar, Details über das Privatleben des Haupttäters zu recherchieren, siehe Ausriss.) Der Zusatz „Name geändert" habe versehentlich gefehlt, erklärte die Rechtsabteilung. Schon am nächsten Tag habe man die korrekten Vornamen benutzt.

www.bildblog.de/1419/der-moerder-ist-immer-der-tuerke (Zugriff am 12. 11. 2010)

INTERNET

www.presserat.info

M 2 Wie viel Kritik darf sein?

Elf Jahre lang arbeitete sie für die „Badischen Neuesten Nachrichten" (BNN). Dann wurde einer Redakteurin fristlos gekündigt, nachdem sie einen kritischen Artikel über die Arbeitsbedingungen bei dem Discounter Lidl verfasst hatte. Lidl ist einer der größten Anzeigenkunden der BNN. Zweimal pro Woche finden sich große Anzeigen in dem in Karlsruhe erscheinenden Blatt. Laut Südwestrundfunk (SWR) schaltet Lidl jährlich für 1,4 Millionen Euro Werbung in der BNN. [...]
Unbestritten ist, dass kurz nach Erscheinen des Lidl-kritischen Artikels ein BNN-Geschäftsführer in der Zentrale des Discounters in Neckarsulm mit Lidl-Managern zusammentraf. Wenig später wurde die 38-jährige Journalistin zu einem Gespräch mit BNN-Verleger Hans Wilhelm Baur und BNN-Herausgeber und Chefredakteur Klaus Michael Baur gebeten. Karl Geibel vom DJV nennt die Unterhaltung „stimmungsgeladen und von Vorhaltungen geprägt". Die Journalistin selbst sagte anschließend zum BNN-Betriebsrat, sie habe „nicht rechtzeitig den Kotau gemacht". [...] „Lidl hat den BNN offensichtlich gedroht. In der Personalakte der Kollegin findet sich nichts Negatives."
Stein des Anstoßes ist ein Artikel, der Ende August in der BNN-Lokalausgabe Rastatt erschienen war. Die Journalistin hatte auf Einladung von Lidl ein Zentrallager des Discounters in Bietigheim besucht. [...] Die Journalistin geht jedoch auch auf das „Schwarzbuch Lidl" der Gewerkschaft Verdi ein. Sie schreibt, dass Lidls finanzieller Erfolg „mit den schlechten Arbeitsbedingungen" erwirtschaftet werde. Weiterhin schildert sie den Arbeitsalltag im Tiefkühllager. „Handarbeit bei bis zu 24 Grad minus" – so lautet auch die Überschrift des Artikels.
Im Gespräch mit dem Tagesspiegel begründete BNN-Chefredakteur Baur die Kündigung mit den Worten: „Die Journalistin hat es an Sorgfalt fehlen lassen. Im Gespräch hat sie sich uneinsichtig gezeigt. Wir konnten nicht anders."
Baur bestritt, dass Lidl die BNN unter Druck gesetzt habe. Von inhaltlichen Fehlern der Journalistin wollte er nicht sprechen. [...]

nach: Der Tagesspiegel, 8.10.2005, Verfasser: Philipp Lichterbeck

INFO

Kotau: Unterwerfungsgeste

M3 Meinungs- und Pressefreiheit

Das Bundesverfassungsgericht 1966:

[...] Soll der Bürger politische Entscheidungen treffen, muss er umfassend informiert sein, aber auch die Meinungen kennen und gegeneinander abwägen können, die andere sich gebildet haben. Die Presse hält diese ständige Diskussion in Gang: Sie beschafft die Informationen, nimmt selbst dazu Stellung und wirkt damit als orientierende Kraft in der öffentlichen Auseinandersetzung. [...] In der repräsentativen Demokratie steht die Presse zugleich als ständiges Verbindungs- und Kontrollorgan zwischen dem Volk und seinen gewählten Vertretern in Parlament und Regierung: Sie fasst die in der Gesellschaft und ihren Gruppen unaufhörlich sich neu bildenden Meinungen und Forderungen kritisch zusammen, stellt sie zur Erörterung und trägt sie an die politisch handelnden Staatsorgane heran, die auf diese Weise ihre Entscheidungen auch in Einzelfragen der Tagespolitik ständig am Maßstab der im Volk tatsächlich vertretenen Auffassungen messen können.

BVerfGE 20, S. 174 I („Spiegel-Urteil")

M4 Medienkodex des Netzwerks Recherche

Neue Technologien und zunehmender ökonomischer Druck gefährden den Journalismus. Um seine Qualität und Unabhängigkeit zu sichern, setzt sich das Netzwerk Recherche für dieses Leitbild ein.

1. Journalisten berichten unabhängig, sorgfältig, umfassend und wahrhaftig. Sie achten die Menschenwürde und Persönlichkeitsrechte.
2. Journalisten recherchieren, gewichten und veröffentlichen nach dem Grundsatz „Sicherheit vor Schnelligkeit".
3. Journalisten garantieren uneingeschränkten Informantenschutz als Voraussetzung für eine seriöse Berichterstattung.
4. Journalisten garantieren handwerklich saubere und ausführliche Recherche aller zur Verfügung stehenden Quellen.
5. Journalisten machen keine PR.
6. Journalisten verzichten auf jegliche Vorteilsnahme und Vergünstigung.
7. Journalisten unterscheiden erkennbar zwischen Fakten und Meinungen.
8. Journalisten verpflichten sich zur sorgfältigen Kontrolle ihrer Arbeit und, wenn nötig, umgehend zur Korrektur.
9. Journalisten ermöglichen und nutzen Fortbildung zur Qualitätsverbesserung ihrer Arbeit.
10. Journalisten erwarten bei der Umsetzung dieses Leitbildes die Unterstützung der in den Medienunternehmen Verantwortlichen. Wichtige Funktionen haben dabei Redaktions- und Beschwerdeausschüsse sowie Ombudsstellen und eine kritische Medienberichterstattung.

www.netzwerkrecherche.de (Zugriff am 13. 11. 2010)

INFO

Netzwerk Recherche: gemeinnütziger Verein mit dem Ziel, die journalistische Recherche in der Medien-Praxis zu stärken

1 Erläutert die Kritik an der Bild-Zeitung (M1).

2 Untersucht den in M2 geschilderten Fall unter dem Gesichtspunkt „Eingriff in die Pressefreiheit".

3 Erläutert den Medienkodex des Netzwerks Recherche und prüft an verschiedenen Artikeln, ob dieser umgesetzt bzw. eingehalten wird (M4).

4 Diskutiert in der Klasse, ob und welche Gefahren für die Presse- und Meinungsfreiheit bestehen (M4 mit Bezug auf M1–M3).

5 Verfasst einen Text, in dem ihr einseitig-manipulierend berichtet (wenn möglich, ohne dabei die Wirklichkeit zu verfälschen). Überlegt, wie ihr mit Bildern/Fotos den beabsichtigten Eindruck verstärken könnt.

11.3 Das Fernsehen und die Wirklichkeit

Im März/April 2006 bestimmte das Thema Jugendgewalt einmal mehr die Schlagzeilen und Fernsehberichte. Ausgelöst wurde das Medienecho durch den Hilferuf der Lehrerschaft einer Berliner Hauptschule, mit dem öffentlich gemacht wurde, dass ein geordneter Unterricht aufgrund von Disziplinlosigkeit nicht mehr möglich sei. Auch das ZDF-Magazin „ZDF.reporter" sendete am 29. März 2006 einen Beitrag zu dem Thema Jugendgewalt, in dem die Zustände im Hamburger Stadtteil Mümmelmannsberg und an der dortigen Gesamtschule „dokumentiert" wurden.

M1 Gewaltexzesse in Mümmelmannsberg

„Wie aggressiv die Stimmung ist, zeigen diese Bilder", sagt die Stimme aus dem Off. „Die Gewalt ist oft spontan und unkontrolliert." Zu sehen sind dabei Bilder von Jugendlichen aus Mümmelmannsberg [in Hamburg], die brutal aufeinander losgehen – und, so fügt der Sprecher in betroffenem Ton hinzu, nur durch die Gegenwart des Kamerateams vom Schlimmsten abgehalten werden können. Zu sehen waren die Bilder am Mittwoch vergangener Woche im ZDF-Magazin „ZDF.reporter" – angekündigt als Beitrag einer „ZDF-Reporterin". Von einer „Gang" mit dem Namen „Die Mümmler" ist darin die Rede – und es wird suggeriert, dass ganz Mümmelmannsberg diese Jungen fürchte.

aus: Hamburger Abendblatt vom 6. April 2006, Verfasser: Jens Meyer-Wellmann

M2 Gewaltbilder gestellt und bezahlt

Klaus Reinsch, Schulleiter der Hamburger Gesamtschule Mümmelmannsberg, hat sich jetzt in einem Brief an den ZDF-Intendanten Markus Schächter gewandt und verlangt, dass der Mainzer Sender „unverzüglich" eine Gegendarstellung zur umstrittenen ZDF-Berichterstattung vom 29. März [2006] ausstrahlt [...]. Reinsch ist der Ansicht, der Sender hätte mit dem umstrittenen „ZDF.reporter"-Beitrag Schüler seiner Schule „instrumentalisiert und durch finanzielle Anreize zur Darstellung gezielter Gewaltaktionen angehalten".

Schulleiter Reinsch, „der den Ruf der Schule und des Stadtteils geschädigt sieht", behält sich darüber hinaus vor, den Presserat einzuschalten [...].

www.fairpress.biz (Zugriff am 8. 4. 2006)

M3 Täter und Opfer gespielt

Akim (15), der Anführer der Jugendbande, und Anthony (15), der über Monate von der Gang tyrannisiert wird, der nur anonym aussagen will, aus Angst, wieder geschlagen zu werden. [...] Seite an Seite sitzen die beiden 15-Jährigen und ihre Freunde Tarik (17) und Habib (16) vor einer Leinwand, sehen sich die Reportage noch einmal an. Auch Tarik und Habib haben ihre Rollen gespielt. Szene für Szene schildern sie [...], wie es dazu kam.

Beispiel: Ein Opfer packt aus. „Ich wollte zum Haus der Jugend, als Akim zu mir kam und sagte: ‚Spiel doch mal das Opfer fürs Fernsehen.' Die Reporterin hat dann gefragt: ‚Kannst du das?' Wir haben einmal ohne Kamera geübt. Danach hat die Frau immer gesagt: ‚Mach mal mehr.' Im Film ist es schließlich so, dass Anthony erst eine geplatzte Lippe und ein blaues Augen anführt und sich dann nach einer kurzen Pause auch noch an einen gebrochenen Arm erinnert. Der angebliche Anführer der Gang, die ihn so brutal misshandelt haben soll, steht nach eigenen Angaben derweil mit den anderen Jungs hinter der Kamera und kann sich das Lachen kaum verbeißen. „Die Frau hat immer wieder gesagt, wir sollen nicht so laut sein, man darf das Lachen nicht hören", sagt Akim.

[...] Beispiel: Bandenschlägerei. Laut Beitrag verabreden sich die Jungs übers Internet zu einer Schlägerei mit einer fremden Gang. „Die Antworten auf dem Bildschirm hat jemand geschrieben, der im Internet-Café zwei Plätze neben uns saß", sagt Akim. Dann wird gezeigt, wie die Jugendlichen in einem U-Bahn-Tunnel verschwinden. Angeblich zu einer verabredeten Schlägerei in einem anderen Stadtteil. Dazu sagt eine Sprecherin: „Unser Fernsehteam bleibt zurück. Wir wollen diese geplante Gewalt nicht zeigen." Die jungen Männer in der Schule lachen höhnisch. „Wir sind durch den Tunnel zum Kiosk gegangen", sagt Akim. [...] Und sie erinnern sich an noch etwas. „Die Frau hat ganz klar gesagt: ‚Ich brauche einen Drogenkauf im Kasten, eine Schlägerei, ein Opfer, und wie ihr euch auf den Weg zu einem Bandenkrieg macht'", sagt Akim. Die vier Jugendlichen sind sauer, fühlen sich missbraucht. [...] Sie ärgern sich, dass sie mitgemacht haben. „Das war Sch... Wir haben unseren Ruf beschädigt. Vielleicht sind wir mit schuld, wenn Jugendliche aus dem Stadtteil künftig noch schwerer eine Lehrstelle oder einen Praktikumsplatz kriegen."

Hamburger Abendblatt vom 7. April, Verfasser: Jan-Eric Lindner

Gewalt – nur gestellt

M4 „Von Geldzahlungen war nichts bekannt"

Stellungnahme der Redaktion „ZDF.reporter":

Bei der kritisierten Reportage handelte es sich um eine Auftragsproduktion der Hamburger Produktionsfirma „Lonamedia" für die Sendung „ZDF.reporter". Die Produktionsfirma hat 200 Euro an einen jugendlichen Informanten gezahlt, der an insgesamt vier Tagen für Vorortrecherchen zur Verfügung stand. Die Familie eines weiteren Jugendlichen, die in ihrer Wohnung für Dreharbeiten zur Verfügung stand, erhielt eine Aufwandsentschädigung in Höhe von 100 Euro. Von Geldzahlungen an Jugendliche war der Redaktion „ZDF.reporter" nichts bekannt. Solche Zahlungen entsprechen nicht den journalistischen Grundsätzen des ZDF [...]. Auch die Produktionsfirma „Lonamedia" betrachtet diese Zahlungen im Nachhinein als einen Fehler.

Pressemappe ZDF, zit.n. www.presseportal.de (Zugriff am 8. 4. 2006)

1 Rekonstruiert den Beitrag des ZDF-Magazins „ZDF.reporter" vom 29. März 2006 (M1). Wie erklärt ihr euch, dass auf der offiziellen „ZDF.reporter"-Website „Alle Reportagen 2006" diese Reportage bereits eine Woche nach der Ausstrahlung nicht mehr enthalten war?

2 Stellt dar, gegen welche Grundsätze des Medienkodexes (s. S. 297) der Beitrag verstößt.

3 Diskutiert, warum die Jugendlichen bei dieser Produktion „mitgespielt" haben (M3).

4 Sucht Gründe, warum der Beitrag des ZDF zu dem ernsten Problem der Jugendgewalt so aufgemacht war. Berücksichtigt dabei sowohl die Adressaten als auch die Arbeits- bzw. Geschäftsbedingungen der Produktionsfirma und des Senders (M1–M4).

11.4 Die deutsche Medienlandschaft

Die deutsche Medienlandschaft ist im internationalen Vergleich vielfältig und bietet ein breites und differenziertes Angebot: Im Bereich der Presse gibt es z. B. noch 133 Zeitungen mit eigener Redaktion, die in 1 552 verschiedenen Ausgaben herausgebracht werden. An diesen Zahlen wird aber bereits deutlich, dass vielfach unter verschiedenen (traditionellen) Namen die mehr oder weniger gleiche Zeitung, zumindest der gleiche Zeitungsmantel, veröffentlicht wird. Insgesamt lässt sich aber auch in der deutschen Medienlandschaft ein verstärkter Konzentrationsprozess feststellen. Mit der Entstehung neuer Medienformen und der ständigen Beschleunigung der Informationsvermittlung wird sich der Prozess der Konzentration auch weiter verstärken, wodurch die führenden Medienkonzerne an Macht gewinnen.

M 1 Unter Haien

Für den Gütersloher Medienkonzern Bertelsmann sieht der optimale Konsument so aus: Morgens, nach dem Aufstehen, schaltet er den Fernseher an und schaut sich die Nachrichten auf RTL an. Später am Frühstückstisch blättert er in der Financial Times Deutschland. In der Mittagspause kauft er sich den Stern, Brigitte und für die Kinder GEOlino. Und abends schaut er sich Big Brother bei RTL2 an oder einen guten Spielfilm bei Vox. Mit der Senderkette RTL, RTL2 und Vox gehört Bertelsmann der größte Anteil am deutschen Privatfernsehen, seine 100-prozentige Verlagstochter Gruner + Jahr ist auf dem Zeitschriftenmarkt dominant. Rund zwei Drittel des Marktes für Nachrichtenmagazine (auf dem es neben Stern und Spiegel nur noch Focus aus dem Burda-Verlag gibt) werden maßgeblich von Gruner + Jahr bestimmt. [...]
In Deutschlands Medienbetrieb gibt es Machtballungen, wohin man nur schaut: So hat der Springer-Konzern allein schon durch die Bild-Zeitung, die sich rund vier Millionen Menschen täglich kaufen, eine Vormachtstellung auf dem Markt der Boulevardpresse. Der Holtzbrinck-Konzern aus Stuttgart (Handelsblatt, Wirtschaftswoche, Zeit) wiederum ist führend in der Wirtschaftspresse.
Dass die Medienunternehmer nicht immer zimperlich mit ihrer Macht umgehen, konnte man im Herbst vergangenen Jahres erleben. Da schmiedeten die Manager aus dem Spiegel-Verlag und von Springer den Plan, die Rechtschreibreform zu boykottieren und wieder nach den alten Regeln zu schreiben. Man erreiche schließlich mit allen Publikationen zusammen die große Mehrheit der Bevölkerung.

aus: Fluter/Bundeszentrale für politische Bildung, Autor: Oliver Gehrs, 21. 3. 2005

GLOSSAR
Massenmedien

M 2 Die größten Medienunternehmen

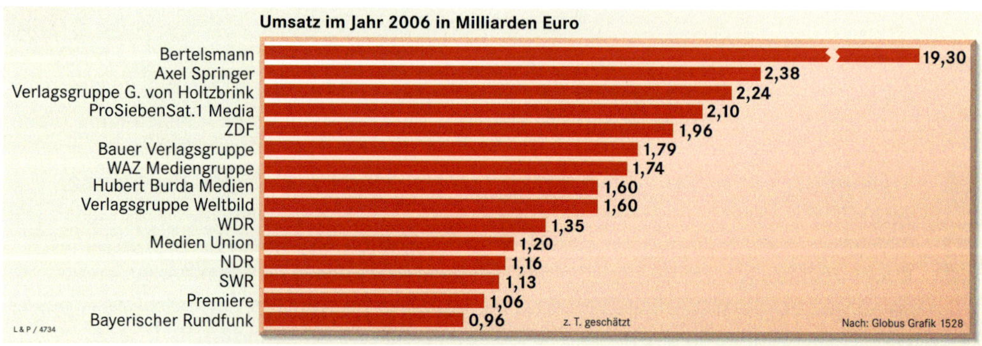

M3 Das Bertelsmann-Imperium

Zur **RTL Group** gehören Fernseh- und Radiosender sowie eine TV-Produktionsfirma. Jeden Tag schalten mehr als 170 Millionen Europäer einen ihrer TV-Sender ein, beispielsweise RTL Television, Super RTL, VOX oder N-TV. 104.6 RTL ist deutschen Radiohörern ein Begriff. Der Anteil am Bertelsmann-Umsatz beträgt 27,7 Prozent.

Random House (New York): Die weltgrößte Buchverlagsgruppe bringt es jedes Jahr auf mehr als 9 000 Neuerscheinungen. Zu den über 100 Verlagen gehören Goldmann, btb und Heyne aus Deutschland, die amerikanische Doubleday oder Ebury aus Großbritannien. Zu den prominenten Autoren zählen Bestseller-Schreiber wie John Grisham und John Irving. Anteil am Umsatz: 10,2 Prozent.

Gruner+Jahr (Hamburg): Das internationale Druck- und Verlagshaus bringt Magazine wie Stern, Brigitte, Geo oder Schöner Wohnen heraus. Hinzu kommen fünf deutsche Zeitungen, als Vorzeigeobjekt gilt die in Hamburg erscheinende Financial Times Deutschland. In Europa und Asien erscheinen mehr als 120 Zeitschriften. Anteil am Umsatz: 13,9 Prozent.

BMG (New York): Die Bertelsmann Music Group fusionierte 2004 zu gleichen Teilen mit Sony. Zu den bekannten Musiklabeln gehören Arista, Columbia Records und Ariola. Zu BMG gehört auch der Musikverlag BMG Music Publishing. Anteil am Umsatz: 14,5 Prozent.

Arvato (Gütersloh): Arvato kümmert sich um Druck, Medien-Dienstleitungen, Informationstechnik und Speichermedien. Bei Arvato arbeiten 33 000 Mitarbeiter. Anteil am Umsatz: 21,3 Prozent.

Direct Group (Gütersloh): Die Direct Group kennen die meisten durch Buch- und Musikclubs. Was den Deutschen „Der Club" ist den Chinesen der „Bertelsman Book Club". Weltweit gehören dem Club 32 Millionen Mitglieder an. Anteil am Umsatz: 12,4 Prozent.

www.welt.de/print-welt/article194105/Das_Bertelsmann_Imperium.html (Zugriff am 14. 2. 2011)

Logo	Bereich	Beteiligung	Mitarbeiter	Umsatz in Mio €	Umsatz in %	EBIT in Mio €	EBIT in %
arvato BERTELSMANN	Arvato	100,0 %	60 323	4 836	30,7	151	18,3
DirectGroup BERTELSMANN	Direct Group Bertelsmann	100,0 %	10 087	1 246	7,9	4	0,5
G+J	Gruner+Jahr	74,9 %	13 571	2 508	16,0	33	4,0
RTL GROUP	RTL Group	91,0 %	12 520	5 410	34,4	503	60,8
RANDOM HOUSE BERTELSMANN	Random House	100,0 %	5 432	1 723	11,0	136	16,4

Stand: Dezember 2009 Quelle: http://de.wikipedia.org/wiki/Bertelsmann L&P / 4782

1 Erläutert anhand von M1 und M2, was man unter Medienunternehmen versteht.
2 Recherchiert in der „Mediendatenbank der Kommission zur Ermittlung der Konzentration im Medienbereich" die Firmen-Beteiligungen der Bertelsmann AG.
3 Entwickelt anschließend ein Firmenportrait „Das Bertelsmann-Imperium" (M3).
4 Stellt (mögliche) Auswirkungen dar, die sich aus solchen Beteiligungen ergeben.

INTERNET
www.kek-online.de

11.5 Pressemarkt und Pressemacht

M 1 Auflagenschwund der Tageszeitungen

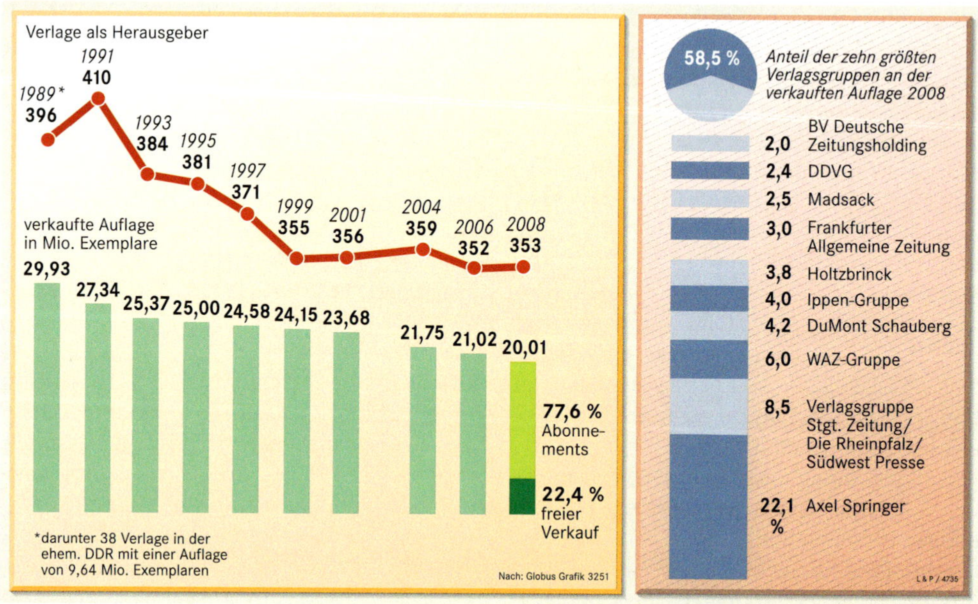

M 2 Zeitungen pro Landkreis

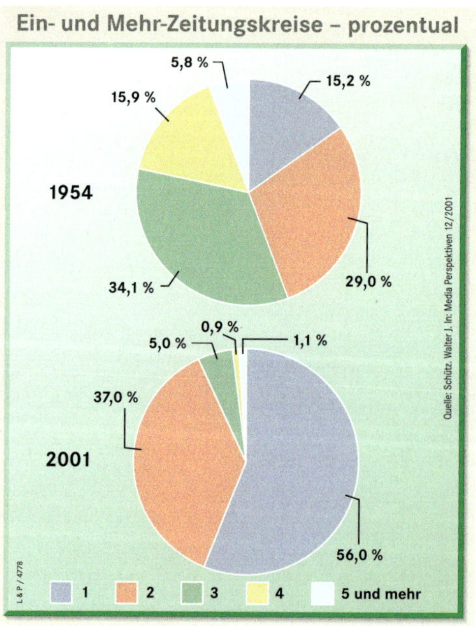

M 3 Marginaler Wettbewerb

Der Professor am Institut für Journalistik und Kommunikationsforschung Walter J. Schütz über den Zeitungsmarkt:

[Es hat sich] ein gefestigter Zeitungsmarkt herausgebildet, in dem Wettbewerb (abgesehen von wenigen Orten) nur noch marginal stattfindet. In seit Jahrzehnten abgesteckten Verbreitungsgebieten sichert die Allein- oder Erstanbieterposition in lokalen/regionalen Bereichen den meisten Blättern als „Zeitung für alle" immer noch oder wohl auch weiterhin die Funktion einer Art von „kommunaler Versorgungseinrichtung". [...] Seit Jahrzehnten bestehen kaum noch Markteintrittschancen. Im alten Bundesgebiet waren [...] seit 1954 nur zwei örtliche Zeitungsneugründungen auf Dauer erfolgreich. [...] Auch eine stabile Ausdehnung des Verbreitungsgebietes bestehender lokaler Zeitungen mit neuen Ausgaben blieb eher die Ausnahme.

Walter J. Schütz, Deutsche Tagespresse 2008, in: Media Perspektiven H. 9 (2009), S. 454 f.

M4 Der Monopol-Markt der Regional-Zeitungen

In Freiburg lesen fast alle die Badische Zeitung, Hannover wird vom Madsack-Verlag dominiert, der neben der Hannoverschen Allgemeinen noch die Neue Presse herausgibt und damit den Markt fast komplett abdeckt. [...] Dasselbe gilt für Köln, das der Verleger Neven Du Mont fest im Griff hat. Neben dem Kölner Stadtanzeiger gibt er dort das Boulevardblatt Express heraus. [...] In Rostock dominiert die Ostseezeitung, die zum Springer-Konzern gehört, in Leipzig die Volksstimme. Das ist viel Macht in den Händen von wenigen: Insgesamt haben die Regionalblätter einen Marktanteil von 70 Prozent, werden also weitaus mehr gelesen als die überregionalen Blätter wie die Süddeutsche Zeitung oder die FAZ.

www.fluter.de/de/medien/thema/3723/ (Zugriff am 13. 11. 2010)

GLOSSAR
Markt

M5 Auswirkungen der Pressekonzentration

Die *Sächsische Zeitung* organisiert Lokalredaktionen als Profit-Center, bei denen Redakteursgehälter an den wirtschaftlichen Erfolg gekoppelt sind.
Der *Axel Springer Verlag* legte die Redaktionen von Welt und Berliner Morgenpost zusammen und baute 150 Stellen ab.
Die *Rhein-Zeitung* lagerte in Bad Ems und Neuwied Lokalredaktionen in Dienstleistungsgesellschaften aus, um geringere Agentur-Tarife zahlen zu müssen. Ähnliches wird für die Koblenzer Lokalredaktion vorbereitet.
Das *Offenburger Tageblatt* ließ vor zwei Jahren die Wirtschaftsredaktion durch externe „Dienstleister" ersetzen. [...]
Die *Kieler Nachrichten* beziehen die Fernsehseite im Rahmen eines Pilotprojektes komplett von der Presseagentur dpa.
Der *Verband der Lokalpresse* bietet Lokalzeitungen Elemente (Kreuzworträtsel, Texte etc.) und sogar komplette Themenseiten der Tochtergesellschaft Medienservice Berlin GmbH.

nach: www.medienmaerkte.de/artikel/print/041710 _ zeitungskonzentration.html (Zugriff am 13. 11. 2010)

M6 Die Macht der Bildzeitung

Interview mit Günther Rager, langjähriges Mitglied der Grimme-Preis-Jury und Prof. für Journalistik:

taz: Welche politische Bedeutung hat die Bild-Zeitung heute?
Günther Rager: Ich glaube, dass diese Bedeutung kaum überschätzt werden kann. Zum einen operiert Bild im Boulevardmarkt ohne große Konkurrenz. Und in den elektronischen Medien ist Boulevardberichterstattung praktisch politikentleert.
taz: Die Ausnahmestellung von Bild in der Presselandschaft ist also keine Einbildung?
Günther Rager: Mit 4,5 Millionen Auflage hat Bild neben einer enormen Reichweite nach wie vor eine erhebliche politische Bedeutung. Das sieht man auch daran, dass sich alle Mächtigen in der Politik durchaus gern in der Bild dargestellt sehen. Zumindest wenn's für sie positiv ausgeht.

taz vom 1. 2. 2001, sprachlich leicht bearbeitet

◂◂ **Bildzeitung Titelseite, S. 293**

1 Analysiert die Entwicklungen des Pressemarktes anhand der Materialien M1 bis M3 und fasst eure Ergebnisse in einem ausformulierten Text zusammen.
2 Beurteilt mithilfe von M4 und M5 mögliche Auswirkungen der Pressekonzentration auf die Berichterstattung und auf die Möglichkeiten, sich unabhängig zu informieren.
3 Diskutiert über mögliche (politische) Folgen der „Macht der Bildzeitung" (M6). Bezieht dabei die Internetseiten von www.bildblog.de in eure Diskussionen ein.

INTERNET
www.bildblog.de

11.6 Das duale Rundfunksystem

Unter dem dualen Rundfunksystem versteht man das seit 1984 in Deutschland bestehende Nebeneinander von öffentlich-rechtlichen und privaten Rundfunksendern (Fernsehen/Radio). Die bedeutendsten Unterschiede der beiden Systeme betreffen die Zielsetzungen und die Organisationsform. Das letztendliche Ziel des privaten Rundfunks liegt in der Gewinnerzielung für private Investoren; die öffentlich-rechtlichen Rundfunkanstalten haben einen Informations- und Bildungsauftrag zu erfüllen, der öffentlich kontrolliert wird. Ihnen ist die Erwirtschaftung von Gewinnen im privatwirtschaftlichen Sinn nicht erlaubt.

M 1 „Wetten, dass ..?“ – Ein Sturz und viele Fragen

[...] Der 23-jährige Student Samuel K. war am Samstagabend in die Show gekommen, um auf futuristisch anmutenden Sprungfedern mit einem Salto über Autos zu springen, die auf ihn zufahren – vom Smart bis zum Geländewagen. Fünfmal in vier Minuten wollte er das schaffen, um die Wette zu gewinnen. Der vierte Sprung ging daneben. [...] Aus der Perspektive des anfahrenden Autos war vorher zu sehen, wie Samuel läuft, springt – aber wohl nicht hoch genug – und hängenbleibt. Nur für den Bruchteil einer Sekunde zeigt die Kamera, wie der junge Mann langgestreckt und regungslos auf dem Boden liegt. Der eigentliche Sturz ist im Fernsehen nicht zu sehen – und die Regie schaltet sofort weg. [...] Die Regie entscheidet, die Liveshow zu unterbrechen, bis die Ärzte sagen können, wie es dem Kandidaten geht. [...] Nach 25 Minuten meldet sich Gottschalk und erklärt: „Wir werden jetzt diese Sendung an dieser Stelle hier abbrechen. Alles andere wäre falsch. Gerade wir im ZDF fühlen uns verantwortlich, hier nicht auf heiter zu machen, wenn wir nicht heiter sind.“ An die Fernsehzuschauer direkt gerichtet sagt er: „Ich weiß, dass Sie mich verstehen, ich bedanke mich.“ [...] Es wird nun mit Sicherheit eine hitzige Debatte geben: War die Wette nicht doch zu gefährlich? Hat die Redaktion übertrieben? Womöglich, weil sie dem gleichzeitig laufenden RTL-Erfolg „Das Supertalent“ etwas besonders Spektakuläres entgegensetzen wollte? Interne ZDF-Unterlagen, die SPIEGEL ONLINE vorliegen, zeigen: Samuel K. selbst schätzte seine Wette als durchaus gefährlich ein. [...]

nach: www.spiegel.de/kultur (Autor: Peer Schader) (Zugriff am 5. 12. 2010)

M 2 Wetten dass..?

Nicht umsonst hatte der öffentlich-rechtliche Sender auch für diese Folge wieder spektakuläre – und vor allem auch auf jüngeres Publikum ausgerichtete – Gäste eingeladen. Take That sollte erstmals wieder zusammen mit Robbie Williams im deutschen Fernsehen auftreten, und der 16-jährige kanadische Mädchenschwarm und Sänger Justin Bieber war angekündigt. Schon bei der Folge im November hatte Gottschalks Show auf Gäste wie Miley Cyrus („Hannah Montana“), Lena und die Fantastischen Vier gesetzt und damit das Quotenduell für sich entscheiden können, mit 8,4 Millionen Zuschauern zu knapp 7,74 Millionen „Supertalent“-Sehern. Ein Hohn freilich, wenn man bedenkt, dass das ZDF vor knapp 15 Jahren, als Take That zum letzten Mal vor ihrer Trennung bei „Wetten, dass ..?“ auftraten, noch ein Publikum von bis zu 25 Millionen Zuschauern angepeilt hatte. Der Quotendruck war also da an diesem Samstagabend, der auf besonders traurige Weise deutsche Fernsehgeschichte geschrieben hat.

Welt-Online vom 5. 12. 2010; www.welt.de/fernsehen/article11410835/Der-Kampf-um-Zuschauer-und-die-waghalsigen-Wetten.html

M3 „Kein Quotendruck“

Berlin (dapd):

Der schwere Unfall bei der ZDF-Show „Wetten, dass ..?“ ist nach Einschätzung des Medienexperten Jo Groebel keine Folge von Quotendruck. Natürlich werde jetzt spekuliert, ob das ZDF angesichts der Konkurrenz durch das RTL-Format „Das Supertalent“ risikofreudiger geworden sei, sagte Groebel am Sonntag auf dapd-Anfrage. [...] „Das Fernsehen braucht das Spektakuläre“, sagte Groebel. Mit dem Vorwurf, das ZDF habe fahrlässig gehandelt, wäre er sehr vorsichtig. Es sei auch immer die Frage, wie viel Eigenverantwortung ein Kandidat trage und wie viel Verantwortung ihm abgenommen werden müsse.

www.zeitong.de/ng/da/2010/12/05/medienexperte-unfall-bei-wetten-dass-keine-folge-von-quotendruck/ (Zugriff am 5. 12. 2010)

M4 Entwicklung des Zuschauerschnitts

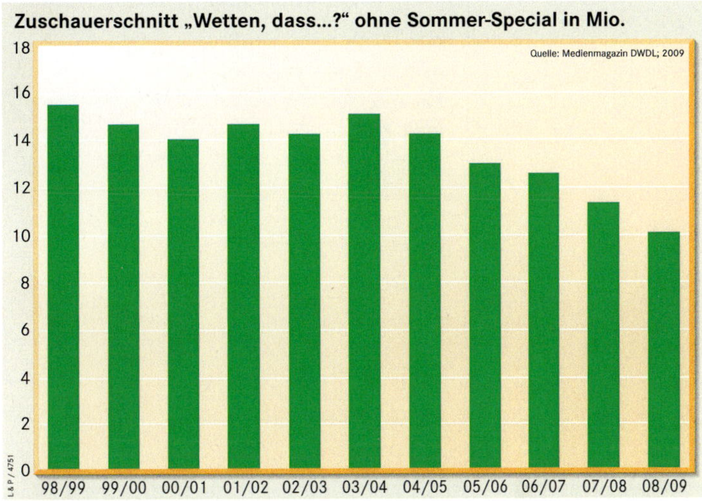

M5 Zuschauerreaktionen

- „Ansonsten sollte der Vorfall meiner Meinung nach nicht zu sehr aufgebauscht werden. Es war ein Unfall – nicht mehr und nicht weniger.“
- „Die Frage ist doch aber: Soll ein öffentlich-rechtlicher Sender da mitspielen?!“
- „Die Reaktion des ZDF, sowohl mit der Kameraführung direkt nach dem Unfall als auch mit dem Abbruch, fand ich absolut korrekt. Das hätte bei Pro 7, RTL oder Sat 1 sicher anders ausgesehen.“
- „Gottschalk und die Macher vom ZDF sind skrupellos – na ja, ein staatstragender Sender ist auch nicht besser als die Fäkaliensender.“

www.forum.spiegel.de (Zugriff am 5. 12. 2010)

M6 „Die Patientenkurve“

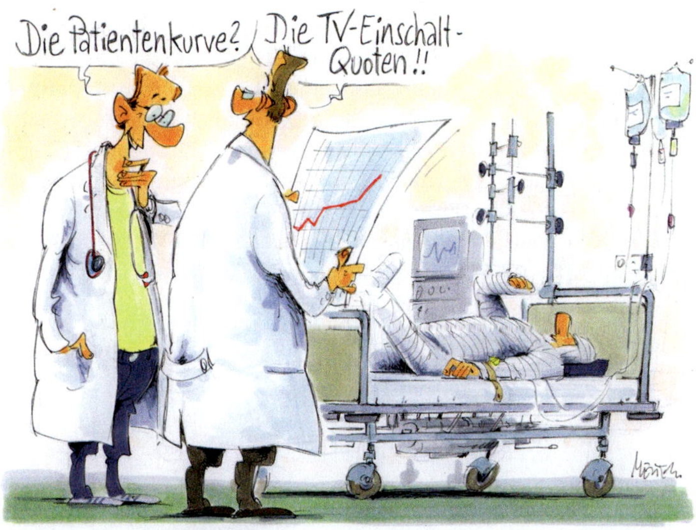

Zeichnung: Gerhard Mester

1. Fasst zusammen, was sich in der Sendung am 4.12.2010 ereignet hat (M1), und zeigt anhand der Materialien M2–M4 auf, was man unter „Quotendruck“ und „Quotenduell“ versteht.
2. Analysiert die Auswirkungen der Entwicklung des Zuschauerschnitts von „Wetten, dass ..?“ *vor* dem hier wiedergegebenen Unglück (M2, M4, M5)
3. Diskutiert anhand der Materialien M1 bis M4 sowie M6, ob der Unfall in „Wetten, dass ..?“ Ausdruck des Quotendruckes ist.
4. Formuliert in Anlehnung an M5 in der Klasse selber „Reaktionen“, in denen ihr eure Auffassung begründet.

M7 Marktanteile der AGF und Lizenzsender im Tagesdurchschnitt 2009

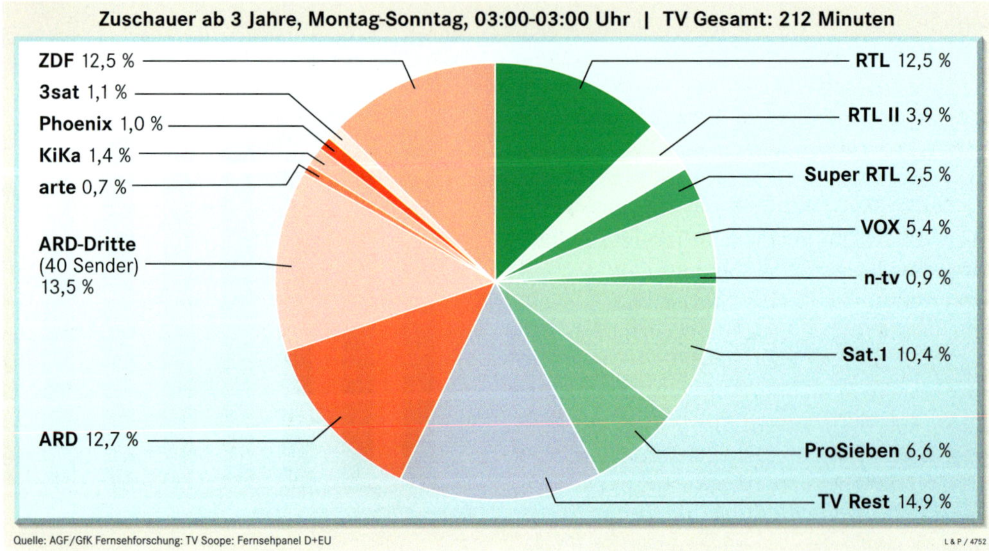

M8 Die Finanzierung des öffentlich-rechtlichen Rundfunks

Das Beispiel der ARD: Das nötige Geld bekommt der öffentlich-rechtliche Rundfunk, also auch die ARD, von denjenigen, für die er es ausgibt: den Rundfunkteilnehmern. Sie finanzieren mit ihren Rundfunkgebühren die (Programm-)Arbeit der Landesrundfunkanstalten etwa zu 85 Prozent (2008). Einnahmen aus Rundfunkwerbung und Sponsoring betragen etwa sechs Prozent, den Rest machen andere Erträge aus (etwa aus Koproduktionen, Kofinanzierungen und Programmverwertungen).

Die Höhe der Rundfunkgebühren können die Rundfunkanstalten nicht selbst bestimmen, sondern die Landesparlamente legen sie in Form eines Staatsvertrags aller Bundesländer fest. (Stand 12. 5. 2010)

www.ard.de/intern/finanzen/-/id=8214/1g6i2ys/index.html (Zugriff am 14. 11. 2010)

Bruttowerbeumsätze ausgewählter privater Fernsehanbieter

	in Mio Euro 2009	Veränderung gegenüber 2008 in %
RTL	2 176,7	−4,5
ProSieben	1 549,7	+0,4
SAT.1	1 719,9	+9,5
RTL II	607,4	+3,0
Super RTL	235,0	−7,3
kabel eins	631,5	+20,3
VOX	737,6	+1,2
N24	89,3	+5,7
DSF	255,6	−5,5
VIVA	167,0	−2,1
MTV	159,7	+21,5

Quelle: Heffler, Michael/Wolf, Markus: Der Werbemarkt 2009, Entwicklung und Tendenzen, in: Media Perspektiven 6/2010

M9 Werbeumsätze

Werbefernsehumsätze der ARD und ZDF Brutto-[1)]

Jahr	ARD-TV in Mio. Euro	Veränderung gegenüber 2008 in %
2009	274,2	−9,7
	ZDF in Mio. Euro	Veränderung gegenüber 2008 in %
2009	207,5	+2,3

[1)] Nach Nielsen Media Research.

Quelle: Heffler, Michael/Wolf, Markus: Der Werbemarkt 2009, Entwicklung und Tendenzen, in: Media Perspektiven 6/2010

M10 Der Kampf um Marktanteile

Um sich Marktanteile zu erkämpfen, mussten die privaten Fernsehanbieter ihre Programme auf Sparten und Genres ausdehnen, die bis dahin nicht oder nur wenig bedient worden waren. Die Notwendigkeit von Programminnovationen war somit besonders groß. Zu Anfang erregten bei RTL plus Erotik-Sendungen Aufsehen. Neu eingeführt wurden das „Frühstücksfernsehen" und nachmittägliche Talkshows. Für die Nachrichtensendungen entschied man sich schließlich für mehr „Boulevardisierung". Anfang der 1990er-Jahre entdeckten die Programmverantwortlichen „Reality-TV" als neues Format. Über Jahre hinweg erfolgreich liefen Gewinnspiele, Telenovelas, Seifenopern, Doku-Soaps sowie auch die Quizshow „Wer wird Millionär?" [...] Entwickelt wurden auch eigene Action-Serien, Comedy- und Klatsch-Shows. Auch Gerichtsshows erwiesen sich als besonders populär. Erfolgreiche amerikanische Serien wurden in Lizenz übernommen. Bleiben hinreichende Einschaltquoten aus, werden die Sendungen schnell wieder abgesetzt. [...]
Unbestritten hat der private Rundfunk Programminnovationen hervorgebracht, von denen manche auch von den öffentlich-rechtlichen Sendern aufgegriffen wurden. [...] Schon in den 1990er-Jahren zogen sich ARD und ZDF den Vorwurf zu, sie passten sich zunehmend den Privaten an. [...]

nach: Jürgen Wilke, Die zweite Säule des „dualen Systems": Privater Rundfunk, in: Aus Politik und Zeitgeschichte, H. 9-10 (2009), S. 1219

INFO

Genre: Gattung, Art

Boulevardisierung: sensationell aufmachen

Lizenz: Genehmigung

M11 Unterschiede im dualen Rundfunksystem

Der Medienwissenschaftler Manfred Muckenhaupt:

- Zum Glück gibt es in Deutschland einen Kinderkanal, sonst würden die Kids von den Privaten nur noch mit Zeichentrickserien überflutet.
- Zum Glück gibt es die öffentlich-rechtlichen Beiboote arte und 3sat mit anspruchsvollen Kulturprogrammen, Dokumentationen und Themenabenden.[...]
- Zum Glück halten die öffentlich-rechtlichen an ihrem Informationsanspruch gegenüber den Privaten fest. Das zeigt sich in der Zahl der Nachrichtenausgaben, einschließlich der Morgen- und Mittagsmagazine, an den Brennpunktsendungen, der Auslandsberichterstattung in eigenen Sendungen [...] und der Vielzahl politischer Magazine und Diskussionssendungen.
- Und zum Glück ist die Tagesschau standhaft geblieben, die Trennung von Nachricht und Meinung und die sachlich-distanzierte Nachrichtendarstellung sind bis heute ihr Markenzeichen geblieben [...].

Die andere Seite der Medaille zeigen beispielhaft die täglichen Boulevardmagazine: Hier sind die Öffentlich-Rechtlichen den Privaten hinterher gerudert. [...] Die Sendungen überfallen ihr Publikum im Gleichklang mit einer geballten Berichterstattung über Kindesentführungen, Sexualmorde, Unglücke und Katastrophen, gepaart mit der Glitterwelt der Stars und Sternchen.

nach: Pervoi, Zeitsch. des Goethe-Instituts, Schwerpunktthema: Medienlandschaft (2005) Deutschland, S. 8

5 Analysiert und interpretiert die Grafik M7.

6 Erklärt die unterschiedliche Finanzierungsstruktur von öffentlichem und privatem Rundfunk (M8/M9) und formuliert unter Einbezug von M7 Thesen zu möglichen Folgen bzw. Auswirkungen auf die Programmgestaltung.

7 Verfasst aus der Sicht eines privaten Anbieters ein Schreiben an Manfred Muckenhaupt (M11) mit dem Inhalt: „Wir zeigen nur, was die Zuschauer sehen wollen!"

8 Diskutiert die Auswirkungen des dualen Systems auf die öffentl.-rechtlichen Sender.

◀◀ Methode: Mit komplexen Grafiken und Statikstiken arbeiten, S. 135

11.7 Wie kommt die Nachricht in die Tagesschau?

M 1 Die Produktion der Tagesschau

Eine Darstellung des Bayrischen Rundfunks:

Der Tagesschau am Abend geht ein ganzer Tag Redaktionsarbeit im NDR voraus, und Redigieren heißt zuerst einmal: auswählen, was wichtig ist.

- Das fängt um 10 Uhr morgens bei der ersten Planungsredaktion an, wo die alltägliche Flut von Agenturmeldungen gesichtet und entschieden wird, „was für uns interessant ist", so Kai Wessel, Planungsredakteur und ein Praktiker, der von „sehr objektiver" Information gar nicht erst spricht.
- Nur aktuelle Top-Themen finden den Weg in die Tagesschau.
- Die Redakteure im Sendeteam besprechen, was in der Wortmeldung vorkommen soll, wie der Beitrag aufgebaut, welche O-Töne, welche Statements er enthalten soll.
- Wortredakteure texten sorgfältig die Meldungen, während in der MAZ-Zentrale passende Bilder von Agenturen und Auslandskorrespondenten aus aller Welt einlaufen.
- Erst kurz vor Sendebeginn fügt die Bild-Redakteurin das Wort- und Film-Material zusammen.
- Das A und O des Journalismus ist die Recherche, nie sollte sich ein Journalist auf eine einzige Quelle verlassen. Die Redakteure der Tagesschau überprüfen den Wahrheitsgehalt der Quellen, indem sie die Vielzahl internationaler Agenturmeldungen vergleichen. Wo Übereinstimmung herrscht, kann man auf die Verlässlichkeit der Daten eigentlich vertrauen. Darüber hinaus wird in der Regel die Meldung noch durch einen der vielen Auslandskorrespondenten der ARD abgesichert.
- Sonderfälle sind indes die Kriegsberichterstattung etwa vom Kosovo oder Golf, wo „ganz gezielt versucht wird, zu desinformieren". Da sind „plötzlich Bilder und Fakten auf dem Markt, die in der Schnelle und im Hinblick auf die nächste Sendung ... nicht zu überprüfen sind", sagt Leclerq. In dem Fall verzichte die ARD darauf, sie zu senden.
- Bis zum Wetterbericht herrscht Anspannung in der Redaktion, denn bis zur letzten Minute können Änderungen eingebracht werden. Doch selbst danach ist noch nicht Feierabend für das Team.
- Direkt nach der Sendung versammelt sich die Redaktion zur abendlichen Kritikkonferenz, auch „Flurschelte" genannt. [...]

Die Qual der Wahl beginnt für die Redaktion in dem Moment, wo sie aus den vielen Neuigkeiten aus aller Welt, die ihr die Nachrichtenagenturen (die weltweiten wie Reuters, AP und AFP oder die deutschen: dpa, DNB etc.) liefern, bestimmen muss, welche Neuigkeit für sie eine Nachricht wert ist.

Neuigkeiten lassen sich ziemlich sauber, und das heißt nicht nur subjektiv, unterscheiden in wichtig und interessant: Wichtig ist

1. das, wonach sich Leser, Hörer und Zuschauer „richten müssen" (neue Gesetze und Verordnungen, Ferientermine, Straßensperren etc.),
2. das, wonach sie sich „richten können" (z. B. Handlungen und Reden von Politikern, die möglicherweise zu künftigen Wahlentscheidungen beitragen, Ferienstaus auf Autobahnen etc.),
3. die Hintergrundinformation zu einem Geschehen oder Ereignis, die dazu beiträgt, den Lesern, Hörern oder Zuschauern „eine vernünftige Einschätzung der irdischen Verhältnisse zu ermöglichen. Je ferner und je weniger bekannt die Weltgegend ist, umso mehr ist dem Rezipienten mit einer analytischen Aufbereitung des Nachrichtenstoffs gedient."

[...] Das bloß Interessante ist der Stoff für das sogenannte Infotainment. Es findet Platz auf den bunten Seiten oder dem „Vermischten" der Abonnementblätter und grassiert als das Interessantgemachte in allen Boulevardmagazinen und -blättern. [...]

nach: www.br-online.de (Zugriff am 12. 2. 2011)

INFO

O-Ton: Originalton, z. B. die Rede eines Politikers, Auszug aus einem Interview etc.

INTERNET

www.tagesschau.de

INFO

Rezipient: [lat.: aufnehmen] Leser, Hörer, Zuschauer

M 2 Vom Korrespondenten zur Nachrichtensendung

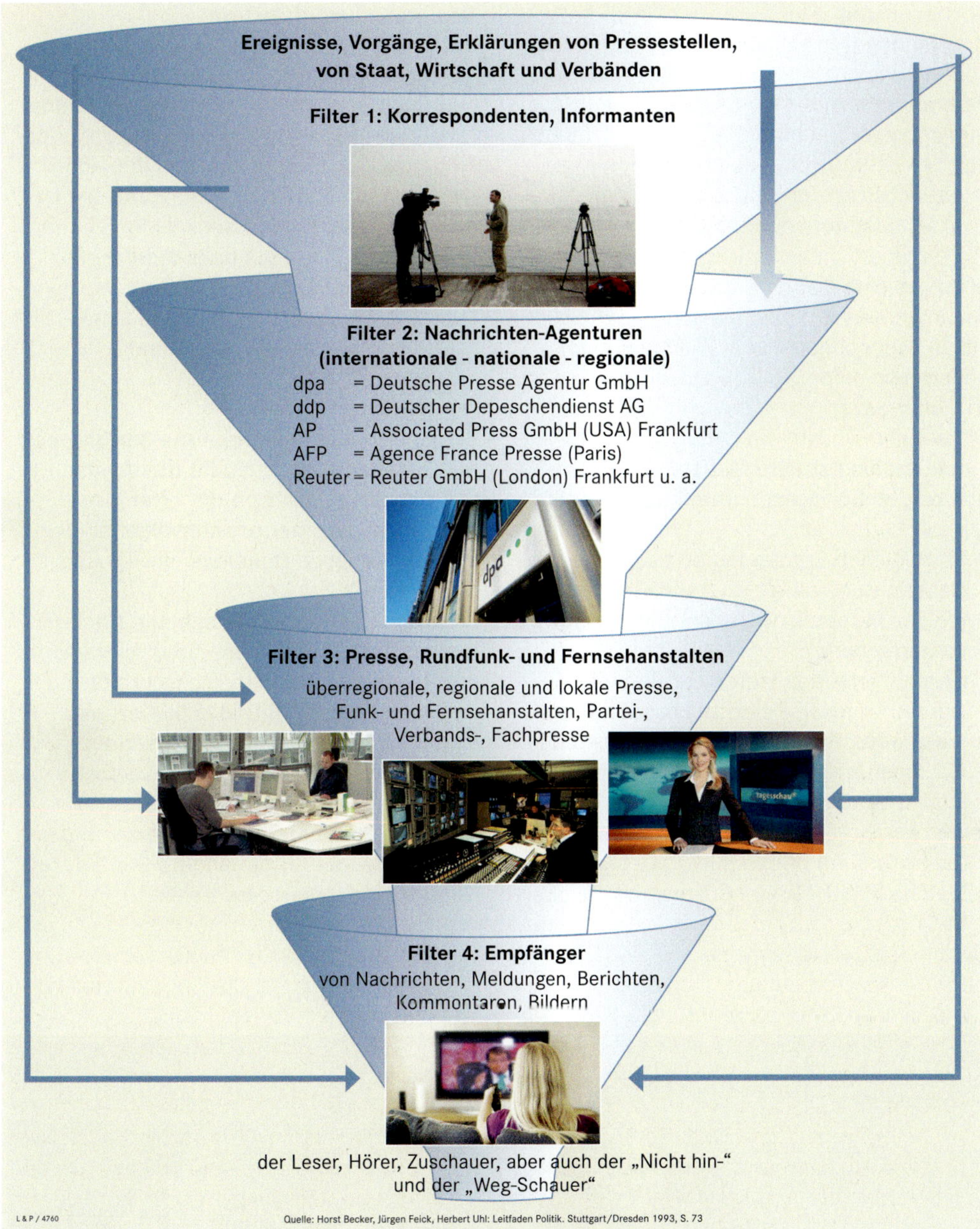

Horst Becker, Jürgen Feick, Herbert Uhl: Leitfragen Politik. Stuttgart/Dresden 1993, S. 73

1 Stellt anhand von M 1 die Produktion der Tagesschau dar. Erläutert die Absicht des Textes.

2 Erklärt schriftlich, was man unter „Infotainment“ versteht.

3 Beurteilt die Bedeutung der „Nachrichten-Filter“ für die Entstehung einer Nachrichtensendung (M2). Was ist wichtig, wer trifft hier Entscheidungen? Bezieht M 1 in eure Überlegungen ein.

METHODE Der Nachrichten-Check

Vorbereitung

Um Nachrichten gründlich untersuchen zu können, muss man sie mehrmals ansehen; ihr braucht also ein TV-Gerät und ein DVD-Aufnahmegerät, um die Sendung aufzuzeichnen.

Bildet Arbeitsgruppen und nehmt per Video zwei Nachrichtensendungen vom selben Tag (etwa um dieselbe Uhrzeit, abends) auf, und zwar eine aus dem öffentlich-rechtlichen Fernsehen, also die ARD-„Tagesschau“ oder „heute“ vom ZDF, und die andere von einem Privatsender (Vox, Pro7, RTL oder Sat1).

Erstellt gemeinsam ein „Analyseschema“, indem ihr die Aspekte festlegt, die ihr an den beiden Sendungen untersuchen wollt, z. B.:

- Aus welchen Bestandteilen besteht das Nachrichtenstudio?
- Welche Farben sind bei der Einrichtung vorherrschend?
- Welche Personen treten auf und wie würdet ihr diese Personen beschreiben?
- Welche Nachrichten/Themen kommen in der Sendung vor und in welcher Reihenfolge?
- Welche Themen werden ausführlicher (oder als Film) behandelt?
- Welche Musik/Töne hört man an welchen Stellen?

Analyse/Durchführung

Untersucht in Gruppen die beiden Nachrichtensendungen unter den gleichen Aspekten und stellt die Ergebnisse in einer Tabelle (Sendung A/Sendung B) gegenüber. Wählt nun ein Thema aus, das in beiden Nachrichtensendungen vorkommt. Seht euch die Präsentation der Meldung in den jeweiligen Sendungen noch einmal ganz genau an und vergleicht die Sprechertexte. Tragt die Gemeinsamkeiten und Unterschiede in der Tabelle zusammen.

Auswertung

Vergleicht nun die Ergebnisse der Gruppen (die Tabellen) und fasst die wichtigsten Unterschiede zwischen der öffentlich-rechtlichen und der privaten Nachrichtensendung in einer gemeinsamen Tabelle zusammen.

Kennzeichnet (jeder für sich) die Nachrichtensendungen, indem ihr sie mit jeweils drei Eigenschaftswörtern beschreibt. Stellt eure Ergebnisse vor und diskutiert sie.

Überlegt: Welche Nachrichtensendung spricht euch eher an und aus welchen Gründen?

Nennt Argumente, die für die eine, und Argumente, die für die andere Form der Nachrichtensendung sprechen.

Wochenschau Nr. 6 (2004), Presse- und Informationsfreiheit, S. 234

1 Analysiert mithilfe des Nachrichten-Checks M2 Nachrichtensendungen im öffentlich-rechtlichen und privaten Fernsehen.

2 Diskutiert abschließend in der Klasse die Qualität unterschiedlicher Nachrichtensendungen.

11.8 Auf dem Weg zur Medienherrschaft?

M1 System Medienkanzler

Die taz über die gegenseitige Beeinflussung von Medien und Politik:

Die Politik hat sich in ihrem Drang zur permanenten Inszenierung den Medien viel zu sehr ausgeliefert. Es gibt kein Zurück mehr. Richard Meng schreibt in seinem Buch „Der Medienkanzler" völlig zutreffend, dass nicht mehr nur Schröder den Medienkanzler verkörpert. Meng spricht vom „System Medienkanzler". Dem Medienkanzler stehen ihm adäquate Kanzlermedien gegenüber. Medienkanzler und Kanzlermedien arbeiten Hand in Hand. Sie beeinflussen einander und halten sich gegenseitig am Leben. Sie gehören ein- und derselben politisch-medialen Kaste an. Beide Seiten pflegen den gleichen inszenatorischen Stil von Politik: Politische Überzeugungen oder langfristige Strategien versprechen keinen Erfolg mehr. Der alleinige Maßstab für den Erhalt politischer Macht ist der Medienerfolg. Wer sich diesen Gesetzen nicht beugt, ist zur politischen Erfolglosigkeit verdammt. Das „System Medienkanzler" setzt sich quasi hinter dem Rücken der Beteiligten durch. Es ist zu einem Machtfaktor geworden, egal wer gerade regiert. Mit der Machtübernahme von SPD und Grünen ist die Politik rasend schnell in der Mediengesellschaft angekommen. Das hat viele Konsequenzen, vom Bedeutungsverlust des Parlaments über die Ruhigstellung der Parteien bis hin zur Auswahl des politischen Personals unter dem Gesichtspunkt ihrer Medienwirkung. Aber auch für Schröder selbst hat dies Folgen: Den Medienkanzler gibt es ab jetzt auch ohne ihn.

taz vom 6. 9. 2002 (Verfasser: Jens König)

Gerhard Schröder (SPD), zu Gast bei „Wetten, dass ..?"

INFO

Inszenierung:
„in Szene setzen", (oft abwertend) geschickt ins Bild setzen

adäquat:
angemessen, entsprechend

M2 „Politainment" – Die Politik in der Inszenierungsfalle

Schauspielerqualitäten sind gefragt. Ich lenke, also bin ich. Wahlen gewinnt nur der medial formatierte Politiker. Jedes graue Haar könnte stören in der Mediendemokratie. Frisuren werden wichtiger. „Politiker brauchen Sexappeal, den medialen Ersatz von Charisma [...]", stellt Norbert Bolz [Kommunikations- und Medienwissenschaftler] fest. Aber es gibt Stars, die den spezifischen Fernseh-Sexappeal haben, und der ist, so Bolz, unendlich wichtiger als jedes Argument oder Sachkompetenz [...] Neue Forschungen zeigen: 30 Prozent aller Fernsehzuschauer sind rein unterhaltungsorientiert, sie schalten um, wenn's kompliziert wird. Was dies für die Politik bedeutet, hat der Politikwissenschaftler Andreas Dörner untersucht: „Man muss auf diese Entwicklung reagieren, muss sich, wenn man das gute Drittel der Bevölkerung noch erreichen will, auf diesen Unterhaltungsimperativ einlassen. Man geht in Talkshows rein, setzt sich bei Thomas Gottschalk auf die Couch, um überhaupt präsent zu sein und bestenfalls noch einen Satz zu politischen Projekten loswerden zu können." [...]

Beitrag der Sendung „Kulturzeit"; www.3sat.de (Zugriff am 4. 4. 2006)

INFO

Charisma:
besondere Ausstrahlungskraft eines Menschen

Unterhaltungsimperativ:
Pflichtgebot der Unterhaltung

▸▸ **Medialisierung von Politik, S. 356/357**

M 3 Nachrichtenwert und Inszenierungsform

Der heutige Bundespräsident und damalige Ministerpräsident Niedersachsens, Christian Wulff (CDU), auf dem Dammer Faschingsumzug

Ein folgenreicher Rollenwechsel vollzieht sich: Während in der pluralistischen Parteiendemokratie [...] die Medien die Politik beobachten sollten [...], beobachten in der Mediendemokratie die politischen Akteure das Mediensystem, um von ihm zu lernen, was sie und wie sie sich präsentieren müssen, um auf der Medienbühne einen sicheren Platz zu gewinnen. Solches „politainment" – so die Annahme – vertreibt die Langeweile [...]. Die Massenmedien erreichen ihren Zweck, größtmögliche Aufmerksamkeit zu erzeugen, im Wesentlichen durch die Befolgung zweier, aufeinander abgestimmter Regelsysteme: Das erste Regelsystem [...] besteht in der Auswahl berichtenswerter Ereignisse nach Maßgabe ihrer Nachrichtenwerte. Das zweite Regelsystem [...] besteht aus einem Kanon von attraktionssteigernden Inszenierungsformen für das ausgewählte Nachrichtenmaterial, um die Maximierung eines anhaltenden Publikumsinteresses zu sichern. [...]

In den Medien ist jede Darstellung des Politischen vom Wirken der beiden medialen Filtersysteme geprägt. Die Frage entsteht, ob solche Darstellung der Politik die Eigenlogik des Politischen noch in einem für die selbstständige Urteilsbildung der Bürger angemessenen Maße erkennen lässt, oder ob sie diese in den Regeln ihrer eigenen Logik auflöst. Auf Seiten der Politik führt die Schlüsselrolle des Mediensystems zur Vermehrung und zur Professionalisierung der Anstrengungen, ein Höchstmaß an Kontrolle über die Darstellung der Politik im Mediensystem zurückzugewinnen. Zu diesem Zweck mediatisiert sie sich mit Energie vehement selbst – sie wird zum „Politainment" [...].

Dabei unterwirft [...] die Politik sich den Regeln der Medien, um auf diesem Wege die Kontrolle über die Öffentlichkeit zu gewinnen [...]. Es entsteht die Frage, ob Politik unter diesen Bedingungen [...] in der Hauptsache zum Lieferanten für die spezifischen Bedürfnisse des Mediensystems wird in der Hoffnung, auf diese Weise ihren unbegrenzten Bedarf an öffentlicher Zustimmung umfassend und risikoarm befriedigen zu können.

Thomas Meyer, Mediokratie – auf dem Weg in eine andere Demokratie?, in: Aus Politik und Zeitgeschichte (B 15-16/2002), sprachlich leicht bearbeitet

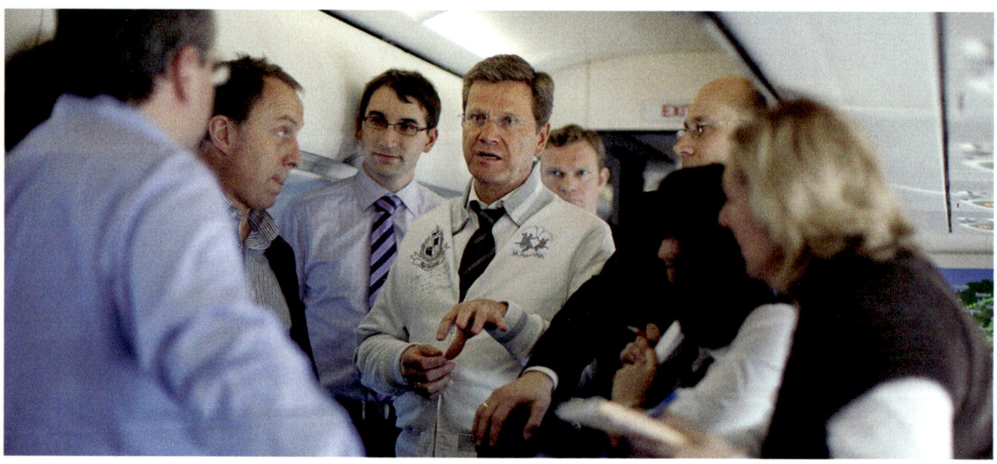

M4 Journalisten über das Verhältnis von Medien und Politik

Hans-Ulrich Jörges: Die Medien werden zum Instrument der Politik gemacht. Die Politik versucht, die Herrschaft über die Medien zu erringen. Die Politik versucht auch, sich den kritischen Anfragen von Medien zu entziehen. Sie versucht, sie durch Drohungen und Verlockungen in einem System von Druck gefügig zu machen. [...]
Journalisten glauben, sie seien Teil der Politik, sie würden Politik mit machen. Sie werden von der Politik gelockt, auf das Feld der Politik. Sie sind geschmeichelt, wenn sie mit Politikern persönlichen Umgang haben; sie fangen an, sich mit ihnen zu duzen; sie laden sie zu Geburtstagen, Hochzeiten oder ähnlichen Feiern ein; sie werden umgekehrt eingeladen. Das ist eigentlich schon der Kern der Perversion dieses Berufs.

nach: www.bpb.de/die_bpb/D498GL,0,Das_Ohr_an_der_Redaktion.html (Zugriff am 13. 11. 2010)

Kai-Hinrich Renner: Das beste Beispiel dafür [dass Politik Instrument der Medien ist], ist die Story von dem Sozialhilfeempfänger, der seine Stütze in Miami verzehrte. „Bild" machte ihn als „Florida-Rolf" bundesweit bekannt. Die Bundesregierung sah Handlungsbedarf und brachte in Rekordzeit eine Gesetzesnovellierung auf den Weg. Zwar leben keine 1000 Sozialhilfeempfänger im Ausland. Doch bis auf wenige Ausnahmen müssen sie nun nach Deutschland zurückkehren. Für den Steuerzahler wird das ein teures Vergnügen. Er darf nicht nur für den Rücktransport [...] aufkommen, sondern muss ihnen voraussichtlich auch einen erhöhten Sozialhilfesatz zahlen. Die meisten Sozialhilfeempfänger haben sich in Ländern – wie etwa Polen – niedergelassen, in denen das Leben billiger ist.

nach: Bundeszentrale f. polit. Bildung: www.bpb.de (Zugriff am 13. 11. 2010)

INFO
Gesetzesnovellierung:
abändernder oder ergänzender Nachtrag zu einem Gesetz

M5 Medienmacht in Deutschland

- Medien haben eine umfassende Berichts- und Informationsgewalt, da der Staat von sich aus relativ wenig informiert, außer in Form von PR-Broschüren, leserunfreundlichen Gesetzes- und Amtsblättern oder in Pressekonferenzen.
- Die Medien haben allgemeine Bewertungs- und Beurteilungsgewalt, welche durch die Nichteinmischung in die Privatsphäre der Bürger und das gesellschaftliche Leben verstärkt wird.
- Die Medien haben Vermittlungsgewalt, weil sie Meinungen auch in Form von Leserbriefen und Gastkommentaren veröffentlichen; außerdem transportieren sie Werbung, von deren Einnahmen die wirtschaftlich in unterschiedlichem Maß abhängig sind.
- Medien haben dann ein Monopol, wenn die Nutzer keine nennenswerten anderen Informationsquellen zur Verfügung haben.
- Zusammengefasst: Medien wirken durch ihre permanente Präsenz in Schrift, Bild und Ton als Bewusstseinsbildner und Bewusstseinsveränderer.

www.politikundunterricht.de/1_02/baustein_a.htm, sprachlich bearbeitet

1 Zeigt auf, was unter dem „System Medienkanzler" verstanden werden kann (M1).
2 Arbeitet anhand von M2 bis M5 die Veränderungen heraus, die sich in den Medien vollzogen haben. Bezieht die Begriffe „Entertainment", „Infotainment" und „Politainment" mit ein.
3 Diskutiert, wie sich das gegenwärtige Verhältnis von Politik und Medien charakterisieren lässt (M1 bis M5). Erörtert mögliche Probleme für die Demokratie.
4 Politik und Medien – wer dominiert hier wen? Formuliert unterschiedliche Positionen aus Sicht eines Politiker, eines Medienvertreters und eines Zuschauers.

▸▸ Medialisierung von Politik, S. 356/357

PERSPEKTIV-
WECHSEL

Der Nachrichtenredakteur Dominik Baur über die Medienlandschaft Italiens

Silvio Berlusconi

INFO

Hofberichterstattung: im ursprg. Sinn Berichterstattung über Adelige; im übertragenen Sinn wird der Begriff heute auch für die kritiklose Veröffentlichung von Informationen und für eine gefällige Berichterstattung im Interesse von Politikern, Parteien etc. durch subventionierte oder sonst abhängige bzw. beeinflusste Medien verwendet

Diskurs: Auseinandersetzung

Differenzen: Meinungsverschiedenheiten, Unstimmigkeiten

Die Macht des [ehemaligen] ital. Premiers [Berlusconi] über Italiens Medienlandschaft [ist] so unstrittig wie einzigartig in Europa. Nicht umsonst stufte die Organisation „Freedom House" in einer Studie [2004] die Situation der Pressefreiheit in Italien von „frei" auf „teilweise frei" herunter. Berlusconi gehören rund 150 Unternehmen: Neben den Mediaset-Sendern Italia 1, Rete Quattro und Canale 5 sind das zahlreiche Radiostationen, das Verlagshaus Mondadori, Vertriebsgesellschaften für Filme und Videos, Werbe-, Produktions- und Verleihfirmen, eine Kinokette; die Tageszeitung „Il Giornale" leitet aus kartellrechtlichen Gründen sein Bruder. Die Turiner „Stampa" gehört zum Imperium der Berlusconi-freundlichen Fiat-Familie Agnelli, und selbst in den unabhängigen Mailänder „Corriere della sera" soll der Einfluss des Premiers hineinreichen. [...] Berlusconi-kritische Medien wie das Nachrichtenmagazin „L'espresso" oder die Tageszeitung „La Repubblica" sucht man lange. Dass Berlusconi die Zügel bei der staatlichen RAI immer fester zieht, beunruhigt seine Kritiker zunehmend. [...] „Ich habe in den zwanzig Jahren, die ich in der RAI war, noch nie eine solche Gleichschaltung der Information erlebt", klagte Lilli Gruber, bis vor Kurzem noch Moderatorin der Hauptnachrichten von RAI Uno. Die Beispiele der Hofberichterstattung häufen sich: So lud sich Berlusconi im Februar gleich selbst als Gast in die RAI-Diskussionssendung „Porta a Porta" ein. Bloß: Eine wirkliche Diskussion wollte nicht aufkommen an dem Abend – neben Berlusconi saßen lediglich seine Kulturministerin Letizia Moratti und der Berlusconi gewogene Moderator Bruno Vespa im Studio. Der Parteichef der Linksdemokraten, Piero Fassino, hätte zwar gern an der Runde teilgenommen, auf Anordnung des Regierungschefs musste er jedoch draußen bleiben. Denn mit politischen Oppositionellen tut sich Berlusconi schwer. Seine Begründung: „Diese Figuren beleidigen mich fast täglich. Sie verfälschen die Wahrheit, greifen mich ständig an. Warum sollte ich mich mit solchen Personen auseinandersetzen?" Ein interessantes Verständnis von politischem Diskurs. Damit seien die „Grenzen des Anstands" überschritten, fand denn auch Lucia Annunziata, damals noch Intendantin der RAI. [...] Schon lange macht sich Unmut unter den 9 700 Angestellten und 30 000 freien Mitarbeitern der RAI breit. Wenige Tage vor der Intendantin hatte Moderatorin Gruber ihren Job gekündigt, um den Premier Wochen später bei der Europawahl vernichtend zu schlagen. Mehrfach hatte auch sie den Druck der regierungsnahen Fernsehchefs zu spüren bekommen. So gab es einmal sogar Rüffel, als sie von einer „Auseinandersetzung" in Berlusconis Koalition sprach. Im Sender war zuvor festgelegt worden, nur das Wort „Differenzen" zu benutzen. Aus Bagdad wurde die Reporterin abgezogen, als sie irakische Aufständische als Widerständler bezeichnete. „Es gibt viel zu viel Manipulation und viel zu viel Zensur von Seiten der Regierung", klagte Gruber im Interview mit der Online-Ausgabe des deutschen Nachrichtenmagazins „Der Spiegel". Als sie sich schließlich für eine Kandidatur gegen Berlusconi entschied, verschwand die „rote Lilli" urplötzlich von den Bildschirmen. „Das Fernsehen hat mich ausgeschaltet. Das Gesetz, das allen Parteien gleichmäßige Präsenz im Fernsehen garantiert, greift in meinem Fall offenbar nicht." Nach der Wahl redete die RAI Berlusconis verheerende Niederlage derart klein, dass die „Süddeutsche Zeitung" schon von „einer Art Kreml-Fernsehen" sprach.

Dominik Baur, Medienimperium Italien, in: Medienheft, hrsg. vom katholischen Mediendienst, Zürich (August) 2004

1 Arbeitet die zentralen Merkmale der italienischen Medienlandschaft heraus.
2 Vergleicht die Medienlandschaft Italiens mit der der Bundesrepublik.
3 Diskutiert in der Klasse: Droht Deutschland die „Berlusconisierung"?

Wichtiges zusammengefasst

KOMPAKT

- Medien werden oft als **„vierte Gewalt"** bezeichnet. Dahinter verbirgt sich ihre Funktion, über Politik zu informieren und **über Sachverhalte aufzuklären**, ist doch der – notwendige – Streit der Interessen und Meinungen in einer Demokratie öffentlich auszutragen. Im Allgemeinen haben die Medien in der Demokratie drei Funktionen:
  - Information
  - Mitwirkung an der Meinungsbildung
  - Kontrolle und Kritik.

- Oft ist Berichterstattung aber auch problematisch. **Manipulation**, d.h. die bewusste Fälschung oder Verfälschung der Wirklichkeit, ist ein Extrem. Häufiger anzutreffen sind suggestive Formen der Nachrichtenpräsentation und die Wirkung der verschiedenen Filter bei der Auswahl dessen, was als erwähnens- bzw. berichtenswert gilt. Voraussetzung für die Mitwirkung an der Meinungsbildung, für Kontrolle und Kritik, ist die im Grundgesetz (Art. 5) garantierte **Pressefreiheit**. Sie steht in einem eigentümlichen **Spannungsverhältnis zur Freiheit** der Märkte bzw. dem Gewinnstreben. Dominieren wirtschaftliche Interessen den journalistischen Anspruch nach Aufklärung, sind Meinungsbildung und politische Urteilsfähigkeit tangiert. Daher ist von einer Konzentration von Marktmacht in den Händen weniger – sei es in der Presse, sei es im Rundfunk – immer auch die Demokratie berührt. In diesem Fall kann Marktmacht in politische Macht umschlagen. Insofern ist der **Medienmarkt grundsätzlich ein besonderer**.

- Seit Mitte der 80er-Jahre existiert in der Bundesrepublik ein Nebeneinander von öffentlich-rechtlichen und privaten Rundfunkanbietern **(duales System)**. Während sich Letztere ausschließlich durch Werbeeinnahmen tragen, finanzieren sich die öffentlich-rechtlichen Rundfunkanstalten zwar auch durch Werbung, vorwiegend aber durch die vom Bürger zu zahlenden Rundfunk- und Fernsehgebühren. Öffentliche und private Sender beeinflussen einander gegenseitig, da das gemeinsame Streben nach **Einschaltquoten** (und damit Marktanteilen) Auswirkungen auf Programmstruktur und einzelne Sendungen hat – gerade auch bei den öffentlich-rechtlichen Sendern.

- **Nachrichten** kommt im Hinblick auf die Meinungsbildung ein besonders hoher Stellenwert zu. Während die öffentlich-rechtlichen Sender – bei aller Kritik – um einen hohen Informationsgehalt zumindest bemüht sind, dominiert bei den Privaten auch im Nachrichtenbereich meist der Unterhaltungsaspekt.
  Medien sind dabei immer weniger nur politische Kommunikationskanäle, auf welche die politischen Akteure zur Verbreitung ihrer Botschaften zwingend angewiesen sind; sie werden zunehmend selbst zu Akteuren, welche die Meinungsbildung und damit politische Handlungsspielräume maßgeblich bestimmen. Strittig ist daher, ob heutzutage die Politik die Medien oder die Medien die Politik dominieren.

- **Mediendemokratie** zeigt sich häufig daran, dass sich die Präsentation der Politiker, aber auch deren Aussagen und Entscheidungen, an den Bedürfnissen der Massenmedien, insbesondere denen des Fernsehens orientieren. Unterwirft sich Politik der Medienlogik, so werden die Medien zur dominanten Gewalt. Demokratisch kontrollierbar sind Medien aber nur teilweise.

12. Europa: ein Modell für die Zukunft?

1

Mutter Europa und ihre Kinder

2

- Die EU: Was ist das eigentlich?
- Was bringt uns die Europäische Union?
- Wer regiert die Europäische Union?
- Ist die Europäische Union bürgernah?
- Wohin entwickelt sich Europa?

3

Mitgliedstaaten der Europäischen Union (EU) mit dem Euro als gesetzlicher Währung (Eurozone)

Beitrittskandidaten für die EU (derzeit keine Eurozone)

Mitgliedstaat ab 2013

EU-Mitgliedstaaten, die nicht der Eurozone angehören

Staaten, die nicht Mitglied in der EU sind

L & P / 5227

Quelle: aus: Martin Große Hüttmann/Hans Georg Wehling, Das Europalexikon, Bonn (J.H.W. Dietz Nachf.) 2009

12.1 Was bringt uns die Europäische Union?

Unsere Alltags- und Lebensverhältnisse haben sich in den letzten Jahrzehnten durch die europäische Integration stark verändert: Man kann ohne komplizierte Formalitäten Ländergrenzen überschreiten, im EU-Ausland studieren oder arbeiten und fast überall in der EU mit dem Euro bezahlen. Die gesetzlichen Bestimmungen gleichen sich in vielen Bereichen immer stärker an. Die EU sichert viele deutsche Arbeitsplätze, denn der weitaus größte Teil des deutschen Exports geht in andere EU-Länder. Die Schul- und Ausbildungsverhältnisse werden stärker aneinander angeglichen. Durch die europaweite Konkurrenz sind die Preise für viele Produkte stark gesunken.

INFO

Europaflagge:
Die Europaflagge ist das Symbol der Europäischen Union, aber auch der Einheit und der Identität Europas im weiteren Sinn. Der Kreis der zwölf goldenen Sterne steht für die Solidarität und Harmonie zwischen den Völkern Europas. Die Anzahl der Sterne hat nichts mit der Anzahl der Mitgliedstaaten zu tun. Es gibt zwölf Sterne, da die Zahl Zwölf seit jeher Vollendung, Vollkommenheit und Einheit verkörpert. Die Flagge bleibt daher auch bei künftigen Erweiterungen der Europäischen Union unverändert bestehen.

GLOSSAR

Europäische Union

Euro

M 1 Symbole der Europäischen Union

M 2 Wohin Deutschland exportiert (Ausfuhr 2009 in Mrd. €)

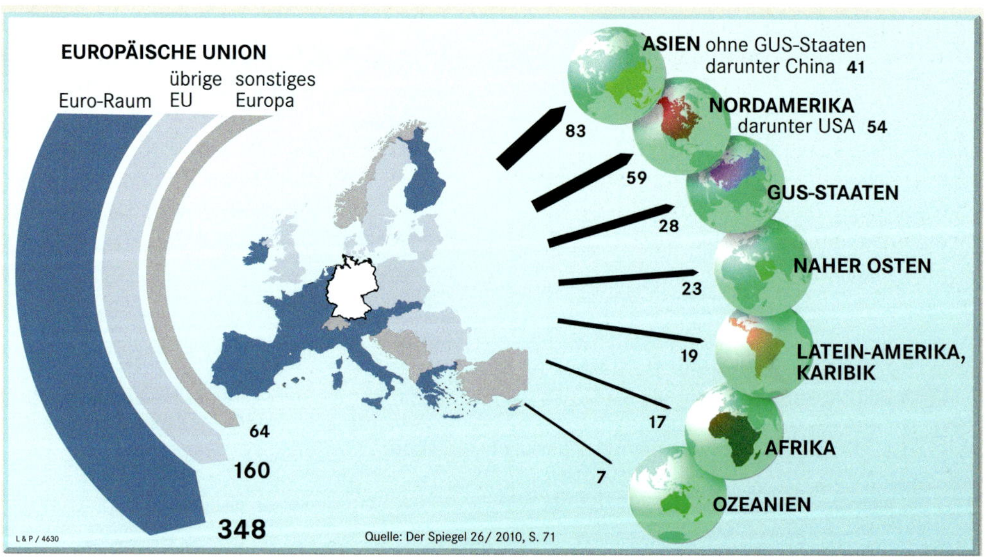

M3 Welche neuen Rechte bringt Europa für den Bürger?

Für die meisten Deutschen ist die Wahl des Europäischen Parlaments nicht mehr als lästige Bürgerpflicht, Brüssel und Straßburg erscheinen gar zu fern. Dabei gibt die EU bei Verbraucher- und Umweltschutz längst den Ton an und hat in den vergangenen fünf Jahren über zahlreiche Dinge des täglichen Lebens hierzulande entschieden.

Handy-Gespräche

Der 22. April 2009 war ein schlechter Tag für die gute alte Postkarte. An diesem Tag stimmte das EU-Parlament für eine erneute Senkung der Gebühren für die Handynutzung im EU-Ausland. Seit Brüssel vor drei Jahren erstmals regulierend eingriff, sind die Gebühren laut Kommissarin Viviane Reding um 60 Prozent gesunken. Momentan ist der Minutenpreis bei 46 Cent pro Minute gedeckelt, die bislang unregulierten SMS kosten im Schnitt noch 29 Cent [...]. Wer ab dem 1. Juli 2009 den Kontakt zu den Daheimgebliebenen sucht, kann sich für 19 Cent pro Minute anrufen lassen, für 43 Cent selbst anrufen, für 11 Cent eine SMS schreiben oder für einen Euro je Megabyte über das Handy sein Online-Reisetagebuch mit Neuigkeiten aus der Ferne bestücken. [...] Am 1. Juli 2011, wie immer pünktlich zu den Sommerferien, sollen Anrufe aus dem EU-Ausland dann noch höchstens 35 Cent pro Minute und eingehende Gespräche maximal 11 Cent pro Minute kosten. [...]

Flugtickets

Im Internet wurde der Flug in den sonnigen Süden noch für 99 Euro angepriesen. Mit Steuern, Gepäckgebühren und Abgaben kostete er tatsächlich dreimal so viel. Vor allem die Lockangebote vermeintlicher Billigflieger erwiesen sich oft als Täuschung der Kunden. [...] Im Sommer 2008 beschloss das Europaparlament daher eine von ihm selbst zuvor in Verhandlungen mit dem Ministerrat verschärfte Verordnung, die derlei Missbräuchen ein Ende setzen soll. Fluggesellschaften sind seitdem verpflichtet, ihren Passagieren auf Werbeanzeigen oder gleich zu Beginn einer Buchung im Internet reinen Wein einzuschenken. Der Endpreis eines Fluges muss ausgewiesen werden, dazu eine vollständige Aufschlüsselung des reinen Flug-Tarifs, der Steuern, der Flughafengebühren und sonstiger Entgelte. [...]

Glühbirne

Spätestens von 2012 an wird eine gute alte Bekannte des Verbrauchers aus den Regalen der Elektrofachgeschäfte und Supermärkte verschwunden sein: die vertraute Glühbirne. Ihre besonders helle Variante, die 100-Watt-Version, gibt es bereits ab September [2009] nicht mehr. Danach müssen die Händler alljährlich, jeweils Anfang September, die nächst schwächere Birne aus dem Angebot nehmen. Deren Effizienz vertrug sich nicht mehr mit den Klimazielen der Europäischen Union: Sie setzen nämlich nur rund fünf Prozent der Energie, die sie verbrauchen, in Licht um. Mit dem Rest wird der Glasmantel erwärmt [...]. Fünf Milliarden Euro werden Europas Verbraucher künftig im Jahr bei ihren Stromrechnungen sparen, wenn sie Haus und Hof mit Energiesparleuchten statt Glühbirnen erhellen, haben Experten des EU-Parlaments ausgerechnet. Und fast noch wichtiger: 15 Millionen Tonnen Kohlendioxid werden dann weniger in die Luft geblasen.

aus: Frankfurter Rundschau Online, 5. 6. 2009; www.fr-online.de (Zugriff am 4. 4. 2011)

1 Sammelt im Unterrichtsgespräch unterschiedliche Meinungen zum Thema „Europa“ und überlegt, warum „Europa“ wichtig sein könnte.

2 Erklärt anhand der Collage M1, der Grafik M2 und des Textes M3 bzw. anhand eigener Erfahrungen, welche praktische Rolle die EU im Alltag spielt.

3 Recherchiert im Internet die Bürgerrechte der Europäischen Union, die für euch persönlich einmal wichtig sein könnten, und bringt diese in eine Rangfolge. Diskutiert, welche weiteren EU-Bürgerrechte wünschenswert sind.

Austauschschülerin Kerstin

M4 Schüleraustausch mit dem Voltaire-Programm

Kerstin M. über ihren einjährigen Aufenthalt in Frankreich:

Hi, ich bin Kerstin und ich möchte euch hier meinen Erfahrungsbericht über einen sechsmonatigen Austausch mit dem Programm Voltaire nach Frankreich vorstellen. [...]
Meine Französischnoten in der Schule waren immer recht gut, und mein Lehrer hat mir von einem Programm erzählt, bei dem man sechs Monate lang eine Französin (oder auch einen Franzosen) bei sich zu Hause aufnimmt und dann auch für sechs Monate in diese Familie fährt. Meine Begeisterung, für längere Zeit in einer fremden Familie in einem fremden Land zu leben, war so groß, dass ich sofort meine Eltern zur Teilnahme überredete. Diese hatten kein Problem mit der Aufnahme einer Französin, zumal der ganze Austausch nichts kostete und auch noch bezuschusst wurde, und so habe ich mich schon zwei Tage später angemeldet.
Knappe fünf Monate später habe ich dann meine Austauschschülerin persönlich kennengelernt. Wir haben uns auf Anhieb gut verstanden, wobei mir die ersten sechs Monate hier in Deutschland eher zäh vorkamen. Meine Austauschschülerin konnte kaum Deutsch, sodass wir in einem Sprachmix kommunizierten, der mir schon in Deutschland einiges der französischen Sprache beibrachte.
Großartige Vorbereitungen habe ich jedoch nicht getroffen, bevor es dann endlich so weit war und ich zusammen mit meiner Austauschschülerin nach Frankreich gefahren bin. Meine Ankunft in ihrer Familie war total herzlich. Alle Freunde waren eingeladen, denn sie hatten ja auch meine Austauschschülerin sechs Monate lang nicht mehr gesehen, und so wurde am ersten Abend gefeiert. Auch mit der Zeit hatte ich kaum kulturelle Schwierigkeiten, was wahrscheinlich auch daran lag, dass die Familie immer sehr zuvorkommend war und mir überall half, ich aber auch schon genügend Französisch konnte, um mich sowohl in der Schule als auch im Sport und in der Familie auszudrücken. Es hat mir sehr viel Spaß gemacht, ein halbes Jahr lang eine andere Schule zu besuchen, eine neue Sportart zu erlernen (meine Austauschschülerin machte Judo) und viele neue Freundschaften zu schließen. In den Nachbarorten waren auch noch andere Deutsche, die mit demselben Programm unterwegs waren, untergebracht. Ich hatte jedoch mehr mit den Einheimischen zu tun, da ich unbedingt so viel aus meinem Auslandsaufenthalt machen wollte wie möglich. Daraus sind feste Freundschaften geworden, und ich bin heute noch mit „meiner französischen Familie" und den Freunden von dort in Kontakt. [...] Wir besuchen uns regelmäßig und haben viel Spaß!
Ich kann jedem nur empfehlen, für ein halbes oder auch ganzes Jahr ein anderes Land kennenzulernen. Mich hat es geprägt, da ich seitdem viel im Ausland bin und inzwischen sehr gut Französisch spreche, aber auch weil man die Erfahrung macht, etwas eigenständig zu unternehmen und selbstständig wird. Das Einzige, was mich an Frankreich gestört hat, waren die Ganztagsschulen, von morgens um 8 Uhr bis nachmittags um 17 Uhr, das ist schon recht anstrengend; Respekt den Franzosen, die das ihre ganze Jugend durchhalten!

www.rausvonzuhaus.de (Zugriff am 3. 3. 2011)

INFO

Ganztagsschulen werden mittlerweile auch in Deutschland eingeführt. Die Anzahl der Ganztagsschulen hat sich in Hessen in den letzten vier Jahren vervierfacht. Zum Schuljahr 2011/12 werden damit 788 (rund 46%) aller öffentlichen Schulen der Primarstufe, der SI und der Förderschulen in Hessen über ein Ganztagsangebot verfügen.

Die Qual der: Was will ich werden?, S. 264/265

M5 Studierende im Ausland

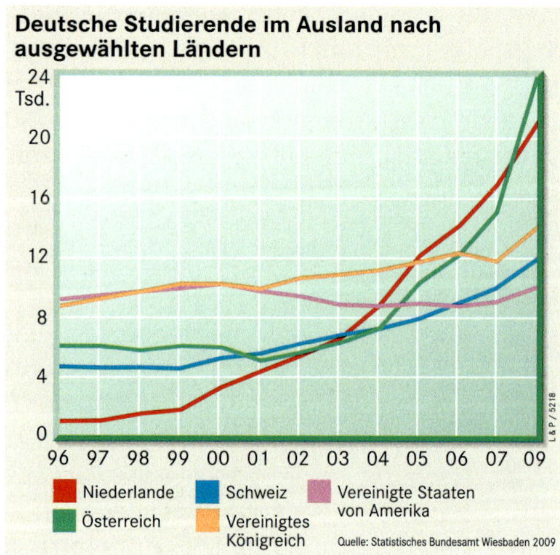

M6 Studieren in Europa?

Eine Erasmus-Studentin berichtet über einen Aufenthalt im holländischen Groningen:

Welche Aspekte Ihres Studiums im Ausland haben Ihnen besonders gut gefallen?
Am besten haben mir die interkulturellen Erfahrungen in der Projektarbeit mit Studierenden von unterschiedlichen Teilen der Welt und die Intercultural Competence Kurse gefallen, weil ich dadurch eine Menge sowohl in Theorie als auch in Praxis über interkulturelle Kommunikation gelernt habe.

Was waren die größten Schwierigkeiten?
Ich hatte im eigentlichen Sinne keine ernsthaften Schwierigkeiten; allerdings hatte ich bis zum Schluss Anpassungsprobleme an die Unterrichtsmethoden und die Anforderungen der Gasthochschule. [...]

Was für eine Unterkunft hatten Sie, und wie waren Sie damit zufrieden?
Ich war in einem der International Student Houses untergebracht. Die Küche wurde gemeinsam benutzt, allerdings hatte ich ein eigenes Bad mit Waschbecken, Badewannendusche und Toilette. [...] Die Lage war gut, praktisch zwischen dem Stadtpark und einem Segelsee, nur zehn Minuten vom City Center entfernt. Allerdings muss ich anmerken, dass das Housing Office sehr viel Geld verlangt – man kann ähnliche Konditionen zu einem günstigeren Preis bekommen, wenn man sich privat eine Wohnung sucht. [...]

Wie viel Geld pro Monat braucht man nach Ihrer Einschätzung, um in der Partnerstadt gut über die Runden zu kommen (inkl. Miete)?
Ich habe pro Monat 850 € gebraucht. Allerdings bin ich auch gereist. [...]

Wie hoch war Ihre Mobilitätshilfe aus dem ERASMUS-Programm?
Vom Erasmus-Programm habe ich vor Beginn meines Auslandsaufenthalts einmalig eine Summe von 500 Euro ausgezahlt bekommen.

Wie war die Betreuung vor Ort: durch den ERASMUS-Koordinator – durch studentische Tutoren – durch die Verwaltung?
In Groningen bekommt man gleich zu Anfang eine Vielzahl von Ansprechpartnern. [...] Alle Ansprechpartner waren meiner Erfahrung nach freundlich und hilfsbereit. Studentische Tutoren gab es nicht, wenn man von der Einführungsveranstaltung absieht. [...]

Was mussten Sie leisten, um an der Partnerhochschule Credit Points zu bekommen?
Da ich an einem Projektkurspaket teilgenommen habe, habe ich verschiedene Leistungen erbringen müssen. Insgesamt habe ich fünf Examen geschrieben, drei Präsentationen gehalten, und bestimmt 15 Hausarbeiten eingereicht. Im Projekt selbst gab es nicht nur Hausarbeiten jede Woche einzureichen, sondern auch das Event zu organisieren. [...]

Wie würden Sie Ihr Studium an der Partnerhochschule mit dem am Department Information an der HAW vergleichen?
Der größte Unterschied liegt meiner Ansicht nach im Grad der Selbstverantwortung. An meinen Kursen im Department Information konnte ich sehr viel selbstständiger arbeiten als in meinem Projektkurspaket in Groningen. [...] Worin die Hanze University der HAW überlegen ist, ist ganz klar die Campuskultur und die Internationalität. Unterlegen ist die Hanze University meiner Meinung nach in der Qualität der Lehre und der Selbstverantwortung, die die Studenten haben.

Wie kamen Sie mit der Fremdsprache klar?
Da das komplette Programm in Englisch stattgefunden hat, gab es keine Probleme. Mein Englisch hat sich durch den Aufenthalt sehr stark verbessert. Holländisch habe ich nicht geschafft zu lernen – verstehen kann ich aber sehr viel und in einfachen Situationen wie z. B. im Supermarkt kann ich auch genug Konversation machen, um den Eindruck zu erwecken, ich wäre Holländerin.

nach: www.bui.haw-hamburg.de (Zugriff am 31. 3. 2011)

Erasmus-Studentin Alexandra

INFO

Erasmus-Programm
Das Aktionsprogramm Erasmus [European Action Scheme for Mobility of University Students] wurde 1987 durch einen Beschluss des EG-Rates ins Leben gerufen. Benannt ist das Programm nach dem bedeutenden niederl. Humanisten Erasmus von Rotterdam. Das Erasmus-Programm sollte Studierenden ermöglichen, einen Teil ihres Studiums im europäischen Ausland zu verbringen. Zudem sollte es eine intensive Kooperation zwischen Universitäten aller EG-Mitgliedstaaten fördern und durch den Austausch von Dozenten die Qualität der Ausbildung an den Universitäten erhöhen. Erasmus gilt als Vorzeigeprogramm im Bildungsbereich.

nach: Martin Große Hüttmann/Hans-Georg Wehling, Das Europalexikon, Bonn 2009, S. 84.

4 Die EU fördert den Schüleraustausch sowie das Auslandsstudium. Arbeitet ausgehend von den Erfahrungsberichten M4 und M6 Aspekte heraus, warum sich solche Projekte lohnen.

5 Beschreibt die Tendenzen, die die Grafik M5 darstellt. Könnt ihr euch vorstellen, ebenfalls ins Ausland zu gehen?

12.2 Der Weg der europäischen Integration

GLOSSAR

Europäische Union

M 1 Erste Schritte zur Neubildung der „europäischen Familie“

Rede von Winston S. Churchill am 19. 9. 1946 in Zürich:

Wir alle wissen, dass die beiden Weltkriege, die wir erlebt haben, aus dem eitlen Verlangen des neu geeinten Deutschland entsprungen sind, eine führende Rolle in der Welt zu spielen. In diesem hinter uns liegenden Kampf sind Verbrechen und Massaker begangen worden, für die es seit den Mongoleneinfällen im 14. Jahrhundert keine Parallele und in der ganzen Menschheitsgeschichte kein Beispiel gibt. Die Schuldigen müssen bestraft werden. Man muss Deutschland die Möglichkeit nehmen, sich wiederzubewaffnen und abermals einen Aggressionskrieg zu führen. Doch wenn dies geschehen ist, wie es geschehen wird und schon geschieht, dann muss die Vergeltung ein Ende haben. Es muss „einen segensreichen Akt des Vergessens“ geben [...].

Wir alle müssen den Schrecken der Vergangenheit den Rücken kehren. Wir müssen in die Zukunft blicken. Wir können es uns nicht leisten, den Hass und die Rachegefühle, die aus dem Unrecht der Vergangenheit entstanden sind, durch die kommenden Jahre mitzuschleppen.

Wenn Europa vor unermesslichem Elend, ja vor dem endgültigen Verderben bewahrt werden soll, dann ist ein Akt des Glaubens an die europäische Familie nötig und ein Akt des Vergessens, was die Verbrechen und Torheiten der Vergangenheit angeht. [...]

Der erste Schritt zur Neubildung der europäischen Familie muss eine Partnerschaft Frankreichs und Deutschlands sein. Nur so kann Frankreich die moralische Führung in Europa wiedererlangen. Es wird keine Erneuerung Europas geben ohne ein geistig großes Frankreich und ein geistig großes Deutschland. Wenn das Gebäude der Vereinigten Staaten von Europa gut und gewissenhaft errichtet wird, muss darin die materielle Stärke eines einzelnen Staates von untergeordneter Bedeutung sein. Kleine Nationen werden ebenso viel zählen wie große und sich durch ihren Beitrag zur gemeinsamen Sache Ehre erwerben. [...]

Wenn wir die Vereinigten Staaten von Europa schaffen wollen, oder wie sie auch immer heißen, welche Form sie auch immer annehmen mögen, dann müssen wir jetzt beginnen.

Die Idee Europa 1300–1946. Quellen zur Geschichte der politischen Einigung, hrsg. von Rolf Hellmut Foerster, München 1963, S. 253 ff.

M 2 Der Weg der Europäischen Union

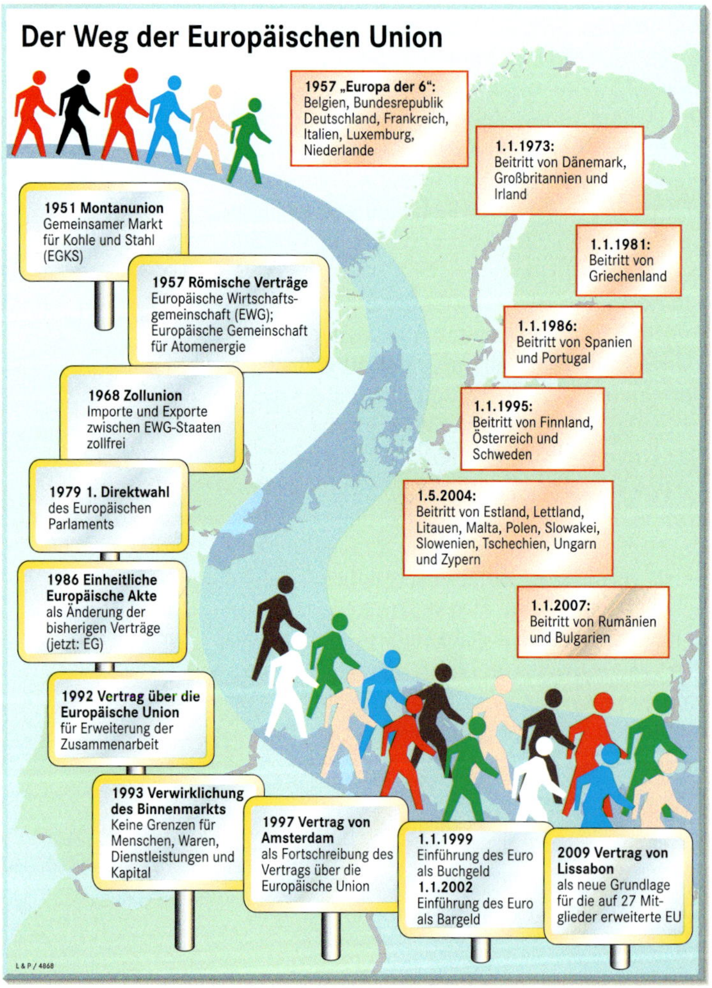

M3 EU-Beitritt der Türkei: Pro und Kontra

Aus einem Interview der Süddeutschen Zeitung mit dem ehemaligen Bundesaußenminister Hans-Dietrich Genscher (FDP):

sueddeutsche.de: [...] Halten Sie es trotz der zahlreichen anderen, inneren Probleme der EU für richtig, die gemeinsame Arbeit an einem Beitritt der Türkei zu forcieren?

Genscher: In den Sechzigerjahren, zu Zeiten der Bundeskanzler Konrad Adenauer und Ludwig Erhard, wurden der Türkei im Zusammenhang mit dem Assoziierungsabkommen klare Zusagen gemacht. Damals war es im Übrigen um die Beitrittsfähigkeit Ankaras nicht im Entferntesten so gut bestellt wie heute. Außerdem ist bekannt, dass die EU für die Aufnahme neuer Staaten sehr kluge Regeln aufgestellt hat: Zum Zeitpunkt, an dem über den Beitritt zu entscheiden ist, muss das beitrittswillige Land beitrittsfähig sein und alle rechtsstaatlichen sowie ökonomischen Voraussetzungen erfüllen. Gleichzeitig ist es Bedingung, dass die Union aufnahmefähig ist. Bis dahin jedoch müssen die Verhandlungen im Sinne der gegebenen Zusagen geführt werden: und zwar erfolgsorientiert. Nicht als Scheinverhandlungen. Im Übrigen ist ein Beitritt der Türkei auch im Interesse der Europäischen Union. Das werden wir noch merken.

sueddeutsche.de: Was genau meinen Sie?

Genscher: Unter anderem ist es ein großes Land, das in unserer Nachbarschaft am Mittelmeer eine wichtige politische Funktion hat. Es wäre ein Beispiel für das friedliche Zusammenleben unterschiedlicher Religionen, und es wäre eine Brücke zur islamischen Welt.

sueddeutsche.de: Beitrittsgegner führen die kulturelle und religiöse Prägung der Türkei als Argumente an. Was halten Sie davon?

Genscher: Ich glaube, dass sowohl der Katholik Adenauer wie auch der Protestant Erhard wussten, dass sie selbst Christen sind und die Türken nicht. Das heißt: Diese Bundeskanzler, beide von der CDU, waren in ihrer kulturellen und religiösen Offenheit vor 50 Jahren weiter als manche, die heute über dieses Thema diskutieren. Kultur bedeutet ihrer Natur nach nicht Abgrenzung, sondern Offenheit und gegenseitige Bereicherung. [...][1]

Aus einem Gespräch zwischen Alt-Bundeskanzler Helmut Schmidt (SPD) und dem US-amerikanischen Historiker Fritz Stern:

Schmidt: Wenn es zur Aufnahme der Türkei kommt, kann das der Anfang vom Ende der EU werden. Inwieweit das die Amerikaner berührt, will ich jetzt mal dahingestellt sein lassen. Für Europa wäre es eine Katastrophe. Die Türkei sind heute 70 Mio. Menschen, am Ende des Jahrhunderts werden es über 100 Mio. Menschen sein. Die Türkei wäre dann das volkreichste Mitgliedsland der EU. Wir würden einen Teil unserer öffentlichen Haushalte darauf verwenden, aus der Türkei endlich einen fortgeschrittenen Industriestaat zu machen, und hätten gleichzeitig, dank der Freizügigkeit in allen Mitgliedsstaaten, nicht zweieinhalb, sondern sieben Mio. Türken in Deutschland. Das alles vor dem Hintergrund, dass die Türkei zurzeit in einem Prozess zunehmender Re-Islamisierung begriffen ist.

Stern: Damit wird aber auch die Aufnahme in die EU immer unwahrscheinlicher.

Schmidt: Das wäre zu wünschen. Die Europäische Union ist nach tausend Jahren europäischer Geschichte ein von niemandem erwartetes Wunder, eine unglaubliche Leistung. Aber die Überdehnung dieses künstlichen Gebildes gibt Anlass zu großer Sorge. Gucken Sie sich den Lissaboner Vertrag an: Es gibt 72 Felder, auf denen nur einstimmige Beschlüsse möglich sind. Das ist verrückt! Europa kann daran eines Tages zugrunde gehen. [...][2]

[1] *Nach: Genscher im Gespräch – EU-Türkei-Debatte, in: Süddeutsche Zeitung vom 18. Januar 2011*

[2] *Nach: Helmut Schmidt/Fritz Stern: Unser Jahrhundert. Ein Gespräch, München 2010, S. 269 f.*

1. Erläutert die Hoffnungen und Ziele, die Churchill nach dem Zweiten Weltkrieg mit einem einigen Europa in Verbindung brachte (M 1).
2. Diskutiert, was wichtiger ist: Erweiterung der EU oder Vertiefung der Integration?
3. Stellt die Pro- und Kontra-Argumente aus M3 zusammen und ergänzt diese. Debattiert das Thema und formuliert abschließend eine mehrheitsfähige Resolution.

12.3 Der europäische Binnenmarkt

Die Europäische Union schrieb sich 1993 die Herstellung eines Binnenmarkts auf ihre Fahnen. Dieser Binnenmarkt ist gekennzeichnet von vier Grundfreiheiten: Der **Freiheit** des **Personen-**, des **Dienstleistungs-**, des **Waren-** und des **Kapitalverkehrs**. So kann zum Beispiel ein deutscher Frisör auch in Holland arbeiten oder ein italienischer Therapeut in Irland seine Dienstleistungen anbieten. Alle in Europa legal hergestellten Waren können zollfrei innerhalb der EU erworben und verkauft werden. Kapital kann ungehemmt Ländergrenzen überschreiten, wodurch der europaweite Wettbewerb größer geworden ist. Dies kommt wiederum den Produzenten und Konsumenten zugute, denn die Verbraucherpreise sinken. Oft sinken aber auch die Löhne, und Arbeitsplätze werden verlagert. Die Umsetzung des Binnenmarktes hat also weitreichende Folgen.

M 1 Die vier Freiheiten im Binnenmarkt

M 2 Die Folgen der Marktöffnung im Postbereich

◄◄ Unternehmen in der Marktwirtschaft, S. 164/165

Die geplante Liberalisierung des Briefmarkts könnte bei der Deutschen Post zum Abbau von Zehntausenden Arbeitsplätzen führen. „Wenn wir drastisch Marktanteile verlieren, zum Beispiel 20 Prozent, sind leicht mehr als 30 000 Stellen in Gefahr“, sagte der Vorstandschef der Deutschen Post AG, Klaus Zumwinkel, der „Netzeitung“. Prognosen über die zu erwartenden Marktanteilsverluste seien aber sehr schwierig.

Die Post sei auf die Marktöffnung vorbereitet und schließe auch deutliche Preissenkungen nicht aus, wenn sie von neuen Wettbewerbern angegriffen werde. „Es darf sich keiner darauf verlassen, nur etwas billiger zu sein als die Post. Wir werden auf Preissenkungen reagieren, differenziert, je nach Region und je nach Produkt“, kündigte Zumwinkel an. Einen Preiskrieg werde die Deutsche Post aber als Marktführer nicht anzetteln.

Der Konzern soll nach den bisherigen Plänen sein Monopol für Sendungen mit einem Gewicht von unter 50 Gramm zum Jahresbeginn 2008 verlieren. Dieses Geschäft macht etwa die Hälfte des deutschen Briefmarkts mit einem Volumen von rund zehn Milliarden Euro aus.

aus: Focus Online vom 12. 3. 2007 (Zugriff am 31. 3. 2011)

Die Fallanalyse

METHODE

„Wenn der Postbote nicht mehr klingelt": Probleme des Binnenmarkts

Fallbeispiel: In Brüssel beraten Parlamentarier mit Vertretern der alten staatlichen Post und neuen privaten Postanbietern darüber, ob und wie man den europäischen Binnenmarkt auch im Postbereich für private Anbieter öffnen sollte.

Das Problem: In Deutschland lag die Verantwortung für den Telefonverkehr und für den Brief- und Paketdienst früher bei staatlichen Einrichtungen, die Post und die Pakete wurden von staatlichen Beamten zugestellt. Die Gebühren dafür bestimmte der Staat, sie waren für alle Dienstleistungen gleich, egal, ob man in einer Großstadt wohnte oder auf einer fast menschenleeren Alm im Hochgebirge.
Wie steht es nun um die Gebühren, wenn diese Dienstleistungen von privaten Dienstleistern übernommen werden und nicht mehr von einer staatlichen Behörde? Dürfen diese von dem Almbauern ein erhöhtes Porto für einen Brief oder eine Postkarte verlangen, weil sie einen weiteren Weg für die Abholung oder Zustellung zurücklegen und deutlich mehr Zeit und Kosten dafür investieren müssen?
Was wäre nun, wenn ein privater Dienstleister die Postzustellung im dicht besiedelten Frankfurt oder Wiesbaden übernimmt, aber sich weigert, etwa die Bauern in der Rhön oder auf den Höhen des Taunus zu beliefern, was ihn viel Zeit und Geld kostet, ihm aber keinen betrieblichen Gewinn einbringt?

Die Interessenvertreter der alten Post, die nun gewinnbringend arbeiten muss, und Vertreter von privaten Postanbietern, die ebenfalls Gewinne erwirtschaften wollen, streiten darüber, auf welche Weise und zu welchen Tarifen künftig die Postzustellung in verschiedenen Regionen erfolgen soll.

Vorgehen bei einer Fallanalyse:

1. Klärung: Welche Personengruppen sind hier auf welche Weise betroffen?
2. Welche unterschiedlichen Interessen haben die betroffenen Gruppen?
3. Welche Problemlösung können die einzelnen Interessengruppen vorschlagen?
4. Wie könnten Lösungen aussehen, die verschiedene (konfliktträchtige) Interessen ernsthaft berücksichtigen?
5. Bewertung: Sind die gefundenen Lösungen für alle Interessengruppen erträglich, gibt es klare „Gewinner" oder „Verlierer"?

Arbeitsanregungen:

Wie könnte ein Bergbauer argumentieren, der regelmäßig mit Molkereien und staatlichen Behörden korrespondieren oder telefonieren muss?

Wie könnte ein Zahnarzt aus Frankfurt argumentieren, der mit anderen städtischen Zulieferern korrespondiert und seinen Frankfurter Patienten Rechnungen schickt? Ist nicht vielleicht sogar der Fahrradkurier schneller und kostengünstiger als ein privater Postdienstleister?

Welche Interessen verfolgt ein privater Postanbieter aus Frankreich, der nur in deutschen Städten aktiv werden will, und wie wird er argumentieren?

Was meint die Post dazu, die bisher alle Dienstleistungen zu einem für alle Kunden einheitlichen Tarif angeboten hat, egal wo sie wohnen?

12.4 Die EU auf dem Weg zu einer Sozialunion?

M1 „... alles Schmarotzer“

Zeichnung: Gerhard Mester

M2 Wirtschaftliche Integration – aber auch eine soziale?

Die Ereignisse um die Verlagerung der Waschmaschinenproduktion des schwedischen Konzerns Elektrolux von Nürnberg nach Polen 2006, die Produktionsaufgabe von Mobilfunkgeräten des taiwanesischen Konzerns BenQ in Kamp-Lintfort 2007 und nun – im Januar 2008 – die Ankündigung des finnischen Konzerns Nokia, seine Mobilfunkproduktion aus Kostengründen komplett aus Deutschland (Bochum) nach Rumänien zu verlagern, sprechen eine deutliche Sprache: Die Öffnung des europäischen Marktes für Produkte und Dienstleistungen, insbesondere die Beseitigung aller Hemmnisse für den Transfer von Kapital und Arbeitsleistungen, die Einführung einer gemeinschaftlichen Währung sowie schließlich die Ost- und Südosterweiterung nach Bulgarien und Rumänien im Jahr 2007 kennzeichnen einen beschleunigten ökonomischen Integrationsprozess der Europäischen Union. [...]
Trotz eines einheitlichen Rechtsrahmens [...] bestehen weiterhin gravierende Unterschiede in den Arbeits- und Lebensbedingungen der Menschen. [...] So liegt z.B. die Wirtschaftskraft Rumäniens mit 34,7 % und Bulgariens mit 32,1 % im Jahr 2006 deutlich unter dem Niveau der 25 EU-Staaten; entsprechend liegen auch die Löhne in der bulgarischen und rumänischen Metall- und Elektroindustrie [...] bei nicht einmal 10 % des Lohnniveaus der westlichen EU-Länder. Für den Nokia-Vorstand sind die Lohnkostenunterschiede das entscheidende Argument für die Standortverlagerung von Bochum nach Rumänien und Ungarn. Eine Angleichung von Wirtschaftskraft, Produktivität und Löhnen ist innerhalb der EU 27 auf viele Jahrzehnte nicht in Sicht. Ursache für diese gravierenden sozialen Unterschiede [...] und wachsenden sozialen Spannungen ist das Fehlen eines tragfähigen Pendants zur Wirtschafts- und Währungsunion, nämlich die Institutionalisierung eines „Europäischen Sozialmodells“. Denn ohne eine entwickelte Sozialunion wird sich das Machtverhältnis zwischen Arbeitnehmern/Gewerkschaften und Kapital immer weiter zugunsten der großen europäischen Konzerne verschieben.

Manfred Wannöffel, Nokia und der Standortwettbewerb in der EU, in: WISO direkt Febr. 2008, S. 1 f.

INFO

Pendant: Gegenstück

Wie fängt uns das soziale Netz auf?, S. 176/177

M3 Wie viel Arbeit kostet

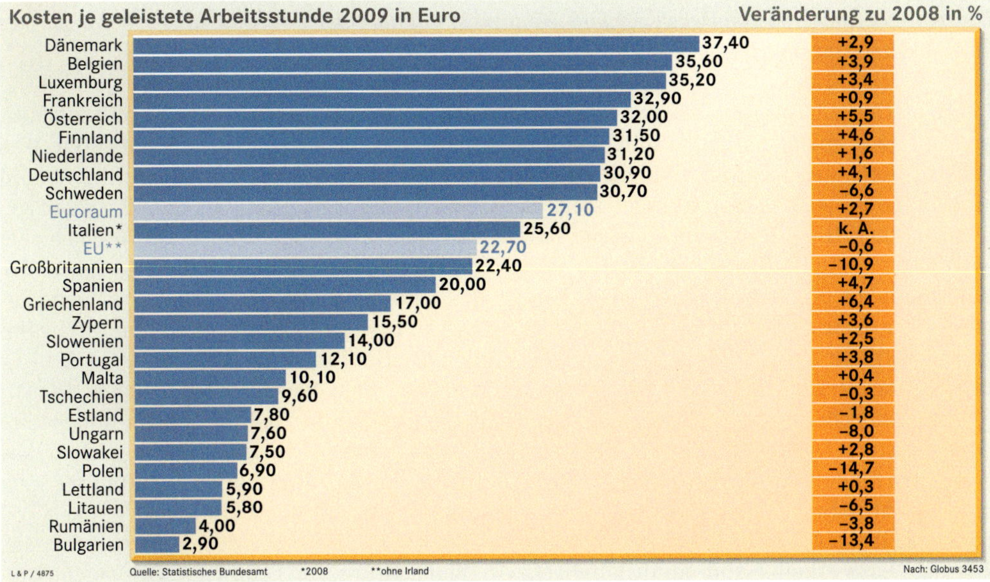

M4 Das Wirtschaftsgefälle in der EU

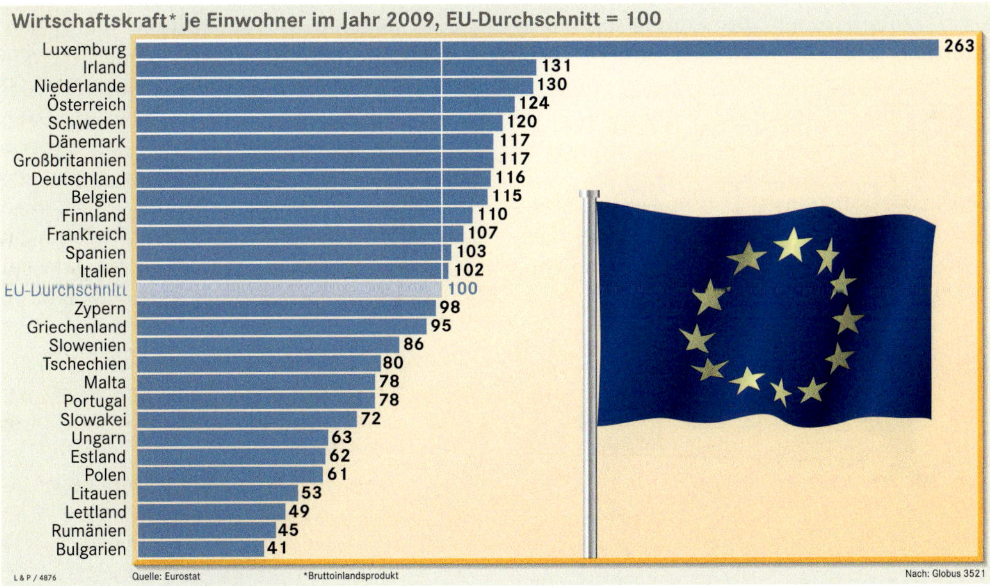

INFO

Soziale Mindeststandards:
Auch langfristig ist an eine vollständige Harmonisierung der Sozialstandards in der Europäischen Union nicht gedacht. Jeder Mitgliedstaat soll eigenständig auf seine eigenen sozialen Probleme reagieren können. Damit es aber im europäischen Binnenmarkt nicht zu einem ruinösen Wettbewerb auf Kosten der sozialen Errungenschaften kommt, legt die Europäische Union Mindeststandards fest. Sie sollen ein möglichst hohes gemeinsames Schutzniveau in allen Mitgliedstaaten gewährleisten. Auf diese Weise ist garantiert, dass sich Arbeitnehmer in allen Mitgliedstaaten auf ein hohes Schutzniveau an ihrem Arbeitsplatz verlassen können. Das gilt für die Sicherheit von Maschinen ebenso wie für den Mutter- und Jugendschutz. Mitgliedstaaten, die umfangreichere Schutzbestimmungen vorsehen, können diese beibehalten.

aus: dem Europa-Lexikon der Bundesregierung

GLOSSAR

Bruttosozialprodukt

1 Analysiert die Grafiken M3 und M4.

2 Erläutert die Karikatur M1 und bezieht hierzu die unterschiedlichen Arbeitskosten (M3) bzw. die unterschiedliche Produktivität (M4) ein.

3 Formuliert mit eigenen Worten, welche Chancen der Binnenmarkt den EU-Bürgern eröffnet bzw. welche Schwierigkeiten sich ergeben (M1 bis M4).

M5 Streit um die Dienstleistungsrichtlinie

Die deutsche Dienstleistungsgewerkschaft Verdi weist auf die Auswirkungen einer Liberalisierung des Dienstleistungsmarktes hin:

Ein deutscher Discounter verlegt seinen Firmensitz nach Polen, wo Löhne und Sozialabgaben billiger, die Arbeitszeit länger und die Leistungen für Arbeitslose geringer sind. Eine unveränderte EU-Richtlinie würde es dem Discounter dann erlauben, in seinen deutschen Filialen polnische Verkäuferinnen zu polnischen Löhnen und Arbeitsbedingungen zu beschäftigen – mit entsprechendem Wettbewerbsvorteil gegenüber der Konkurrenz, für die deutsche Tarif- und Sozialvereinbarungen gelten. Und mit den entsprechenden Nachteilen für deutsche Arbeitskräfte, die dann keiner mehr braucht. [...]

So wurde der polnische Fliesenleger, der für ein paar Euro arbeitet und damit heimische Handwerker ruiniert, zum Symbol für alles, was es bei der geplanten EU-Richtlinie zu verhindern gilt. Mitschuld trägt auch der etwas naive erste Vorschlag des damaligen EU-Kommissars Frits Bolkestein. Der wollte den zahllosen Aufforderunen des Europäischen Gerichtshofs nachkommen, und gut 13 Jahre nach dem Start des EU-Binnenmarktes auch den Dienstleistungssektor liberalisieren. Was den Verbauchern das Leben erleichtern und gleichzeitig viele neue Jobs schaffen sollte, geriet aber etwas zu simpel: Im Versuch, die nach ihm auch „Bolkestein-Direktive" genannte Richtlinie leicht handhabbar und übersichtlich zu machen, legte er für alle Dienstleistungen das Herkunftsland-Prinzip fest.

Das bedeutet: Wer im Ausland eine Dienstleistung erbringt, soll dies nach den Bedingungen seines Heimatlandes tun dürfen. Was allerdings so logisch klang, entpuppte sich schnell als Schuss nach hinten. [...]

Erst hatten die Sozialdemokraten strikt das „Zielland-Prinzip" gefordert, eine genaue Umkehrung des Herkunftsland-Prinzips. Doch dieser Vorschlag war nicht kompromissfähig. Jetzt sieht die entschärfte Fassung vor, dass Dienstleister EU-weit freien Marktzugang erhalten sollen. Doch darf das Zielland ihnen seine nationalen Vorschriften auferlegen, wenn dies der öffentlichen Sicherheit und Ordnung, dem Umwelt- oder dem Gesundheitsschutz dient. Außerdem wurden ganze Branchen, wie zum Beispiel die Pflegedienste, ausgenommen. Bei einer großzügigen nationalen Auslegung wäre das Herkunftslandprinzip also tot.

Karin Spitra in Stern-Online vom 14. 2. 2006; www.stern.de (Zugriff am 24. 1. 2011)

◂◂ Arbeitgeber- und Arbeitnehmerinteressen, S. 170 f.

◂◂ Gerechtigkeit als Ziel staatlichen Handelns, S. 186/187

Begrüßungsansprache und -ansprüche
Zeichnung: Götz Wiedenroth

4 Erörtert aus Unternehmensperspektive die Verlagerung von Produktionsstätten ins Ausland. Bedenkt dabei auch infrastrukturelle Bedingungen und die Qualifikationsaspekte (M3, M4).

5 Erklärt die Problematik der europäischen Dienstleistungsrichtlinie (M5).

6 Erklärt die Aussage der Karikatur (oben).

7 Formuliert Forderungen aus Arbeitnehmersicht zur Weiterentwicklung der EU zu einer Sozialunion. Was bedeutet das Vorhaben für die Demokratie in diesen Ländern?

12.5 Die europäischen Institutionen

M 1 Die Organe der EU

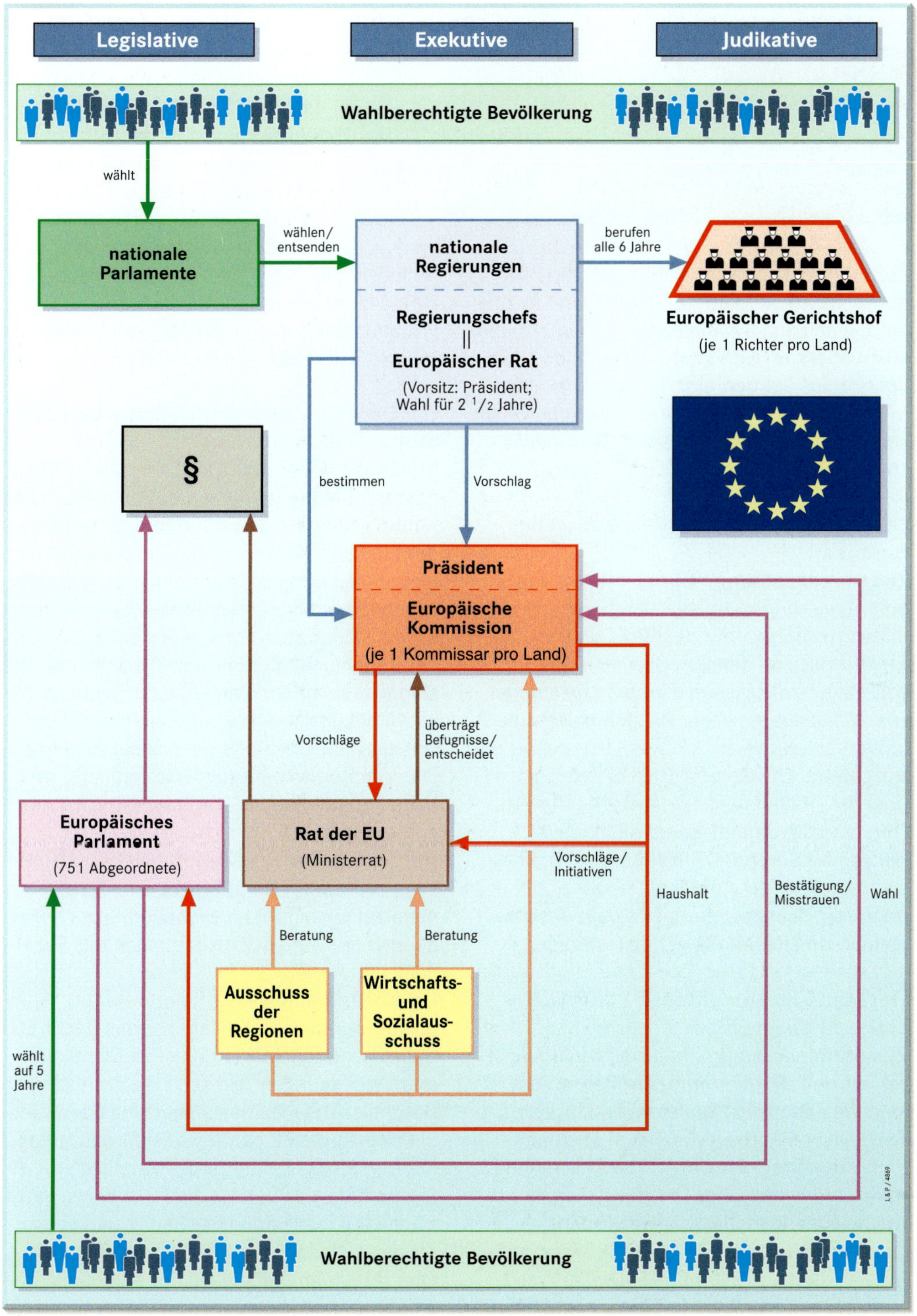

◀◀ Parteien: Funktionen, Merkmale und politische Unterschiede, S. 210

◀◀ Die Regierung, S. 214/215

GLOSSAR
Europäische Union

Das Europa-Parlament in Straßburg

INFO

Sitze im EU-Parlament

Belgien:	22
Bulgarien:	17
Tschechische Republik:	22
Dänemark:	13
Deutschland:	99
Estland:	6
Irland:	12
Griechenland:	22
Spanien:	50
Frankreich:	72
Italien:	72
Zypern:	6
Lettland:	8
Litauen:	12
Luxemburg:	6
Ungarn:	22
Malta:	5
Niederlande:	25
Österreich:	17
Polen:	50
Portugal:	22
Rumänien:	33
Slowenien:	7
Slowakei:	13
Finnland:	13
Schweden:	18
Vereinigtes Königreich:	72

Die EU hat ebenso wie die Bundesrepublik Deutschland und andere Staaten eine Regierung, eine Länderkammer, ein Parlament und einen obersten Gerichtshof - zumindest scheint das auf den ersten Blick so zu sein. In Wirklichkeit aber ist die Europäische Union kein Staat wie andere Staaten. Warum das so ist, soll der folgende Überblick zeigen:

Der Europäische Rat - Weichensteller Europas

Zusammensetzung: Die 27 Staats- und/oder Regierungschefs der Mitgliedstaaten bilden zusammen mit dem Präsidenten der EU-Kommission den Europäischen Rat. Er tritt mindestens zweimal im Jahr zusammen. Die 27 Mitglieder wechseln sich halbjährlich im Vorsitz ab.

Aufgaben: Der Europäische Rat verfügt über die „Richtlinienkompetenz" in der EU, trifft also die grundlegenden Entscheidungen für Europa. Dazu gehören z. B. Beschlüsse über die Aufnahme neuer Staaten oder Verfassungsänderungen. Alle Beschlüsse müssen einstimmig gefasst werden.

Der Ministerrat - Europas Länderkammer und Gesetzgeber

Zusammensetzung: Im jeweiligen Ministerrat, offiziell „Rat der Europäischen Union", sind die nationalen Regierungen mit einem Fachminister vertreten. Je nach anstehendem Thema tagt er u. a. als Rat der Außen-, Agrar-, Verkehrs- oder Umweltminister.
Die meisten Entscheidungen werden mit „qualifizierter Mehrheit" getroffen. Die Stimmen werden dabei je nach Einwohnerzahl des Landes „gewichtet". Deutschland, Frankreich, Großbritannien und Italien haben z. B. jeweils 29 Stimmen, während Malta nur über drei Stimmen verfügt. Mindestens 255 Stimmen sind notwendig, um eine qualifizierte Mehrheit von insgesamt 345 Stimmen zu erreichen. Wie im Europäischen Rat wechselt alle sechs Monate der Vorsitz.

Aufgaben: Der Ministerrat ist zusammen mit dem Europäischen Parlament der „Gesetzgeber" der EU. Ohne seine Zustimmung können keine Gesetze, d. h. Richtlinien und Verordnungen verabschiedet werden. Gemeinsam mit dem Parlament genehmigt der Ministerrat den Haushalt, d. h. die Ausgaben der EU.

Die Europäische Kommission - Europas Motor und „Regierung"

Zusammensetzung: Der Europäische Rat bestimmt einen jeden neuen Präsidenten der Kommission jeweils einstimmig. Der Präsident leitet die Kommission. Gemeinsam mit ihm stellen die Staats- und Regierungschefs anschließend die 26 anderen Mitglieder der Kommission zusammen. Jedes Land entsendet dabei einen Kommissar. Die Kommissare sind wie die nationalen Minister jeweils für einen bestimmten Politikbereich zuständig. Das Europäische Parlament muss allen Mitgliedern der Kommission zustimmen. Erst dann kann die neue EU-Kommission ihr Amt aufnehmen.

Aufgaben: Der Präsident fungiert als Bindeglied zwischen EU-Parlament und dessen Ministerrat. Er nimmt an wichtigen Sitzungen ebenso teil wie an allen Tagungen des Europäischen Rates.
Die Kommission soll als „Motor der EU" Europa voranbringen. Sie allein hat das Recht EU-Gesetze vorzuschlagen, nämlich Richtlinien und Verordnungen. Sie setzt die politischen Beschlüsse der Europäischen Union um. und überwacht die Einhaltung des europäischen Rechts: Sie ist „Hüterin der Verträge".
Die Kommission vertritt die EU in Wirtschaftsfragen auf internationaler Ebene und verwaltet den Haushalt der EU. Zur Bewältigung aller Aufgaben helfen ihr über 20 000 EU-Beamte.

Das Europäische Parlament – Europas „Bürgerkammer" und Gesetzgeber

Zusammensetzung: Alle fünf Jahre finden seit 1979 Direktwahlen in den Mitgliedsländern statt. 785 Abgeordnete aus 27 Ländern repräsentieren über 480 Millionen Bürger. Die Plenarsitzungen finden in Straßburg statt; die Ausschüsse tagen in Brüssel.

Aufgaben: Das EP teilt sich mit dem Ministerrat in den allermeisten Politikbereichen die gesetzgebende Gewalt. Ohne seine Zustimmung kann der EU-Haushalt nicht verabschiedet werden. Das Parlament kann zudem die vom Rat vorgeschlagenen Kommissionsmitglieder ablehnen sowie einen Misstrauensantrag gegen die gesamte Kommission stellen und sie so zum Rücktritt zwingen.

Der Europäische Gerichtshof – Europas „Oberster Gerichtshof"

Zusammensetzung: Jeder Mitgliedstaat der EU entsendet einen Richter für eine Amtszeit von sechs Jahren. Die Richter können aber nach Ablauf dieser Zeit erneut berufen werden. Den insgesamt 27 Richtern stehen zwölf Generalanwälte zur Seite.

Aufgaben: Hat ein nationales Gericht Zweifel über Auslegung oder Gültigkeit einer Rechtsvorschrift der EU oder die Vereinbarkeit von nationalem Recht mit EU-Recht, wendet es sich an den Europäischen Gerichtshof. EU-Organe, Mitgliedsstaaten, Unternehmen und Privatpersonen können vor dem Gerichtshof klagen, wenn in einem Land gegen EU-Recht verstoßen wird. Die Urteile des Europäischen Gerichtshofes gelten in allen Ländern der EU und können von keinem nationalen Gericht angetastet werden.

M2 „Es wird gegessen ..."

Zeichnung: Gerhard Mester

1. Teilt eure Klasse in Gruppen ein. Bearbeitet arbeitsteilig je eine EU-Institution.
2. Recherchiert aktuelle Daten und Informationen.
3. Jede Gruppe gestaltet ein Plakat zu ihrer Institution mit folgenden Aspekten:
   - Zusammensetzung und Aufgaben; wer kontrolliert wen?
   - Welche Interessen vertritt diese Institution vor allem – nationale oder europäische?
   - Welche Konflikte könnte es zwischen den Institutionen geben?
4. Erklärt die Aussage der Karikatur M2. Beurteilt vor diesem Hintergrund die Macht des Europäischen Parlaments. Welche Rechte hat das EU-Parlament nicht?

12.6 Der Euro: Vom Wunder- zum Sorgenkind?

Mit der Einführung des Euro im Januar 2002 hat der lästige und teure Geldumtausch in vielen europäischen Staaten ein Ende gefunden. Im Urlaub können wir seitdem mühelos vergleichen, ob der Espresso am Canale Grande in Venedig wirklich teurer ist als an den Uferpromenaden von Nizza.

Mit der Finanzkrise 2007/2008, in deren Gefolge Euroländer in eine Schuldenkrise gestürzt sind, ist der Euro aber ins Gerede gekommen. Der Höhenflug der Währung wurde jäh gestoppt, aus dem Wunderkind ist ein Sorgenkind geworden.

INFO

Niedrige und stabile Inflationsraten ermöglichen es den Bürgern und Unternehmen, sich leichter Geld (für Kredite und Investitionen) zu leihen. Gesteuert wird dies durch die EZB und ihre Zinspolitik.

Devisen: ausländische Währung

Devisenmarkt: Markt, auf dem der Handel mit ausländischen Währungen stattfindet. Je nach Angebot und Nachfrage nach einer Währung wird der Preis/Gegenwert einer ausländischen Währung im Verhältnis zur inländischen Währung gebildet (Devisenkurs, Wechselkurs).

GLOSSAR

Devisen

Euro

Europäische Zentralbank

M1 Was bestimmt den Euro-Kurs?

Verlässt man [...] „Euroland", kommt [...] der Wechselkurs ins Spiel. Für Reisende ist dann ein starker Euro von Vorteil: Je höher der Wechselkurs ihrer Währung, desto mehr Gegenwert bekommen sie dafür. Das Gleiche gilt für die Importeure: Bei einem hohen Außenwert des Euro können diese die Waren im Ausland vergleichsweise günstig einkaufen und so ihre Gewinnspanne erhöhen.

Wer dagegen Waren aus der Eurozone exportiert, wünscht sich einen schwächeren Euro: Für jeden eingenommenen Dollar oder Yen erlösen die Exporteure dann einen höheren Euro-Betrag. Zudem können sie ihre Produkte dann im Ausland billiger anbieten als zuvor [...], sie werden also wettbewerbsfähiger.

Daraus könnte man schließen, dass ein schwacher Euro eher im Interesse Europas und seiner exportorientierten Wirtschaft liegt. Doch [...] ein wirklich schwacher Euro birgt [...] große Gefahren: Zum einen würden davon internationale Investoren abgeschreckt. Vor allem aber würde dadurch die Wettbewerbsfähigkeit insbesondere der weltgrößten Volkswirtschaft USA, aber auch Japans und Chinas bedroht, was die gesamte Weltwirtschaft destabilisieren könnte. Als der Euro im Herbst 2000 unter 0,85 Dollar fiel, intervenierte die Europäische Zentralbank (EZB) [...] mit Euro-Käufen am Devisenmarkt, um diese Gefahr abzuwenden.

Doch was bestimmt den Wechselkurs des Euro, abgesehen von solchen seltenen Markteingriffen? Ganz wesentlich ist die Konjunktur in der Eurozone, vor allem in Deutschland, der bedeutendsten Volkswirtschaft Europas. „Brummt" die Konjunktur, ist die Produktivität der Unternehmen hoch. Je produktiver wiederum die Unternehmen sind, desto mehr können sie exportieren. Entsprechend mehr nehmen die Exporteure in fremden Währungen ein.

Da sie die Produktion in „Euroland" bezahlen müssen, tauschen sie diese Devisen wieder in Euro. Am Devisenmarkt werden also verstärkt Euro nachgefragt. Floriert die Wirtschaft, steigt aber auch die Nachfrage nach ausländischen Produkten, und die Importe nehmen zu. Für die Einfuhren wird dann wiederum mehr von den fremden Währungen nachgefragt. Ob der Euro stark oder schwach ist, hängt also auch von der Höhe des Exportüberschusses ab. [...]

Dazu kommt noch ein wichtiger Effekt [...]: Eine gesunde europäische Wirtschaft signalisiert, dass dort investiertes Kapital gute und nachhaltige Gewinne abwirft. Das macht eine Kapitalanlage in Euro attraktiver.

Mit der Konjunktur hängt auch der zweite wesentliche Bestimmungsfaktor des Euro-Kurses zusammen. Der Wechselkurs orientiert sich auch daran, welche Währung real, also nach Abzug der Inflation, mehr Zinsen abwirft [...]. Ist der Realzins beispielsweise in den USA höher als der in Euroland, macht dies den Dollar als Anlagewährung tendenziell attraktiver. Deshalb reagieren die Wechselkurse stets auf die Zinsentscheidungen der Zentralbanken [...]. Die Zinspolitik der Notenbanken orientiert sich wiederum stark an der Konjunktur. „Brummt" die Wirtschaft, droht eine höhere Inflation, der die Zentralbank mit höheren Zinsen zu begegnen versucht.

Detlev Landmesser, Der Euro – stark oder schwach ein Gewinn; www.bpb.de (Zugriff am 29. 3. 2011)

M2 Euro unter 1,30 Dollar

Gerade erst haben die EU-Staaten beschlossen, dass sie Irland mit 85 Milliarden Euro zur Seite springen werden. Doch für eine Entspannung sorgte das nicht, im Gegenteil, der Euro fiel weiter und weiter. [...] Die Märkte schätzen die Zahlungsfähigkeit dieser Länder ganz offenbar immer skeptischer ein. Auch befürchten die Märkte, dass der vereinbarte Rettungsschirm womöglich nicht ausreichen könnte.

www.boerse.ard.de (Zugriff am 29. 3. 2011)

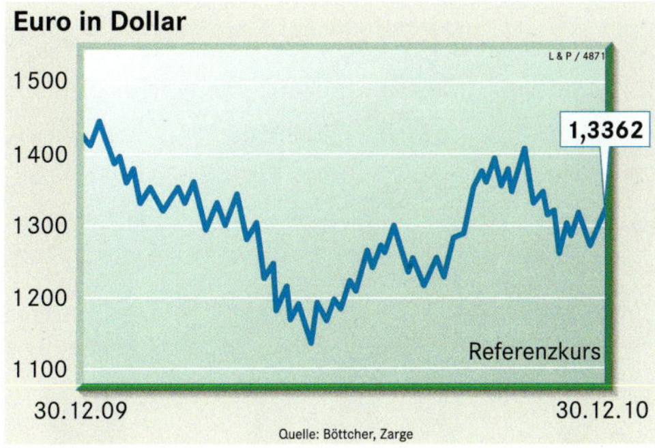

INFO

Schuldenquoten:
Öffentliche Bruttoschulden in % der Wirtschaftsleistung, 2011 (Prognose):

Griechenland:	153
Italien:	119
Irland:	104
Belgien:	89
Portugal:	87
Deutschland:	86
Spanien:	71

Euro-Rettungsschirm:
Er soll Euro-Staaten mit schwerwiegenden finanziellen Problemen helfen, indem er Geld aufnimmt und es an sie weiterreicht.

M3 Feuer auf der Titanic

Zeichnung: Klaus Stuttmann

M4 Rettungsschirm für den Euro

Die Eurostaaten statten den Rettungsschirm mit einem Kapital von 700 Mrd. Euro aus. Dieser Betrag ist notwendig, damit er Kredite bis zu 500 Mrd. Euro aufnehmen und an notleidende Staaten weiterreichen kann. [...] Die Einlage beträgt 80 Mrd. Euro. Auf Deutschland entfallen 21,7 Mrd. [...] Von den 80 Mrd. Euro soll die Hälfte bis 2013 [...] zur Verfügung stehen. Neben den 80 Mrd. Bareinlage stehen die Eurostaaten für ein abrufbares Kapital (Bürgschaften) in Höhe von 620 Mrd. Euro ein. Deutschland bürgt für 168,3 Mrd. Euro.

aus: Frankfurter Rundschau vom 24. 3. 2011; Verfasser: Werner Balsen

◂◂ **Der Staat in der Schuldenfalle, S. 160/161**

1. Arbeitet heraus, wie sich ein starker bzw. schwacher Euro auswirkt und was den Euro-Kurs bestimmt (M1).
2. Erläutert, warum die hohe Staatsverschuldung in Euro-Ländern zu einem schwachen Euro geführt hat (M1 und M2).
3. Beschreibt anhand der Karikatur die politischen Probleme der Euro-Krise (M3).
4. Diskutiert das Für und Wider des Euro-Rettungsschirms (M4).

12.7 Menschenrechte in der Europäischen Union

INFO

Sinti und Roma leben seit 600 Jahren in Europa. Vor tausend Jahren verließen sie ihre ursprüngliche Heimat Indien. Ihre Nachfahren im Südosten Europas nennen sich Roma, in Westeuropa werden sie als Sinti bezeichnet. In Deutschland leben ca. 90 000 Sinti und Roma (0,1 % der Bevölkerung).

Eine Roma-Familie in Deutschland, die von der Abschiebung in das Kosovo bedroht ist.

M1 Grundsatzerklärung der EU

Die Europäische Union misst der Wahrung der Menschenrechte innerhalb ihrer eigenen Grenzen besondere Bedeutung bei. Ihre Grundsätze zum Schutz der Menschenrechte sind im Vertrag über die Europäische Union und in der Charta der Grundrechte verankert. Basierend auf Initiativen und Programmen [...] liegt der Schwerpunkt ihres Handelns auf der Bekämpfung von Diskriminierung, Rassismus und Fremdenfeindlichkeit sowie auf dem Schutz gefährdeter Personengruppen wie Kindern, Frauen und Minderheiten.

INFO

Marianne Rosenberg steht seit 40 Jahren auf der Bühne. In den 1970er-Jahren war sie die erfolgreichste deutschsprachige Sängerin („Er gehört zu mir"). Lange Zeit wusste kaum jemand, dass Marianne Rosenberg eine deutsche Sintezza ist. Bei Planet Wissen (PW) sprechen die Sängerin und ihre Schwester Petra Rosenberg, Vorsitzende des Landesverbands Deutscher Sinti und Roma Berlin-Brandenburg, über ihre Erfahrungen, über Vorurteile und wie sie damit umgehen.

◀◀ Menschenrechte – Grundrechte – Bürgerrechte, S. 200 ff.

M2 „Noch immer gibt es Vorbehalte und Vorurteile"

Sie gehören zu den Sinti. Gibt es Unterschiede zwischen einer normalen Sinti-Familie in Deutschland und einer normalen Familie, die eben von hier kommt?

Petra Rosenberg (P. R.): Diese Frage höre ich ganz oft: Gibt es Unterschiede? Sinti leben seit 600 Jahren in Deutschland, sind deutsche Staatsbürger. Ihre Lebensverhältnisse unterscheiden sich ebenso wie die der Mehrheitsgesellschaft nicht nur regional, schichtspezifisch und familiär, sondern auch individuell voneinander. Wir haben auch ein Stückweit die deutsche Kultur geprägt und die deutsche Kultur hat wiederum Einfluss auf unsere Kultur genommen. [...]

Marianne Rosenberg, als Sie plötzlich einer so großen Öffentlichkeit ausgesetzt waren, haben Sie nie groß öffentlich gemacht, dass Sie Sintezza sind.

M. R.: Mein Vater wollte das nicht. Mein Vater hat zu mir gesagt, wenn die Menschen dich fragen, warum dein Vater so dunkel aussieht, woher wir kommen, dann sagst du, wir kommen aus Ungarn.

Wenn Sinti oder Roma heute offen mit ihrer Herkunft umgehen: Haben Sie dadurch Nachteile, gibt es Probleme?

P. R.: Noch immer gibt es in der Gesellschaft Vorbehalte und Vorurteile gegenüber unserer Minderheit. Die meisten in Deutschland ansässigen Sinti und Roma leben mitten in der Mehrheitsgesellschaft, ohne ihre ethnische Identität gegenüber Nachbarn und Kollegen preiszugeben. Ihre Kinder sagen den Mitschülern nicht, dass sie Sinti oder Roma sind, weil dies erfahrungsgemäß – insbesondere bei Jugendlichen mit Migrationshintergrund – oft Aggressionen und in vielen Fällen auch tätliche Angriffe auslöst. Auch bei der Arbeits- und Wohnungssuche treffen Sinti und Roma häufig auf Vorbehalte, wenn sie ihre Identität preisgeben. Diese Vorbehalte stehen im Widerspruch zu der Tatsache, dass viele Sinti und Roma seit Jahrzehnten in Wirtschaft und Industrie als Unternehmer und Angestellte erfolgreich tätig sind.

Sie gehen auch bewusst in Schulen, Sie arbeiten auch vorbeugend.

P. R.: Insbesondere am 27. Januar, dem Tag des Gedenkens an die Opfer des Nationalsozialismus, gehe ich an Schulen und Universitäten und berichte über das Verfolgungsschicksal der Sinti und Roma – auch über das Leben meines Vaters, der die nationalsozialistischen Konzentrationslager durchleben musste und als Einziger von elf Geschwistern überlebte. Ich begegne fast ausnahmslos wissbegierigen jungen Menschen; sie interessieren sich auch für die heutige Lebenssituation von Sinti und Roma. [...]

www.planet-wissen.de, Interview: Martina Frietsch, (Zugriff am 30. 3. 2011)

M3 Roma – die diskriminierten Europäer

Wenn es etwas Positives am momentanen Aufruhr darüber gibt, wie die Roma in Frankreich und anderen Ländern behandelt werden, dann ist es die Tatsache, dass ihre unglaubliche Diskriminierung nun ein allseits beachtetes Thema geworden ist. Wenn der Lärm und Ärger wieder abgeklungen sind, müssen wir die schrecklichen Bedingungen, unter denen diese an den Rand gedrängte Minderheit leben muss, weiter im Auge behalten. [...]

In einigen Ländern haben Roma nur begrenzten Zugang zu medizinischen Leistungen, weil sie keine Ausweise besitzen. [...] Der Europäische Gerichtshof für Menschenrechte hat festgestellt, dass etwa Tschechien und Griechenland ihre Verpflichtungen zum Schulbesuch von Roma-Kindern nicht einhalten. [...]

Auch die anhaltende Rückführung der Roma von Deutschland ins Kosovo hat verheerende Folgen für die Rechte der Kinder, auch für ihr Recht auf Bildung. Eine Studie des UN-Kinderhilfswerks Unicef belegt: Roma-Kinder, die in deutschen Schulen gut integriert waren, befinden sich auf einmal in einem völlig fremden Umfeld, in dem nur Albanisch gesprochen wird. Plötzlich können sie gar nicht mehr oder nur unter großen Schwierigkeiten zur Schule gehen. [...]

Ich bin mir bewusst, dass einige Traditionen der Roma anders sind als die der allgemeinen Gesellschaft und einige von ihnen zu Verletzungen der Menschenrechte wie Zwangsheirat und Kinderarbeit führen. Auch ist mir bewusst, dass das Leben am Rand der Gesellschaft für einige Roma in der Kriminalität endet. Dies erzeugt verständlicherweise Spannungen. Hier müssen wir genau hinschauen und jeden Fall einzeln prüfen und nicht rücksichtslos verurteilen. Die Täter haben ein Recht auf faire Verfahren, die nicht den Beigeschmack einer Stigmatisierung oder kollektiven Bestrafung einer Minderheit haben.

Gastkommentar von UNO-Menschenrechtskommissarin Navi Pillay, Frankfurter Rundschau vom 29. September 2010

Navi Pillay

M4 Das EU-Recht auf freien Aufenthalt

Aufenthaltsrecht

Laut Richtlinie benötigt ein EU-Bürger für einen Aufenthalt bis zu drei Monaten in einem anderen Mitgliedsland nur einen gültigen Personalausweis oder Pass. Wer länger bleiben will, muss als Arbeitnehmer oder Selbstständiger arbeiten oder über ausreichende Mittel verfügen, um dem Sozialsystem des Gastlandes nicht zur Last zu fallen.

Abschiebung

Ein Staat kann laut Richtlinie einen Bürger aus einem anderen EU-Land abschieben, wenn dieser zu einer Last für das Sozialsystem wird. Dabei müssen die Behörden allerdings die persönlichen Umstände des Betroffenen berücksichtigen [...]. Die Entscheidung soll „verhältnismäßig" sein.

Verfahrensrechte

Außerdem gibt es die Möglichkeit, einen EU-Bürger auszuweisen, wenn er gegen das Gesetz verstoßen hat. Hier schreibt das EU-Recht ebenfalls ausdrücklich eine Einzelfallprüfung vor. Bei jeder Abschiebung hat der Bürger das Recht zur Anfechtung.

www.tagesschau.de/ausland/freizuegigkeitsrichtlinie100.html (Zugriff am 24. 1. 2011)

1. Informiert euch über die Geschichte der Sinti und Roma.
2. Informiert euch über das Leben und die soziale Lage der Sinti und Roma in Deutschland (M2).
3. Nennt Zuschreibungen bzw. Vorurteile, die den Sinti und Roma gelten (M2, M3).
4. Erläutert, warum viele Sinti und Roma sich nicht zu ihrer Herkunft bekennen (M2).
5. Klärt, welche Möglichkeiten es in der EU gibt, den von Diskriminierung betroffenen Menschen zu ihren Rechten zu verhelfen (M1–M3).

INTERNET

www.stiftung-evz.de/ueber-uns

www.zentralrat.sinti-undroma.de

12.8 Die Zukunft Europas: Visionen und Probleme

Die EU hat gerade für Deutschland eine gewaltige Bedeutung, ein Großteil der deutschen Exporte fließt in Länder der EU. Die europäische Einigung hat Europa eine sehr lange Friedensperiode beschert. Die EU hat ein großes Gewicht in der Weltpolitik, das die einzelnen Staaten kaum hätten. Warum aber hat die EU oftmals eine so schlechte Presse? Warum lehnen sie so viele Menschen ab?

Die europäische Integration ähnelt einer gewaltigen Baustelle mit wechselnden Eigentümern, Architekten und Bauunternehmungen. Ständig wird über neue Bauabschnitte diskutiert und gestritten und wie das große Unternehmen weitergeführt werden soll. Für die einen geht der Prozess viel zu langsam, andere wollen eher bremsen oder gar vollzogene Entscheidungen rückgängig machen.

INFO

Wahlbeteiligung bei der Europawahl 2009:

Luxemburg	91,5
Belgien	90,4
Malta	78,8
Italien	66,5
Dänemark	59,5
Zypern	59,4
Irland	57,6
Lettland	53,1
Griechenland	52,6
Spanien	46,0
Schweden	45,5
Österreich	45,3
Estland	43,9
Deutschland	43,3
gesamte EU	43,2
Frankreich	40,5
Finnland	40,3
Bulgarien	38,9
Portugal	37,0
Niederlande	36,9
Ungarn	36,3
Großbritannien	34,5
Slowenien	28,3
Tschechien	28,2
Rumänien	27,4
Polen	24,5
Litauen	20,9
Slowakei	19,6

M 1 Die Gründe, nicht wählen zu gehen

M 2 Deutsche sehen EU-Mitgliedschaft weitgehend positiv

Berlin - Die Bundesbürger stehen der deutschen EU-Mitgliedschaft laut einer Umfrage auch nach der Griechenlandkrise überwiegend positiv gegenüber. 71 Prozent der im August Befragten gaben an, die Zugehörigkeit zur Europäischen Union sei „eine gute Sache“, wie die Nachrichtenagentur dapd berichtete. Nur vier Prozent werteten die Mitgliedschaft als schlecht. [...] Deutlich gestiegen ist demnach auch der Anteil der Bundesbürger, die der Ansicht sind, dass Deutschland von der Mitgliedschaft in der EU eher profitiert. Während 1999 nur 27 Prozent der Befragten dies glaubten, waren es in diesem Jahr [2010] 48 Prozent. 20 Prozent sahen eher Nachteile, 30 Prozent gaben „teils/teils“ als Antwort an.

nach: www.finanzen.net/nachricht/aktien/Deutsche-sehen-EU-Mitgliedschaft-weitgehend-positiv-dapd-934479 (Zugriff am 26. 1. 2011)

M3 Rezepte gegen die Europamüdigkeit?

Patrizia Nanz, Professorin für Politikwissenschaft an der Universität Bremen:

Sind wir europamüde geworden? Maximal ein Drittel der Wahlberechtigten wird in Europa wählen gehen. Ist die Nichtbeteiligung ein stiller Protest gegen die bevormundende und undurchsichtige Art, mit der unsere Regierungen Europapolitik betreiben? [...]
Im Juni 2008 waren 68 Prozent der EU-Bürger der Auffassung, ihre Stimme ändere ohnehin nichts, und über die Hälfte fand sich ungenügend informiert. Aber Europa stößt in der Bevölkerung nicht auf Ablehnung, im Gegenteil: Von einer relativen Mehrheit der Befragten wird die EU positiv gesehen [...].
Die nationale Selbstbezogenheit der Politiker und die stiefmütterliche Behandlung durch die Massenmedien sind der eigentliche Grund für das mangelnde Interesse an der Europawahl. Die Parteien messen dieser Wahl keinen besonderen Stellenwert zu, weil es nicht darum geht, nationale Herrschaftspositionen zu besetzen. [...]
[Heute werden] weltweit auch innovative Formen der Bürgerbeteiligung eingesetzt, die zu komplexen Themen einen differenzierten Willensbildungsprozess anstoßen. Solche Verfahren laufen über mehrere Runden und schließen Bürger, Experten, Moderatoren und Politiker ein. Sie taugen auch dazu, Richtungsentscheidungen einer politischen Gemeinschaft zu befördern: Das haben Bürgerforen in Quebec 2007 mit insgesamt 10 000 Teilnehmern zu Grundsatzfragen im Umgang mit Einwanderern gezeigt. Angestellte und Arbeitssuchende, Studenten und Hausfrauen, Muslime und Ausländerfeinde nahmen an Diskussionen teil, die vom Fernsehen übertragen wurden und eine breite Öffentlichkeit erreichten. [...]
Man sieht: Der verstärkte Einsatz von Bürgerbeteiligung könnte die europäische Demokratie stärken. Allerdings brauchen wir Beteiligungsverfahren, deren Ergebnisse die Volksvertreter aufgreifen und die in den Medien diskutiert werden. Nur dann können sie eine europaweite Meinungsbildung über die Zukunft der EU in der breiteren Öffentlichkeit anstoßen. So könnten wir am Anfang einer Neugründung der Europäischen Union stehen, die von den Bürgern ausgeht, und die den europamüden Politikern Beine macht.

nach: www.zeit.de/online/2009/24/europawahl-buergerbeteiligung?page=2 (Zugriff am 26. 1. 2011)

M4 Europawahl

„... würd' ich sagen, probier's mit 'nem Striptease!"
Zeichnung: Horst Haitzinger

1. Analysiert das Eurobarometer und setzt euch mit den Begründungen auseinander (M1).
2. Führt in eurer Klasse eine ähnliche Umfrage durch (M2). Vergleicht euer Ergebnis mit den Umfrageergebnissen.
3. Erläutert mögliche Ursachen für die verbreitete Europamüdigkeit und diskutiert Rezepte gegen dieses Desinteresse (M3).
4. Interpretiert die Karikatur M4. Ist deren Aussage in Hinblick auf M1 gerechtfertigt?

Karikaturen deuten, S. 232/233

PERSPEKTIV-
WECHSEL

„Versöhnte Verschiedenheit statt Einebnung"

Peter Gauweiler

INFO

Figaro: französische Tageszeitung

INFO

e pluribus unum: aus vielem Eins

Weil eine europäische Verfassung nicht von allen Mitgliedstaaten ratifiziert wurde, schlossen im Juni 2007 die europäischen Staats- und Regierungschefs den Vertrag von Lissabon ab. Es folgt ein Auszug aus einem Interview mit dem Europa-Kritiker Peter Gauweiler (CSU) aus dem Jahr 2005:

Befürworter der Verfassung argumentieren, sie biete gerade für die demokratische Entwicklung der Union Fortschritte im Vergleich zu den bislang geltenden Verträgen ...
Gauweiler: Spätestens seit Maastricht geht die europäische Veranstaltung in die falsche Richtung. Der Figaro schrieb damals: „Maastricht ist wie Versailles ohne Krieg. Die Deutschen müssen zahlen." Die supranationale Kompetenzfusion hat die Probleme der Staaten nicht gelöst, sondern verdoppelt, neue Wasserköpfe geschaffen und drängende Aufgaben, die vor der jeweiligen nationalen Haustür warteten, nicht erledigt. Die radikale Einebnung aller Wirtschafts- und Währungsunterschiede zieht die industrielle Substanz von Westdeutschland weg an die EU-Außengrenzen und von dort [...] Wanderarbeiter zu uns. Was Politik heute als Abschaffung aller Grenzen feiert, ist in Wahrheit ein gigantischer Reinfall für den Mittelstand: Denn mit den Grenzen wurde auch deren Schutzfunktion beseitigt. [...]

Europa steckt in einer Krise. Wie kommt man da heraus?
Gauweiler: Zurück zu den Wurzeln der europäischen Idee: Die Öffnung der regionalen Märkte war und ist als wirtschaftspolitisches Ziel etwas anderes als die Umwandlung dieser Märkte in einen Wühltisch im Schlussverkauf. [...] Wechselseitige und freundschaftliche Abstimmung der Regierungen untereinander, ihre Bindung und Einbindung unter dem Dach eines europäischen Völkerbundes ist wiederum etwas anderes als die Entwicklung eines gesichtslosen Zentralkomitees für den gesamten Kontinent, das mit byzantinischer Regelungswut Europa entstaatlicht [...]. Europa muss wieder als „versöhnte Verschiedenheit" begriffen werden. Das ist etwas anderes als „e pluribus unum". Das steht im Wappen der USA und war natürlich nur in einem Kontinent von Einwanderern möglich, bei weitgehender Vernichtung derer, die zuvor da waren. [...] Mir ist „versöhnte Verschiedenheit" als Ziel lieber als die Einebnung. Der Unterschied zwischen den europäischen Ländern, Regionen und Stämmen ist ein Wert für sich. [...]

In wiefern ist Europa mehr als eine Wirtschafts- und Handelszone?
Gauweiler: Europa ist in hervorgehobener Weise zum demokratischen Gewissen der Welt geworden. Dieses Gewissen verkörpert nicht die EU, auch nicht das EU-Parlament, sondern der Europarat in Straßburg. [...] Der Europarat hat bereits 1950 die europäische Menschenrechtskonvention erlassen, die bei uns wie in allen anderen europäischen Staaten Gesetzeskraft hat. Das ist die eigentliche europäische Verfassung. Durch eine Politik kluger Selbstbeschränkung wird der Europarat zu einer Alternative zur Europäischen Kommission in Brüssel. Dem Europarat gehören übrigens seit dem Fall des Eisernen Vorhangs alle osteuropäischen Länder einschließlich Russlands und sogar die Türkei an, ohne dass dies irgendjemanden gestört hätte.

Die Ablehnung der Verfassung gründet auch in der Angst vor der Erweiterung der Europäischen Union. Steht uns ein Rückfall in nationalstaatliches Denken bevor?
Gauweiler: [...] Ich denke, dass die Deutschen und alle anderen europäischen Länder ihr kulturelles Erbe wieder mehr hochhalten müssen und dass in einem Europa leistungsfähiger Regionen mehr Kompetenzen im Bereich von Wirtschaft, Steuern, Finanzen und Arbeitsmarkt auch nationalstaatlich wieder nach unten gegeben werden müssen. Bayern ist dafür nur ein Beispiel.

aus: Cicero, Juli 2005 (Fragen: Martina Fietz; sprachlich leicht verändert)

1 Fasst die Aussagen Gauweilers in Thesen zusammen.

2 Verfasst aus Sicht eines Europa-Befürworters Antworten zu den gestellten Fragen. Haltet euch dabei in etwa an die Länge der Ausführungen Gauweilers.

KOMPAKT

Wichtiges zusammengefasst

- Die **europäische Einigung** hat Europa fundamental umgestaltet. Große Teile Europas haben durch sie eine lange Friedenszeit erlebt, die beruflichen und ökonomischen Chancen der EU-Bürger haben sich beträchtlich ausgeweitet. Viele Menschen schimpfen zwar auf die EU, nutzen aber gerne die zahlreichen touristischen und ökonomischen Möglichkeiten, die ihnen der Einigungsprozess bietet. Längere Auslandsaufenthalte sind für viele Schülerinnen und Schüler sowie für Studierende mittlerweile fast eine Selbstverständlichkeit.

- Weitsichtige Politiker entwickelten nach der Katastrophe des Zweiten Weltkriegs Visionen einer europäischen Einigung. Dabei stand die Idee einer **stabilen Friedensordnung** im Vordergrund. Tatsächlich aber waren es primär **ökonomische Interessen**, die die europäische Einigung vorantrieben, bevor die allmähliche **politische Integration** folgte. Eine **europäische Sozialunion** mit etwa gleichen materiellen Lebensverhältnissen lässt allerdings noch auf sich warten. Gegegenwärtig sind Löhne und Sozialleistungen der europäischen Staaten noch sehr unterschiedlich.

- Der **Binnenmarkt** hat gewaltige Chancen für den ungehinderten ökonomischen Austausch geschaffen sowie beachtliche Chancen für die Berufs- oder Erwerbstätigkeit eröffnet. Allerdings führt die europaweite Konkurrenz auch zu vielen noch ungelösten Problemen, denn der Konkurrenzdruck hat Folgen für die Lohnhöhe und die Ansiedlung (oder den Wegzug) von Industriebetrieben. Neue Arbeitsplätze werden bisweilen eher dort geschaffen, wo die Arbeitsbedingungen und sozialen Verhältnisse für die Beschäftigten ungünstig und die Löhne niedrig sind. Von einer Sozialunion ist die EU noch weit entfernt.

- Die **europäischen Institutionen (Europäischer Rat, Ministerrat, EU-Kommission, Europäisches Parlament)** bilden ein kompliziertes Geflecht. Die Macht des von den EU-Bürgern gewählten Parlaments ist durch den 2009 in Kraft getretenen **Vertrag von Lissabon** zwar gewachsen, es hat aber immer noch nicht die Rechte oder Kompetenzen, die nationale Parlamente haben. Die europäischen Institutionen müssen die sehr unterschiedlichen nationalen Interessen untereinander ausbalancieren und zugleich den inneren Integrationsprozess weiter voranbringen, also Regelungen schaffen, die in allen EU-Staaten verbindlich sind. Das kann nicht konfliktlos vonstatten gehen.

- Durch die **Finanzkrise** und die zu großzügige Ausgabenpolitik sind einige EU-Staaten in eine Wirtschaftskrise geraten, in die – da in fast allen EU-Staaten der Euro als Währung gilt – die übrigen EU-Staaten mit hineingezogen werden könnten. Daher sah sich die EU zu Solidaritätsmaßnahmen gegenüber den kriselnden Staaten veranlasst. Eine einheitliche Währung bietet jedoch auch große ökonomische Chancen, auch und gerade für Deutschland.

- Die EU fühlt sich besonders verpflichtet, die **Menschenrechte** in der EU zu sichern und zu stärken. Hier spielt der **Europäische Gerichtshof** eine wichtige Rolle. Menschenrechtsverletzungen gibt es auch in EU-Staaten, aber sie können hier öffentlich angeprangert werden und die Menschen haben die Chance, ihre Rechte juristisch einzuklagen. Ein großes Problem ist dabei allerdings, ob diese Menschenrechte auch für die Menschen gelten sollen, die nach Europa flüchten. Darf die EU hier mit zweierlei Maß messen?

13. Frieden und Sicherheit im 21. Jahrhundert

1

2

3

? Welche Bedrohungen herrschen im 21. Jahrhundert?

? Wie entsteht dauerhafter Frieden?

? Welche Rolle haben die Vereinten Nationen?

? Welche Aufgaben hat die Bundeswehr?

4

13.1 Frieden und Sicherheit im 21. Jahrhundert

Die Hoffnung, dass nach dem Zusammenbruch der Sowjetunion und dem Ende des Ost-West-Gegensatzes die Welt eine friedliche Entwicklung nimmt, hat sich bisher nicht erfüllt. Der Konflikt im Nahen Osten schwelt seit Jahren. Terroristen, zum Beispiel islamistische Fanatiker, verüben Selbstmordanschläge, bei denen Unschuldige sterben. Weltweite Bedrohungen sind allgegenwärtig.

M 1 Bedrohungen im 21. Jahrhundert

Terroranschlag in London

Internationaler Terrorismus

Im Juli 2005 erschüttern vier Explosionen die englische Hauptstadt London. „Rucksackbomber" zünden Sprengsätze in drei U-Bahn-Zügen sowie einem Doppeldeckerbus und reißen 56 Menschen in den Tod, mehr als 700 Menschen werden schwer verletzt. Dies ist der zweite schwere Terroranschlag in Europa nach dem Anschlag auf die Vorortzüge in der spanischen Hauptstadt Madrid im März 2004. Im Juli 2006 entgeht Deutschland nur knapp einer Katastrophe. In Regionalzügen werden Kofferbomben – vergleichbar mit der Sprengkraft der Londoner Bomben – gefunden, die nur aufgrund eines handwerklichen Fehlers nicht detonieren. Der internationale Terror, der sich bisher weitab von unseren Grenzen abspielte, hat Europa und Deutschland erreicht. Mit solchen folgenschweren Attentaten, deren Opfer möglichst viele Zivilisten sein sollen, verbreiten Terroristen Furcht und Schrecken.

Atombombentest

Verbreitung von Massenvernichtungswaffen

Iran droht mit der Entwicklung eines eigenen Atomprogramms. Nordkorea hat bereits eine Atombombe: Der kommunistische Staat trat 2003 aus dem Atomwaffensperrvertrag (ein Vertrag über die Nichtverbreitung von Kernwaffen) aus und lässt die Experten der Internationalen Atomenergie-Organisation (IAEO) nicht mehr ins Land. Die IAEO ist eine Behörde, die in das System der Vereinten Nationen eingebunden ist. Sie kontrolliert regelmäßig alle Nuklearanlagen auf der Welt, um vor allem zu verhindern, dass bei der zivilen Nutzung von Atomenergie heimlich militärisch verwendbares Material abgezweigt werden kann.

Kindersoldaten

Zerfall staatlicher Ordnung

Die Versorgung mit Gas und Elektrizität bricht zusammen. Beamte plündern ihre Büros, Lehrer erheben privat Schulgeld. Banden nisten sich ein und terrorisieren die Zivilbevölkerung oder vertreiben von ihnen zu Feinden erklärte Volksgruppen – in solch einem Umfeld wächst eine Generation von Straßenkindern heran, die sich in einem Teufelskreis von Arbeitslosigkeit, Hoffnungslosigkeit, Drogenabhängigkeit und Kriminalität wiederfindet und sich von Rebellengruppen zum Kriegsdienst rekrutieren lässt.

Dies ist keine Science-Fiction, sondern Realität – im afrikanischen Staat Liberia. Militärputsch, diktatorische Herrschaft, Bürgerkriege mit mehreren zehntausend Toten – mehr als 25 Jahre Niedergang haben das Land ruiniert. Es gibt keine öffentliche Infrastruktur mehr, die landwirtschaftliche Produktion ist fast völlig eingestellt, die Analphabetenrate liegt bei etwa 70 Prozent. Auch in der Demokratischen Republik Kongo sind Sicherheit und staatliche Ordnung zusammengebrochen, in Somalia herrscht bereits seit Jahrzehnten Chaos.

Regionale Konflikte

Im Jahr 2004 verfolgten arabische Reitermilizen die schwarzafrikanische Bevölkerung in der Region Darfur im Sudan. Zehntausende wurden getötet, eine Million Menschen floh und suchte Schutz im Nachbarland Tschad.
Es gibt viele Ursachen für solche Konflikte: Gebiets- und Machtansprüche, ethnische und religiöse Spannungen, Auseinandersetzungen um Bodenschätze oder Wasser, Armut, Hunger und Verelendung. Die Folgen sind häufig Flucht und Vertreibung, und sie können eine ganze Region destabilisieren. Die schlimmste Eskalation von regionalen Konflikten ist ein Völkermord wie 1994 in Ruanda, als innerhalb von 100 Tagen rund 800 000 Menschen regelrecht abgeschlachtet wurden. Dieser Völkermord war auch die Wurzel für die folgenden Kriege im Nachbarland Kongo, in deren Verlauf drei Millionen Menschen getötet wurden. Aktuell (2011) erleben wir in den arabischen Staaten und in Nordafrika einen „Flächenbrand“: Tunesien und Ägypten haben ihre Herrscher „abgeschüttelt“, in Lybien tobt ein Bürgerkrieg und die Regime vieler anderer arabischer Staaten stehen unter dem Druck der Massen.
Die Bezeichnung „regionaler Konflikt“ klingt harmlos, doch solche Konflikte sind bedrohlicher, als es sich zunächst anhört, da sie zu Kettenreaktionen führen und auf benachbarte Regionen und Länder übergreifen können.

nach: Frieden und Sicherheit, Schülerheft 2006/07, S. 4 f.; Aktualisierungen: Autoren

Flüchtlinge in Darfur

M 2 Konfliktbarometer 2010

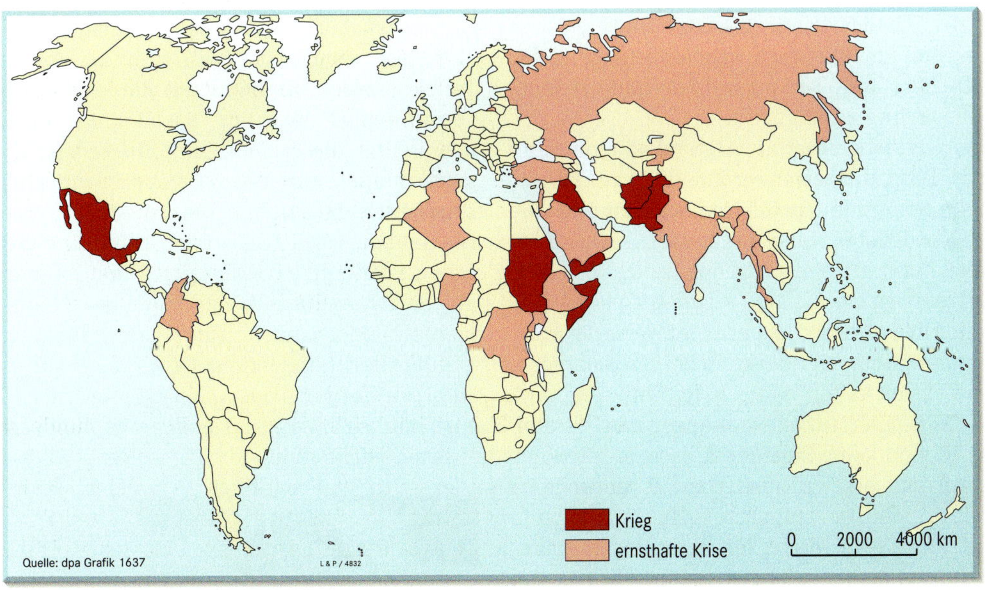

Das Konfliktbarometer wird vom Heidelberger Institut für Internationale Konfliktforschung e. V. ermittelt. Es zeigt in rot Kriege, in orange ernsthafte Krisen.

GLOSSAR
Konflikte

1 Arbeitet die angeführten Bedrohungen im 21. Jahrhundert heraus (M 1) und diskutiert, welche Bedrohungsszenarien eurer Ansicht nach heute die größte Gefahr darstellen.

2 Wertet das Konfliktbarometer M2 aus: Schlagt im Atlas die Länder nach, in denen es Kriege bzw. ernsthafte Krisen gab. Bestimmt die Krisen- und Konfliktregionen. Auf welche Bedrohungsszenarien verweisen diese?

13.2 Afghanistan – ein Land in Krieg und Bürgerkrieg

INFO

Ethnien in Afghanistan
geschätzter Anteil an der Bevölkerung:
Paschtunen: 42 %
Tadschiken: 27 %
Usbeken: 9 %
Hazara: 9 %
Aimaken: 4 %
Turkmenen: 3 %
Belutschen: < 3 %
Nuristani: < 3 %
Kirgisen: < 3 %

Religionen in Afghanistan
Anteil an der Bevölkerung:
Muslime: 99 %, davon
Sunniten: 80 %
Schiiten: 19 %
sonstige: 1 %

Hauptsprachen in Afghanistan
Anteil an der Bevölkerung:
Dari: ca. 50 %
Paschtu: ca. 35 %

Seit 30 Jahren herrschen in Afghanistan Krieg und Bürgerkrieg. Für die Menschen in diesem Land zwischen den mächtigen Nachbarstaaten Iran, Pakistan und den ehemaligen Sowjetrepubliken Turkmenistan, Usbekistan und Tadschikistan hat dies materielle Not und unvorstellbares menschliches Leid zur Folge.

M1 Ein armes Land mit wechselvoller Geschichte

Afghanistan ist etwa doppelt so groß wie Deutschland und hat schätzungsweise 28,5 Mio. Einwohner. In den weiten, teilweise unwirtlichen und schwer zugänglichen Regionen leben über 200 unterschiedliche ethnische und sprachliche Gruppen. 42 Prozent der Bevölkerung sind Paschtunen, die sich gerne als „Staatsvolk" bezeichnen, andere wichtige Gruppen sind die Tadschiken, die Hazara und die Usbeken. Etwa 2,5 Millionen Nomaden wandern seit Jahrhunderten über die Grenze zwischen Afghanistan und Pakistan hin und her. Flüchtlinge innerhalb und außerhalb der Landesgrenzen sowie Millionen von Rückkehrern machen ein genaues Bild über Bevölkerungszahlen und -zusammensetzung unmöglich.

Das Überleben war in Afghanistan nie einfach: Das Land besteht größtenteils aus hohen Gebirgen mit unfruchtbaren Steppen und trockenen Wüsten. Der Hindukusch mit Gipfeln über 7 000 m beherrscht das Land. Nur zehn Prozent des Landes sind regelmäßig landwirtschaftlich nutzbar. Es herrscht extremes Kontinentalklima mit trockenen heißen Sommern und harten kalten Wintern. Extreme Tag- und Nacht-Temperaturschwankungen von bis zu 40 °C sind keine Seltenheit.

Aufgrund seiner strategischen Bedeutung geriet Afghanistan immer wieder ins Zentrum weltpolitischer Interessen. Ende des 19. Jahrhunderts wurde das Land zu einer britischen Halbkolonie und errang erst nach drei Kriegen gegen Großbritannien 1919 seine Unabhängigkeit. Nach dem Zweiten Weltkrieg setzte sich der Kampf zwischen den Briten und Russland um die Vorherrschaft in Zentralasien als Rivalität zwischen den USA und der Sowjetunion fort. 1979 besetzten sowjetische Truppen das Land. Zehn Jahre lang kämpften afghanische Widerstandskämpfer (Mujaheddin) mit Unterstützung der USA gegen die Besatzer.

Als die sowjetische Armee 1989 abzog, begannen innerhalb der Mujaheddin blutige Auseinandersetzungen um die Macht. 1994 griffen die radikal-islamischen Taliban in den Bürgerkrieg ein. Mit pakistanischer und US-amerikanischer Unterstützung übernahmen sie die Kontrolle im Land und proklamierten einen islamischen „Gottesstaat". Der Aufenthalt des islamischen Terroristen Osama bin Laden im Herrschaftsbereich der Taliban führte dann zum Konflikt mit den USA. Dieser eskalierte nach den Anschlägen vom 11. 9. 2001, da die USA bin Laden und dessen Terrornetzwerk al-Qaida für die Anschläge verantwortlich machten. Nachdem das Taliban-Regime die Auslieferung bin Ladens abgelehnt hatte, starteten die USA mit britischer Unterstützung Luftangriffe auf Afghanistan. Die Taliban wurden gestürzt. 2004 ging aus freien Präsidentschaftswahlen Hamid Karzai als Sieger hervor, die ersten freien Parlamentswahlen fanden unter internationaler Wahlbeobachtung 2005 statt.

nach: www.kinderkulturkarawane.de/2005/mmcc/unterricht/unterricht.htm (Zugriff am 12. 4. 2011)

Präsident Hamaid Karzai

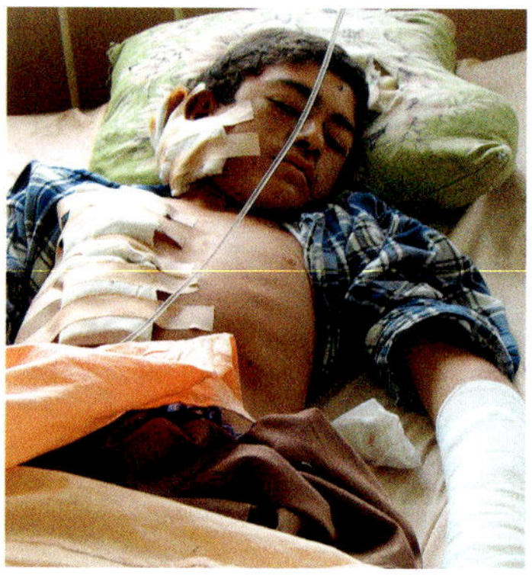

Opfer des Krieges in Afghanistan

M2 Die Lage in Afghanistan

M3 Die Folgen von Krieg und Bürgerkrieg in Afghanistan

Die Wirtschaft Afghanistans ist durch die Kriege weitgehend zerstört, ebenso ein Großteil des Bestandes an Viehherden. Afghanistan ist heute das ärmste Land Asiens und eines der ärmsten der Erde. Millionen Menschen sind noch über Jahrzehnte auf Lebensmittel und humanitäre Hilfen angewiesen.

Gleichzeitig ist Afghanistan das Land mit dem weitaus größten Opiumanbau der Erde. Laut Internationalem Währungsfonds basieren zwei Drittel des Bruttoinlandsproduktes auf Opiumproduktion und Heroinhandel. Afghanistan bedient ungefähr 93 Prozent des weltweiten Opiummarktes. Das jährliche Einkommen des Drogenhandels übersteigt drei Milliarden US-Dollar.

Die Taliban wurden zwar durch das militärische Eingreifen der USA entmachtet, aber es gibt sie immer noch. Die bewaffneten Truppen einheimischer Warlords (lokale Kriegsherren) machen weiterhin weite Landesteile unsicher. Zahllose Anschläge behindern die Auslieferung von Hilfsgütern und die Versorgung der Bevölkerung, töten Helfer und Einheimische. Bis vor Kurzem standen auch Tausende von Kindern im Sold lokaler Kriegsherren. Erst 2003 erließ die Regierung ein Verbot der Rekrutierung und des Einsatzes von Kindersoldaten.

Jedes Jahr sterben noch rund 280 000 Kinder an den Folgen des Krieges: Mangelernährung, fehlende medizinische Versorgung und vermutlich zehn Millionen Landminen sind die Hauptursachen. Die gesundheitliche Versorgung im Land ist teilweise katastrophal: Für 6 000 Menschen steht nur ein Arzt zur Verfügung. Die durchschnittliche Lebenserwartung beträgt lediglich 42 Jahre. Die Mütter- und die Kindersterblichkeit gehören zu den höchsten der Welt. Im Juni 2005 meldete das afghanische Gesundheitsministerium Tausende Fälle akuter Cholerainfektionen aufgrund mangelnder Hygiene und verschmutztem Trinkwasser.

Kinder und Jugendliche, die ihre Eltern und andere Familienangehörige durch den Krieg oder durch Minen verloren haben, sind häufig zu einem Leben auf der Straße gezwungen. Schulbesuch ist Luxus, nach wie vor hat jedes zweite afghanische Mädchen im Grundschulalter keine Chance, den Unterricht zu besuchen. Lediglich fünf Prozent der afghanischen Frauen können lesen und schreiben; unter den Taliban war ihnen der Schulbesuch verboten. Die Analphabetenrate beträgt 65 Prozent, Ausbildungs- und Arbeitsplätze fehlen. 60 Prozent der Menschen in Afghanistan sind arbeitslos.

Zusammenstellung der Autoren

INFO

Taliban
(dt. Koranschüler): Islamistische Gruppierung beiderseits der afghanisch-pakistanischen Grenze. Die Bewegung ist einem radikalen sunnitischen Islam verpflichtet, den sie mit aller Gewalt durchzusetzen bereit ist. T.-Milizen beteiligten sich seit 1994 mit Unterstützung Pakistans und Saudi-Arabiens (z. T. auch der USA) am afghanischen Bürgerkrieg und beherrschten bald den größten Teil des Landes. 1996 wurde Kabul eingenommen. Die T. setzten eine fundamentalistische islamische Ordnung durch, in der besonders Frauen unter strenger Kontrolle standen.

Afghanische Behördenvertreter zerstören ein Schlafmohnfeld.

1 Stellt wichtige Informationen zum Land und zur Geschichte Afghanistans in einer Wandzeitung zusammen (M1–M3).

2 Vergleicht die Situation der Menschen in Afghanistan mit den Verhältnissen in Deutschland.

13.3 Ein Tag und seine Konsequenzen

Der 11. September 2001 wird häufig als eine historische Zäsur mit weltweiten Folgen bezeichnet. An diesem Tag steuerten Selbstmordattentäter entführte Passagierflugzeuge in das World Trade Center in New York sowie in das Pentagon (das amerikanische Verteidigungsministerium) in Washington. Die Attentäter gehörten der Terrororganisation al-Qaida an, deren führender Kopf Osama bin Laden war.

INFO

bin Laden, Osama: (geb. 1957); der Islamist entstammte einer sehr reichen Familie aus Saudi-Arabien. Ursprünglich eher weltoffen, radikalisierte er sich Ende der 1970er-Jahre. So kämpfte er zunächst mit US-amerikanischer Unterstützung im Widerstand der afghanischen Mujaheddin gegen die sowjetische Besatzung. Unter dem Eindruck des Abzugs der sowjetischen Truppen aus Afghanistan begründete er die Organisation al-Qaida und begann, mit terroristischen Mitteln die westliche Welt, vor allem die USA, zu bekämpfen. Am 2. 5. 11 wurde er durch US-Spezialkräfte getötet.

M1 Drei Stunden, die die Welt erschütterten

07.59 Uhr: Eine Boeing 767 der American Airlines, Flug 11, hebt in Boston mit Kurs auf Los Angeles ab. An Bord befinden sich mehrere mit Messern bewaffnete Entführer.

08.01 Uhr: Flug 93, eine Boeing 757 der United Airlines, startet in Newark in Richtung San Francisco. Auch in dieser Maschine sitzen Selbstmordattentäter.

08.14 Uhr: United-Airlines-Flug 175, eine Boeing 767, hebt von Bosten in Richtung Los Angeles ab – ebenfalls mit Terroristen an Bord.

08.43 Uhr: Flug 77 der American Airlines startet von Washington nach Los Angeles, eine Boeing 757. Terroristen sitzen unter den Passagieren.

08.45 Uhr: Flug 11 der American Airlines stürzt in einen der beiden Türme des World Trade Centers, des New Yorker Wahrzeichens der Wirtschaftsmacht USA.

09.03 Uhr: United-Flug 175 fliegt gegen den anderen Turm.

09.43 Uhr: American-Airlines-Flug 77 stürzt auf das amerikanische Verteidigungsministerium (Pentagon) in Arlington bei Washington.

10.05 Uhr: Einer der Zwillingstürme des World Trade Centers stürzt zusammen.

10.28 Uhr: Der zweite Turm stürzt ein.

10.29 Uhr: United-Flug 93 stürzt 80 Kilometer südlich von Pittsburgh ab. Das Flugzeug hatte Kurs auf das Weiße Haus genommen.

13.27 Uhr: In Washington wird der Notstand ausgerufen.

nach: www.spiegel.de (Zugriff am 12.4.2011)

Anschlag auf das World Trade Center am 11. September 2001

M2 Reaktionen auf den Anschlag

USA: „Krieg gegen den Terror“
„Unser Krieg gegen den Terror beginnt mit al-Qaida, aber er endet nicht dort. Er wird nicht enden, bis jede terroristische Gruppe von globaler Reichweite gefunden, gestoppt und geschlagen ist ... Wir werden den Terroristen ihre Geldmittel abschneiden, sie gegeneinander aufbringen, sie von Ort zu Ort treiben, bis es für sie keine Zuflucht oder Ruhe mehr gibt. Und wir werden die Staaten verfolgen, die dem Terrorismus Hilfe zur Verfügung stellen oder ihm einen sicheren Hafen bieten. Jedes Land in jeder Region muss sich jetzt entscheiden – entweder es steht an unserer Seite oder an der Seite der Terroristen.“
aus der Rede des damaligen US-Präsident George W. Bush am 20. September 2001 vor dem Kongress

UN: „Bedrohung des internationalen Friedens“
„Der Sicherheitsrat verurteilt die entsetzlichen Anschläge und betrachtet diese Taten, wie jeden anderen Akt internationalen Terrorismus, als eine Gefährdung des Weltfriedens und der internationalen Sicherheit, er ruft alle Staaten dringend zur Zusammenarbeit auf, um die Täter, die Organisatoren und Unterstützer dieser terroristischen Anschläge vor Gericht zu bringen, und betont, dass jene, die den Tätern geholfen [...] haben, zur Verantwortung gezogen werden, er erklärt sich bereit, alle notwendigen Schritte zu unternehmen, um auf die Terroranschläge zu reagieren und alle Formen des Terrorismus zu bekämpfen.“
nach: Resolution des UN-Sicherheitsrats vom 12.09.2001

NATO: „Alle Mitgliedsländer sind zum Beistand verpflichtet“
„Die NATO hat wegen der Anschläge in den USA am 11. September erstmals in ihrer Geschichte den Bündnisfall ausgerufen. NATO-Generalsekretär George Robertson sagte, es sei erwiesen, dass der Terror in New York und Washington von außerhalb der USA gesteuert worden sei. [...] ,Artikel fünf ist jetzt voll in Kraft', sagte Robertson in Bezug auf den Gründungsvertrag der Allianz. Dieser verpflichtet alle NATO-Mitglieder zum Beistand für ein angegriffenes Partnerland. [...] ,Wir wissen, dass diejenigen, die diese Angriffe ausgeführt haben, Teil des weltweiten Terrornetzes al-Qaida waren [...].'“
nach: ZDF-Jahresrückblick 2001, www.puc-web.de (Zugriff am 22.3.2011)

M3 Aus der UN-Charta

Artikel 39: Der Sicherheitsrat stellt fest, ob eine Bedrohung oder ein Bruch des Friedens oder eine Angriffshandlung vorliegt.
Artikel 41: Der Sicherheitsrat kann beschließen, welche Maßnahmen – unter Ausschluss von Waffengewalt – zu ergreifen sind, um seinen Beschlüssen Wirksamkeit zu verleihen.
Artikel 42: Ist der Sicherheitsrat der Auffassung, dass die vorgesehenen Maßnahmen unzulänglich sein würden [...], so kann er mit Luft-, See- oder Landstreitkräften die zur Wahrung oder Wiederherstellung des Weltfriedens und der internationalen Sicherheit erforderlichen Maßnahmen durchführen.

M4 Aus dem Nordatlantikvertrag von 1949 (Art. 5)

Die Parteien vereinbaren, dass ein bewaffneter Angriff gegen eine oder mehrere von ihnen in Europa oder Nordamerika als ein Angriff gegen sie alle angesehen werden wird; sie vereinbaren daher, dass die Ausübung des in [...] der Satzung der Vereinten Nationen anerkannten Rechts der individuellen oder kollektiven Selbstverteidigung der Partei oder den Parteien, die angegriffen werden, Beistand leistet, indem jede von ihnen unverzüglich für sich und im Zusammenwirken mit den anderen Parteien die Maßnahmen, einschließlich der Anwendung von Waffengewalt, trifft, die sie für erforderlich erachtet, um die Sicherheit des nordatlantischen Gebiets wiederherzustellen.

INTERNET
www.staatsvertraege.de/natov49.htm

1 Gebt wieder, was sich am 11. September 2001 ereignet hat (M1).
2 Informiert euch über die islamistische Terrororganisation al-Qaida.
3 Arbeitet die Reaktionen der USA, der UNO und der NATO heraus (M2–M4).
4 Erörtert, worin die weltpolitische Bedeutung des 11. September 2011 liegt.

◂◂ Richtiges Suchen im Internet, S. 108

13.4 Frieden als Aufgabe internationaler Zusammenarbeit

M1 Skulptur vor dem UNO-Sitz in New York

INFO

UNO:
Abkürzung für United Nations Organization, deutsch: Organisation der Vereinten Nationen; internationale überstaatliche Organisation mit ständigem Sitz in New York zur Wahrung des Weltfriedens sowie zur Förderung der internationalen Zusammenarbeit auf allen Gebieten, der Förderung der Kultur und der Menschenrechte

GLOSSAR

Vereinte Nationen

INTERNET

www.un.org/en/documents/charter
UN-Charta

M2 „... die Menschheit von der Geißel des Krieges zu befreien“ – Die Vereinten Nationen

Die **Vereinten Nationen** wurden am 24. Oktober 1945 von 51 Staaten gegründet. Diese verpflichteten sich, den Frieden durch internationale Zusammenarbeit und ein System kollektiver Sicherheit zu erhalten. Heute gehören – bis auf den Vatikan – alle 192 Staaten der Welt den Vereinten Nationen an.

Wenn ein Staat Mitglied der Vereinten Nationen wird, verpflichtet er sich, die Charta der Vereinten Nationen – einen internationalen Vertrag, der grundlegende Prinzipien der internationalen Beziehungen festlegt – einzuhalten:

- Bewahrung des Weltfriedens und der internationalen Sicherheit,
- Entwicklung freundschaftlicher Beziehungen zwischen den Nationen,
- Förderung der internationalen Zusammenarbeit, um internationale Probleme zu lösen,
- Sicherung der Menschenrechte und Gewährleistung von Grundfreiheiten für alle.

Die UN-Charta verbietet Gewalt. Es gelten nur zwei Ausnahmen: 1. das Recht zur Selbstverteidigung im Fall eines bewaffneten Angriffs, 2. der Einsatz von Waffengewalt, der vom Sicherheitsrat durch eine Resolution legitimiert wird.

Autorentext

M3 Der Sicherheitsrat: Machtzentrum der UNO

Aufgaben und Befugnisse des Sicherheitsrates

UN-Charta, Artikel 24

(1) Um ein schnelles und wirksames Handeln der Vereinten Nationen zu gewährleisten, übertragen ihre Mitglieder dem Sicherheitsrat die Hauptverantwortung für die Wahrung des Weltfriedens und der internationalen Sicherheit und erkennen an, dass der Sicherheitsrat bei der Wahrnehmung der sich aus dieser Verantwortung ergebenden Pflichten in ihrem Namen handelt. (...)

Artikel 25

Die Mitglieder der Vereinten Nationen kommen überein, die Beschlüsse des Sicherheitsrats im Einklang mit dieser Charta anzunehmen und durchzuführen.

Quelle: UN

Der Weltsicherheitsrat

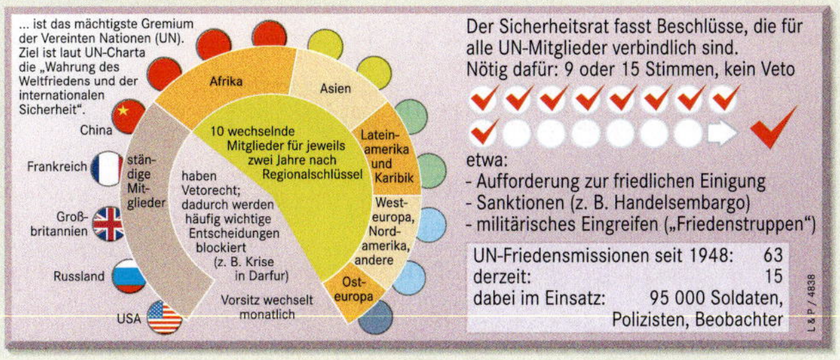

Nach: Globus 3166

M4 Das Instrumentarium des Sicherheitsrates

- **Friedensschaffende Maßnahmen:** diplomatische Maßnahmen zur friedlichen Lösung eines Konflikts (Bereitstellung „guter Dienste", Vermittlung und Schlichtung, diplomatische Isolationsmaßnahmen und Sanktionen);
- **Friedenserzwingende Maßnahmen:** Maßnahmen zur Wiederherstellung des Friedens in Konfliktgebieten unter Einsatz militärischer Mittel auch ohne Zustimmung der Konfliktparteien;
- **Friedenserhaltende Maßnahmen:** Aktivitäten zur Eindämmung, Entschärfung und Beendigung von Feindseligkeiten (z.B. Intervention einer neutralen dritten Partei unter internationaler Leitung, Stationierung einer Friedenstruppe mit Zustimmung der Konfliktparteien);
- **Friedenskonsolidierende Maßnahmen:** Maßnahmen zur Bestimmung und Förderung von Strukturen, die geeignet sind, den Frieden zu festigen und zu konsolidieren, um das Wiederaufleben eines Konflikts zu verhindern.

Autorentext

M5 Der Sicherheitsrat in der Kritik

Kritik richtet sich vor allem gegen die Zusammensetzung des Sicherheitsrates. Ständige Mitglieder sind die Siegermächte des Zweiten Weltkrieges. Nähme man die Einwohnerzahl als Kriterium für ständige Mitgliedschaft, so haben etwa ein Dutzend Länder mehr Einwohner als Großbritannien und Frankreich, darunter Indien, Brasilien, Japan und Deutschland. [...] Kritik entzündet sich auch an den Privilegien der ständigen Mitglieder, von denen sie reichlich Gebrauch machen. So nutzen vor allem die USA und die frühere Sowjetunion, jetzt Russland, ihr Vetorecht, um Beschlüsse, die sich gegen ihre Interessen oder die Interessen befreundeter Staaten richten, zu verhindern. [...]

aus: Horst Pötzsch, Die deutsche Demokratie, Bonn 2009, S. 169

1 Beschreibt die vor dem Hauptsitz der UNO in New York stehende Skulptur (M1) und erläutert im Zusammenhang mit M2 deren symbolische Bedeutung.

2 Stellt die Rolle des Sicherheitsrates bei der Bewahrung des Weltfriedens und das ihm zur Verfügung stehende Instrumentarium dar (M3 und M4).

3 Erläutert die Kritik am Sicherheitsrat und formuliert Vorschläge für eine Reform des Sicherheitsrates (M5).

13.5 Die NATO – Verteidigungsbündnis im Wandel

INFO

NATO: North Atlantic Treaty Organization

Warschauer Pakt: Im Westen gebräuchliche Kurzform für den am 14.5.1955 gegründeten militärischen Beistandspakt des Ostblocks, dem die DDR am 28.1.1956 offiziell als Mitglied beitrat und der sich im Zuge des Zusammenbruchs der UdSSR am 31.3.1991 auflöste.

M1 Die NATO-Staaten

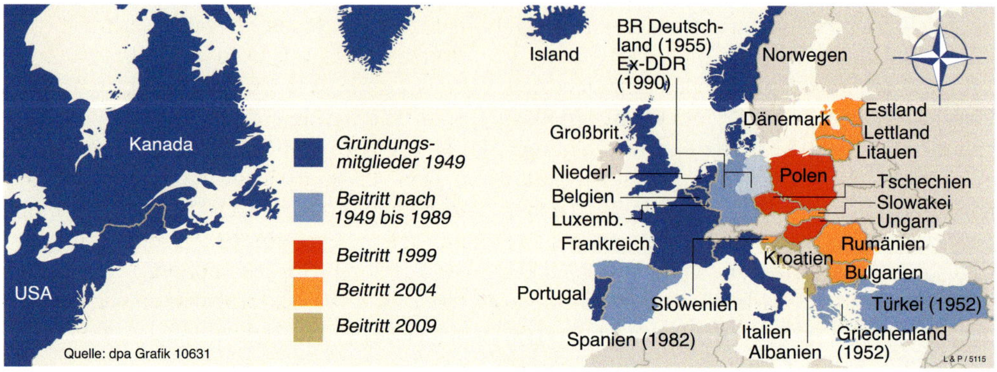

M2 Die NATO in der Karikatur

NATO 1989; Zeichnung: Jupp Wolter

NATO 1999; Zeichnung: Egon Kaiser

M3 Die NATO im Kalten Krieg

Die Gründung der NATO ist nur vor dem Hintergrund der Entwicklung des Ost-West-Konflikts zu verstehen. [...]

Als wichtigste Aufgabe setzte sich die Allianz den Schutz sämtlicher NATO-Partner gegen eine mögliche Aggression. Ein bewaffneter Angriff gegen einen oder mehrere von ihnen in Europa oder Nordamerika wird als Angriff auf alle Mitglieder gewertet. Neben der militärischen sieht der Vertrag aber auch die politische, soziale, ökonomische und kulturelle Zusammenarbeit vor. Die Allianz setzt sich somit nicht zuletzt die Verteidigung einer „Lebensform“ zum Ziel. [...] Als Reaktion auf den Beitritt der Bundesrepublik wurde unter Führung der Sowjetunion am 14. Mai 1955 der Warschauer Pakt gegründet. Damit waren die Interessensphären abgesteckt. [...]

Militärische Aufgabe der NATO war die Verteidigung des Bündnisterritoriums gegen eine Invasion – eine Aufgabe, die unter den spezifischen Bedingungen des Ost-West-Konflikts ausschließlich durch Abschreckung, das heißt die bloße Androhung von Gewalt, wahrgenommen werden konnte. Das Ziel war also, die NATO zu haben, um sie nicht einsetzen zu müssen.

Johannes Varwick, Eine Erfolgsgeschichte, in: Das Parlament Nr. 01-02/5. 1. 2009

GLOSSAR

NATO

M4 Die neue NATO: Verteidigungsbündnis oder Weltpolizei?

Die heutige NATO hat nicht mehr allzu viel mit der Organisation gemein, die in der Zeit des Ost-West-Konflikts als Verteidigungsbündnis den politischen Status quo in Europa sichern sollte. Obgleich der NATO-Vertrag einen breiteren Zuständigkeitsbereich umfasst, war die Allianz jahrzehntelang ein klassisches, eindimensionales Verteidigungsbündnis. [...] Die Aufgabe der Allianz war klar definiert: Sicherheit für die Bündnispartner und Verteidigung der Außengrenzen des NATO-Gebietes. Sechs Jahrzehnte nach ihrer Gründung haben sich Konzeption und Aufgaben der Allianz grundlegend verändert. [...] Die gegenwärtige Allianz [...] dient den [...] Mitgliedstaaten nicht mehr nur als Verteidigungsbündnis, sondern versteht sich in zunehmendem Maße als militärisch-politische Organisation, welche die Sicherheit ihrer Mitgliedstaaten wahren und zugleich weltweit Stabilität produzieren soll. [...] Das Spektrum der NATO-Operationen reicht heute von „robusten“ Friedenssicherungsoperationen über maritime Antiterroroperationen, Ausbildungsmissionen, humanitäre Hilfseinsätze [...] bis hin [...] zur Terrorbekämpfung.

Johannes Varwick, Auf dem Weg zum Weltpolizisten?, in: Aus Politik und Zeitgeschichte Nr. 15-16/2009

M5 Das Strategische Konzept 1999

Mit der Festlegung, dass „out of defence“, „out of area“ sowie „out of United Nations“ agiert werden könne, erteilt sich die NATO mit dem Strategischen Konzept von 1999 selbst die Befugnis zur militärischen Konfliktregelung, wenn sie dies für notwendig hält. Das Konzept benennt als Motive [...] ein ganzes Spektrum von Tatbeständen: vom Völkermord bis zur schwer wiegenden Beeinträchtigung von „Sicherheitsinteressen“ der NATO-Staaten.

August Pradetto, Funktionen militärischer Konfliktregelung; in: Aus Politik und Zeitgeschichte Nr. 24/2002

M6 Zur „neuen“ NATO

[...] Als 1991 die östliche Führungsmacht UdSSR und der Warschauer Pakt in einem Akt der Selbstauflösung von der historischen Bühne verschwanden, wäre die NATO konsequenterweise ebenfalls am Zug gewesen, sich aufzulösen. [...] Mit der Gipfelerklärung von Rom im November 1991 leitete die NATO den entscheidenden Paradigmenwechsel ein: An die Stelle des Verteidigungsauftrags rückte seither der Kampf gegen alle möglichen neuen „Risiken“: vom internationalen Terrorismus über die Verbreitung von Massenvernichtungswaffen über die zunehmende Armut und den Hunger in der Welt, die Umwelt- und Ressourcenkrise bis hin zu den schwachen und gescheiterten Staaten („failed states“) sowie der möglichen Unterbrechung des freien Welthandels und des Zugangs zu lebenswichtigen Rohstoffen. Der Friedensratschlag wirft der NATO vor, mit der Erweiterung des Sicherheitsbegriffs über das militärisch Notwendige hinaus potenziell alle möglichen zivilen Bereiche zu „versicherheitlichen“, das heißt zu einer Angelegenheit der Militärs zu machen. [...]

www.ag-friedensforschung.de (Zugriff: 31. 5. 2011)

INFO

Paradigmenwechsel: bezeichnet eine (oft radikale) Änderung des Blickwinkels

1. Arbeitet die Aufgabe und Funktion der NATO im Kalten Krieg heraus (M2, M3).
2. Beschreibt und interpretiert die Karikaturen M2 vor dem Hintergrund des Zusammenbruchs der UdSSR und der Auflösung des Warschauer Paktes 1991.
3. Erklärt die Entwicklung und das neue Selbstverständnis der NATO nach 1991 (M4–M5) und diskutiert die Kritik an der „neuen“ NATO (M6).

◂◂ Karikaturen deuten, S. 232/233

13.6 Das internationale Engagement in Afghanistan

M1 Antiterrorkrieg – Die „Operation Enduring Freedom“

INFO

Operation Enduring Freedom:
„Operation andauernde Freiheit“

ISAF:
International Security Assistance Force; von den Vereinten Nationen 2001 mandatierte und seit 2003 von der NATO geführte internationale Friedenstruppe für Afghanistan

Als Reaktion auf die Anschläge des 11. 9. 2001 verkündete der US-amerikanische Präsident George W. Bush den sogenannten Krieg gegen den internationalen Terrorismus.
Am 7. Oktober 2001 begannen amerikanische und britische Streitkräfte mit der „Operation Enduring Freedom“. Neben Afghanistan wird sie in drei weiteren Regionen durchgeführt: am Horn von Afrika, auf den Philippinen und in Afrika innerhalb und südlich der Sahara. Ziel der langfristig angelegten Operation ist es, Führungs- und Ausbildungseinrichtungen von Terroristen auszuschalten, Terroristen zu bekämpfen und potenzielle Anhänger davon abzuhalten, terroristisch aktiv zu werden.
Im Oktober/November 2001 wurden Ziele in ganz Afghanistan bombardiert. Mit dem Fall der Hauptstadt Kabul und der Einnahme von Kunduz und Kandahar, den Taliban-Hochburgen, durch die sogenannte Nordallianz (ein gegen die Taliban gerichtetes militärisches Zweckbündnis afghanischer Milizen) im November bzw. Dezember 2001 endete die Hauptphase des Krieges. Die Taliban und versprengte Al-Qaida-Kämpfer zogen sich in das pakistanisch-afghanische Grenzgebiet zurück. Die angestrebten Ziele wurden jedoch nur zum Teil erreicht: Zwar konnte das Taliban-Regime gestürzt werden, es gelang aber nicht, Osama bin Laden dingfest zu machen und die Infrastrukturen von al-Qaida zu zerstören.

Autorentext

M2 Schutztruppen zum Wiederaufbau Afghanistans – Der ISAF-Einsatz der UNO

Auch die Bundeswehr beteiligt sich an der ISAF.

◂◂ **Frieden als Aufgabe internationaler Zusammenarbeit, S. 348/349**

Im November/Dezember 2001 fanden auf dem Petersberg bei Bonn unter Leitung der Vereinten Nationen Gespräche über die politische Zukunft Afghanistans statt. Die Konferenz einigte sich u. a. auf die Einsetzung einer Übergangsregierung. Der Sicherheitsrat der UNO beschloss daraufhin am 20. 12. 2001 die Aufstellung einer Friedenstruppe, der Sicherungstruppe ISAF (International Security Assistance Force). Sie soll die afghanische Regierung bei der Aufrechterhaltung der Sicherheit und der Wahrung der Menschenrechte unterstützen: Sie patrouilliert im Land, leitet Aufbauprojekte und bildet Armee sowie Polizei aus. Der Weltsicherheitsrat hat der Friedenstruppe ein sogenanntes robustes Mandat erteilt. Danach dürfen die Soldaten nicht nur zur eigenen Sicherheit, sondern auch zur Durchsetzung ihres Auftrages Waffengewalt anwenden. 2003 übernahm die NATO durch UN-Mandat die Verantwortung für Führung, Planung und Unterstützung der ISAF-Mission. Mit der Ausweitung des Operationsgebietes und zunehmenden Angriffen durch die Taliban wandelte sich die ISAF immer mehr von einer Schutztruppe zu einer Kampftruppe, die aktiv Aufständische insbesondere im instabilen Süden Afghanistans jagt.
Mit den Parlamentswahlen in Afghanistan 2005 endete der Petersberg-Prozess. An seine Stelle trat der „Afghanistan Compact“ (2006), in dem die Stärkung der „afghanischen Eigenverantwortung“ im Mittelpunkt stand: die militärische und finanzielle Unterstützung der afghanischen Regierung beim Aufbau funktionstüchtiger Sicherheits- und Justizorgane. Auf der Afghanistan-Konferenz 2010 in London wurde schließlich die Strategie der „Afghanisierung“ beschlossen: Bis 2014 soll schrittweise die Verantwortung vollständig an die afghanische Regierung übergeben werden; die Internationalen Afghanistan-Schutztruppe (ISAF) soll sich dann zurückziehen.

Autorentext

M3 „Nicht Frieden ist das Ziel“

Die Frage drängt sich auf, ob es in Afghanistan überhaupt um Frieden und Demokratie geht. Gerade die Missachtung entwicklungspolitischer Expertise (Gutachten) verweist auf andere Ziele. Nicht Wiederaufbau steht auf der Agenda des NATO-Engagements – es geht vielmehr um die Vormacht in Zentralasien. Nicht Frieden ist das Ziel, sondern die Sicherung eines von Russland unabhängigen Zugriffs auf Öl- und Gastransporte, die Einkreisung des Iran, der Aufbau strategischer Militärbasen. Wie so oft in seiner leidvollen Geschichte ist Afghanistan auch heute nur ein Pufferstaat. Er dient in erster Linie den Interessen ausländischer Mächte. Mit fatalen Folgen für die Bevölkerung.

Thomas Gebauer (Geschäftsführer der Hilfsorganisation Medico International), Für einen echten Strategiewechsel, in: Frankfurter Rundschau vom 16. 10. 2008

M4 Wettlauf nach Afghanistan

Zeichnung: Wolfgang Horsch

M5 Der Afghanistan-Einsatz aus der Sicht der Afghanen (2010)

Neun Jahre nach dem Sturz des Taliban-Regimes hat das Ansehen des Westens in der afghanischen Bevölkerung ein Allzeittief erreicht. In der sechsten repräsentativen Umfrage von WDR/ARD, ABC, BBC und Washington Post bewertet nicht einmal mehr jeder dritte Afghane das Engagement von USA und NATO positiv, während zwei Drittel der Bevölkerung den Verbündeten ein negatives Zeugnis ausstellen. [...] Sorgen macht den Afghanen vor allem die anhaltende Gewalt im Lande sowie die wirtschaftliche Lage, die sich im vergangenen Jahr in vielen Bereichen dramatisch verschlechtert hat. Das betrifft vor allem den Mangel an Jobs und fehlende Möglichkeiten, sich eine eigene wirtschaftliche Existenz aufzubauen. Nur noch jeder Dritte [...] beschreibt seine eigene Situation in diesem Bereich als mehr oder weniger gut, während 66 Prozent [...] der Menschen ihre Lage düster sehen. [...] Zwar gibt es in vielen Orten fast alles auf den Märkten zu kaufen, aber nur 44 Prozent [...] können die teuren Preise für Lebensmittel auch bezahlen. Gleiches gilt für Öl, das vor allem im bitterkalten Winter zum Heizen und zum Betreiben von Generatoren unverzichtbar ist. Deutlich verschlechtert haben sich auch der Zugang zu sauberem Wasser [...], die Rechtslage der Frauen [...] sowie die Bewegungsfreiheit im Lande [...].

www.wdr.de (Zugriff am 22. 3. 2011)

1. Arbeitet die unterschiedlichen Ziele und Mittel der „Operation Enduring Freedom“ (M1) und der ISAF-Mission (M2) heraus, und ordnet „Enduring Freedom“ und ISAF in das friedenspolitische Instrumentarium der UNO (S. 349) ein.
2. Beschreibt und interpretiert vor diesem Hintergrund die Karikatur M4.
3. Diskutiert die Position von Medico International, die auch in Afghanistan Hilfsprojekte durchführen, zu den Motiven und Zielen des NATO-Engagements in Afghanistan. Bezieht hierbei auch weitere Kriege und Krisen im Nahen Osten ein (M3).
4. Vergleicht die Einschätzung der Bevölkerung mit den ursprünglichen Zielen des internationalen Engagements (M5).

13.7 Die Bundeswehr am Hindukusch

◀◀ Das internationale Engagement in Afghanistan, S. 352/353

Die Bundeswehr beteiligt sich seit 2002 an der ISAF-Mission. Mit einem entsprechenden Mandat vom Deutschen Bundestag ausgestattet, wurde der Einsatz zuletzt am 28.01.2011 um ein weiteres Jahr verlängert. Haupteinsatzgebiete der Bundeswehr sind die Hauptstadt Kabul und der Norden Afghanistans, für den Deutschland als Leitnation die Verantwortung übernommen hat.

M1 „Verteidigung am Hindukusch“

Der ehemalige Bundsverteidigungsminister Peter Struck (SPD) auf der Münchner Konferenz für Sicherheitspolitik am 8. Februar 2003:

„Chemische, biologische, radiologische oder sogar nukleare Waffen in den Händen von Terroristen sind eine der größten Bedrohungen unserer Zeit. [...] Ich habe vor einiger Zeit von der „Verteidigung am Hindukusch“ gesprochen. Tatsächlich umfasst Verteidigung heute mehr als Verteidigung an den Landesgrenzen. [...] So ist unser militärisches Engagement in Afghanistan nicht nur deshalb unverzichtbar, weil wir den Menschen in diesem geschundenen Land helfen, nach Jahrzehnten von Krieg und Bürgerkrieg wieder eine Perspektive für die Zukunft zu gewinnen. Vielmehr liegt es in unserem ureigensten sicherheitspolitischen Interesse, dem internationalen Terrorismus, der uns alle unmittelbar bedroht, sein wichtigstes Rückzugs- und Ausbildungsgebiet dauerhaft zu entziehen.“

www.internationalepolitik.de /archiv/jahrgang2003 (Zugriff am 22. 3. 2011)

M2 Zur Verlängerung des ISAF-Einsatzes (Oktober 2008)

Frank-Walter Steinmeier (SPD), ehemaliger Bundesminister des Auswärtigen:

◀◀ Afghanistan – ein Land in Krieg und Bürgerkrieg, S. 344/345

Ein Soldat der Bundeswehr auf Patroullie am 23.11.2004 in der Stadt Kundus

„Wir reden über ein Land, in dem vor sieben Jahren noch Menschen gesteinigt worden sind und Musik verboten war. All denjenigen, die unsere Erfolge immer noch klein reden wollen, muss man entgegnen: Jedes Stück Land, das ein Bauer wieder bestellen kann, jedes Kind, das in die Schule geht, jedes neue Krankenhaus und jeder Kilometer Straße sind auch ein kleiner Sieg der Menschlichkeit. Keiner ist naiv: Natürlich ist der Weg länger und steiniger, als wir alle uns das erhofft haben. Jedes zivile Opfer und jedes Selbstmordattentat sind ein Rückschlag. Weder die internationale Staatengemeinschaft noch die afghanische Regierung haben die Korruption oder den Anbau und Handel mit Schlafmohn bisher wirklich in den Griff bekommen. Im Süden und Osten verunsichern nach wie vor [...] Terroristen die Bevölkerung. [...] Die Fragen lauten: Welche Schlussfolgerungen ziehen wir aus dieser Lage? Sollen wir wirklich gehen, wenn es schwierig ist, wie manche es fordern? Sollen etwa Niederländer, Norweger, Polen und Finnen den Job machen, weil wir uns aus der Verantwortung stehlen? Wenn Länder wie wir gingen, dann wäre das nicht nur eine Verletzung der Solidarität all denen gegenüber, die da bleiben, sondern es wäre noch schlimmer. Wir würden das Ziel aufgeben, für das wir sechs, fast sieben Jahre in Afghanistan gemeinsam gearbeitet haben. Unser Aufenthalt dort war nie und ist kein Selbstzweck. Wir wollen, dass die Menschen in Afghanistan die Zukunft ihres Landes möglichst schnell wieder in die eigenen Hände nehmen und selbst für Sicherheit in ihrem Land sorgen.“

aus: Plenarprotokoll der Sitzung des Deutschen Bundestages vom 7. 10. 2008, in: Das Parlament Nr. 42, 13. 10. 2008

M3 „Exitstrategie entwickeln“ – Monika Knoche, Die Linke

„Die Sicherheitslage in Afghanistan ist so dramatisch wie nie zuvor, und da behauptet unsere Regierung doch tatsächlich, dass immer mehr Soldaten zu immer mehr Sicherheit und Stabilität führen. [...] Die afghanische Bevölkerung wird fremde Truppen auf Dauer nicht akzeptieren. Der Widerstand wird größer und härter. Mehr fremde Soldaten bedeuten eine Stärkung der fundamentalistischen Kräfte. [...] Das Militär ist der falsche Helfer für dieses Land. [...] Es ist jetzt die zentrale Aufgabe der Politik, eine Exitstrategie zu entwickeln. Die Exitstrategie beginnt für uns mit dem Abzug der Bundeswehr aus Afghanistan. Deutschland sollte sich ausschließlich zivil engagieren. Aufgaben gibt es genug. [...] Geht es der NATO denn überhaupt wirklich um die Selbstbestimmung Afghanistans? Wenn dem so wäre, dann würde alle politische und diplomatische Kraft darauf verwandt, die demokratischen Kräfte zu stärken, ein funktionierendes Rechts- und Polizeiwesen aufzubauen und Frauen eine zentrale Stellung beim Aufbau des Staates einzuräumen. [...] Mehr Militär bedeutet mehr Unsicherheit und mehr Gewalt.“

aus: Plenarprotokoll d. Sitzung d. Deutschen Bundestages vom 7. 10. 2008, in: Das Parlament Nr. 42, 13. 10. 2008

M4 Wirtschaftliche Interessen militärisch verteidigen?

Die wirtschaftlichen Interessen Deutschlands müssen aus Sicht des [ehemaligen] Verteidigungsministers Karl-Theodor zu Guttenberg auch militärisch abgesichert werden. Der Zusammenhang von regionaler Sicherheit und deutschen Wirtschaftsinteressen müsse offen und ohne Verklemmung angesprochen werden, forderte der CSU-Minister bei der Berliner Sicherheitskonferenz. Guttenberg betonte [...]: „Der Bedarf der aufstrebenden Mächte an Rohstoffen steigt ständig und tritt damit mit unseren Bedürfnissen in Konkurrenz.“ Dies könne zu neuen Krisen führen. Die Verknappung der Rohstoffe beeinflusse das wirtschaftliche Wohlergehen Deutschlands. „Da stellen sich Fragen auch für unsere Sicherheit, die für uns von strategischer Bedeutung sind.“ [...] Er verwies auf die Piraterie als Gefahr für den globalen und damit auch den deutschen Handel.

tagesschau.de vom 9.11.2010 (Zugriff am 22. 3. 2011)

Afghanistan – das zukünftige „Saudi-Arabien des Lithium“?

Der Stoff, aus dem die Träume sind, ist silberweiß und weich, und er entzündet sich in Verbindung mit Sauerstoff schon bei Raumtemperatur: Lithium. Wegen seiner hohen Energiedichte wird das Alkalimetall in Batterien als Anode verwendet. Die Nachfrage der Laptop-, Mobiltelefon- und Autoindustrie steigt rasant. Jetzt könnte das kriegsverwüstete Afghanistan, eines der ärmsten Länder der Welt, zum „Saudi-Arabien des Lithium“ werden. Das schreibt das Pentagon in einem internen Bericht zu gewaltigen Mineralvorkommen im Land am Hindukusch, aus dem die „New York Times“ zitiert. Darin geht es um unberührte Bodenschätze im Wert von nahezu einer Billion Dollar (825 Milliarden Euro), die amerikanische Geologen in Afghanistan entdeckt haben.

www.welt.de (Zugriff am 22. 3. 2011)

1. Arbeitet heraus, wie Peter Struck den Einsatz der Bundeswehr begründet, und diskutiert seine These von der Verteidigung Deutschlands am Hindukusch (M1).
2. Erarbeitet die in der Bundestagsdebatte anlässlich der Verlängerung des ISAF-Einsatzes 2008 vorgetragenen Positionen (M2, M3). Bezieht Stellung in der Kontroverse.
3. Formuliert einen Kommentar zu den Aussagen von zu Guttenberg (M4).

METHODE

INFO

Medialisierung: Orientierung realer gesellschaftlicher Bereiche an den Gesetzmäßigkeiten der modernen Medien

M1 „Kampftourismus“

Grünen-Chefin Claudia Roth zum Auftreten des Ehepaars Guttenberg in Afghanistan:

„Das ist für mich eine Form von Kampftourismus. Ich erwarte von dieser Bundesregierung nicht mediale Bilder von Guttenberg in der Kampfuniform, sondern ich erwarte eine offene Debatte mit der Öffentlichkeit, mit der Gesellschaft in unserem Land, was dieser Afghanistaneinsatz bedeutet, wo die Chancen noch sind, wo die Fehler, wo die Versäumnisse sind.“ Sie wolle wissen, ob diese Bilder dazu beitragen sollten, dass die Bundeswehr heimlich still und leise immer mehr in Richtung weg von dem Stabilisierungseinsatz hin zu einem Kampfeinsatz, zu einer Aufstandsbekämpfung kommt, sagte Frau Roth. „Das hielte ich für eine falsche militärische Strategie, weil man nie und nimmer die Herzen der Bevölkerung in Afghanistan damit gewinnen kann.“

www.soldatenglueck.de/wp-content/uploads/2010/09/Bw-Guttenberg-ISAF-ISAF-RC-OP-North-08-2010.jpg&imgrefurl (Zugriff am 22. 3. 2011)

M2 Medien und Politik

Der Journalist Sebastian Pähler meint hierzu:

Karl Theodor zu Guttenberg reiste in dieser Woche nach Afghanistan. Das ist für einen Verteidigungsminister nichts Ungewöhnliches. Ungewöhnlich hingegen ist, dass er nicht nur seine Frau mitgenommen hat, sondern auch Johannes B. Kerner. Dieser hat vor Ort eine Ausgabe seiner SAT.1-Show produziert. Da hat nicht nur die Opposition geäzt, sondern auch die Presse. [...] Spätestens seit dem zweiten Krieg am Golf beobachten wir, dass Kriege längst nicht mehr nur mit Bomben, sondern vor allem auch mit Bildern geführt und gewonnen werden. Dass politische Führer sich in Kriegen und Krisen in Szene setzen, ist eigentlich ein alter Hut. Die Medialisierung der politischen Klasse ist beim besten Willen keine neue Entwicklung mehr. Neu ist allenfalls die Raffinesse, mit der sich zu Guttenberg in Szene setzt.

[...] Apropos: Wie unabhängig sind unsere Medien eigentlich? Warum stellt eigentlich niemand auch mal die Frage nach der Verantwortung von Johannes B. Kerner und SAT.1? Was ist eigentlich schlimmer? Dass ein Minister eine mediale Plattform nutzt, die ihm geboten wird? Oder dass ein großer, eigentlich unabhängiger Fernsehsender ihm eine solche Plattform bietet? Für mich ist die Antwort eindeutig: Unabhängige Medien dürfen keinem politischen Lager die Möglichkeiten zu einem solch ungestörten und unreflektierten Schaulaufen geben.

Eines ist doch klar: Die Demokratie gerät nicht durch einen adligen Feldherrn aus Bayern ins Wanken, der sich in Designerboots als volksnaher Möchtegernkanzler im Kreise seiner Truppen inszeniert. Die Demokratie gerät ins Wanken, wenn Medien wie die BILD oder SAT.1 ihre Distanz zum politischen System verlieren und sich für singuläre politische Interessen instrumentalisieren lassen. Das ist das eigentliche Problem am jüngsten Auftritt des Freiherrn zu Guttenberg.

www.wasmitmedien.de/2010/12/18/herr-pahler-kommentiert-warum-bild-zu-guttenberg-verteidigen-darf (Zugriff am 22. 3. 2011)

Medialisierung von Politik

Dass sich Potentaten und Politiker mediengerecht inszenieren, ist nicht nur eine Folge der „Amerikanisierung“ von Politik. Dies gibt es schon seit Jahrtausenden. Alexander der Große, Caesar, Karl der Große, Friedrich II., Luther, die Päpste oder Hitler und Stalin nutzten selbstverständlich alle Medien, die in ihrer Zeit verfügbar waren, um sich selbst und ihre Politik ins rechte Licht zu rücken. Man wollte das breite Publikum weniger mit rationalen Argumenten gewinnen, sondern emotional-medial „überwältigen“. Bundestagswahlen werden ebenso wie amerikanische Präsidentenwahlen über die Medien gewonnen oder verloren; wer die Medien gegen sich hat, wird einen sehr schweren Stand haben. Das fördert nicht unbedingt die Demokratie. Auch bei Gerichtsprozessen oder Demonstrationen werden Medien instrumentalisiert. Große Unternehmen nutzen sie genauso wie kluge Bürgerinitiativen. Wer keinen Zugang zu den Medien hat (Arbeitslose, Behinderte, sozial Benachteiligte, schlecht bezahlte Berufsgruppen usw.), wird von den Medien ignoriert und hat schlechtere Chancen, sich breitenwirksam Gehör zu verschaffen. Mit guten Bildern kann man besser Politik betreiben (oder manipulieren) als mit guten Argumenten oder Forderungen.

1 Sammelt Beispiele: Welche Medien wirken auf breite Bevölkerungsgruppen?

2 Begründet, warum Medien Themen aufgreifen oder sie ignorieren.

3 Analysiert auf welche Weise Politiker in den Medien attraktiv wirken bzw. erscheinen? Welche Bilder könnten Politikern schaden?

4 Diskutiert, ob und inwiefern der ehemalige Verteidigungsminister zu Guttenberg durch „zupackende Bilder“ von Problemen seiner Afghanistan-Politik ablenkt. Zieht hierzu auch die vorangegangenen Kapitel heran (M3 und M4 auf Seite 360–361).

5 Diskutiert: Wem nützt die Medialisierung der Afghanistan-Politik, dem Minister zu Guttenberg, der Bundesregierung, dem Weltfrieden, dem afghanischen Volk? Bedenkt dabei: „Einfache Antworten“ sind oft vielleicht naheliegende, aber nur wenig durchdachte Positionen. Zu jeder Position oder These kann man eine kluge Gegenthese entwickeln.

6 Diskutiert, inwiefern die Medialisierung von Politik kluge demokratische Entscheidungen begünstigt oder auch verhindert.

« Medien im Spannungsfeld von Wirtschaft und Politik, S. 311 ff.

13.8 Die Bundeswehr im Wandel

2006 hat die Bundesregierung die Zukunft der Bundeswehr skizziert. Diese hat sich seit dem Ende des Kalten Krieges stark verändert. Neben der Landesverteidigung und der Sicherung der „außenpolitischen Handlungsfähigkeit“ soll sie weltweit einen Beitrag zur Stabilität leisten, den Verbündeten helfen und die internationale Zusammenarbeit fördern.

M 1 Auslandseinsätze der Bundeswehr

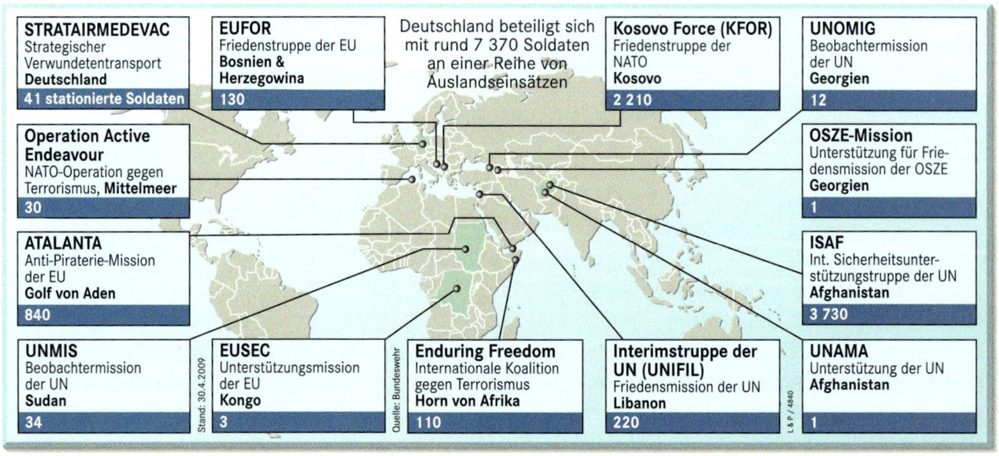

M 2 Einsatzmöglichkeiten nach dem Grundgesetz

Art. 24 (2): Der Bund kann sich zur Wahrung des Friedens einem System kollektiver Sicherheit einordnen; er wird hierbei in die Beschränkungen seiner Hoheitsrechte einwilligen, die eine friedliche und dauerhafte Ordnung in Europa und zwischen den Völkern der Welt herbeiführen und sichern.

Art. 26 (1): Handlungen, die geeignet sind und in der Absicht vorgenommen werden, das friedliche Zusammenleben der Völker zu stören, insbesondere die Führung eines Angriffskrieges vorzubereiten, sind verfassungswidrig. Sie sind unter Strafe zu stellen.

Art. 87 a (2): Außer zur Verteidigung dürfen die Streitkräfte nur eingesetzt werden, soweit dieses Grundgesetz es ausdrücklich zulässt.

1 Erklärt den Wandel der Bundeswehr zu einer „Armee im Einsatz“ (Autorentext, M 1).

2 Überprüft anhand der GG-Artikel M2 die verfassungsrechtliche Legitimität des Einsatzes der Bundeswehr in Afghanistan.

3 Vorschlag für eine Gruppenarbeit: Recherchiert im Internet folgende Fragen zu je einem ausgewählten Auslandseinsatz der Bundeswehr (siehe M 1):
- Wer ist der Träger des Einsatzes?
- Welche Begründung gibt es für den Einsatz?
- Für welchen Zeitraum ist die internationale Friedenstruppe vorgesehen?
- Wie hoch ist die Zahl der beteiligten deutschen Soldaten?
- Welche besonderen Risiken sind bei dem Einsatz zu beachten?

◂◂ richtiges Suchen im Internet, S. 108

M3 Bundeswehrreform: Ende der Wehrpflicht

Es ist eine der grundlegendsten Veränderungen in der Geschichte der Bundeswehr: [...] Bereits ab dem 1. März 2011 wird kein Wehrpflichtiger mehr gegen sein Willen zum Dienst bei der Bundeswehr eingezogen. [...] Die im Grundgesetz verankerte allgemeine Wehrpflicht bleibt jedoch grundsätzlich erhalten. Im Spannungs- oder Verteidigungsfall kommt die Pflicht zum Wehrdienst automatisch wieder. [...] Der freiwillige Wehrdienst dauert zwischen zwölf und 23 Monaten. Neu ist eine sechsmonatige Probezeit, in der beide Seiten das Dienstverhältnis wieder kündigen können. [...]

Anstelle des Zivildienstes soll es außerdem künftig einen Bundesfreiwilligendienst geben. Die Regierung will rund 35 000 Männern und Frauen pro Jahr die Möglichkeit zur gemeinnützigen Arbeit bieten. Der Dienst steht Männern und Frauen jeden Alters nach Abschluss des neunten Schuljahres offen. Der Einsatz soll in der Regel zwölf Monate dauern, mindestens sechs und höchstens 24 Monate. Grundsätzlich ist eine Arbeit in Vollzeit vorgesehen, für Freiwillige über 27 Jahre ist aber auch Teilzeitarbeit von mindestens 20 Wochenstunden möglich.

Spiegel-Online vom 15. 12. 2010; www.spiegel.de (Zugriff am 22. 3. 2011)

M4 „Das Zeitalter der Freiwilligen“

In einem kleinen Büro am Düsseldorfer Fürstenwall sitzt Thomas Undorf und brütet über den Dienstplänen seiner neun Zivildienstleistenden. Sie fahren Essen aus und kümmern sich im Hausnotrufdienst um die, die nachts aus dem Bett gefallen sind oder Atemnot bekommen.

Aber wie lange noch? Wenn der Zivildienst mit der Wehrpflicht kippt, ist Undorfs Malteser-Notrufdienst mit derzeit tausend Kunden in Gefahr. Im Moment wird er fast komplett über die Zivis abgedeckt. „Wir sind auf sie angewiesen“, sagt er. [...]

Mit der geplanten Aussetzung des Wehrdienstes endet [...] der Zivildienst in seiner bisherigen Variante: Es beginnt das Zeitalter der Freiwilligen. [...] Der Nachwuchs hätte also die freie Wahl, wie er fortan Gutes für die Gesellschaft tut. Aber will er das überhaupt? Jugendliche seien, so die neue Shell-Jugendstudie, durchaus bereit, sich zu engagieren, je gebildeter und privilegierter, desto mehr. Doch sie sind auch wählerisch. Die Arbeiterwohlfahrt etwa [...] konnte von 500 Stellen in Berlin und Brandenburg nur 350 besetzen. Vor allem für den anstrengenden Einsatz in Pflegeheimen gab es einfach nicht genügend Bewerber.

Spiegel 38/2010, S. 118 f., Verf.: Markus Deggerich; Sebastian Erb; Jan Friedmann; Miriam Olbrisch; Markus Verbeet

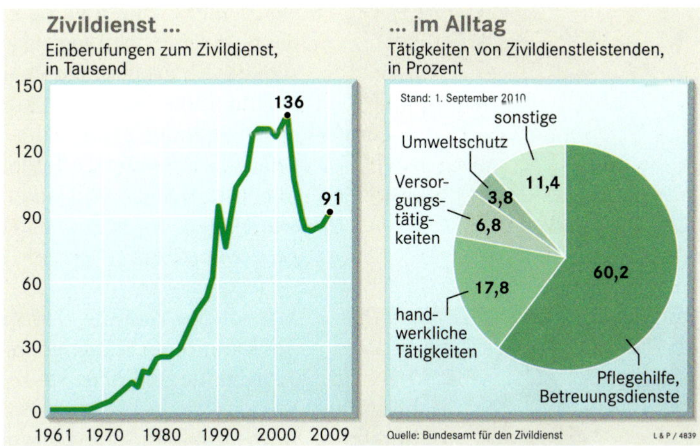

4 Stellt die Folgen der Bundeswehrreform für die sozialen Hilfsdienste dar (M4 und M5).

5 Recherchiert im Internet Einsatzfelder und -möglichkeiten für ein Freiwilliges Soziales Jahr und diskutiert das Für und Wider eines derartigen sozialen Engagements.

13.9 Frieden schaffen ohne Waffen – ziviler Aufbau in Afghanistan

◀◀ Das internationale Engagement in Afghanistan, S. 352/353

▶▶ Nichtregierungsorganisationen, S. 386

Seit dem Sturz des Taliban-Regimes 2001 beteiligt sich die Bundesrepublik Deutschland am Aufbau Afghanistans – auch im Rahmen der ISAF-Mission der Bundeswehr. Im Mittelpunkt der deutschen Entwicklungshilfe, getragen von der Gesellschaft für Technische Zusammenarbeit (GTZ), dem DED (Deutschen Entwicklungsdienst) und der Kreditanstalt für Wiederaufbau (KfW), stehen der Aufbau der Wirtschaft, die ländliche Entwicklung, die Stromversorgung und die Grundbildung. Neben den staatlichen Entwicklungsorganisationen arbeiten auch zahlreiche Nicht-Regierungsorganisationen (NGOs) sowie private Initiatoren vor Ort.

M 1 Projekte der Bundesregierung

Wasser für Kunduz

Wasser für Kunduz: Der neue Wassertank versorgt 21 000 Menschen der nordafghanischen Stadt mit sauberem Wasser. Seit einem Jahr läuft die Wasserverteilung über diesen Tank, der rund 1 250 Kubikmeter fassen kann. Für den Neuaufbau des Wassersystems stellte die deutsche Entwicklungszusammenarbeit rund 4 Mio. Euro zur Verfügung. Davon wurden 71 Kilometer Wasserleitungen verlegt, sechs Tiefbrunnen gebohrt und ein Wassertank gebaut, sodass bis heute rund 1 300 Haushalte mit etwa 21 000 Menschen an das Wassernetz angeschlossen wurden. Monatlich kommen etwa 50 bis 100 neue Hausanschlüsse dazu. Für diejenigen, die noch nicht an das Wassernetz angeschlossen sind, wurden 120 öffentliche Anschlüsse in Kunduz gelegt, sodass auch diese Menschen sauberes Trinkwasser aus Tiefbrunnen erhalten.

nach: www.bmz.de (Zugriff am 12.4.2011)

Verkauf von Tomatenmark

Eine Fabrik für Tomatenmark: Früher waren 30 Prozent der Tomatenernte in Chardara (Provinz Kunduz) „Ausschuss“. Alles, was sich nicht den Gütekategorien 1 und 2 zuordnen ließ, wurde aussortiert und landete auf dem Müll. Die deutsche Entwicklungszusammenarbeit unterstützte deshalb die „Landwirtschaftliche Kooperative Chardara“ beim Bau einer Produktionsanlage zur Herstellung von Tomatenmark. Alle Tomaten der Kategorie 3 werden nun zu Mark verarbeitet und anschließend auf den Markt gebracht. Zahlreiche Familien aus Chardara investierten in den Bau der Produktionsanlage, meist mit Beträgen um 100 US-$; die GTZ unterstützte die Kooperative mit Beratung. Dieses Jahr wurde eine erste Dividende ausgezahlt: 20 US-$ je 100 US-$ Einlage.

nach: www.bmz.de (Zugriff am 12.4.2011)

Frisiersalon

Mikrofinanzierung – kleines Geld für große Pläne: Vor Feiertagen sitzen die Kundinnen Schlange im Salon von Sita Waziri in Kabul. Die Chefin, zwei Angestellte und eine Auszubildende schneiden, fönen und legen unablässig. Ein Kleinkredit über 1 500 US-$ der First Micro Finance Bank (FMFB), die im Auftrag der Bundesregierung mitgegründet wurde, ermöglichte es Waziri, Schränke, Frisierstühle und Trockenhauben anzuschaffen. Über 10 Mio. Euro stellte die KfW bislang für Kleinstkredite zur Verfügung. Bis Oktober 2008 wurden von der FMFB Kredite im Gesamtwert von rund 110 Mio. US-$ vergeben. Von diesen Einkommen hängen etwa 700 000 Menschen ab, wobei 21 Prozent der Kreditnehmer Frauen sind, die unter der Herrschaft der Taliban kaum am gesellschaftlichen Leben teilhaben durften.

nach: www.kfw-chancen.de/foerdertrends/afghanistan/kleinkredite/index_html

Tinte gegen Taliban – ein Projekt der „Kinderhilfe Afghanistan“: „Die Tinte der Schüler ist heiliger als das Blut der Märtyrer“ steht über den Eingängen der Schulen, die Reinhard Erös mit seiner Organisation „Kinderhilfe Afghanistan“ baut. Der Satz stammt von Mohammed, der gesagt haben soll, die Zeit der Kämpfe sei nun vorbei. Jetzt käme die Zeit der Schüler. Deren Tinte sei heiliger als das Blut der Märtyrer.
Etwa 50 000 Kinder im Osten Afghanistans besuchen heute die 24 Schulen, unter ihnen viele Mädchen. Die Schulen mit ihrer Erziehung zum Frieden sind eine Alternative zu den Koranschulen, aus denen die Taliban häufig ihren Nachwuchs rekrutieren. Einbezogen in die Planung der Schulen werden die Honoratioren der Dörfer und Städte, beim Bau und Unterhalt werden ausschließlich einheimische Handwerker beschäftigt. So stehen fast 2 000 Afghanen auf der Lohnliste der Kinderhilfe. Solche Gebäude werden nicht angegriffen, sie stehen unter dem Schutz der ganzen Gemeinschaft. Deshalb nimmt die Kinderhilfe auch keine staatlichen Gelder in Anspruch.
zusammengestellt nach: www.kinderhilfe-afghanistan.de

Schüler der Kinderhilfe

M2 Kritik an der staatlichen Entwicklungszusammenarbeit

Organisationen wie Venro [Verband Entwicklungspolitik deutscher Nichtregierungsorganisationen] kritisieren, dass für den Wiederaufbau zu geringe Mittel zur Verfügung gestellt werden: Den Kriegskosten (seit 2002: 82,5 Milliarden US-Dollar) stünden nur 7,3 Milliarden für den Wiederaufbau gegenüber, mit denen die wachsende Armut der Bevölkerung nicht bekämpft werden könne. Hinzu komme, dass ein Teil der Entwicklungshilfe nicht für dringende Ernährungs- und Gesundheitsprogramme verwendet würde, sondern für sicherheitspolitische Belange. So würden die deutschen Gelder für den Aufbau der afghanischen Polizei – bis 2008 etwa 100 Millionen Euro – aus dem Haushalt des Bundesministeriums für wirtschaftliche Zusammenarbeit und Entwicklung entnommen. Scharfe Kritik wird am Konzept der militärisch-zivilen Zusammenarbeit bei ISAF geübt, wo es – angesichts der sicherheitspolitischen Lage – zu einer schleichenden Dominanz des Militärischen und damit zu einer Unterordnung der entwicklungspolitischen Maßnahmen gekommen sei. Der Einsatz von Militär bei Wiederaufbauprojekten habe die Grenze zwischen „Aid Workers“ und Soldaten vermischt, was auch die Akzeptanz der Arbeit humanitärer Hilfsorganisationen bei der afghanischen Bevölkerung infrage stelle. Seit 2007 kommt es vermehrt zu politisch motivierten Anschlägen auch auf Nichtregierungsorganisationen. Gefordert wird dehalb, dass die zivile Aufbauhilfe durch das Militär beendet wird und stattdessen die Finanzmittel für die Hilfsorganisationen aufgestockt werden.
nach: VENRO-Positionspapier 1/2009, Fünf Jahre deutsche PRTs in Afghanistan: Eine Zwischenbilanz aus Sicht der deutschen Hilfsorganisationen, www.venro.org (Zugriff am 22. 3. 2011)

1 Beschreibt anhand der Beispiele, wie der zivile Wiederaufbau in Afghanistan betrieben wird (M1).
2 Erörtert, inwieweit die zivilen Projekte auch ein Beitrag im Kampf gegen den Terrorismus sind.
3 Setzt euch mit der Kritik der Nichtregierungsorganisationen an der staatlichen Entwicklungszusammenarbeit auseinander (M2).

13.10 Den Krieg beenden – aber wie?

AFGHANISTANKRIEG

Nach neun Jahren Krieg in Afghanistan wollen die internationalen Truppen sich zurückziehen und die Sicherheitsverantwortung der afghanischen Regierung bis 2014 übergeben. Das wurde bei der Kabul-Konferenz im Juli 2010 beschlossen und beim Nato-Gipfel in Lissabon im November 2010 bekräftigt.
Parallel dazu wurde im Deutschen Bundestag im Januar 2011 bei der Verlängerung des Afghanistan-Mandates eine Abzugsperspektive für die Bundeswehr mit vereinbart.

M 1 Abzugsperspektive für die Bundeswehr

Aus dem Antrag der Bundesregierung zur Verlängerung des Afghanistan-Mandats (2011):

Die Bundesregierung ist zuversichtlich, im Zuge der Übergabe der Sicherheitsverantwortung die Präsenz der Bundeswehr ab Ende 2011 reduzieren zu können und wird dabei jeden sicherheitspolitisch vertretbaren Spielraum für eine frühestmögliche Reduzierung nutzen, soweit die Lage dies erlaubt und ohne dadurch unsere Truppen oder die Nachhaltigkeit des Übergabeprozesses zu gefährden.

Deutscher Bundestag; www.dipbt.bundestag.de (Zugriff am 22. 3. 2011)

M 2 Positionen der Parteien

Für die **Union** ist klar, dass der Einsatz der Bundeswehr fortgeführt werden soll. [...] CDU-Chefin Angela Merkel [nannte] Forderungen nach einem sofortigen Rückzug aus Afghanistan „unverantwortlich“. Sie warnte vor „unabsehbaren“ Folgen für die Sicherheit der Deutschen und ihrer Verbündeten [...]. Zudem würde Afghanistan „in Chaos und Anarchie versinken“. [...] Die Union will den Afghanistan-Einsatz zeitlich nicht konkret begrenzen.

Auch die **SPD** fordert, Afghanistan dürfe nicht wieder zum Rückzugsraum für Terroristen werden. Ein Abbruch des ISAF-Einsatzes würde mit weit mehr Gefahren und Menschenleben bezahlt werden, als das im aktuellen Einsatz der Fall sei, erklärte Parteichef Gabriel. Allerdings fordert die SPD eine klare Abzugsperspektive für die Bundeswehr. [...] Der Einstieg in eine verantwortungsvolle Perspektive für den Abzug aus Afghanistan solle 2011 beginnen und im Zeitraum 2013 bis 2015 die Sicherheitslage in Afghanistan durch afghanische Kräfte sicherstellen anstatt durch internationale Truppen.

Die **FDP** würdigt den deutschen Afghanistan-Einsatz. Deutschland stehe zu seiner Verantwortung, „zu Sicherheit, Wiederaufbau und Entwicklung des Landes beizutragen“. Allerdings sei es noch nicht gelungen, in allen Bereichen den erhofften Fortschritt zu erzielen [...]. Die Verantwortung für den Wiederaufbau müsse auf die afghanische Regierung übertragen werden. [...] Ziel sei es, bis 2014 die Voraussetzungen dafür zu schaffen, dass mit einer schrittweisen Rückführung der militärischen Präsenz begonnen werden könne.

BÜNDNIS 90 DIE GRÜNEN **Die Grünen** fordern für die Nato-Mission in Afghanistan „eine zivile Aufbauoffensive und eine realistische Abzugsperspektive“. Dazu verlangt die Partei von der Bundesregierung konkrete zeitliche Angaben. [...] Das internationale militärische Engagement in Afghanistan sei ohne Kurswechsel zum Scheitern verurteilt. Einen Sofortabzug der Bundeswehr und aller internationalen Streitkräfte lehnen die Grünen ab. „Dies würde unweigerlich das Ende jeglicher Stabilisierungsbemühungen, aber auch humanitärer und Entwicklungsarbeit in Afghanistan bedeuten.“

DIE LINKE. **Die Linke** fordert, „die Bundeswehr sofort aus Afghanistan abzuziehen“. „Auslandskriegseinsätze“ – auch unter Uno-Mandat – lehnt sie kategorisch ab. Die Menschen in Afghanistan sollten selbst über Frieden verhandeln, meint die Linke. Ohne den Abzug der ausländischen Soldaten gebe es dafür keine Chance. Der NATO wirft die Linke vor, ihre eigentliche Absicht beim Einsatz in Afghanistan sei es, „sich als globale Interventionsmacht zu zeigen“.

www.spiegel.de/thema/bundeswehreinsatz_afghanistan (Zugriff am 24. 2. 2011)

M3 Kommentare aus Zeitungsartikeln

„Am Ende nur ein Haufen Schutt“

Die Abzugsdebatte, erklärbar durch die Kriegsmüdigkeit an den Heimatfronten von Europa bis Nordamerika, nutzt allein den Taliban [...]. Wer sie dennoch weiterführt, konterkariert die bescheidenen Erfolge, nimmt das Scheitern des finalen Kraftakts der Weltgemeinschaft in Afghanistan billigend in Kauf – und wird am Ende nur eines hinterlassen: einen Haufen Schutt.

DIE WELT vom 8. 11. 2010, Verf.: Thorsten Jungholt

„Afghanische Scheinsicherheit“

[Die Übergabe der Verantwortung] nährt [...] den Verdacht, dass es Berlin und den anderen Führungsmächten des internationalen Bündnisses in Afghanistan nur darum geht, eine Scheinstabilität herzustellen mit dem Ziel, möglichst bald gesichtswahrend abzuziehen. Das Vorbild ist der Irak, den die Koalition der Willigen in erbärmlich unsicherem Zustand sich selbst überließ. Dieses Verhalten verrät, dass Schwarz-Gelb die Hoffnung aufgegeben hat, man könne in dem fernen Land am Hindukusch das Ruder herumreißen, um die Dinge zum Guten zu wenden.

Frankfurter Rundschau vom 23. 3. 2011, Verf.: Andreas Schwarzkopf

„Folgen für die internationale Politik“

Man muss nicht beklagen, dass Berlin sich von vermessen-idealistischen Zielen verabschiedet. Sollte sich hier aber andeuten, dass Deutschland nur einen halbwegs würdevollen Abzug aus einem scheinbar unbeherrschbaren Land sucht, das mittelfristig wieder in die Hände der Taliban fallen könnte, hätte dies Folgen für die internationale Politik, die über die Krisenregion [...] hinausreichten. Es ginge generell um die Frage, wie die Staatengemeinschaft künftig mit gescheiterten Staaten verfahren will, die von Terroristen als Rückzugs- und Operationsraum genutzt werden.

Frankfurter Allgemeine Zeitung vom 20. 1. 2011, Verf.: Majid Sattar

1 Arbeitet die Positionen der Parteien zu einer Abzugsperspektive heraus (M1, M2).

2 Diskutiert die kritischen Sichtweisen in den Kommentaren zum Abzug der Bundeswehr aus Afghanistan (M3).

3 Verfasst auf der Grundlage eurer Beschäftigung mit dem Afghanistan-Krieg eine eigene Stellungnahme zur Frage, wie dort Frieden geschaffen und gesichert werden kann. Bezieht hierbei die aktuelle Entwicklung ein.

PERSPEKTIV-WECHSEL

Friedensentwicklung: Eine Aufgabe der Entwicklungspolitik

Die Millenniumserklärung der Vereinten Nationen verdeutlicht: Entwicklung und Frieden sind untrennbar miteinander verbunden. Im Kampf gegen Armut, Gewalt und Unrecht ist es Aufgabe der Entwicklungspolitik, die Partnerländer bei der Friedensentwicklung zu unterstützen: durch Krisenprävention, Konfliktbearbeitung und Friedensförderung.
Die deutsche Entwicklungszusammenarbeit hilft, strukturelle Ursachen von Konflikten zu reduzieren und eine Kriseneskalation frühzeitig zu verhindern. Sie unterstützt staatliche und gesellschaftliche Akteure bei der gewaltfreien Konfliktbearbeitung. Und sie trägt dazu bei, nach Beendigung von bewaffneten Konflikten Frieden zu fördern und einen Rückfall in die Gewalt zu verhindern.
Das entwicklungspolitische Handeln der Bundesrepublik berücksichtigt die Erfahrung, dass Wandel und Entwicklung fast immer zu Interessensunterschieden führen und daraus Konflikte entstehen. Ziel ist es nicht, solche gesellschaftlichen Konflikte pauschal zu vermeiden, sondern zu verhindern, dass sie gewaltsam ausgetragen werden und dadurch zu Krisensituationen führen. In der Entwicklungspolitik wird daher statt von Konfliktprävention meist von Krisenprävention gesprochen.
Zum Selbstverständnis der deutschen Entwicklungspolitik gehört auch, dass sie Bemühungen zur Friedensentwicklung in den Partnerländern lediglich fördern und eigenverantwortlich handelnde Menschen unterstützen kann. Entwicklungszusammenarbeit selbst kann keine Konflikte von außen lösen oder die Friedenserhaltung sicherstellen.

Menschliche Sicherheit

Bei ihrem Handeln ist Entwicklungspolitik stets dem Ziel verpflichtet, die menschliche Sicherheit zu erhalten oder zu erhöhen. Zu diesem Konzept gehören auch die „menschlichen Aspekte" von Sicherheit - also beispielsweise die sozioökonomische Sicherheit, die Sicherheit vor Gesundheitsgefährdungen sowie die Ernährungs- und Umweltsicherheit. Menschliche Sicherheit ist weit mehr als der Schutz der Betroffenen vor Gewalt. Ziel des Konzeptes ist auch, die Betroffenen zur Selbsthilfe zu befähigen. So verstandene Entwicklung ermöglicht den Menschen die Entfaltung von Chancen. Sie trägt dazu bei, dass sie ihr Leben „frei von Furcht" und „Mangel" führen können. [...]

Das „Do No Harm"-Prinzip

Entwicklungszusammenarbeit kann in Einzelfällen ungewollte Wirkungen haben, die - wenn Maßnahmen in Kriegs- oder Spannungsgebieten durchgeführt werden - auch zu einer Verschlechterung oder Eskalation von Konfliktsituationen beitragen können. Potenziell sind alle Organisationen, die in Krisensituationen engagiert sind, damit konfrontiert, durch die Verteilung von Ressourcen und das eigene Auftreten ungewollt ethische Botschaften auszusenden, die friedensstiftende Kräfte schwächen können. Daher ist es gerade bei Programmen in Krisensituationen besonders wichtig, sie „konfliktsensibel" auszurichten. International hat sich dafür der Begriff „Do No Harm" durchgesetzt. Nach diesem Prinzip sollen nicht beabsichtigte Folgen von Entwicklungszusammenarbeit und ungewollte Konfliktverschärfungen erkannt, vermieden und abgefedert werden. Friedensfördernde und die Gegensätze zwischen den Konfliktparteien überbrückende Effekte werden gezielt verstärkt.

Bundesministerium für wirtschaftliche Zusammenarbeit und Entwicklung; www.bmz.de (Zugriff am 19.5.2011)

1 Stellt zusammen, welche Maßnahmen ergriffen werden sollen, um Frieden zu schaffen.
2 Vergleicht diese Maßnahmen mit dem Afghanistan-Einsatz der ISAF-Truppen.
3 Diskutiert, wie realistisch die Ideen zu Frieden und Entwicklung sind.

Wichtiges zusammengefasst

KOMPAKT

- **Weltfrieden sichern**
  Zentrale Aufgabe internationaler Politik ist vor allem die Sicherung des Weltfriedens. Dieser Friede wird bedroht durch den internationalen Terrorismus, den weltweiten Waffenhandel und durch Massenvernichtungsmittel, die immer weiter verbreitet werden, durch den Staatszerfall, von dem vor allem afrikanische Staaten wie z. B. Somalia betroffen sind, und schließlich durch regionale Konflikte, die Nachbarstaaten in die Konflikte einbeziehen.

- **Bürgerkrieg**
  Bürgerkriege können oft als regionale Konflikte verstanden werden, die Folgewirkungen von kolonialen Bestrebungen waren. Afghanistan z. B. war früher eine britische Halbkolonie. Hier verschafften sich die Engländer Opium, das sie mit großen Gewinn nach China weiterverkauften. In der Zeit des Kalten Kriegs rivalisierten die UdSSR und die USA um das Land und zogen Bevölkerungsteile auf ihre Seite. Die Folge waren Bürgerkriege zwischen diesen Bevölkerungsteilen. Bürgerkriege beschleunigen den Teufelskreis der Armut und Unterentwicklung: Die Landwirtschaft wird beeinträchtigt, viele Menschen verlieren ihre Siedlungen und flüchten, die Versorgung mit medizinischen Gütern und Lebensmitteln wird immer schwieriger, lokale Kriegsherren (Warlords) führen gegeneinander Krieg, bei denen es um Macht und wirtschaftliche Interessen geht.

- **Rolle der UNO**
  Die UNO bemüht sich seit ihrer Gründung nach dem Zweiten Weltkrieg (1945) um die Sicherung des Weltfriedens, um internationale Zusammenarbeit sowie um die Durchsetzung der Menschenrechte. Der Sicherheitsrat kann militärische Kräfte in Krisenregionen entsenden, um Konflikte zu entschärfen und um Bedingungen zu fördern, die dem Frieden dienen. Der UNO-Sicherheitsrat kann auch Strafmaßnahmen (Sanktionen) gegen Länder beschließen, die den Frieden bedrohen. Unterorganisationen der UNO bemühen sich um Bildung, Gesundheit (AIDS-Bekämpfung), Hungerhilfe, errichten Flüchtlingslager, fördern den Welthandel u.a.m.

- **NATO**
  Das militärische Verteidigungsbündnis westeuropäischer und nordamerikanischer Staaten wurde im Zuge des Kalten Krieges geschaffen und richtete sich gegen die Sowjetunion und die mit ihr verbündeten Staaten. Der NATO gehören die USA, Kanada sowie die meisten europäischen Staaten sowie die Türkei an. Sollte einer dieser Staaten angegriffen werden, leisten die anderen Länder Beistand. Seit der Auflösung des Ostblocks (1991) hat die NATO ihre Aufgaben ausgeweitet und wiederholt weltweit in Krisengebieten eingegriffen (interveniert).

- **Terrorismus**
  Nach dem Terrorangriff von islamistischen Selbstmordattentätern auf das World Trade Center in New York (11. Sept. 2001) verkündeten die USA den Kampf gegen den weltweiten islamistischen Terrorismus. Vielfältige Sicherheitsmaßnahmen wurden ergriffen und zahlreiche militärische Aktionen wurden durchgeführt, etwa in Asien oder in Afrika. Allerdings werden diese (wenig erfolgreichen) Aktionen auch kritisch gesehen, da sie zu immer weiteren staatlichen Überwachungsmaßnahmen führten und Kriege auslösten, die eher konfliktverschärfend wirkten.
  Demokratie lässt sich nicht militärisch erzwingen. Militäraktionen verschärfen die Konflikte oft. Sie können keine internationalen Spannungen abbauen, im Gegenteil. Ein immer größer werdender Teil der afghanischen Bevölkerung lehnt beispielsweise militärische „Hilfe" ab.

14. Globalisierung – Veränderung in der Welt

1

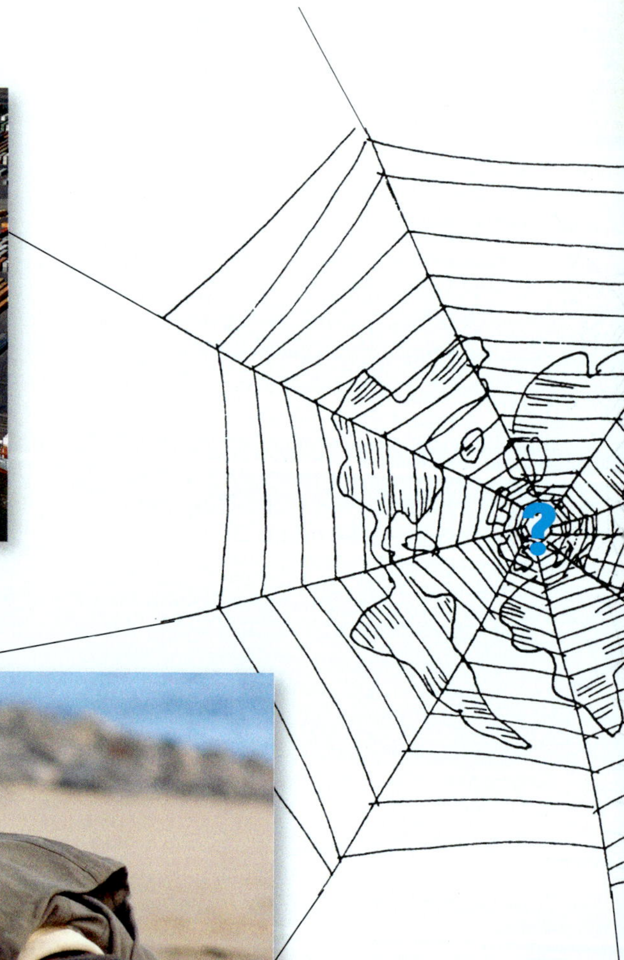

2

3

8

7

Zeichnung: Luis Murschetz

6

5

4

- Welche Vorstellungen, Erwartungen, Befürchtungen verbinden sich mit der Globalisierung?
- Inwiefern berührt die Globalisierung den persönlichen Lebensbereich eines jeden?
- Wofür steht die Karikatur?

14.1 Erscheinungsformen und Dimensionen der Globalisierung

Bereits ein genauerer Blick etwa in den Kleiderschrank, den Kühlschrank oder den Haushalt zeigt uns: Wir leben in einer globalisierten Welt. Das Hemd kommt aus Taiwan, die Erdbeeren aus Israel, der Rotwein aus Chile, das Handy aus Japan. Wir fahren Autos aus Südkorea, deren Teile aus ungefähr 150 verschiedenen Produktionsstätten weltweit stammen. Dieser gigantische Gütertransport rund um den Globus scheint sich wirtschaftlich zu lohnen. Heute können wir mühelos mit der großen Schwester korrespondieren, die gerade in der Mongolei oder in Südafrika Urlaub macht, in Sekundenschnelle können wir uns über das aktuelle Wetter in Kenia informieren oder über ein kulturelles Event in Australien. In unserer Stadt leben Menschen aus vielen Dutzend Ländern, und wir können uns entscheiden, ob wir thailändisch, indisch oder beim Spanier oder Chinesen essen gehen.

Die Globalisierung ist kein neues Phänomen: Sie setzte bereits mit den Entdeckungen in der Frühen Neuzeit ein und mit dem zunehmend dichter werdenden ökonomischen Austausch zwischen dem Orient und dem Okzident. Sie erlebte ihren ersten Höhepunkt im ausgehenden 18. und dem beginnenden 19. Jahrhundert, als sich die gegenwärtigen Austauschstrukturen der Weltwirtschaft herausbildeten, als z. B. Europa Baumwolle aus Übersee importierte und damit die Textilindustrie auf eine neue Basis stellte.

Die Globalisierung erreichte aber seit dem ausgehenden 20. und dem frühen 21. Jahrhundert mit den neuen Kommunikationsmedien und Transporttechnologien eine neue Qualität. Die früher noch exorbitanten Kosten, eine Nachricht in ein anderes Land oder nach Übersee zu verschicken oder von dort zu empfangen, spielen heute dank Internet keine Rolle mehr. Ähnliches gilt für die Transportkosten von Waren, die noch vor 100 Jahren gewaltig waren, aber heute für die Produzenten dank riesiger Containerschiffe, die auf einem Schiff die Last von Tausenden von Lastkraftwagen in wenigen Tagen transportieren können, nur eine nachgeordnete Größe darstellen. Damit lohnte es sich auch, Produktionsstätten dorthin zu verlagern, wo die Arbeitskosten günstiger sind und wo es weniger arbeitsrechtliche Bestimmungen als im Inland gibt. Durch die Globalisierung entstanden transnationale Konzerne, die weltweit operieren und verkaufen.

Aber auch Netzwerke wie *amnesty international* oder *Greenpeace* operieren international, und auch Terrororganisationen bedienen sich neuer Kommunikationstechnologien.

Schließlich ist seit einigen Jahrzehnten das Bewusstsein dafür gewachsen, dass die Umwelt- und Klimaveränderungen global bewältigt werden müssen.

Während die einzelnen Nationalstaaten früher versuchten, allein Lösungen für ihre Probleme zu finden, muss heute die Weltgemeinschaft nach gemeinsamen Lösungen für globale Probleme suchen. Hier sind Kompromisse auf internationaler Ebene nötig und nationale Egoismen müssen überwunden werden – eine gewaltige Zukunftsaufgabe.

INFO

Okzident: Abendland, der Westen (Europa) im Gegensatz zum Orient

exorbitant: extrem hoch

◀◀ Konsum als Problem, S. 241–245

GLOSSAR

amnesty international
Globalisierung

M 1 Dimensionen der Globalisierung

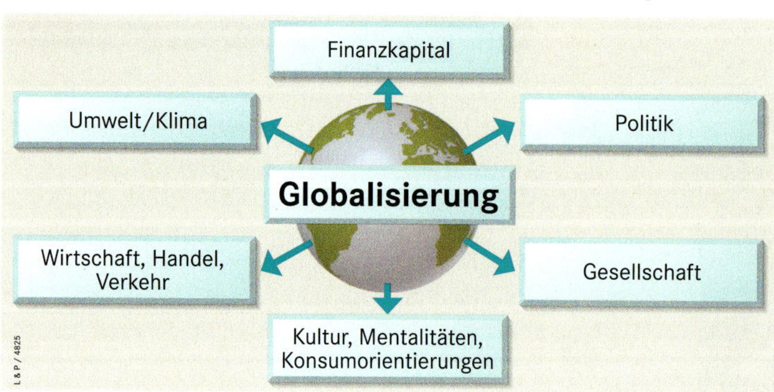

M2 Begegnung mit der Globalisierung

Für den 31-jährigen Aniruddha Shanbhag lässt sich die Globalisierung in drei Buchstaben zusammenfassen: MTV.

Anfang der 1990er-Jahre bekam er in seiner Heimat, in Indien, erstmals den amerikanischen Musiksender zu sehen. Und die Videos amerikanischer und europäischer Bands haben das südasiatische Land ebenso verändert wie viele andere Regionen der Welt. Statt für die traditionelle Musik ihres Landes interessierten sich Jugendliche wie Aniruddha plötzlich für Bands wie Metallica und Nirvana. Und statt eines klassischen indischen Wickelrocks für Männer trugen junge Leute lieber absichtlich aufgeschlitzte Jeans. Kurz nach MTV kam auch Coca Cola nach Indien, und in den vergangenen Jahren folgte die Burgerkette McDonald's.

Unter dem Eindruck von MTV ist Aniruddha Toningenieur geworden, dann hat er für einen Internetshop Musik-CDs aus anderen Ländern eingekauft. Inzwischen verkauft er Versicherungen für eine Tochterfirma des deutschen Allianz-Konzerns. Sieben Sprachen hat er sich nebenher angeeignet. Auf Deutsch bringt er nur ein paar Worte über die Lippen, aber er weiß, dass Bayern München Rekordmeister ist. „Wenn ich mich nur mit Indien befassen könnte", sagt er, „wäre mir die Welt wahrscheinlich zu eng geworden."

aus: Anette Dowideit/Steffen Fründt/Sebastian Jost/Christiane Kühl: Globalisierung - Segen oder Fluch?, in: Welt Online vom 24. Januar 2009; www.welt.de (Zugriff am 28. 10. 2010)

McDonald's Indien

M3 Das Doppelgesicht der Globalisierung

Fangen wir mit Socken an, schwarze Baumwolle, fünf Paar zu fünf Euro. [...] Wie war das früher? Jeder setzte sich hin, holte Nadel und Faden hervor und versuchte, mit wenig Geschick, die Löcher in den alten Socken zu flicken. Heute stopft kaum noch jemand seine Strümpfe. Neue zu kaufen, ist sehr billig geworden. [...] Vieles ist erstaunlich preiswert, und genau damit beginnt das Problem. Die Deutschen selbst sind nämlich teuer. Krankenversicherung, Rentenanspruch, sechs Wochen tariflicher Urlaub - die Stunde eines Industriearbeiters kostet 25,50 Euro [Stand: 2005]. Der Tscheche hingegen nimmt 3,03 Euro und der Indonesier 33 Cent. Weil keiner viel Geld ausgeben will und Geiz geil ist, [...] schrauben die Chinesen die DVD-Rekorder zusammen. Und die Deutschen? Sie [...] bangen um ihre Jobs, weil Unternehmer in Billiglohnländer ziehen. Willkommen in der Globalisierung.

Nicht nur Jobs und Preise haben sich geändert, auch der Lebensstil. Man kann nach Barcelona fliegen, und [...] manchmal kostet der Flug nicht mehr als eine Taxifahrt. [...] Wir hören Buena Vista Social Club auf Rügen und in Rom, sehen in allen Hotels CNN, trinken Tee und sorgen uns, wenn in China die Vogelgrippe ausbricht, weil auch Viren heutzutage global reisen. Man bleibt zu Hause und zieht doch um die Welt, dank des Internets. [...]

Die Welt ist zusammengerückt, dank Technik, gesunkener Transportkosten, geöffneter Grenzen und Unternehmen, die im Ausland investieren. Eine neue Ära scheint sich anzukündigen.

Andreas Hoffmann: Der Januskopf der Globalisierung. Wie die weltweite Vernetzung unser Leben verändert, in: Das Parlament Nr. 47 vom 21. November 2005.

Fallbeispiel: Jeans

DER WEG EINER JEANS

Die Baumwolle kommt aus Kasachstan oder Indien. Diese wird in der Türkei zu Garn gesponnen und in Taiwan zu einem Stoff gewebt. In Frankreich wird dieser Stoff mit chinesischen Farbstoffen gefärbt, um dann in Honduras, unter Verwendung britischer Kurzwaren, zu einer Jeans genäht zu werden. Die Endverarbeitung der Jeans mit Bimsstein findet in Griechenland statt. Verkauft und getragen wird sie in Deutschland. Die gebrauchte Jeans landet im Altkleidercontainer und wandert von dort nach Rotterdam. Mit Schiff und Lkw wird sie nach Afrika gebracht. Noch einmal verkauft und getragen wird sie in Ghana. Und so kann der Weg einer Jeans um die Welt heute tatsächlich 19 000 km betragen.

▸▸ Die Dritte Welt: Baumwollernte, S. 379

WENN EINE JEANS 50 EURO KOSTET, FLIESSEN …

- 25 Euro in den Einzelhandel (Verwaltung, Miete, Personal und Gewinn)
- 12,50 Euro zur Markenfirma (Entwicklung, Verkauf, Verwaltung, Werbung, Geschäftsgewinn)
- 5,50 Euro zur Transportfirma und an das Finanzamt
- 7 Euro zur Jeans-Fabrik (Materialkosten, Miete, Maschinen, Gewinn und Löhne für die Arbeiter)

◂◂ Konsum als Problem, S. 241/243

Die Textilproduktion wird zunehmend in Länder mit „günstigen Bedingungen" verlagert. Als günstige Bedingungen gelten aus Unternehmersicht unter anderem flexible und billige Arbeitskräfte sowie leichter Zugang zu Rohstoffen und Transportwegen. Für die Konsumenten bedeutet die Produktionsverlagerung billige Kleidung und Textilien.

Die Kehrseite der Medaille ist, dass „günstige Bedingungen" vielfach mit der Missachtung von Arbeitnehmerrechten in Entwicklungsländern einhergehen. Die Beschäftigten in der Bekleidungsindustrie – häufig sind es Frauen und Kinder – arbeiten in den Fabriken oft unter schlechten Bedingungen und haben keinerlei Möglichkeit, sich zu organisieren und ihre Situation zu verbessern. Sie sehen sich konfrontiert mit:

- sehr langen Arbeitszeiten mit 60 Stunden und mehr pro Woche;
- niedrigen Löhnen, die teilweise nicht die Grundbedürfnisse (Essen, Wohnung) decken;
- katastrophalen Sicherheitsbestimmungen, die immer wieder zu Unfällen in den Fabriken führen;
- mangelnder Hygiene (Masken, die vor Textilstaub schützen, sind oft Mangelware, genauso wie Toiletten und sauberes Trinkwasser);
- häufiger Diskriminierung von Frauen: Sie erhalten weniger Lohn, werden manchmal sexuell belästigt und bei Schwangerschaft oder nach Arbeitsunfällen oft entlassen.

aus: RERUM, alle für eine Welt für alle, Bausteine für einen zeitnahen Unterricht, Arbeitsblatt 4: Die Globalisierung der Bekleidung, Berlin, November 2003. Verwendete Quelle: Clean Clothes Campaign

1 Verfolgt auf einer Weltkarte den Weg einer typischen Jeans. Benennt den Hauptgrund für diese Wegstrecke.

2 Notiert, was euch bei der Kostenkalkulation auffällig erscheint. Vergleicht dann eure Ergebnisse.

3 Erläutert die Probleme, die eine billige Jeans-Produktion in Entwicklungsländern mit sich bringt.

4 Nehmt zu der Aussage in der Sprechblase Stellung.

Uns können die Arbeitsbedingungen in den Textilfabriken in Taiwan, China oder Honduras doch egal sein, Hauptsache, die Qualität der Jeans ist gut und die Preise sind niedrig. Außerdem: besser eine Arbeit unter nicht ganz so idealen Bedingungen als gar keine Arbeit.

M4 Kapitalverkehr

Täglich werden circa 2000 Milliarden US-Dollar auf den internationalen Finanzmärkten gehandelt, wobei nur fünf Prozent davon auf die Finanzierung des Handels selbst entfallen. Doch nicht nur die Banken haben ihre internationalen Geschäfte ausgedehnt; auch die privaten Auslandsgeschäfte haben zugenommen. So sind die Aktien- und Wertpapierkäufe von Privatpersonen und die von multinationalen Unternehmen im Ausland aufgenommenen Bankkredite seit den 1970er-Jahren um das 16-Fache gestiegen.

Informationen zur politischen Bildung Heft 299, 2008

M5 Deutschlands Handelsbilanz

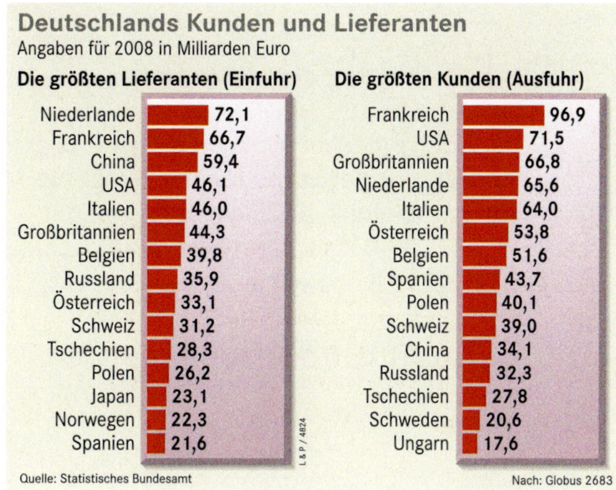

GLOSSAR

Banken

M6 Globalisierungsroulette

Zeichnung: nicht bekannt

5 Stellt anhand eures Kühl- und Kleiderschranks sowie der Küche zusammen, aus welchen Ländern die Produkte kommen, die in eurer Familie konsumiert bzw. genutzt werden. Lassen sich dabei regionale Schwerpunkte feststellen?

6 Übertragt das Schaubild „Dimensionen der Globalisierung" (M1) in euer Heft und notiert zu den einzelnen Punkten Beispiele, die euch spontan einfallen. Ergänzt im Unterricht eure Stichwörter, lest hierzu auch M2.

7 Globalisierung ist eine widersprüchliche Entwicklung: Stellt in einer Tabelle Chancen und Risiken des Globalisierungsprozesses gegenüber (M3, M4).

8 Vergleicht die Ein- und Ausfuhren Deutschlands in andere Länder. Welche Länder spielen dabei eine große Rolle, welche Länder eine geringe und welche sind gar nicht (oder nur ganz gering) vertreten (M5)?

9 Beim „Globalisierungsroulette" sitzen sich ungleiche Partner gegenüber. Diskutiert die Pointe der Karikatur (M6).

14.2 Neue Technologien, Kommunikation und Transport

Beschleunigung des Welthandels

Der Welthandel hat sich seit dem 19. Jahrhundert, seit der Erfindung der Telegrafie und des Telefons, der Eisenbahn und der Dampfschifffahrt, extrem vervielfacht und beschleunigt. Das Internet als Kommunikationsmedium des 20. und des 21. Jahrhunderts und die immer gewaltigeren Dimensionen der Containerschiffe haben das Ausmaß sowie die Geschwindigkeit des internationalen Informations- und Warenaustauschs ermöglicht und extrem verbilligt. Die Kosten für den internationalen See- oder Lufttransport und für die internationale Kommunikation sind dramatisch gefallen, sie spielen im Rahmen von Produktionskosten nur noch eine nachgeordnete Rolle.
Für die deutsche Textilindustrie lohnt es sich daher, Hemden oder Jeans in Fernost oder anderen „Billigländern" herstellen zu lassen, da die Anweisungen an die Produzenten extrem schnell vermittelt sowie die Transportkosten äußerst niedrig kalkuliert werden können. Ein Beispiel: Obwohl die Textilindustrie in Deutschland kaum noch Arbeiter beschäftigt und zahlreiche Textilproduzenten in Deutschland in den letzten Jahrzehnten aufgeben mussten, nimmt sie weltweit einen höheren Rang in der internationalen Konkurrenz ein als noch vor etwa 20 oder 30 Jahren.

M1 Fracht- und Kommunikationskosten

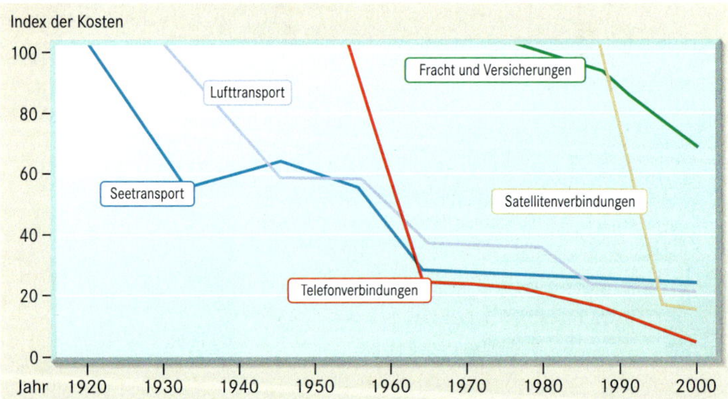

Quelle: Kurt Engelhard, Welt im Wandel. Die gemeinsame Verantwortung von Industrie und Entwicklungsländern, Stuttgart 2004 (Omnia), S. 102

M2 Größenzuwachs von Containerschiffen

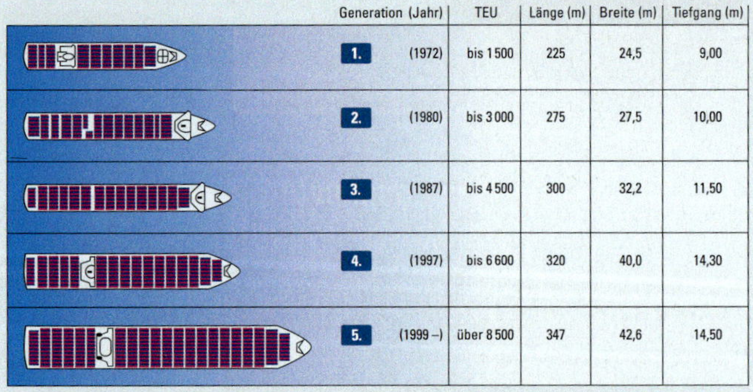

Containerschiffe – Größendimensionen

Generation (Jahr)		TEU	Länge (m)	Breite (m)	Tiefgang (m)
		Maximale Abmessungen			
1.	(1972)	bis 1 500	225	24,5	9,00
2.	(1980)	bis 3 000	275	27,5	10,00
3.	(1987)	bis 4 500	300	32,2	11,50
4.	(1997)	bis 6 600	320	40,0	14,30
5.	(1999 –)	über 8 500	347	42,6	14,50

Das größte in Fahrt befindliche Containerschiff ist die im Juli 2004 abgelieferte CSCL Asia mit einer zugelassenen Stellplatzkapazität von offiziell 8 076 TEU (tatsächliche Stellplatzkapazität von über 8 500 TEU)

Quelle: www.isl.uni-bremen.de/products_services/publications/pdf/weltcontainerhaefen.pdf (11.10.2005)

M3 Vernetzte Welt

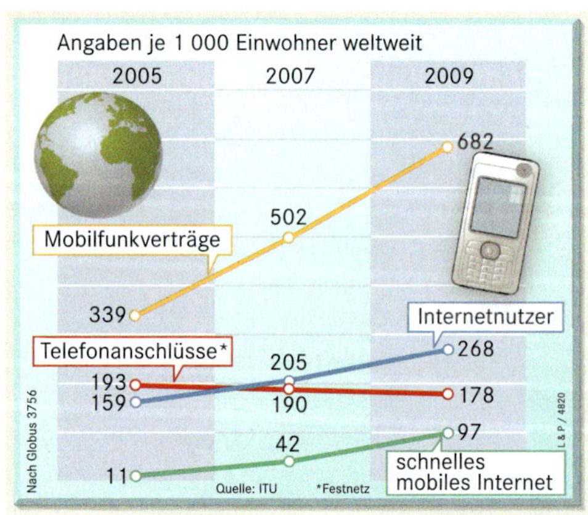

M4 Die Welt passt in ein Schiff

[...] Und das für erstaunlich wenig Geld: Zwischen 50 und 100 Dollar kostet die Beförderung eines Standardcontainers nach Fernost, unabhängig vom Gewicht. In umgekehrter Richtung werden allerdings bis zu 1 000 Dollar fällig. „Da sind die Schiffe voll, der Markt gibt höhere Preise her", sagt [Kapitän] Heine. Zu den Frachtpreisen müsse man zwar noch Hafen- und Terminalgebühren rechnen. Trotzdem kostet der Seetransport einer Flasche Wein von Australien nach Hamburg weniger als der Weitertransport per Lkw nach Süddeutschland.

Kapitän Mischa Richter steht auf der Brücke der „Cosco Germany" und schaut zu, wie drei Kräne im Hamburger Containerterminal Tollerort eine Kiste nach der anderen auf das Schiff hieven und in senkrechte Schienen hinablassen. „Neun Container stapelt der Kran unter Deck, sieben über Deck", sagt er. Über 8 000 passen auf das Schiff. Damit die Türme auch am Oberdeck einigermaßen stabil stehen, werden die Boxen mit Stahlscharnieren verbunden, sogenannten Twistlocks. [...]

Welche Box wo steht, ist eine Wissenschaft für sich. „Bei den heutigen Mengen geht das nur mithilfe des Computers", sagt Karsten Pohl, Planer im Computerterminal Altenwerder in Hamburg, das als das modernste [Terminal] der Welt gilt. Seit fünf Jahren ist es in Betrieb, im vergangenen Jahr wurden mehr als zwei Millionen TEU [Maßeinheit Standard-Container] umgeschlagen. [...]

„Wichtig ist, dass wir beim Laden mit dem letzten Hafen beginnen – die Container kommen nach unten. Damit verhindern wir unnötiges Umstapeln."

So logisch das klingt, so kompliziert gestaltet sich das Stauen bei Tausenden von Einheiten – zumal das Schiff stabil auf dem Wasser liegen muss. „Schwere Container müssen möglichst nach unten, leichtere nach oben", erklärt Pohl. Bis zu 24 Tonnen könne ein vollgepackter 20-Fuß-Container wiegen. „Ein einzelner Turm wiederum darf auf keinen Fall mehr als 160 Tonnen wiegen, weil sonst der unterste Container platt ist." Da Zeit Geld ist, müsse alles so schnell wie möglich gehen.

Containerschiffe am Containerterminal Eurokai im Hamburger Hafen

Mischa Richter trägt als Kapitän auf der „Cosco Germany" die Verantwortung dafür, dass die Kisten sicher ans Ziel kommen und dass das 125 Millionen Euro teure Schiff die Fahrt unbeschädigt übersteht. „Das geht hier schnell und ordentlich", sagt er, während er die Arbeit der Hafenarbeiter überwacht. Aber auch in China werde das Geschäft immer professioneller und besser. „Wir fahren dort Häfen an, die es vor zwanzig Jahren noch gar nicht gab." [...]

Entsprechend teuer wird es für die Versicherung, wenn eine Kiste über Bord geht. Dafür reicht schwere See. Schätzungen der Münchner Rück zufolge fallen 2500 bis 10 000 Boxen jedes Jahr ins Meer, die meisten im Pazifik: Dort kommen überraschende Stürme häufiger vor. Die Kisten und ihr Inhalt belasten die Umwelt und gefährden die Schifffahrt, wenn sie nicht sinken. [...]

Hasnain Kazim , in: Spiegel-Online vom 21. 2. 2007, www.spiegel.de (Zugriff am 16. 5. 2011)

1 Formuliert stichwortartig, welche Aussagen die Grafik M1 zu den verschiedenen Fracht- und Kommunikationskosten zulässt.

2 Arbeitet den Zusammenhang zwischen Kommunikationskosten und weltweiter Vernetzung heraus (M1, M3).

3 Stellt die wirtschaftlichen Folgen zusammen, die mit dem Bau immer größerer Containerschiffe einhergehen (M2, M4).

14.3 Zentren der Globalisierung

INFO

Gruppe der 20 (G-20): Die Gruppe der zwanzig wichtigsten Industrie- und Schwellenländer. Ein seit 1999 bestehender, informeller Zusammenschluss aus 19 Staaten und der Europäischen Union. Die Gruppe soll als Forum für die Kooperation und Konsultation in Fragen des internationalen Finanzsystems dienen. Mitglieder: Vereinigte Staaten von Amerika, Japan, Deutschland, China, Vereinigtes Königreich, Frankreich, Italien, Kanada, Brasilien, Russland, Indien, Südkorea, Australien, Mexiko, Türkei, Indonesien, Saudi-Arabien, Südafrika, Argentinien, EU.

Schwellenländer: Länder, die aufgrund ihrer fortgeschrittenen Wirtschaftskraft, ihres (mittleren) Volkseinkommens und ihrer infrastrukturellen Entwicklung aus dem Status von Entwicklungsländern herausgewachsen sind und damit von der wirtschaftlichen Entwicklung her an der Schwelle zu den Industrieländern stehen

Ökonomische Kräfteverschiebung

Bis vor wenigen Jahrzehnten beherrschte eine Triade, bestehend aus Nordamerika, Südostasien (Japan, Südkorea, Taiwan) und Westeuropa, den Weltmarkt. Diese Triade wickelte etwa drei Viertel des Welthandels ab. Infolge der Globalisierung hat sich das ökonomische Verhältnis merklich verschoben, als Global Player trat vor allem China hinzu, aber auch Indien und Brasilien rückten weit nach vorne.

Mit dieser ökonomischen Kräfteverschiebung ging auch eine Verschiebung des politischen Einflusses in den internationalen Organisationen und in der Weltpolitik einher, denn die nun deutlich erstarkten Staaten wollen sich nicht mehr von den alten Mächten beherrschen lassen. Zugleich schwindet infolge der Globalisierung die Bedeutung des Nationalstaates. Nationalstaatliche Regelungen, die Banken oder Unternehmen bestimmte Auflagen machen, können nun eher unterlaufen oder umgangen werden. Nationalstaaten können nun auch leichter gegeneinander ausgespielt werden.

Transnationale Konzerne

Im Zuge der Globalisierung bildeten sich transnationale Konzerne heraus, die international agieren, deren Zentralen aber überwiegend in fünf Ländern zu finden sind: in den USA, in Deutschland, Japan, England und Frankreich. Diese gigantischen privaten Konzerne wickeln zwei Drittel des Welthandels ab. Allein 20 dieser transnationalen Konzerne handeln mit Beträgen, die höher sind als das Bruttosozialprodukt der Hälfte der armen Staaten. Sie produzieren ihre Erzeugnisse bevorzugt an Standorten, wo die Steuern und die Löhne am niedrigsten sind und wo die Umweltauflagen am großzügigsten gehandhabt werden.

M 1 Die Triade aus Nordamerika, Europäischer Union und Japan

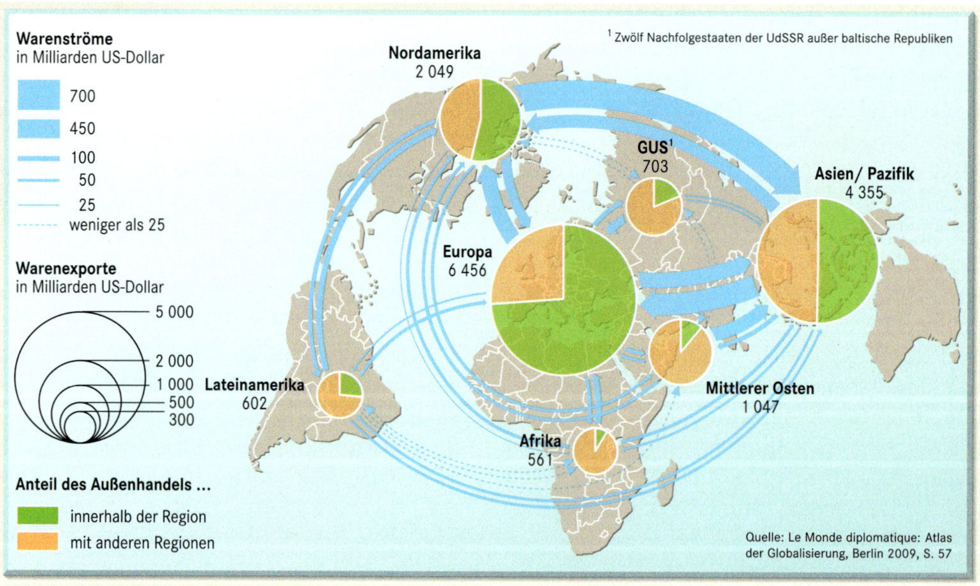

Quelle: Le monde diplomatique: Atlas der Globalisierung, Berlin 2009

M2 Die größten Exporteure

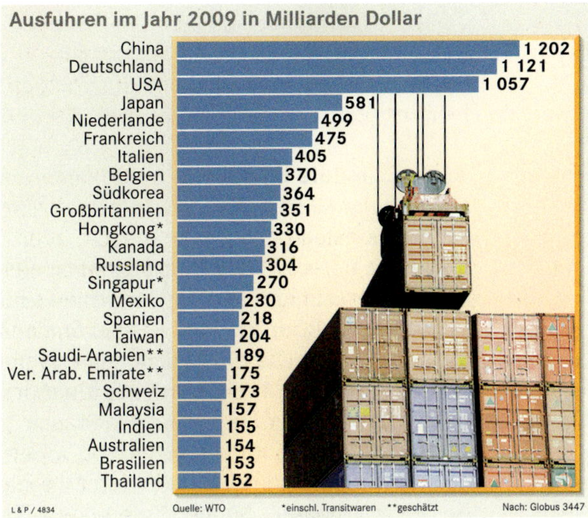

M3 Die größten Importeure

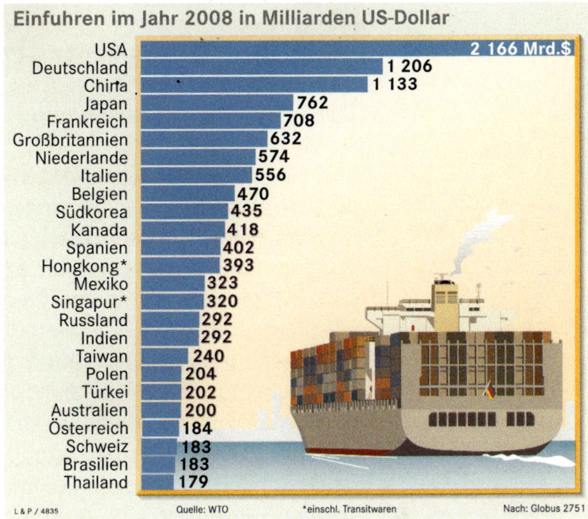

M4 Industrie- und Schwellenländer

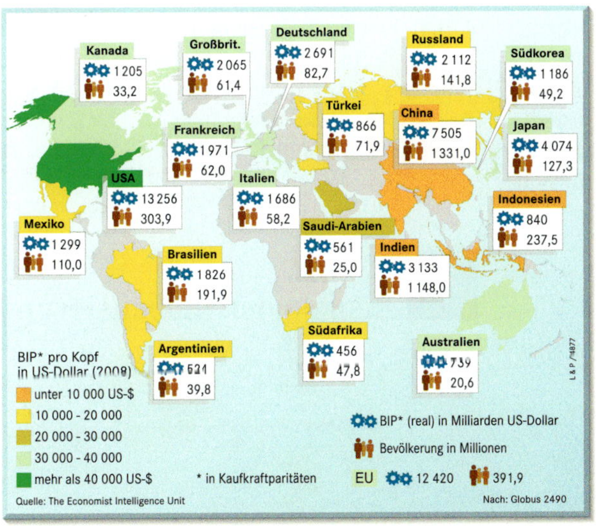

M5 Wirtschaftsmacht China

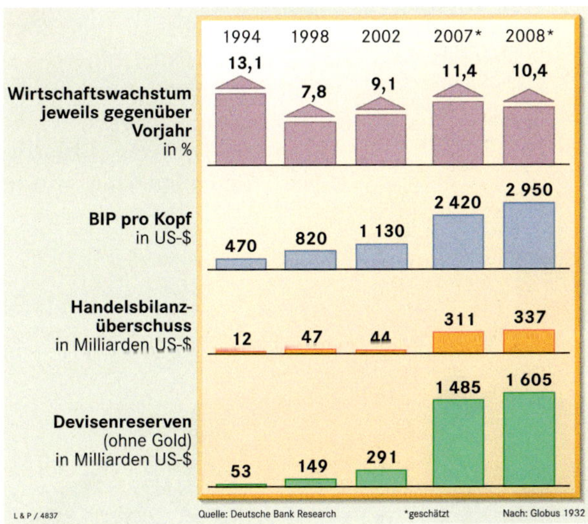

1 Beschreibt die weltweiten Handelsströme detailliert und vergleicht dabei den Handel innerhalb der jeweiligen Region mit dem Außenhandel (M1).

2 Arbeitet heraus, in welchen Weltregionen die größten Exporteure liegen und welche Weltregionen im Welthandel kaum eine Rolle spielen (M1, M2).

3 Beschreibt die Rolle Chinas im Welthandel (M5).

4 Kommentiert die Zusammensetzung der G20-Staaten anhand des Pro-Kopf-Einkommens der Einwohner (M4).

14.4 Neue soziale Konflikte infolge der Globalisierung

M1 Wenn die Welt stillsteht

Über die globalen Auswirkungen der internationalen Finanzkrise:

Jahrelang waren Ökonomen, Unternehmer und Politiker davon ausgegangen, dass das Zusammenwachsen der Staaten zu einem einzigen großen Wirtschaftsraum die Menschheit vor Krisen schützt. Sie priesen die Globalisierung als Weg, der möglichst viele Menschen in möglichst vielen Ländern zu Wachstum und zu Wohlstand führen sollte. Inzwischen wissen wir es besser. Seit Oktober 2008 werden die Auswirkungen der internationalen Finanzkrise auf die Realwirtschaft sichtbar. Die Industrieproduktion ist in noch nie erlebter Geschwindigkeit eingebrochen: in den USA um zehn Prozent, in Europa um zwölf Prozent und in Japan sogar um mehr als 20 Prozent. Die Exporte gingen dramatisch zurück. In Deutschland und China wurden im November jeweils gut ein Fünftel weniger Waren und Dienstleistungen ausgeführt als noch wenige Monate zuvor. Beide Länder hatten sich in den vergangenen Jahren ein Rennen um den Titel des „Exportweltmeisters" geliefert. Jahrzehntelang wurde in diesen Ländern produziert, was die Amerikaner auf Pump konsumierten. Nun bricht in den USA die Nachfrage ein. [...]

◀◀ Der europäische Binnenmarkt, S. 324

In atemberaubender Geschwindigkeit ist eine scheinbar lokal begrenzte US-Immobilienkrise um die Welt gerast, hat Existenzen und Hoffnungen zerstört. In China leiden nun auch 150 Millionen Wanderarbeiter unter den faulen US-Krediten. In Deutschland wurde seit Beginn der Krise für fast 800 000 Arbeitnehmer Kurzarbeit angemeldet. Auf die denkbar härteste Weise lernt die Menschheit gerade, dass Globalisierung nicht nur eine Richtung kennt: Prozesse, die in guten Jahren schneller Wohlstand erzeugen, tragen in schwierigen Jahren die Folgen der Krise in fast jeden Haushalt. Probleme, die früher regional begrenzt geblieben wären, verteilen sich heute in Rekordgeschwindigkeit um den Globus. [...]

aus: Jan Boris Wintzenburg: Wenn die Welt still steht, in: stern Nr. 11/ 2009, S. 43 - 50

M2 Global Player

Zeichnung: Karl-Heinz Schoenfeld

M3 Risiken der Globalisierung

M4 Frauen in der asiatischen Textilindustrie

Während die zentralamerikanischen Firmen überwiegend für den amerikanischen Markt produzieren, werden vor allem in Asien Waren für Europa hergestellt. In Sri Lanka z. B. gibt es seit 1979 Freihandelszonen, in denen zu 90 Prozent Frauen arbeiten. Hier lassen u. a. Firmen wie der Otto-Versand, Karstadt, Benetton, Stefanel und C&A produzieren. Die Frauen erhalten einen Lohn von ca. 2 000 Rupien (30,- Euro) und müssen 12 bis 13 Stunden täglich (7-Tage-Woche) arbeiten. Sie sind auf dem Gelände in Wohnbaracken in Räumen mit acht bis zehn Personen untergebracht. Die Arbeitsnormen sind sehr hoch, sodass die Frauen oft keine Zeit zum Essen haben. Unterernährung und Lungentuberkulose sind ein ernsthaftes Problem. Schläge und Beschimpfungen sind an der Tagesordnung, wenn die Norm nicht erreicht wird. Bei Streikaktionen gibt es Entlassungen.

Katastrophale Bedingungen herrschen auch in in den freien Produktionszonen in China. Die jungen Arbeiterinnen kommen überwiegend aus ländlichen Gebieten und sind sehr unerfahren. Häufig werden sie in Schlafräumen, die den Fabriken angeschlossen sind, kaserniert, um jederzeit für die Arbeit verfügbar zu sein. Aufgrund der langen Arbeitszeiten von 14 bis 16 Stunden haben sie kaum Möglichkeiten, Kontakte nach Außerhalb zu knüpfen. Sie erhalten einen Lohn von ca. 40 Dollar – in Hongkong werden für die gleiche Arbeit 750–800 Dollar gezahlt. In den Zonen gibt es eine staatliche Gewerkschaftsorganisation, die aber nichts für die Rechte der Arbeiterinnen tut. Häufig stehen in diesen Fabriken alte, in Europa nicht mehr benutzte Maschinen, diese Maschinen entsprechen nicht der Körpergröße und verursachen Probleme bei der Arbeit, aber der gesetzlich vorgeschriebene Gesundheits- und Arbeitsschutz wird ohnehin nicht eingehalten. Bei einem Brand in einer Fabrik starben mehr als 300 Frauen, weil das Feuer auf die Schlafräume übergegriffen hatte.

www.edilau.de/veroeffentlichungen/Frauentextil.pdf (Zugriff am 27. 1. 2011)

Frauenarbeit in einer nicaraguanischen Freihandelszone

M5 Standort- und Produktionsverlagerung

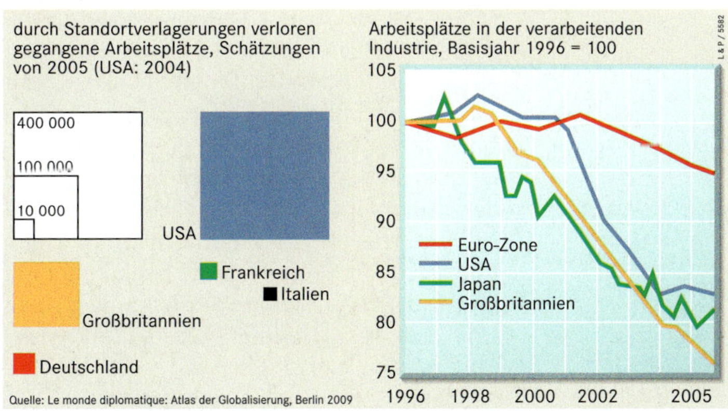

Freihandels- oder Sonderwirtschaftszone: Dies ist ein Gebiet innerhalb eines Staates, in dem ein für Unternehmen günstigeres Steuer- und Wirtschaftsrecht gilt als in anderen Landesteilen. Oft gelten auch niederigere, leichter einzuhaltende Umweltauflagen. Durch die Schaffung von Freihandelszonen sollen ausländische Unternehmen zu Investitionen ins Land verlockt werden. Oft haben hier die Arbeiterinnen und Arbeiter noch weniger Rechte als in den übrigen Landesteilen.

M6 Wanderarbeiter in China

Armut und Reichtum in China

In China gibt es immer mehr Neureiche. Millionäre bauen sich Schlösser, junge Paare geben 100 000 Euro für eine Hochzeit in gepflegten Nobelrestaurants aus. Doch noch immer darben Millionen Bauern am Rande des Existenzminimums. Oft nur wenige Kilometer von den glitzernden Städten entfernt, leben sie wie im Mittelalter: Kein fließendes Wasser, ein ausgehobenes Loch als Toilette, mehrere Generationen teilen sich ein Zimmer. In vielen Dörfern auf dem Land leben mittlerweile nur noch Alte, Frauen und Kinder. Die Männer gehen fort und schuften als Wanderarbeiter in der Stadt. [...]

Jeden Mittag um halb zwölf das gleiche Bild: Auf den Bürgersteigen vor den zahlreichen Baustellen Pekings hocken Hunderte Bauarbeiter. Sie alle halten Blechnäpfe in der Hand mit ihrem Mittagessen: trockener Reis und ein wenig Gemüse. Seit fünf Uhr morgens sind die Bauarbeiter am Schuften. Bis zu 14 Stunden täglich arbeiten sie, damit die Hauptstadt schöner wird. Sie ziehen Bürohäuser, Brücken und Shoppingmalls in die Höhe. Arbeiter Zhang, 41 Jahre alt, hievt seit 50 Tagen Betonsäcke von Lastwägen herunter und schweißt Stahlträger: „Ich kann meine Familie nicht hierherholen. Das kann ich nicht bezahlen. Ich verdiene hier jeden Monat umgerechnet 30 Euro. Aber ich werde erst nach einem Jahr ausbezahlt. Da gibt es das Gehalt eines Jahres auf einmal.“

Doch immer wieder werden die Wanderarbeiter um ihren Sold betrogen. Entweder weil der Bauunternehmer pleitegeht und nicht zahlen kann oder aus purer Willkür. Einen Vertrag, der beweist, dass die Bauarbeiter auf der Baustelle arbeiten, besitzt keiner hier. Und eine Versicherung? Arbeiter Ma winkt ab: „Wir haben keine Versicherung. Da müssen wir selber für aufkommen, aber unser Geld reicht doch gar nicht aus.“ [...]

Abends, oft erst gegen zehn, wenn es schon lange dunkel ist, verlassen die Bauarbeiter die Baustelle. Wenn sie Glück haben, bringt sie einer der Werksbusse zu ihren verkommenen Wellblechbaracken am Rande der Stadt. Wenn nicht, müssen sie den öffentlichen Bus nehmen. Er ist voll mit Geschäftsleuten, Studenten oder schick angezogenen Partygängern. Diese Fahrt durch Peking sei das Schlimmste, erzählt der 22-jährige Lu. Die abfälligen Blicke wegen seiner schmutzigen, verschlissenen Klamotten verletzen ihn: „Wenn wir den Bus besteigen, dann können wir sofort fühlen, was die Leute über uns denken. Wir spüren, dass sie uns verachten, dass sie auf uns herunterschauen.“ [...]

Wie Liu. Gegen 23 Uhr kommt er endlich in seiner Baracke an. Zu acht schlafen sie hier verteilt auf vier Betten. Die Laken sind schmutzig, T-Shirts und Socken liegen auf dem Boden verteilt. Es stinkt nach Schweiß. Liu schaut sich fast entschuldigend um: „Ich will später mal ein Haus bauen. Ich bin ja noch unverheiratet“, träumt er von der Zukunft. Auf einem Gaskocher macht er sich dann noch eine Suppe. Sie besteht aus Wasser und etwas Lauch. Morgens um vier steht Liu wieder auf. Noch acht Monate, dann bekommt er – wenn alles gut geht – sein Gehalt. Für den 22-jährigen Wanderarbeiter aus der Provinz Henan – fernab von Peking – der Grundstock für ein besseres Leben.

„Ich wünsche mir, irgendwann ein eigenes kleines Geschäft und eine perfekte Familie zu haben.“

www.migrationsblog.swr.de (Zugriff am 27. 1. 2011)

1 Beschreibt die Karikatur M2: Wie stellt der Karikaturist das Verhältnis der Global Player zu Arbeitern dar?

2 Erläutert das Schaubild M3. Entwickelt Hypothesen zu den im Schaubild behaupteten Zusammenhängen. Zieht hierzu auch die Grafik M5 heran.

3 Begründet, wie die Globalisierung auch die Auswirkungen einer Krise verstärkt (M1).

4 Stellt zusammen, welche hierzulande gewährten Rechte den Arbeiterinnen in der asiatischen Textilindustrie und den chinesischen Wanderarbeitern vorenthalten werden (M4, M6). Diskutiert: Wer profitiert von Produktionsverlagerungen?

14.5 Die Dritte Welt: Burkina Faso und der Globalisierungsprozess

M1 Baumwollernte in Afrika

Burkina Faso: Bauern ernten Baumwolle aus kontrolliert biologischem Anbau.

M2 Baumwollernte in den USA

Mit großen Maschinen wird die Baumwolle in Texas geerntet.

M3 Burkina Faso – ein Globalisierungsopfer?

Burkina Faso ist das drittärmste Land der Erde. Von den Voraussetzungen, die nötig wären, um sich erfolgreich in die Weltwirtschaft zu integrieren, erfüllt es nur wenige. Wie viele afrikanische Länder südlich der Sahara ist das Land vor allem vom Export abhängig. Natürliche Ressourcen und Wasser sind knapp, die Infrastruktur im Bildungs- und im Verkehrswesen ist schlecht. Nur ein Viertel der Menschen kann lesen und schreiben. Eine einzige Eisenbahnverbindung durchquert das Land von Nord nach Süd. Aufgrund seiner Binnenlage hat Burkina Faso keinen eigenen Zugang zum Meer. Über 90 Prozent der Menschen leben von der Landwirtschaft. Ungünstige klimatische Bedingungen und ein hohes Bevölkerungswachstum führen zu Versteppung, Bodenerosion und einem Rückgang der landwirtschaftlich nutzbaren Flächen. Über die Hälfte der zwölf Millionen Einwohner des Landes muss mit weniger als einem US-Dollar pro Tag auskommen.

Das wichtigste Ausfuhrgut Burkinas ist Baumwolle. Doch der Weltmarktpreis für den Rohstoff ist in den vergangenen fünf Jahren um 40 Prozent gefallen, die Exporterlöse sind dramatisch gesunken. Die Baumwollindustrie nicht nur in Burkina Faso, sondern auch in Mali, Benin und im Tschad wurde fast ruiniert. Ursache sind die hohen Subventionen, die die OECD-Länder an ihre jeweiligen Baumwollproduzenten zahlen – insgesamt 3,7 Milliarden US-Dollar pro Jahr. Andererseits war die Produktion von Baumwolle in den vier genannten afrikanischen Ländern von der Weltbank, von Deutschland, der Schweiz und den Niederlanden zunächst mit aufgebaut worden. Mit gutem Grund: Baumwolle ist Burkinas wichtigster Verbindungsfaden zu den globalen Handelsströmen. Selbst der Export von Fleisch, das burkinische Viehzüchter früher in die Nachbarländer verkauften, ist zurückgegangen, seit subventioniertes Billigfleisch aus Europa und Argentinien auf die afrikanischen Märkte drängt. Eigene Industrien gibt es praktisch nicht. Die einzige Textilfabrik des Landes wurde 1995 geschlossen.

aus: Materialien Nr. 125: Globalisierung gestalten – Entwicklungspolitik konkret, Hg. Bundesministerium für wirtschaftliche Zusammenarbeit und Entwicklung, Bonn 2004, S. 9.

INFO

Subventionen:
Zuwendungen, z. B. direkte Geldleistungen oder steuerliche Nachlässe.
Mit Subventionen an Unternehmen soll ein wirtschaftliches Verhalten gefördert, die Anpassung an eine veränderte Wirtschaftslage erleichtert oder es sollen bestimmte Wirtschaftsbereiche erhalten werden. Subventionen werden in einer Marktwirtschaft kritisch betrachtet, da sie das Marktgeschehen verfälschen.

OECD:
Organisation für wirtschaftliche Zusammenarbeit und Entwicklung: Die Hauptaufgaben der OECD bestehen in der Sicherung der Währungsstabilität, der Förderung des Welthandels, der Planung und Förderung des wirtschaftlichen Wachstums und der Koordination der Wirtschaftshilfe für die Entwicklungsländer.

M4 Europäische Milch und afrikanische Viehzüchter

Globalisierung zur Sanierung europäischer Märkte:

INFO

Burkina Faso:

Hauptstadt:
Ouagadougou, ca. 1,4 Mio. Einwohner

Bevölkerung:
ca. 14. Mio. Einwohner

Landessprache:
Französisch

Bruttoinlandsprodukt:
ca. 7 Mrd. US-$

Staats- und Regierungsform:
Verfassung von 1991, Präsidialrepublik, Wahlrecht ab 18 J.

Religionen:
über 50% Anhänger indigener Religionen, 30% Muslime, 12% Katholiken

Wichtigste Importgüter (Anteil am Gesamtimport in %):
23% Maschinen u. Fahrzeuge, 23% chemische Erzeugnisse, 20% mineralische Brennstoffe

Wichtigste Exportgüter (Anteil am Gesamtexport in %):
v. a. Baumwolle, Tiere u. tierische Nahrungsmittel, Gold

GLOSSAR

Entwicklungsländer

In der EU wird, mit Steuergeldern unterstützt, ein Milchüberschuss produziert. Um dies zu „regulieren“, wird mit weiterer finanzieller Unterstützung die Milch zu Milchpulver umgearbeitet und zu Dumpingpreisen auf dem Weltmarkt untergebracht. [...] Eines dieser Opfer-Länder ist Burkina Faso. [...]

Am Anfang der Produktionskette [in Burkina Faso] stehen Rinderzüchter, der Verkauf von Milch ist deren einzige regelmäßige Einnahmequelle. Ein kleinerer Landwirt erhält so ca. 20 l Milch am Tag; den Milchtransport übernimmt ein Junge, welcher in einem Plastik-Kanister mit seinem Fahrrad die Milch abholt und ca. eine Stunde bis zu einer kleinen „Molkerei“ bringt. Der Erlös für den Landwirt beträgt ca. 3 Euro pro Tag, macht 15 Cent pro Liter.

In der Molkerei wird die Milch abgekühlt und in Schlauchfolie eingeschweißt, um sie über ein Lebensmittelgeschäft zu verkaufen.

Hier beginnt die Begegnung der heimischen Landwirtschaft mit der EU: Diese bringt Milchpulver nach Burkina Faso zum halben Preis der dortigen Milch. Das Problem: Im Lebensmittelgeschäft sind die ganzen Regale bereits gefüllt mit verschiedenen EU-subventionierten Billig-Produkten auf Trockenmilchbasis aus Europa. Damit kann die Milch aus Burkina Faso nicht konkurrieren; trotz teurer europäischer Produktionsmethoden und dem Transport nach Afrika lockt die europäische Konkurrenz mit dem halben Preis. [...]

Eine Frau lebt einzig vom Milchverkauf, um ihre Familie zu ernähren. Am Markt füllt sie die Milch aus ihrer Kanne in Milchbehälter der Kunden ab. Der durchschnittliche Tagesumsatz liegt bei 4 l für insgesamt 2 Euro (= 50 ct/l); die Hälfte des Erlöses wird für Futter verwendet. Bleiben 30 Euro pro Monat; dazu 5 Euro extra im Monat für Dung, der an Gärtnereien verkauft wird.

Trotz „Vollbeschäftigung“ wird nur ein Einkommen von gut 30 Euro pro Monat erreicht. Trotz rationellster, sparsamster und direktester Weise der Vermarktung, nicht ein Gramm Abfall für sonst nicht vermeidbare Verpackungen, liegt die Frau mit ihrem Preis noch durchschnittlich 20 ct/l über der Importware.

nach: www.mercur.org (Zugriff am 25. 1. 2011)

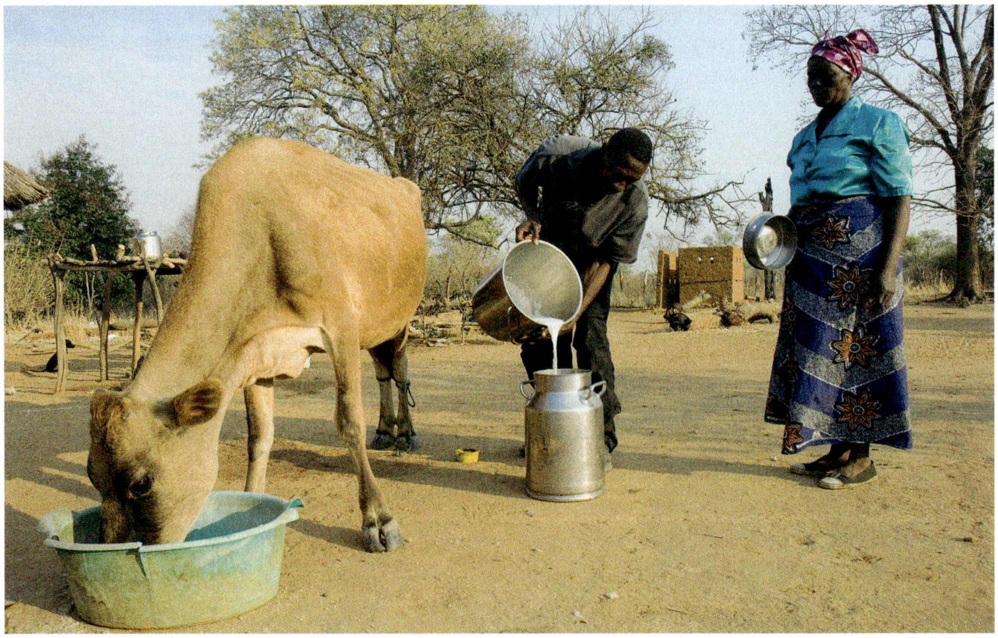

Direkt vom Erzeuger zum Kunden: Milchproduktion in Burkina Faso

M5 Der neue Wettlauf um Afrikas Ressourcen

Als im Zuge des rapide fortschreitenden Industrialisierungsprozesses der Bedarf an Rohstoffen – und insbesondere an fossilen Energieträgern – wuchs, fanden chinesische Firmen auf dem afrikanischen Kontinent in den letzten Jahren wohlwollende Kooperationspartner in den hofierten Regierungen. Peking war dabei mit der Wahl der Geschäftsfreunde keinesfalls zimperlich: Sudan, Gabun, Äquatorialguinea, Simbabwe, Angola und diverse andere Diktaturen [...] wurden unter Verweis auf die strikte Politik einer Nichteinmischung in die inneren Angelegenheiten anderer Staaten zu den Einfallstoren der chinesischen Offensive, die sich vorrangig an den Öl- und Gasvorkommen sowie diversen anderen Metallen und Mineralien in diesen Ländern interessiert zeigte. 2006 machten diese drei Viertel aller Exporte Afrikas nach China aus. [...] [China wiederum exportiert Fertigwaren nach Afrika.]
Diese Warenlieferungen schließen einen nicht unerheblichen Teil an Militärgütern ein. China gehört zu den größten Waffen- und Munitionsexporteuren der Erde und wendet in den Lieferbedingungen selten ethische Kriterien an. 2008 dokumentierte dies spektakulär die Schiffsladung mit Rüstungsgütern, die für das Regime Mugabes zu einer Zeit unterwegs war, als dessen auf Staatsterror gründende Diktatur durch den Widerstand in der Bevölkerung ins Wanken geriet. [...]
Lokale Textilindustrien sind der Billigware aus China nicht gewachsen und gehen bankrott. Die heimische Bauindustrie kann den Offerten chinesischer Konkurrenz nicht entgegentreten, da sie den staatlichen Arbeitsgesetzen und Mindestlöhnen unterliegt, die von chinesischen Firmen häufig missachtet werden [...]. Afrikanische Kleinhändler sehen durch Chinaläden mit Billigwaren ihre kärglichen Verdienstmöglichkeiten schrumpfen und kämpfen ums schiere Überleben.

Henning Melber; Heinrich-Böll-Stiftung e. V.; www.boell.de (Zugriff am 25. 1. 2011)

INFO
hofieren: übertrieben freundlich behandeln

M6 Wie man weltweite Konkurrenz verhindert

Für viele landwirtschaftliche Produkte wurden in der EU Gemeinsame Marktordnungen (GMO) etabliert. Diese sichern den europäischen Produzenten häufig sogenannte Interventionspreise zu, die weit über dem Weltmarktpreis liegen. Da zu diesem garantierten Preis das europäische Angebot und die Nachfrage weit auseinanderklaffen, verpflichtet sich die EU, den Angebotsüberschuss aufzukaufen und selbst abzusetzen oder den Produzenten über eine Exportsubvention den Verkauf am Weltmarkt zu erleichtern. Beide Varianten machen den EU-Agrarsektor zum Exporteur, obwohl die Union ohne Subventionen eigentlich Importeur wäre, und sie drücken durch das künstlich erzeugte zusätzliche Angebot den Weltmarktpreis noch weiter. Um potenziellen Import zu den niedrigeren Weltmarktpreisen zu verhindern, schottet sich die EU mit hohen Zöllen ab, die die vom EU-Konsumenten zu bezahlenden Preise für den Import von landwirtschaftlichen Gütern über die Interventionspreise hinaus erhöhen und damit die Einfuhr aus Nicht-EU-Staaten uninteressant machen. Große Wirkung erzielt dieses System vor allem bei der Zucker- und der Bananenproduktion der Gemeinschaft.

Florian Schiegl; www.polinomics.eu/archiv/polinomics_04/druck/agrar_druck.htm (Zugriff am 25.1.2011)

1 Vergleicht die Bilder zur Baumwollernte (M1, M2).
2 Informiert euch über Burkina Faso (Einwohnerentwicklung, Kindersterblichkeit, durchschnittliche Lebenserwartung, Bodenschätze, Infrastruktur, Schulbildung, Außenhandel etc.)
3 Stellt thesenförmig zusammen, wie M3 und M4 die Armut dieses Landes erklären.
4 Erklärt, warum Afrika von seinen Rohstoffen nur selten profitieren kann (M5, M6).

14.6 Migration als Folge der Globalisierung

INFO

Devisen: ausländische Währungen

◂◂ Mit Fremden leben – Integration?, S. 58/59

◂◂ Frieden und Sicherheit im 21. Jahrhundert, S. 342/343

Solange es Menschen gibt, wandern sie auch – allerdings nur selten freiwillig, sondern zumeist aus Not. Dabei können ganz unterschiedliche Motive eine Rolle spielen: die Suche nach besseren materiellen Lebensbedingungen, der Klimawandel, der Wunsch nach Religionsfreiheit, Vertreibung, Krieg oder Bürgerkrieg und vieles mehr. Die Migrationsprozesse nahmen in den letzten Jahrzehnten dramatisch zu. Hierbei unterscheidet man Binnenvertriebene, die innerhalb eines Landes den Ort wechseln oder fliehen, und Flüchtlinge, die ins Ausland gehen.

Migrationsprozesse werden auch durch die Globalisierung verstärkt. So verdrängen multinationale Unternehmen lokale Kleinproduzenten, die mit den großen Konzernen nicht konkurrieren können. Ähnliches gilt für die Landwirtschaft in Ländern der Dritten Welt, die mit der industriell betriebenen Großproduktion von Lebensmitteln auf riesigen Flächen nicht mithalten kann: Auf kleinen Flächen lohnt sich der Einsatz von teuren Maschinen kaum, sofern arme Bauern diese überhaupt kaufen könnten. Internationale Organisationen wie etwa der Internationale Währungsfonds (IWF) zwingen manchen armen oder hoch verschuldeten Staaten Sparprogramme auf, die die Lebens- und Bildungsmöglichkeiten armer Menschen einengen. Diese verlassen dann ihre Region und ziehen in Städte oder ins Ausland.

Oft spiegeln sich in der Migration die alten kolonialen Verbindungen: Algerier ziehen bevorzugt nach Frankreich, Inder nach England oder in die Niederlande, Russlanddeutsche kehren nach Deutschland zurück.

Nicht selten verdienen Schleuserbanden bei illegalen Grenzübergängen erhebliche Beträge.

Unter Umständen können die Länder, aus denen die Emigranten kommen, von der Emigration auch profitieren, denn vor allem die „Wirtschaftsflüchtlinge“, die andernorts eine Beschäftigung gefunden haben, überweisen nicht unerhebliche Beträge in ihre Heimatländer zurück. Man schätzt, dass zum Beispiel im Jahr 2005 etwa 230 Milliarden Dollar in Heimatländer zurücküberwiesen worden sind. In Mexiko, dessen wichtigstes Exportgut das Öl darstellt, bilden diese Rücküberweisungen die zweitwichtigste Devisenquelle, in anderen Ländern übertreffen sie die vom Ausland gewährte Entwicklungshilfe bei Weitem.

Strom afrikanischer Immigranten (Bootsflüchtlinge) vor Teneriffa

M1 Weltweite Armuts- und Wirtschaftsflüchtlinge

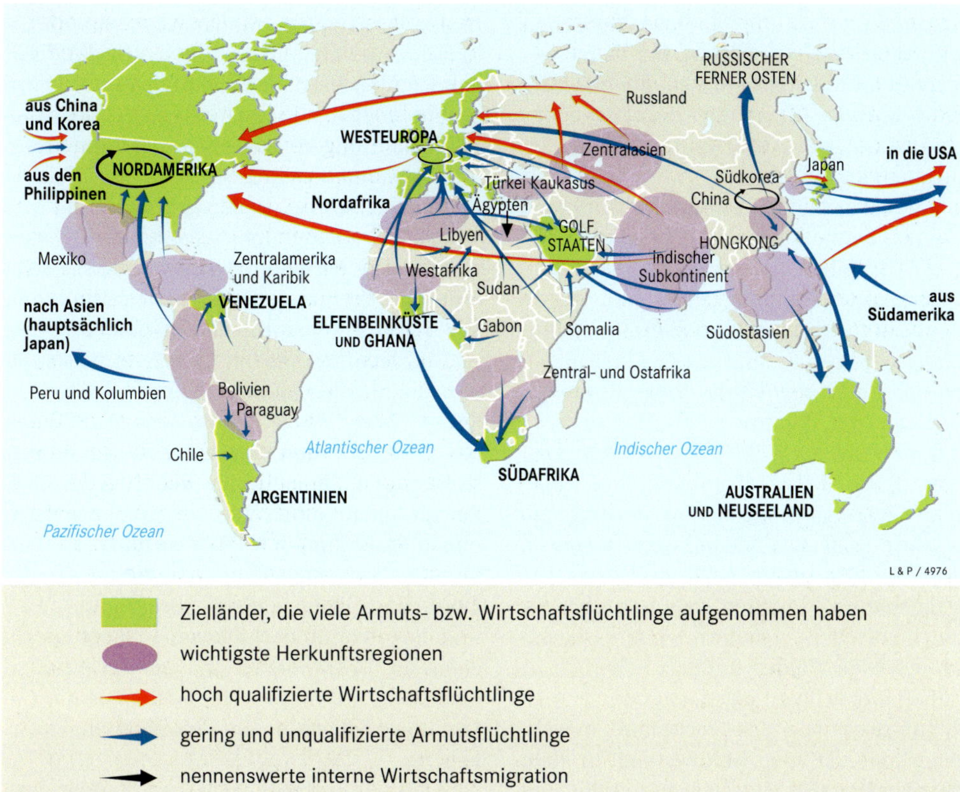

M2 Braindrain: Widersprüchliche Folgen von Auswanderung

Die Abwanderung von Fachkräften und hoch qualifizierten Personen aus Entwicklungsländern, bekannt als „Braindrain“, ist ein Teilaspekt von Migration und wird kontrovers diskutiert. Von der Abwanderung aus Entwicklungsländern ist insbesondere der Gesundheitssektor betroffen, darüber hinaus das Bildungswesen, der öffentliche Sektor, die Industrie sowie Wissenschaft und Forschung. Die Regionen mit den höchsten Raten an qualifizierter Abwanderung sind der karibische und zentralamerikanische Raum, das subsaharische Afrika, Südostasien und der Pazifikraum.

Ursachen von Braindrain sind v. a. schlechte Arbeitsbedingungen, geringe Bezahlung, fehlende Karrieremöglichkeiten sowie die Instabilität der Herkunftsgesellschaft. [...]

Stark unterschiedliche Einschätzungen gibt es bezüglich der Auswirkungen von Braindrain auf Entwicklungsländer. Als negative Folgen gelten: Humankapitalverlust, Personalknappheit in strategischen Sektoren, Verlust von volkswirtschaftlichen Investitionen und Steuerzahlungen sowie Schwächung der Institutionen und der Innovationskraft des Landes.

Als positive Auswirkungen des Braindrain werden angesehen: Rücküberweisungen, Bildungsanreiz im Herkunftsland, Transfer von Wissen und Technologie („brain gain“). [...]

Insgesamt scheinen kleine und arme Entwicklungsländer von Braindrain eher geschwächt zu werden, während größere Länder und solche mittleren Einkommens davon auch profitieren können.

Margarita Langthaler/Sandra Hornoff: WORKING PAPER 20. APRIL 2008; www.oefse.at (Zugriff am 25. 1. 2011)

INFO

Internationaler Währungsfonds (IWF):
Der IWF verfolgt die Ziele, den Welthandel auszuweiten, die internationale Zusammenarbeit in der Währungspolitik zu fördern, die internationalen Finanzmärkte zu stabilisieren und kurzfristige Kredite zum Ausgleich von Zahlungsbilanzdefiziten zu vergeben. Für die Regulierung der Weltwirtschaft hat er damit eine zentrale Bedeutung. Mitglieder 2010: 187 Staaten

Braindrain:
Abwanderung von Wissenschaftlern ins Ausland

Braingain:
wörtlich: „Gehirn-Gewinn“ im Sinne von erwirtschafteten Gewinnen durch die Zuwanderung der Intelligenz

M3

Westafrika - eine Region im Teufelskreis

Immer mehr arme und landlose Menschen aus Burkina Faso versuchen ihr Glück als Migranten im Nachbarland Côte d'Ivoire. Der westafrikanische Staat ist ein tropisches Agrarland und grenzt an Liberia, Guinea, Mali, Burkina Faso und Ghana.

Drei Jahre ist es her, dass Brahima Ouédraogo und seine Familie Burkina Faso verlassen haben, um in Tabou im Südwesten von Côte d'Ivoire einen Neuanfang zu wagen. Wurde den Ankömmlingen zunächst ein freundlicher Empfang bereitet, so sind die Gefühle inzwischen merklich abgekühlt. Viele Einheimische wären froh, die Zuwanderer los zu sein. „Wenn man unsere Wälder betritt, sieht man allerorten, wie sie von Migranten ohne Rücksicht auf Verluste ausgebeutet werden." So klagt Marc Kallé aus Klotou, einer weiteren Ortschaft im Südwesten von Côte d'Ivoire. Die Zugezogenen aus Burkina Faso und anderen westafrikanischen Ländern interessierten sich nur für die Wälder, um dort Ackerbau zu betreiben und Wild zu jagen, sagt er.

Nach Informationen des ivorischen Umweltministeriums ist der Waldbestand in dem westafrikanischen Land zwischen 1988 und 2005 von zehn Millionen auf drei Millionen Hektar zurückgegangen. Lag bis 1984 die Entwaldungsrate bei 2,5 Prozent im Jahr, so sind es inzwischen elf Prozent. Grund für den Anstieg ist der forcierte Kakao- und Kaffeeanbau in der Region.

INFO

forcieren: vorantreiben

„Es gibt bald kein Land mehr, das wir teilen könnten", kritisiert Kallé. „Die Zeit wird kommen, in der wir sie alle zur Heimkehr auffordern." Nach offiziellen Schätzungen leben im Südwesten Côte d'Ivoires rund 200 000 Migranten aus Westafrika. Jedes Jahr kommen Hunderte Familien hinzu.

◂◂ Umweltbesusst leben – nachhaltig wirtschaften!, S. 236 ff.

Die Konkurrenz um Land und natürliche Ressourcen hat in der Vergangenheit wiederholt zu gewaltsamen Auseinandersetzungen geführt.

Der bisher schlimmste Vorfall ereignete sich 1999 in Tabou und forderte 50 Menschenleben. Damals trieb das ivorische Volk der Kroumen die ethnischen Lobi und Dagaré aus Burkina Faso in die Flucht. Bei ähnlichen Konfrontationen starben Mitte 2005 in der Region Duékoué etwa zehn Menschen. Weitere 10 000 wurden vertrieben.

Desertifikation: fortschreitende Wüstenbildung

In den vergangenen Monaten hat sich die Situation in Tabou durch die Ankunft von Landsleuten aus dem Norden von Côte d'Ivoire erneut verschärft. Auch haben in Duékoué die Spannungen zwischen Einheimischen und Zuwanderern seit vergangenem November zugenommen. Dort sind Dutzende von Menschen getötet und Tausende vertrieben worden. Das berichtet Youssouf Omar, UN-Koordinator für humanitäre Angelegenheiten in der Wirtschaftsmetropole Abidjan. Er sieht im Überlebenskampf um Agrarland die Hauptursache für die Konflikte.

Côte d'Ivoire ist seit dem Putsch vom September 2002 in einen von Rebellen gehaltenen Norden und einen von der Regierung kontrollierten Süden geteilt. Die Vereinten Nationen haben Blauhelme zur Überwachung der Pufferzone zwischen den Gebieten entsandt. Über das Welternährungsprogramm WFP und das Weltkinderhilfswerk Unicef versuchen sie, Ureinwohner und Immigranten zu erreichen. Auf diese Weise wollen sie der Gefahr einer Eskalation der Gewalt entgegenwirken.

„Wir bitten unsere ivorischen Brüder und Schwestern um Verständnis für unsere Situation", sagt Issouf Sawadogo, einer der Führer der Burkiner in Tabou. „Bei uns daheim gibt es kein Land mehr, das wir beackern könnten. Das ist der Grund, aus dem wir gekommen sind. Hier gibt es fruchtbares Land und Regen."

Verwüstung löst Wanderbewegung aus

Das UN-Umweltprogramm (Unep) macht für den Verlust der ivorischen Wälder nicht allein die Wanderarbeiter aus den Nachbarländern verantwortlich. Auch Ivorer aus dem Norden tragen dazu bei. Sie kommen in Scharen, seit die Böden ihrer Heimatregion verödet sind.

Der gleichen Auffassung sind auch die „Freunde der Wälder" (Amifor). Nach Auskunft der Nichtregierungsorganisation mit Sitz in der ivorischen Hauptstadt Yamoussoukro ist die Desertifikation im Norden weit vorangeschritten. Ein ähnliches Schicksal droht jetzt dem Süden, sollte die Regierung nicht in die Wiederaufforstung investieren.

Etienne Guéhi, Umweltmanagement-Experte an der Abobo-Adjamé-Universität in Abidjan, verwies auf den Zusammenhang zwischen Armut und Umweltzerstörung. „Menschen, die verzweifelt ums Überleben kämpfen, neigen dazu, sich landwirtschaftlicher Praktiken zu bedienen, die der Desertifikation Vorschub leisten“, sagt er. „Sie holzen alles ab, pflanzen jedes Jahr das Gleiche und lassen ihren Feldern keine Zeit, sich zu erholen.“

Ouédraogo ruht sich nach einem langen Arbeitstag in dem Unterstand auf seinem Kakaofeld aus. „Im letzten Jahr wurden aufgrund der regelmäßigen Niederschläge meine Erwartungen übertroffen“, freut er sich. „Ich habe 3,4 Tonnen Kakao pro Hektar, zwei Tonnen Reis und jede Menge Mais geerntet. Das war genug, um die Schulgebühren für meine Kinder zu zahlen und die gesamte Familie ein Jahr lang zu ernähren.“

Autor: Fulgence Zamblé, IPS-Korrespondent Westafrika – Übersetzung ins Deutsche: Karina Böckmann, Inter Press Service Europa, IPS, Berlin/Bonn

© 2011 Presse- und Informationsamt der Bundesregierung; www.bundesregierung.de (Zugriff am 25. 1. 2011)

M4 Menschen auf der Flucht

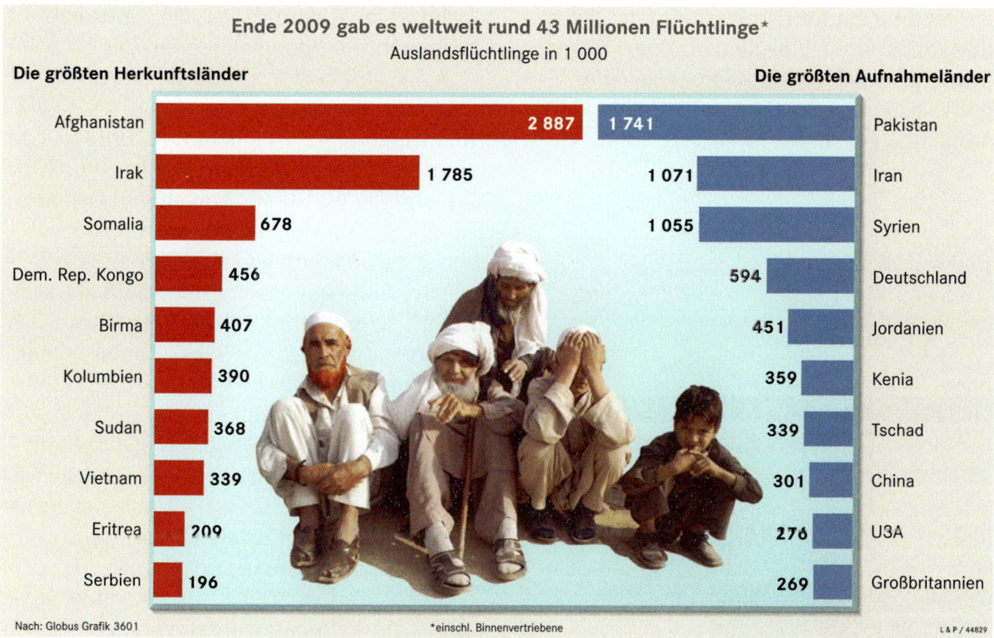

1 Untersucht die Flüchtlingsströme hinsichtlich der wichtigsten Ziel- und Herkunftsregionen. Woher kommen hoch- und geringqualifizierte Flüchtlinge (M1, M4)?

2 Stellt Gründe zusammen, warum Menschen aus Burkina Faso wegziehen. Welche Folgen hat dies für Côte d'Ivoire (M3)?

3 Informiert euch (evtl. arbeitsteilig) über die Situation in Ländern, aus denen gegenwärtig viele Menschen flüchten (M4).

4 Erörtert, inwiefern Flüchtlinge aus armen Ländern durch ihre Emigration ihrem Heimatland auch nützen können (Autorentext, M2).

5 Diskutiert, inwiefern für Deutschland Migranten eher eine Belastung oder einen Gewinn darstellen.

14.7 Grenzen nationalstaatlicher Politik

INFO

supranationale Institutionen: überstaatliche Institutionen

transnationale Konzerne: weltweit handelnde Firmen

NGO: Non-Governmental Organization: Nichtregierungsorganisation

◂◂ **Globalisierung und Strukturmodell, S. 275**

◂◂ **Fracht- und Kommunikationskosten, S. 372**

Durch die Globalisierung findet eine folgenreiche Machtverschiebung statt. Die nationalen Parlamente verlieren an Einfluss, da nun supranationale Institutionen und transnationale Konzerne wichtige Entscheidungen jenseits nationaler Interessen bestimmen. Die Hersteller von Handys, von weltweit vertriebenem Saatgut oder Düngemitteln oder von Spielzeug orientieren sich nicht mehr primär an nationalen Sicherheits- oder Umweltstandards, sondern an den weltweiten Vermarktungsmöglichkeiten. Transnationale Konzerne können ihre Produktion dorthin verlagern, wo für sie die günstigsten Steuern, Umweltauflagen und Löhne herrschen, denn die Transportkosten der Güter sind stark gesunken. Damit gehen in zahlreichen Ländern Arbeitsplätze verloren, die in „Billiglohnländern" neu geschaffen werden.

M1 Die größten Konzerne

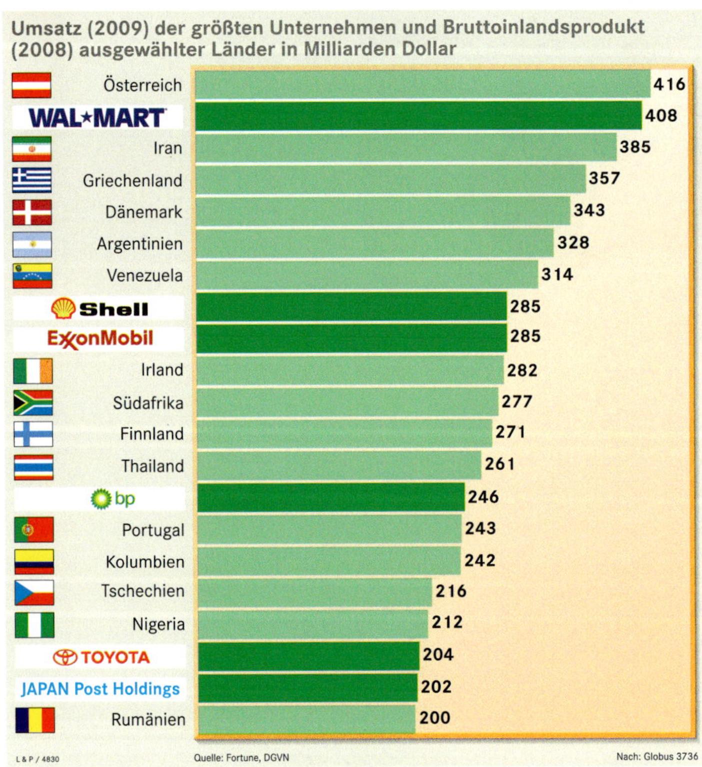

Der Einfluss der nationalen Parlamente auf die Gestaltung des internationalen Wirtschaftsgeschehens ist infolge der Globalisierung gesunken. Da allerdings viele Produkte, etwa aus China, für den europäischen Markt hergestellt werden, kann nun das Europäische Parlament (nicht aber mehr der Deutsche Bundestag) unerwünschten Produkten aus China einen „Riegel vorschieben", wenn sich die europäischen Staaten auf gemeinsame europäische Richtlinien geeinigt haben. Einzelne Nationalstaaten können wenig gegen die negativen Folgen der Globalisierung unternehmen. Sie können aber – wie die Europäische Union – gemeinsam die Globalisierung in ihrem Interesse steuern.

Chancen der NGOs

Nichtregierungsorganisationen oder NGOs agieren in der Regel in mehreren Staaten. Sie bringen vor allem Probleme von Menschenrechtsverletzungen, des Umweltschutzes oder von sozialer Gerechtigkeit zur Sprache und prangern Missstände an. Sofern sie bestimmte Kriterien erfüllen, können NGOs auch bei UNO-Konferenzen teilnehmen und dort ihr Anliegen zu Gehör bringen. Sie sind häufig international vernetzt und agieren weltweit. NGOs sollten politisch unabhängig sein, sie haben bisweilen andere und größere Handlungsspielräume als politische Parteien oder Regierungen und können ihr Anliegen in der Öffentlichkeit vertreten. Manche ihrer spektakulären Aktionen werden von den Medien aufgegriffen und verbreitet. Sie können gelegentlich politische und humanitäre Ziele leichter durchsetzen als Staaten.

Bedeutende NGOs sind:

- Ärzte ohne Grenzen
- Amnesty International (ai)
- Attac
- Greenpeace
- Oxfam
- Robin Wood
- Rotes Kreuz
- World Wide Fund for Nature (wwf)
- misereor

M2 Der Einfluss der Nationalstaaten auf die Globalisierung

Was kann der Nationalstaat tun, um Einfluss auf die Globalisierung zu nehmen?

Ein wichtiges Thema der Globalisierungsdebatte ist der Standortwettbewerb. Aber wie man die Wettbewerbsfähigkeit eines Standortes bewerten kann, wird kontrovers diskutiert. Zur Beurteilung der Wettbewerbsfähigkeit müssen sicherlich mehrere Faktoren berücksichtigt werden:

- infrastrukturelle Voraussetzungen; hierzu gehören ein gut ausgebautes Straßen- und Schienennetz, Häfen, Flughäfen und andere Umschlagplätze sowie ausgebaute Wasserwege
- rechtsstaatliche Verhältnisse
- professionelle Logistikunternehmen
- günstige Forschungsbedingungen
- hohes Qualifikations- bzw. Ausbildungsniveau der Arbeitskräfte
- niedrige Steuerbelastungen und Arbeitskosten
- funktionstüchtige staatliche Bürokratie zur raschen Abwicklung rechtlicher Fragen und zur Bereitstellung der nötigen Infrastruktur; geringe bürokratische Auflagen
- attraktives kulturelles Angebot
- gute medizinische Versorgung usw.

Leistungsstarke Nationalstaaten können insofern durchaus „Billiglohnländern“ überlegen sein. Die Globalisierung ersetzt oder schwächt nicht notwendigerweise den Nationalstaat, sondern sie fordert von ihm neue Leistungen.

Autorentext

M3 Aufruf der Menschrechtsorganisation ai

1. Stellt Folgen zusammen, die sich für die nationalstaatliche Politik aus dem Globalisierungsprozess ergeben (Autorentext, M2).
2. Erklärt, warum Nichtregierungsorganisationen sehr einflussreich sein können (Autorentext, M3).
3. Diskutiert, auf welche Weise transnationale Konzerne Macht über Staaten haben können. Denkt dabei an Arbeitsplätze und Investitionen, an die Gewerbesteuer und sonstige Steuern (M 1).
4. Diskutiert, inwiefern ein transnationaler Konzern einen Staat „erpressen“ kann. Unter welchen Bedingungen erscheint ein Nationalstaat kaum erpressbar?
5. Formuliert Maßnahmen, durch die sich Staaten für den Globalisierungsprozess fit machen können.

14.8 Weltweite Demokratisierung im Gefolge der Globalisierung?

GLOSSAR
Demokratie

Mehr als die Hälfte aller Länder der Welt sind gegenwärtig nicht demokratisch. Begünstigt der Globalisierungsprozess die weltweite Demokratisierung oder schadet er ihr? Hierzu gibt es unterschiedliche Auffassungen. Großkonzerne, die global operieren, können ihre wirtschaftlichen Interessen erheblich leichter in autoritär regierten und vielleicht auch korrupten Staaten durchsetzen: Hier muss kein langwieriger demokratischer Willensbildungsprozess abgewartet werden. Hier gibt es keine demokratische Gegenmacht etwa in Gestalt von Gewerkschaften, die Menschen haben in autoritären Systemen weniger Rechte und können ihre eigenen Interessen nicht durchsetzen. Globalisierung schadet in dieser Hinsicht der Demokratisierung. Auf der anderen Seite begünstigt der Globalisierungsprozess aber auch die weltweite Information und Kommunikation, was durchaus einer politischen Bildung und Demokratisierung förderlich ist. Es entsteht eine weltweite Öffentlichkeit, in der z. B. Menschenrechtsverletzungen rasch publiziert werden können. Das Internet übt einen ganz erheblichen Druck auf autoritäre Regime aus. Viele Menschen in Russland, China oder in autoritär regierten afrikanischen Staaten sind aufgrund der modernen Kommunikationstechnologien mit den politischen und sozialen Verhältnissen etwa in Europa vertraut.

M1 Freie demokratische, halbfreie und autoritäre Regime

Freedom House ist eine amerikanische Nichtregierungsorganisation (NGO), die es sich zur Aufgabe gemacht hat, politische Freiheiten, Bürgerrechte und Glaubensfreiheit weltweit zu beobachten.
Auf ihrer Internet-Seite (www.freedomhouse.org) kann man die Ergebnisse ihrer Jahresstudien über den Stand der Freiheitsrechte in 192 Ländern und 60 autonomen Gebieten oder Protektoraten abfragen. Jedes Land wird anhand von Indikatoren erfasst und einer von drei Kategorien zugeordnet: frei (nahezu vollständige Achtung der Freiheitsrechte), teilweise frei (gewisse Einschränkungen der Freiheitsrechte, bedingt durch Bürgerkrieg, Korruption oder unzureichende Umsetzung vorhandener Gesetze) und unfrei (Nichtachtung der Grundrechte, gelenktes politisches System).

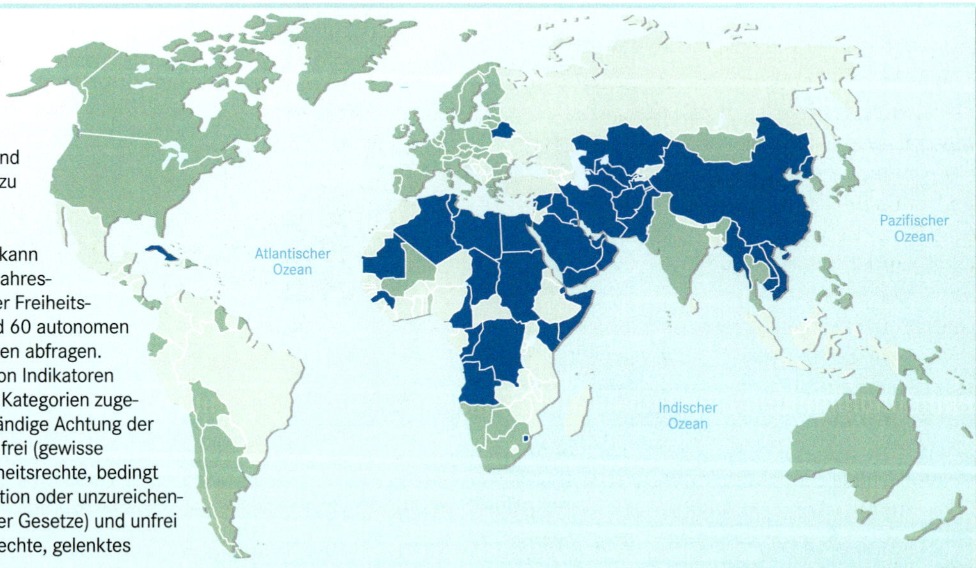

in Prozent	1978	1988	1998	2008
freie Staaten	29,7	35,9	46,1	46,1
eingeschränkt freie Staaten	35,4	23,4	27,7	32,1
unfreie Staaten	34,8	40,7	26,2	21,8

frei
teilweise frei
unfrei

Quelle: Le Monde diplomatique: Atlas der Globalisierung, 2003

L&P 4831

M2 Kriterien für den freien Staat

Nach Freedom House gilt ein Staat als frei, wenn die Staatsbürger

- frei am politischen Prozess teilnehmen können,
- in freien Wahlen frei wählen können,
- durch Personen repräsentiert werden, die rechenschaftspflichtig sind,
- frei in der Wahl ihres Glaubens und bei der Ausübung ihrer Religion sind,
- das Recht zur Versammlung und zur Bildung von Zusammenschlüssen haben,
- Zugang zu einem gerechten Rechtssystem haben,
- unabhängige Medien nutzen können,
- soziale und ökonomische Freiheiten haben – einschließlich des Rechts auf Eigentum.

Dabei ist zu beachten, dass nicht alle Demokratien sämtliche Kriterien voll erfüllen und demnach auch „eingeschränkt frei“ sein können.

Freedom House: Freedom in the World – Country Ratings; Bundeszentrale für politische Bildung, 2009, www.bpb.de (Zugriff am 25. 1. 2011)

GLOSSAR
Staat

M3 Stabile Demokratien

Als Bedingung einer stabilen Demokratie wird immer wieder auf das Bestehen einer marktwirtschaftlichen Ordnung verwiesen. Dieser Zusammenhang zwischen Marktwirtschaft und Demokratie ist allerdings umstritten. Zum einen verfügen viele ältere Demokratien über liberale, wenngleich nicht immer staatsfreie Wirtschaften, und sie sind vergleichsweise reiche Länder. Zum anderen aber finden sich kapitalistische Marktwirtschaften auch in halbdemokratischen und autoritären Regimen. Und Staaten, die in den letzten Jahrzehnten den Übergang von der sozialistischen Plan- zur Marktwirtschaft vollzogen, haben dies zum Teil nur unter halbdemokratisch zu nennenden Vorzeichen getan.

Einerseits schafft eine freie Wirtschaft Wohlstand. Und dieser ist fast schon eine Garantie für die Demokratie: Je reicher ein Land ist, desto größere Chancen bestehen für eine demokratische Staatsverfassung. Eine fortdauernd prosperierende Marktwirtschaft erhöht die Wahrscheinlichkeit, dass sich ein autokratisches oder halbdemokratisches Land zu einer vollen Demokratie entwickeln kann.

Bundeszentrale für politische Bildung; www.bpb.de (Zugriff am 25. 1. 2011)

M4 „Demokratie sagen“

Karikatur: Gerhard Mester

INFO
prosperieren: blühen

1 Beschreibt den weltweiten Demokratisierungsprozess der letzten Jahrzehnte (M1, M2).

2 Entwickelt und diskutiert Argumente und Gegenargumente für die Behauptung, dass ein relativer Wohlstand die Demokratie begünstigt (M3, M4).

M5 Kann das Internet China demokratisieren?

Fall 1: Ein kleiner Blog über Verletzungen der Verkehrsregeln durch Polizeiautos in China.

Was der Blogger macht, ist eigentlich eine umständliche Arbeit. Er hat jeden Tag nur die Polizeiautos fotografiert, die gegen die Verkehrsregeln verstoßen haben, und Fotos ins Netz gestellt. Obwohl das eine kleine Angelegenheit ist, ist der Blogger sehr gewissenhaft und macht unermüdliche Anstrengungen. Der Blogger versucht durch seinen kleinen Beitrag, China zu verändern, was im Zeitalter der klassischen Medien unvorstellbar war. Keine Medien-Öffentlichkeit kann so unermüdlich die privilegierte Schicht ohne jede Scham und Scheu herausfordern und sie unter Druck setzen.

GLOSSAR

Internet

Fall 2: Zwischenfall in Yihuang

Der Zwischenfall in Yihuang vom 10. September 2010 hat Aufmerksamkeit in ganz China erregt: Dort wurden Häuser gegen den Willen der Besitzer abgerissen. Um dagegen zu protestieren, haben Menschen versucht, sich zu verbrennen. Aber die klassischen Medien haben nur tatenlos zugeschaut. Die Empörung der Internetnutzer hingegen hat die Aufmerksamkeit von oben erregt. Am Abend des 17. September hat die Stadtregierung Fuzhou der Provinz Jiangji beschlossen, die Personen zu bestrafen, die schuldig an dem Zwischenfall waren. Es wurde eine Untersuchungsakte gegen den Sekretär des Kreisparteikomitees, Qiu Jianguo, und den Bürgermeister des Kreises, Su Jianguo, angelegt. Die beiden trugen wichtige Verantwortung in der Leitung für den Abriss. Der stellvertretende Bürgermeister, Mitglied des Ständigen Ausschusses des Kreisparteikomitees, Li Minjun, wurde seines Amtes enthoben, und auch hier wurde eine Akte angelegt, um den Fall weiter zu untersuchen. Noch fünf weitere Personen wurden bestraft.

JingJing (männliche Figur) und ChaCha (weibliche Figur) heißen die beiden chinesischen Internetpolizisten, die das Netz überwachen. Jingcha bedeutet übersetzt Polizei.

Wird China durch neue Medien verändert?

[...] Laut der Statistik des China Network Information Center (CNNIC) hat die Zahl der Internetnutzer in China bis zum Juni 2010 420 Millionen erreicht. Im Vergleich zu Ende 2009 ist diese Zahl um 36 Millionen gestiegen. Das heißt, 31,8 Prozent der Bevölkerung haben einen Internetzugang. Die Zahl der Personen, die durchs Handy ins Netz gehen, beträgt 277 Millionen. Innerhalb von einem halben Jahr hat die Zahl um 43,34 Millionen zugenommen.

Die Benutzung des Handy-Netzwerks entwickelt sich stabil. Handys werden zum einen zur Kommunikation, zum anderen zur Informationsgewinnung genutzt, wobei sie immer häufiger auch als Internet-Suchmaschine eingesetzt werden.

nach: Institut für Auslandsbeziehungen; e. V. www.ifa.de (Zugriff am 25. 1. 2011)

3 Diskutiert die Frage, ob China durch das Internet demokratischer wird (M5).

4 Erörtert, ob die Globalisierung eine Entwicklung zu weltweitem Wohlstand begünstigt, oder ob arme Staaten durch sie nur noch stärker benachteiligt werden.

Das Taschengeldkonto

Für wen? Im Prinzip für alle bzw. ab 7. Jahre.
Manche Institute machen altersp. Ampelkarte.

Bedingung: Eltern müssen das Konto eröffnen

Was kann man mit der Kontokarte machen?

Im Prinzip alles was man auch mit Erwachsenenkarte kann

Einschränkungen:

Man kann das Konto nicht überziehen

14.9 Armut und soziale Gerechtigkeit in einer globalisierten Welt

Auf dem Millenniumsgipfel der Vereinten Nationen im September 2000 haben die Mitgliedstaaten beschlossen, dass nachhaltige Entwicklung und Armutsbekämpfung Priorität haben. Auf diese Weise fördere man auch den Weltfrieden. Dem Streben nach mehr sozialer Gerechtigkeit sollte stärkere Geltung verschafft werden. Dazu wurden acht anspruchsvolle Ziele vereinbart, die von einer Arbeitsgruppe aus Vertretern der UNO, der Weltbank, der OECD und mehrerer Nichtregierungsorganisationen formuliert worden sind. Diese Entwicklungsziele wurden im Rahmen des Gipfels von den Vereinten Nationen verabschiedet. Sie sollen bis 2015 erreicht werden, als Ausgangsjahr für die gesetzten Ziele gilt 1990.

Als Millenniumsgipfel wird die 55. Generalversammlung der Vereinten Nationen bezeichnet, die vom 6. bis 8. September 2000 in New York stattfand.

M1 Die acht Milleniums-Entwicklungsziele der UN

1. Beseitigung der extremen Armut und des Hungers:
- den Anteil der Menschen halbieren, deren Einkommen weniger als ein Dollar pro Tag beträgt
- den Anteil der Menschen halbieren, die Hunger leiden

2. Verwirklichung der allgemeinen Primarschulbildung:
- sicherstellen, dass Kinder in der ganzen Welt, Jungen wie Mädchen, eine Primarschulbildung vollständig abschließen können

3. Förderung der Gleichstellung der Geschlechter und Ermächtigung der Frau:
- das Geschlechtergefälle auf allen Bildungsebenen beseitigen

4. Senkung der Kindersterblichkeit:
- die Sterblichkeitsrate von Kindern unter fünf Jahren um zwei Drittel senken

5. Verbesserung der Gesundheit von Müttern:
- die Müttersterblichkeitsrate um drei Viertel senken

6. Bekämpfung von HIV/Aids, Malaria und anderen Krankheiten:
- die Ausbreitung von HIV/Aids zum Stillstand bringen und allmählich umkehren

7. Sicherung der ökologischen Nachhaltigkeit:
- die Grundsätze der nachhaltigen Entwicklung in einzelstaatliche Politiken und Programme einbauen und den Verlust von Umweltressourcen umkehren
- den Anteil der Menschen um die Hälfte senken, die keinen nachhaltigen Zugang zu hygienischem Trinkwasser haben
- eine erhebliche Verbesserung der Lebensbedingungen von mindestens 100 Millionen Slumbewohnern herbeiführen

8. Aufbau einer weltweiten Entwicklungspartnerschaft:
- die öffentliche Entwicklungshilfe steigern
- den Marktzugang ausweiten
- Schuldentragfähigkeit fördern

nach: Weltbank, Weltentwicklungsbericht 2003, S. 240

« Menschenrechte – Grundrechte – Bürgerrechte, S. 200/201

GLOSSAR

Armut

M 2

Armut und Unterentwicklung haben viele Gesichter und Ursachen

In allen Entwicklungsregionen sind Kinder in ländlichen Gebieten häufiger untergewichtig als Kinder in den Städten. In Lateinamerika, in der Karibik und in Teilen Asiens ist dieses Ungleichgewicht zwischen 1990 und 2008 größer geworden.

- Das Gefälle zwischen den ärmsten und den reichsten Haushalten ist weiter enorm. In den ärmsten Gebieten Südasiens sind 60 Prozent der Kinder untergewichtig, in den reichsten Haushalten hingegen 25 Prozent.
- Im Durchschnitt der Entwicklungsregionen besuchen Mädchen aus den ärmsten 20 Prozent der Haushalte dreieinhalb Mal seltener als Mädchen aus den reichsten Haushalten und viermal seltener als Jungen aus diesen eine Schule.
- Selbst in den Ländern, die die allgemeine Grundschulbildung fast verwirklicht haben, stellen Kinder mit Behinderungen die Mehrzahl derer, die davon ausgeschlossen sind.
- Die Gesundheit von Müttern gehört zu den Bereichen, in denen die Kluft zwischen Arm und Reich am augenfälligsten ist. In den entwickelten Ländern werden fast alle, in einigen Entwicklungsländern dagegen weniger als die Hälfte der Geburten von qualifizierten Gesundheitsfachkräften begleitet.
- Auch die Unterschiede beim Zugang zur Schwangerenvorsorge sind enorm. Frauen aus den reichsten Haushalten suchen 1,7-mal häufiger als die ärmsten Frauen mindestens einmal während der Schwangerschaft medizinisches Fachpersonal auf.
- Ein weiteres Haupthindernis für den Zugang zu Instrumenten, die das Leben der Menschen verbessern könnten, ist der Mangel an Bildung. So bewirken Armut und ungleicher Zugang zu Schulbildung anhaltend hohe Geburtenraten bei Jugendlichen, wodurch die Gesundheit von Mädchen gefährdet und ihre Chancen auf soziale und wirtschaftliche Besserstellung geschmälert werden.
- Frauen mit weiterführender Schulbildung verwenden viermal so häufig Verhütungsmittel wie Frauen ohne Bildung. Bei Frauen in den ärmsten Haushalten und bei Frauen ohne Bildung waren die Fortschritte in den letzten zehn Jahren minimal.

www.bmz.de/de/publikationen/reihen/sonderpublikationen/Millenniums_Entwicklungsziele_Bericht_2010.pdf (Zugriff am 25. 1. 2011)

M3 Regionale Verteilung der Kinder ohne Schulbildung in %

Region	1999	2008
Afrika südlich der Sahara	43	46
Südasien	34	27
Ostasien	6	6
Südostasien	4	5
Lateinamerika und Karibk	3	4
Westasien	4	4
Entwickelte Regionen	2	4
GUS	1	2
Nordafrika	3	2

◂◂ Schule heute, S. 46 ff.

M4 UN-Millenniumsziele: Schwache 1. Halbzeit (2008)

Mit dem „Millennium Development Goals 2008 Report“ legten die Vereinten Nationen am 11. September eine Halbzeit-Bilanz vor, die in vielen Bereichen erschreckend ausfällt. Doch es gibt auch Hoffnungsschimmer.

Weil weltweit Nahrungsmittel teurer geworden sind, drohen 100 Millionen Menschen zusätzlich in Armut zu geraten. Immer noch sterben jedes Jahr 500 000 werdende Mütter in armen Ländern bei Schwangerschaft oder Geburt. Und wenn es so langsam weitergeht wie bisher, werden Mädchen auch 2015 noch in 98 Ländern der Welt eine schlechtere Schulbildung bekommen als Jungen.

Immerhin können die Vereinten Nationen auch Fortschritte vermelden. Endlich geht die Zahl der AIDS-Toten zurück, allerdings fordert die behandelbare Krankheit immer noch zwei Millionen Opfer pro Jahr. Die Zahl der Menschen – überwiegend Kinder –, die jedes Jahr an Masern sterben, konnte seit dem Jahr 2000 sogar um zwei Drittel gesenkt werden, weil groß angelegte Impfkampagnen nun 80 Prozent der Kinder in Entwicklungsländern erreichen.

Der jetzt veröffentlichte Bericht hat eine klare Botschaft: Wenn es weitere Fortschritte geben soll, dann dürfe die „globale Entwicklungspartnerschaft“, wie sie in den Millennium Development Goals formuliert ist, nicht nur ein Lippenbekenntnis bleiben. Hier seien die Industrieländer besonders gefragt. Die Entwicklungshilfe müsste deutlich erhöht werden – doch stattdessen seien die Leistungen der reichen Länder in den letzten zwei Jahren sogar gesunken.

Zudem müssten die Welthandelsregeln endlich gerecht gestaltet werden, denn zwei Drittel der armen Menschen weltweit leben in ländlichen Regionen. Und die Kleinbauern in den Entwicklungsländern können nicht mit den subventionierten Importen aus reichen Ländern konkurrieren.

Glocalist Daily News; www.glocalist.com (Zugriff am 25. 1. 2011)

1 Verfasst ein Plädoyer für ein ausgewähltes Milleniumsziel (M1).
2 Vergleicht das zweite Millenniumsziel mit dem im Jahr 2008 erreichten Stand (M1, M3).
3 Untersucht den Bericht über die Millenniums-Entwicklungsziele M4. Stellt in einer Mind-Map zusammen, welche Aspekte Armut hat und wie diese Aspekte zusammenhängen (M2).
4 Erklärt, warum die Armutsbekämpfung auch in unserem Interesse liegt (M1).

PERSPEKTIV-WECHSEL

Schule in Simbabwe

Wie ist es, in einem der ärmsten Länder der Welt Kind zu sein? Der achtjährige Tererai und die 13-jährige Tafadzwa erzählen von ihrem Schulalltag in Simbabwe.

Es ist vier Uhr morgens, wenn die ersten Schüler ihr Haus verlassen und sich zu Fuß über staubige Straßen auf den Schulweg nach Bulawayo machen. Drei Stunden laufen sie jeden Morgen aus den Vororten in die zweitgrößte Stadt Simbabwes. Ihre Klassenkameraden, die 13-jährige Tafadzwa und ihr achtjähriger Cousin Tererai, haben es da besser: Sie können länger schlafen, weil sie nur eine halbe Stunde entfernt von ihren Schulen leben.

„Ich möchte gerne Astronautin werden, wenn ich erwachsen bin", wünscht sich die 13-jährige Tafadzwa. „Wenn das nicht klappt, wäre ich gerne Wissenschaftlerin, weil ich es liebe, Dingen zu erforschen." Es wird nicht leicht sein, diese großen Träume zu verwirklichen – in einem Land, dessen Arbeitslosenquote bei 94 Prozent liegt und aus dem schon ein Drittel der Bevölkerung, hauptsächlich die Gebildeten, nach Südafrika geflohen ist.

Wissbegierig, lernfreudig und arm

Simbabwe, die einstige Kornkammer Afrikas, ist unter der Herrschaft des Despoten Robert Mugabe zu einem der ärmsten Länder der Welt verkommen. Eine Inflation von 231 Millionen Prozent, die Lebenserwartung ist in den letzten zwei Jahrzehnten von 61 auf 34 Jahre gesunken. Die Cholera breitet sich rasant aus, ein Viertel der Erwachsenen ist HIV-positiv. Was heißt es, in so einem Land jung zu sein, Träume zu haben, lernen zu wollen?

Vor ein paar Tagen haben die Ferien begonnen, eines der Trimester im Schuljahr ist geschafft. Doch die Siebtklässlerin Tafadzwa und der Drittklässler Tererai sind fast ein wenig traurig, dass sie gerade nicht zur Schule gehen dürfen. „Ich liebe es zu lernen", schwärmt das Mädchen. „Meine Lieblingsfächer sind Buchhaltung, Wissenschaft, Geschichte, Englisch und Geografie, Literatur und Mathe", womit sie alle Schulfächer aufgezählt hat.

Die beiden sind froh, dass sie im Moment überhaupt wieder zur Schule gehen können, hatten die Lehrer Simbabwes doch bis vor Kurzem noch monatelang gestreikt. Mit ihren Gehältern, die in der wertlosen einheimischen Währung Simbabwe-Dollar ausgezahlt wurden, konnten sie sich noch nicht einmal die Busfahrt zur Schule leisten.

„Im letzten Schuljahr erschienen die Lehrer entweder nur selten oder überhaupt nicht zum Unterricht", erinnert sich Tafadzwa. Die 40 Klassen ihrer Schule, in denen wie in Deutschland je etwa 30 Schüler sitzen, wurden nur von vier Lehrern unterrichtet. „Meine Schule war tot. Viele meiner Mitschüler haben die Motivation zum Lernen verloren und sind einfach nicht mehr gekommen. Aber ich bin jeden Tag in die Schule gegangen, in der Hoffnung, dass ich irgendetwas lerne", erzählt sie. In der Schule des kleinen Tererai waren die Verhältnisse noch schlimmer: In 30 Klassen lernen jeweils durchschnittlich 50 Schüler, teilweise wurde die Schule über Monate sogar ganz geschlossen.

Bericht von Anne Kathrin Reiter; www.focus.de (Zugriff am 25. 1. 2011)

Die Schüler sitzen ohne Lehrer in ihrem Klassenraum.

1 Diskutiert, warum für diese Kinder das Lernen genauso wichtig ist wie für uns.

Wichtiges zusammengefasst

KOMPAKT

- Die **Globalisierung** setzte mit der Durchsetzung des Kapitalismus in der Frühen Neuzeit ein, als allmählich ein Weltmarkt entstand. Auf diesem Weltmarkt wurden Güter, Dienstleistungen, Ideen und Vorstellungen über Lebensweisen ausgetauscht. Für den Güteraustausch mussten beachtliche Mengen an Kapital eingesetzt werden. Mit der industriellen Revolution im ausgehenden 19. Jahrhundert und dem Imperialismus der führenden industrialisierten Länder bekam die Globalisierung einen neuen Charakter und neue Dimensionen. Als schließlich nach 1989 der Eiserne Vorhang zwischen Ost und West durch die Auflösung des Ostblocks verschwand, bekam die Globalisierung erneut eine andere Qualität. Das Ausmaß des weltweiten Handels mit Gütern und Dienstleistungen, stellte alles Vorangegangene in den Schatten.

- Voraussetzungen für diese neue Globalisierung waren **technologische Errungenschaften** wie ein globales Telefonnetz oder das Internet sowie **günstige Transporttechnologien**, etwa gigantische Containerschiffe. Es spielt nun keine Rolle mehr, ob Hemden, Handys oder industrielle Zulieferteile in Europa, Südamerika oder in Fernost hergestellt werden. Informationen und Materialien können rasch und billig weltweit ausgetauscht werden. Von dieser Globalisierung profitierte zunächst die sogenannte Triade, also die USA, Europa und die industrialisierten Staaten in Fernost wie Japan oder Korea. Einen zunehmend bedeutenderen Anteil am Weltmarkt haben sich in den letzten Jahren die sogenannten BRIC-Staaten erobert, also Brasilien, Russland, Indien und vor allem China, ferner einige sogenannte Schwellenländer, die zu Industriestaaten wurden.

- **Opfer dieses Globalisierungsprozesses** gibt es in allen Ländern. In Europa sind dies vor allem die gering qualifizierten Arbeitnehmer, die durch noch billigere Arbeitskräfte in Lateinamerika oder in Fernost ersetzt werden. Die Großunternehmen lassen dort produzieren, wo es am billigsten ist; Arbeitnehmer und ihre Lohninteressen können nun weltweit gegeneinander „ausgespielt" werden. **Gewinner** sind aber nicht nur die weltweit operierenden Großunternehmen, sondern in gewisser Weise durchaus auch die Käufer, denn die Preise selbst für hochwertige Produkte sinken durch die Globalisierung, da Transport- und Lohnkosten gesunken sind. Die Unternehmen produzieren höhere Stückzahlen, wodurch die Stückkosten sinken. Arme Staaten, die keinen nennenswerten politischen oder ökonomischen Einfluss haben, können als Verlierer des Globalisierungsprozesses betrachtet werden. Aber auch die einzelnen Nationalstaaten haben keinen größeren Einfluss auf den Globalisierungsprozess, da sich transnationale Unternehmen nicht an den Interessen von Nationalstaaten orientieren, sondern an ihren eigenen Gewinninteressen.

- **Die Globalisierung** hat weltweit **Migrationsbewegungen** ausgelöst bzw. verstärkt, die ebenfalls zwei Seiten haben: Sie sind für die Migranten mit Chancen, aber auch mit großen Problemen verbunden.

- Eine **Weltinnenpolitik**, die für alle Menschen menschenwürdige Lebensverhältnisse und soziale Gerechtigkeit herstellen will, muss sich den Herausforderungen der Globalisierung stellen. Sie kann einem weltweiten sozialen Frieden dienen, an dem alle Menschen interessiert sind. Wenn diese Politik jedoch versagt, sind globale Konflikte vorprogrammiert. Globale soziale Konflikte und die weltweite soziale Ungerechtigkeit fordern daher eine Politik, die sich um einen gerechten sozialen Ausgleich bemüht. Dem versuchen die **Millenniumsziele** der UNO Rechnung zu tragen. Mit ihnen sollen möglichst vielen Menschen erträgliche Lebenbedingungen geboten werden.

Glossar

Abgeordnete
Abgeordnete sind von den → Bürgern gewählte Mitglieder eines → Parlaments. Man spricht auch von gewählten Vertretern oder Repräsentanten der Wähler. Ein politisches System, in dem die grundlegenden Entscheidungen in Kommunen, Bundesländern und im Gesamtstaat von Abgeordneten getroffen werden, nennt man daher auch „repräsentative → Demokratie". In aller Regel sind Abgeordnete Mitglieder von → Parteien.

Agenda 21
Auf der Konferenz über Umwelt und Entwicklung in Rio de Janeiro 1992 wurde ein Aktionsprogramm für das 21. Jahrhundert unterzeichnet. Das bisherige Verhältnis zwischen reichen und armen Staaten soll so verändert werden, dass eine Zerstörung der menschlichen Lebensgrundlagen vermieden wird. Leitbild war dabei eine → nachhaltige Entwicklung und eine effektivere Armutsbekämpfung.

Amnesty International (ai)
Die nichtstaatliche Organisation wurde 1961 in London gegründet und setzt sich seither für die → Menschenrechte ein. Es existieren Sektionen von ai in Deutschland, Österreich und in der Schweiz. Die Organisation recherchiert fortlaufend und weltweit zur Menschenrechtssituation, betreibt Öffentlichkeitsarbeit und organisiert Brief- und Unterschriftenaktionen, z. B. in Fällen von Folter oder drohender Todesstrafe.

Arbeit
Arbeit ist eine körperliche und geistige Tätigkeit, die dazu dient, die zur Existenzsicherung notwendigen Mittel zu beschaffen. Wie und wozu sie ausgeübt wird, wird vom gesellschaftlich-sozialen Umfeld (mit-)bestimmt. In kapitalistisch-industriellen → Gesellschaften unterscheidet man zwischen Erwerbsarbeit und Reproduktionsarbeit, die als Haus-, Familien-, Erziehungs- und Pflegearbeit unentgeltlich ausgeübt wird (in der Regel von Frauen).
Die Unterscheidung zwischen selbstständiger und unselbstständiger Arbeit bezieht sich auf die Rechtsstellung des Arbeitenden, wobei diese Unterscheidung durch neue Beschäftigungsformen (z. B. „Scheinselbstständigkeit") zunehmend aufgeweicht wird.

Arbeitslosigkeit
Nicht jeder findet einen Arbeitsplatz. In den letzten Jahrzehnten haben viele Menschen in Deutschland ihren Arbeitsplatz verloren. Gegenwärtig (Stand: Mai 2011) sind knapp drei Millionen Menschen arbeitslos. Vor allem Frauen und Ausländer sind von der Arbeitslosigkeit betroffen. Arbeitslosigkeit hat viele Ursachen, u. a. der wirtschaftliche Strukturwandel und die Globalisierung. Arbeitslosigkeit hat oft schlimme Auswirkungen auf das Familienleben, da die Einnahmen des Haushalts sich durch sie verringern. Oft sind innerfamiliale Konflikte die Folge von Arbeitslosigkeit.

Armut
Was genau Armut ist, hängt von vielen unterschiedlichen Faktoren ab. Zu unterscheiden sind „absolute" Armut – unterhalb einer bestimmten Armutsgrenze – und „relative" Armut – arm zu sein im Vergleich zu den anderen Menschen im direkten Lebensumfeld.

Banken
Banken sind Unternehmen, die Geld in der übrigen → Wirtschaft anlegen und gegen Zinsen an Unternehmen und Privatkunden verleihen. Sie sammeln Einlagen ihrer Kunden und leihen das Geld in Form von Krediten aus. Außerdem sind die Banken unter anderem zuständig für die Durchführung des bargeldlosen Zahlungsverkehrs und für die Beschaffung von ausländischen Währungen.
Ihren Gewinn erwirtschaftet eine Bank über die Zinszahlungen ihrer Kreditnehmer, Gebühren und eigene Geldanlagen.

Boom
Phase der Hochkonjunktur → Konjunktur

Bruttosozialprodukt (auch Sozialprodukt)
Die in Geld umgerechnete Summe aller im Lauf eines Jahres hergestellten Güter (Waren) und Dienstleistungen einer Volkswirtschaft, die verbraucht, investiert oder gegen ausländische Produkte eingetauscht wurden. Das Bruttosozialprodukt dient dazu, die Leistungskraft einer Volkswirtschaft zu erfassen und mit anderen Volkswirtschaften zu vergleichen.

Bundeskanzler
Deutscher Regierungschef. Von einer Mehrheit des Deutschen → Bundestages auf Vorschlag des → Bundespräsidenten gewählter Chef der Exekutive, der die Richtlinien der Politik bestimmt (→ Gewaltenteilung).

Bundespräsident
Deutsches Staatsoberhaupt. Von einer Mehrheit der Bundesversammlung für fünf Jahre gewählt; einmalige Wiederwahl ist zulässig (Art. 54 GG). Die Aufgaben des Bundespräsidenten sind die völkerrechtliche Vertretung Deutschlands und der Abschluss von Verträgen des Bundes mit dem Ausland sowie die Unterzeichnung der Gesetze; der Bundespräsident hat das Recht, Begnadigungen auszusprechen; er hat das Vorschlagsrecht für die Wahl des → Bundeskanzlers (Art. 63 GG), ernennt diesen und entlässt ihn auf Ersuchen des Deutschen → Bundestages. Verweigert der Bundestag dem Kanzler bei einer Vertrauensfrage das Vertrauen, kann der Bundeskanzler den Bundespräsidenten auffordern, den Bundestag aufzulösen und Neuwahlen anzusetzen.

Bundesrat
Der Bundesrat (offiziell: Deutscher Bundesrat) ist die zweite Kammer des → Parlaments in Deutschland. Durch ihn wirken die Bundesländer bei der Gesetzgebung und Verwaltung des

Bundes und in Angelegenheiten der → Europäischen Union mit (Art. 50 GG). Dem Bundesrat gehören 69 Mitglieder an, die als Vertreter der Landesregierungen an deren Weisung gebunden sind. Die Anzahl der entsandten Mitglieder des Bundesrates variiert entsprechend dem Bevölkerungsanteil der Bundesländer zwischen drei und sechs Vertretern pro Land. Die Stimmen jedes Landes können nur geschlossen abgegeben werden. (→ Gewaltenteilung)

Bundestag
(Deutscher Bundestag) Oberstes Parlament in Deutschland. Seine Mitglieder werden in allgemeiner, unmittelbarer, freier, gleicher und geheimer Wahl (Art. 38 GG) für vier Jahre von den deutschen → Bürgern gewählt. Zu den wichtigsten Aufgaben des Bundestages zählen

a) Wahl (und ggf. Abwahl) des → Bundeskanzlers,
b) die Kontrolle der Bundesregierung und der ihr unterstellten Verwaltung (Ministerien),
c) die Gesetzgebung des Bundes und die Feststellung des Bundeshaushalts,
d) die Mitwirkung bei der Wahl des → Bundespräsidenten sowie
e) der Richter am → Bundesverfassungsgericht und
f) die Feststellung des Spannungs- oder Verteidigungsfalles. Eine wichtige Funktion bei der parlamentarischen Arbeit der Abgeordneten kommt den Bundestags-Ausschüssen zu.

Bundesverfassungsgericht
Das Bundesverfassungsgericht ist oberster Hüter der Verfassung in Deutschland (Art. 93 GG). Es ist allen anderen Verfassungsorganen (→ Bundestag, Bundesregierung, → Bundesrat, → Bundespräsident) gegenüber selbstständig, unabhängig und ihnen gleichgeordnet. Die Kompetenzen des Bundesverfassungsgerichts erstrecken sich u. a. auf

a) Verfassungsstreitigkeiten zwischen obersten Bundesorganen,
b) Streitigkeiten zwischen Bund und Ländern und zwischen den Ländern,
c) Verfassungsbeschwerden von Bürgern und den Gemeinden,
d) die Überprüfung von Rechtsvorschriften,
e) Feststellung der Verfassungswidrigkeit politischer Parteien.

Bundesversammlung
Die Bundesversammlung besteht aus den Mitgliedern des → Bundestages und einer gleichen Anzahl von Mitgliedern, die von den Volksvertretungen der Länder gewählt werden. Die einzige Aufgabe der B. ist es, den → Bundespräsidenten zu wählen.

Bürger
Bürger sind die Inhaber der grundlegenden demokratischen Rechte in einer → Demokratie. Dazu zählt unter anderem das Wahlrecht. In früheren Zeiten waren die Bürgerrechte an ein hohes Einkommen oder das Geschlecht gekoppelt (es durften nur Männer wählen). Seit der französischen Revolution 1789 hat sich nach und nach der Gedanke durchgesetzt, das alle (erwachsenen; → Rechtsfähigkeit) Staatsangehörigen die gleichen Rechte und Pflichten haben sollen. Die Gesamtheit der Bürger wird auch Volk genannt. Einwohner eines Landes, die nicht die dortige Staatsangehörigkeit besitzen, weil sie z. B. eingewandert sind, sind keine Bürger.

Bürgerinitiative
Eine Bürgerinitiative ist eine aus der Bevölkerung heraus gebildete Interessensvereinigung, die aufgrund eines konkreten Anlasses in ihrer politischen, sozialen oder ökologischen Welt Selbsthilfe organisiert und somit möglicherweise Einfluss auf die öffentliche Meinung, auf staatliche Einrichtungen, Parteien oder andere gesellschaftliche Gruppierungen nimmt.

Bürgerliches Gesetzbuch (BGB)
In Deutschland wichtigster Bestandteil des Privatrechts, das die Rechtsbeziehungen der Bürger untereinander regelt, z. B. die Rechte und Pflichten von Käufern und Verkäufern. Die erste Fassung des Bürgerlichen Gesetzbuches stammt aus dem Jahr 1896. Heute enthält das BGB fast 2 400 Paragrafen.

Bürgerrechte
Die einem als → Bürger eines → Staates zustehenden Rechte, insbesondere das Wahlrecht, durch das der Bürger als Souverän u. a. über die Vergabe politischer Ämter entscheidet.

Chancengleichheit
Sozialpolitischer Grundsatz, der für alle Bürger unabhängig von ihrer sozialen Herkunft das Recht auf gleiche Lebens- und Sozialchancen in Ausbildung und Beruf fordert. Die von der SPD Anfang der Sechziger-, von der CDU Anfang der Siebzigerjahre aufgenommene Maxime fordert für alle zumindest gleiche Startchancen, d. h. Zugang zu allen Bildungs- und Ausbildungsgängen und ggf. eine materielle Unterstützung, um diese wahrnehmen zu können. Chancengleichheit setzt damit den Schwerpunkt auf die individuellen Ausgangsbedingungen und das Bildungsangebot. Untersuchungen belegen, dass der Grundsatz der Chancengleichheit (etwa zwischen den Geschlechtern und zwischen sozialen Gruppen) in Deutschland nicht realisiert ist.

Demografie
Beschreibung und Untersuchung von Zustand und zahlenmäßiger Veränderung der Bevölkerung

Demokratie
Der Begriff kommt aus dem Altgriechischen und bedeutet wörtlich „Herrschaft des Volkes." (Gegensatz: Aristokratie = Herrschaft der Adeligen, Monarchie = Königsherrschaft, Diktatur): Der Demokratie liegt die Erkenntnis zugrunde, dass jeder zurechnungsfähige Mensch in der Lage ist, über die

Bedingungen seines Lebens mitzubestimmen. Während in anderen Herrschaftsformen wenige oder sogar nur einzelne Menschen über alle anderen bestimmen, werden in der Demokratie alle an den wichtigen politischen Entscheidungen beteiligt. In der Bundesrepublik Deutschland und den meisten anderen derzeitigen demokratischen → Gesellschaften bzw. → Staaten geschieht dies über die Wahl von politischen Vertretern (Repräsentanten) (vgl. → Direkte Demokratie).

Depression
Konjunkturtief → Konjunktur

Devisen
Guthaben oder Forderungen an einen ausländischen Schuldner in fremder Währung

Dienstleistung
Tätigkeiten, die nicht mit der Herstellung von Waren verbunden sind. Man unterscheidet materielle D. (z. B. Transport, Handel, Verkauf, Instandhaltung von Gütern) und persönliche D. (z. B. Tätigkeiten eines Arztes, Anwalts, des Friseurs oder der Erzieherin).

Direkte Demokratie
(Ggs.: repräsentative Demokratie) Direkte Demokratie bezeichnet eine Herrschaftsform, bei der die politischen Entscheidungen unmittelbar vom Volk (→ Bürger) z. B. durch Volksabstimmung getroffen werden. Lediglich ihre Umsetzung wird der Entscheidung einer Behörde überlassen. Rein auf direkter Demokratie basierende Gesellschaftsmodelle gibt es bisher nur in der Theorie. Das Modell der Schweiz ist dadurch gekennzeichnet, dass neben den direktdemokratischen Elementen (Volksinitiative, Referendum) auch repräsentative (z. B. → Parlamente) existieren. Auch in Ländern mit repräsentativer Demokratie sind in verschiedenen Verfassungen und Gesetzen (z. B. dt. Bundesländer und Gemeindeordnungen; US-amerikanischer Bundesstaaten) direktdemokratische Elemente vorgesehen.

Entwicklungsländer
Die Entwicklungsländer sind in wirtschaftlicher, politischer und sozialer Hinsicht keine einheitliche Staatengruppe. Der Begriff bezieht sich auf wirtschaftliche, infrastrukturelle, soziale und/oder kulturelle Entwicklungsrückstände im Vergleich zu den Industriestaaten.

Erwerbsarbeit
entlohnte Arbeit, im Gegensatz zu Arbeiten, die der Selbstversorgung dienen oder wie die Haushalts- oder Erziehungsarbeit nicht entlohnt werden.

Extremismus
Bezeichnet eine politische Einstellung, die eine grundlegende Veränderung der derzeitigen Gesellschaftsordnung anstrebt bzw. die freiheitlich-demokratische Grundordnung beseitigen will. Extremisten vertreten im Allgemeinen fanatische oder fundamentalistische Haltungen, Ideologien oder Ziele, oftmals auch mit Gewalt.

Euro
Europäische Währungseinheit, die im Rahmen der Europäischen Wirtschafts- und Währungsunion nach dem Vertrag von Maastricht seit dem 1.1.1999 zunächst als Buchgeld und ab dem 1.1.2002 als Bargeld eingeführt wurde. Sie gilt in Europa in Ländern, die die festgelegten Kriterien erfüllen. Die Gemeinschaftswährung gilt in 17 Ländern (Stand: 2011).

Europäische Union
1993 von den 12 EG-Mitgliedern (Belgien, Dänemark, Deutschland, Frankreich, Griechenland, Großbritannien, Irland, Italien, Luxemburg, Niederlande, Portugal, Spanien) gegründete überstaatliche Organisation. Sie baut auf der Europäischen Gemeinschaft (EG) auf, deren Anfänge bis in das Jahr 1951 zurückreichen. Seit 2011 zählt die EU 27 Mitgliedsstaaten; in 17 von ihnen (Stand 2011) gilt die Gemeinschaftswährung Euro.
Die EU bildet den Rahmen für
- eine gemeinsame Außen- und Sicherheitspolitik (GASP)
- die Zusammenarbeit in der Justiz- und Innenpolitik
- die Europäischen Gemeinschaften (Europäische Wirtschaftsgemeinschaft, Europäische Gemeinschaft für Kohle und Stahl, Europäische Atomgemeinschaft).

Europäische Zentralbank (EZB)
Zentralnotenbank in „Euroland" mit Sitz in Frankfurt/Main, die das alleinige Recht zur Ausgabe von Banknoten und Geldmünzen (Euro/Cent) hat und die Geld- und Währungspolitik der EU führt.

Exekutive (lat. = ausführen, vollziehen)
Vollziehende Gewalt (Regierung).

Existenzminimum
Mindesteinkommen, das für den jeweiligen Lebensunterhalt gerade ausreicht.

Fließbandarbeit
Eine industrielle Produktionstechnik, bei der ein Produkt durch eine lückenlose Abfolge von einzelnen Arbeitsvorgängen hergestellt wird. Das Fließband wurde erstmalig in den Fabriken von Henry Ford eingesetzt. Jeder Arbeiter verrichtet nur eine bestimmte Arbeit in einer genau festgelegten Zeit. Nachteil: Die monotone Arbeit kann zu Arbeitsunlust führen und zu körperlichem und psychischem Stress. Fließbandarbeit wird daher vielerorts durch Gruppenfertigung ersetzt, wobei eine Arbeitsgruppe mehrere Arbeitsvorgänge erledigt.

Föderalismus (lat. = Bündnis, Vertrag)
Gliederung eines Staates in mehrere gleichberechtigte, in bestimmten politischen Bereichen selbstständige Bundesländer, die an der Willensbildung des Bundes mitwirken. Art. 20 GG bestimmt: „Die Bundesrepublik Deutschland ist ein demokratischer und sozialer Bundesstaat." Dies ist eine Bestandsgarantie des Föderalismus, allerdings keine Bestandsgarantie über die Anzahl und die Größe der Länder,

die sich nach Art. 29 GG neu gliedern könnten.

Fraktion

Organisatorischer Zusammenschluss einer Gruppe von Abgeordneten zur gemeinsamen Wahrnehmung parlamentarischer Aufgaben.

G 8 (Gruppe der Acht)

Entstanden 1997 aus der Gruppe der sieben führenden Wirtschaftsnationen (G 7: Deutschland, Frankreich, Großbritannien, Italien, Japan, Kanada und USA) nach Umwandlung des Beobachterstatus Russlands in eine Vollmitgliedschaft. An den Gipfeltreffen der G 8 nimmt neben den Staats- und Regierungschefs auch der Präsident der EU-Kommission teil.

Gerichtsbarkeit

Organe der Rechtsprechung und ihre Tätigkeit. Sie umfasst zum einen die Tätigkeit der Staatsanwaltschaft, die ermittelt und gegebenenfalls Anklage erhebt. Zum anderen umfasst die Gerichtsbarkeit die Rechtsprechung vor Gericht. Die Gerichte sind nach Aufgabenbereichen in mehrere Zweige gegliedert. So gibt es z. B. Familiengerichte und Arbeitsgerichte. Die Gerichte, die einander über- bzw. untergeordnet sind, nennt man Instanzen. Die urteilenden Richter sind in Deutschland unabhängig und dürfen nur dem → Gesetz verpflichtet sein.

Gesellschaft

Unter Gesellschaft wird die Gesamtheit der in einem → Staat lebenden Menschen verstanden. Die Gesellschaft umfasst nicht nur die → Bürger eines Staates, sondern alle dort Lebenden. Dabei sind die wechselseitigen Beziehungen dieser Menschen von entscheidender Bedeutung. Im Unterschied zu zufälligen Zusammentreffen oder Gemeinschaften sind Menschen einer Gesellschaft dauerhaft aufeinander angewiesen, v. a. aufgrund der Arbeitsteilung in der → Wirtschaft. Es ist umstritten, ob wir uns aufgrund der Globalisierung auf dem Weg zu einer Weltgesellschaft befinden.

Gesetze

Gesetze sind schriftliche, allgemeingültige Regeln in einem → Staat. An Gesetze müssen sich alle Menschen halten, die sich in dem betreffenden Staat aufhalten. In → Demokratien werden Gesetze von → Parlamenten beschlossen („verabschiedet“). In einem demokratischen Rechtsstaat hat sich auch der Staat selbst verpflichtet, sich den Gesetzen unterzuordnen. Gesetze sind nicht bloße Aufforderungen; wer sie nicht beachtet, wird bestraft. Ob ein Gesetzesverstoß vorliegt, ist Sache der → Gerichtsbarkeit.

Gesetzgebung

Aufgabe des Parlaments in der Demokratie. Die vom Parlament beschlossenen Gesetze werden von der Regierung und den zuständigen Verwaltungen ausgeführt und durch die Rechtsprechung kontrolliert.

Gewaltenteilung

Grundprinzip in der Organisation (demokratischer) staatlicher Gewalt. Ziel ist es, die Konzentration und den Missbrauch politischer Macht zu verhindern, die Ausübung politischer Herrschaft zu begrenzen und damit die bürgerlichen Freiheiten zu sichern. Es wird zwischen der gesetzgebenden Gewalt (Legislative), der ausführenden Gewalt (Exekutive) und der rechtsprechenden Gewalt (Judikative) unterschieden. Diese Funktionen werden unabhängigen Staatsorganen (→ Bundestag, Bundesregierung, → Bundeskanzler, → Bundesrat, → Bundesverfassungsgericht) zugewiesen. In der politischen Praxis ergeben sich Abweichungen vom strikten Prinzip der Gewaltenteilung (z. B. Verordnungen der Exekutive, Gesetzesinitiativen der Regierung).

Gewerkschaften

Vereinigungen, in denen sich Arbeitnehmer zusammenschließen, um gemeinsam ihre Interessen gegenüber den Arbeitgebern zu vertreten. Die relative Schwäche der einzelnen Arbeitnehmer gegenüber ihren Arbeitgebern soll so ausgeglichen werden. Die Hauptziele der Gewerkschaften in Deutschland sind die Durchsetzung von Lohnforderungen, die soziale Absicherung der Arbeitenden sowie die Verbesserung der Arbeitsbedingungen. Auch der Ausbau der Mitbestimmung der Arbeitnehmer in den Betrieben gehört zu den Zielen gewerkschaftlicher Arbeit. Um diese Ziele zu erreichen, verhandeln die Gewerkschaften mit den Arbeitgebern bzw. den Arbeitgeberverbänden. Die Arbeitsniederlegung, der Streik, ist das letzte Druckmittel der Gewerkschaften. Die meisten und größen deutschen Gewerkschaften sind im Deutschen Gewerkschaftsbund (DGB) zusammengeschlossen.

Gleichberechtigung

Gemäß den → Menschenrechten haben alle Menschen gleiche, unverletzliche Grundrechte. In der Geschichte aber waren häufig bestimmte Gruppen von Menschen gegenüber anderen Gruppen benachteiligt. Zum Beispiel gab es Sklaven, die gar keine Rechte hatten. Die Forderung nach Gleichberechtigung richtet sich gegen solche Benachteiligungen und hat gleiche Rechte für alle zum Ziel. In Deutschland bezieht sie sich zurzeit vor allem auf die Benachteiligung von Frauen gegenüber Männern. Da diese Benachteiligung nicht nur rechtliche Aspekte hat, sondern z. B. auch wirtschaftliche, wird häufig statt von Gleichberechtigung von Gleichstellung gesprochen.

Globalisierung

Der Begriff bezeichnet eine Zunahme der Staatsgrenzen überschreitenden sozialen Beziehungen v. a. ab den 90er-Jahren. Insbesondere werden zu den Merkmalen der Globalisierung eine starke Zunahme internationaler Wirtschafts- und Finanztransaktionen, die Ausdehnung der Kommunikationstechnologien (Internet usw.) sowie eine weltweite Ausdehnung westlicher Kultur verstanden. Ursachen sind neben der technischen Entwicklung vor allem der Abbau von wirtschaftlichen Schranken durch die wichtigsten Industriestaaten. Eine genaue historische

Abgrenzung der Globalisierung von der früheren Entwicklung z. B. des Weltmarktes ist umstritten.

Grundgesetz
In seinen 146 Artikeln ist die politische und rechtliche Ordnung der Bundesrepublik Deutschland festgelegt (Verfassung). In den ersten Artikeln sind die an den allgemeinen → Menschenrechten orientierten Grundrechte genannt, die innerhalb unserer Rechtsordnung im Grundgehalt nicht verändert werden dürfen.
Das Grundgesetz legt die deutsche Gesellschaftsordnung auf die Prinzipien der → Demokratie, der Rechtsstaatlichkeit, des Privateigentums, der Gliederung in Bundesländer (Föderalismus) und des sozialen Ausgleichs fest. Es darf (mit Ausnahme der Grundrechte) durch den → Bundestag mit Zweidrittelmehrheit geändert werden.

Grundrechte
Grundlegende Rechte, die der Einzelne in und gegenüber dem Staat hat. Die meisten Grundrechte sind Menschenrechte, also Rechte, die jedem Menschen unabhängig von der Staatsbürgerschaft zustehen. Die Grundrechte sind in den Artikeln 1–19 des Grundgesetzes enthalten, besondere Bedeutung kommt dem Art. 1 des Grundgesetzes (Würde des Menschen) zu. Eine Änderung der Grundrechte (mit Ausnahme der Art. 1 und 20) ist nur mit Zweidrittelmehrheit der Mitglieder von Bundestag und Bundesrat möglich.

Industrialisierung
Die Ausbreitung der Industrie, d. h. der Produktion und Weiterverarbeitung von materiellen Gütern und Waren in Fabriken im Verhältnis zu Handwerk, Dienstleistung und Landwirtschaft. In Europa fand dieser Prozess grundlegend während des 19. Jahrhunderts statt.

Internet
Weltweit größtes Computernetzwerk, das aus direkt angeschlossenen Rechnern (Knotenrechnern) in dreistelliger Millionenhöhe besteht. Fast eine Milliarde Anwender hat derzeit die Möglichkeit, im Internet Online-Dienste zu nutzen, in Datenbanken zu recherchieren oder Nachrichten zu empfangen und zu verschicken. Der Zugang zum Internet wird von verschiedenen Providern (Dienste-Anbieter) gegen eine monatliche Grundgebühr (plus Gebühren je nach Datenvolumen) angeboten. Das Dienste-Angebot im Internet umfasst u. a. elektronische Post (E-Mail), Dateitransfer, Diskussionsforen zu unterschiedlichsten Themenbereichen und elektronische Zeitschriften. Dieses Rechnergeflecht entwickelte sich als Antwort auf ein Problem des Kalten Krieges (Gegensatz zwischen den USA und der Sowjetunion): Es sollte sichergestellt werden, dass die US-Regierungsstellen nach einem Atomschlag sicher miteinander kommunizieren konnten. Von einer Abteilung des US-Verteidigungsministeriums wurde das erste Netzwerk in der Praxis entwickelt und betreut. 1969 wurden die ersten vier Netzknoten in Universitäten und Forschungseinrichtungen installiert; Daten wurden über Telefonleitungen ausgetauscht und jeder Knotenrechner konnte jeden anderen durch sog. Remote-Control (Fernsteuerung) steuern.

Judikative
(lat.: Recht sprechen): Richterliche Gewalt.

Koalition (lat. = das Zusammenwachsen)
Bündnis zweier oder mehrerer → Parteien in einem Parlament, um gemeinsam die Regierung zu bilden und zu stützen und ein politisches Programm durchzusetzen. Koalitionen sind dann erforderlich, wenn eine einzelne Partei nicht über die absolute Mehrheit der Parlamentssitze verfügt und sich deshalb mit (kleineren) anderen Parteien verbünden muss.

Konflikte
Konflikt bedeutet „Zusammenstoß“, genauer den Zusammenstoß von zwei Interessen oder Positionen. Konflikte entstehen z. B., wenn Menschen sich um ein Gut streiten, das sie nicht teilen können oder wollen. Manchmal kommt es auch zu Konflikten, weil sich jemand benachteiligt fühlt, ohne dass dies tatsächlich zutrifft. Konflikte sind nicht unbedingt schlecht, sondern häufig notwendig. Sie haben jedoch eine Eigendynamik, d. h., sie entwickeln sich weiter, unabhängig von ihrem Ausgangspunkt: Durch den Konflikt ergeben sich meist neue Verletzungen, die den Konflikt von selbst weiter anheizen. Deswegen ist es sehr wichtig, Konflikte möglichst schnell zu klären, damit sie sich nicht selbst verstärken.

Konjunktur
Bezeichnung für die Existenz von zyklischen Schwankungen der wirtschaftlichen Aktivität. Der Konjunkturverlauf kann unterteilt werden in Tief (→ Depression, Stagnation), Aufschwung (Wiederbelebung, Expansion), Hoch (→ Boom) und Abschwung (Krise, → Rezession).

Konjunkturpolitik
Maßnahmen der Wirtschaftspolitik, die konjunkturelle Schwankungen der gesamtwirtschaftlichen Nachfrage vermindern sollen. Konjunkturpolitik hat zum Ziel, eine möglichst stetige Produktionsentwicklung mit geringen Schwankungen im Auslastungsgrad des Produktionspotenzials herbeizuführen. Im weiteren Sinne werden alle Maßnahmen des Staates als Konjunkturpolitik bezeichnet, die zur Erreichung des Stabilitätsziels getroffen werden.

Kriminalität
Straftaten, die mit gesetzlich festgelegten Sanktionen (Strafen) geahndet werden. Werden Straftaten von Jugendlichen (14–17 Jahre) oder Heranwachsenden (18–20 Jahre) begangen, spricht man von Jugendkriminalität.

Legislative
Gesetzgebende Gewalt; in der parlamentarischen → Demokratie das Parlament.

Lohnnebenkosten (Personalnebenkosten)
Kosten für die Beschäftigung von Arbeitnehmern, die neben Lohn bzw. Gehalt anfallen, z. B. Arbeitgeberbeiträge zur Sozialversicherung, Weihnachtsgeld, Urlaubsgeld, Zuschüsse zu Fahrtkosten usw.

Marktwirtschaft
Wirtschaftsordnung, in deren Mittelpunkt der Privatbesitz von Produktionsmitteln und die Koordinierung der → Wirtschaft über den Markt stehen. Kennzeichnende Züge der Marktwirtschaft sind: Konkurrenz, unbehindertes Gewinnstreben, freie Preisbildung und der weitgehende Verzicht auf zentrale wirtschaftliche Planung.

Marktwirtschaft, freie
sich selbst regelnde Wirtschaftsform, in der allein Angebot und Nachfrage die Wirtschaftstätigkeiten bestimmen

Marktwirtschaft, soziale
Sie beruht auf den Grundlagen der freien Marktwirtschaft, funktioniert innerhalb eines staatlichen Ordnungsrahmens und aufgrund von sozialen Gesetzen.

Massenmedien
Technische Mittel, durch die Aussagen schnell und über große Entfernungen zu einer großen Zahl von Menschen gebracht werden können. Empfänger und Sender von Nachrichten sind sich dabei nicht persönlich bekannt. Massenmedien sind sehr einflussreich und gelten als eine Kontrollinstanz z. B. gegenüber dem Staat. Zugleich aber sind die durch sie verbreiteten Nachrichten für die Empfänger kaum noch zu überprüfen. Zu den Massenmedien zählt neben Zeitungen, Rundfunk und Fernsehen auch das → Internet.

Menschenrechte
Rechte, die jedem Menschen zustehen, unabhängig von seiner Herkunft, seinem Geschlecht, seiner Religion und seinem Vermögen. Ihr Inhalt liegt darin, jedem Menschen eine gesicherte Existenz und Entfaltung zu ermöglichen. Im Gegensatz zu anderen Rechten sollen die Menschenrechte jedem Menschen von Geburt an zukommen, also nicht erst durch die Garantie eines → Staates (→ Bürger). Deshalb „gelten" sie nicht wie andere Rechte, sondern bezeichnen den Anspruch auf ein menschenwürdiges Leben.

Migration
(aus dem Lateinischen (migratio = Wanderung)) Mit diesem Ausdruck werden verschiedene Formen der Ein- und Auswanderung zusammengefasst (Asylsuche, Arbeitsmigration, Flucht vor Krieg usw.). Das trägt der Tatsache Rechnung, dass alle diese Formen Gemeinsamkeiten aufweisen: Einen Migrationsgrund, der in fast allen Fällen irgendeine Art von Zwang beinhaltet – und soziale Probleme, die aus der Situation im Aufnahmeland folgen.

Mitbestimmung
Mitwirkung der Arbeitnehmer an der Willensbildung in Unternehmen und Betrieben sowie bei Entscheidungen der öffentlichen Verwaltung. Die vor allem von den Gewerkschaften errungene Mitbestimmung geht davon aus, dass die Produktionsfaktoren Kapital und Arbeit gleichrangig seien.

Nachhaltigkeit/Nachhaltige Entwicklung
Bezeichnung für das Prinzip, nach dem die wirtschaftliche Entwicklung so zu beeinflussen ist, dass der Umweltverbrauch zunehmend geringer wird und das ökologische System sich erholen kann.

Nordatlantikpakt (NATO):
(eng\.: North Atlantic Treaty Organization). Die NATO (mit Sitz in Brüssel) wurde am 4.4.1949 als internationale Organisation zur politischen und militärischen Verteidigung von den USA und Kanada sowie den europäischen Staaten Belgien, Dänemark, Frankreich, Großbritannien, Island, Italien, Luxemburg, den Niederlanden, Norwegen und Portugal gegründet. Weitere Beitrittsländer waren: Griechenland (1952), Türkei (1952), Bundesrepublik Deutschland (1955) und Spanien (1982). Wichtigstes Ziel war die Abwehr die Verteidigung gegenüber der Sowjetunion und dem Warschauer Vertrag (bis zu deren Auflösung 1991). Wichtigstes Ziel heute ist der Einsatz für Friedenserhaltung, z. B. im Auftrag der Vereinten Nationen. Die Mitglieder der NATO verpflichten sich untereinander zum friedlichen Interessenausgleich, zur Konsultation bei außenpolitischen und militärischen Bedrohungen und dazu, sich gegenseitig Beistand zu gewähren, worüber allerdings jedes Mitglied unabhängig und in jedem Einzelfall (also ohne Automatismus) entscheidet. 1999 wurden Polen, Ungarn und die Tschechische Republik sowie 2004 Estland, Lettland, Litauen, Bulgarien, Rumänien, die Slowakei und Slowenien und 2009 Albanien und Kroatien in die NATO aufgenommen. Weitere Bewerbungen stehen an.

Opposition
Minderheit im Parlament; ständige Alternative zur Regierung, die entsprechend den konstitutionellen Regeln (Wahlen, konstruktives Misstrauensvotum) Mehrheit werden will und kann.

Parlament
Das Parlament ist die Volksvertretung (→ Demokratie); das oberste Parlament in Deutschland ist der Deutsche → Bundestag. Er setzt sich zusammen aus den von den Wahlberechtigten gewählten → Abgeordneten. Das oberste Parlament ist zuständig für die Gesetzgebung, es übt aber auch noch andere Funktionen aus (z. B. Wahl der Regierung; in einigen → Staaten – so auch in Deutschland – Mitwirkung bei der Wahl des Staatsoberhaupts). Die Parlamente bestehen aus einer oder zwei Kammern. Parlamente gibt es in Deutschland nicht nur auf Bundesebene (→ Bundestag), sondern auch auf Länderebene (Landtag), Kreisebene (Kreistag) und der kommunalen Ebene (Gemeinderat, Stadtrat).

Partei
Parteien sind auf Dauer angelegte Organisationen politisch gleichgesinnter

Menschen. Sie verfolgen bestimmte wirtschaftliche, gesellschaftliche etc. Vorstellungen, die meist in Partei-Programmen festgeschrieben sind, sowie das Ziel, Regierungsverantwortung zu übernehmen. In den → Parlamenten bilden die → Abgeordneten einer Partei sogenannte Fraktionen. Politische Parteien existierten bereits in der Antike, die Partei im heutigen Sinne jedoch erst seit dem 18. Jh. In Deutschland ist ihre Stellung im Grundgesetz besonders hervorgehoben.

Partizipation
Beteiligung des Bürgers am Willensbildungs- und Entscheidungsprozess im politischen Prozess, u. a. durch Wahlen, Mitgliedschaft in → Parteien, → Verbänden, Bürgerinitiativen und Vereinen bzw. Wahrnehmung der in der Verfassung verankerten Artikulations- und Mitwirkungsrechte.

Produktivität
Verhältnis zwischen mengenmäßiger Produktion und den zur Produktion notwendigen Produktionsfaktoren, vor allem Kapital und Arbeit

Rechtsfähigkeit
Menschen können ab ihrer Geburt Träger von Rechten sein. Viele Rechte, insbesondere solche, die eine aktive Wahrnehmung erfordern, sind jedoch an ein gewisses Maß an Mündigkeit gebunden. Sie gelten deshalb in Deutschland nicht für Kinder und entmündigte Menschen. In unserer → Gesellschaft ist diese Beschränkung zugleich ein Schutz: Kinder dürfen vieles nicht, werden aber auch für ihre Handlungen nur begrenzt verantwortlich gemacht. Die Rechtsfähigkeit wird mit dem Heranwachsen stufenweise erweitert.

Rechtsstaat
Staat, dessen Tätigkeit auf die Verwirklichung von Recht gerichtet und dessen Handeln durch die Rechtsordnung begrenzt ist. Auch die Staatsgewalt, Regierung, Polizei, Verwaltung ist damit an Recht und Gesetz gebunden. Im Rechtsstaat werden die Rechte des Einzelnen durch garantierte Rechte (z. B. Grundrechte) gesichert.

Rentabilität
Verhältnis von Gewinn zu eingesetztem Kapital

Rentenversicherung
Altersversorgungssystem als Teil der Sozialversicherung; versicherungspflichtig sind alle Personen, die als nicht beamtete Arbeitnehmer gegen Entgelt oder zur Berufsausbildung beschäftigt sind. Es wird finanziert zur Hälfte von Arbeitgebern und Arbeitnehmern und gewährleistet eine Altersrente. Die Rente sichert ein regelmäßiges Alterseinkommen und wird in Deutschland an die Nettolohnentwicklung angepasst.

Rezession
Konjunkturabschwung, → Konjunktur

Rolle
Dieser Begriff bezieht sich auf die Gesamtheit der Erwartungen, die an einen Menschen in einem bestimmten Umfeld gestellt werden. Diese Erwartungen haben Auswirkungen auf die Handlungen und Verhaltensweisen eines Menschen.
Z. B. sind mit den Rollen „Freund“, „Schüler“, „Tochter“ usw. unterschiedliche Erwartungen der Umgebung verbunden. Rollen verändern sich im Lauf eines Lebens, etwa vom pflegebedürftigen Kind bis zur erwachsenen Tochter. Diese Veränderung geht oft nicht bruchlos vor, es kommt zum Rollenkonflikt.

Solidaritätsprinzip
In der gesetzlichen Sozialversicherung der Grundsatz, dass alle zu versichernden Risiken solidarisch von allen Versicherten (durch nach Einkommen gestaffelte Beiträge) zu tragen sind, die Leistungen jedoch unabhängig von der Beitragshöhe gewährt werden.

Sozialisation
Bezeichnung für alle Vorgänge, in deren Verlauf der Mensch zum Mitglied einer → Gesellschaft und Kultur wird. Durch den Sozialisationsprozess werden die in einer Gesellschaft erwünschten Eigenschaften und Verhaltensweisen erworben. Dieser Prozess erfolgt zunächst in der Familie durch Eltern oder Pflegepersonen (frühkindliche oder primäre Sozialisation). Je älter ein Kind ist, um so mehr gewinnen Personen außerhalb der Familie Bedeutung als Träger von Sozialisation: Freunde, Nachbarn, Lehrer oder die peer group – und auch die Medien spielen dabei eine große Rolle (sekundäre Sozialisation).

Sozialleistungen
Soziale Leistungen des Staates, z. B. Kranken-, Pflege-, Unfall-, Renten- und Arbeitslosenversicherung, Kriegsopferversorgung, Jugendhilfe, Kindergeld, Erziehungsgeld.

Sozialstaat
Gemeinwesen, das bestrebt ist, soziale Unterschiede – vor allem materieller Art – zwischen seinen Mitgliedern bis zu einem gewissen Grad auszugleichen, um alle an den gesellschaftlichen und politischen Entwicklungen teilhaben zu lassen

Staat
Politische Organisation, unter der die Menschen einer → Gesellschaft leben. Nach der gängigen Definition sind drei Aspekte für einen Staat notwendig: er muss ein eindeutiges eigenes Territorium haben (Staatsgebiet), in dem Menschen wohnen, die zu diesem Staat gehören (Staatsvolk) und die einer Regierung gehorchen, die sie anerkennen (Staatsgewalt). Ein Staat hat Außenbeziehungen zu anderen Staaten, die im Allgemeinen durch das Völkerrecht geregelt werden. Nach innen ist der Staat souverän, das heißt, es steht keine Gewalt über ihm. Im Rechtsstaat verpflichtet sich der Staat, seine Gewalt nur gemäß den geltenden Gesetzen auszuüben.

Steuern
Geldbeträge, die die Einwohner und die ansässigen Unternehmen an den → Staat bzw. an Land oder Gemeinde

abführen. Steuern sind die Haupteinnahmequelle des Bundes und der Länder, um die anfallenden Ausgaben zu finanzieren. Eingezogen werden die Steuern durch die Finanzämter.

Strukturwandel
mit jedem wirtschaftlichen Wachstumsprozess einhergehende Änderung in der Zusammensetzung der Produktionsgegebenheiten, z. B. Rückgang oder Wachstum der Beschäftigten in bestimmten Produktions- oder Dienstleistungsbereichen

Tarifvertrag
Vertrag zwischen Parteien mit Tariffähigkeit zur Regelung ihrer Rechte und Pflichten und zur Festsetzung von arbeitsrechtlichen Normen.

Überhangmandate
entstehen, wenn eine Partei in den Wahlkreisen eines Bundeslandes mehr Direktmandate gewinnt, als ihr nach dem Zweitstimmenergebnis dort proportional zustehen. Diese Mandate bleiben der Partei erhalten, die Gesamtzahl der Bundestagsmandate erhöht sich entsprechend.

UN, → Vereinte Nationen

Ungleichheit, soziale
Unterschiede in den Lebenschancen, die nicht nur durch Kriterien wie Berufs- und Bildungsstatus beeinflusst werden, sondern auch durch Kriterien wie Geschlecht, Nationalität, Alter, Generation oder Region.

Verbände/Interessenverbände
freiwilliger Zusammenschluss von Personen, Körperschaften, juristischen Personen mit dem Ziel der Bündelung und Regelung der gleich gerichteten oder ähnlichen Interessen sowie deren Vertretung gegenüber anderen

Vereinte Nationen (UN)
(engl.: United Nations, UN oder United Nations Organization, UNO). Die UN wurde 1945 in San Francisco gegründet, ihr Hauptsitz ist New York (daneben: Genf und Wien). 2011 waren 192 Staaten Mitglied der UNO. Laut der UN-Charta bestehen ihre Hauptaufgaben in der Sicherung des Friedens und in der Beseitigung von Friedensbedrohungen, der Verständigung der Völker untereinander, der internationalen Zusammenarbeit zur Lösung wirtschaftlicher, kultureller, sozialer und humanitärer Probleme u. a. m. – dies alles auf der Grundlage der Gleichberechtigung der Staaten und der Selbstbestimmung der Völker (Art. 1). Die wichtigsten Organe der UN sind:
1. die jährlich stattfindende Vollversammlung (jeder Mitgliedsstaat hat eine Stimme) und deren Ausschüsse;
2. der Sicherheitsrat der UN mit zzt. fünf ständigen Mitgliedern (China, Frankreich, Großbritannien, Russland, USA, die über ein Vetorecht verfügen, Deutschland bemüht sich um Aufnahme) und zehn jeweils für zwei Jahre gewählten Mitgliedern;
3. das Generalsekretariat mit einem Generalsekretär an der Spitze (auf fünf Jahre von der Vollversammlung gewählt);
4. der Wirtschafts- und Sozialrat mit 54 Mitgliedern (jährlich werden 18 Mitglieder für drei Jahre gewählt) und den fünf regionalen Kommissionen;
5. der Internationale Gerichtshof (15 Richter, die von der Vollversammlung und dem Sicherheitsrat für neun Jahre gewählt werden)

In jüngster Zeit wurden verstärkt Forderungen laut, durch eine Reform der UNO den ärmeren Staaten größere Einflussmöglichkeiten zu geben.

Verfassung:
Grundordnung eines Staates. Eine Verfassung beinhaltet grundlegende Rechtssätze über Organisation und Funktionsweise der Staatsgewalt und die Rechtsstellung des Einzelnen. Die Verfassung der Bundesrepublik Deutschland ist das seit dem 24. 5. 1949 gültige Grundgesetz. Es enthält in den Artikeln 1–19 die Grundrechte. Die Einhaltung der Verfassung wird in der Bundesrepublik vom Bundesverfassungsgericht überwacht. Verfassungsänderungen sind nur in einem genau geregelten Verfahren möglich. Einige Artikel des Grundgesetzes dürfen nicht verändert werden.

Werbung
Maßnahmen, die z. B. ein Unternehmen einsetzt, um den Verkauf der eigenen Güter oder Dienstleistungen zu fördern. Werbung soll Aufmerksamkeit erregen, Interesse wecken, dann zu einem Verlangen auf Seiten des möglichen Kunden führen und ihn so zum Kauf bewegen. Einerseits gilt die Werbung als wichtiger Bestandteil der → Wirtschaft, andererseits ist sie umstritten, weil durch sie Menschen so unter Druck gesetzt werden, dass es zu unüberlegten Kaufentscheidungen kommt. Dies ist besonders bei Jugendlichen ein Problem, wenn sie durch Werbung z. B. zum Zigarettenkonsum oder zum Schuldenmachen verführt werden.

Wirtschaft (Ökonomie)
Unter Wirtschaft versteht man die Gesamtheit aller menschlichen Tätigkeiten, die sich auf die Produktion und den Verbrauch von Waren und Dienstleistungen beziehen. Da unsere → Gesellschaft arbeitsteilig arbeitet, können darunter auch Tätigkeiten fallen, die scheinbar mit → Arbeit gar nichts zu tun haben, wie z. B. Planungs- oder Kontrolltätigkeiten. Häufig werden unter „Wirtschaft" dabei nur die Teilbereiche verstanden, in denen Menschen gegen Bezahlung tätig sind. Tatsächlich aber sind z. B. Arbeiten im Haushalt ein wichtiger Wirtschaftsfaktor. Wie und zu welchem Zweck wirtschaftliche Tätigkeiten ausgeübt werden, hängt von der Wirtschaftsordnung ab.

Wirtschaftswachstum
Zunahme des Ergebnisses des Wirtschaftens von einer Periode zur nächsten, ausgedrückt als jährliche prozentuale Veränderung des realen Bruttoinlandsprodukts.

Stichwortverzeichnis

S

T

U

V

W

Z

action press, Hamburg: 196; akg-images, Berlin: 203.1 (E. Lessing), 203.2; alamy images, Abingdon/Oxfordshire: 380 (U. Doering); Appenzeller, H., Stuttgart: 8; Archiv der sozialen Demokratie der Friedrich-Ebert-Stiftung, Bonn: 213.5 (SPD Parteivorstand); ARNOLD Glas, Merkendorf: 62; artur images, Stuttgart: 5 M. (J. Helle); Axel Springer AG, Berlin: 293.1; Baaske Cartoons, Müllheim: 80, 159 M4, 160, 170, 184 M1, 239, 254 M1, 274, 305 M6, 316.1, 326, 389; Bengen, H., Norden: 215 M3; Bergmoser + Höller Verlag, Aachen: 71 M1, 77 M3, 123 M3, 145, 167 M6, 272 M2; Bridgeman, Berlin: 269; Brons/Schnurrer: 144; Bulls Press, Frankfurt am Main: 111 (© Martin Perscheid/Distr. Bulls); Bundesministerium für Umwelt, Berlin: 117.1; BÜNDNIS 90/DIE GRÜNEN, Berlin: 211; Caro Fotoagentur, Berlin: 121.5 (Oberhaeuser), 258 (Ruffer); CCC/www.c5.net, Pfaffenhofen: 141, 331, 367, 376; CDU Deutschlands: 212.1; CSU, München: 213; Corbis, Düsseldorf: 342.1 (S. Touhig); Cozacu, I. (NEL), Erfurt: 362 M1; ddp images, Hamburg: 4.1 + 146.1 (K. Lenz), 161.2 (M. Vedder), 236.1 (AP/AJAY SINGH); Detjen, J., Buxtehude: 70; Deuter, W., Germering: 4.5, 121; Deutsche Gesellschaft für Technische Zusammenarbeit mbH, Eschborn: 360.2; Deutsches Kommitee für UNICEF e.V., Köln: 140; die bildstelle, Hamburg: 236.2 (Rex features Ltd.); doc-stock, Stuttgart: 264.1 (M. Weber); Druwe & Polastri, Cremlingen: 297; Ebert, N.: 109; ecopix-Fotoagentur, Berlin: 254 M2; Eller + Eller GmbH, Düsseldorf: 72; Erl, M., Ingolstadt: 188; F1online, Frankfurt am Main: 22 r.u. (JohnÈr), 91.2 (Maskot), 124 (N. Michalke); Fabian, M., Hannover: 5.1 + 176; Fotex Medien Agentur GmbH, Hamburg: 40 (Melanie); Foto Begsteiger, Gleisdorf: 90.2; Fotolia, New York: 5 u. (M. Angelo), 10.3 (M. Schalke), 11.2 (G. Sanders), 11.5 (Monkey Business Images), 11.6 (M. Zagorski), 11.7 (O. Durst), 12.1, 21 (K. Eppele), 67 (B. Werkmann), 68 (marle@klickit), 103, 252.1, 252.4, 252.5; Fraport AG, Frankfurt/Main: 247; Friedrich-Naumann-Stiftung für die Freiheit, Archiv des Liberalismus, Gummersbach: 213.1; Getty Images, München: 102 (WireImage), 367.7 (J. Raedle), 390, 394 (AFP/DESMOND KWANDE); Greser & Lenz, Aschaffenburg: 248; Haitzinger, H., München: 337; Haus der Geschichte, Bonn: 256 + 350 M. (Jupp Wolter); Heger, B. Bogota: 343; Heinrich-Böll-Schule, Hattersheim: 61; Heiss, H., Stuttgart: 277; Heither, D., Niedernhausen: 13.3, 36.1 - 3, 47.5, 60; Hempel, J.: 316.2; Hessisches Ministerium für Umwelt, Energie, Landwirtschaft und Verbraucherschutz, Wiesbaden:84 M2; Horsch, W., Niedernhall: 353; images.de, Berlin: 90.1 (M DOCHER); imago, Berlin: 3.1 (INSADCO), 7.1 (imagebroker), 26.1, 26.2 (INSADCO), 120.3 (McPHOTO), 309.5, 314, 348 (imagebroker), 387 (Müller-Stauffenberg); imagetrust, Koblenz: 231 (Knut Müller); iStockphoto, Calgary: 244; JOKER, Bonn: 66.1 (P. Albaum); Keystone Pressedienst, Hamburg: 127 (V. Schulz), 230.1 o., 242.1 (V. Schulz); Kinderhilfe Afghanistan, Mintraching: 361; Klant, M., Freiburg: 214; Klingsiek, G., Petershagen: 366.1; Köster, A., Hattersheim: 83.1; Kohn, K. G., Braunschweig: 66.3; Konopka, Herne: 58; laif, Köln: 360.3 (E: PAONI), 369 (VU), 378.2; Lantelmé, J:, Kassel: 10.8; Malzkorn, S., Hamburg: 174.4; mauritius images, Mittenwald: 39.2 (imagebroker), 47.6 (Haag + Kropp), 263.2 (Photononstop); mediacolors Bildagentur & -Produktion, Zürich: 12.2; Minkus IMAGES Fotodesignagentur, Isernhagen: 12.3, 24 u.; Niedersächsische Staatskanzlei, Hannover: 230.5 l. (L. Chaperon); Oeser, R., Frankfurt/M.: 73; Opel Classic Archiv der Adam Opel GmbH, Rüsselsheim: 268.1 + 2, 268.4, 270; orange-press, Freiburg: 100 M3 (Mit freundlicher Genehmigung von orange-press. © Adbusters Foundation. aus: Kalle Lasn „Culture Jamming“); DIE LINKE, Berlin: 213.6; Pfohlmann, C., Landsberg am Lech: 221; photothek.net, Radevormwald: Umschlagfoto l.u. (T. Koehler), 174.2 (L. Johannssen), 352 (T. Imo); Picture-Alliance, Frankfurt/M.: Umschlagfoto r. (F. Rumpenhorst), 3.2 (I. Wagner), 3.3, 6.1 (dpa/Fotoreport Opel), 10.9 (Image Source), 11.5, 13.2 (beyond/B. Eberle), 15 M8, 19 (Lehtikuva), 23 M4, 26.3 (H. Wolfraum), 27 M4, 30 M2, 31 (dpa), 32 M1, 32.1 (Mary Evans Pi), 32 M2, 37 M4, 42 M5, 43 (Kumm), 44 (Helga Lade), 46.1 (I. Wagner), 46.2 (H. Hollemann), 47.4, 54 M2, 59 M3, 76, 79 M2, 79 M3, 81, 87 (H. Ossinger), 89.6 (KAI-UWE HEINRICH TSP), 90.3 (beyond/B. Eberle), 92 M2, 94 M6, 95 (R. Weihrauch), 97 (J.-P. Kasper), 98 (Image Source), 100 M1, 120.1 (U. Zucchi), 120.2, 132, 133 M3, 134 M1, 139 (empics), 147.2 (dpa/T. Brakemeier), 157 M4, 158 M2, 160 M1, 161.1 (F. v. Erichsen), 164 (F. Gambarini), 165 (epa Ghement), 171 M6, 171 M7, 174.1, 174.3 (C. Rehder), 180 M1, 182, 183 (M. Murat), 186 M2, 186 M3, 191, 193 (Hager), 195, 198.1, 198.2 (M. Murat), 198.3 (R. Wittek), 211 (ZB/euroluftbild), 213.4 (dpa/T. Brakemeier), 216.2, 216.3, 217.1 (H. Wieseler), 217 M6 (Bundespresseamt), 222 (EPA/M. Lazarenko/Tepco), 224 (U. Deck), 227 M6, 237.3 (R. Kung), 238 M3, 239 M6 (O. Berg), 240 M8, 242.2 (GAETAN BALLY), 252.2 (H. Wiedel), 252.3 (W. Weihs), 252.6 (Voith), 259 (ZB/N. Bachmann), 260 (epa Sigurdson), 262.1 (dpa/Fotoreport Opel), 263.3 (dpa/F.-P. Tschauner), 265 M3, 265 M4, 266 (J. Effner), 268.3 + 271 (M. Schutt), 273 M3, 280, 282, 284 M2, 286 (J. Büttner), 299, 300, 302 M1, 304 M1 (H. Schmidt), 304 M2 (P. Endig), 309.2 (W. Stein), 311 (dpa/A. Scheidemann), 312.1, 327 M3, 327 M4, 334 (F. Rumpenhorst), 335 (KEYSTONE/Campardo), 338 (R. Haas/Sueddeutsche), 340.1 (Photoshot), 340.2 (D. Steffen), 341.4 (dpa/dpaweb), 342.2 + 3, 343, 344.I (epa O. Matthys), 344 . (epa Humayoun Shiab), 345, 345 (Sabawoon), 346 (epa afp Macallister), 349, 350 M1, 354 (P. Endig), 356.1 (ddp/M. Kappeler), 356.2 (M. Gambarini), 360.1 (Lehtikuva_Oy), 364 (Godong), 366.3 (AFP/J. Nasrallah), 367.5 (dpa), 367.6 (dpa), 367.8 (R. Kungel), 371 M5, 372 M3, 373 (chromorange), 375 M2 - M5, 378.1 (landov/S. SHAVER), 379.1 (D. Reed), 382, 385, 386; plainpicture, Hamburg: Umschlagfoto l.o. (Maskot), 4.1 (PhotoAlto), 26.4 (S. Kuttig), 32.2 + 35 (Johner), 88.2 (PhotoAlto), 88.3 (A. Pieper), 91.1 (Scanpix), 91.5 (T. Franz), 96 (ponton_), 115 (Elsa), 264.2, 264.3 (Scanpix), 264.4, 264.5, 309.6 (P. Melander), 320.3, 321 (A. Gerson), 370 (Gorilla); Presse- und Informationsamt der Bundesregierung - Bundesbildstelle, Berlin: 216.1, 217.4 (S. Bolesch), 230.1 l., 230.2 l., 230.2 o., 230.3 l., 230.3 o., 230.4 l., 230.4 o., 230.5 o.; Reuters, Berlin: 7.3 (© Reuters Photographer), 309.1 (B. Yip), 341.3 (E. d. Castro), 356.3 (F. Bensch), 367.4 (© Reuters Photographer), 391; Ripke, T., Hamburg: 92; Schmidt, R., Brunsbüttel: 178 M3, 238 M2; Schmidt, T., Brunsbüttel: 289; Schopf, O., Wien: 232; Schulz, A., Hannover: 10.4, 104 (2), 105; Schuppler, R., Mistelbach/Austria: 278; SPD-Parteivorstand, Berlin: 211; SPIEGEL-Verlag, Hamburg: 283; Stehle, K., München: 46.3; Stiftung Stadtmuseum Berlin: 64 (Bartsch); Stiftung Warentest, Berlin: 112; Still Pictures, Berlin: 86 (M. SHENLEY/Still Pictures); Stotz, U., Hochheim: 142; Stuttmann, K., Berlin: 75, 181, 292.2, 333; Süddeutsche Zeitung, München: 293.2; The Absolut Company, Stockholm: 24 M6; Trans-Fair, Köln: 117.2; ullstein bild, Berlin: 32.3 (phalanx Fotoagentur), 67.4 (imagebroker.net), 67.5 (Hackenberg), 67.6 (Classen), 88.5 (ullstein bild - Schlemmer), 89.4 (Brill), 216.4 (BPA), 234 (Bladt), 290 (Meller Marcovicz), 312.2 (photothek), 340 (Keith), 366.2 (AP); vario images, Bonn: 39.1; Vereinigung der hessischen Unternehmerverbände e.V. (VhU), Frankfurt/M.: 251; Visum Foto, Hamburg: 13.1 (T. Langreder), 120.4, 377 (Panos Pictures); Volkmann, A., Anrode/Lengefeld: 392; Wedekind, Hamburg: 66.2; Westend 6, München: 22 l.o. + l.u. + r.o.; Wiedenroth, G., Flensburg: 328; wikipedia.org: 137 (© Brandrodungswandererfeldheckbau); Woessner, F., Berlin: 55; Zeitbild Verlag und Agentur für Kommunikation GmbH Berlin: 152 M1 (Fotos: Anders K. Larsen, Wikipedia).

Operatoren und ihre Anforderungsbereiche (AFB)

	Operatoren	Definition	AFB
Sachkompetenz	aufzeigen/skizzieren/nennen	einen Sachverhalt oder Gedankengang in seinen Grundzügen angeben	I
Sachkompetenz	benennen/nennen	zielgerichtet Informationen zusammentragen, ohne diese zu kommentieren	I
Sachkompetenz	berechnen/ermitteln	Aufgaben anhand vorgegebener Daten und Sachverhalte lösen	I
Sachkompetenz	sich erkundigen/informieren/recherchieren	gezielt nach Texten, Bildern, Materialen suchen	I
Sachkompetenz	wiedergeben	Informationen aus dem vorliegenden Material unter Verwendung der Fachsprache in eigenen Worten ausdrücken	I
Sachkompetenz	zusammenfassen	ausgehend von einem Einleitungssatz die wesentlichen Aussagen eines Textes komprimiert und strukturiert darlegen	I
Analysekompetenz	analysieren	Merkmale eines Textes, Sachverhaltes oder Zusammenhanges kriterienorientiert bzw. aspektgeleitet erschließen und zusammenhängend darstellen	II
Analysekompetenz	anwenden	einen bekannten Sachverhalt oder eine bekannte Methode auf etwas Neues beziehen	II
Analysekompetenz	auswerten	Daten oder Einzelergebnisse zu einer abschließenden Gesamtaussage zusammenführen	II
Analysekompetenz	begründen	einen Sachverhalt bzw. eine Aussage durch nachvollziehbare (Text-) Argumente stützen	II
Analysekompetenz	beschreiben	spezifische Textaussagen oder Sachverhalte in eigenen Worten strukturiert fachsprachlich ggf. unter Zuhilfenahme eigenen Vorwissens darstellen	I-II
Analysekompetenz	charakterisieren	Personen/Figuren, Vorgänge oder Sachverhalte in ihrer jeweiligen Eigenart treffend und anschaulich kennzeichnen und ggf. unter einem bestimmten Gesichtspunkt zusammenfassen	II
Analysekompetenz	darstellen	Zusammenhänge und übergeordnete Sachverhalte ggf. mithilfe von Materialkenntnissen und bekannten Deutungen strukturiert beschreiben und erklären	II
Analysekompetenz	einordnen/zuordnen	Sachverhalte unter Verwendung von Vorwissen begründet in einen (historischen, literarischen, thematischen, ...) Zusammenhang stellen	II
Analysekompetenz	erklären/erläutern	Materialien, Sachverhalte oder Thesen ggf. mit zusätzlichen Informationen und Beispielen verdeutlichen, in einen Zusammenhang einordnen und begründen	II
Analysekompetenz	Fragen stellen	eigene Fragen zu einem gesellschaftspolitischen Problem stellen	II
Analysekompetenz	herausarbeiten	aus Materialien bestimmte Sachverhalte erschließen, die nicht explizit genannt werden	II
Analysekompetenz	in Beziehung setzen	Zusammenhänge unter vorgegebenen oder selbst gewählten Gesichtspunkten begründet herstellen	II
Analysekompetenz	unterscheiden	die Unterschiede vorgegebener Kriterien oder Normen mit bestimmten Sachverhalten prüfen	II
Analysekompetenz	untersuchen	die Übereinstimmung vorgegebener Kriterien oder Normen mit bestimmten Sachverhalten prüfen	II
Analysekompetenz	vergleichen (von Sachverhalten)	nach vorgegebenen oder selbst gewählten Gesichtspunkten problembezogen Gemeinsamkeiten, Ähnlichkeiten und Unterschiede ermitteln und darstellen	II–III
Urteilkompetenz	beurteilen	zu einem Sachverhalt oder einer Aussage unter Verwendung von Fachwissen und Fachmethoden Stellung nehmen, um zu einer begründeten Einschätzung zu gelangen	III
Urteilkompetenz	bewerten/Stellung nehmen	wie Operator ‚beurteilen', aber zusätzlich die eigenen Maßstäbe darlegen und begründen	III
Urteilkompetenz	diskutieren/sich auseinandersetzen mit	zu einer Problemstellung oder These eine Argumentation entwickeln, die zu einer begründeten Bewertung führt	III